Säkularisierungen in der Fr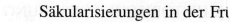

ZEITSCHRIFT FÜR HISTORISCHE FORSCHUNG

Vierteljahresschrift zur Erforschung des Spätmittelalters u. der frühen Neuzeit

Herausgegeben von

Johannes Kunisch, Klaus Luig, Peter Moraw,
Peter Oestmann, Heinz Schilling, Bernd Schneidmüller,
Barbara Stollberg-Rilinger

Beiheft 41

Säkularisierungen in der Frühen Neuzeit

Methodische Probleme und empirische Fallstudien

Von

Matthias Pohlig, Ute Lotz-Heumann,
Vera Isaiasz, Ruth Schilling, Heike Bock,
Stefan Ehrenpreis

Duncker & Humblot · Berlin

Bibliografische Information der Deutschen Nationalbibliothek

Die Deutsche Nationalbibliothek verzeichnet diese Publikation in
der Deutschen Nationalbibliografie; detaillierte bibliografische Daten
sind im Internet über http://dnb.d-nb.de abrufbar.

© 2008 Duncker & Humblot GmbH, Berlin
Fremddatenübernahme und Druck:
Berliner Buchdruckerei Union GmbH, Berlin
Printed in Germany

ISSN 0931-5268
ISBN 978-3-428-12943-0

Gedruckt auf alterungsbeständigem (säurefreiem) Papier
entsprechend ISO 9706 ⊖

Internet: http://www.duncker-humblot.de

Vorwort

Das vorliegende Buch ist ein Gemeinschaftswerk. Anders als andere Monographien hat es nicht einen Autor, sondern sechs Verfasserinnen und Verfasser. Dabei ging es nicht um die Revitalisierung sozialistischer Ideen vom Autorenkollektiv, sondern darum, in gemeinsamer Diskussion, ausgehend von sechs einzelnen empirischen Forschungsfeldern, eine einheitliche Konzeptionalisierung und Methode zu entwickeln. Dass dies zu immer größeren konzentrischen Kreisen rund um den Begriff der Säkularisierung führen würde, war am Anfang nicht abzusehen. Doch die verschiedenen Interessen und Schwerpunkte der beteiligten Autoren führten immer wieder zu produktiven Reibungen, die weitere Diskussionen ermöglichten, aber auch nötig machten. In ausführlichen, oft durch die räumliche Trennung der Autoren erschwerten Gesprächen ist so ein Buch entstanden, das zweierlei sein will: erstens eine kritische Einführung in die historische und außerhistorische Säkularisierungsforschung mit einer gewissen Zuspitzung auf methodische Probleme empirischer historischer Säkularisierungsforschung, zweitens eine Sammlung von Fallstudien zum Problem.

Für die Fallstudien zeichnet jeweils ein Autor allein verantwortlich (C. II. 1 – 6). Der übrige Text des Buches beruht auf gemeinsamen Diskussionen aller Autoren, wurde aber maßgeblich von einzelnen Autoren verfasst: Die Einleitung sowie die Teile B. I. und B. II. stammen überwiegend von Matthias Pohlig; B. III. wurde von Vera Isaiasz und Matthias Pohlig geschrieben; B. IV. stammt von allen Autoren; B. V. wurde überwiegend von Matthias Pohlig und Ruth Schilling verfasst; C. I. wurde überwiegend von Ute Lotz-Heumann und Matthias Pohlig geschrieben; Teil D wurde von allen Autoren verfasst.

Das gemeinsame Konzipieren und Verfassen eines Buches war ein Experiment, das sich gelohnt hat. Die Möglichkeit, ein solches Experiment relativ frei von zeitlichem Druck durchzuführen, gab die Anbindung an einen Sonderforschungsbereich: Das Buch ist das maßgebliche Ergebnis der ersten Förderphase des Projektes „Religiöse und säkulare Repräsentationen im frühneuzeitlichen Europa" innerhalb des SFB 640 „Repräsentationen sozialer Ordnungen im Wandel". Drei, zeitweise sogar vier der Autoren waren in diesem Forschungsprojekt beschäftigt; die anderen Autoren waren dem SFB assoziiert.

Wir danken an erster Stelle Herrn Prof. Heinz Schilling, der das Forschungsprojekt leitete. Durch kritische Nachfragen und eingehende Lektüre wie durch seine große wissenschaftliche Liberalität half uns Herr Schilling, einen Freiraum zu schaffen, der die gemeinsame Arbeit an diesem Buch ermöglichte. Auch Frau Prof. Susan Boettcher und Herrn Prof. Kaspar von Greyerz danken wir für das Interesse, das sie dem Projekt entgegenbrachten; Frau Boettcher danken wir überdies für die kritische Lektüre des Gesamtmanuskripts. Wir danken weiter den Hilfskräften unseres Forschungsprojektes: Maria Böhmer, Hendrik Meyer, Jacob Schilling, Christina Schönrock und Lisa Wolff. Ohne sie hätte dieses Buch nicht entstehen können: Vom Protokollieren unserer stundenlangen gemeinsamen Sitzungen über die Quellensuche bis hin zur Hilfe bei der Einrichtung des Textes haben sie vorbildliche und tatkräftige Arbeit geleistet, für die wir uns herzlich bedanken. Carolin Pecho und Robert Kluth gilt der Dank für den Autorenindex. Wir danken schließlich dem Herausgebergremium der Zeitschrift für Historische Forschung herzlich für die Aufnahme dieses Buches in die Beiheftreihe der ZHF.

Berlin, im Februar 2008   *Matthias Pohlig*
                                                 Ute Lotz-Heumann
                                                 Vera Isaiasz
                                                 Ruth Schilling
                                                 Heike Bock
                                                 Stefan Ehrenpreis

Inhalt

A. Einleitung:
Säkularisierung, Religion, Repräsentation

Allerorten ist zurzeit von der ‚Rückkehr der Religion' die Rede. Vom islamischen Fundamentalismus über die evangelikale Rhetorik der amerikanischen Regierung bis hin zum Papst, der in jüngeren Feuilleton-Debatten als moralische Leitfigur einer orientierungslosen Welt stilisiert wird: Auf allen Ebenen politischen, gesellschaftlichen und kulturellen Lebens kann man in den letzten Jahren eine überraschende und vorher kaum vorstellbare Renaissance der Religion und der Auseinandersetzung mit ihr feststellen. Während die 60er und 70er Jahre des letzten Jahrhunderts stark von der Auffassung geprägt waren, dass Religion in den europäischen Gesellschaften mittel- und langfristig keine wichtige Rolle mehr spielen würde und man überdies von der unbestreitbaren Pionierrolle Europas für den Rest der Welt ausging, kommt heute kaum ein Politiker, Politikbeobachter oder Soziologe umhin, Religion in all ihren Ausprägungen zumindest wieder ernst zu nehmen. Die These der Säkularisierung als zentralem Prozess oder Begleiterscheinung einer universalen Modernisierung scheint *passé* zu sein[1].

Was diese Diagnose für die Zukunft bedeutet, ist noch nicht abzusehen; deutlich sind aber jetzt schon zumindest die Konsequenzen für die historische Forschung: Während die modernisierungstheoretische Strukturgeschichte Bielefelder Prägung mit Religion als wichtigem Faktor menschlicher Vergesellschaftung lange wenig anfangen konnte, ist im Zuge jüngerer Debatten Religion wieder als ein zentraler Bereich historischer und gegenwärtiger Gesellschaften und Kulturen etabliert worden. Dies heißt keineswegs, dass immer Einigkeit über die historische Bedeutung von Religion bestünde, aber doch, dass sie als geschichtsmächtiger Faktor nicht ignoriert werden kann. Die Frühneuzeitforschung ist in den letzten Jahren und Jahrzehnten zentral der Frage nach dem sozialen, politischen und kulturellen Einfluss von Religion auf die europäischen Gesellschaften der Frühen Neuzeit nachgegangen, hat aber auch begonnen, die Vielfalt und Pluralität religiöser Kulturen zu erforschen. In diesem Sinne mag es kontrazyklisch erscheinen, gerade heute ein Buch über Säkularisierung im frühneuzeitlichen Europa zu schreiben.

---

[1] Vgl. nur *Martin Riesebrodt,* Die Rückkehr der Religionen. Fundamentalismus und der „Kampf der Kulturen", München 2000; *Friedrich Wilhelm Graf,* Die Wiederkehr der Götter. Religion in der modernen Kultur, München 2004.

Dieser Eindruck wäre unter zwei Umständen richtig: Erstens, wenn das vorliegende Buch den Anspruch erhöbe, umfassende und allgemeine Aussagen über die religiöse Entwicklung Europas von der Frühen Neuzeit bis in die Gegenwart zu treffen; zweitens, wenn der Säkularisierungsbegriff als Forschungsbegriff für die frühneuzeitliche Geschichte auf breiter Basis eingeführt, diskutiert oder gar erledigt wäre. Beides jedoch trifft nicht zu: Das vorliegende Buch widmet sich nicht oder doch nur am Rande der Frage, wie die hier untersuchten frühneuzeitlichen Säkularisierungsprozesse sich in die Langzeitperspektive der Herausbildung der europäischen Neuzeit einfügen oder ob die frühneuzeitliche Säkularisierung sich im Rückblick nur als ein Zwischenschritt auf dem Weg in eine wiederum religiös geprägte Zukunft erweist[2]. Auch steht nicht die Frage im Zentrum, ob die hier angenommene ‚Säkularisierung' ein europäischer Sonderfall, reversibel oder irreversibel ist. Hieran könnten sich vielerlei Fragen und Diskussionen entzünden: etwa die Frage nach der Einheit der Neuzeit[3] oder danach, ob die ‚Rückkehr der Religion' gleichzeitig das Ende der Neuzeit bedeutet. Weitgehend unabhängig von der Frage nach dem spezifischen Gewicht von Religion in Gegenwart und Zukunft möchte dieses Buch dem Eindruck nachgehen, dass sich im Laufe der europäischen Frühneuzeit sowohl die Religion selbst als auch ihr Verhältnis zur Gesellschaft in vielfacher Weise veränderten. Dieser Eindruck soll keine Fortschrittsteleologie, schon gar nicht im Hinblick auf die Gegenwart, begründen, sondern zielt schlicht auf die Konzeptionalisierung eines Eindrucks ab, den wenige Frühneuzeitler vollständig leugnen werden[4].

---

[2] Der Begriff der Säkularisierung wird in der Forschung, vor allem in älteren Beiträgen, zuweilen synonym mit dem Begriff der Säkularisation verwendet. Allerdings setzt sich zunehmend eine begriffliche Differenzierung dahingehend durch, dass ‚Säkularisation' als der engere Begriff auf den Rechts- oder Unrechtsakt der Enteignung von Kirchengut und der Beendigung kirchlicher Herrschaft, z. B. im Gefolge der Reformation und des Reichsdeputationshauptschlusses von 1803, bezogen wird, während ‚Säkularisierung' die breitere ideen-, kultur-, sozial- und politikgeschichtliche Entwicklung einer zunehmenden Umorientierung von christlichen zu ‚säkularen' Gesellschaften bezeichnet. Wie beide Phänomene zusammenhängen, ist eine berechtigte und öfter diskutierte Frage; vgl. dazu zuletzt *Peter Blickle / Rudolf Schlögl* (Hrsg.), Die Säkularisation im Prozess der Säkularisierung Europas, Epfendorf 2005. Hier reicht der Hinweis darauf, dass im Folgenden der Säkularisierungsbegriff – wie inzwischen weitgehend üblich – die angedeutete allgemeinere und weitere Entwicklung umfassen soll, während der Begriff der Säkularisation engeren rechtlichen und kirchenrechtlichen Kontexten vorbehalten bleibt. Vgl. zu den Säkularisationen der Reformationsepoche und von 1803 zuletzt knapp *Thomas A. Brady Jr.*, Reformation als Rechtsbruch – Territorialisierung der Kirchen im Heiligen Römischen Reich im europäischen Vergleich, in: Blickle / Schlögl, Säkularisation, 141–152; *Winfried Schulze*, Die Säkularisation als Ende des Heiligen Römischen Reiches Deutscher Nation, in: ebd., 339–348.

[3] Vgl. *Paul Nolte*, Gibt es noch eine Einheit der neueren Geschichte?, in: Zeitschrift für Historische Forschung 24 (1997), 377–399; *Rudolf Schlögl*, Vorbemerkung: Von der Einheit der Neueren Geschichte, in: Geschichte und Gesellschaft 33 (2007), 313–316.

[4] Vgl. nur *Blair Worden*, The question of secularization, in: A nation transformed. England after the Restoration, hrsg. v. Alan Houston / Steve Pincus, Cambridge u. a. 2001, 20–40, hier 24.

Der zweite mögliche Einwand zielt auf stärker innerwissenschaftliche Probleme: Ist es sinnvoll, für die Frühneuzeit mit dem Säkularisierungsbegriff zu operieren, wenn doch auf der Hand zu liegen scheint, dass er als Forschungsbegriff weder eindeutig noch einfach handhabbar ist? Diesen Einwand sucht das vorliegende Buch zu entkräften: Es soll aufzeigen, in welcher Weise der Säkularisierungsbegriff bisher verwendet wurde, und von dort ausgehend belegen, dass seine Nützlichkeit als analytischer Terminus für empirische historische Forschung bisher zu wenig überprüft wurde. Angesichts dieser Forschungssituation soll ein Vorschlag formuliert werden, wie der Begriff der Säkularisierung in fruchtbarer Weise in die Diskussion der frühneuzeitlichen Geschichte eingebracht werden kann.

Es ist bemerkenswert, dass einerseits Säkularisierung zwar einer der grundlegenden historischen Prozesse der Neuzeit zu sein scheint[5], dass aber andererseits gerade die historische Frühneuzeitforschung sich auf den Begriff kaum ernsthaft eingelassen und ihn nicht als analytische Kategorie gefüllt hat. Stattdessen wird er meist als längere Untersuchungen nur abkürzende, „weithin irreführende Grobanalyse"[6] eingesetzt. Zugespitzt kann man formulieren: Die Säkularisierungsdebatte ist bislang meist zu abstrakt und zu allgemein geführt worden, um historische Untersuchungen anleiten zu können. Säkularisierung ist daher bisher vor allem konstatiert, postuliert oder bestritten, viel zu wenig aber historisch untersucht worden. Dies hängt natürlich damit zusammen, dass der Begriff – nach seinem Durchlauf durch soziologische und theologische, literatur- und kunstgeschichtliche, politische und am Rande auch historische Debatten – recht unscharf geworden ist.

Das Studium der einschlägigen Literatur belegt, dass weder ein Konsens über die Faktizität des Prozesses selbst noch über seinen Zeitrahmen, die beteiligten Akteure oder die betroffenen Objekte erzielt worden ist. Die verwirrende semantische Vielfalt des scheinbar so eingängigen Säkularisierungsbegriffes beschwört zurecht die Frage herauf: „Geht es um Entdogmatisierung, Entkonfessionalisierung, Entkirchlichung, Entchristlichung, Verweltlichung, Transzendenzverlust oder um das Ende von Religion überhaupt?"[7] Hinzu tritt die Schwierigkeit, dass auch dort, wo der unscharfe Terminus gar nicht verwendet wird, eine Untersuchung von Phänomenen betrieben werden kann, die im weiteren oder engeren Sinne mit dem Begriff zusammenhängen. Zurecht meint C. John Sommerville: „It is time for

---

[5] Vgl. nur *Winfried Schulze,* Einführung in die Neuere Geschichte, 3. Aufl., Stuttgart 1996, 65–70.

[6] *Heinrich Lutz,* Normen und gesellschaftlicher Wandel zwischen Renaissance und Revolution – Differenzierung und Säkularisierung, in: Saeculum 26 (1975), 166–180, hier 180.

[7] *Ulrich Barth,* Art. „Säkularisierung I", in: Theologische Realenzyklopädie, Bd. 29, hrsg. v. Gerhard Müller / Horst Balz / Gerhard Krause, Berlin 1998, 603–634, hier 619.

someone to declare the rules for using the term."[8] Dies wird aber kaum gelingen können, ohne sich eingehend auf die Forschungsgeschichte einzulassen und zu zeigen, warum der Begriff der Säkularisierung eine so komplexe Kategorie ist. Denn seit etwa zweihundert Jahren hält eine Diskussion an, die manchmal mit diesem Begriff, manchmal mit verwandten Begriffen arbeitet[9] und in sich hochgradig differenziert ist. Wodurch wird diese äußerst diffuse Debatte zusammengehalten?

Begriff und Diskussion scheinen mit der generellen Diagnose zusammenzuhängen, dass Religion (was immer das genau ist) in der Moderne (wodurch immer diese konstituiert wird) eine weniger gewichtige Rolle spielt als in der Vormoderne (was immer das im Einzelnen heißt). Oder, um eine noch vorsichtigere Position zu zitieren: „Das Verhältnis von christlichem Glauben und Kultur, von Religion und Gesellschaft hat sich in den letzten Jahrhunderten tiefgreifend verändert."[10] Der Säkularisierungsbegriff beschreibt in unterschiedlich konkreter Weise diesen Bedeutungsverlust oder die Veränderung der Rolle der Religion. Er kann, je nachdem, wie die Kategorie gefüllt wird, bejaht oder verneint, positiv oder negativ bewertet werden. Darüber hinaus steht er aber manchmal für eine weiterreichende These, deren Zusammenhang mit der beschriebenen Konstellation unklar ist: Dann bedeutet Säkularisierung nämlich nicht einfach eine Abnahme der Relevanz von Religion, sondern eine Umformung religiöser Gehalte. Der Begriff bezeichnet keinen Rückgang oder Verlust als vielmehr eine Transformation von Religion; sein Objekt ist nicht die Gesellschaft, die säkularisiert wird, sondern spezifische Einzelobjekte, die, einst christlich, nun säkular werden. Auch diese Begriffsvariante kann bejaht oder verneint, negativ oder positiv bewertet werden. Offenbar differieren aber beide Bedeutungen erheblich. Ihnen gemeinsam ist nur der Rückgang *genuin* christlicher Motive oder Haltungen zu Gunsten von etwas anderem; sie unterscheiden sich aber hinsichtlich des Status dessen, was das Ergebnis dieser Säkularisierung ist. In vielen Fällen, gerade bei klassischen Säkularisierungstheoretikern wie Max Weber, laufen beide Begriffsverwendungen nebeneinander

---

[8] *C. John Sommerville*, Secular Society / Religious Population. Our Tacit Rules for Using the Term ‚Secularization‘, in: Journal for the Scientific Study of Religion 37 (1998), 249–253, hier 249.

[9] Vgl. den begriffsgeschichtlichen Abriss von *Hermann Zabel*, Art. „Säkularisation / Säkularisierung III. Der geschichtsphilosophische Begriff", in: Geschichtliche Grundbegriffe. Historisches Lexikon zur politisch-sozialen Sprache in Deutschland, Bd. 5, hrsg. v. Otto Brunner / Werner Conze / Reinhart Koselleck, Stuttgart 1984, 809–829, der unter anderem auf den Begriff der ‚Verweltlichung‘ hinweist, der im 19. Jahrhundert weithin ein begriffliches Äquivalent bildet. Zur begriffsgeschichtlichen Vor- und Parallelgeschichte von Säkularisation als Enteignung oder Verweltlichung von Kirchengut und -personal vgl. *Hans-Wolfgang Strätz*, Art. „Säkularisation / Säkularisierung II. Der kanonistische und staatskirchenrechtliche Begriff", in: ebd., 782–809.

[10] *Ulrich Ruh*, Literatur und Säkularisierungsprozeß, in: Der Deutschunterricht 5 (1998), 7–13, hier 8.

her; es ist programmatisch sogar formuliert worden, beide gehörten insofern zusammen, als Rückgang und Transformation nur graduell unterschieden seien. Daher sei die Rückgangsthese die „extremste und radikalste Ausdrucksform"[11] der Transformationsthese.

Die beiden Grobvarianten des Begriffs, die These vom Bedeutungsverlust der Religion und die These von der Transformation von Religion in ihre Säkularisate, haben je ihre eigene Geschichte: Die erste Variante entspricht der aufgeklärten Religionskritik und teilt mit ihr die Prämisse, dass die ‚Weltlichkeit' der Welt sich gegen die Religion hat durchsetzen müssen[12]. Säkularisierung ist nach dieser Sicht also ein Prozess, der *gegen* Religion arbeitet und auf ihre Abschaffung oder doch Begrenzung abzielt. Die zweite Variante, die vor allem in der deutschen Tradition bestimmend gewesen ist, reicht mindestens von Hegel bis zu Weber: Säkularisierung, so diese Denkrichtung, vollzog sich nicht nur gegen, sondern mindestens teilweise auch *durch* Religion, durch in der christlichen Religion oder ihren konfessionellen Ausprägungen selbst angelegte Motive. Das Christentum selbst sei bereits auf Weltlichkeit und damit Säkularisierung hin orientiert. Damit lässt Säkularisierung originär christliche Gehalte und Intentionen nicht wegbrechen, sondern transformiert sie in einer Weise, die im einen Extrem die Säkularisierung als unintendierten Nebeneffekt christlicher Religiosität, im anderen Extrem sogar als Telos des Christentums selbst erscheinen lässt[13]. Das heißt auch: Säkularisierung ist einerseits als Intention historischer Akteure beschreibbar, als ein Arbeiten gegen das Christentum; andererseits kann sie durch nicht-intentionale Konsequenzen ganz anderer Handlungen zustandekommen und wird damit zum erst retrospektiv erkenn- und beschreibbaren Effekt.

Sowohl die Frage danach, ob Säkularisierung stattgefunden hat oder stattfindet, als auch jene, was dies genau bedeutet und wie es zu bewerten sei, hat höchst unterschiedliche Antworten gefunden. Die Umstrittenheit des Begriffs führte zu seiner Historisierung und Kontextualisierung. Inzwischen ist daher die merkwürdige Tatsache zu konstatieren, dass ebenso viele Studien zu Gebrauch und Funktion des Säkularisierungsbegriffs und -theo-

---

[11] *Giacomo Marramao*, Die Säkularisierung der westlichen Welt, Frankfurt a.M./ Leipzig 1996, 109. Von der Transformationsthese grenzt sich ab *Detlef Pollack*, Säkularisierung – ein moderner Mythos? Studien zum religiösen Wandel in Deutschland, Tübingen 2003, 5.

[12] Vgl. *José Casanova*, Public Religions in the Modern World, Chicago/London 1994, 29–35.

[13] Vgl. unter anderem die Positionen des Philosophen *Gianni Vattimo* (Glauben – Philosophieren, Stuttgart 1997), des Theologen *Wolfhart Pannenberg* (Christentum in einer säkularisierten Welt, Freiburg i.Br. 1988) und des Historikers *Wolfgang Reinhard* (Die lateinische Variante von Religion und ihre Bedeutung für die politische Kultur Europas. Ein Versuch in historischer Anthropologie, in: Saeculum 43 (1992), 231–255).

rems im 19. und 20. Jahrhundert verfasst worden sind[14] wie empirisch-historische Studien zum Phänomen selbst. Diese Metadiskussion hat mit zwei Faktoren zu tun: Einmal mit der Hoffnung, ein heterogenes Feld von Theorie und Empirie in einen Begriff pressen zu können[15]. Die daraus resultierende Polysemie, die lange Zeit seine Attraktivität mitkonstituiert haben dürfte[16], ist von einer terminologisch strengere Maßstäbe anlegenden Wissenschaft aber auch rigoros *gegen* den Begriff gewendet worden. Zum anderen hängt die Metadiskussion offenbar damit zusammen, dass der Begriff gerade wegen seiner Vieldeutigkeit in der Lage war, brennglasartig philosophische und politische Debatten der Moderne zu bündeln: Der Begriff fasst das emphatische Selbstverständnis der modernen Welt zusammen. Daher ist es nicht überraschend, dass eine Zeit wachsender Modernitätsskepsis auch dem Konzept der Säkularisierung weniger Sympathie entgegenbringt. In diesem Sinne war der Säkularisierungsbegriff oft weniger ein Interpretationsbegriff oder eine heuristische Kategorie zur Erforschung empirischen Materials als eine instrumentell eingesetzte Standortbestimmung: „Gewisse Begriffe" – so zum Beispiel der der Säkularisierung – seien, so Hermann Lübbe, „weniger durch ihre wirklichkeitsaufschließende Kraft als durch die Provokation zur ideenpolitischen Frontenbildung, die von ihnen ausgeht, philosophie- und geistesgeschichtlich bedeutsam geworden"[17]. Trotzdem sei der Begriff „auch rein operativ in den Zusammenhängen historischer Forschung verwendungsfähig geblieben"[18]. Ob dies so ist, wird im Folgenden zu bestimmen sein: Ist der Begriff der Säkularisierung mehr, kann er mehr sein als ein – inzwischen kaum mehr konsensfähiges – „Moment in der gegenwärtigen Selbstauslegung der Gesellschaft"[19], wie in den 1960er Jahren formuliert worden ist? Kann man ihn darüber hinaus als wissenschaftliche Analysekategorie schärfen, selbst dann, wenn wie im vorliegenden Buch die Entwicklung hin zur Moderne gar nicht im Zentrum des Interesses steht?

---

[14] Vgl. z. B. *Hermann Lübbe*, Säkularisierung. Geschichte eines ideenpolitischen Begriffs, 2. Aufl., Freiburg / München 1975; *Marramao*, Säkularisierung; *Ulrich Ruh*, Säkularisierung als Interpretationskategorie. Zur Bedeutung des christlichen Erbes in der modernen Geistesgeschichte, Freiburg / Basel / Wien 1980; *Zabel*, Art. „Säkularisation / Säkularisierung III"; *Olivier Tschannen*, La genèse de l'approche moderne de la sécularisation. Une analyse en histoire de la sociologie, in: Social Compass 39 (1992), 291–308; *Jean-Claude Monod*, La querelle de la sécularisation. Théologie politique et philosophies de l'histoire de Hegel à Blumenberg, Paris 2002.

[15] Vgl. *Daniel Weidner*, Ernst Troeltsch und das Narrativ ‚Säkularisierung', in: Weimarer Beiträge 50 (2004), 289–300, hier 290.

[16] Vgl. *Zabel*, Art. „Säkularisation / Säkularisierung III", 827.

[17] *Lübbe*, Säkularisierung, 22.

[18] Ebd., 133.

[19] *Trutz Rendtorff*, Zur Säkularisierungsproblematik. Über die Weiterentwicklung der Kirchensoziologie zur Religionssoziologie (1966), in: Säkularisierung, hrsg. v. Heinz-Horst Schrey (Wege der Forschung, 424), Darmstadt 1981, 366–391, hier 380.

Beim geschichtswissenschaftlichen Versuch, mit den Theorieangeboten etwa der Religionssoziologie oder der Philosophie zu operieren, drängen sich die Probleme geradezu auf: Die Nachbarfächer arbeiten häufig mit makrohistorischen Annahmen und Interpretationsrastern, die offenkundig zu grobmaschig für eine kleinteilige Quellenanalyse sind. Die These vom Religionsschwund, die *grosso modo* einiges für sich hat, müsste klarer spezifizieren, was überhaupt verschwunden ist; sie müsste Milieus, Diskurse und Praktiken nachweisen können, in denen Religion historisch belegbar zur *quantité négligéable* wurde. Ähnliches gilt für die Transformationsthese: Sie müsste über geistesgeschichtliche Strukturanalogien zwischen christlichen und postchristlichen Phänomenen hinaus eine genetische Ableitungsbeziehung nachweisen und darüber hinaus historisch genau angeben können, wie, wann und durch wen sich diese Transformation vollzog – wer also Agenten der Säkularisierung waren, auf welche Widerstände sie stießen und wie schnell sich ihre Argumente verbreiteten.

Ein weiteres Problem betrifft die Linearität der Säkularisierungsthese: Die ältere und zum Teil auch die jüngere Soziologie geht von einer weitgehend linearen und ungebrochenen Entwicklung aus. Offenbar ist aber der Säkularisierungsprozess verschlungener und widersprüchlicher, als makrosoziologische Thesen glauben machen wollen. Auch müssten die impliziten Annahmen der Säkularisierungsdiskussion zur Bedeutung von Religion in der Vormoderne differenziert werden. Dies gilt umso mehr, als in der Diskussion häufig ganz unklar gelassen wird, zu welchem Zeitpunkt, im Zusammenhang mit welchen Ereignissen, Prozessen und Akteuren der Säkularisierungsprozess seinen Ausgang genommen hat. Wer sind die Akteure, die für Säkularisierung verantwortlich sein könnten? Wo könnte eine Suche nach Indizien für einen groß dimensionierten Weltbildwandel namens Säkularisierung ansetzen? Empirisch-historische Korrekturen an den Großkonstruktionen der Soziologen und Philosophen sind also unabdingbar, wenn die Säkularisierungsdebatte zur Frage nach der Faktizität dieses Prozesses wie seiner Modalitäten vorstoßen will.

Die terminologische Uneindeutigkeit des Säkularisierungsbegriffs ist nicht das einzige begriffliche Problem, wenn man die Veränderungen der kulturellen und sozialen Bedeutung von Religion innerhalb der europäischen Frühneuzeit konzeptionell fassen möchte. Auch ihr Widerpart ist schwierig zu definieren; wenn im Folgenden von den verschiedenen Bedeutungen von ‚Säkularisierung' die Rede ist, liegt die Frage nahe, was Ausgangspunkt und Gegenbegriff von Säkularisierung ist. Mit anderen Worten: Ein Buch, das beschreiben will, in welcher Weise Religion im Laufe der europäischen Frühen Neuzeit einem Veränderungsprozess unterlag, muss sich der Mühe unterziehen, auch über den benutzten Religionsbegriff Auskunft zu geben.

Die Definition von ‚Religion' ist ein altes und bis in die Gegenwart kontrovers diskutiertes Problem[20]. Selbst wenn man nicht der Meinung beipflichtet, eine allgemeine Religionsdefinition stelle eine unzulässige eurozentrische Perspektivierung dar[21], wird doch schnell deutlich, dass eine auch nur halbwegs konsensfähige Definition schwer zu erreichen ist. Detlef Pollack hat in einem lehrreichen Aufsatz die Gründe dafür aufgeführt: Neben einfühlenden Beschreibungen von „innen" (was fühlt und glaubt der Gläubige) stehen Bestimmungen der Funktion von Religion für eine gegebene Gesellschaft; dazu treten substanzielle, inhaltlich argumentierende Begriffsfassungen sowie weitere mehr. Oft sind die Definitionen im einen Fall zu weit (und umfassen etwa alles, was Menschen in eine Gesellschaft sozialisiert oder dem sie einen Höchstwert zusprechen), oft zu eng (und lassen sich nur auf institutionell, gar kirchlich organisierte Religiosität anwenden)[22].

Dennoch lassen sich wohl einige allgemeine und einigermaßen konsensfähige Charakteristika angeben: Religion arbeitet sich an der Kontingenz der Welt ab; sie lebt von der Überschreitung des als alltäglich Erfahrenen, aber auch von deren Rückbindung an die alltägliche Lebenswelt; sie operiert zwischen Transzendenz und Immanenz – wobei im Einzelnen zu bestimmen ist, was jeweils als Transzendenz und Immanenz aufgefasst wird[23]. Religion transformiert unbestimmbare in bestimmbare Komplexität[24], sie stellt ‚Modelle für' und ‚Modelle von' Weltinterpretationen und Handlungsmustern bereit[25], indem sie Glaubenssysteme und Praktiken, Dogmen und Riten ausarbeitet.

Eine weitergehende theoretische und auch kulturunspezifische Bestimmung des Religionsbegriffes ist hier nicht notwendig. Stattdessen sollen pragmatisch einige Hinweise gegeben werden, was Religion im Rahmen dieses Buches und im Hinblick auf den frühneuzeitlichen europäischen Kontext bedeutet. Kaspar von Greyerz definiert im Anschluss an Thomas Luckmann offen und bewusst ohne institutionelle Engführung Religion als „sozi-

---

[20] Vgl. zuletzt den Versuch von *Martin Riesebrodt,* Cultus und Heilsversprechen. Eine Theorie der Religionen, München 2007.

[21] Vor allem postkoloniale Theoretiker haben sich gegen eine universale Begriffsdefinition von Religion gewandt. So wurde etwa Clifford Geertz' Beschreibung der Religion als ‚System' beispielsweise von Talal Asad als westlich-europäisch und essentialistisch kritisiert und eine universale Definition von Religion insgesamt für unmöglich erklärt; vgl. *Talal Asad,* Genealogies of Religion. Discipline and Reasons of Power in Christianity and Islam, Baltimore 1993.

[22] Vgl. *Detlef Pollack,* Was ist Religion? Probleme der Definition, in: Zeitschrift für Religionswissenschaft 3 (1995), 163–190.

[23] Vgl. ebd., 185.

[24] Vgl. *Niklas Luhmann,* Funktion der Religion, 4. Aufl., Frankfurt a.M. 1996, 20.

[25] Vgl. *Clifford Geertz,* Religion als kulturelles System, in: ders., Dichte Beschreibung. Beiträge zum Verstehen kultureller Systeme, 2. Aufl., Frankfurt a.M. 1991, 44–95.

al geformtes, mehr oder weniger verfestigtes, mehr oder weniger obligates Symbolsystem [...], das Weltorientierung, Legitimierung natürlicher und gesellschaftlicher Ordnungen und den Einzelnen transzendierende [...] Sinngebungen mit praktischen Anleitungen zur Lebensführung und biographischen Verpflichtungen" umfasse[26]. Diese weite Definition kann im Wesentlichen auch hier zugrundegelegt werden, auch wenn sie in zwei Hinsichten pragmatisch zu präzisieren ist:

Erstens ist im vorliegenden Buch mit Religion christliche Religion in ihren vielfältigen Ausprägungen gemeint. Die christliche Religion erscheint im 16. und 17. Jahrhundert nicht ausschließlich, aber doch relativ dominant in der Gestalt konfessioneller Kirchlichkeit. Damit ist noch keine Aussage zur Übereinstimmung kollektiver oder auch individueller Aneignungen der konfessionellen Glaubenslehren durch die Gläubigen selbst getroffen; in der Forschung wird zurecht immer wieder auf die Verbindung kirchlich-konfessioneller Glaubensinhalte mit magischen und animistischen Glaubenssystemen und -praktiken hingewiesen. Auch diese spielen natürlich für die Frage nach frühneuzeitlicher Säkularisierung eine zentrale Rolle.

Auch wenn man nicht allein auf die Konfessionen abstellen möchte, ist doch zweitens den „Vergesellschaftungsformen" vor allem der christlichen Religion insofern ein hoher Stellenwert einzuräumen, als erst die Einbindung des individuellen Glaubens in kollektive „Verpflichtungsstrukturen" diese zu einem sozialen und kulturellen Phänomen werden lässt[27]. Mit Rudolf Schlögl lässt sich behaupten: „Soziale Realität gewinnt Religion [...] nicht aus Absichten und Motiven heraus. Soziales Handeln muss vielmehr als Religion wahrgenommen und kommunikativ entsprechend beantwortet werden. Ansonsten kommt es nicht zur Religion als einem gesellschaftlichen Phänomen."[28] Im Anschluss an diese Auffassung wird im Folgenden Religion nicht primär als individuelles Phänomen, sondern in ihrer sozialen Sinnstiftungs- und Vergemeinschaftungskompetenz analysiert. Da „soziales Handeln als Religion wahrgenommen werden muß", liegt es nahe, als Religion im Wesentlichen das zu behandeln, was frühneuzeitliche Menschen selbst als Religion verstanden haben: Dies kann ihr pragmatischer „Glaube" sein, der Religion gerade nicht als systematisches Dogmengebilde ansieht, sondern einzelne Auffassungen eklektisch in Alltagsnormen und

---

[26] *Kaspar von Greyerz*, Religion und Kultur. Europa 1500–1800, Göttingen 2000, 11.

[27] *Thomas Kaufmann*, Religion und Kultur – Überlegungen aus der Sicht eines Kirchenhistorikers, in: Archiv für Reformationsgeschichte 93 (2002), 397–405, hier 399.

[28] *Rudolf Schlögl*, Rationalisierung als Entsinnlichung religiöser Praxis? Zur sozialen und medialen Form von Religion in der Neuzeit, in: Blickle/Schlögl, Säkularisation, 37–64, hier 39. Vgl. auch *Hartmann Tyrell/Volkhard Krech/Hubert Knoblauch* (Hrsg.), Religion als Kommunikation (Religion in der Gesellschaft, 4), Würzburg 1998.

-handlungen übersetzt[29], dies kann konfessionelle Kirchlichkeit in unterschiedlich strikter Observanz, dies können auch (aus der Perspektive einer Kirche) häretische oder abergläubische Haltungen sein: Alle diese Phänomene fallen für die frühneuzeitlichen Zeitgenossen im weitesten Sinne unter den Begriff der Religion[30] – oder lösen doch mindestens eine Kontroverse über Inhalt, Sinn und Unsinn religiöser Gehalte aus. Auch die *religio falsa* bleibt in die Kommunikation über Religion eingespannt und damit kommunikativ anschlussfähig. In diesem Sinne ist Religion im Folgenden zu verstehen als soziales, kommunikatives, kollektives Phänomen, das über Alltagshandlungen hinausweist, diese aber gleichzeitig legitimieren kann.

Mit aller Vorsicht lässt sich behaupten, dass bereits ab dem 16. Jahrhundert Prozesse der Autonomisierung gesellschaftlicher Teilbereiche ihren Ausgang nahmen, die ein allmähliches, immer wieder auch bestrittenes Freiwerden von Denken und Handeln aus einem religiösen Deutungshorizont ermöglichten. Allerdings steht Säkularisierung offenbar in einem engen Verhältnis mit Prozessen der Sakralisierung und Konfessionalisierung[31]. Statt also von einem linearen und intentionalen Säkularisierungsprozess auszugehen, scheint es sinnvoller, den Blick auf spezifische historische Konstellationen zu richten, in denen aus religiösen oder areligiösen Motiven Haltungen oder Handlungen entstanden, die als Säkularisierungsvorgänge gedeutet werden können. Für solche historischen Konstellationen wird in diesem Buch der Begriff der ‚Miniatur‘ eingeführt; die zugehörige methodische Operation wird als ‚Miniaturisierung‘ bezeichnet (vgl. Kapitel C. I.)[32].

---

[29] Vgl. *Jens Ivo Engels / Hillard von Thiessen*, Glauben. Begriffliche Annäherungen anhand von Beispielen aus der Frühen Neuzeit, in: Zeitschrift für Historische Forschung 28 (2001), 333–357.

[30] Vgl. *Ernst Feil*, Religio, Bd. 2: Die Geschichte eines neuzeitlichen Grundbegriffs zwischen Reformation und Rationalismus, Göttingen 1997, 18 und passim.

[31] Vgl. zum komplexen Mit-, Neben- und Gegeneinander von Konfessionalisierung und Säkularisierung *Heinz Schilling*, Der religionssoziologische Typus Europa als Bezugspunkt inner- und interzivilisatorischer Gesellschaftsvergleiche, in: Gesellschaften im Vergleich. Forschungen aus Sozial- und Geschichtswissenschaften, hrsg. v. Hartmut Kaelble / Jürgen Schriewer, Frankfurt a.M. / Berlin 1998, 41–52; *Rudolf Schlögl*, Differenzierung und Integration. Konfessionalisierung im frühneuzeitlichen Gesellschaftssystem. Das Beispiel der habsburgischen Vorlande, in: Archiv für Reformationsgeschichte 91 (2000), 238–284; *Heike Bock*, Secularization of the modern conduct of life? Reflections on religiousness in early modern Europe, in: Religiosität in der säkularisierten Welt. Theoretische und empirische Beiträge zur Säkularisierungsdebatte in der Religionssoziologie, hrsg. v. Manuel Franzmann / Christel Gärtner / Nicole Köck, Wiesbaden 2006, 143–154.

[32] Die Einführung der Begriffe ‚Miniatur‘ und ‚Miniaturisierung‘ in die Säkularisierungsforschung folgt hier dem Vorschlag von: *Michael Fischer / Christian Senkel* (Hrsg.), Säkularisierung und Sakralisierung. Literatur – Musik – Religion, Tübingen / Basel 2004, Einleitung, 10 (siehe auch Kapitel B. III.). Allerdings werden diese Konzepte dort, anders als im vorliegenden Buch, kaum methodisch konzeptionalisiert. – Zu der dem hier vorgeschlagenen Konzept der Miniaturisierung nicht unähnlichen philosophiehistorischen Erforschung spezifischer „Konstellationen" vgl. *Martin Mulsow / Marcelo Stamm* (Hrsg.), Konstellationsforschung, Frankfurt a.M. 2005.

Religion und Säkularisierungsvorgänge benötigen, um sozial wirksam zu werden, kollektive Deutungsmuster, also ‚Repräsentationen'. Diese Repräsentationen und ihre Veränderungen sind am besten zu untersuchen innerhalb historisch relativ kleinteiliger Miniaturen, die aufzeigen können, wie Säkularisierungsvorgänge im Kleinen abliefen. Eine Geschichtswissenschaft, die sich für historisch distinkte Weltdeutungen interessiert, darf nicht bei dem Befund stehenbleiben, dass sich die gesellschaftsstrukturelle Rolle der Religion verändert habe. Sie muss darüber hinaus fragen, welcher Weltbildwandel, welche Auseinandersetzungen um Christlichkeit und ihre Gegensätze, welche Deutungskämpfe diesen langfristigen Umbau vorangetrieben haben. Säkularisierung soll daher im Folgenden als Phänomen von kollektiven Deutungen oder ‚Repräsentationen' untersucht werden.

Mit Repräsentationen sind Deutungsmuster gemeint, mittels derer Gesellschaften Modelle von sich und ihrer Umwelt entwerfen und kommunizieren. Sie sind dabei nicht nur Abbilder und Darstellungen gesellschaftlicher Ordnungen, sondern vielmehr Mittel zur Ausrichtung der Wirklichkeit am Maßstab sozial ausgehandelter und konsensfähiger Vorstellungen.

Die Begriffe der ‚Miniaturisierung' – also der Konzentration auf spezifische historische Konstellationen und Objekte – und der ‚Repräsentationen' – also der Vorstellungen und Darstellungen, die sich eine Gesellschaft über sich selbst konstruiert –, erlauben es, präziser als bisher danach zu fragen, wer zu einem gegebenen Zeitpunkt als ein Akteur von Säkularisierung gelten kann, ob dieser Akteur intentional oder nicht-intentional handelt oder spricht, welche Kommunikationsstrukturen und Symbolsysteme dabei jeweils zum Einsatz kommen. Der Begriff der Repräsentation erlaubt es, für historische Miniaturen einen jeweils konsistenten Fragehorizont nach Säkularisierungsvorgängen zu konstituieren[33].

Das vorliegende Buch behandelt also Weltdeutungen, ihre sozial hergestellten und kommunikativ vermittelten Geltungsansprüche und ihre Konkurrenz- und Wandlungsmöglichkeiten. Im Zentrum stehen intersubjektive, kommunikativ vermittelte Formen der Weltdeutung. Objekte unserer Untersuchungen sind nicht Individuen oder Gesellschaften, sondern kollektive Repräsentationen von Mensch und Welt sowie deren Legitimation sozialer Praktiken. Die historischen Miniaturen, die den Großbegriff der Säkularisierung auf eine für die Quellenanalyse handhabbare Ebene heruntertransformieren, nehmen jeweils bestimmte umgrenzte Repräsentationen in den Blick, fragen nach einer spezifischen, sektoriell eigenständigen Chronologie eines Säkularisierungsvorgangs, widmen sich den Milieus, Me-

---

[33] Vgl. als ersten Entwurf dieses Ansatzes *Matthias Pohlig*, Luhmanns Mond. Ist Säkularisierung ein historischer Prozeß?, in: Vorgänge. Zeitschrift für Bürgerrechte und Gesellschaftspolitik 173 (2006), 30–39.

dien und Strategien dieses Prozesses und skizzieren Gemengelagen zwischen religiösen und säkularen Repräsentationen.

Das Buch ist folgendermaßen aufgebaut: In Teil B soll angesichts der komplizierten Diskussion im Rekurs auf verschiedene Disziplinen eine „kurze Geschichte der Säkularisierungsthese" entworfen werden. Erstens werden Grundzüge der religionssoziologischen Säkularisierungsdiskussion nachgezeichnet (Kapitel B. I.). In einem zweiten Schritt sollen für die vor allem deutsche Diskussion relativ bedeutende, im weitesten Sinne philosophische Positionen (Carl Schmitt, Karl Löwith, Hans Blumenberg) beleuchtet werden. Während die religionssoziologische Diskussion international geführt wird und Säkularisierung meist mehr oder minder als Rückgang von Religion versteht, dreht sich die geschichtsphilosophische Debatte um die Frage nach der Transformation von Religion in ihre Säkularisate (Kapitel B. II.). Daran anschließend werden die auf die soziologischen und philosophischen Debatten zurückgreifenden älteren und neueren Säkularisierungsstudien aus Germanistik, Wissenschaftsgeschichte und Kunstgeschichte vorgestellt (Kapitel B. III.), bevor schließlich die historische Forschung zur Frühen Neuzeit – von der Reformations- zur Aufklärungsforschung – auf ihren Umgang mit Begriff und Problem der Säkularisierung befragt wird (Kapitel B. IV. und B. V.).

Die konzeptionellen Probleme, die in diesem Durchlauf durch die Forschungsliteratur deutlich werden, dienen als Ausgangspunkt für die Überlegungen am Beginn von Teil C: Dort wird gefragt, wie angesichts der komplexen Forschungsdiskussion eine für die empirische historische Forschung nützliche Operationalisierung von Säkularisierung aussehen kann. Hier wird sowohl der methodische Begriff der Miniaturisierung als auch der Objektbegriff der kollektiven Repräsentationen, die beide bereits skizziert worden sind, eingehender eingeführt und diskutiert (Kapitel C. I.). Im Anschluss daran umfasst Teil C. II. sechs Säkularisierungsminiaturen, die anhand verschiedener Objekte und deren spezifischer Repräsentationen das Säkularisierungsproblem durchspielen, und zwar am Beispiel (1.) der Sakralität der französischen Könige im 17. Jahrhundert; (2.) von Konversionen als Indikator für den Wandel konfessioneller Repräsentationen im frühneuzeitlichen Zürich; (3.) der Repräsentationen des lutherischen Kirchenbaus zwischen Sakralort und Funktionsraum; (4.) des frühneuzeitlichen Schulbuchs; (5.) der Repräsentationen von Heilwassern und -quellen in der Frühen Neuzeit; schließlich (6.) des Wandels der Endzeitrepräsentationen um 1700. Teil D führt die Fäden zusammen: Hier soll noch einmal aufgezeigt werden, welche Vorteile der Begriff der Repräsentation und der methodische Zugang der Miniaturisierung für die empirische Erforschung von Säkularisierungsvorgängen besitzen.

B. Eine kurze Geschichte der Säkularisierungsthese

I. Differenzierung und Entzauberung: Konzepte der Religionssoziologie

Die Bezeichnung der im Folgenden vorgestellten Diskussionen als ‚religionssoziologisch' wurde gewählt, da in dieser Disziplin die wichtigsten theoretischen und konzeptionellen Leitlinien entwickelt und die grundsätzlichsten Diskussionen geführt worden sind. Schon der Ausgangspunkt der Debatten liegt jedoch gleichermaßen im Werk Max Webers und in den Schriften des Theologen Ernst Troeltsch. Einige der zitierten Autoren sind keine Soziologen, auch wird die innertheologische und religionswissenschaftliche Säkularisierungsdebatte punktuell berührt. Zugleich muss man jedoch festhalten, dass diese Forschungsstränge eng verknüpft sind, so dass z. B. die theologische Säkularisierungsdiskussion nicht umhin kann, sich mit den religionssoziologischen Theorieangeboten auseinanderzusetzen. Trotzdem ist die Einordnung aller dieser Debatten unter dem Begriff der Religionssoziologie notwendigerweise verkürzend; letztlich geht es hier primär darum, den Hauptstrang der Diskussion – die Konzentration auf Niedergang und Differenzierung – vom im nächsten Kapitel vorgestellten Schwerpunkt der Transformation von Religion abzusetzen.

Auffällig an der gegenwärtigen Diskussion ist der Umstand, dass die Soziologie, die den Begriff ‚Säkularisierung' in prägender Weise in die öffentliche Debatte eingeführt hat, sich inzwischen mit seiner Benutzung wieder eher zurückhält. Die 1960er Jahre, eine Epoche selbstgewisser Modernität, waren die Hochzeit der religionssoziologischen Säkularisierungsdebatten: Viele Religionssoziologen glaubten an den kontinuierlichen und bis zum Verschwinden der (organisierten) Religiosität reichenden Rückgang kirchlicher und religiöser Bindungen[1]. Seit spätestens in den 1980er Jahren immer deutlicher wurde, dass diese Diagnose der realen, im Einzelnen sehr unterschiedlich verlaufenden Entwicklung weder in Europa noch vor allem in den USA, Lateinamerika, Afrika und Asien entsprach, gab die Mehrheit der Religionssoziologen den Begriff wieder auf, und zwar „with the same uncri-

---

[1] Vgl. *Michael Bergunder*, Art. „Säkularisation / Säkularisierung I. Religionswissenschaftlich", in: Religion in Geschichte und Gegenwart. Handwörterbuch für Theologie und Religionswissenschaft, Bd. 7, hrsg. v. Hans Dieter Betz, 4. Aufl., Tübingen 1998, 774 f., hier 774.

tical haste with which they previously embraced it"[2]. Der Eindruck, einer weltweiten ‚Renaissance' der Religion beizuwohnen, machte den Säkularisierungsbegriff für Sozialwissenschaftler weitgehend zu einem „streng gemiedene(n) Begriff"[3]. Ihn umwehte der abgestandene Duft der Moderne – umso mehr, als er oft in Verbindung mit dem ebenfalls nicht mehr sonderlich beliebten Begriff der Modernisierung auftrat[4]. Zudem gilt er wegen seiner Bedeutungsvielfalt als „practically nonoperational for the dominant modes of empirical scientific analysis"[5]. Und dennoch: „Trotz dieser wenig verlockenden Geschichte des Begriffs ist das in ihm enthaltene Problembündel für die Religionssoziologie so relevant, dass sie an den implizierten Fragen nicht vorbeigehen kann."[6]

Die soziologische Diskussion des Säkularisierungsprozesses ist so alt wie die Disziplin selbst. Implizit oder explizit hingen alle Gründerväter der Soziologie der Meinung an, Säkularisierung sei ein wesentliches Signum der Moderne[7]. Diese Auffassung bildete geradezu ein Glaubensbekenntnis und eine fundamentale Prämisse der Soziologie; schon dieser Umstand verhinderte eine empirische Untersuchung, ob ein Rückgang von Religion (bis hin zu ihrem Verschwinden) überhaupt nachweisbar sei[8]. Dieser grundsätzliche Konsens über Säkularisierung als Wesenszug der Moderne hat aber lange Zeit nicht nur eine empirische Überprüfung, sondern sogar eine eingehende theoretische Konzeptionalisierung von Säkularisierung verhindert. Eher wurde der Begriff assoziativ und für diffuse Objekte verwendet, bevor dann vor allem Wilhelm Dilthey, Max Weber und Ernst Troeltsch seine relative terminologische Verdichtung in die Wege leiteten[9]. Säkularisierung schien ein selbstverständlicher Begriff, bevor er – eigentlich erst in den 60er Jahren des 20. Jahrhunderts – zu einer Theorie oder zu mehreren Theorien ausgearbeitet wurde, die empirische Untersuchungen anleiten sollten[10]. Ein weiterer Unterschied zwischen den reli-

---

[2] *Casanova*, Public Religions, 11.

[3] *Pollack*, Säkularisierung, 1. Für eine Aufgabe des Säkularisierungskonzeptes plädiert – als ein Beispiel für viele – *David Nash*, Reconnecting Religion with Social and Cultural History. Secularization's Failure as a Master Narrative, in: Cultural and Social History 1 (2004), 302–325.

[4] Vgl. als ‚unzeitgemäßes', kämpferisch atheistisches Plädoyer für die Säkularisierungskategorie Proske, nach dessen Ansicht „Säkularisierung eine metahistorische und transkulturelle Kategorie zur Emanzipation der wissenschaftlichen Vernunft von religiöser Bevormundung" ist. (*Wolfgang Proske*, Säkularisierung als universalhistorischer Perspektivbegriff. Zur Reformulierung einer nach wie vor aktuellen Kategorie, in: Aufklärung und Kritik 1 (1998), 3–26, hier 20.)

[5] *Casanova*, Public Religions, 12.

[6] *Günter Kehrer*, Einführung in die Religionssoziologie, Darmstadt 1988, 176.

[7] Vgl. zu unterschiedlichen Konzeptualisierungen des Verhältnisses von Religion, Säkularisierung und Moderne *Werner Suppanz*, Säkularisierung als Modernisierung, in: Newsletter Moderne, Sonderheft 1 (2001), 16–22.

[8] Vgl. *Casanova*, Public Religions, 17.

[9] Vgl. *Zabel*, Art. „Säkularisation / Säkularisierung III", 819 f.

gionssoziologischen Klassikern und der späteren Diskussion betrifft den zeitlichen Rahmen des Säkularisierungstheorems: Die ältere Forschung verstand den Begriff vor allem historisch-genetisch und nutzte ihn zur Erklärung der Übergänge von der Vormoderne in die Moderne. In diesem Kontext stieg der Begriff „in den Rang einer genealogischen Kategorie auf, die die historische Entwicklung der modernen westlichen Gesellschaft von ihren jüdisch-christlichen Anfängen an zusammenfassen und bezeichnen soll"[11]. Die jüngere Forschung dagegen ist entschieden vorsichtiger mit historischen Erklärungen, die mehrere Jahrhunderte umspannen, und hat sich eher der empirischen Erforschung kleinerer Untersuchungseinheiten und dem zeitlichen Rahmen der Gegenwart und jüngeren Vergangenheit zugewandt[12].

Die Ambivalenz des Begriffs bei gleichzeitig niedriger theoretischer Verdichtung lässt sich exemplarisch an einigen klassischen Passagen von Max Weber ablesen. Weber war davon überzeugt, dass die Bedeutung der Religion im Prozess der okzidentalen Rationalisierung insgesamt abgenommen habe; die Moderne war für Weber vollends ‚entzaubert'[13]. Die Rationalisierung betrifft in Webers Konzeption unter anderem die Ausdifferenzierung von „Wertsphären", die unterschiedliche, zunehmend autonome Gesellschaftsbereiche voneinander scheidet[14]. Im Prozess der Autonomisierung wirtschaftlicher oder politischer Rationalität verlor, so Weber, Religion gesamtgesellschaftlich an Prägekraft. Weber ordnete also, wie alle klassischen Soziologen und wie auch sein Widerpart Durkheim, die Säkularisierung in den Kontext einer generellen Theorie der Differenzierung von Gesellschaft ein[15]. Diese Orientierung der Säkularisierung an der Differenzierungstheorie sollte zum zentralen systematischen Ort der religionssoziologischen Säkularisierungsdebatte werden.

Neben einer Theorie der Rationalisierung und Differenzierung, in der das Problem der Säkularisierung seinen Ort findet, formulierte Weber aber

---

10 Vgl. *Tschannen*, Genèse de l'approche moderne de la sécularisation, 302. Vgl. auch *Casanova*, Public Religions, 18: „Even Durkheim and Weber, however, while laying the foundation for later theories of secularization, themselves offer scant empirical analysis of modern processes of secularization."

11 *Marramao*, Säkularisierung, 19.

12 Vgl. *Tschannen*, Genèse de l'approche moderne de la sécularisation, 302.

13 Vgl. zum Zusammenhang von Rationalisierung und ‚Entzauberung der Welt' *Catherine Colliot-Thélène*, Rationalisation et désenchantement du monde. Problèmes d'interprétation de la sociologie des religions de Max Weber, in: Actes de Sciences Sociales des Religions 50 (1995), 61–81; *Hans G. Kippenberg*, Der große religionsgeschichtliche Prozeß der Entzauberung, in: ders., Die Entdeckung der Religionsgeschichte. Religionswissenschaft und Moderne, München 1997, 218–243.

14 Vgl. z. B. *Max Weber*, Zwischenbetrachtung: Theorie der Stufen und Richtungen religiöser Weltablehnung, in: ders., Die Wirtschaftsethik der Weltreligionen. Konfuzianismus und Taoismus, hrsg. v. Helwig Schmidt-Glintzer (Max-Weber-Gesamtausgabe Abt. 1, Bd. 19), Tübingen 1989, 479–522, hier 485.

15 Vgl. *Casanova*, Public Religions, 18; vgl. als Überblick *Uwe Schimank*, Theorien gesellschaftlicher Differenzierung, Opladen 1996.

wiederholt auch die These einer von Religion selbst induzierten „Entzauberung der Welt": Religion in ihrer jüdisch-christlichen Form habe sich
seit den alttestamentarischen Propheten fortschreitend selbst rationalisiert
und methodisiert. Die Entzauberung der Welt werde durch die antimythi-
sche und antimagische Haltung der jüdisch-christlichen Tradition selbst
begünstigt[16]. Die Reformation und die protestantische innerweltliche Askese erscheinen als rationalisierende Höhepunkte dieser Entwicklung. Religion habe in ihrer historischen Entwicklung nicht nur – durch Entzauberung – zu ihrem eigenen Bedeutungsverlust beigetragen, sondern auch
Werthaltungen und Lebensführungsprogramme hervorgebracht, die sich
allmählich aus ihrem religiösen Entstehungszusammenhang gelöst hätten.
Webers klassisches Beispiel ist die protestantische ‚innerweltliche Askese‘,
die zur kapitalistischen Leistungsethik wird. In diesem Sinne einer Transformation ursprünglich religiöser in säkulare Konzeptionen verwendet Weber dann auch den allgemeinen, die prozessuale Entwicklung als ganze
resümierenden Begriff der ‚Säkularisation‘; er spricht vom „stetige[n] Fort-
schreiten jenes charakteristischen ‚Säkularisations‘-Prozesses, dem solche
aus religiösen Konzeptionen geborene Erscheinungen in moderner Zeit
überall verfallen"[17]. Dass die religiöse Konzeption z. B. der Berufsethik
sich im Prozess der Säkularisierung einerseits wandelt, andererseits in
entscheidender Hinsicht gleich bleibt, fasst Weber in eine Formulierung,
aus der durchaus auch seine tragisch-ambivalente Haltung gegenüber der
okzidentalen Rationalisierung insgesamt spricht: „Als ein Gespenst ehemals religiöser Glaubensinhalte geht der Gedanke der ‚Berufspflicht‘ in
unserm Leben um."[18] Die Religion, so muss man Weber wohl verstehen, ist
tot: Was von ihr übrig ist, sind ihre Gespenster, die ihr gleich und doch
andere sind.

Ähnlich spiritistische Metaphern, die sich für diesen Zusammenhang na-
hezulegen scheinen[19], findet man bei Ernst Troeltsch. Ausgehend von Webers Konzept der innerweltlichen Askese bemerkt Troeltsch: „Es ist eben
das Los der innerweltlichen protestantischen Askese, daß sie Arbeit und
Leben in der Welt anerkennt, ihnen aber doch einen innerlich wesentlichen
ethischen Wert nicht zuerkennt und dann die Geister nicht mehr los werden
kann, die aus der so zugleich anerkannten und zugleich ignorierten Welt he-

---

[16] Vgl. z. B. *Max Weber*, Die protestantische Ethik und der Geist des Kapitalismus,
in: ders., Die protestantische Ethik I. Eine Aufsatzsammlung, hrsg. v. Johannes Winckelmann, 8. Aufl., Gütersloh 1991, 27–277, hier 123, 133.

[17] *Max Weber*, Die protestantischen Sekten und der Geist des Kapitalismus, in:
ders., Die protestantische Ethik I., 279–317, hier 284 f.

[18] *Weber*, Protestantische Ethik, 188.

[19] Schon bei Novalis heißt es: „Wo keine Götter sind, walten Gespenster" (*Novalis*,
Die Christenheit oder Europa (1799), in: ders., Dichtungen (Rowohlts Klassiker der
Literatur und der Wissenschaft. Deutsche Literatur, 11) Reinbek bei Hamburg 1967,
35–52, hier 48).

raus ihr über den Kopf wachsen."[20] Stärker als Weber akzentuiert Troeltsch aber die Nichtintentionalität der Säkularisierung. Zwar hätten die Reformation und der Protestantismus selbst nicht entzaubernd und säkularisierend gewirkt, aber sie hätten die Möglichkeit einer Säkularisierung durch andere Faktoren eröffnet: So stamme z. B. die Idee der Unantastbarkeit des persönlichen Lebens durch den Staat aus dem Täufertum; diese sei „zunächst ein rein religiöser Gedanke, der nur bald säkularisiert und von der rationalistischen, skeptischen und utilitarischen Toleranzidee überwuchert wurde"[21]. Insgesamt habe dies eine Bedeutungssteigerung außerreligiöser Bindungen zur Folge: „Alle Mächte des Diesseits [gewinnen] einen gesteigerten Wert und eine erhöhte Eindrucksfähigkeit" und es „fällt der Lebenszweck in steigendem Maße dem Diesseits und seiner idealen Gestaltung zu", was im Extrem in die „reine Diesseitigkeit und Säkularisation" führe[22].

In der neueren Diskussion wird sicher keine ungebrochene Linie mehr zwischen Reformation und moderner Welt, zwischen Reformation und Säkularisierung gezogen; dennoch ergibt sich gerade aus den einflussreichen Forschungen Webers und Troeltschs der Eindruck, dass Reformation und Protestantismus in besonders hohem Maße beabsichtigte, aber auch unabsichtliche Konsequenzen nach sich gezogen haben, die der Säkularisierung der europäischen Gesellschaften Vorschub geleistet haben[23].

Diese Auffassung spiegelt sich, ebenso wie die Webersche Doppelung von Säkularisierung als Ende wie als Transformation des Christentums, in der Position eines der wichtigsten Säkularisierungstheoretikers der 1960er Jahre: Peter L. Berger definiert Säkularisierung als denjenigen „Prozeß, durch den Teile der Gesellschaft und Ausschnitte der Kultur aus der Herrschaft religiöser Institutionen und Symbole entlassen werden"[24]. Ebenso wie Weber und Troeltsch legt Berger großen Wert auf die Säkularisierung christli-

---

[20] *Ernst Troeltsch,* Die Bedeutung des Protestantismus für die Entstehung der modernen Welt, in: Historische Zeitschrift 97 (1906), 3–66, hier 45 f.; jetzt in: ders., Schriften zur Bedeutung des Protestantismus für die moderne Welt 1906–1913, hrsg. von Trutz Rendtorff in Zusammenarbeit mit Stefan Pautler (Ernst Troeltsch Kritische Gesamtausgabe, 8), Berlin/New York 2001, 199–316, hier 277.

[21] *Troeltsch,* Bedeutung des Protestantismus (1906), 41.

[22] Ebd., 8. In der Argumentation ähnlich wie Troeltsch, wenn auch von einer anderen politischen und kulturellen Warte aus, formuliert der dem Nationalsozialismus nahestehende lutherische Theologe Werner Elert, man müsse die deutsche philosophische Tradition, ausgehend von Luthers Gewissensverinnerlichung bis hin zur Kantischen transzendentalphilosophischen Wende und Hegels Idealismus, unter der Kategorie des ‚Deutschtums' insgesamt als ‚säkularisiertes Luthertum' begreifen; vgl. *Werner Elert,* Morphologie des Luthertums, 3. Aufl., München 1965, Bd. 2, 145–158.

[23] Vgl. als historischen Großaufriss, der diese Linie differenziert verfolgt, noch *Richard van Dülmen,* Reformation und Neuzeit. Ein Versuch, in: Zeitschrift für Historische Forschung 14 (1987), 1–25.

[24] *Peter L. Berger,* Zur Dialektik von Religion und Gesellschaft. Elemente einer soziologischen Theorie, Frankfurt a.M. 1973 [Erstausgabe: 1967], 103; zur Säkularisierung vgl. ebd., 101–164.

cher Inhalte, also die ‚kulturelle' Seite von Säkularisierung. Dass in diesem Prozess auch die ‚Gesellschaft' als ganze säkularisiert wird, ist sozusagen ein Nebeneffekt dieser Entwicklung. Klarer als die soziologischen Klassiker stellt Berger die Frage, wer oder was eigentlich die „Träger" und „Vehikel" der Säkularisierung gewesen sind[25]; in diesem Zusammenhang geht er – wiederum in Übereinstimmung mit Weber und Troeltsch – der Frage nach, inwiefern das Christentum selbst Säkularisierungsprozesse in Gang gesetzt haben könnte. Ohne dies als einzig möglichen Grund für Säkularisierung zu postulieren, buchstabiert Berger die Weberschen Motive aus: Es sei vor allem der Protestantismus für die ‚Entzauberung' zuständig; diese sei zwar bereits im Alten Testament angelegt, dann jedoch über das Mittelalter hinweg vom Katholizismus einigermaßen begrenzt worden. Vor allem vom Alten Testament und vom Protestantismus gehe also eine „säkularisierende Tendenz der Transzendentalisierung und ethischen Rationalisierung"[26] aus. Mit der Abschaffung des katholischen Gradualismus zu Gunsten der vollständigen Transzendenz des Sakralen, mit der strikten Trennung von jenseitigem Gott und diesseitiger Welt werde diese entsakralisiert, damit aber auch ein gewisser Spielraum für säkulares Denken und Handeln geschaffen. Damit arbeite die Reformation in die Hände der Säkularisierung[27].

Wenn sich also langfristig das Christentum auch „sein eigenes Grab geschaufelt" haben mag[28], betont Berger daneben auch äußere Impulse, so zum Beispiel das Faktum der Religionsspaltung und die mit dem ‚cuius-regio-Prinzip' des Augsburger Religionsfriedens einhergehende strukturelle Trennung zwischen Religion und Politik. Beide hätten die starke Bindung an die christliche Religion ausgehöhlt und in einem mehrjahrhundertjährigen Prozess das Prinzip der religiösen Toleranz etabliert[29]. Diese Argumentationslinie ist allerdings in der religionssoziologischen Diskussion kaum ernsthaft verfolgt worden; entweder wird Säkularisierung als ein gegen- und areligiöser Prozess gedeutet oder aus der Weberschen Tradition als protestantisches Proprium interpretiert. Ulrich Barth weist darauf hin, dass dem Faktum der Ausdifferenzierung von Konfessionen in der religions-

---

25 Ebd., 105.

26 Ebd., 118.

27 Die gängige, aber durchaus problematische Verbindung von Reformation und Säkularisierung findet ihren Höhepunkt in einem in seiner nutzlosen Kompliziertheit amüsanten Zitat, das dem Leser nicht vorenthalten werden darf: „Denn die Reformation vollbringt weniger eine Säkularisierung als eine Desakralisierung der Religion, und sie desakularisiert parallel dazu die Welt, im Gegensatz zum Mittelalter, das, zweifellos mit derselben Absicht, die Welt desakralisierte, indem es die Religion desäkularisierte. Aber der Unterschied ist mehr scheinbar als wirklich." (*Gabriel Vahanian*, Säkularisierung, Säkularismus, Säkularität. Der Glaube und die Dinge, in: Zum Problem der Säkularisierung. Mythos oder Wirklichkeit – Verhängnis oder Verheißung?, hrsg. v. Franz Theunis / Hans-Werner Bartsch (Kerygma und Mythos, VI, 9), Hamburg 1977, 72–78, hier 73).

28 *Berger*, Dialektik, 123.

29 Vgl. ebd., 131.

soziologischen Diskussion recht geringer Raum eingeräumt wird; dies sei „ein höchst folgenreiches theoretisches Versäumnis", weil sich von hier Aufschlüsse über das Verhältnis von „religiöser Neutralisierung und sozialer Ausdifferenzierung" gewinnen ließen[30].

Einen gewichtigen Diskussionsbeitrag stellte Thomas Luckmanns Buch „The Invisible Religion" von 1967 dar. Obwohl es Luckmann primär um die Kritik der Säkularisierungsthese ging, hat er doch die Debatte durch den Hinweis auf unterschiedliche Ebenen von Religion und Religiosität produktiv stimuliert. Luckmanns These lautet, dass der Säkularisierungsbefund als Signum der Moderne nicht zutreffe und das Säkularisierungstheorem eher ein unsystematisches Konglomerat von Vorurteilen als eine explizite Theorie darstelle[31]. Was abgenommen habe, sei nicht Religion und Religiosität, sondern kirchliche Bindung[32]. Man müsse also mindestens zwischen der Säkularisierung der Sozialstruktur und der von Luckmann bestrittenen Säkularisierung des menschlichen Bewusstseins und der Kultur differenzieren. Religion sei als Orientierung an einer überpersönlichen Größe geradezu ein menschliches Grundbedürfnis; in Luckmanns Sicht ist ‚Religion' generell ein Element der Sozialisation von Menschen in eine gesellschaftliche Ordnung – und kann als solche gar nicht verschwinden oder abnehmen[33]. Wenn kirchliche Organisationen an Zulauf verlören, bedeute dies keinen Rückgang von Religion, sondern vielmehr nur, dass die Menschen ihre religiösen Bedürfnisse an anderer Stelle befriedigten.

Als Konsequenz aus Luckmanns These ergab sich im Folgenden eine Tendenz, Kirchen- und Religionssoziologie zu trennen[34] und auch eine Hinwendung der Religionssoziologie zu postkonventionellen religiösen Bewegungen; um von der Religionssoziologie als Religion anerkannt zu werden, bedurfte es nach der Luckmann-These keiner Kirche und keiner Theologie

---

[30] *Barth*, Art. „Säkularisierung I", 623.

[31] Vgl. *Thomas Luckmann*, Die unsichtbare Religion, 2. Aufl., Frankfurt a.M. 1993, 56.

[32] Vgl. ebd., 117.

[33] Diese weite Fassung des Religionsbegriffs ist beispielweise zusammengefasst in einem nachträglichen Resümee Luckmanns: „Es ist nach wie vor meine Ansicht, daß die grundlegende Funktion der ‚Religion' darin besteht, Mitglieder einer natürlichen Gattung in Handelnde einer geschichtlich entstandenen gesellschaftlichen Ordnung zu verwandeln. Religion findet sich überall dort, wo aus dem Verhalten der Gattungsmitglieder moralisch beurteilbare Handlungen werden, wo ein Selbst sich in einer Welt findet, die von anderen Wesen bevölkert ist, mit welchen, für welche und gegen welche es in moralisch beurteilbarer Weise handelt." (*Luckmann*, Unsichtbare Religion, 165.)

[34] Die einflussreiche ältere kirchensoziologische, oft statistisch arbeitende Forschung etwa eines Gabriel Le Bras, die das Problem der Säkularisierung über den Rückgang von Kirchenbesuch und -mitgliedschaft in der Moderne angeht, ist ein wichtiger negativer Bezugspunkt von Luckmanns Theorie; sie kann hier nur erwähnt werden. Vgl. *Heribert Smolinsky*, Art. „Le Bras, Gabriel", in: Biographisch-bibliographisches Kirchenlexikon, Bd. IV, hrsg. v. Friedrich Bautz / Traugott Bautz, Hamm 1992, 1297–1300.

mehr. In der neueren Forschung wird die inzwischen etablierte Differenz zwischen Kirchen- und Religionssoziologie mit dem Argument in Frage gestellt, eine für die Religionssoziologie interessante Religion müsse zumindest insoweit organisiert und institutionalisiert sein, dass sie sozial ins Gewicht fallen könne[35].

Nicht nur Luckmann hat die Kategorie der Säkularisierung kritisiert; offenbar gehörte die Kritik an seiner Unbrauchbarkeit immer zur Geschichte des Theorems. Ein klassischer und noch heute hilfreicher Text aus der Diskussion der 1960er Jahre versucht ein Zwischenfazit, das hinsichtlich der Begriffsbestimmung von Säkularisierung differenziert, aber auch skeptisch ausfällt. Larry Shiner fragt: „What *is* an index of secularization? [...] Is secularization a low score on a conventional index of religiosity? Or is it another form of religiosity? Or is it an independent process quite unrelated with religiosity?"[36] Shiners Interesse richtet sich auf die empirische Brauchbarkeit des Begriffs; in einem Durchgang durch die religionssoziologische Diskussion unterscheidet er mehrere, für sich jeweils sinnvolle Verwendungsweisen; damit initiierte er eine begriffskritisch-typologische Herangehensweise. Eine reflektierte Verwendung des Säkularisierungsbegriffs bedeutet also: klar zu sagen, was die Objekte, was der zeitliche Index, was das Erkenntnisinteresse ist.

Shiner unterscheidet sechs Typen des Begriffs und diskutiert deren Brauchbarkeit; der erste Typus, der Säkularisierung generell als „decline of religion" fasst, muss sich fragen lassen, woran eigentlich empirisch Maß genommen wird. Der zweite Typ bezeichnet eine Übereinstimmung von Gesellschaften, Menschen oder deren Einstellungen mit „this world"; wieder ist die Frage, wie dies empirisch beschreibbar ist. Außerdem weist Shiner darauf hin, dass diese Perspektive eine eminent christliche Optik voraussetzt: Übergroße Weltlichkeit sei schließlich immer schon ein Vorwurf rigoroser Christen gegen andere gewesen[37]. Eine dritte Möglichkeit, den Begriff zu füllen, besteht darin, ihn als politisches, aber auch kulturelles „disengagement of society from religion" zu verstehen. Davon klar abzugrenzen

---

[35] Vgl. *Pollack,* Säkularisierung, 11 f.

[36] *Larry Shiner,* The Concept of Secularization in Empirical Research, in: Journal for the Scientific Study of Religion 6 (1967), 207–220, hier 207.

[37] Vgl. ebd., 217. Zur traditionell christlichen Kritik an der ‚Verweltlichung' vgl. *Karl Dienst,* Der Pluralismus der Säkularisationskonzeptionen, in: Jahrbuch der Hessischen Kirchengeschichtlichen Vereinigung 21 (1970), 149–176, hier 170. Weitergehend ist die seit den 60er Jahren wiederholt vorgetragene Kritik von Joachim Matthes am Säkularisierungsbegriff zu bedenken, die darauf abstellt, dass die vorausgesetzte Konzeption von ‚Religion', und damit auch von ‚Säkularisierung', insgesamt selbst in so hohem Maße eine christlich-abendländische Genese besitzt, dass der Säkularisierungsbegriff nicht wertfrei und für außerchristliche Religionen überhaupt nicht zu benutzen sei. Vgl. dazu z. B. *Joachim Matthes,* Das bewachte Nadelöhr. Säkularisierung als Prozeß und als Deutungsmuster, in: Lutherische Monatshefte 2 (1994), 33–36. Pragmatische Kritik an Matthes' Begriffsrigorismus übt *Pollack,* Säkularisierung, 18.

ist die These von Säkularisierung als Transformation christlicher in nicht-christliche Gehalte, die vor allem in der deutschen philosophischen Diskussion, weniger in der empirischen Forschung eine Rolle gespielt habe (siehe Kapitel B. II.). Ein fünfter Typ ist Webers Entzauberung, die auf einen langfristigen Prozess der Entsakralisierung der Welt zielt. Eine ähnlich große zeitliche Reichweite besitzt der sechste Typus, der generell den Prozess der Bewegung von einer ‚sakralen' zu einer ‚säkularen' Gesellschaft bezeichnet. Shiner kommt letztlich zu einem Ergebnis, zu dem auch nach ihm viele Autoren gekommen sind: Der Begriff ist hochproblematisch – und viele Autoren, die ihn benutzen, vermischen seine unterschiedlichen Verwendungsweisen.

Die Diskussion hat sich seit den 1960er Jahren vielfältig differenziert und sehr verschiedene Weiterführungen der klassischen Säkularisierungsthese hervorgebracht[38]. Heute wird, wenn von Säkularisierung die Rede ist, nicht mehr das baldige Verschwinden von Religion diagnostiziert, sondern eher auf eine grundlegende Veränderung ihrer gesellschaftlichen Rolle abgehoben. An die Stelle von eindimensional kausalen Theorien treten in der neueren Literatur zunehmend multifaktorielle Modelle[39]. Theorien über die verschiedenen Möglichkeiten, die im Säkularisierungsbegriff konnotierten historisch-gesellschaftlichen Wandlungsprozesse zu beschreiben, liegen in großer Zahl vor. Doch was ihnen empirisch entspricht oder entsprach, ist heute nicht klarer als vor hundert Jahren: „Stellt man die Frage nach der Faktizität der Säkularisierung als Prozeß, so muß das Ergebnis, das eine Durchsicht der religionssoziologischen Literatur bietet, unbefriedigend bleiben. [...] Die Soziologie im allgemeinen und die Religionssoziologie im besonderen haben kein Instrumentarium zur Verfügung, das es erlauben würde, globale Trends zu bestimmen oder gar zu prognostizieren. Was einzig möglich ist, ist die Beobachtung von Einzelentwicklungen und der Versuch, Aussagen über deren weiteren Verlauf zu formulieren."[40]

Insofern ist es konsequent und auch außerhalb des von Hannah Arendt gemeinten Argumentationskontextes nachvollziehbar, wenn sie den Begriff der Säkularisierung konsequent auf eine politisch und kirchenrechtlich fassbare Konstellation beschränken möchte: „Säkularisierung als ein greifbares historisches Ereignis [!] ist nichts anderes als die Trennung von Staat und Kirche, von Religion und Politik, und bedeutet gerade vom Standpunkt des Religiösen aus nicht mehr als die Rückkehr zu dem ‚Gebet dem Kaiser, was des Kaisers ist, und Gott, was Gottes ist'; mit dem Verlust von Glauben und Transzendenz oder einem neu erwachenden Interesse an den Dingen dieser Welt hat das alles gar nichts zu tun."[41] Dennoch wäre gegen diese

---

[38] Vgl. dazu z. B. *Roberto Cipriani*, Sociology of Religion, New York 2000, 167–177.

[39] Vgl. *Tschannen*, Genèse de l'approche moderne de la sécularisation, 302.

[40] *Kehrer*, Einführung, 178 f.

sehr enge Fassung einzuwenden, dass – zumindest im französischen Sprachraum – mit dem Begriff der ‚laïcisation' bereits ein Terminus vorliegt, der die Trennung der Sphären von Kirche und Staat hinreichend klar benennt; der Säkularisierungsterminus bliebe dann gesellschaftlichen und kulturellen Entwicklungslinien jenseits der rechtlich-politischen Verfasstheit eines Gemeinwesens vorbehalten[42]. Und auch dort, wo der Begriff der Laisierung nicht so gängig ist wie im Französischen, scheint ein Bedarf für einen Terminus zu bestehen, der nicht nur verfassungsrechtlich abgrenzbare Prozesse und Ereignisse, sondern langfristige, grundlegende Veränderungen von Gesellschaftsstrukturen, mentalen Dispositionen und kulturellen Prägungen beschreibt. Denn offenbar ist ja, was immer der Begriff sonst meint, nicht einfach die politische Zurückdrängung der christlichen Kirchen gemeint; Säkularisierung ist, darüber herrscht in der Diskussion Einigkeit, zumindest auch als kulturelles Phänomen der Deutungsmacht zu begreifen: Sie besteht „im Verlust des Interpretationsmonopols" von Religion und Kirche[43].

Aber hat dieses Monopol jemals bestanden? Aus der Perspektive der Frühneuzeitforschung fällt an der weitverzweigten religionssoziologischen Debatte vor allem auf, dass zwei Grundannahmen über die Frühe Neuzeit erstaunlich selbstverständlich zu sein scheinen: erstens, worin Religion in der Vormoderne bestand; zweitens – und damit eng verknüpft –, dass sie in einem viel höheren Maße als heute von homogener Christlichkeit geprägt gewesen sei. Abgesehen davon, dass diese Prämissen in der neueren historischen Forschung sehr differenziert bewertet werden, fällt auf, dass Religionssoziologen bis vor wenigen Jahren relativ ungebrochen davon ausgingen, „daß zwischen Religion und Moderne ein Spannungsverhältnis besteht. Religion wird dann vor allem durch Merkmale wie Traditionalität, Irrationalität, Autoritarismus und Einheitsstiftung charakterisiert, die mit der mobilen, funktional differenzierten, pluralen und individualisierten modernen Welt inkompatibel seien."[44] Wo dies nicht getan wurde, entwarfen und entwerfen Soziologen Konzepte ‚säkularer Religiosität'; ähnlich wie bei Luckmann wird von einem relativ weiten Religionsbegriff und einem konstanten Bedürfnis nach überpersönlicher Orientierung ausgegangen. Rockmusik und Spitzensport erscheinen hier als moderne Äquivalente vormoderner Religiosität[45]. Aus der Sicht der Frühneuzeitforschung ist aber in Frage zu

---

[41] *Hannah Arendt,* Vita activa oder Vom tätigen Leben, 4. Aufl., Frankfurt a.M. 1985, 249.

[42] Vgl. *Jean Baubérot,* Laïcité, laïcisation, sécularisation, in: Problèmes d'histoire des religions 5 (1994), 9–19.

[43] *Marramao,* Säkularisierung, 13. Als kulturgeschichtliche Interpretationskategorie im weiten Sinne begreift Säkularisierung auch *Matthias Petzoldt,* Säkularisierung – eine noch brauchbare Interpretationskategorie?, in: Berliner Theologische Zeitschrift 11 (1994), 65–82.

[44] *Pollack,* Säkularisierung, 24.

stellen, ob die moderne „hybridité religieuse" tatsächlich ein „caractéristique principale de la modernité" – und nicht auch schon der Vormoderne – ist[46]. Die Kritik Trutz Rendtorffs (die sich gegen die Säkularisierungsthese insgesamt richtet), die Soziologie überschätze vielleicht die Religiosität vormoderner Gesellschaften, und man wisse empirisch einfach zu wenig über subjektive Haltungen zu Kirche und Religion etwa im 16. und 17. Jahrhundert[47], muss bei Frühneuzeithistorikern auf offene Ohren stoßen[48]. Dass im Säkularisierungsprozess „traditional certainties fade" und religiöse Tradition ihre „self-evidence" verliere, setzt eine relativ stabile Sicht dessen voraus, was vormoderne Religion ist[49]. Die religionssoziologische Säkularisierungsdebatte hat diese relativ stabile Sicht im Wesentlichen bis heute beibehalten.

Ein weiterer Gemeinplatz der soziologischen Debatte ist die Beschreibung von Säkularisierung als gesellschaftliche Differenzierung. Als Zusammenfassung seiner Forschungen hat der Soziologe Karel Dobbelaere 1982, in erweiterter Fassung 2002, seine Sicht der Säkularisierung als gesellschaftliche Differenzierung vorgestellt. Schon Weber hatte in der Differenzierung und Autonomisierung von Gesellschaftsbereichen und den ihnen korrespondierenden „Wertsphären" eine der Säkularisierung korrespondierende Entwicklung gesehen. Allerdings ist bei Weber nicht recht klar, was wodurch bedingt wird: Forciert die gesellschaftliche Differenzierung als Prozess *sui generis* Säkularisierung, oder ist es die Säkularisierung der Gesellschaft als Entzauberung, die die unterschiedlichen Teilbereiche der Gesellschaft freisetzt? Auch Dobbelaere beantwortet diese Frage nicht; ihm geht es eher darum, ein analytisches Beschreibungsinstrumentarium für die als fraglos angenommenen Säkularisierungsprozesse der Moderne zu entwickeln[50]. Zu diesem Zweck arbeitet er drei verschiedene Ebenen heraus: Er unterscheidet die „societal secularization", die auf den gesamtgesellschaftlichen Bedeutungsverlust von Religion abzielt, von der „organizational secularization", die sich auf die Kirchen und religiösen Organisationen bezieht. Hier bedeutet Säkularisierung eine Veränderung der Organisationsformen von Religion. Die dritte analytische Ebene schließlich ist die „individual secularization", die die Veränderung der Bedeutung von Religion

---

[45] Vgl. z. B. *Albert Piette,* Les religiosités séculières, une hybridité exemplaire pour l'anthropologie du religieux, in: Social Compass 41 (1994), 571–584.

[46] Ebd., 578.

[47] Vgl. *Trutz Rendtorff,* Gesellschaft ohne Religion. Theologische Aspeke einer sozialtheoretischen Kontroverse: Niklas Luhmann, Jürgen Habermas, München 1975, 12.

[48] Vgl. *Bock,* Secularization.

[49] *Kees Bolle,* Secularization as a Problem for the History of Religions, in: Comparative Studies in Society and History 12 (1970), 242–259, hier 243 f.

[50] Vgl. *Karel Dobbelaere,* Secularization. An Analysis at Three Levels, Brüssel 2002.

für das Individuum beschreibt. Die drei Ebenen, so nimmt Dobbelaere an, sind nicht identisch, aber miteinander verknüpft. Die ausdifferenzierte moderne Gesellschaft ermöglicht es, macht es aber auch notwendig, die Säkularisierungsfrage auf vielen verschiedenen Ebenen zu stellen; diese ist nicht reduzibel auf eine, etwa nur die gesellschaftsstrukturelle Ebene. In differenzierungstheoretischer Perspektive werden die möglichen verschiedenen Grade von Säkularisierung geradezu definiert als „different levels of differentiation between religion and the other sub-systems"[51].

Ähnlich wie Dobbelaere sehen viele Soziologen heute ein, wenn nicht *das* Spezifikum der modernen Gesellschaft im Faktum hoher gesellschaftlicher Differenzierung. Sie gilt als „a structural trend that serves to define the very structure of modernity"[52] und wird in der Regel als funktionale Differenzierung beschrieben: Die verschiedenen Teilbereiche der Gesellschaft erfüllen jeweils ganz eigene, nur von ihnen selbst zu leistende Funktionen; sie gewinnen damit eine gewisse Autonomie gegenüber den Ansprüchen anderer Teilbereiche. Kein Gesellschaftsbereich kann sich anmaßen, andere Gesellschaftsbereiche bis in Inhalte und Strukturen ihres Funktionierens zu dominieren. Für die Religion bedeutet dies: Auch sie ist im Prozess der Herausbildung der Moderne ein gesellschaftlicher Funktionsbereich unter anderen geworden, der weder die Legitimation noch die Mittel besitzt, gesamtgesellschaftlich Einfluss zu nehmen. Die funktionale Differenzierung hat damit zweifellos zu einer Veränderung des Gewichtes von Religion für die Gesamtgesellschaft beigetragen.

Eine elaborierte, aber auch idiosynkratische Version der Theorie von Säkularisierung als / im Prozess der funktionalen Differenzierung hat Niklas Luhmann ausgearbeitet. Er versteht Säkularisierung als „eine der Konsequenzen des Umbaus der Gesellschaft in Richtung auf ein primär funktional differenziertes System, in dem jeder Funktionsbereich höhere Eigenständigkeit und Autonomie gewinnt, aber auch abhängiger wird davon, daß und wie die anderen Funktionen erfüllt werden"[53]. Die funktionale Differenzierung der Gesellschaft habe zu einer Konzentration und Monopolisierung von gesellschaftlichen Aufgaben in Teilsystemen geführt, die nicht einfach in die Funktionsabläufe der jeweils anderen eingreifen können; es gibt kein Supersystem, das alle anderen integriert. Der Ablauf von Säkularisierungsprozessen seit der Konfessionsspaltung habe dabei verdeutlicht, „daß die Funktionen der Politik, des Rechts, dann auch der Wissenschaft und der Erziehung nur außerhalb des Religionssystems angemessen erfüllt werden können"[54]. Luhmann nimmt an, dass es historisch die Autonomisie-

---

[51] Ebd., 189.

[52] *Casanova*, Public Religions, 39.

[53] *Niklas Luhmann*, Säkularisierung, in: ders., Funktion der Religion, 4. Aufl., Frankfurt a.M. 1996, 225 – 271, hier 255.

[54] Ebd., 245.

rung anderer Funktionssysteme – etwa der Politik und des Rechts – gewesen sei, die die Entmischung von Religion und anderen Funktionen vorangetrieben habe. Als „Nebeneffekt" sei dabei „die gesteigerte Ausdifferenzierung auch des Religionssystems" eingetreten[55]. Dies bedeutet: Die Religion verliert ihre Fähigkeit, die Gesellschaft als ganze zu integrieren[56], aber sie kommt insofern zu sich selbst, als sie ‚nur noch' Religion sein muss. Sie kann und soll nicht mehr alle möglichen anderen gesellschaftlichen Funktionsbedürfnisse stillen, sondern kann sich auf ihre Kernaufgabe konzentrieren. Das bedeutet sicher einen Bedeutungsverlust, vor allem aber eine Funktionsspezifizierung[57]. Für die Entwicklung hin zur Moderne nimmt Luhmann ein zweiphasiges Modell an, in dem nach dem Auseinanderbrechen der *christianitas* z. B. das Freidenkertum und der Pietismus die alten Koordinaten religiöser Kommunikation verschoben hätten, bevor es zu einer funktionalen Ausdifferenzierung des Religionssystems gekommen sei[58]. Diese funktionale Differenzierung verlagert das Handeln und Kommunizieren innerhalb des Religionssystems auf die Individuen; diese können, je nach Bedarf, am Religionssystem partizipieren oder es eben auch lassen. In diesem Sinne wäre Säkularisierung „die gesellschaftsstrukturelle Relevanz der Privatisierung religiösen Entscheidens"[59].

Nun tut sich, wie Luhmann bemerkt, gerade das Religionssystem besonders schwer mit funktionaler Differenzierung – weil Religion einen Absolutheitsanspruch formuliert oder formuliert hat oder formulieren könnte[60]. Religiöse Orthodoxie ist im Laufe der Moderne immer mehr zu „einem gesellschaftsweiten Anspruch auf Richtigkeit der Meinung" geworden, der „mit nur teilsystemspezifischen Mitteln vertreten wird"[61]. Insofern ist der Säkularisierungsbegriff nicht nur ein Begriff, mit dem Sozialwissenschaftler die Gesellschaft als ganze beschreiben können, sondern vor allem ein Terminus, mit dem das Religionssystem selbst seine Umwelt bezeichnet: Als

---

[55] Ebd., 256.

[56] Vgl. *Alois Hahn,* Religion, Säkularisierung und Kultur, in: Säkularisierung, Dechristianisierung, Rechristianisierung im neuzeitlichen Europa, hrsg. v. Hartmut Lehmann, Göttingen 1997, 17–31, hier 20–22.

[57] Vgl. *Luhmann,* Säkularisierung (1996), 247. Gegen Luhmanns Sicht, die primär auf die funktionale Spezifikation von Religion abstellt, wird man in längerer historischer Perspektive einwenden können, dass Säkularisierung damit eben auch eine „Zurücknahme und schubweises Unplausibelwerden seiner [d. h. des Christentums] Höchstrelevanzansprüche" bedeutet, so *Hartmann Tyrell,* Religionssoziologie, in: Geschichte und Gesellschaft 22 (1996), 428–457, hier 448. Eine Nebeneinanderstellung der Elemente der „Ausdifferenzierung gesellschaftlicher Teilsysteme" und dem „Schwund traditionell-kirchlicher Bindungen" liest man auch bei *Lutz von Padberg,* Säkularisierung – das Paradigma der Neuzeit?, in: Theologische Beiträge 22 (1991), 230–248.

[58] Vgl. *Luhmann,* Säkularisierung (1996), 259 f.

[59] Ebd., 232.

[60] Vgl. ebd.

[61] Ebd., 257.

„Leitbegriff für erfahrene Nichtübereinstimmung" bildet der Säkularisierungsbegriff damit in gewisser Weise einen Nachfolgebegriff der Sünde[62].

Die christliche Kritik an der Verweltlichung, die ja älter ist als die Säkularisierung[63], wird hier mit dem Säkularisierungsbegriff verschmolzen –
wobei unklar bleibt, ob der Begriff damit als sozialwissenschaftlicher Beschreibungsbegriff ganz aufgegeben wird. In späteren Stellungnahmen hat
Luhmann den Begriff als „unbrauchbar" bezeichnet, ihn aber wiederum
nicht verworfen, denn es sei ja deutlich – so der kleinste mögliche Nenner –
dass um 1800 „gravierende Veränderungen [...] offen zutage treten", für
die ein Begriff gebraucht werde[64]. Luhmann konzentriert den Säkularisierungsbegriff aber immer mehr auf seine Funktion als Beobachtungsbegriff
des Religionssystems: Dieses beobachte den Rest der Gesellschaft und nen-
ne ihn säkularisiert. Damit beschränkt Luhmann den Begriff auf zweifache
Weise: Er möchte ihn nicht mehr als sozialwissenschaftlichen Terminus ansetzen und ihn vor allem auch nicht als kulturgeschichtlichen Deutungs-
begriff verwenden: „Es geht also nicht um Weltobjekte irgendwelcher Art.
Wir wollen nicht von einer Säkularisierung des Mondes sprechen, wenn ihm
bzw. ihr göttliche Qualitäten abgesprochen werden."[65]

Die Religion ist nach Luhmanns Ansicht in der Moderne nicht in einer
durch Säkularisierung ausgelösten „Krise" – dies schon deshalb nicht, weil
keine Änderung abzusehen sei –, sondern schlicht in der Lage funktionaler
Differenzierung[66]. Diese bereite dem Religionssystem aber offenbar größere
Probleme als z. B. dem Wirtschafts- oder dem Wissenschaftssystem. Dass
die Religion selbst in einer unklaren Haltung zur funktionalen Differenzierung beharre, lasse sich, so Luhmann, daran ablesen, dass sie die negativen
Kopplungseffekte von Exklusionen aus gesellschaftlichen Teilsystemen
nicht mittrage: Wer aus dem Erziehungssystem exkludiert wird, wird auch
aus dem Wissenschaftssystem ausgeschlossen, wird im Wirtschaftssystem
nicht reüssieren etc. In die Kirche gehen kann er aber immer noch[67]. Der
tendenzielle Anspruch des Religionssystems auf ein Deutungsmonopol, das
in der funktional differenzierten Gesellschaft nicht vorgesehen ist[68], führe

---

[62] Ebd., 227 f.

[63] Vgl. *Dienst*, Pluralismus, 170.

[64] *Niklas Luhmann*, Säkularisierung, in: ders., Die Religion der Gesellschaft,
Frankfurt a.M. 2000, 278 – 319, hier 278, 281.

[65] Ebd., 282.

[66] Vgl. ebd., 317.

[67] Vgl. ebd., 301 ff. Pollacks Einschätzung, dass „die Akzeptanz religiöser Vorstellungen und Praktiken kaum eine Relevanz für den Zugang zu anderen Gesellschaftsbereichen hat", trifft zu – jedenfalls dann, wenn Religion sich in das Schicksal funktionaler Differenzierung fügt; vgl. *Pollack*, Säkularisierung, 13.

[68] Auch in der Moderne äußern sich Bischöfe zu wirtschaftlichen und politischen
Fragen, während Manager und Politiker eher keine öffentlichen Positionen zu religiösen Problemen einnehmen. Darin sieht Marc Chaves im Anschluss an Luhmann

zu einer aufschlussreichen Divergenz in der Selbst- und Fremdbeschreibung des Religionssystems. Während Religion, wenn sie sich ernst nehme, sich selbst nur im Singular beschreiben könne, habe die Gesellschaft den auf Pluralität angelegten Vergleichsbegriff der „Kultur" ausgebildet: „Wenn von der Religion aus gesehen die Gesellschaft als säkularisiert beschrieben wird, so von der Gesellschaft aus gesehen die Religion als Kultur."[69]

Eine mögliche Reaktion des Religionssystems auf diese Situation sei der Fundamentalismus, der eine hegemoniale Funktion der Religion innerhalb der Gesellschaft behaupte; insofern sei Fundamentalismus kein antimodernes, traditionales Phänomen, sondern eine Konsequenz der funktionalen Differenzierung, mit der sich Religion besonders schwer tue[70]. Religion sei zwar in der modernen Gesellschaft ein ausdifferenziertes Funktionssystem mit hoher eigener Systemlogik, aber die Selbstbeschreibung des Religionssystems könne wegen ihres Totalitätsanspruches mit der Logik der funktionalen Differenzierung in Konflikt geraten: „Dies alles wäre kein ernstliches Problem, wenn man sicher sein könnte, daß Religion in der modernen Gesellschaft nur als Religion in Betracht kommt, so wie Fußball nur als Fußball."[71]

Genau dies wirft aber die Frage nach dem modernen Fundamentalismus auf: Ist er eine Zurücknahme funktionaler Differenzierung[72]? Oder ist er überhaupt nur auf der Basis funktionaler Ausdifferenzierung möglich geworden[73]? Ist damit die Säkularisierungsthese falsifiziert oder verifiziert?

---

ein Indiz dafür, dass „differentiation is problematic for religion and religious professionals in a way that is not problematic for other subsystems"; auch sei Religion das einzige Subsystem, das für diese Entwicklung einen eigenen Terminus, in diesem Fall nämlich ‚Säkularisierung', ausgebildet habe. Vgl. *Marc Chaves*, Secularization. A Luhmannian Reflection, in: Soziale Systeme 3 (1997), 439–449, hier 443; vgl. auch *Peter Beyer*, Religion, Residual Problems, and Functional Differentiation. An Ambiguous Relationship, in: Soziale Systeme 3 (1997), 219–235.

[69] *Niklas Luhmann*, Religion als Kultur, in: Das Europa der Religionen. Ein Kontinent zwischen Säkularisierung und Fundamentalismus, hrsg. v. Otto Kallscheuer, Frankfurt a.M. 1996, 291–315, hier 313. Insofern vermutet Luhmann, dass „die These einer säkularisierten Gesellschaft der verzweifelte Versuch sei, an der Zentralität der Religionsfrage für das Problem der gesellschaftlichen Ordnung festzuhalten – aber eben nur noch in Negativfassung." (*Luhmann*, Säkularisierung (2000), 281.)

[70] Vgl. ebd., 308.

[71] Ebd., 315.

[72] Zum Problem der gesellschaftlichen Entdifferenzierung vgl. *Jürgen Gerhards*, Funktionale Differenzierung der Gesellschaft und Prozesse der Entdifferenzierung, in: Autopoiesis. Eine Theorie im Brennpunkt der Kritik, hrsg. v. Hans Fischer, Heidelberg 1993, 263–280, hier 277; *Eugen Buß/Martina Schöps*, Die gesellschaftliche Entdifferenzierung, in: Zeitschrift für Soziologie 8 (1979), 315–329.

[73] Vgl. *Frank Lechner*, Fundamentalism and Sociocultural Revitalization. On the Logic of Dedifferentiation, in: Differentiation Theory and Social Change. Comparative and Historical Perspectives, hrsg. v. Jeffrey Alexander/Paul Colomy, New York/Oxford 1990, 88–118, hier v.a. 114. – In welcher Weise bereits der frühneuzeitliche ‚Konfessionsfundamentalismus' Symptom oder Reflex einer Differenzierungskrise

Die Soziologie Luhmannscher Provenienz hat mit ihrer evolutionstheoretisch inspirierten Sicht funktionaler Differenzierung, für die – wegen der hohen Spezifizierung und Autonomisierung der Teilsysteme – insgesamt Irreversibilität angenommen wird, ein gewisses Problem sowohl mit dem Fundamentalismus und anderen Phänomenen möglicher Entdifferenzierung als auch mit neueren religiösen Bewegungen, wenn diese sich nicht der funktionalen Differenzierung fügen wollen. Diese Unzulänglichkeit teilt sie allerdings mit vielen Varianten der Säkularisierungsdiskussion, weil sie offen lässt, wie mit dem Faktum umzugehen ist, dass die Moderne nicht nur religionsantagonistisch, sondern auch religionsproduktiv gewirkt hat[74]. In Aufnahme der ungelösten Probleme in Luhmanns religionssoziologischen Arbeiten hat Marc Chaves den Vorschlag gemacht, von funktionaler Differenzierung dann zu sprechen, wenn Religion (hier vor allem: der Klerus) nicht mehr über Außerreligiöses zu entscheiden habe. Diese Entwicklung nennt er „societal secularization"[75]. Ihr stellt er, ähnlich wie Dobbelaere, zwei weitere Prozesse an die Seite: Im Prozess der individuellen Säkularisierung geht es um die Orientierung oder Nichtorientierung individueller Lebensstile an Religion; die organisationelle Säkularisierung betrifft die Frage danach, wie weit die religiösen Organisationen, vor allem die Kirchen, mit inner- oder außerreligiösen Codes umgehen, wie weit sie sich z. B. an die Anforderungen der nichtreligiösen Gesellschaft anpassen[76].

Die Differenzierung zwischen verschiedenen Objekten und Ebenen möglicher Säkularisierung – der Gesellschaft als ganzer mit ihren verschiedenen funktionalen Teilsystemen mitsamt den ihnen entsprechenden Rollen, den kulturellen Deutungsmustern, dem Denken und Handeln des Individuums, schließlich der Religion – scheint sich in der neueren Religionssoziologie durchzusetzen[77]. So ist etwa José Casanovas Ansatz breit rezipiert worden, der von drei separaten Theoriesträngen ausgeht: Differenzierung der Gesellschaft, Niedergang sowie Privatisierung der Religion[78]. Die wichtigste Entwicklung dabei ist auch für Casanova die Differenzierung der Gesellschaft in autonome Teilbereiche. Sie ist es nämlich, die die Moderne, und damit auch die Rolle von Religion in der Moderne, gesellschaftsstrukturell von der Vormoderne unterscheidet, nicht etwa individu-

---

ist, wäre weiter zu diskutieren. Vgl. jüngst *Heinz Schilling* (Hrsg.), Konfessioneller Fundamentalismus. Religion als politischer Faktor im europäischen Mächtesystem um 1600, München 2007.

[74] Vgl. *Pollack*, Säkularisierung, 24–27; *Suppanz*, Säkularisierung, 19 f.

[75] *Chaves*, Secularization, 441.

[76] Vgl. ebd., 447.

[77] Vgl. *Michael Ebertz*, Das religiöse Gesicht in der modernen Gesellschaft. Chancen, ihm zu begegnen. Vortrag zur Begegnung der ref. und kath. Synoden am 12. Mai 2005 in Zürich, in: http://zh.ref.ch/content/e6/e73/e9431/e10619/Gesicht.pdf (Datum des letzten Besuchs: 09. 03. 2008).

[78] *Casanova*, Public Religions, 20.

elle Glaubensüberzeugungen. Die politische und weltanschauliche Struktur der vormodernen Welt, so Casanova, folgte christlichen Parametern: „It was the structure itself that was religious, that is, Christian, not necessarily the personal lives that people lived within it [...] the assumption that premodern Europeans were more religious than modern ones reveals itself precisely as that, an assumption in need of confirmation."[79] Nicht das Ausmaß an Frömmigkeit ist es also, das die vormoderne Gesellschaft auszeichnet, sondern ihre Einbindung in die Struktur der Gesellschaft[80]. Für die Prozesse gesellschaftlicher Differenzierung und Säkularisierung in den letzten 500 Jahren nimmt Casanova mehrere Faktoren an, unter denen er die Reformation, die frühmoderne Staatsbildung, den frühmodernen Kapitalismus und die wissenschaftliche Revolution nennt. Diese Faktoren hätten in unterschiedlichen Regionen und zu unterschiedlichen Zeiten zur Säkularisierung beigetragen; ihr differenziertes Zusammenspiel habe aber auch „different historical patterns of secularization" in unterschiedlichen Konfessionen und Staaten hervorgebracht. Die an sich naheliegende Vorstellung unterschiedlicher Säkularisierungspfade sei, so Casanova, bislang nicht ernsthaft untersucht worden: „Only the conviction that religion was going to disappear may explain the fact that the overwhelming evidence showing that different modern societies evince different patterns of secularization could have been ignored or found irrelevant for so long."[81]

Von der durch Differenzierung ausgelösten Säkularisierung trennt Casanova die Vorstellung eines Niedergangs von Religion. Während Gesellschaftsdifferenzierung unleugbar ein Faktum der Moderne sei, müsse im Fall des „decline" doch inzwischen als eher fraglich gelten, ob der europäische Weg die Norm oder nicht doch der Sonderweg sei. „Turning the European explanation on its feet, what truly demands explanation are two things: namely, the striking European pattern of secularization, that is, the dramatic decline of religion there; and the fact that Europeans, and most social scientists, have refused for so long to face or to take seriously the American counterevidence."[82] Casanova formuliert wiederum eine historische These: Überall dort, wo es keine Staatsreligionen, keine „caesaropapist church states" wie in Europa gegeben habe, sei es auch nicht zur Säkularisierung im Sinne des Niedergangs von Religion gekommen[83]. Der dritten möglichen These von Säkularisierung als Privatisierung von Religion steht Casanova eher skeptisch gegenüber; er hält sie angesichts der religiösen Be-

---

[79] Ebd., 16.

[80] Entsprechend behauptet Luhmann, es sei „grundfalsch, sich das Mittelalter als eine Epoche besonders intensiver Frömmigkeit vorzustellen." (*Luhmann*, Säkularisierung (2000), 301.)

[81] *Casanova*, Public Religions, 25; vgl. in diese Richtung auch *Schlögl*, Rationalisierung, 37–64.

[82] *Casanova*, Public Religions, 28.

[83] Vgl. ebd., 29.

wegungen außerhalb Europas für ein liberalistisches Vorurteil. „Unlike secular differentiation, which remains a structural trend that serves to define the very structure of modernity, the privatization of religion is a historical option, a ,preferred option', to be sure, but an option nonetheless."[84]

Detlef Pollack stimmt in seiner jüngeren Untersuchung Casanova in vielen Punkten zu; auch er betont die Bedeutung funktionaler Differenzierung, möchte aber die Gesellschaftsdifferenzierung nicht so kategorisch vom Problem des Niedergangs von Religion trennen, wie dies Casanova vorschlägt: „Bedeutet funktionale Differenzierung nicht, dass Religion ihren beherrschenden Einfluß auf viele Aspekte des gesellschaftlichen Lebens [...] verliert und sich insofern mit gesellschaftlichen Funktionsverlusten abfinden muß?"[85] Pollacks empirische Untersuchungen zur deutschen Gegenwartsgesellschaft laufen darauf hinaus, dass traditionale Religion durch Modernisierung in ihrer sozialen Relevanz geschwächt, neuere Formen dagegen befördert werden[86]. Engagiert beharrt Pollack darauf, dass eine ernsthafte Diskussion über Säkularisierung sowohl einen gehaltvollen Begriff von Moderne als auch von Religion voraussetzt[87]. Sehr vorsichtig definiert er, eine hundert Jahre alte Diskussion resümierend: „Säkularisierung wäre dann also definiert als ein Prozess der Abnahme der gesellschaftlichen Bedeutung von Religion, der in irgendeiner, genauer zu spezifizierenden Weise mit Modernisierungsprozessen im Zusammenhang steht."[88]

Im Zuge der ,Rückkehr der Religion' ist weniger das Interesse an einem emphatischen Säkularisierungsbegriff als an den in dieser Kategorie implizierten Problemen wieder aufgekommen: Die Säkularisierungsthese, die doch wegen ihrer zahlreichen konzeptuellen Unzulänglichkeiten auf Skepsis stößt, ist in der Religionssoziologie wie in der Theologie und der Politikwissenschaft, aber auch in der Tagespublizistik zumindest wieder in der Diskussion. Niemand vertritt dort mehr klassische Thesen vom Ende der Religion; eher dreht sich die unabgeschlossene Diskussion um die Frage, ob und wieweit sich die Säkularisierung Europas – wenn sie denn stattgefunden hat – als Norm der Modernisierung beschreiben lasse, oder ob nicht gerade Europa die große Ausnahme sei[89]. Dies provoziert die Frage, ob ein dem christlichen Europa analoger Säkularisierungsprozess für andere Welt-

---

84 Ebd., 39.

85 *Pollack,* Säkularisierung, 4.

86 Vgl. ebd., 16.

87 Vgl. ebd., 23; *Pollack,* Was ist Religion?, 163–190.

88 *Pollack,* Säkularisierung, 5.

89 Vgl. etwa *David Martin,* Europa und Amerika. Säkularisierung oder Vervielfältigung der Christenheit – zwei Ausnahmen und keine Regel, in: Kallscheuer, Europa der Religionen, 161–180; *Klaus Eder,* Europäische Säkularisierung – ein Sonderweg in die postsäkulare Gesellschaft?, in: Berliner Journal für Soziologie 12 (2002), 331–343; *Hans Joas / Klaus Wiegandt* (Hrsg.), Säkularisierung und die Weltreligionen, Frankfurt a.M. 2007.

regionen und -religionen denkbar erscheint[90]. Selbst für Europa wird aber, im Anschluss an die Thesen Casanovas, in Frage gestellt, ob Säkularisierung sinnvoll als Privatisierung von Religion beschrieben werden kann oder ob nicht doch Religion in vielfältigen (Teil-)Öffentlichkeiten moderner europäischer Gesellschaften eine hervorstechende Rolle spielt[91]. Auch dort, wo nicht von islamischem Fundamentalismus oder esoterischen Neu-Religionen die Rede ist, sondern von den Wertfundamenten Europas, diagnostizieren selbst entschiedene Modernisten neuerdings die „unabgeschlossene Dialektik des eigenen, abendländischen Säkularisierungsprozesses"[92].

Auch Philosophen und Politikwissenschaftler operieren, wenn auch oft in kritischer Distanzierung, angesichts der anscheinend sich neu ausrichtenden Rolle von Religion in der globalisierten Welt wieder mit dem Begriff – in erster Linie fügen sie dabei aber den zahlreichen Diskussionen um seine Brauchbarkeit weitere hinzu[93]. In vielen Fällen wird keine eigene Säkularisierungstheorie ausgearbeitet. Die Theologie z. B. versucht eher, im Abarbeiten an der begriffs- und interpretationsgeschichtlichen Tradition eine Position abzustecken, um die Rolle der Kirche in der Gegenwart angemessen einschätzen zu können und daraus praktische Schlussfolgerungen zu ziehen[94]. Bei aller Skepsis gegenüber dem Säkularisierungsbegriff wird auch hier letztlich an ihm festgehalten: Seine Bedeutung ergebe sich daraus, „daß er die bislang durch keinen anderen Begriff ersetzbare Kategorie zur Interpretation eines komplexen kulturgeschichtlichen Prozesses darstellt"[95].

Neue systematische Aspekte des Säkularisierungsbegriffs jenseits der skizzierten Diskussionen, die sich für historisch-empirische Untersuchun-

---

[90] Vgl. *Petzoldt,* Säkularisierung, 74.

[91] Vgl. *Karl Gabriel,* Säkularisierung und öffentliche Religion. Religionssoziologische Anmerkungen mit Blick auf den europäischen Kontext, in: Jahrbuch für christliche Sozialwissenschaft 44 (2003), 13–36.

[92] *Jürgen Habermas,* Glauben und Wissen. Friedenspreis des Deutschen Buchhandels 2001. Laudatio: Jan Philipp Reemtsma, Frankfurt a.M 2001, 11. Vgl. zum Problemzusammenhang *Christian Geyer,* Vom Recht der Pilatus-Frage. Religiöse Wahrheit bei Jürgen Habermas, Richard Rorty und William James, in: Kursbuch 149 (2002), 81–87.

[93] Vgl. z. B. *Mathias Hildebrandt / Manfred Brocker / Hartmut Behr* (Hrsg.), Säkularisierung und Resakralisierung in westlichen Gesellschaften. Ideengeschichtliche und theoretische Perspektiven, Opladen 2001; vgl. jüngst *Christina von Braun / Wilhelm Gräb / Johannes Zachhuber* (Hrsg.), Säkularisierung. Bilanz und Perspektiven einer umstrittenen These, Berlin 2007; *Charles Taylor,* A Secular Age, Cambridge, Mass. 2007.

[94] Vgl. z. B. *Georg Pfleiderer,* „Säkularisierung". Systematisch-theologische Überlegungen zur Aktualität eines überholten Begriffs, in: Praktische Theologie 37 (2002), 130–153; *Elisabeth Roth / Rolf Schieder,* „Ihr seid Gottes Oikodome!" Eine praktisch-theologische Kritik der Säkularisierungstheorie, zugleich ein Plädoyer für eine christliche Deutung des Seins in der Zeit, in: Praktische Theologie 37 (2002), 116–129.

[95] *Petzoldt,* Säkularisierung, 68.

gen fruchtbar machen ließen, sind jedoch nicht auszumachen. Der Durchgang durch die religionssoziologische Säkularisierungsdebatte hat aber gezeigt, welche Implikationen der Begriff hat: Abgesehen von seiner – von konzeptionellen Vorannahmen abhängigen – Verifizierbarkeit steht immer in Frage, in welcher Weise Religion verstanden wird. Dies hat zum Beispiel Auswirkungen auf die Frage, welche Rolle man der Religion in vormodernen Gesellschaften zuweist. Weiter ist zu unterscheiden zwischen Säkularisierung als durch Religion (in der Regel in ihren protestantischen Varianten) selbst induziertem und einem gegen Religion arbeitenden, auf ihren Niedergang zielenden Prozess. Konsens herrscht heute weitgehend darüber, dass Säkularisierung in erster Linie als ein gesellschaftsstruktureller Prozess der funktionalen Ausdifferenzierung der Gesellschaft zu begreifen ist, in dessen Verlauf sich die Bedeutung der Religion für die Gesamtgesellschaft verändert habe. Ebenfalls zeichnet sich ein Konsens dahingehend ab, dass die Untersuchung von Säkularisierung auf verschiedenen Ebenen ansetzen und verschiedene partikulare Vorgänge analytisch trennen muss; das große Säkularisierungsnarrativ scheint also in die Phase seiner empirischen Überprüfung eingetreten zu sein – mit allen methodischen Folgerungen, die sich daraus ergeben.

II. Verlust und Transformation: Konzepte der (Geschichts-)Philosophie

Von einer Transformation von Religion ist in der religionssoziologischen Debatte weniger die Rede als von ihrem Niedergang[96]. In diesem Sinne, der ja unter anderem von Weber in die Debatte eingeführt worden ist, hat der Begriff aber eine ganz eigene, vor allem in der Philosophie geführte, Diskussion hervorgebracht, die sich nur punktuell mit der religionssoziologischen Debatte berührt. Auch diese Begriffsfassung besitzt einige Ambivalenzen; dennoch erscheint der Säkularisierungsbegriff in seiner Variante nicht als Rückzugs-, sondern als Transformationsbegriff relativ attraktiv. In dieser Version haftet ihm nämlich etwas an, was ihn für postmoderne Kulturtheorien anschlussfähig macht: die Aura des *Decouvrierenden*, jenes spektakuläre Moment der Aufschlüsselung verborgener Zusammenhänge[97]. Allerdings birgt die Transformationsvariante die nicht geringe Gefahr, mit Entdeckergestus entweder Banales oder Falsches zu behaupten. Der Kulturtheoretiker Boris Groys etwa schreibt: „Das kulturelle Gedächtnis ist ja die

---

[96] Vgl. dazu *Pollack*, Säkularisierung, 5.

[97] Verkürzend wird hier ein simplifizierender Begriffsgebrauch von ‚postmodern' und ‚Kulturtheorie' zugrunde gelegt, der im Einzelnen natürlich widerlegbar ist, insgesamt aber etwas Richtiges treffen dürfte; vgl. in diese Richtung *Terry Eagleton*, After Theory, London 2003.

säkularisierte Version des göttlichen Gedächtnisses."[98] Abgesehen davon, dass auch Gesellschaften, die an ein ‚göttliches Gedächtnis' geglaubt haben, in aller Regel kollektive Gedächtnisse ausgebildet haben – so dass die genetische Ableitungsbehauptung in Frage steht – tritt der mögliche Einwand, dass hier nichts säkularisiert, also transformiert, sondern einfach ersetzt worden ist. Wenn in einer neueren historischen Arbeit zu Verschwörungstheorien gesagt wird, von der Antike bis in die Gegenwart seien die Verschwörungstheorien zunehmend ‚säkularisiert' worden[99], dann hat diese Behauptung ihrerseits etwas Verschwörungstheoretisches: Denn einfacher und wohl auch plausibler wäre es zu behaupten, dass an die Stelle religiös gefärbter Verschwörungstheorien andere, säkulare, getreten seien, ohne dass irgendjemand oder irgendetwas die älteren Verschwörungstheorien hätte säkularisieren müssen oder können. Mit dieser eher nüchternen Formulierung wäre aber der Reiz aufgegeben, der offenbar dem Säkularisierungsbegriff als Chiffre für verdeckte Zusammenhänge, für „eine ganze Dimension verborgenen Sinnes"[100] innewohnt. Bei nüchterner Betrachtung vieler angeblicher Säkularisierungen ehemals christlicher Gehalte wird man jedenfalls methodisch fragen müssen, wie eigentlich die angenommene Transformation verifiziert werden kann[101].

Symptomatischerweise wird in diesem Zusammenhang öfter mit der organizistischen Metapher der ‚Wurzel' operiert[102]. Die Wurzel ist weder identisch mit der Pflanze insgesamt noch mit späteren Einzelteilen – den Blättern oder Blüten. Aber sie ist deren Voraussetzung. In diesem Sinne arbeitet die These von der Säkularisierung als Transformation mit der Idee, dass das Christentum eine unabdingbare historisch-genetische Voraussetzung der modernen säkularen Welt und ihrer Kultur gewesen sei; es habe Fragen gestellt und Antworten gegeben, die so umgeformt werden konnten, dass ihre Substanz erhalten geblieben, aber die christliche Hülle abgestreift worden sei. Ob historische Akteure und deren Intentionen in diesem Prozess der Säkularisierung eine Rolle spielen oder ob sich diese Entwicklung quasi naturhaft vollzog, wie die Wurzelmetapher nahelegt, wird dagegen selten dis-

---

[98] *Boris Groys,* Über das Neue. Versuch einer Kulturökonomie, München/Wien 1992, 122.

[99] Vgl. *Ute Caumanns / Mathias Niendorf,* Raum und Zeit, Mensch und Methode: Überlegungen zum Phänomen der Verschwörungstheorie, in: Verschwörungstheorien: Anthropologische Konstanten – historische Varianten, hrsg. v. dens., Osnabrück 2001, 197–210, hier 200.

[100] *Hans-Georg Gadamer,* Rezension: Hans Blumenberg, Die Legitimität der Neuzeit, in: Philosophische Rundschau 15 (1968), 201–209, hier 201 f.

[101] Vgl. *Giacomo Marramao,* Art. „Säkularisierung", in: Historisches Wörterbuch der Philosophie, Bd. 8, hrsg. v. Joachim Ritter / Karlfried Gründer / Rudolf Eisler, Basel u. a. 1992, 1133–1161, hier 1152.

[102] Vgl. *Alois Hahn,* Religiöse Wurzeln des Zivilisationsprozesses, in: Kultur im Zeitalter der Sozialwissenschaften. Festschrift für Friedrich H. Tenbruck, hrsg. v. Hans Braun / dems., Berlin 1984, 229–250.

kutiert[103]. Paradigmatisch für diesen Begriffsgebrauch stehen der Staatsrechtler Carl Schmitt und der Philosoph Karl Löwith.

„Die stärkste Form des Säkularisierungstheorems"[104] in diesem Sinne findet sich in Carl Schmitts Text „Politische Theologie" (1922). Schmitt stellt dort die geradezu zum klassischen Diktum avancierte These auf, alle relevanten modernen staatsrechtlichen Begriffe seien „säkularisierte theologische Begriffe"[105]. Bei Schmitt sind es also Begriffe, die ‚säkularisiert' werden, nicht die Gesellschaft als ganze; die Transformationsthese stellt insgesamt eher distinkte, oft kulturelle Einzelphänomene in den Mittelpunkt ihrer Betrachtungen und scheint daher leichter operationalisierbar. Dafür bürdet sie sich die schon angedeutete Beweislast auf, zeigen zu müssen, dass und in welcher Weise ehemals christliche Objekte, Begriffe etc. von den Merkmalen ihrer christlichen Herkunft gereinigt und in weltliche Deutungshoheit übernommen worden sind.

Schmitts Beispiel ist die politische Konstruktion des Ausnahmezustands. Der Ausnahmezustand, der eine gültige Rechtsordnung temporär aufhebt, ist für ihn die säkularisierte Form des Wunders, das den ebenfalls naturgesetzlich festgelegten Ablauf der Welt unterbricht. Damit tritt der Souverän, dem allein die Ausrufung des Ausnahmezustands zukommt, ja der geradezu durch diese Vollmacht definiert ist, an die Stelle des wundertätigen Gottes. Diese Analogie ist allerdings nicht zwangsläufig als eine historische Erset-

---

[103] Offenbar spielt aber in der Gegenwart die Reflexion über intentionale Säkularisierung als Transformation eine gewisse Rolle, wenn z. B. *Habermas,* Glauben und Wissen, 29, in diesem Sinne formuliert: „Eine Säkularisierung, die nicht vernichtet, vollzieht sich im Modus der Übersetzung."

[104] *Hans Blumenberg,* Die Legitimität der Neuzeit. Erneuerte Ausgabe, Frankfurt a.M. 1996 [Erstausgabe: 1966], 102.

[105] *Carl Schmitt,* Politische Theologie. Vier Kapitel zur Lehre von der Souveränität, 6. Aufl., Berlin 1993, 41. Die Idee einer Umformung von theologischen in rechtlich-politische Begriffe ist von Frühneuzeithistorikern als Arbeitshypothese öfter rezipiert worden; vgl. z. B. *Gerhard Oestreich,* Die Idee des religiösen Bundes und die Lehre vom Staatsvertrag, in: ders., Geist und Gestalt des frühmodernen Staates, Berlin 1969, 157–178; *Horst Dreier,* Kanonistik und Konfessionalisierung. Marksteine auf dem Weg zum Staat, in: Juristenzeitung 57 (2002), 1–13. Auch die Ritualforschung argumentiert vergleichbar: Ohne sich explizit auf Schmitt zu beziehen, sieht etwa Jörg-Dieter Gauger politische Rituale als Derivate christlicher Riten. Vgl. *Jörg-Dieter Gauger,* Staatsrepräsentation. Überlegungen zur Einführung, in: Staatsrepräsentation, hrsg. v. dems. (Schriften zur Kultursoziologie, 12), Berlin 1992, 9–17; für Fallbeispiele vgl. z. B. *Paolo Prodi,* Das Sakrament der Herrschaft. Der politische Eid in der Verfassungsgeschichte des Okzidents (Schriften des Italienisch-Deutschen Historischen Instituts in Trient, 11), Berlin 1997, 375–412; und auch die Einzelstudie *Marc Abélès,* Modern Political Ritual. Ethnography of an Inauguration and a Pilgrimage by President Mitterand, in: Current Anthropology 29 (1988), 391–404. – Die mit der Säkularisierungsdebatte in engem Zusammenhang stehende Diskussion um ‚politische Theologie' muss hier auf sich beruhen. Im Anschluss an Schmitt vgl. z. B. *Henning Ottmann,* Politische Theologie als Begriffsgeschichte. Oder: Wie man die politischen Begriffe der Neuzeit politisch-theologisch erklären kann, in: Der Begriff der Politik. Bedingungen und Gründe politischen Handelns, hrsg. v. Volker Gerhardt, Stuttgart 1990, 169–188.

zung zu verstehen; ganz im Gegenteil legt Schmitt nahe, dass ein Zeitalter, das an die Wundervollmacht Gottes glauben konnte, auch die Idee des absoluten Souveräns konzipierte, während die moderne, irreligiöse Welt ihre Entsprechung im schwachen, liberalen Staat des Parlamentarismus findet: „Das metaphysische Bild, das sich ein bestimmtes Zeitalter von der Welt macht, hat dieselbe Struktur wie das, was ihr als Form ihrer politischen Organisation ohne weiteres einleuchtet."[106] Der Begriff des Ausnahmezustands erscheint also einerseits als politisch-juristische Entsprechung zum theistischen Weltbild der Frühen Neuzeit, andererseits besteht er als säkulares Residuum dieser Epoche auch in der Zeit zunehmender Entchristlichung weiter. Schmitt changiert hier also zwischen genealogischen und strukturell-analogischen Behauptungen[107].

Karl Löwith bezieht den Begriff und die Kategorie der Säkularisierung anders als Schmitt nicht auf Begriffe, sondern auf Zeitkonzeptionen. Ihm geht es um den Unterschied zwischen den mittelalterlichen und auch noch frühneuzeitlichen Konzeptionen der Zeit, vor allem der Zukunft, und ihren modernen Nachfolgern. Seine These läuft darauf hinaus, dass die moderne Geschichtsphilosophie, klassisch etwa Hegel oder Marx, und die moderne Idee des Fortschritts eine säkularisierte Variante des jüdisch-christlichen, linearen und auf ein Ende hin orientierten Zeitverständnisses seien. Er versucht zu zeigen, „daß die moderne Geschichtsphilosophie dem biblischen Glauben an eine Erfüllung entspringt und daß sie mit der Säkularisierung ihres eschatologischen Vorbildes endet"[108]. Löwith arbeitet damit auf relativ breiter geistesgeschichtlicher Basis eine Vermutung aus, die vor ihm bereits von mehreren Theologen unter dem Stichwort „Säkularisierung der Eschatologie in der Philosophie" geäußert worden war[109]. Er grenzt die christliche und die moderne Zeitkonzeption von einem zyklischen Geschichtsverständnis ab, das er der griechischen Antike zuschreibt und insgesamt für das attraktivere Modell hält[110]. Anders als dieses nähmen sowohl die christlich-eschatologische Konzeption als auch die moderne Fortschrittsidee einen linearen Zeitverlauf an, der auf Ende oder Erfüllung hinauslaufe. „Infolge dieser ursprünglichen Abhängigkeit der Fortschrittsidee vom Christentum ist der moderne Fortschrittsgedanke zweideutig: er

---

106 *Schmitt*, Politische Theologie, 50.

107 Vgl. *Blumenberg*, Legitimität, 102 f.

108 *Karl Löwith*, Weltgeschichte und Heilsgeschehen. Die theologischen Voraussetzungen der Geschichtsphilosophie, 8. Aufl., Stuttgart / Berlin / Köln 1990, 11 f.

109 *Paul Althaus*, Die letzten Dinge. Lehrbuch der Eschatologie, 9. Aufl., Gütersloh 1964 [Erstausgabe: 1922], 18; *Ernst Troeltsch*, Der Historismus und seine Probleme, Buch 1: Das logische Problem der Geschichtsphilosophie, Gesammelte Schriften Bd. 3, Tübingen 1922, 57.

110 Wie sehr diese Abwehr sowohl von Geschichtstheologie als auch -philosophie auch die Abwehr eines Liberalen gegen die modernen Totalitarismen ist, betont *Jeffrey Barash*, The Sense of History. On the Political Implications of Karl Löwith's Concept of Secularization, in: History and Theory 37 (1998), 69 – 82.

ist seinem Ursprung nach christlich, und seiner Tendenz nach antichristlich."[111]

Die heftigste Kritik an der Säkularisierungsthese Schmittscher und Löwithscher Färbung hat Hans Blumenberg unternommen. Seine furiose Abfertigung der Transformationskonzeption steht dabei im Horizont der Idee, dass die Säkularisierungsthese die Neuzeit und ihre Selbstdeutungen in unangemessener Weise von vorneuzeitlichen Phänomen ableite und damit entwerte; sie nehme eine ‚Enteignung' christlicher Gehalte durch die postchristliche Neuzeit an, bezichtige sie damit des Unrechts und bestreite zumindest implizit die ‚Legitimität' der Neuzeit. Nun ist in begriffsgeschichtlichen Untersuchungen gezeigt worden, dass der Säkularisierungsbegriff, anders als Blumenberg annimmt, nicht in allen seinen Varianten von der rechtsgeschichtlichen Kategorie der Säkularisation (als Enteignung originär kirchlicher Besitzungen) abstammt. Blumenbergs Unterstellung, seine Gegner unterstellten eine Neuzeit, die nur durch Enteignung genuin christlicher Begriffe und Deutungen konstituiert sei, ist damit der Boden entzogen[112].

Es bleibt, unabhängig von der Unrechtskategorie der Enteignung, die Idee einer Transformation christlicher Gehalte und damit einer Abhängigkeit der Neuzeit von ihrer Vorgeschichte. Die Grundformel des Transformationstheorems, so Blumenberg, sei die immer zutreffende, daher aber auch höchst banale Formel: „Undenkbar ohne"[113]. Natürlich ist die Moderne ‚undenkbar ohne' das Christentum – aber was heißt das genau? Impliziert diese Aussage bereits, dass etwa zentrale Deutungsmuster der modernen Welt säkularisierte christliche Deutungsmuster sind? „Die bloße Feststellung, daß die moderne Welt, in der wir leben, außer sich selbst nicht viel [...] im Sinne hat, würde nicht rechtfertigen, diese ‚Verweltlichung' spezifisch mit dem Christentum in Zusammenhang zu bringen, das dann nur zufällig und beliebig die ‚Unweltlichkeit' einer Religion in der Vergangenheit dieser Gegenwart repräsentierte. Der Satz, die gegenwärtige Welt sei als Ergebnis der Säkularisierung des Christentums zu verstehen, will sich sicher so wenig zu sagen nicht begnügen. Aber was muß er sagen, wenn er mehr sagen will?"[114]

Um mehr zu sagen, so Blumenberg, müssten die Anhänger der Transformationsthese zeigen können, dass nicht nur – wie bei Schmitt und Löwith – Strukturentsprechungen zwischen christlichen und postchristlichen Begriffen oder Phänomenen bestehen. Sie müssten zeigen können, dass im Prozess der Säkularisierung tatsächlich ein Objekt übernommen und tradiert, aber

---

[111] *Löwith*, Weltgeschichte und Heilsgeschehen, 63.
[112] Vgl. *Zabel*, Art. „Säkularisation / Säkularisierung III", 829.
[113] *Blumenberg*, Legitimität der Neuzeit, 39.
[114] Ebd., 34.

auch auf spezifische Weise transformiert und nicht einfach nur ersetzt worden ist: „Der große übergreifende Prozeß der Verweltlichung der Welt erscheint jetzt nicht mehr als ein quantitativer Schwund, sondern als Inbegriff spezifizierbarer und transitiver qualitativer Umformungen, in denen jeweils das Spätere nur unter der Voraussetzung des ihm vorgegebenen Früheren möglich und verständlich wird."[115] Genau dies ist aber auch ein methodisches Problem der Geschichtswissenschaft: Wie kann man zeigen, dass ein Phänomen nicht nur ein anderes ersetzt, sondern das frühere aufgenommen und verändert hat? Dazu müsste man von ahistorischen Substanzen ausgehen, die zwar akzidentiell transformiert werden, in ihrem Kern oder ihrer Bedeutung aber identisch bleiben. Säkularisierung als Transformation erscheint somit als „Spezialfall von historischem Substantialismus insofern, als der theoretische Erfolg von der Nachweisung von Konstanten in der Geschichte abhängig gemacht wird"[116].

Genau diese akzidentielle Transformation einer mit sich identisch bleibenden Substanz bestreitet Blumenberg aber gegen Löwith im Falle der christlichen Eschatologie und des modernen Fortschrittsdenkens. Wenn auch beide eine lineare Zeitkonzeption voraussetzten, unterschieden sie sich doch auch so grundlegend, dass der Aufweis einer genetischen Ableitbarkeit nahezu unmöglich sei: Das von der Eschatologie angenommene Weltende sei ein transzendentes und ahistorisches Ereignis und impliziere keine geschichtsimmanente Zukunft, Fortschritt dagegen werde als weltimmanent und unendlich gedacht und beinhalte keine Endvorstellung[117]. Auch die spezifische Transformation von Eschatologie in Fortschrittsdenken – der Moment, an dem die eine in das andere umschlage – bleibe bei Löwith im Dunkeln, und dies sei charakteristisch: „Die Eschatologie mag für einen kürzeren oder längeren Augenblick der Geschichte ein Inbegriff von Hoffnungen gewesen sein – als es soweit war, die Fortschrittsidee zu Tage zu fördern, war die Eschatologie eher ein Inbegriff von Schrecken und Furcht."[118]

Gegen Löwiths (und Schmitts) These der Säkularisierung als Transformation bei substanzieller Identität setzt Blumenberg eine vorsichtigere, die er nur widerstrebend ebenfalls unter den Säkularisierungsbegriff stellen möchte. Blumenberg geht davon aus, dass es nicht Inhalte gewesen seien,

---

[115] Ebd., 12.

[116] Ebd., 37.

[117] Vgl. ebd., 39, 45. Mit Blumenberg geht auch *Horst Günther*, Zeit der Geschichte. Welterfahrung und Zeitkategorien in der Geschichtsphilosophie, Frankfurt a.M. 1993, davon aus, dass man es bei Eschatologie und Fortschrittsdenken nicht mit einer historisch-genetischen Abfolge, sondern schlicht mit zwei voneinander unabhängigen Phänomenen zu tun habe, denn: „Weltablehnung läßt sich nicht säkularisieren, auch nicht in eine Theodizee überführen" (ebd., 150).

[118] *Blumenberg*, Legitimität der Neuzeit, 40.

die gleich geblieben seien – z. B. die lineare, auf die Zukunft gerichtete Zeit-
vorstellung in Eschatologie und Fortschrittsdenken –, sondern dass sie als
differente Antworten auf identische Fragen reagieren: Die Frage nach der
Zukunft, die sich die Eschatologie wie die Geschichtsphilosophie gestellt
haben, findet je unterschiedliche Antworten: Damit ist Säkularisierung zu
verstehen „nicht als *Umsetzung* authentisch theologischer Gehalte in ihre
säkulare Selbstentfremdung, sondern als *Umbesetzung* vakant gewordener
Positionen von Antworten [...], deren zugehörige Fragen nicht eliminiert
werden konnten"[119].

Löwith hat dieser Position zugestimmt, aber darauf beharrt, dass es doch
gerade ein Signum von Säkularisierung sei, wenn ‚etwas' – ohne dass dieses
‚etwas' näher bestimmt würde – früher transzendent und jetzt weltimmanent gedacht werde[120]. Er verfehlt damit aber den Kern von Blumenbergs
Kritik und beharrt auf einer, wie Walter Jaeschke formuliert hat, „substantialistischen Säkularisierungsthese", die historisch eigentlich nie untersucht worden sei: „Die Evidenz des substantialistischen Säkularisierungsbegriffs ist an den Nachweis der Genealogie gebunden; dieser Nachweis ist
bislang ausgeblieben; statt dessen hat man sich mit den sattsam bekannten
Strukturanalogien begnügt."[121]

In der neueren Debatte auch außerhalb der Philosophie wird die Diskussion zwischen Löwith und Blumenberg durchaus ambivalent rezipiert: Teilweise wird das Problem des historischen Substantialismus der Transformationsthese dadurch umgangen, dass wiederum auf organische Metaphern
zurückgegriffen wird, wenn etwa Reinhart Koselleck behauptet, dass die
apokalyptische Erwartung sich seit der Mitte des 18. Jahrhunderts in einen
„geschichtlichen Hoffnungsbegriff" „verwandelte"[122]. In begriffsgeschichtlichen Arbeiten zum Fortschrittsbegriff wird dieser nie ganz, aber doch tendenziell der einen oder der anderen Interpretation unterzogen: Entweder
erscheint die moderne Fortschrittsidee als vollständig von religiös-eschato-
logischen Prämissen abgekoppelte Ersetzung der christlichen Zukunftserwartung[123] oder als ein ambivalentes Konglomerat säkularisierter traditioneller Vorstellungen und neuer Ergänzungen, die sich aus christlichen

---

[119] Ebd., 75.

[120] Vgl. *Karl Löwith,* Rez.: Hans Blumenberg, Die Legitimität der Neuzeit, in: Philosophische Rundschau 15 (1968), 195–201.

[121] *Walter Jaeschke,* Die Suche nach den eschatologischen Wurzeln der Geschichtsphilosophie. Eine historische Kritik der Säkularisierungsthese, München
1976, 43, 45.

[122] *Reinhart Koselleck,* Historia magistra vitae. Über die Auflösung des Topos im
Horizont neuzeitlich bewegter Geschichte, in: ders., Vergangene Zukunft. Zur Semantik geschichtlicher Zeiten, 3. Aufl., Frankfurt a.M. 1995, 38–66, hier 63.

[123] Vgl. *Joachim Ritter,* Art. „Fortschritt", in: Historisches Wörterbuch der Philosophie, Bd. 2, hrsg. v. dems./Karlfried Gründer/Rudolf Eisler, Basel u. a. 1972,
1032–1059.

Traditionen nicht erklären lassen[124]. Die kontroverse Diskussion ist also nicht eigentlich zu einem Abschluss gekommen; gerade im Hinblick auf die Transformation der Eschatologie hat Markus Meumann festgehalten: „Die noch unzureichende Erforschung der frühneuzeitlichen Säkularisierungsprozesse fortzusetzen ist daher eine integrale Aufgabe für das Verständnis der neuzeitlichen Geschichte insgesamt."[125]

Die auf dem Rückzug befindliche Theologie habe möglicherweise, so ein nicht unplausibler Verdacht, die These von der Säkularisierung als Transformation dazu nutzen können, um sich selbst aufzuwerten – indem sie sich um den Nachweis bemüht hat, dass viele moderne Begriffe und Kategorien ,eigentlich' christliche seien[126]. Die Mehrdeutigkeit von Säkularisierung als Ersetzung oder als Transformation bleibt also auch in der außersoziologischen Diskussion erhalten[127]. Als kleinster gemeinsamer Nenner fungiert die Vorstellung, dass die Moderne nicht mehr christlich oder religiös sei – und dass die Vormoderne eben dies gewesen sei. Blumenberg wie seine Gegner scheinen implizit davon auszugehen, dass die ,richtige' Form des Christentums sich nur in der Vormoderne habe verwirklichen können, und dass Moderne und Christentum in einem Gegensatz zueinander stünden. Aber stehen Christentum und Welt nicht immer – in der Moderne wie der Vormoderne – in einem ambivalenten Verhältnis zueinander? In diesem Sinne wären die Ambiguitäten des Säkularisierungsbegriffs nichts anderes als die Ambiguitäten des Christentums in der Welt[128].

Es bleibt festzuhalten: Während die soziologische Niedergangs- oder Differenzierungsthese potentiell empirisch verifiziert oder falsifiziert werden kann, müsste die Transformationsthese eine Reihe methodischer Probleme aus dem Weg räumen, um für empirische historische Forschung nützlich zu sein. Sie kann aber insofern nützliche Anregungen bieten, als es ihr oft um distinkte Objekte von Säkularisierung und weniger um einen gesamtgesellschaftlichen und Jahrhunderte dauernden Prozess geht. Diese Fokussierung auf spezifische Objekte scheint auch für eine historisch-empirische Säkularisierungsforschung ein vielversprechender Weg zu sein.

---

124 Vgl. *Reinhart Koselleck*, Art. „Fortschritt III.-IV.", in: Geschichtliche Grundbegriffe. Historisches Lexikon zur politisch-sozialen Sprache in Deutschland, Bd. 2, hrsg. v. Otto Brunner / Werner Conze / dems., Stuttgart 1975, 363 – 378.

125 *Markus Meumann*, Zurück in die Endzeit, oder: Ist die Moderne das Tausendjährige Reich Christi? Beobachtungen zum Verhältnis von heilsgeschichtlicher und säkularer Zukunftserwartung in der Neuzeit, in: Zeitschrift für Geschichtswissenschaft 52 (2004), 407 – 425, hier 424.

126 Vgl. *Jaeschke*, Suche nach den eschatologischen Wurzeln, 329.

127 Vgl. als Versuch der Zusammenführung verschiedener Perspektiven *Arno Baruzzi*, Zum Begriff und Problem ,Säkularisierung', in: Säkularisierung und Säkularisation vor 1800, hrsg. v. Anton Rauscher, München / Paderborn / Wien 1976, 121 – 134.

128 Vgl. *Domenico Jervolino*, Sull'ermeneutica della secolarizzazione, in: Studi Filosofici 14 – 15 (1991 – 92), 267 – 276, hier 274.

III. Ansätze in Germanistik, Wissenschaftsgeschichte und Kunstgeschichte

Im Anschluss an die Debatte zwischen Löwith und Blumenberg wurde auch in der Literaturwissenschaft der 1960er Jahre das Problem der Säkularisierung aufgegriffen, und zwar primär hinsichtlich der Frage nach Säkularisierung als literarischer und textueller Strategie. Vor allem in der Germanistik wurde das Problem im Hinblick auf intertextuelle Bezugnahmen von nichtreligiösen auf religiöse Texte oder Sprachformen diskutiert. Einschlägige Autoren dieses Untersuchungsstranges sind Albrecht Schöne und Gerhard Kaiser[129]. Schönes Studie zur Dichtung deutscher Pfarrersöhne beschäftigte sich nicht mit der Sozial- und Ideengeschichte dieser Gruppe, nahm aber die Beobachtung zum Ausgangspunkt, dass seit dem Barock wichtige Dichter der deutschen Literaturgeschichte eben Pfarrersöhne gewesen seien, die in besonders auffälliger Weise ihre Kenntnis christlicher Sprachformen in die eigene Dichtung eingespeist hätten[130]. Schönes Thema ist die Übertragung von sprachlichen Figuren, nicht etwa die Religiosität oder Areligiosität von Dichtern; er unterscheidet die Frage nach der „sprachlichen Säkularisation" methodisch dezidiert von derjenigen nach der persönlichen Religiosität von Autoren[131]. Sprachliche Säkularisierung findet dort statt, wo z. B. biblische Redewendungen in einen genuin literarischen Kontext übertragen werden. Dieser wird als unsakral verstanden, daher verlieren Bibelzitate z. B. ihre sakrale Konnotation, der literarische Text dagegen gewinnt eine mit dem Sakralen spielende Verweisungsmacht. Auch dies geschieht unabhängig von der Intention des Autors; im Hinblick auf die sprachliche Säkularisierung unterscheidet sich die unbeabsichtigte Relativierung der Bibelautorität durch ihre sprachliche Imitation von der höhnischen Parodie, die auf Profanierung zielt, nur graduell[132].

Gerhard Kaiser definiert „Erscheinungsformen der Säkularisierung in der Literatur" als sprachliche Vorgänge, in denen in christlich-religiöser Sprache Nichtchristliches artikuliert werde[133]. Diese „literarische Säkularisierung" setze gewisse Bereiche autonomer Weltlichkeit voraus, benötige

---

[129] Neben Schöne und Kaiser sind z. B. zu nennen: *August Langen,* Zum Problem der sprachlichen Säkularisation in der deutschen Dichtung des 18. und 19. Jahrhunderts, in: Zeitschrift für Deutsche Philologie 83 (1964), 24–42; *Wolfgang Binder,* Grundformen der Säkularisation in den Werken Goethes, Schillers und Hölderlins, in: Zeitschrift für Deutsche Philologie 83 (1964), 42–69.

[130] Vgl. *Albrecht Schöne,* Säkularisierung als sprachbildende Kraft. Studien zur Dichtung deutscher Pfarrersöhne, 2. Aufl., Göttingen 1968.

[131] Vgl. ebd., 24, 32, 35.

[132] Vgl. ebd., 31.

[133] Vgl. *Gerhard Kaiser,* Erscheinungsformen der Säkularisierung in der deutschen Literatur des 18. Jahrhunderts, in: Rauscher, Säkularisierung, 91–120; vgl. auch die Einleitung in *Gerhard Kaiser,* Pietismus und Patriotismus im literarischen Deutschland. Ein Beitrag zum Problem der Säkularisation, 2. Aufl., Frankfurt a.M. 1973.

aber auch eine weitgehende Bekanntheit der biblischen und religiösen Sprache und ihrer Motive, um überhaupt wirken zu können[134]. Höhepunkt literarischer Säkularisierung ist daher für Kaiser das 18. Jahrhundert; er diagnostiziert sie vor allem im protestantischen und aufgeklärten Deutschland[135]. Ihr Ziel sei meist die Übertragung religiöser Dignität auf weltliche Gegenstände, manchmal aber auch eine Parodie des Christlichen[136]. Gegenstände der literarischen Säkularisierung seien vor allem die Liebe, die Kunst und die Natur, denen ein quasi-sakraler Wert zugesprochen werde[137]. Die „Rhetorik der Verweltlichungen"[138] arbeite mit biblischen Stilanleihen, religiösen Symbolen, Namen und Zitaten, aber auch figuralen Bezügen und Allegorien[139]. Für die Literatur bedeute dieser Rückgriff auf eine autoritative Tradition eine Kraftinfusion, für das Christentum allerdings sei die literarische Säkularisierung im Ergebnis ambivalent, weil mit ihr einerseits christliche Motive lebendig gehalten, andererseits auch an außerreligiöse Themen preisgegeben würden[140].

Kaisers und Schönes Beschränkung auf die Beschreibung sprachlicher und innerliterarischer Säkularisierungsprozesse ist insofern nachvollziehbar, als die Religiosität von Dichtern und deren intentionale Umsetzung christlicher in nichtchristliche Motive nur schwer analysierbar sind[141]. Die Beschränkung auf textuelle Strategien weist genereller auf die mögliche Diskurs- und Genreabhängigkeit von Säkularisierungsprozessen hin, die auch für Historiker instruktiv sein kann. Sie zeigt aber auch, dass die Transformationsthese im Einzelfall durchaus methodisch kontrolliert überprüft werden kann[142].

---

134 Vgl. *Kaiser*, Erscheinungsformen, 91–93.

135 Vgl. ebd., 94 f.

136 Vgl. ebd., 99 f.

137 Vgl. ebd., 104–107.

138 *Blumenberg*, Legitimität der Neuzeit, 114.

139 Für eine ähnliche Typologie vgl. auch *Theodore Ziolkowski*, Die Säkularisation der Bibel. Zur Unentbehrlichkeit einer vergleichenden Literaturwissenschaft für das Studium der deutschen Literatur, in: Jahrbuch Deutsch als Fremdsprache 3 (1977), 137–149.

140 Vgl. *Kaiser*, Erscheinungsformen, 117.

141 Vgl. zu ähnlichen Fragen im Hinblick auf die ‚Umsetzung' von Konfessionalisierung in der Literatur *Ute Lotz-Heumann / Matthias Pohlig*, Confessionalization and Literature in the Empire 1555–1700, in: Central European History 40 (2007), 35–61, hier 45.

142 Reinhard Wittram meint, dass der Zugang gerade über literarische Texte für die Säkularisierungsforschung von nicht zu unterschätzender Bedeutung sei: „Das Problem der sprachlichen Säkularisation ist für den Gesamtvorgang von zentraler Bedeutung, und zwar in methodischer fast noch mehr als in substantieller Hinsicht. In Verbindung mit biographischen Ermittlungen wird man oft recht genau angeben können, wo die Übernahmen eine Ausdehnung des ursprünglichen Sakralbereichs auf welthafte Phänomene bedeuteten und wo eine unwillkürliche oder beabsichtigte Wertminderung – Substanzverlust oder Substanzvernichtung – im Gang war." (*Reinhard Wittram*, Möglichkeiten und Grenzen der Geschichtswissenschaft in der Gegen-

In der neueren Diskussion der Literaturwissenschaft, aber auch der Musikwissenschaft und Kunstgeschichte, wird das Problem der Säkularisierung zunehmend am Beispiel distinkter, eng umgrenzter Objekte oder Textkorpora untersucht, denn nach Blumenbergs Generalkritik ist „die Verifikation von Säkularisierungen in kulturtheoretischer Perspektive [...] riskant"[143]. Daher postulieren die Herausgeber eines neueren Sammelbandes, man müsse „die ganz großen Fragen der Säkularisierungsdiskussion [...] miniaturisieren"[144]; das Ergebnis der versammelten Studien sei „keine historische Gesamtthese und auch kein methodologischer Generalnenner, aber ein Muster von Metamorphosen"[145], das allerdings als Muster kaum eingehend beschrieben wird. Auffällig ist das Beharren auf Differenzierungen, die anzeigen, dass die Großthese der Säkularisierung einerseits ihren Reiz nicht verloren hat, aber andererseits überall an Grenzen stößt. Ulrich Ruh beispielsweise spricht von „Typen und Varianten geistesgeschichtlicher Säkularisierung"[146]. Er differenziert zwischen den Künsten, wenn er annimmt, dass Musik und Architektur möglicherweise ‚säkularisierungsresistenter' als Literatur waren[147]. Schließlich weist er, ähnlich wie auch der Religionssoziologe José Casanova[148], auf die nationale und vor allem konfessionelle Vielgestaltigkeit des globalen Säkularisierungsprozesses hin. „Es gibt so etwas wie ein ‚katholisches' und ein ‚protestantisches' Grundmodell von Säkularisierung: Der Katholizismus war vielfach gegenüber Aufklärung und Moderne resistenter und organisierte sich nicht nur als politische, sondern auch kulturelle Gegenmacht oder Sonderwelt. Der Protestantismus verband sich teilweise mit den neuen Strömungen, bildete aber auch Gegenkräfte aus (etwa durch die verschiedenen Erweckungsbewegungen) und wurde dadurch als kulturelle Größe zunehmend heterogen."[149]

Einen anderen Fokus nimmt ein am Berliner Zentrum für Literaturforschung laufendes Forschungsprojekt zur Säkularisierung ein, das sich vor allem dem Phänomen der jüdischen Säkularisierung und der Literatur und Kultur der klassischen Moderne widmet[150]. Aus diesem Projekt sind für die Frage nach dem Säkularisierungsbegriff vor allem die Studien von Daniel

---

wart, in: ders., Zukunft in der Geschichte. Zu Grenzfragen der Geschichtswissenschaft und Theologie, Göttingen 1966, 30–59, hier 42.)

143 *Fischer / Senkel*, Säkularisierung, 10.

144 Ebd.

145 Ebd., 7.

146 *Ulrich Ruh*, Ein Prozess mit vielen Varianten. Überlegungen zu literarischen und musikalischen Säkularisierungsphänomenen, in: Fischer / Senkel, Säkularisierung, 104–116, hier 104.

147 Vgl. ebd., 109.

148 Vgl. *Casanova*, Public Religions, 25.

149 *Ruh*, Prozess, 114.

150 Vgl. *Sigrid Weigel*, Die dialektische historische Konstellation sichtbar machen. Praktiken der Säkularisierung. Ein Forschungsprojekt über die „Figuren des Sakralen" stellt sich vor, in: Frankfurter Rundschau, 08. 04. 2003.

Weidner von Bedeutung[151]. Weidner geht es darum, den Begriff nicht als soziologische, historische oder geschichtsphilosophische Kategorie, sondern fundamentaler als sprachlich-rhetorische Figur zu profilieren[152]. Er weist auf die methodischen Schwierigkeiten hin, die sich ergeben, wenn die Säkularisierungskategorie nicht auf gesellschaftliche Strukturen, sondern auf die Entzifferung kulturellen „Bedeutungsgeschehens" bezogen werden soll: „Selbst wenn es im Bereich der Soziologie möglich sein mag, die Kategorie der ‚Säkularisierung' durch differenzierte Begriffe wie Dechristianisierung, Entkirchlichung usw. zu ersetzen, so versagt eine solche Operationalisierung bei der Anwendung auf kulturelle Texte."[153] Daher hält Weidner es für geboten, nicht selbst eine oder mehrere Säkularisierungsthesen aufzustellen, sondern auf der textuellen Ebene bereits vorhandener Thesen anzusetzen und zu zeigen, welcher Argumentationsfiguren und -topoi sich diese bedienen. Die Säkularisierungsthese sei nämlich eine eminent rhetorische Interpretationsfigur: Sie arbeite z. B. fast durchgehend mit „einer rhetorischen Evidenz des Beispiels"[154]. Zutreffend weist Weidner darauf hin, dass in der Debatte um Säkularisierung als Transformation von Weber bis Löwith eigentlich immer wieder dieselben Beispiele gewählt worden sind: das Naturrecht, das Souveränitätsproblem, die protestantische Arbeitsethik und das moderne Fortschrittsdenken. Dies hält Weidner für nicht zufällig: „Nicht alles Mögliche kann ‚säkularisiert' werden, sondern nur solche Gegenstände, denen bereits eine dramatisch entfaltbare Ambivalenz eigen ist."[155]

Darüber hinaus sei aber die Kategorie insofern selbst rhetorisch strukturiert, als sie in ihrem Bemühen um entweder strukturelle Analogien oder genetische Ableitungen mit den rhetorischen Figuren der Metapher und Metonymie arbeite: ‚Eigentlich' sei A eben B, oder zumindest etwas anderes als A[156]. Wegen dieser metaphorischen Struktur der Säkularisierungsthese müsse man die „Rhetorizität von Säkularisierung in einem starken Sinne [...] verstehen: als irreduzible[n] Anteil der Darstellungsform am Aussagegehalt von ‚Säkularisierung'"[157]. Daher sei es geboten, die historiographischen Texte, in denen Säkularisierung behandelt werde und die so historische Prozesse in textuelle Strukturen transformierten, auf ihre narrativen Strukturen zu untersuchen.

---

[151] Vgl. *Daniel Weidner*, Zur Rhetorik der Säkularisierung, in: Deutsche Vierteljahrsschrift für Literaturwissenschaft und Geistesgeschichte 76 (2004), 95–132; *Weidner*, Ernst Troeltsch.

[152] Vgl. *Weidner*, Rhetorik, 96.

[153] Ebd., 100.

[154] *Weidner*, Rhetorik, 106.

[155] *Weidner*, Ernst Troeltsch, 296.

[156] Vgl. ebd., 106, 116.

[157] *Weidner*, Rhetorik, 107.

Die Verschiebung der Diskussion von Säkularisierung auf die Ebene ihrer Darstellung bedeutet wiederum die Eröffnung einer Metaebene. Weidner behauptet zwar, dass dies nicht bedeute, die Säkularisierungsthese zu bestreiten[158], aber sein Interesse gilt weitgehend der rhetorischen Untersuchung der Säkularisierungsdebatte selbst. Dennoch gibt er instruktive Hinweise, wohin sich die literaturwissenschaftliche und kulturgeschichtliche Erforschung von Säkularisierungsprozessen orientieren könnte: Ein Desiderat der Diskussion seien die Gemengelagen von Sakralem und Säkularem, seien Diskontinuitäten und Überlagerungen sowie eine Verlagerung von einer ideengeschichtlichen Forschung hin zu Praktiken, Rhetoriken und Diskursen[159].

Dass die Wissenschaftsgeschichte ebenfalls mit dem Problem der Säkularisierung befasst ist, liegt auf der Hand: Gilt doch die moderne Wissenschaft als einer der klassischen Impulsgeber für die Säkularisierung der Welt insgesamt[160]. Die Säkularisierungsperspektive der Wissenschaftsgeschichte wird hier im Anschluss an diejenige der Literaturwissenschaft behandelt, weil es, wie deutlich werden wird, hier in jüngerer Zeit zu thematischen und personellen Konvergenzen gekommen ist[161].

Die klassische Sicht auf die Entwicklung der Naturwissenschaften folgt insofern den Leitlinien des Säkularisierungstheorems, als sie die kämpferische Emanzipation wissenschaftlicher Rationalität aus der Bevormundung kirchlicher Instanzen und christlicher Überformung des Wissens in den Vordergrund stellt. Die Heroen der Wissenschaftsgeschichte, emblematisch in der Gestalt Galileis vorgestellt, erscheinen als freidenkerische Naturforscher, die sich der Einmischung abergläubischer Inquisitoren zu erwehren hatten. Diese Sicht ist so gängig, dass die Konfrontation zwischen Religion und Wissenschaft als Topos der älteren Wissenschaftsgeschichtsschreibung inzwischen selbst einer historisch-kritischen Evaluierung unterliegt[162]. Auffällig ist aber insgesamt, dass – wohl wegen der Selbstverständlichkeit, mit der man die moderne Naturwissenschaft sich gegen die christliche Religion durchsetzen sah – selten eingehender mit dem Begriff der Säkularisierung gearbeitet worden ist.

---

158 In dekonstruktivem Gestus behauptet *Weidner*, Rhetorik, 132: „Es bedeutet nur, daß das Phänomen immer schon bedacht ist, daß die Differenz von religiös und profan [...] immer schon eine gesetzte ist, daß der Begriff mit einer prekären Grenze operiert, die er selbst nicht begründen kann."

159 Vgl. *Weidner*, Ernst Troeltsch.

160 Vgl. *Casanova*, Public Religions, 16.

161 Vgl. zusammenfassend *Sandra Pott*, Säkularisierung. Prozessbegriff für die Wissenschafts- und Literaturgeschichte, in: Ideen als gesellschaftliche Gestaltungskraft im Europa der Neuzeit. Beiträge für eine erneuerte Geistesgeschichte, hrsg. v. Lutz Raphael / Heinz-Elmar Tenorth, München 2006, 223–238.

162 Vgl. z. B. *Ian Barbour*, Religion in an Age of Science, San Francisco 1990; *Gary Ferngren / Edwin Lawson / Darrel Amundsen u. a.* (Hrsg.), The History of Science and Religion in the Western Tradition. An Encyclopedia, New York / London 2000.

Eine spezifische, wohl vor allem von Weber inspirierte Vorstellung von Säkularisierung hat außerdem zu einem Trend innerhalb der Wissenschaftsgeschichtsforschung geführt, der im Protestantismus, besonders im Calvinismus die zukunftsweisenden Impulse sieht. Weil, so lautet diese Argumentation, der Protestantismus selbst bereits säkularisierende Tendenzen impliziere, habe er den Boden für eine besonders günstige Wissenschaftsentwicklung bereitet[163]. Die Religion steht in dieser Sicht nicht im Konflikt mit der Entwicklung moderner Wissenschaft – aber nur, weil der Protestantismus selbst schon auf Säkularisierung hinausläuft.

Die neuere Wissenschaftsgeschichte hat sich von Großthesen dieser Art weitgehend abgewandt und eher Mikrostudien hervorgebracht, die auf eine starke Kontextualisierung von Naturwissenschaft abheben. Wissenschaft wird hier als eine Form sozialen Handelns konzeptionalisiert; das Interesse gilt den vielfältigen Tätigkeiten, Experimenten, Netzwerken, Publikationsstrategien, Wissensfeldern und Wahrheitsansprüchen. In jüngster Zeit wird sogar programmatisch versucht, eine nichtteleologische Wissenschaftsgeschichte zu entwerfen, die entwicklungsgeschichtliche Linien weitgehend ausblendet, um Historisierungen und Kontextualisierungen in den Vordergrund zu rücken[164]. Für einen Begriff wie Säkularisierung bleibt hier kein Raum. Dies gilt auch dann, wenn versucht wird, über Mikrostudien hinaus Bausteine zu einer Geschichte wissenschaftlicher Rationalität zu liefern. In Lorraine Dastons einschlägigen Untersuchungen nehmen zwar die Bedeutungsverschiebungen zwischen christlichen und neuzeitlich-säkularen Begründungsstrategien und Wissenschaftsansprüchen eine große Rolle ein; aber auch sie benutzt den Begriff der Säkularisierung nicht, der offenbar als zu linear und teleologisch erscheint[165].

---

163 Die klassische, mit den Weberschen Parametern arbeitende Studie ist: *Robert Merton*, Science, Technology, and Society in Seventeenth Century England, in: Osiris 4 (1938), 360–632. Hieran schloss sich eine große Diskussion an; zuletzt hat Colin Russell fünf Prinzipien moderner Naturwissenschaft aufzuweisen versucht, die er in direkter Analogie zu reformatorischen Prinzipien versteht. Es handelt sich bei diesen Prinzipien um die ‚Entgöttlichung‘ der Natur, den Verlust eines ‚beseelten‘ Universums, die Suche nach Naturgesetzen, die Entstehung einer empiristischen Experimentalmethode sowie das Streben nach Kontrolle der Erde – Elemente von Wissenschaft, die laut Russell durch die Reformation hervorgebracht oder doch verstärkt worden sind. Vgl. *Colin Russell*, Die Bedeutung der Theologie bei der Herausbildung moderner Wissenschaft, in: Im Zeichen der Krise. Religiosität im Europa des 17. Jahrhunderts, hrsg. v. Hartmut Lehmann / Anne-Charlott Trepp, Göttingen 1999, 495–516.

164 Vgl. *Barbara Bauer*, Nicht-teleologische Geschichte der Wissenschaften und ihre Vermittlung in den Medien und Künsten. Ein Forschungsbericht, in: Wolfenbütteler Barock-Nachrichten 26 (1999), 3–35; vgl. zur jüngeren Forschung auch *Albert Schirrmeister*, Wissenskulturen in der Frühen Neuzeit. Literaturbericht zu Praktiken, Ordnungen, Denkformen, Institutionen und Personen des Wissens, in: Frühneuzeit-Info 15 (2004), 66–78.

165 Vgl. *Lorraine Daston*, Wunder, Beweise und Tatsachen. Zur Geschichte der Rationalität, Frankfurt a.M. 2001.

Die Großtheorien weitgehend abgeneigte neuere Wissenschaftsgeschichtsforschung ist dennoch für die Säkularisierungsdiskussion insofern von Interesse, als sie – gegen die ältere Pauschalkonfrontation von Religion und Wissenschaft wie gegen die weberianische Konstruktion eines säkularisierenden
Protestantismus – aufgezeigt hat, in wie vielfältiger Weise religiöse Motiva-
tionen, Begründungen und Wissenschaftsstrategien die Naturforschung der
Frühen Neuzeit geprägt haben. Selbst dann, wenn man sich für langfristige
Verwissenschaftlichungsprozesse (im modernen Sinne) interessiert, was ein
Großteil der Forschung dezidiert ablehnt, erscheint konfessionelle Religiosität als ein wichtiger Faktor der frühneuzeitlichen Naturwissenschaft: „Von
einem notwendigen Konflikt zwischen Wissenschaft und Religion kann für
das siebzehnte Jahrhundert kaum gesprochen werden; allerdings gab es eine
Reihe spezifische Probleme im Verhältnis zwischen den Auffassungen einiger
Naturphilosophen und den Interessen einiger religiöser Institutionen."[166] In
der neueren Forschung wird denn auch weniger der angeblich säkularisierende Protestantismus als vielmehr die konfessionelle Konkurrenzsituation
als Erklärung für wissenschaftliche Neuausrichtungen herangezogen; diese
habe auch im Katholizismus eindrucksvolle wissenschaftliche Bemühungen
gefördert[167]. Das Thema ‚Säkularisierung' spielt auch hier kaum eine Rolle.
Weil aber in jüngerer Zeit herausgearbeitet wird, dass die konfessionelle
Konfrontation einen nicht unbedeutenden Anteil an der Herausbildung
frühneuzeitlicher Naturwissenschaft besaß und gleichzeitig davon ausgegangen wird, dass die moderne Naturwissenschaft ‚säkularisiert' ist, liegt
es nahe, sich eingehender mit dem Verhältnis von Konfessionalisierung und
Säkularisierung gerade im Bereich der Naturforschung auseinanderzusetzen.

In diese Richtung weist ein abgeschlossenes Gießener Forschungsprojekt,
das vor allem von Literaturwissenschaftlern und Wissenschaftshistorikern
getragen wurde und das in drei Bänden die Säkularisierung frühneuzeitlicher Wissenschaft in den Blick genommen hat[168]. In eingehender Auseinandersetzung mit dem Problem und der Begriffsgeschichte von Säkularisierung ist dort versucht worden, den Begriff als analytisches Instrument zu
schärfen und ihn in empirischen Studien zu operationalisieren. Es wird dabei zwar ein langfristiger Prozess der Säkularisierung als heuristische Hy-

---

[166] *Steven Shapin,* Die wissenschaftliche Revolution, Frankfurt a.M. 1998, 158.

[167] Vgl. instruktiv *Steven Harris,* Confession-Building, Long-Distance Networks,
and the Organization of Jesuit Science, in: Early Science and Medicine 1 (1996),
287–318.

[168] Vgl. *Sandra Pott,* Medizin, Medizinethik und schöne Literatur. Studien zu Säkularisierungsvorgängen vom frühen 17. bis zum frühen 19. Jahrhundert, Berlin/
New York 2002; *Lutz Danneberg* (Hrsg.), Zwischen christlicher Apologetik und methodologischem Atheismus. Wissenschaftsprozesse im Zeitraum von 1500 bis 1800,
Berlin/New York 2002; *Lutz Danneberg,* Die Anatomie des Text-Körpers und Na-
tur-Körpers. Das Lesen im liber naturalis und supernaturalis, Berlin/New York
2003.

pothese angenommen, dieser wird aber an einzelnen Textkorpora sowie kleinteiligen institutionellen oder personellen Kontexten eingehender beschrieben, um so einzelne Bausteine für eine ‚große' Säkularisierungsentwicklung zu sammeln. Dies führt zu der Annahme ganz diverser Säkularisierungsvorgänge im Detail, die typologisch vom Kampf gegen Religion bis zur Transformation von Religion in ihre Säkularisate, von intentionaler zu unabsichtlicher Säkularisierung reichen[169]. Im Hinblick auf die in der älteren Forschung topisch behauptete Konfliktlage zwischen Religion und Wissenschaft ist es zumindest auffällig, wenn herausgearbeitet wird, dass die christliche Apologetik der Frühen Neuzeit in aller Regel keine systematische Kritik an der ‚Verweltlichung' der Wissenschaft geübt hat[170]. Weil die zu untersuchenden Wissenschaftler in aller Regel selbst persönlich dem Christentum anhingen, liegt ein Schwerpunkt der Untersuchungen auf der Frage, „wie es aus der christlichen Absicht, den ‚wahren Glauben' und die ‚wahre Wissenschaft' zu retten, zu Phänomenen kommt, die später als Säkularisierung wahrgenommen werden"[171].

Auch die Kunstgeschichtsforschung hat sich eingehend – manchmal detailliert, bisweilen *en passant* – mit der Frage nach Säkularisierung befasst. Der Begriff, verstanden als Lösung der Kunst aus ihren religiösen und kultischen Funktionen, wird in der jüngeren Kunstgeschichte meist als Großkategorie zur Beschreibung langfristiger Entwicklungen, weniger als analytischer Begriff in Einzeluntersuchungen verwendet[172]. Die Schwierigkeit bei der Beschreibung eines Auseinandertretens von Kunst und Religion ergibt sich dabei schon aus dem vorgängigen Bemühen, eine ursprüngliche Einheit beider Phänomene zeitlich wie begrifflich zu konstatieren; dies ist unter anderem deshalb problematisch, weil schon das Konzept einer (mittelalterlichen) Einheit von Kunst und Religion eine romantische Denkfigur ist. Im 19. Jahrhundert wurden die Überhöhung der Kunst zur Religion und die Ästhetisierung der Religion „zum wesentlichen Thema des deutschen Bürgertums"[173]. ‚Religion' und ‚Kunst' sind also seit dem 18. Jahrhundert

---

[169] Vgl. die allgemeine Projekteinleitung in *Pott*, Medizin, 3–5.

[170] Vgl. *Friedrich Vollhardt*, „Verweltlichung" der Wissenschaft(en)? Zur fehlenden Negativbilanz in der apologetischen Literatur der Frühen Neuzeit, in: Danneberg, Apologetik, 67–93.

[171] *Pott*, Medizin, 16.

[172] Hans Belting etwa vertritt dezidiert eine Säkularisierungsthese: „Es scheint zunächst klar, dass in der Moderne, in den letzten 200 Jahren, die Kunst als Folge einer Säkularisierung entstanden ist." (*Hans Belting*, Skizzen der Bilderfrage und zur Bilderpolitik heute, in: Bilderverbot: Die Sichtbarkeit des Unsichtbaren, hrsg. v. Eckhard Nordhofen, Paderborn u. a. 2001, 27–38, 27.) Beispielhaft lasse sich dies, so Belting, anhand der Musealisierung religiöser mittelalterlicher Kunst im Zuge der Französischen Revolution verdeutlichen: Im nachrevolutionären Museum habe diese Kunst ihren alten Kontext und ihre ursprüngliche Funktion verloren; nun werde sie um ihres Kunstcharakters willen gesammelt und betrachtet.

[173] *Ernst Müller*, Art. „Religion / Religiosität" in: Ästhetische Grundbegriffe, Bd. 5, hrsg. v. Karlheinz Barck, Stuttgart / Weimar 2003, 227–264, hier 229. Vgl. auch *Bernd*

von der Philosophie, Ästhetik und Kunstgeschichte in komplexer Weise geprägte Begriffe, und die Konstellationen des Verhältnisses von Kunst und Religion sind so breit diskutiert worden, dass es an dieser Stelle kaum möglich erscheint, diese angemessen zu erörtern. So hat schon Georg Simmel 1907 festgestellt: „Die geschichtlichen Fäden, die sich zwischen Religion und Kunst spinnen, sind unzählige Male verfolgt worden: wie die Kultzwecke das Götterbild entstehen ließen, wie sich aus der religiösen Feier und der Anrufung der Götter die poetischen Formen entwickelten, wie die Erhebung und der Verfall der Religion die Kunst oft in gleichem, oft völlig entgegen gesetztem Sinn beeinflussten – alles dies ist zu begriffenen Tatsachen der Kulturgeschichte geworden. Allein die Motive, mit denen aus dem Wesen der Sache heraus das eine das andere anzieht oder abstößt, durch alle jene historischen Verknüpftheiten nur als die mehr oder weniger vollkommenen Verwirklichungen tieferer und prinzipieller Zusammenhänge erscheinen – diese Motive harren noch der Klärung."[174]

So sind auch im scheinbar ,säkularen' 20. Jahrhundert bedeutende religiöse Kunstwerke entstanden, unter anderem auch deshalb, weil sich die Konfessionskirchen bemüht haben, sowohl moderne, abstrakte Kunst in die Kirchenräume zu integrieren als auch hinsichtlich des Kirchenbaustils Anschluss an die moderne Formensprache zu finden – wenn dies auch wiederholt zu innerkirchlichen Diskussionen führte[175]. Vor dem Hintergrund der ,Rückkehr der Religion' sowie der zunehmenden Fragwürdigkeit des Begriffs der ,Säkularisierung' drehen sich auch ästhetische und kunsthistorische Debatten seit den 1990er Jahren wieder verstärkt um die Nähe und Distanz von ästhetischer und religiöser Erfahrung. Ob die „Loslösung der Kunst von der Kirche [. . .] mit einer fortschreitenden Säkularisierung identisch" sei, scheint eine wieder eher offene Frage zu sein[176]. Religion und die

---

Roeck, Das historische Auge. Kunstwerke als Zeugen ihrer Zeit, München 2004, 14 ff. Zur Überhöhung der Kunst als ,Ersatzreligion' des Bildungsbürgertums vgl. auch den Sammelband *Manfred Jakubowski-Tiessen* (Hrsg.), Religion zwischen Kunst und Politik. Aspekte der Säkularisierung im 19. Jahrhundert, Göttingen 2004.

[174] *Georg Simmel*, Das Christentum und die Kunst, in: ders., Das Individuum und die Freiheit. Essais, Berlin 1984, 120–129, hier 120. Vgl. zum Gesamtkomplex Kunst und Religion *Joseph Imorde*, Art. „Säkularisation/Säkularisierung VII. Kunstgeschichtlich", in: Religion in Geschichte und Gegenwart. Handwörterbuch für Theologie und Religionswissenschaft, Bd. 7, hrsg. v. Hans Dieter Betz, 4. Aufl., Tübingen 2004, 787; *Gerhard May*, Art. „Kunst und Religion VI. Frühe Neuzeit", in: Theologische Realenzyklopädie, Bd. 20, hrsg. v. Gerhard Müller/Horst Balz/Gerhard Krause, Berlin 1990, 274–292; *Müller*, Art. „Religion/Religiosität"; Art. „Kunst", in: Lexikon für Theologie und Kirche, Bd. 6, hrsg. v. Walter Kasper, Freiburg i.Br. 1997, 529–537; Art. „Kunst und Religion", in: Religion in Geschichte und Gegenwart. Handwörterbuch für Theologie und Religionswissenschaft, Bd. 4, hrsg. v. Hans Dieter Betz, 4. Aufl., Tübingen 2001, 1858–1891; *Gabriele Wimböck*, Art. „Religion", in: Metzler Lexikon der Kunstwissenschaft. Ideen, Methoden, Begriffe, hrsg. v. Ulrich Pfisterer, Stuttgart/Weimar 2003, 300–303.

[175] Dafür ist die jüngste Debatte um das von Gerhard Richter entworfene Fenster für den Kölner Dom nur ein Beispiel.

Erfahrung von Transzendenz werden in dieser Perspektive vor allem als „wichtiger Faktor der innovativen Dynamik der künstlerischen Moderne"[177] gedeutet.

Für die hier interessierende kunsthistorische Entwicklung zwischen Spätmittelalter und 17. Jahrhundert sind vielfältige Säkularisierungs- und Differenzierungsprozesse zwischen Kunst und Religion beschrieben worden. Während sich im Mittelalter Kunstproduktion und -gebrauch anscheinend nicht vom Christentum trennen lassen, haben kunsthistorische wie historische Forschungen zur Renaissance, zum Themenbereich Reformation und Bildersturm sowie zur niederländischen Genremalerei diese Phänomene immer wieder unter dem Gesichtspunkt des Auseinandertretens von Religion und Kunst behandelt[178]. In diesen methodisch unterschiedlich angelegten Studien werden die Differenzierungsvorgänge mit dem Entstehen einer von der Religion und den kirchlichen Institutionen autonomen Kunst, dem Aufkommen eines neuen Künstlertyps (Geniekunst), dem Realismus in der Darstellung, einer Zunahme profaner Bildthemen sowie einer Profanisierung religiöser Kunst identifiziert. Damit verbunden wird der Funktionszuwachs der Kunst seit dem Spätmittelalter, die neben ihren religiösen Aufgaben nun auch politische, ästhetische und dokumentarisch-abbildende erhält[179]. Diese Ausdifferenzierung des frühneuzeitlichen „Kunstsystems" vollzog sich jedoch, so Beat Wyss, „nicht linear"[180].

Die Neubewertung von Kunst und Künstlertum in der Renaissance ist der Ausgangspunkt von Hans Beltings breit rezipierter Studie „Bild und Kult. Eine Geschichte des Bildes vor dem Zeitalter der Kunst" von 1990[181]. Wie der Untertitel andeutet, liegt Beltings Darstellung christlicher Kunst eine genuin bildwissenschaftliche These zu Grunde, die vom Kultcharakter,

---

[176] *Jörg Herrmann / Andreas Mertin / Eveline Valtink* (Hrsg.), Die Gegenwart der Kunst. Ästhetische und religiöse Erfahrung heute, München 1998, 11. Vgl. dazu *Müller*, Art. „Religion / Religiosität", 228.

[177] *Hermann*, Gegenwart der Kunst, 11.

[178] Mittelalter, Renaissance und Reformation geraten dort als kunsthistorische Epochenkategorien ins Wanken, wo die stilgeschichtliche Forschung ihre stringente Abfolge in Frage stellt. Vgl. *Heinrich Klotz*, Der Stil des Neuen. Die europäische Renaissance, Stuttgart 1997. Nur am Rande soll im Folgenden auf das persönliche Verhältnis einzelner Künstler zu Religion und im Besonderen zur Reformation eingegangen werden.

[179] Vgl. *Werner Busch*, Kunst und Funktion – Zur Einführung einer Fragestellung, in: Funkkolleg Kunst. Eine Geschichte der Kunst im Wandel ihrer Funktionen, Bd. 1, hrsg. v. dems., München / Zürich 1987, 5 – 26, hier 16.

[180] *Beat Wyss*, Vom Bild zum Kunstsystem. Textband, Köln 2006, 206. Beat Wyss will hier explizit die Untersuchung Hans Beltings in „Bild und Kult" weiterführen und untersucht die Kunst der Frühen Neuzeit unter systemtheoretischer Perspektive.

[181] Vgl. *Hans Belting*, Bild und Kult. Eine Geschichte des Bildes vor dem Zeitalter der Kunst, 2. Aufl., München 1991, 9. Zur Kritik an Belting vgl. etwa *Sven Externbrink / Michael Scholz-Hänsel*, Ribera und die „Gegenreformation" in Süditalien. Vom Nutzen der neuen historischen Paradigmata Konfessionalisierung und Sozialdisziplinierung für die Kunstgeschichte, in: Kritische Berichte 24 (1996), 20 – 36.

der liturgischen Funktion und der heilsvermittelnden Kraft der mittelalterlichen Bildwerke ausgeht. Die bildliche Umsetzung von Glaubenssaussagen
und -inhalten, der kultische Gebrauch der Bilder sowie der damit verbundene Anspruch der visuellen Präsenz des Göttlichen habe dabei seit dem
frühen Christentum der theologischen Rechtfertigung bedurft. Diese
Grundlage christlicher Bilder begann, so Belting, im Spätmittelalter problematisch zu werden: Stimmen wurden laut, die sich gegen die Auswüchse
eines als übertrieben empfundenen Bilderkultes wandten. Im Zuge dieser
Kritik habe sich das mittelalterliche Bildverständnis entscheidend gewandelt; aus dem Kultbild habe sich ein autonomes Kunstwerk entwickelt, das
zu seiner Rechtfertigung keiner heilswirksamen Kräfte mehr bedurfte. Aus
der Krise des Kultbildes an der Schwelle zur Renaissance gingen laut Belting mithin die autonome Kunst und Ästhetik hervor.

Eine Folge dieser Entauratisierung des Kunstwerkes in der Renaissance
war für Erwin Panofsky die Aufwertung des Kunstschaffenden, des göttlich
inspirierten Künstlers, in der Kunsttheorie dieser Epoche[182]. In dem Maße,
wie einerseits das Kultobjekt „in seine Belanglosigkeit"[183] entlassen worden sei, habe sich andererseits in den Kunsttheorien der Renaissance der
Künstler als Schöpfer profiliert[184]. Walter Benjamin hat formuliert, dass
mit der Renaissance und der „Säkularisierung der Kunst [. . .] die Authentizität an die Stelle des Kultwerts"[185] zu treten beginne. Die Säkularisierung
der Kunst habe zumindest auch quasi-sakralisierende Gegentendenzen hervorgebracht, indem etwa die künstlerische Leistung als Geniekunst
überhöht wurde.

Die Kunst der italienischen Renaissance gilt oft geradezu als Synonym
für „Säkularisierung, Autonomie und Individualismus"[186]. Diese „Paganisierung der Renaissance" sieht Jörg Traeger wissenschaftsgeschichtlich als
das Produkt einer anti-katholisch eingestellten Kunstgeschichte des 19.
Jahrhunderts, wohingegen Traeger die Renaissance als dezidiert religiöse,
katholisch bestimmte Epoche interpretiert[187]. Zwar lässt sich nicht von der

---

[182] Vgl. *Erwin Panofsky*, Idea. Ein Beitrag zur Begriffsgeschichte der älteren
Kunsttheorie, 7. Aufl., Berlin 1993, 24 – 25 und 29 – 31.

[183] *Imorde*, Art. „Säkularisierung ‚Kunstgeschichtlich'", 787.

[184] Ein bekanntes Beispiel für die gott- bzw. christusähnliche Darstellung eines
Künstlers ist Albrecht Dürers Selbstportrait aus dem Jahr 1500. Vgl. dazu *Rudolf
Preimesberger*, Albrecht Dürer: „. . .propriis sic . . . coloribus" (1500), in: Porträt, hrsg.
von dems. / Hannah Baader / Nicola Suthor, Berlin 1999, 210 – 219.

[185] *Walter Benjamin*, Das Kunstwerk im Zeitalter seiner technischen Reproduzierbarkeit, 2. Fassung, Frankfurt a.M. 1963, 481.

[186] *May*, „Kunst und Religion VI. Frühe Neuzeit", 274.

[187] Vgl. *Jörg Traeger*, Renaissance und Religion. Die Kunst des Glaubens im Zeitalter Raphaels, München 1997. Traeger unterstellt der Kunsttheorie des 19. Jahrhunderts, der Renaissancekunst mit protestantischen, anti-katholischen Vorurteilen begegnet zu sein, was dazu geführt habe, diese einseitig als heidnisch oder pagan zu
interpretieren. Zur Kritik an Traeger vgl. etwa Kurt Flasch, der unter anderem die

Hand weisen, dass ein Großteil der in der Renaissance geschaffenen Kunst religiös war, zugleich finden sich seit der 1. Hälfte des 15. Jahrhunderts neben den rein für kirchliche Zwecke bestimmten Bildern zunehmend profane Themen, wie Porträts, Szenen der antiken Mythologie, Stillleben etc. Auch neue, profane Gattungen wie Reiterstandbilder entstanden, die nun im öffentlichen Raum aufgestellt wurden und diesen auf ihre Weise prägten. Gegen eine Überbewertung der Verbreiterung des Themenspektrums hat allerdings Peter Burke eingewandt, dass man das Tempo der Säkularisierung in der Renaissance häufig übertrieben habe, auch wenn sich eine zunehmende Differenzierung der Kunstproduktion feststellen lasse: Der Anteil von Bildern mit weltlichen Themen stieg, so schätzt Burke, von nur etwa 5 Prozent im Jahr 1420 auf 20 Prozent im Jahr 1530 an[188]. Daneben hat Burke in Bezug auf die Malerei von einer „Krypto-Säkularisierung" gesprochen, worunter er das ‚Einschleichen' profaner Bildthemen in die Sakralkunst versteht, die sodann zu eigentlich bildbestimmenden Elementen geworden seien[189]. Die Differenzierung der Bildsujets und der Strukturwandel des Kunstmarktes lassen sich auch auf die zunehmende gesellschaftliche Differenzierung des Spätmittelalters zurückführen: Das sich neben der Kirche als Auftraggeber etablierende Bürgertum interessierte sich zunehmend für nicht-religiöse Themen. Ob diese Phänomene jedoch identisch sind mit dem „von Max Weber postulierten Prozeß der ‚okzidentalen Rationalisierung'", ist, so Bernd Roeck, „eine offene Frage"[190].

An der von Belting konstatierten Krise des Bildes hatte nicht zuletzt die Bildkritik der Reformation einen zentralen Anteil, die auch die römische Kirche zum Überdenken ihrer Position herausforderte[191]. Letztlich drehen

---

Charakterisierung der Renaissance als „katholisch" für trivial hält, da es „den Protestantismus vor 1517 noch nicht gegeben habe". Außerdem habe die Kunstgeschichte des 19. Jahrhunderts die Renaissance nie so eindimensional und einseitig säkular bewertet, wie es Traeger zusammenfasse. (*Kurt Flasch*, Ein dicker Franziskaner aus Mainz klaute den Ring der Gottesmutter. Und protestantische Kunsthistoriker stahlen den Katholiken die Bilder, in: Frankfurter Allgemeine Zeitung, 23. 04. 1998.)

[188] Vgl. *Peter Burke*, Die Renaissance in Italien. Sozialgeschichte einer Kultur zwischen Tradition und Erfindung, Darmstadt 1992, 34. *Roeck*, Das historische Auge, 122, bezeichnet diesen Prozess als „Diskursrevolution".

[189] *Burke*, Renaissance in Italien, 34.

[190] *Roeck*, Das historische Auge, 123. Auch Joseph Imorde hat darauf hingewiesen, dass die Bedeutung der Religion für die Kunst der Renaissance von der Kunstgeschichtsschreibung „lange unterschätzt oder absichtsvoll übersehen wurde". So werden im kirchlichen Kontext weiterhin große Kontinuitäten im Hinblick auf die Funktion der Kunst als Memorial- und Kultobjekt deutlich; vgl. *Joseph Imorde*, Art. „Kunst und Religion III. Renaissance", in: Religion in Geschichte und Gegenwart. Handwörterbuch für Theologie und Religionswissenschaft, Bd. 4, hrsg. v. Hans Dieter Betz, 4. Aufl., Tübingen 2001, 1871; vgl. als forschungsgeschichtlichen Abriss zum Konnex Renaissancekunst und Säkularisierung jüngst auch *Bernd Roeck*, Säkularisierungstendenzen in der Kultur der Renaissance? Jacob Burckhardts Modell heute, in: Blickle / Schlögl, Säkularisation, 127–139.

[191] Vgl. *Belting*, Bild und Kult, 510–545.

sich Untersuchungen zum Themenkomplex Kunst und Reformation immer wieder um die Frage, wo und wann sich zwischen Spätmittelalter und Reformation ein Vorgang der ‚Entzauberung' der Kunst verorten lässt und welchen Beitrag konfessionsspezifische, protestantische Konzeptionen von Kunst zu diesem Prozess leisteten. In Bezug auf die lutherische Reformation hat Ernst Troeltsch ein differenziertes Bild entworfen, indem er der protestantischen Kunstauffassung des 16. Jahrhunderts einen dezidiert modernen Kunstbegriff entgegensetzte, der der Kunst einen Selbstzweck zuweise. Dennoch habe der Protestantismus „durch den Bruch mit dem Gnadenbild und dem katholischen Kultus das Stoffgebiet der Kunst total verwandelt und ihr die Aufgabe gestellt, neue Gebiete zu erobern"[192].

Anlässlich der Ausstellung „Luther und die Folgen für die Kunst" in der Hamburger Kunsthalle (1983 / 84) vertrat Werner Hofmann dagegen die These, dass der Reformator für einen neuen, modernen Kunstbegriff stehe. Indem Luther die Bilder zu den nicht heilsnotwendigen ‚adiaphora' gezählt habe, seien diese hinfort „wertfrei und religiös neutral" gewesen[193]. Hofmanns Resümee lautet: „Luther dachte die Verfügbarkeit der Bilder und Dinge auf der Linie der Nominalisten weiter und machte daraus ein Argument gegen den Reliquienkult und zugleich ein konstituierendes Merkmal seines neuen Kunstbegriffs: ‚Die Bilder sind weder das eine noch das andere, sie sind weder gut noch böse, man kann sie haben oder nicht haben.' Mit diesem Freibrief beginnt die Moderne."[194] Die Konsequenz der lutherischen Reformation für die Kunst war, so hat Timm Herrmann formuliert, eine „Säkularisierung bildnerischen Schaffens"[195], mit der „die Kunst [...] zu einer Privatangelegenheit" wurde und die „Musealisierung des Kunstwerks"[196] begann. Ob also die moderne Kunst aus „dem Geist der Religion"[197] entstand oder Kunst in der Neuzeit „entweder zur Religion zugelassen oder von ihr ausgeschlossen" wurde, aber „eigentlich kein religiöses Phänomen mehr"[198] war, wie Hans Belting resümiert, wird weiterhin kontrovers diskutiert.

Gegen die Interpretation Hofmanns sind selbstverständlich Bedenken angemeldet worden: So wurde auf die theologischen Unterschiede der Refor-

---

192 *Troeltsch*, Bedeutung des Protestantismus (2001), 292 f.; vgl. *Thomas Kaufmann*, Die Bilderfrage im frühneuzeitlichen Luthertum, in: Macht und Ohnmacht der Bilder. Reformatorischer Bildersturm im Kontext der europäischen Geschichte, hrsg. v. Peter Blickle / André Holenstein / Heinrich Richard Schmidt / Franz-Josef Sladeczek (Historische Zeitschrift, Beiheft 33), München 2002, 407 – 451, hier 408.

193 *Werner Hofmann*, Die Geburt der Moderne aus dem Geist der Religion, in: Luther und die Folgen für die Kunst, hrsg. v. dems., Hamburg 1983, 23 – 71, hier 47.

194 Ebd., 46.

195 *Timm Herrmann*, Ein Gesicht machen. Nach-protestantische Erwägungen zur Bildtheologie, in: Wozu Bilder im Christentum? Beiträge zu einer theologischen Kunsttheorie, hrsg. v. Alex Stock, St. Ottilien 1990, 137 – 173, hier 137.

196 *Hofmann*, Geburt der Moderne, 51.

197 Ebd., 23.

198 *Belting*, Bild und Kult, 511.

matoren Luther, Calvin und Zwingli im Hinblick auf die Bilderfrage hingewiesen; diese machten es unmöglich, die Reformation als ganze in Beziehung zur Kunstentwicklung der Moderne zu setzen[199]. Die Haltung des Luthertums zur Bilderfrage sei dadurch gekennzeichnet, dass sie „gleichermaßen in Distanz zu römisch-katholischer Idolatrie einerseits und reformiertem Ikonoklasmus andererseits" stand[200]. Gerade für den lutherischen Bereich sei die Funktionalisierung der Kunst für religiöse Zwecke charakteristisch geblieben; dies werde nicht zuletzt an den Bilder Lucas Cranachs mit ihrer lutherischen Ikonographie deutlich[201]. Albrecht Dürers „Vier-Apostel"-Tafeln, die der Künstler dem Nürnberger Stadtrat 1526 zum Geschenk machte, werden als ein selbstbewusstes Plädoyer Dürers für die Beibehaltung religiöser Kunst und die Unverzichtbarkeit der Malerei angesehen[202]. Damit sei die „alte Vorstellung von der Bilderfeindlichkeit der protestantischen Konfessionen" inzwischen insgesamt als widerlegt anzusehen[203], wie auch zahlreiche Forschungen zur lutherischen Kirchenkunst und Flugblattgraphik belegen[204]. Die Frage nach den Konsequenzen der Reformation lässt sich jedoch nicht monokausal beantworten: Für Joseph L. Koerner etwa markieren die Darstellungen des gekreuzigten Christus auf

---

[199] Vgl. *Horst Schwebel,* Die Kunst und das Christentum. Geschichte eines Konflikts, München 2002, 60 f. Auch Hans Robert Jauß merkt an, dass die „Einsicht, daß Luthers Abwertung der Bilder in deren Aufwertung umschlug [...], nicht dazu verführen [sollte], zwischen den Reformatoren als unfreiwilligen Wegbereitern der autonomen Kunst und der ästhetischen Moderne des 20. Jahrhunderts einen unilinearen genetischen Zusammenhang zu postulieren." (*Hans Robert Jauß,* Über religiöse und ästhetische Erfahrung – zur Debatte um Hans Belting und George Steiner, in: ders., Wege des Verstehens, München 1994, 346–377, 375.)

[200] *Kaufmann,* Bilderfrage, 407.

[201] Mit seiner Studie „Der katholische Cranach" (Mainz 1992) macht Andreas Tacke auf in katholischem Auftrag entstandenen Werke Cranachs in der Reformationszeit aufmerksam. Vgl. dazu die Rezension von *Heinz Schilling,* Nochmals „Zweite Reformation" in Deutschland. Der Fall Brandenburg in mehrperspektivischer Sicht von Konfessionalisierungsforschung, historischer Anthropologie und Kunstgeschichte, in: Zeitschrift für Historische Forschung 23 (1996), 501–524. Auch die Biographien anderer, im 16. Jahrhundert einflussreicher Künstler lassen kein konfessionsspezifisch eindeutiges Profil erkennen.

[202] Vgl. *Karl Arndt / Bernd Moeller,* Albrecht Dürers „Vier Apostel". Eine kirchen- und kunsthistorische Untersuchung (Schriften des Vereins für Reformationsgeschichte, 202), Gütersloh 2003, 58.

[203] *David Ganz / Georg Henkel,* Kultbilder im konfessionellen Zeitalter. Historischer Überblick und Forschungsperspektiven, in: Rahmen-Diskurse. Kultbilder im konfessionellen Zeitalter, hrsg. v. dens., Berlin 2004, 9–38, hier 11. Von den inzwischen zahlreichen Studien zur lutherischen Kunst des 16. und 17. Jahrhunderts seien hier stellvertretend nur folgende Untersuchungen genannt: *Jan Harasimowicz,* Kunst als Glaubensbekenntnis. Beiträge zur Kunst in der Reformationszeit, Baden-Baden 1996; *Peter Poscharsky* (Hrsg.), Die Bilder in den lutherischen Kirchen. Ikonographische Studien, München 1998.

[204] Vgl. beispielsweise *Margit Kern,* Tugend versus Gnade. Protestantische Bildprogramme in Nürnberg, Pirna, Regensburg und Ulm, Berlin 2002; *Harry Oelke,* Die Konfessionsbildung des 16. Jahrhunderts im Spiegel illustrierter Flugblätter, Berlin / New York 1992.

den Altarbildern Cranachs „a first step toward [...] pure facticity"[205]. Thomas Kaufmann hingegen betont das „traditionale Verhältnis" des Luthertums zur mittelalterlichen Kunst[206]. Auch lassen sich im Luthertum des 16. Jahrhunderts noch zahlreiche ‚magische' oder ‚volksfromme' Glaubensbestände im Umgang mit bestimmten Bildwerken finden: Sogar Darstellungen Martin Luthers wurden als quasi-sakrale Objekte verehrt[207].

Vor allem die radikale Bildkritik und die Bilderstürme der zwinglianisch-calvinistischen Reformation können aber auch als Schritt hin zu einer modernen, abstrakt-reduzierten Ästhetik gelten. So haben André Holenstein und Heinrich Richard Schmidt im Anschluss an eine interdisziplinäre Tagung über die reformatorischen Bilderstürme im europäischen Kontext (2001) formuliert, die Entmachtung der mittelalterlichen Bilder durch die Entheiligungen und Zerstörungen der reformatorischen Bilderstürmer „setzte eine Zäsur in der abendländischen Geschichte. Sie war ein Schritt in Max Webers Prozess der Rationalisierung und der ‚Entzauberung der Bilder'. Wo Bilder zerstört worden sind wie im Protestantismus oder wo ihre Verehrung im Zuge der Aufklärung verschwunden ist, konnten sich Malerei und Bildhauerei von ihrer religiösen Funktion befreien und zur ‚reinen' Kunst avancieren"[208].

Das Verhältnis von Reformation, Konfessionsbildung und dem frühneuzeitlichen Kunstsystem ist also mehrschichtig[209]: Es gelangten im konfessionellen Zeitalter zwar alle drei Konfessionskirchen zu einer je eigenen Position in der Frage des Sakralbildes, und der Einsatz von Bildern als Medien war in den Konfessionskonflikten von zentraler Bedeutung; es kann jedoch weder von einer Konfessionalisierung noch gar von einer Säkularisierung des gesamten Bereichs der Kunst und des Kunstmarktes ausgegangen werden. Inwiefern die Kunstproduktion im 16. und 17. Jahrhundert konfessio-

---

[205] *Joseph Koerner,* The Reformation of the Image, London 2004, 10.

[206] *Thomas Kaufmann,* Art. „Epitaph für Pastor Heinrich Caps", in: 1648 – Krieg und Frieden in Europa. Katalogband, hrsg. v. *Klaus Bußmann / Heinz Schilling,* Münster / Osnabrück 1998, 295.

[207] Vgl. *Robert W. Scribner,* Incombustible Luther: The Image of the Reformer in Early Modern Germany, in: Past & Present 110 (1986), 38–68.

[208] *André Holenstein / Heinrich Richard Schmidt,* Bilder als Objekte – Bilder in Relationen. Auf dem Weg zu einer wahrnehmungs- und handlungsgeschichtlichen Deutung von Bildverehrung und Bildzerstörung, in: Blickle, Macht und Ohnmacht, 511–527, hier 511.

[209] Nach übergreifenden Tendenzen in der Kunst zwischen Spätmittelalter, Reformation und Konfessionalisierung hat Berndt Hamm gefragt; vgl. *Berndt Hamm,* Normative Zentrierung im 15. und 16. Jahrhundert. Beobachtungen zu Religiosität, Theologie und Ikonologie, in: Zeitschrift für Historische Forschung 26 (1999), 163–202, hier 200. In der Akzentuierung der Passion Christi in der Kunst um 1500 verortet Hamm etwa die Vorgeschichte zur Kunst der Reformation, die die „christozentrischen, passionsorientierten, gnaden- und vertrauenszentrierten" Themen aufnehmen sollte. Die im Spätmittelalter angelegte Tendenz zur Zentrierung, Normativierung und Regularisierung der Kunst sei im späten 16. Jahrhundert durch alle drei Konfessionskirchen fortgeführt worden (Ebd., 200–202).

nalisiert war und ob Kunst als Instrument der Konfessionalisierung eingesetzt wurde, sind weitgehend ungeklärte Forschungsfragen[210]. Der rege Kunsthandel zwischen den nördlichen und südlichen Niederlanden belegt jedenfalls, dass es in diesem Bereich keine strengen konfessionellen Grenzen gab. So werden auch im Hinblick auf den niederländischen Kunstmarkt des ‚Goldenen Zeitalters' und auf die Genremalerei ältere Meinungen überdacht[211]. Lange waren die niederländischen Genreszenen – wie Landschaften, Seestücke und Stillleben – als profaner Bilderkosmos angesehen worden: Einflussreich war hier lange das Urteil Hegels, dass erst in den von religiöser wie weltlicher Tyrannei befreiten Niederlanden eine säkulare Kunst möglich gewesen sei[212]. Diese Bewertung der holländischen Kunst des ‚Goldenen Zeitalters' führte dazu, dass Genreszenen in ihrer Diesseitigkeit auch noch heute als Spiegel einer „sober protestant society" verstanden werden[213]. Diese auf den ‚Realismus' der Genremalerei abhebende Deutung beeinflusst bis heute die kunsthistorische Darstellungen; eine Untersuchung der niederländischen Malerei, die etwa die lange vernachlässigten katholischen Themen und Bilder in der niederländischen Kunst einbezieht und zugleich den religiösen Pluralismus der Gesellschaft der nördlichen Niederlande berücksichtigt, muss dagegen erst noch geschrieben werden[214]. Insgesamt – so lässt sich resümieren – bedürfen die vielfältigen gesellschaftlichen Rahmenbedingungen frühneuzeitlicher Kunstproduktion noch einer vertiefenden Untersuchung.

Der Durchgang durch die Diskussionen in Germanistik, Wissenschaftsgeschichte und Kunstgeschichte hat deutlich gemacht, dass eine in der älte-

---

[210] Vgl. am konkreten Beispiel der Konversion *Jens Baumgarten,* Bekehrung durch Kunst? Jesuitische „Überwältigungsästhetik" und das Problem der Konversion, in: Konversion und Konfession in der Frühen Neuzeit, hrsg. v. Ute Lotz-Heumann / Jan-Friedrich Mißfelder / Matthias Pohlig, Gütersloh 2007, 463 – 490.

[211] Vgl. als Überblick zur kunsthistorischen Forschung zur niederländischen Malerei seit dem 19. Jahrhundert *Michael North,* Das Goldene Zeitalter. Kunst und Kommerz in der niederländischen Malerei des 17. Jahrhunderts, Köln u. a. 2001, 3 f.

[212] Vgl. *Georg Wilhelm Friedrich Hegel,* Ästhetik, hrsg. v. Friedrich Bassenge, Berlin 1965, Bd. 1, 302. Vgl. auch: „Das letzte nun wozu es die [. . .] niederländische Kunst bringt, ist das gänzlich Sicheinleben ins Weltliche und Tägliche." (Ebd., 572). Vgl. zum Einfluss Hegels auf die Bewertung der niederländischen Kunst *Gary Schwartz,* Art in History, in: Art in History. History in art. Studies in Seventeenth-Century Dutch Culture, hrsg. v. David Freedberg / Jan de Vries, Santa Monica 1991, 7 – 16.

[213] Explizit gegen diese Deutung der niederländischen Kunst richtet sich *Svetlana Alpers* in ihrer viel diskutierten Studie: The Art of Describing. Dutch Art in the Seventeenth Century, Chicago 1983, 73.

[214] Vgl. *Schwartz,* Art in History, 10. Differenziert sind inzwischen die Darstellungen niederländischer Kircheninterieurs handelt worden, vgl. jüngst *Andreas Gormans,* Sakrale Räume als politische Räume. Gemalte Kircheninterieurs in der holländischen Kunst des 17. Jahrhunderts, in: Konfessionen im Kirchenraum. Dimensionen des Sakralraums in der Frühen Neuzeit (Studien zu Kunstgeschichte des Mittelalters und der Frühen Neuzeit, 3) hrsg. v. Susanne Wegmann / Gabriele Wimböck, Korb 2007, 159 – 194.

ren Forschung häufig vermutete generelle Affinität der Renaissance oder
der Reformation zur Säkularisierung in der neueren Forschung ihre Plausibilität weitgehend verloren hat. An die Stelle dieser übergreifenden These
sind nicht neue Generalthesen getreten, sondern die Tendenz zu detaillierten, ‚kleinteiligeren‘ Untersuchungen und daraus folgend eine Anerkennt-
nis der Komplexität des Verhältnisses von Religion bzw. Konfession und Säkularisierung.

IV. Grundlinien der Forschung
und Untersuchungsfelder in
der Geschichtswissenschaft

Die historische Forschung hat ebenso wie ihre Nachbardisziplinen im
Hinblick auf eine Vielzahl von Einzelproblemen, häufig aber ohne eingehende methodische Klärung, mit dem Säkularisierungsbegriff gearbeitet.
Oft fungiert dieser Begriff, wie bereits angedeutet, weniger als präziser
Analysebegriff für überschaubare Sachzusammenhänge und Quellenkorpo-
ra denn als Etikett für einen langandauernden und im Einzelnen differenziert ablaufenden Prozess. Insofern ist auch für die historische Forschung
zu konstatieren, dass kein Konsens darüber besteht, was Säkularisierung
ist, wann sie stattgefunden hat, wer oder was sie gegebenenfalls wie verursacht hat. Vom Humanismus über Reformation und Konfessionalisierung
bis hin zu Pietismus, Aufklärung und ‚Moderne‘ sind immer wieder Kandidaten für Säkularisierung namhaft gemacht worden. Diese komplexe Forschungslage spiegelt sich auch jüngst in einem von Peter Blickle und Rudolf
Schlögl anlässlich des 200-Jahres-Gedenkens an die Säkularisation von
1803 herausgegebenen, hochkarätig besetzten Sammelband wider, der zeitlich die gesamte Frühe Neuzeit sowie das 19. wie 20. Jahrhundert umfasst.
Säkularisierung sei ein „amorpher Begriff“, so lautet ein Fazit des Bandes[215]. Dieses Kompendium derzeitiger historiographischer Reflexion zum
Säkularisierungsproblem bietet eine große Zahl von Anregungen, zeigt aber
auch, dass weder empirisch noch methodisch das letzte Wort gesprochen ist.

1. Humanismus, Reformation, konfessionelles Zeitalter:
Säkularisierung im 16. und 17. Jahrhundert?

In der historischen Forschung ist die Epoche von Renaissance und Humanismus weithin als Auftakt säkularisierender Tendenzen im christlichen
Europa beschrieben worden. Schon Jacob Burckhardt und ihm folgend Wil-

---

[215] *Blickle / Schlögl*, Säkularisation, Schlussdiskussion, 563.

helm Dilthey sahen im Humanismus und in der Reformation Luthers eine Parallelentwicklung auf dem Weg zum modernen Idealismus und Individualismus[216]. Die Vorstellung, dass der Humanismus der säkularisierten Neuzeit den Weg gebahnt habe, ist auch bis weit ins 20. Jahrhundert vertreten worden[217]. Vor allem außerhalb der engeren Humanismusforschung hat sich dabei ein Bild etabliert, das klischeehafte Züge trägt: Unabhängig von der Benutzung des Säkularisierungsbegriffs gilt der Humanismus – emblematisch vorgestellt in der autonomen Politiktheorie Machiavellis, der philologischen Kirchenkritik Lorenzo Vallas, aber auch in dem Zerrbild des ganz diesseitigen ‚Renaissancemenschen' – als Abwendung vom christlichen Mittelalter und als Aufbruch in eine religionsferne Neuzeit. Säkularisierende Wirkungen humanistischer Theorie und Praxis hat die Forschung in den Bereichen der Moralphilosophie, der erneuerten empirischen Naturwissenschaften, der Politiktheorie und der Geschichtsphilosophie sowie generell in einem autonomisierten Verständnis des Menschen identifiziert.

In differenzierter Form hat zuletzt August Buck die Burckhardtsche Stoßrichtung noch einmal aufgenommen und verschiedene Faktoren eines generellen Säkularisierungsprozesses benannt: die kommunal geprägte Kaufmannsmentalität, die durch rationale Wirtschaftsführung und Änderungen im Lebensstil zu einem neuen Bild des Verhältnisses von Mensch und Gott geführt habe; eine durch die abnehmende Bindungskraft der kaiserlichen und päpstlichen Zentralgewalten herbeigeführte Säkularisierung der Politik in den italienischen Stadtrepubliken; schließlich ein neues Geschichtsverständnis linearer Verläufe und kausaler Erklärungsmodelle[218]. Mit dieser Zuspitzung der Epoche von Renaissance und Humanismus auf säkularisierende ‚Grundtendenzen' steht Buck in der neueren Forschung allerdings fast allein.

Sah Burckhardt in der humanistischen Antikerezeption noch einen der hauptsächlichen Gründe für die „religiöse Indifferenz" der Italiener der Renaissance[219], so heben Historiker wie Peter Burke vielmehr die Kontinuitäten zwischen mittelalterlicher und Renaissance-Kultur hervor. Die Rezeption der Antike habe an vielfältige italienische und gesamteuropäische Tradi-

---

[216] Vgl. *Jacob Burckhardt,* Die Kultur der Renaissance in Italien. Ein Versuch, Stuttgart 1958 [Erstausgabe: 1860], 121–260, 401–527; *Wilhelm Dilthey,* Weltanschauung und Analyse des Menschen seit Renaissance und Reformation, 9. Aufl., Göttingen 1970 [Erstausgabe: 1913].

[217] Vgl. z. B. *Paul Joachimsen,* Aus der Entwicklung des italienischen Humanismus, in: ders., Gesammelte Aufsätze. Beiträge zu Renaissance, Humanismus und Reformation. Zur Historiographie und zum deutschen Staatsdenken, hrsg. v. Notker Hammerstein, Aalen 1970, 61–103; vgl. *Eugene Rice, jr.,* The Renaissance Idea of Wisdom, Cambridge, Mass. 1958, insbes. 209–211.

[218] Vgl. *August Buck,* Säkularisierende Grundtendenzen der italienischen Renaissance, in: Studien zum 15. Jahrhundert. Festschrift für Erich Meuthen, Bd. 2, hrsg. v. Johannes Helmrath / Heribert Müller, München 1994, 609–622.

[219] *Burckhardt,* Kultur der Renaissance, 468.

tionen philosophischen, theologischen und ästhetischen Denkens angeknüpft. Ihre Bedeutung habe in der Hybridisierung bereits vorhandener Deutungsmuster gelegen; dies sei aber nicht auf einen grundsätzlichen Bruch zwischen mittelalterlich-religiösen und neuzeitlich-säkularen Denkmustern hinausgelaufen[220]. Gerade der italienische Humanismus des 14. und 15. Jahrhunderts wird in einschlägigen Untersuchungen nicht als besonders kirchen- oder religionskritisch gesehen. Vielmehr sind die vielfältigen Einfluss- und Verbindungslinien zwischen humanistischen und religiösen Denkformen hervorgehoben worden[221]. Die Rezeption antiker Autoren und die politischen Krisenerfahrungen im Italien des 14. bis 16. Jahrhunderts führten zu einer Diversität religiöser Anschauungen, aber nicht primär zu ihrer Säkularisierung[222]. Deutlich wird dies etwa im Nebeneinander christlicher Glaubenslehre und antiker Götterwelt auch im deutschen Humanismus: Diese Koexistenz wurde möglich, weil die Antike für den Humanismus einer literarischen Welt angehörte, die nicht allgemeinverbindliche Alltagswelt war. Die Verchristlichung antik-heidnischer Formen sollte die Diskrepanz überbrücken und wirkte nicht säkularisierend, sondern stabilisierte den christlichen Bildungskosmos[223].

Diese Neubewertung des Verhältnisses von Humanismus und Religion ist auch ein Ergebnis der Umorientierung der Humanismusforschung im 20. Jahrhundert: Galt der Humanismus lange als ideologisch kohärente, oft antichristlich interpretierte Bewegung, so hat die Forschung inzwischen deutlich herausgearbeitet, dass dem Humanismus keine einheitliche Weltanschauung zu Grunde lag. Das Spektrum der Meinungen reicht von der Auffassung, die *studia humanitatis* seien als technische Fertigkeiten zu verstehen, die vor allen inhaltlichen Bestimmungen angesiedelt waren[224], über eine Sichtweise des Humanismus als auf spezifische Ziele beschränkte Erziehungsbewegung bis hin zu seiner Definition als Bewegung, die hinrei-

---

[220] Vgl. *Peter Burke,* Die europäische Renaissance. Zentren und Peripherien, München 1998, 13–22.

[221] Vgl. *Massimo Firpo,* Riforma protestante ed eresie nell'Italia del Cinquecento, 2. Aufl., Bari 1997; *Eugenio Garin,* La cultura filosofica del Rinascimento Italiano. Ricerche e documenti, Mailand 1994 [Erstausgabe: 1961]; *Charles Trinkaus,* In Our Image and Likeness. Humanity and Divinity in Italian Humanist Thought, 2 Bde., Notre Dame, Indiana 1970.

[222] Vgl. im Einzelnen z. B. *Trinkaus,* In Our Image, Bd. 1, 18–28, Bd. 2, 461–504. Auch Riccardo Fubini gelangte 1990 zu diesem Schluss, obwohl er – vielleicht aus Erwägungen des Verlags heraus – den Begriff der „secolarizzazione" in den Titel eines Buches aufnahm; vgl. *Riccardo Fubini,* Umanesimo e secolarizazzione. Da Petrarca a Valla, Rom 1990.

[223] Vgl. *Erich Meuthen,* Charakter und Tendenzen des deutschen Humanismus, in: Säkulare Aspekte der Reformationszeit, hrsg. v. Heinz Angermeier (Schriften des Historischen Kollegs, 5), München / Wien 1983, 227–266.

[224] Für diese Sicht sind die Arbeiten Kristellers einschlägig; vgl. z. B. *Paul Kristeller,* Die humanistische Bewegung, in: ders., Humanismus und Renaissance, Bd. 1: Die antiken und mittelalterlichen Quellen, hrsg. v. Eckhard Keßler, München 1974, 7–29.

chend offen war, um verschiedene Weltanschauungen zu integrieren. Ob es einen weltanschaulichen Minimalkonsens des Humanismus überhaupt gab, wird also kontrovers diskutiert[225]. In jedem Fall aber erscheint Humanismus primär als „eine Kommunikationsform, ein kultureller Code", „in dem unterschiedlichste Gruppen ihre Interessen wirkungsvoll artikulieren konnten, als eine (in sich heterogene) Bildungsbewegung"[226].

Unabhängig davon, wie man den Humanismus im Einzelnen bestimmen will: Im Anschluss an die jüngere Forschung wird man ihn in einer kontingenten Beziehung zu Säkularisierungstendenzen sehen müssen[227]. Nicht ‚der' Humanismus an sich barg Säkularisierungstendenzen, aber sie wurden in seinem Rahmen artikulierbar. Die Bedeutung der Humanisten bestand also zum Beispiel darin, dass sie neue Deutungsmuster bereitstellten, „welche die Lücke füllen sollten, die das herkömmliche, christlich-mittelalterliche Orientierungswissen offen ließ"[228]. Säkulare Wissensbestände sollten die theologische Überlieferung ergänzen, aber kein neues Weltbild schaffen. „Ohne Kirche und Religion in Frage zu stellen, zielte der Humanismus v.a. auf die irdische Wirklichkeit, auf sittliches Handeln, säkulare Ethik und elegante Umgangsformen." Diese neue Schwerpunktsetzung erlaubte es dann auch, die Kirche „vornehm zu ignorieren". Langfristig, so wird man schließen dürfen, begünstigten der Humanismus und „seine historisch-philologische Betrachtung der Überlieferung zudem eine distanzierte Sicht auch auf religiöse Autoritäten"[229]. Ohne grundsätzliche antireligiöse oder areligiöse Haltungen einzunehmen, übten doch Vertreter des Humanismus

---

[225] Vgl. dazu die Einschätzungen bei *Gerrit Walther,* Funktionen des Humanismus. Fragen und Thesen, in: Funktionen des Humanismus. Studien zum Nutzen des Neuen in der humanistischen Kultur, hrsg. v. Thomas Maissen / dems., Göttingen 2006, 9 – 17; *Thomas Maissen,* Schlußwort. Überlegungen zu Funktionen und Inhalt des Humanismus, in: ebd., 396 – 402. Ein weiterer Strang der Humanismusforschung hebt nicht auf inhaltliche Gemeinsamkeiten der Humanisten, sondern ein gemeinsames Selbstbild und ein Selbstverständnis als Gruppe ab; vgl. *Eckhard Bernstein,* From Outsiders to Insiders. Some Reflections on the Development of a Group Identity of the German Humanists between 1450 and 1530, in: In laudem Caroli. Renaissance and Reformation studies for Charles G. Nauert, hrsg. v. James V. Mehl, Kirksville 1998, 45 – 64; *Robert Black,* Art. „Humanism", in: The New Cambridge Medieval History, Bd. 7: c. 1415 – c. 1500, hrsg. von Christopher Allmand, Cambridge 1998, 243 – 277.

[226] *Gerrit Walther,* Art. „Humanismus", in: Enzyklopädie der Neuzeit, Bd. 5, hrsg. v. Friedrich Jaeger, Stuttgart / Weimar 2007, 665 – 692, insbesondere 666 – 668.

[227] Ein kontingentes Verhältnis von christlicher Religiosität und Humanismus arbeitet am Beispiel des so genannten „Klosterhumanismus" heraus: *Harald Müller,* Habit und Habitus. Mönche und Humanisten im Dialog, Tübingen 2007.

[228] *Maissen,* Schlusswort, 399.

[229] *Walther,* Art. „Humanismus", 675. Zusammenfassend beschreibt Walther in kulturvergleichender Perspektive langfristige Konsequenzen: Die „spirituelle Energie" des Humanismus blieb auf die weltliche Sphäre gerichtet und beharrte auf der Erneuerung der diesseitigen Welt; statt sündhafter Verworfenheit betonte er die Menschenwürde. So sei der Humanismus bei allen mittelalterlichen Zügen letztlich doch ein europäisches Phänomen der Säkularisierung, das in anderen Weltkulturen keine wirkliche Parallele besitze. Vgl. ebd., 675 f.

vielfach Kritik an der Institution Kirche. Säkularisierende Tendenzen lassen sich daher auch im massiven Antiklerikalismus der Humanisten erkennen, der allerdings sehr viel weniger fundamentalere Züge trug als derjenige der christlichen Reformbewegungen[230].

Die Reformationsforschung hat in den vergangenen Jahrzehnten eine Kehrtwende im Hinblick auf ihre Haltung zur Frage ‚Reformation und Säkularisierung‘ erlebt. Während ältere Forschungen die Reformation im Gefolge Webers als einen oder sogar *den* entscheidenden Schritt zur ‚Entzauberung der Welt‘ angesehen haben, hat sich diese Ansicht in den letzten Jahrzehnten in vieler Hinsicht in ihr Gegenteil verkehrt[231].

Bezeichnend für das lange Leben der Weberschen Entzauberungs-Vorstellung ist das 1971 erschienene Buch von Keith Thomas mit dem Titel „Religion and the Decline of Magic". Obwohl Thomas hier vormoderne Glaubens- und Frömmigkeitsformen in ihrer ganzen Bandbreite darstellt, vertritt er zugleich die These, die englische Reformation habe zu einem raschen Niedergang von Religion als sozialer Praxis mit Elementen von ‚Zauberei‘ („magic") und ‚Aberglauben‘ („superstition") geführt[232]: „By depreciating the miracle-working aspect of religion and elevating the importance of the individual's faith in God, the Protestant Reformation helped to form a new concept of religion itself."[233] Die Vorstellung von der säkularisierenden Wirkung der Reformation im Sinne einer Entzauberung der Welt und gleichzeitigen Individualisierung von Religion bildet aber eindeutig die Basis der Studie, die zugleich die Grundlagen dafür gelegt hat, frühneuzeitliche Religions- und Glaubensformen in ihrer bis dahin unbeachteten Vielfältigkeit wahrzunehmen[234].

Auch in deutschen Überblickswerken und -aufsätzen aus den 1980er Jahren zur Frage nach der Rolle der Reformation für die Moderne[235] findet sich

---

230 Vgl. *Patrick Gilli,* Humanisme et église. Les raisons d'un malentendu, in: Humanisme et église en Italie et en France méridionale. XVe Siècle-Milieu du XVIe Siècle, hrsg. v. dems., Rom 2004, 1–15; *ders.,* Les Formes de l'Anticléricalisme Humaniste. Anti-Monachisme, Anti-Fraternalisme ou Anti-Christianisme?, in: ebd., 63–95.

231 Ein wichtiger Bezugspunkt für eine Interpretation der (lutherischen) Reformation, die deren mittelalterlichen Ursprung und Charakter betont, ist die klassische Darstellung von *Troeltsch,* Bedeutung des Protestantismus (1906). Es bleibt darauf hinzuweisen, dass sowohl die positive als auch die negative Bezugnahme auf Weber und Troeltsch in der Geschichtswissenschaft deren Positionen häufig verkürzt.

232 Vgl. *Keith Thomas,* Religion and the Decline of Magic. Studies in Popular Beliefs in Sixteenth and Seventeenth Century England, London 1997, 74.

233 Ebd., 76. Ähnlich auch *Bernard Vogler,* Die Entstehung der protestantischen Volksfrömmigkeit in der rheinischen Pfalz zwischen 1555 und 1619, in: Archiv für Reformationsgeschichte 72 (1981), 158–195.

234 Vgl. dazu auch *Robert W. Scribner,* The Reformation, Popular Magic, and the „Disenchantment of the World", in: Journal of Interdisciplinary History 23 (1993), 475–494, hier 476.

235 Es ist zu betonen, dass die hier dargestellten Forschungsmeinungen über den Zusammenhang zwischen Reformation und Säkularisierung eng verknüpft sind mit

die Grundannahme einer Säkularisierungsleistung der Reformation, meist im Sinne einer Rationalisierung mittelalterlicher Frömmigkeitsformen insbesondere durch das ‚Wort'. So postulierte beispielsweise Rainer Wohlfeil, die Reformation sei als wesentlicher Abschnitt der neuzeitlichen Säkularisierung zu begreifen[236]. Richard van Dülmen schrieb in einem Aufsatz über „Reformation und Neuzeit": „Die Reformation [zerschnitt] die lang währende Verquickung christlich-magisch-heidnischer Heilspraktiken, wie sie im vorreformatorischen Katholizismus bestanden und das ganze religiöse und soziale Leben durchwirkt und geregelt hatten, und leitete eine Entzauberung der Welt ein."[237] In ähnlicher Weise formulierte Thomas Nipperdey: „Die moderne Welt ist säkulare, profane Welt, nicht mehr unter der Vormundschaft von Glauben und Kirche, die neuere Geschichte ist eine Geschichte der Säkularisierung. Das hat viele Wurzeln, von Machiavelli bis zur Aufklärung, aber eine der stärksten Wurzeln ist die christliche Religion. Sie hat die Welt entgöttert und entsakralisiert, das magische Verständnis zerbrochen, die Welt entzaubert. Luther macht in diesem Prozeß Epoche und bringt ihn mit einem Ruck weiter."[238]

Zugespitzt und empirisch unterfüttert wird die Sicht vom Zusammenhang von Protestantismus und Säkularisierung in C. John Sommervilles Studie „The Secularization of Early Modern England" von 1992[239]. Diese Arbeit stellt insofern einen Solitär dar, als sie die einzige Monographie ist, die das Problem der Säkularisierung am Beispiel eines Landes in einer Vielzahl seiner verschiedenen Aspekte – von politik- und sozial- bis hin zu kultur- und religionsgeschichtlichen – durchspielt. Sommerville versteht Säkularisierung weniger als Verfall von Religion denn vielmehr als institutionelle Entkoppelung der verschiedenen gesellschaftlichen Teilbereiche von der Bindung an religiöse Werthaltungen und Praktiken. Im Gegenzug spezifiziere und emanzipiere sich die Religion und werde zu einer alltagsenthobenen, reflexiven Praxis und Weltsicht, zu „religious faith". Nicht die Intensität der Religion und des Glaubens verändere sich im Verlauf der Frühen

---

der Frage nach dem Konnex zwischen Reformation und Moderne. Diese – in gewissem Sinne übergreifendere – Fragestellung kann hier nicht im Einzelnen besprochen werden. Vgl. dazu den Überblick bei *Stefan Ehrenpreis / Ute Lotz-Heumann*, Reformation und konfessionelles Zeitalter (Kontroversen um die Geschichte), Darmstadt 2002, 17 – 29.

[236] Vgl. dazu *Rainer Wohlfeil*, Einführung in die Geschichte der deutschen Reformation, München 1982, 75: „Die Reformation war eine Phase der durch Renaissance und Humanismus bereits eingeleiteten Verselbständigung des Menschen gegenüber der christlichen Religion und dem Anspruch der Kirche, in allen Fragen der Gesellschaft die letztgültige Antwort bereitzustellen."

[237] *Dülmen*, Reformation und Neuzeit, 22.

[238] *Thomas Nipperdey*, Luther und die moderne Welt, in: Geschichte in Wissenschaft und Unterricht 36 (1985), 803 – 813, hier 811 f.

[239] Vgl. *C. John Sommerville*, The Secularization of Early Modern England. From Religious Culture to Religious Faith, New York / Oxford 1992.

Neuzeit, sondern ihre Position innerhalb der gesellschaftlichen Struktur und damit ihr spezifisches gesellschaftliches Gewicht[240]. Diese Transformation verändere aber den Glauben dergestalt, dass dieser – als reflexiver, nicht mehr selbstverständlicher Glaube – wiederum ein Einfallstor für weitere Säkularisierungsbewegungen eröffne: „A conscious faith is more open to doubt and final disbelief than the piety which is wrapped in a religious culture."[241]

Diesen Säkularisierungsprozess sieht Sommerville im englischen Protestantismus begründet. Die Reformation und ihr puritanisches Erbe seien verantwortlich für die bereits um 1700 weitgehend vollzogene Trennung von Kirche / Religion und anderen Sektoren der Gesellschaft sowie die damit einhergehende Privatisierung von Religion. Dies gehe mindestens zu einem Teil auf Intentionen des englischen Protestantismus zurück: „Protestants believed that the essential features of their religion could not only survive the separation from other aspects of culture but would be purified by the process."[242]

Insgesamt vertritt also Sommerville eine Position, die einerseits viel Ähnlichkeit mit der etwa von Luhmann vertretenen Auffassung von Säkularisierung als Zwillingsvorgang der funktionalen Differenzierung besitzt, in dessen Verlauf die Religion gleichsam zu sich selbst finde, während andere gesellschaftliche Teilbereiche aus ihrer Herrschaft entlassen würden[243]; andererseits wird diese Position kausal so stark mit dem englischen Protestantismus verknüpft, dass als Stichwortgeber unschwer die Weber-These zu erkennen ist. Insgesamt wirkt die Fokussierung auf ‚den' Protestantismus als die große säkularisierende Macht vor dem Hintergrund neuerer Forschungen zur europäischen Reformationsgeschichte zu vereinfachend[244].

Die ‚Kehrtwende', die die jüngere Forschung in dieser Hinsicht vollzogen hat, geht wesentlich auf die Forschungen Robert W. Scribners zu Formen der Volksfrömmigkeit in lutherischen Territorien zurück[245]. Scribner ist der

---

[240] Vgl. ebd., 8.

[241] Ebd., 10.

[242] Ebd., 179.

[243] An anderer Stelle spitzt Sommerville sogar zu: „Please note that we are not saying that differentiation leads to secularization. It is secularization." (*Sommerville*, Secular Society / Religious Population, 250).

[244] Die englandzentrierte These Sommervilles findet ihr Echo in einer Rezension, die die Frage aufwirft, warum der Prozess der Säkularisierung in England eigentlich so früh in Gang kam und ob dies tatsächlich nur oder teilweise mit dem Protestantismus zusammenhänge. Unabhängig von der Rolle des Protestantismus wäre aber doch zuerst einmal zu klären, ob die Unterstellung einer Säkularisierungs-Pionierrolle Englands überhaupt zutrifft! Vgl. *Bryan Wilson*, Rezension: C. John Sommerville, The Secularization of Early Modern England. From Religious Culture to Religious Faith, in: Journal for the Scientific Study of Religion 34 (1995), 276–278, hier 278.

[245] Vgl. *Robert W. Scribner*, For the Sake of Simple Folk. Popular Propaganda for the German Reformation, Cambridge 1981; *ders.*, The Impact of the Reformation on

Vorstellung von einem Beitrag der Reformation zur Entzauberung oder Säkularisierung der Welt entschieden entgegengetreten; er wandte sich gegen die teleologische Interpretation der Reformation und postulierte: „Protestantism was far from the rationalistic phenomenon of post-Weberian categories."[246] Scribner untersucht den Protestantismus in anthropologischer Perspektive als „a working belief system"[247] und kommt zu dem Schluss, „that Protestantism did not represent, in the popular mind at least, a major and dramatic paradigm shift, from a sacramental to a secularised world, [...]"[248]. Diese Ergebnisse Scribners sind insbesondere in der englischsprachigen Reformationsforschung breit rezipiert worden und haben gleichsam einen neuen Konsens geschaffen, der besagt, dass die Reformation die Welt keineswegs entzaubert habe[249].

Auch jenseits der Entzauberungs-Perspektive und im Hinblick auf spezifische Teilprozesse der Reformation ist deren säkularisierendes Potential diskutiert worden. So gilt die Reformation traditionell als ritualkritisch; die spezifisch reformatorische Säkularisierung, so kann man eine Tendenz vor allem der älteren Forschung zusammenfassen, äußert sich als Entritualisierung[250]. Wiederum Robert W. Scribner und im Anschluss an ihn Susan Karant-Nunn haben jedoch auf die Persistenz ritueller Frömmigkeitsformen hingewiesen; auch Protestanten griffen auf ritualisierte Formen der Glaubensvermittlung zurück, auch wenn ihre prominentesten theologischen Vertreter sich durch eine dezidierte Ritualfeindlichkeit auszeichneten[251]. Ins-

---

Daily Life, in: Mensch und Objekt im Mittelalter und in der frühen Neuzeit. Leben – Alltag – Kultur. Internationaler Kongress Krems a.d. Donau, Wien 1990, 315–343.

[246] *Robert W. Scribner,* Reformation and Desacralization. From Sacramental World to Moralised Universe, in: Problems in the Historical Anthropology of Early Modern Europe, hrsg. v. Ronnie Po-Chia Hsia / dems., Wiesbaden 1997, 75–92, hier 76.

[247] Ebd.

[248] Ebd., 77 f.

[249] Vgl. z. B. *Ulinka Rublack,* Die Reformation in Europa, Frankfurt a.M. 2003, 210 f. Bezeichnend ist auch, dass neuere Überblickswerke die Frage schon gar nicht mehr stellen. Vgl. dazu beispielsweise *Diarmaid MacCulloch,* Reformation. Europe's House Divided 1490–1700, London 2004; *Ronnie Po-chia Hsia* (Hrsg.), The Cambridge History of Christianity, Bd. 6: Reform and Expansion 1500–1660, Cambridge 2007. Der „state of the art" zu dieser Frage wurde soeben zusammengefasst von *Alexandra Walsham,* The Reformation and the ‚Disenchantment of the World' Reassessed, in: Historical Journal 51 (2008), 497–528. Wir danken Alexandra Walsham für die Überlassung ihres Aufsatzes vor der Veröffentlichung.

[250] Vgl. so noch *Philippe Buc,* Dangereux rituel. De l'histoire médiévale aux sciences sociales, Paris 2001, 199–213.

[251] Vgl. die Zusammenfassung der Diskussion in *Edward Muir,* Ritual in Early Modern Europe, Cambridge 1997, 155–228; vgl. auch *Susan Karant-Nunn,* The Reformation of Ritual. An Interpretation of Early Modern Germany, London 1997. – Fraglich ist aber, in welchen Zusammenhang sich diese christliche Ritualkritik mit dem sich an frühneuzeitlichen Ritualen im allgemeinem abzulesenden semiotischen Wandel, den Barbara Stollberg-Rilinger jüngst als „Entzauberung" bezeichnete, stellen lässt. (*Barbara Stollberg-Rilinger,* Symbolische Kommunikation in der Vormoderne. Begriffe – Thesen – Forschungsperspektiven, in: Zeitschrift für Historische Forschung 31 (2004), 489–527, 517.)

gesamt hat es den Anschein, als seien in der Reformation sakralisierende
wie säkularisierende Impulse miteinander untrennbar verknüpft: Die „normative Zentrierung" der Reformation[252] bedeutete einerseits eine Reduktion etwa der mittelalterlichen Vielfalt der Frömmigkeitsformen, also eine
Desakralisierung, und durch die Konzentration zugleich eine Aufwertung
und Sakralisierung des Gemeindegottesdienstes[253].

In der deutschen Forschung hat sich die Diskussion in den letzten Jahrzehnten weniger intensiv mit der Reformation befasst, sondern sich ver-
mehrt dem konfessionellen Zeitalter und der Frage nach dem Zusammenhang von Säkularisierung und Konfessionalisierung zugewendet[254].
Entzündet hat sich die Debatte an der These, in der Zeit zwischen dem
Augsburger Religionsfrieden und dem Dreißigjährigen Krieg sei die Verknüpfung von Religion und Politik so eng gewesen, dass Konfessionalisierung zu einem Fundamentalprozess der Gesellschaft wurde: Die Konfession
habe auf allen Ebenen der Gesellschaft – von der Familie bis hin zum Staat,
vom Alltag bis hin zur Außenpolitik – eine zentrale, ja das Handeln deter-
minierende Rolle gespielt[255].

Das Verhältnis von Konfessionalisierung und Säkularisierung haben
Heinz Schilling und Wolfgang Reinhard im Wesentlichen im Sinne einer
nicht-intendierten Wirkung definiert. Reinhard hat im Kontext der Frage
nach der modernisierenden Wirkung von Konfessionalisierung auch die
langfristige Säkularisierung Europas als deren nicht-intendierte Folge vermutet[256]. Im Einzelnen argumentiert Reinhard auf zwei Ebenen: Zum einen
meint er in Anlehnung an Luhmann, dass „das soziale System ‚europäische
Christenheit‘"[257] im Laufe des Mittelalters zunehmend komplexer geworden sei. Mit der durch die Reformation bewirkten Kirchenspaltung habe es
diese zunehmende Komplexität durch einen Differenzierungsvorgang ver-
arbeiten müssen. Dieser Differenzierungsprozess habe jedoch – statt selbst-

---

[252] Vgl. *Berndt Hamm*, Von der spätmittelalterlichen reformatio zur Reformation.
Der Prozeß normativer Zentrierung von Religion und Gesellschaft in Deutschland,
in: Archiv für Reformationsgeschichte 84 (1993), 7–82.

[253] Vgl. *Berndt Hamm*, Bürgertum und Glaube. Konturen der städtischen Reformation, Göttingen 1996, 83; ähnlich auch: *Thomas Fuchs*, Spätmittelalterliche
Frömmigkeit und Rationalisierung der Religion. Beobachtungen in der süddeutschen
Städtelandschaft, in: Blickle / Schlögl, Säkularisation, 67–81, der im rationalisieren-
den Gestus der Reformation deren spezifisches Sakralitätsprofil sieht.

[254] Vgl. zusammenfassend *Heinrich Richard Schmidt*, Konfessionalisierung im 16.
Jahrhundert (Enzyklopädie deutscher Geschichte, 12), München 1992, 91–94.

[255] Vgl. *Heinz Schilling*, Die Konfessionalisierung im Reich. Religiöser und gesellschaftlicher Wandel in Deutschland zwischen 1555–1620, in: Historische Zeitschrift
246 (1988), 1–46, hier 6.

[256] Vgl. *Wolfgang Reinhard*, Was ist katholische Konfessionalisierung? in: Die katholische Konfessionalisierung, hrsg. v. dems./Heinz Schilling, Gütersloh 1995,
419–452, hier 434; vgl. ähnlich *Wolfgang Reinhard*, Glaube und Macht. Kirche und
Politik im Zeitalter der Konfessionalisierung, Freiburg i.Br. 2004, 32.

[257] *Reinhard*, Lateinische Variante, 248.

ständige Subsysteme wie Religion, Politik und Wirtschaft auszubilden – territorial abgegrenzte Einheiten geschaffen, in denen weiterhin eine Integration insbesondere der Sphären Religion und Politik geherrscht habe. Am Beginn der Moderne stand somit nach Reinhard nicht funktionale, sondern territoriale Differenzierung – der Konfessionsstaat, in dem Religion und Politik eng mit einander verknüpft blieben[258]. Zum anderen, so Reinhards zweite Argumentationsebene, standen Staat und Kirche in der lateinischen Christenheit immer in einem dualistischen Verhältnis zueinander: „Religion und Politik waren in Europa gleichzeitig voneinander getrennt und miteinander verflochten."[259] Dieser Dualismus schuf, ohne daß dies beabsichtigt gewesen wäre, Raum für freiheitliche Entwicklungen. Langfristig seien Entsakralisierung und Säkularität deshalb als „paradoxe Errungenschaft[en]" des Christentums zu bezeichnen[260].

Auch Heinz Schilling argumentiert auf zwei Ebenen, neben einer makrohistorischen Ebene auch mit einem spezifisch auf die Frühe Neuzeit bezogenen Argument. Makrohistorisch hebt Schilling hervor, dass der religionssoziologische Typus Europa „nicht auf einem Monismus, der Kirche und Staat nicht unterscheidet"[261], beruhte, sondern auf einem „Dualismus von Kirche und Welt [...], in dem beide zwar eng aufeinander bezogen waren, aber stets selbständig blieben"[262]. Als Resultat hält auch Schilling fest: „Europa war demnach von vornherein auf Säkularisation angelegt."[263] Dieser Säkularisierungsprozess lief jedoch nicht linear ab, sondern zeichnete sich durch ein „Auf und Ab von Wellenbewegungen"[264] aus, wobei die Phase der Konfessionalisierung durch „eine religiöse Aufladung der gesellschaftlichen und politischen Sphäre"[265] charakterisiert

---

[258] Vgl. ebd.; *Wolfgang Reinhard*, Konfession und Konfessionalisierung. „Die Zeit der Konfessionen (1530 – 1620 / 30)" in einer neuen Gesamtdarstellung, in: Historisches Jahrbuch 114 (1994), 107 – 124.

[259] *Reinhard*, Lateinische Variante, 243.

[260] Ebd., 232.

[261] *Schilling*, Der religionssoziologische Typus, 43; vgl. *Heinz Schilling*, Die neue Zeit. Vom Christenheitseuropa zum Europa der Staaten 1250 – 1750, Berlin 1999, hier 456 – 461.

[262] *Schilling*, Der religionssoziologische Typus, 43; vgl. *Heinz Schilling*, Die Konfessionalisierung des lateinischen Christentums und das Werden des frühmodernen Europa. Modernisierung durch Differenzierung, Integration und Abgrenzung, in: Was hat uns das Christentum gebracht? Versuch einer Bilanz nach zwei Jahrtausenden, hrsg. v. Richard Schröder / Johannes Zachhuber, Münster / Hamburg / London 2003, 97 – 115, hier 102 – 103.

[263] *Schilling*, Der religionssoziologische Typus, 43. Mit „Säkularisation" meint Schilling hier den langfristigen makrogeschichtlichen Vorgang des Wandels des Auseinandertretens von Kirche, Staat und Gesellschaft. Die Autoren des vorliegenden Bandes benutzen hierfür ausschließlich den Begriff der Säkularisierung.

[264] Ebd.

[265] *Heinz Schilling*, Konfessionskonflikt und Staatsbildung. Eine Fallstudie über das Verhältnis von religiösem und sozialem Wandel in der Frühneuzeit am Beispiel der Grafschaft Lippe, Gütersloh 1981, 24.

war[266]. Erst durch den Dreißigjährigen Krieg, so Schillings Argumentation im Hinblick auf die Entwicklung in der Frühen Neuzeit, habe sich „der Konfessionalismus [...] selbst ad absurdum"[267] geführt. Diese „äußere Entkonfessionalisierung" von Politik und Gesellschaft sei verbunden gewesen mit einer „inneren Erneuerung der europäischen Großkirchen" im Zeichen von Pietismus, Puritanismus und Jansenismus[268]. In der Folge konnten laut Schilling „säkulare und nicht-konfessionelle Modernisierungskräfte [...] zum Hauptträger des gesellschaftlichen Wandels in Europa werden"[269].

Aus der Kritik an der These von Konfessionalisierung als gesellschaftlichem Fundamentalprozess gingen in der historischen und rechtshistorischen Forschung zugleich unterschiedliche Positionsbestimmungen des Verhältnisses von Konfessionalisierung und Säkularisierung hervor. Als einer der ersten Kritiker der Konfessionalisierungsthese postulierte Winfried Schulze, dass die „historische Bedeutung des konfessionellen Zeitalters eigentlich darin liegt, die konfessionelle Bedingtheit menschlicher Existenz zu überwinden und in zentralen Fragen des politischen Zusammenlebens säkularisierte Lebensformen zu entwickeln"[270]. Schulze lehnt dabei insbesondere die These von Konfessionalisierung als Fundamentalprozess der Epoche ab und betont Phänomene, die bereits im konfessionellen Zeitalter als konfessionsneutral, nicht konfessionalisierbar oder sogar säkularisiert angesehen werden können, wie individualisierende und säkularisierende Wandlungsprozesse in Gesellschaft und Wirtschaft, säkularisierte Friedensideen sowie Toleranz[271].

---

266 Vgl. die These William Bouwsmas, der meint, ein vom Humanismus ausgehender Säkularisierungsprozess sei im Zuge der Reformation und des konfessionellen Zeitalters rückgängig gemacht worden. In diesem Sinne sieht Bouwsma das 17. Jahrhundert und auch dessen zweite Hälfte als eine Epoche der abnehmenden Säkularisierung. Vgl. *William Bouwsma*, The Secularization of Society in the Seventeenth Century, in: ders., A Usable Past. Essays in European Cultural History, Berkeley 1990, 112–124.

267 *Schilling*, Konfessionalisierung im Reich, 30.

268 *Heinz Schilling*, Konfessionelles Europa. Die Konfessionalisierung der europäischen Länder seit Mitte des 16. Jahrhunderts und ihre Folgen für Kirche, Staat, Gesellschaft und Kultur, in: Konfessionalisierung in Ostmitteleuropa. Wirkungen des religiösen Wandels im 16. und 17. Jahrhundert in Staat, Gesellschaft und Kultur, hrsg. v. Joachim Bahlcke / Arno Strohmeyer, Stuttgart 1999, 13–62, hier 60.

269 Ebd., 59.

270 *Schulze*, Einführung in die Neuere Geschichte, 51. Ausgehend von der Debatte zwischen Schulze und Schilling fragt Heinrich Richard Schmidt zugespitzt: „Die Bedeutung der Konfessionalisierung läge in der Entkonfessionalisierung?" (Schmidt, Konfessionalisierung, 92.)

271 Vgl. *Winfried Schulze*, Vom Gemeinnutz zum Eigennutz. Über den Normenwandel in der ständischen Gesellschaft der frühen Neuzeit, München 1987; *Winfried Schulze*, Konfessionalisierung als Paradigma zur Erforschung des Konfessionellen Zeitalters?, in: Drei Konfessionen in einer Region. Beiträge zur Geschichte der Konfessionalisierung im Herzogtum Berg vom 16. bis zum 18. Jahrhundert, hrsg. v. Burkhard Dietz / Stefan Ehrenpreis, Köln 1999, 15–30.

Von rechtshistorischer Seite wurden der werdende moderne Staat und das Reichsrecht als Orte der Säkularisierung im konfessionellen Zeitalter benannt[272]. Bereits Ernst-Wolfgang Böckenförde hat die Entstehung des Staates als „Vorgang der Säkularisation" bezeichnet und in diesem Prozess zwei große Schritte identifiziert: zum Ersten den Investiturstreit, in dem „die alte religiös-politische Einheitswelt des orbis christianus in ihren Fudamenten erschüttert und die Unterscheidung und Trennung von ‚geistlich' und ‚weltlich' [...] geboren" worden sei[273]; zum Zweiten die konfessionellen Bürgerkriege des 16. und 17. Jahrhunderts, aus denen der säkulare neuzeitliche Staat hervorgegangen sei[274]. Religiös konnotierte politische Legitimationsstrategien seien zunehmend durch naturrechtliche Argumentationsfiguren ersetzt worden; Politik wurde säkularisiert.

Im Anschluss an Böckenförde, aber im Hinblick auf das konfessionelle Zeitalter differenzierter, argumentieren Martin Heckel und Michael Stolleis. Heckel betont die Bedeutung der Säkularisierung des Reichsrechts seit dem Augsburger Religionsfrieden als richtungsweisende Entwicklung für die Reichsverfassung und in der Folge für den modernen Staat überhaupt: „Die Koexistenz der beiden großen Konfessionen im Reiche ist nur durch eine breite und tiefgreifende *Säkularisierung des Reichsrechts* geschaffen und erhalten worden."[275] Unter Hintanstellung der religiösen Wahrheitsfrage konnte, so Heckel, der Friede zwischen den Territorien im Reich als „äußerer, politisch-säkularer Friede"[276] bewahrt werden. Langfristig sei auf die Säkularisierung des Reichsrechts die „umfassende Verweltlichung der Staatsziele"[277] auch im Territorialstaat gefolgt[278]. Im Hinblick auf den frühmodernen (Territorial-)Staat argumentiert Michael Stolleis ähnlich: Er

---

[272] Vgl. jüngst in universalhistorischer Perspektive *Paolo Prodi*, Konkurrierende Mächte. Verstaatlichung kirchlicher Macht und Verkirchlichung der Politik, in: Blickle / Schlögl, Säkularisation, Epfendorf 2005, 21–36.

[273] *Ernst-Wolfgang Böckenförde*, Recht, Staat, Freiheit. Studien zur Rechtsphilosophie, Staatstheorie und Verfassungsgeschichte, Frankfurt a.M. 1991, 77.

[274] Vgl. ebd., 83. Vgl. auch *Roman Schnur*, Die französischen Juristen im konfessionellen Bürgerkrieg des 16. Jahrhunderts. Ein Beitrag zur Entstehungsgeschichte des modernen Staates, Berlin 1962; *Ulrich Scheuner*, Staatsräson und religiöse Einheit des Staates. Zur Religionspolitik in Deutschland im Zeitalter der Glaubensspaltung, in: Staatsräson. Studien zur Geschichte eines politischen Begriffs, hrsg. v. Roman Schnur, Berlin 1975, 363–405.

[275] *Martin Heckel*, Weltlichkeit und Säkularisierung. Staatskirchenrechtliche Probleme in der Reformation und im Konfessionellen Zeitalter, in: Luther in der Neuzeit, hrsg. v. Bernd Moeller, Gütersloh 1983, 34–54, hier 47; vgl. *ders.*, Deutschland im konfessionellen Zeitalter, Göttingen 1983, 15–17, 195–207.

[276] *Heckel*, Weltlichkeit, 49.

[277] Ebd., 52.

[278] „Durch diese Formen der ‚Verweltlichung' des staatlichen Rechts hat so der säkulare Staat den Religionsgemeinschaften gleichzeitig religiöse Freiheit der Entfaltung eingeräumt und sich selbst von den Zerreißproben freigemacht, die die staatliche Einheit, Unabhängigkeit und Freiheit im weltlichen Raum während des Konfessionellen Zeitalters bedroht hatten." (*Heckel*, Weltlichkeit, 54.)

sieht im 16. Jahrhundert eine „Modernisierungskrise", in der es darum ging, dass „eine immer stärker sich verweltlichende ‚Politik' die ‚Religion' zu überwältigen und zu steuern suchte"[279]. Zwar konzediert Stolleis, dass der Staat im engeren konfessionellen Zeitalter zutiefst von den konfessionellen Konfliktlagen beeinflusst wurde, doch sieht er primär den Staat als Handelnden gegenüber der Kirche. Am Ende steht für Stolleis die Erkenntnis, dass „die letztlich stärkere historische Linie die der Säkularisierung des Rechts und der Enttheologisierung öffentlicher Herrschaft"[280] sei. Stolleis unterstützt damit im Anschluss an Böckenförde die makrohistorische These von der Entstehung des Staates als Vorgang der Säkularisierung, wobei die Konfessionalisierung nur kurzzeitige und sektoriale Bedeutung im Prozess der Ausbildung der Staatsgewalt hatte.

Wo stehen wir derzeit im Hinblick auf die Frage zwischen dem Zusammenhang von Säkularisierung und Reformation oder Konfessionalisierung? Das Fazit ist ambivalent, wie ein Durchgang durch neuere Veröffentlichungen in der Reformationsgeschichte, der Konfessionalisierungsforschung und der Rechtsgeschichte zeigt.

Bereits in den Beiträgen von Robert W. Scribner wird deutlich, dass er der Reformation einen Restbestand an Veränderungs- und damit Säkularisierungsdynamik letztlich nicht absprechen will: Er spricht davon, dass der Protestantismus die „stronger form of Catholic sacramentalism" beseitigt habe[281]. An anderer Stelle führt er aus: „The hard-edged sacramentalism of Catholicism was not replaced but modified into a weaker and more ill-defined form of sacrality."[282] Die Reformation brachte also, so Scribner, eine unspezifischere Form des ‚sacramentalism' hervor; folglich müsse man nach den Stadien und Phasen dieser Modifikation, nach den feinen Unterschieden, nach Analogien und Differenzen zwischen Katholizismus und Protestantismus suchen, jedoch grundsätzlich anerkennen, dass Reformation und konfessionelles Zeitalter noch nicht säkularisiert waren[283]. Damit eröffnet Scribner jedoch zugleich die Möglichkeit, innerhalb der zu untersuchenden konfessionellen ‚Variationen' und insbesondere im ‚schwachen Sakramentalismus' des Protestantismus den allmählichen Wandel hin zu säkularisierten Deutungsmustern zu suchen[284].

---

[279] *Michael Stolleis,* „Konfessionalisierung" oder „Säkularisierung" bei der Entstehung des frühmodernen Staates, in: Ius Commune 20 (1993), 1–23, hier 11; vgl. auch *ders.,* Reichspublizistik – Politik – Naturrecht im 17. und 18. Jahrhundert, in: Staatsdenker in der Frühen Neuzeit, hrsg. v. ders. / Notker Hammerstein, München 1995, 9–28, hier 16–20.

[280] *Stolleis,* „Konfessionalisierung" oder „Säkularisierung", 21.

[281] *Scribner,* The Impact of the Reformation, 341.

[282] *Scribner,* Reformation and Desacralization, 76.

[283] Vgl. ebd., 86.

[284] Einen ähnlichen Weg weisen auch neuere Forschungen, die sich zwar nicht mit der Säkularisierungsfrage beschäftigen, die jedoch das Problem des Epochen-

Diesen Faden hat jüngst Alexandra Walsham wieder aufgenommen, indem sie an der These einer allmählichen, wenn auch nicht linearen, ‚Entzauberung der Welt' festhält, die anhand von kleinteiligen Veränderungen zu untersuchen sei: „Yet it cannot be denied that subtle shifts and developments took place over the course of the early modern period which, culmulatively, were decisive."[285] Der Prozess der Säkularisierung könne, so Walsham, nur als ein „complex cycle"[286] der De-und Re-Sakralisierung untersucht und verstanden werden, aber: „None of these observations should be allowed to eclipse the fact of long term change."[287] Diesen langfristigen Wandel sieht sie beispielsweise in der Umwandlung von religiösen Ritualen und Praktiken in solche der Freizeit und des Vergnügens[288].

Einen ähnlichen Weg der langfristigen Säkularisierung sieht Hans-Jürgen Goertz in einem Aufsatz von 2004[289]. Gemeinsam mit einer Reihe weiterer struktureller Wandlungen, wie der durch die Reformation bewirkten Transformation der mittelalterlichen Kleriker- zur Laienkultur, habe der durch den Buchdruck ausgelöste Kommunikationswandel die Grundlagen für die Emanzipation des Wissens vom Primat des Glaubens seit dem 16. Jahrhundert gelegt. Die Reformation, der Buchdruck und die Verdichtung der Universitätslandschaften waren, so Goertz, für einen Modernisierungs- und Säkularisierungsschub mitverantwortlich, indem sie die Vorherrschaft der „Vernunftdominanz"[290] in vielen Lebensbereichen anbahnten – wenn sich dieser Prozess auch noch nicht im Jahrhundert der Glaubensspaltung, sondern erst in den darauf folgenden Jahrhunderten habe durchsetzen können.

Rudolf Schlögl hat in einem Aufsatz aus dem Jahr 2000 der Frage nach dem Zusammenhang von Konfessionalisierung und Säkularisierung eine

---

umbruchs zwischen Mittelalter und Früher Neuzeit unter kulturgeschichtlichen Fragestellungen bearbeiten und zu dem Schluss kommen, dass in einer langen Phase zwischen 1400 und 1600 „Sinnformationen" – nicht zuletzt unter dem Einfluss der Reformation – einem teifgreifenden Wandel unterlagen. Vgl. dazu den Sammelband *Bernhard Jussen / Craig Koslofsky* (Hrsg.), Kulturelle Reformation. Sinnformationen im Umbruch 1400–1600, Göttingen 1999, und hier insbesondere die Aufsätze von *Susan Karant-Nunn* über die „Unterdrückung der religiösen Emotionen" (Gedanken, Herz und Sinn. Die Unterdrückung der religiösen Emotionen, in: ebd., 69–95) sowie die Aufsätze zum Komplex „Tod und Bestattung" von *Mireille Othenin-Girard* (Helfer und Gespenster. Die Toten und der Tauschhandel mit den Lebenden, in: ebd., 159–191) und *Craig Koslofsky* (Pest, Gift, Ketzerei. Konkurrierende Konzepte von Gemeinschaft und die Verlegung der Friedhöfe, in: ebd., 193–208).

285 *Walsham*, The Reformation, 517.

286 Ebd., 517.

287 Ebd., 528.

288 Vgl. ebd., 517 f.

289 Vgl. *Hans-Jürgen Goertz*, Von der Kleriker- zur Laienkultur. Glaube und Wissen in der Reformationszeit, in: Macht des Wissens. Die Entstehung der modernen Wissensgesellschaft, hrsg. v. Richard van Dülmen / Sina Rauschenbach, Köln / Weimar / Wien 2004, 39–64.

290 Ebd., 42.

andere Richtung gegeben[291]. Am Beispiel der Habsburgischen Vorlande arbeitet Schlögl die These heraus, nicht Konfessionalisierung sei der Fun-
damentalvorgang des Zeitalters gewesen, sondern diese sei nur als Symptom eines noch fundamentaleren Prozesses, einer zunehmenden gesellschaftlichen Ausdifferenzierung, zu bewerten. Er interpretiert Konfessionalisierung und Staatsbildung als gesellschaftliche Umstrukturierungs- und
Ausdifferenzierungsprozesse, die „in Richtung der Verselbständigung von
Kirchlichkeit und Staatlichkeit gegenüber der Strukturlogik der Adels-
gesellschaft wirkten"[292]. Schlögl argumentiert in Anlehnung an Luhmann,
dass im konfessionellen Zeitalter das hierarchische Differenzierungsmuster
der alteuropäischen Gesellschaft umgestellt wurde auf soziale Subsysteme
wie Kirchlichkeit und Staatlichkeit „als je eigenständige Handlungs- und
Wertsphären"[293]. Säkularisierung manifestierte sich nach Schlögl darin,
dass Kirchlichkeit sich „als soziale[r] Handlungsbereich mit eigener Hand-
lungsrationalität" etablierte[294]. Die Konfessionalisierung trieb in diesem
systemtheoretischen Sinne sowohl die ,Sakralisierung' als auch die ,Säkula-
risierung' und die ,Entzauberung der Welt' voran[295]. Zugleich vertritt
Schlögl jedoch die Ansicht, der „Weg in die Moderne" müsse als „prozeß-
haftes Geschehen [. . .], das sich aus Umgestaltungsvorgängen unterschied-
lichster Art, Geschwindigkeit und auch Eigenrationalität zusammenfügte
und deswegen keineswegs zielgerichtet vor sich ging"[296], untersucht werden. Säkularisierung, so Schlögl an anderer Stelle, sei keineswegs der oder
auch nur ein konstitutiver Prozess des Weges in die Moderne, sondern trete
in seiner Bedeutung deutlich hinter allgemeinere Prozesse der Systemdifferenzierung zurück[297].

In der Rechtsgeschichte hat Horst Dreier 2002 den herrschenden Konsens
vom Zusammenhang zwischen Staatsbildung und Säkularisierung ein
Stück weit in Frage gestellt[298]. Zwar schließt sich Dreier der Auffassung
von Heckel an, dass im Reichsrecht der Frühen Neuzeit ein Säkularisierungsvorgang stattgefunden habe. Auch sieht er Säkularisierungstendenzen
in der frühneuzeitlichen politischen Theorie und meint, dass man in einer
Langzeitperspektive den Befund eines Säkularisierungsvorganges nicht
leugnen könne[299]. Doch betont Dreier zugleich, dass diejenigen Staaten, die

---

[291] Vgl. *Schlögl*, Differenzierung.
[292] Ebd., 245.
[293] Ebd., 280.
[294] Ebd., 244.
[295] Vgl. ebd., 273.
[296] Ebd., 281.
[297] Vgl. *Rudolf Schlögl*, Historiker, Max Weber und Niklas Luhmann. Zum schwierigen (aber möglicherweise produktiven) Verhältnis von Geschichtswissenschaft und
Systemtheorie, in: Soziale Systeme 7 (2001), 23–45, hier 35.
[298] Vgl. *Dreier*, Kanonistik, 1–13.
[299] Vgl. ebd., 11–12.

Europa in der Frühen Neuzeit beherrschten – er nennt England, Spanien und Frankreich –, sich nicht durch religiöse Neutralität oder Toleranz, sondern durch Intoleranz und konfessionelle Geschlossenheit auszeichneten. Somit „erfolgte eine Stärkung des werdenden Staates aufgrund konsequent und hartnäckig betriebener konfessioneller Geschlossenheit des Territoriums"[300]. Damit wird für Dreier Konfessionalisierung und nicht Säkularisierung zum Signum der frühneuzeitlichen Staatsbildung[301], wenn auch als Übergangsstadium.

Die Diskussionsbeiträge von Walsham und Goertz, von Schlögl und Dreier scheinen alle auf eines hinzudeuten: Zwar wird eine unmittelbare Verbindung von Reformation / Konfessionalisierung und Säkularisierung skeptisch bewertet; doch wird zugleich – mit sehr unterschiedlichen methodischen Zugängen – die Vorstellung von einem durch Reformation und Konfessionalisierung bewirkten ‚Anstoß' zur Säkularisierung vertreten (mag dieser auch im Zeitalter von Reformation und Konfessionalisierung kaum oder gar nicht wirksam geworden sein) bzw. ein langfristig zu konstatierender Säkularisierungsprozess angenommen, der letztlich die europäische Moderne geprägt habe. Dieser Säkularisierungsprozess wird, trotz aller von Dreier angebrachten Differenzierungen, oft eher im Bereich der Politik- und Rechtsgeschichte als in sozial- oder kulturgeschichtlichen Kontexten angesiedelt. Zudem setzt sich, wie auch von Schilling formuliert[302], die Annahme durch, dass man Säkularisierung in unregelmäßigen Zyklen oder „Wellenbewegungen" und nicht linear oder teleologisch beschreiben muss[303]. Ob dabei, wie jüngst erneut von Rudolf Schlögl betont, konfessionsspezifische Kontexte religiöser Erfahrungsräume zu unterschiedlichen Säkularisierungstendenzen führten, muss nach derzeitigem Forschungsstand offen bleiben[304]. Wichtig daran ist aber der grundsätzliche Hinweis auf mögliche konfessionsspezifisch unterschiedlich verlaufende Säkularisierungsprozesse, der bislang in der Forschung kaum ausreichend verfolgt wurde.

---

[300] Ebd., 9.

[301] Vgl. ebd., 7.

[302] „Diese Säkularisation, in deren Verlauf der moderne, von kirchlich-religiösen Kräften ganz unabhängige Staat und die ebenfalls autonome moderne Gesellschaft entstanden, erfolgte aber nicht in einem linearen Prozeß, sondern in einem Auf und Ab von Wellenbewegungen. Phasen beschleunigter Säkularisation wechselten sich ab mit solchen, in denen die Verzahnung erneut enger wurde und die Allianz im Vordergrund stand." (*Schilling*, Der religionssoziologische Typus, 43.)

[303] Vgl. so auch *Wolfgang Schieder*, Säkularisierung und Sakralisierung der religiösen Kultur in der europäischen Neuzeit. Versuch einer Bilanz, in: Säkularisierung, Dechristianisierung, Rechristianisierung im neuzeitlichen Europa, hrsg. v. Hartmut Lehmann, Göttingen 1997, 308–313, hier 311.

[304] Vgl. *Schlögl*, Rationalisierung, 37–64.

2. Vom Dunkel ins Licht? Säkularisierung zwischen Pietismus, Aufklärung und „zweitem konfessionellen Zeitalter"

In der allgemein- und kirchenhistorischen Forschung des 20. Jahrhunderts wurde für die Frage nach der Herausbildung einer säkularisierten Moderne auch auf die religiösen Bewegungen um 1700 hingewiesen. Carl Hinrichs beschrieb seit den 1960er Jahren den Pietismus als theologisch einflussreiche und sozial engagierte innerkirchliche Reformbestrebung, die Staat und Gesellschaft Brandenburg-Preußens – und langfristig ganz Deutschlands – tief geprägt habe. Die politischen und mentalen Folgen für die politische Philosophie, das Amts- und Berufsverständnis sowie die persönliche Leistungsideologie einer Elite in Staat und Gesellschaft standen im Vordergrund dieser Interpretation. Die ‚Verstaatlichung' religiös geprägter Werte habe ihre Weitergeltung auch in der Aufklärung und in der Moderne ermöglicht[305].

Bis in die 1980er Jahre hinein wurde der Blick auf den Pietismus durch diese langfristige Perspektive und durch die Frage nach seinem ‚Beitrag zur Moderne' bestimmt[306]. In einer Abkehr von diesen Traditionen hat die Forschung den Pietismus in den letzten Jahren in seiner kirchen- und gesellschaftsgeschichtlichen Bedeutung wiederentdeckt und in den Kontext seiner Entstehungszeit gestellt. Für die Frage nach der Säkularisierung lassen sich in neueren Darstellungen zum Pietismus zwei Anknüpfungspunkte finden: erstens die Frage nach der pietistischen Kirchenkritik und der daraus folgenden Privatisierung von Religion und zweitens die Frage nach der Verbindung von Pietismus und Aufklärung.

Kirchenkritik wird in der Forschung als ein Charakteristikum des Pietismus gekennzeichnet, da dieser zu den staatlich gesicherten und kontrollierten Kirchen in Opposition stand[307]. Dem „demonstrativ-öffentlichen Zug"[308] des staatskirchlich organisierten orthodoxen Luthertums habe der

---

305 Vgl. *Carl Hinrichs,* Preußentum und Pietismus. Der Pietismus in Brandenburg-Preußen als religiös-soziale Reformbewegung, Göttingen 1971. Vgl. auch den Sammelband *Kurt Aland* (Hrsg.), Pietismus und moderne Welt, Witten 1974. Die Bedeutung von Calvinismus, Pietismus und Toleranz für die preußische Staatsentwicklung hat in der älteren Forschung v.a. Otto Hintze betont. Der Pietismus sei von den preußischen Herrschern gefördert worden, weil er eine „ganz unpolitische, rein innerliche Frömmigkeit, ein freieres, nicht an starre Dogmen gebundenes Glaubensleben" hervorgebracht habe. (*Otto Hintze,* Geist und Epochen der preußischen Geschichte, in: Gesammelte Abhandlungen, Bd. 3: Geist und Epochen der preußischen Geschichte, hrsg. v. Fritz Hartung, Leipzig 1942, 9 – 37, hier 21).

306 Bei Peter Schicketanz heißt es wenig konkret, die Gemeinsamkeit zwischen Pietismus und Aufklärung liege in der „Betonung des Individuums und seiner Verantwortung." (*Peter Schicketanz,* Der Pietismus von 1675 bis 1800 (Kirchengeschichte in Einzeldarstellungen, III / 1), Leipzig 2001, 15.)

307 Vgl. *Hartmut Lehmann,* Das Zeitalter des Absolutismus. Gottesgnadentum und Kriegsnot, Stuttgart 1980, 95 – 100, hier 98.

308 *Rudolf Schlögl,* Öffentliche Gottesverehrung und privater Glaube in der Frühen Neuzeit. Beobachtungen zur Bedeutung von Kirchenzucht und Frömmigkeit

Pietismus eine private Frömmigkeit entgegengestellt, die in der Familie oder in kleinen Konventikeln gepflegt wurde und zur Abkehr von der Welt führte: Die „Ausrichtung auf die Verinnerlichung des Christentums beim einzelnen Individuum kann man bereits als charakteristisch neuzeitlich bezeichnen", urteilt zusammenfassend Martin Brecht[309].

Die Kirchenkritik des Pietismus wird in der Forschung vor allem im Hinblick auf das Herrnhutertum und die radikalpietistischen Richtungen betont. Beiden eignete eine Religiosität, die sich jeder konfessions- und auch staatskirchlichen Zielsetzung verweigerte[310]. Sowohl der herrnhutische als auch der radikale Pietismus bildeten festgefügte Gruppen und Gemeinden, die eine spiritualistische Ablehnung organisatorischer Strukturen und verpflichtender Lehrgrundlagen einte[311]. Die neuere Forschung sieht ihre Bedeutung deshalb in einer das bisherige Kirchenwesen problematisierenden und destabilisierenden Wirkung. Die herrschende Verflechtung von Kirche und Staat sei zum Kern der Kritik am äußeren Kirchentum geworden: „Mit all dem haben die Radikalpietisten mit dazu beigetragen, die bisherige Stellung von Kirche und Theologie im öffentlichen Leben zu problematisieren. Durch die Ablehnung des Bekenntniszwangs, das Ausscheren aus der orthodoxen Lehrtradition und die in Anspruch genommene Freiheit zur Entfaltung von Sonderlehren haben sie zu einem Klima beigetragen, das den (theologischen) Aufklärern den Weg bereitete."[312] Nur in Ausnahmefällen wird dieses Urteil allerdings insgesamt auf einen Säkularisierungsprozess bezogen, wie etwa in Barbara Hoffmanns Untersuchung radikaler Pietisten: „Dennoch hatten sie Anteil an dem Prozeß, der in der Forschung Säkularisierung genannt wird. [...] So erhielt die seit der Mitte des 17. Jahrhunderts geführte Diskussion um die dogmatische Kompetenz der Kirche und ihre Ordnungskraft in staatlichen Angelegenheiten neue Nahrung. Die radikalen Pietisten dynamisierten den Prozeß, in dem der frühmoderne Staat seine Herrschaftslegitimation neu konstruierte und aus der religiösen Bindung löste."[313]

---

für die Abgrenzung privater Sozialräume, in: Das Öffentliche und Private in der Vormoderne, hrsg. v. Gert Melville / Peter von Moos (Norm und Struktur, 10), Köln / Weimar / Wien 1998, 165 – 209, hier 195.

[309] *Martin Brecht,* Art. „Pietismus", in: Theologische Realenzyklopädie, Bd. 26, hrsg. v. Gerhard Müller / Horst Balz / Gerhard Krause, Berlin / New York 1996, 606 – 631, hier 606.

[310] Vgl. *Dietrich Meyer,* Zinzendorf und Herrnhut, in: Geschichte des Pietismus, Bd. 2: Der Pietismus im achtzehnten Jahrhundert, hrsg. v. Martin Brecht, Göttingen 1995, 5 – 106, hier 85.

[311] Vgl. dazu jüngst als regionales Fallbeispiel *Thomas Kronenberg,* Toleranz und Privatheit. Die Auseinandersetzung um pietistische und separatistische Privatversammlungen in hessischen Territorien im späten 17. und frühen 18. Jahrhundert, Darmstadt 2005.

[312] *Hans Schneider,* Der radikale Pietismus im 18. Jahrhundert, in: Brecht, Geschichte des Pietismus, Bd. 2, 107 – 197, hier 167 f.

Als wichtiges Verbreitungsmedium des Pietismus wurde in den letzten Jahren besonders auf das radikalpietistische Massenschrifttum hingewiesen, das in allen sozialen Schichten rezipiert wurde[314]. Allerdings steht die Untersuchung dieses Schrifttums und seiner Rezeption deutlich hinter der Erforschung wichtiger, theologisch prägender Persönlichkeiten des Pietismus zurück[315]. Die öffentliche Wahrnehmung des Pietismus und seine Wirkungen auf die Masse der kirchlich gebundenen Bevölkerung sind im Detail kaum bekannt und in ihrem Ausmaß nicht abschätzbar[316]. Inwieweit die vom etablierten Kirchenwesen sich abwendende Innerlichkeit verbreitet war und ob sie mental und politisch zu einer Privatisierung von Religion beigetragen hat, kann daher noch nicht beantwortet werden[317].

Auch für das zweite für die Säkularisierungsforschung wichtige Thema, das Verhältnis von Pietismus und Aufklärung, liegen unterschiedliche Interpretationen vor. Die Verwendung neuer Medien, beispielsweise der periodischen Zeitschriften, gilt der Forschung nur als eines von mehreren Verbindungsgliedern von radikalem Pietismus und Aufklärung. Als Gegner der Konfessionskirchen waren radikale Pietisten ebenso wie Aufklärer Advokaten religiöser, sozialer und literarischer Toleranz[318]. Eine Verbindung hat die Forschung vor allem für Zinzendorf und den herrnhutischen Pietismus herausgearbeitet: Zinzendorf beschäftigte sich 1720 intensiv mit den

---

313 *Barbara Hoffmann*, „... daß es süße Träume und Versuchungen seyen." Geschriebene und gelebte Utopien im Radikalen Pietismus, in: Im Zeichen der Krise. Religiösität im Europa des 17. Jahrhunderts, hrsg. v. Hartmut Lehmann / Anne-Charlott Trepp, Göttingen 1999, 101–128, hier 126.

314 *Martin Gierl*, Pietismus und Aufklärung. Theologische Polemik und die Kommunikationsreform am Ende des 17. Jahrhunderts, Göttingen 1997.

315 Vgl. einen der wenigen Versuche, pietistische Kommunikationsmedien analytisch zu erschließen bei *Rainer Lächele*, Die „Sammlung Auserlesener Materien zum Bau des Reichs Gottes" zwischen 1730 und 1760. Erbauungszeitschriften als Kommunikationsmedien des Pietismus, Tübingen 2006. – Die regionale Bedeutung des Pietismus ist fast ausschließlich in der Wirkung einzelner pietistischer Amtsinhaber innerhalb der protestantischen Kirche oder in außerkirchlichen Konventikeln und Netzwerken beschrieben worden; vgl. paradigmatisch *Schicketanz*, Pietismus, der die Hauptkapitel seines Überblicks nach einzelnen Vertretern des Pietismus gliedert.

316 Eine Ausnahme bildet auch hier die Untersuchung von *Lächele*, Sammlung Auserlesener Materien.

317 Der Überblick von Martin Scharfe behauptet ein Eindringen pietistischer Frömmigkeitsformen in regionale Kulturtraditionen (z. B. Württembergs), die von kirchlichen Amtsträgern aufgenommen und kirchlich integriert worden seien; vgl. *Martin Scharfe*, Die Religion des Volkes. Kleine Kultur- und Sozialgeschichte des Pietismus, Gütersloh 1980, 101. – Die intensive öffentliche Diskussion um den Erhalt des kirchlichen Einflusses auf Politik und Gesellschaft spricht allerdings für die Hochzeit des Pietismus in der ersten Hälfte des 18. Jahrhunderts eher gegen diese These. Zwar blieb der pietistische Diskurs auch über das Zeitalter der Französischen Revolution hinaus präsent; allerdings müssten hier auch die Gegenstimmen im orthodox-lutherischen Lager bzw. in der rationalistischen Kirchenkritik der Aufklärung einbezogen werden.

318 Vgl. *Schneider*, Radikaler Pietismus, 169.

Schriften Pierre Bayles und anderer aufgeklärter Literatur, doch führten ihn seine theologischen Orientierungen in einen Gegensatz zum „Vernunft-christentum" und zum deistischen Gottesbild[319]. Umgekehrt bewunderten Aufklärer zwar Elemente des Pietismus wie Sparsamkeit und Schlichtheit der Lebensführung, den Ernst der Gottesdienste und die Erziehungsarbeit in der Mission; dies traf jedoch nicht den Kernbereich pietistischer Religio-sität und pietistischen Selbstverständnisses.

Hartmut Lehmann hat dagegen vorgeschlagen, den Pietismus als religiöse Bewegung zu verstehen, die mit dem Puritanismus, dem Jansenismus und dem Quietismus ein gemeinsames Ziel hatte: eine umfassende Rechristiani-sierung der Gesellschaft. Diese wandte sich, so Lehmann, gegen zeitgenös-sische Dechristianisierungstendenzen in Politik, Kirche und Kultur. In die-ser Sicht werden die Unterschiede der Spenerschen Traditionen zum Hal-lischen Pietismus, zu Zinzendorf und Herrnhut sowie zum radikalen Pietis-mus, die in der Forschung lange eine große Rolle spielten, in einem größeren historischen Kontext aufgehoben. Damit wird aber auch der Gegensatz zwischen dem Pietismus und der Aufklärung hervorgehoben[320]. Auch die neuere kirchengeschichtliche Forschung betont wieder stärker die grund-legenden Unterschiede zwischen der aufklärerischen Moral und der pietis-tischen Gnadenlehre[321]. Zwar wurde auch auf die verbindende Gestalt des Universitätsprofessors Sigmund Jacob Baumgarten (1706–1757) verwiesen, der in Halle das Zeitalter des Anti-Wolffianismus beendete und eine Brücke zur neologischen Theologie schlug[322]. Die Untersuchung solcher Einzel-gestalten hat aber an dem Gesamteindruck einer entschiedenen Gegner-schaft des späten Pietismus zur rationalistischen Aufklärung nichts ändern können.

Eine Forschungsrichtung, deren Ertrag noch nicht absehbar ist, beschäf-tigt sich mit den sozialpsychologischen Wirkungen pietistischer Frömmig-keit im Hinblick auf die Konstitution neuzeitlicher Individualität. Für die Erforschung der pietistischen Autobiographien, die schon der älteren For-schung bekannt waren, hat die neuere Selbstzeugnisse-Forschung befruch-tend gewirkt. Hier stehen konsequent nicht mehr die gelehrten Theologen, sondern die pietistischen Laien im Vordergrund der Untersuchung[323]. Ob die

---

[319] Vgl. *Meyer,* Zinzendorf und Herrnhut, 80 f.

[320] Vgl. *Hartmut Lehmann,* Einführung, in: Geschichte des Pietismus, Bd. 4: Glau-benswelt und Lebenswelten, hrsg. v. Martin Brecht, Göttingen 2004, 1–18, hier 11.

[321] Vgl. *Meyer,* Zinzendorf und Herrnhut, 82.

[322] Vgl. *Martin Brecht,* Der Hallische Pietismus in der Mitte des 18. Jahrhunderts, in:, Geschichte des Pietismus, hrsg. v. dems., Bd. 2, 329–336.

[323] Vgl. *Ulrike Gleixner,* Pietismus und Bürgertum. Eine historische Anthropologie der Frömmigkeit, Göttingen 2005. Gleixner untersucht jene „Spiritualisierung des Alltags", die sowohl die Lebensentwürfe und Selbstdeutungen Einzelner als auch die der pietistischen Gruppenkultur und Traditionsstiftung insgesamt betraf. Die von der älteren Bürgertumsforschung vertretene These von der zunehmenden Entkirchli-

spezifische pietistische Gewissenserforschung und Wiedergeburtsvorstellung zu einem säkularisierten Individualitätsverständnis beigetragen hat, bedarf umfassender weiterer Forschungen[324]. „Individualisierung bedeutet Wahlmöglichkeiten, setzt alternative Sinnangebote voraus"[325]; mit diesen Worten beschreibt ein Ausstellungskatalog von 2004 die Verbindungslinien zwischen der Zeit um 1700 und der Gegenwart. Individualisierung wird jedoch hier eher postuliert als historisch konkret untersucht. Für diese Interpretation gilt, was insgesamt die Forschung zum Pietismus charakterisiert: Es existieren zahlreiche Anknüpfungspunkte zur Säkularisierungsdebatte, aber zu wenig empirische Studien, die dieser Frage gezielt nachgehen.

Die historische Epoche der Aufklärung und das 18. Jahrhundert im Allgemeinen werden traditionell als *die* entscheidende Geburtszeit eines Säkularisierungsprozesses betrachtet, der ein tief religiöses Europa der Vormoderne in das säkularisierte Europa der Moderne verwandelt haben soll. Die gesamtgesellschaftliche Bedeutung von Religion sei im 18. Jahrhundert zurückgedrängt worden; es habe ein allgemeiner Modernisierungsschub eingesetzt, der durch Faktoren wie Säkularisierung, Zentralisierung, Bürokratisierung, Urbanisierung, Arbeitsteilung, wachsende Mobilität, Aktivismus, Kritik und andere mehr geprägt gewesen sei[326]. In Timothy C. W. Blannings vielgelobter Darstellung der „kulturellen Revolution" des 18. Jahrhunderts[327], die in Anlehnung an Jürgen Habermas vor allem die Genese einer ‚bürgerlichen Öffentlichkeit' herausarbeitet, spielt die Religion keine Rolle. Dies scheint symptomatisch für den Großteil der Forschungsliteratur zum 18. Jahrhundert: Religion als eigenständiges Thema steht traditionell nicht im Fokus der Aufklärungsforschung[328].

---

chung des Religiösen im 18. Jahrhunderts sieht sie so nicht bestätigt. Stattdessen werfe der hier am Beispiel des Pietismus beschriebene Wandel religiöser Vergesellschaftungsformen die Frage auf, „ob die bürgerliche Transformation von der Vormoderne zur Moderne tatsächlich mit dem Begriff der Säkularisierung beschreibbar ist, oder ob dieser Wandel für Teile des Bürgertums nicht als ein Prozess der Rechristianisierung zu charakterisieren" sei (ebd., 13).

[324] Einen Anfang machte *Jens Lohmann,* Der Beitrag des Württemberger Pietismus zur Entstehung der modernen Welt, dargestellt am Beispiel von Philipp Matthäus Hahns „Kornwestheimer" und „Echterdinger Tagebüchern". Ein sozialpsychologischer Versuch, Diss. Freie Universität Berlin 1997. Die ältere Forschung sah v.a. auf geistesgeschichtlicher Basis eine Verbindung von der pietistischen Gewissenserforschung zur modernen Psychologie. Vgl. etwa *Fritz Stemme,* Die Säkularisation des Pietismus zur Erfahrungsseelenkunde, in: Zeitschrift für deutsche Philologie 72 (1953), 144–158.

[325] *Werner Unseld,* Barock und Pietismus. Wege in die Moderne. Einleitung, in: Barock und Pietismus. Wege in die Moderne, Ausstellungskatalog des Landeskirchlichen Museums Ludwigsburg 2004, 10–13, hier 12.

[326] Vgl. im Hinblick auf die Französische Revolution differenziert in diese Richtung *Roger Chartier,* Die kulturellen Ursprünge der französischen Revolution, Frankfurt a.M. / New York 1995, 112–133.

[327] *Timothy Blanning,* Das Alte Europa 1660–1789. Kultur der Macht und Macht der Kultur, Darmstadt 2006.

Die vorgeblich fundamentale Bedeutung der nahtlos zusammengehörigen Trias ‚Aufklärung' – ‚Säkularisierung' – ‚Rationalisierung' für die Menschheitsgeschichte hat jüngst der Aufklärungshistoriker Jonathan Israel erneut betont: „For if the Enlightenment marks the most dramatic step towards secularization and rationalization in Europe's history, it does so no less in the wider history not just of western civilization but, arguably, of the entire world. From this, it plainly follows, it was one of the most important shifts in the history of man."[329] Auffallend ist an dem klassischen Fortschrittsnarrativ Israels, dass der Begriff ‚Säkularisierung' darin gleichsam als ein selbstverständliches Schlagwort verwandt wird, das nicht näher erklärt oder problematisiert werden müsste. Israel charakterisiert Säkularisierung als eine um 1650 einsetzende Entwicklung: „During the later Middle Ages and the early modern age down to around 1650, western civilization was based on a largely shared core of faith, tradition, and authority. [...] By contrast, after 1650, a general process of rationalization and secularization set in which rapidly overthrew theology's age-old hegemony in the world of study, slowly but surely eradicated magic and belief in the supernatural from Europe's intellectual culture, and led a few openly to challenge everything inherited from the past – not just commonly received assumptions about mankind, society, politics, and the cosmos but also the veracity of the Bible and the Christian faith or indeed any faith."[330] Israel schreibt aber nicht nur der Frühaufklärung eine weltgeschichtlich fundamentale Bedeutung zu, sondern postuliert auch ihre sozial übergreifende Reichweite: Nicht nur die Gelehrten Europas, sondern potenziell die gesamte Bevölkerung sei

---

[328] Bezeichnend erscheint, dass von den 29 Bänden, die zwischen 1978 und 2004 in der von der Deutschen Gesellschaft für die Erforschung des 18. Jahrhunderts herausgegebenen Reihe „Studien zum achtzehnten Jahrhundert" erschienen sind, nur drei Bände explizit Fragen von Religion und Aufklärung im weiteren Sinne thematisieren. Vgl. *Harm Klueting* (Hrsg.), Katholische Aufklärung – Aufklärung im katholischen Deutschland, Hamburg 1993; *Monika Neugebauer-Wölk* (Hrsg.), Aufklärung und Esoterik, Hamburg 1999; *Matthias Fritsch*, Religiöse Toleranz im Zeitalter der Aufklärung. Naturrechtliche Begründung – konfessionelle Differenzen, Hamburg 2004. Vgl. zur Arbeit und den Tagungsthemen der Gesellschaft auch die Jubiläumsschrift *Monika Neugebauer-Wölk / Markus Meumann / Holger Zaunstöck,* 25 Jahre Deutsche Gesellschaft für die Erforschung des 18. Jahrhunderts. Zur Geschichte einer Wissenschaftlichen Vereinigung (1975 – 2000), Wolfenbüttel 2000.

[329] *Jonathan Israel,* Radical Enlightenment. Philosophy and the Making of Modernity 1650 – 1750, Oxford 2001, VI. – In ganz anderem weltanschaulichem Zusammenhang ist ebenfalls ein axiomatischer Zusammenhang zwischen den Begriffen ‚Aufklärung', ‚Atheismus' und ‚Säkularisierung' hergestellt worden, nämlich in der an der Ost-Berliner Akademie der Wissenschaften entstandenen fünfbändigen „Geschichte der Aufklärung und des Atheismus". Der Verfasser Hermann Ley versucht, eine Kontinuitätslinie von ‚Aufklärung' und ‚Atheismus' in der europäischen Geistesgeschichte von der griechischen Antike bis zur Gegenwart nachzuzeichnen, wobei er durchgängig ‚Aufklärung', ‚Atheismus' und ‚Säkularisierung' als zusammengehörige analytische, nicht epochenspezifische Begriffe verwendet; vgl. *Hermann Ley,* Geschichte der Aufklärung und des Atheismus, 5 Bde., erschienen in 9 Halbbänden, Berlin / Ost 1966 – 1989.

[330] *Israel,* Radical Enlightenment, 3 f.

von den Ideen der Aufklärung erfasst worden[331]. Mit derart weitreichenden Postulaten steht der eher an Ideen- denn Religionsgeschichte interessierte britische Historiker in der aktuellen Geschichtswissenschaft allerdings weitgehend allein.

Von der Substanz her ähnlich wie Israel, doch differenzierter hinsichtlich der postulierten Reichweite von Säkularisierung argumentiert Roy Porter in seiner Geschichte der Aufklärung in Großbritannien: „The long eighteenth century brought an inexorable, albeit uneven, quickening of secularization, as the all-pervasive religiosity typical of pre-Reformation Catholicism gave way to an order in which the sacred was purified and demarcated over and against a temporal realm dominating everyday life."[332] Mit der Diskreditierung von Hexen und Geistern sei das Dämonische und Magische nicht so sehr aus der Hochkultur verschwunden, als dass es sein Aussehen und seinen Ort verändert habe. Das Überirdische sei in den florierenden Bereichen der Unterhaltungs- und Druckkultur von negativen Assoziationen bereinigt und kulturell umgestaltet worden[333]. Porter betont aber die sozial differenzierte Wirkung von Säkularisierungsprozessen, die im 18. Jahrhundert nicht schichtenübergreifend wirksam geworden seien[334].

In neueren enzyklopädischen Werken zur Aufklärungszeit wird die Bedeutung von Religion und Säkularisierung mit sehr unterschiedlichen Schwerpunktsetzungen thematisiert. In zwei englischsprachigen Enzyklopädien taucht zwar das Lemma ‚Religion', nicht jedoch ‚Säkularisierung' auf[335]. Differenziert beschreiben Reill und Wilson die Rolle von Religion in der Aufklärung und halten fest: „Examination of the actual relations between the Enlightenment and religion reveals that the stereotypical view of

---

331 Vgl. ebd., 6.

332 *Roy Porter*, Enlightenment. Britain and the Creation of the Modern World, London 2001, 205.

333 Vgl. ebd., 224.

334 Vgl. ebd., 229. Für die deutsche Aufklärung vgl. ähnlich *Winfried Müller*, Die Aufklärung (Enzyklopädie deutscher Geschichte, Bd. 61), München 2002, 46 f.; *Richard van Dülmen*, Kultur und Alltag in der Frühen Neuzeit, Bd. 3: Religion, Magie, Aufklärung 16.-18. Jahrhundert, 2. Aufl., München 1999, 9 f.

335 Vgl. *John Yolton* (Hrsg.), The Blackwell Companion to the Enlightenment, Oxford 1991; *Peter Reill / Ellen Wilson* (Hrsg.), Encyclopedia of the Enlightenment, New York 1996. – Der 1997 erschienene französische „Dictionnaire européen des Lumières" führt die in der französischen Forschung geläufigeren Begriffe „Déchristianisation" und „Laïcisation" auf, denen Stichworte wie „Désacralisation", „Étatisation" und „Utilitarisme" untergeordnet sind. *Michel Delon* (Hrsg.), Dictionnaire européen des Lumière, Paris 1997, 308–311. – Die umfassende Aufsatzsammlung „The Enlightenment World" aus dem Jahr 2004 enthält keinen Beitrag, der sich mit Fragen von Religion oder Säkularisierung befasst; der Begriff ‚Säkularisierung' selbst kommt nur an sehr wenigen Stellen vor, so etwa als ein umfassender Erklärungsfaktor für die Entstehung einer aufklärerischen Philanthropie. Vgl. *David Garrioch*, Making a Better World. Enlightenment and Philanthropy, in: The Enlightenment World, hrsg. v. Martin Fitzpatrick / Peter Jones / Christa Knellwolf u. a., London / New York 2004, 486–501, hier 497.

the era as one favoring atheism and skepticism is flawed."[336] Sie betonen
den elitären Charakter der radikalen französischen Aufklärung, die von
den Zeitgenossen noch weitgehend anerkannte utilitaristische Funktion
von Religion als *vinculum societatis* und die fortwirkende Vitalität der
christlichen Kirchen, die sich allerdings sowohl mit antiorthodoxen religiösen Bewegungen als auch mit neuen säkularisierten Weltsichten habe aus-
einandersetzen müssen[337]. Im „Historical Dictionary of the Enlightenment"
dagegen erfährt ‚Säkularisierung' einen eigenen Eintrag und wird als „shift
in categories of conceptualization from religious and mystical to scientific
and materialistic" beschrieben. Die Aufklärung gilt hier als historische
Epoche, in der die ‚Entzauberung der Welt' noch weitgehend positive Auswirkungen zeitigte: „Secularization and disenchantment freed mankind
from the fear of satanic forces, but at the same time, deprived them of the
comfort of personal providence in an impersonal and indifferent world. The
Enlightenment represents the historical moment when the gains of disenchantment appeared immediate and valuable, and the disadvantages were hardly suspected."[338] Im „Lexikon zum aufgeklärten Absolutismus" wird
konstatiert, dass „der Prozess einer fundamentalen Säkularisierung der
Welt im aufgeklärten Absolutismus einen gewissen Höhepunkt, wenngleich
keinen definitiven Abschluss" gefunden habe[339].

Insgesamt werden eindeutige Säkularisierungsthesen – abgesehen von
den genannten – in der neueren Aufklärungsforschung aber weniger entschieden vertreten[340], während die Erforschung von Religion im 18. Jahrhundert seit etwa zwei Jahrzehnten eine gewisse Renaissance erlebt[341]. Es

---

[336] *Reill / Wilson,* Encyclopedia, 356–358, hier 357 f.

[337] Vgl. ebd., 356–358.

[338] *Harvey Chisick,* Historical Dictionary of the Enlightenment, Lanham / Maryland 2005, 383 f.

[339] *Rudolf Pranzl,* Art. „Religion, religiöses Bewusstsein", in: Lexikon zum aufgeklärten Absolutismus in Europa. Herrscher – Denker – Sachbegriffe, hrsg. v. Helmut Reinalter, Köln u. a. 2005, 529–532, hier 529. In welcher Weise nicht nur der
‚aufgeklärte' Absolutismus, sondern der Absolutismus überhaupt mit dem Problem
der Säkularisierung in Beziehung gesetzt werden kann, diskutiert jüngst *Heinz
Duchhardt,* Absolutismus und Säkularisierung, in: Blickle / Schlögl, Säkularisation,
223–230.

[340] So ist es beispielsweise aufschlussreich, dass in Horst Möllers breit rezipierter
Überblicksdarstellung zur deutschen Aufklärung kaum von Säkularisierung die Re-
de ist; Möller beschäftigt sich zwar zentral mit den Themen Religion und Religionskritik und verwendet auch oft Begriffe wie Offenbarungskritik, Deismus oder Anti-
Konfessionalismus, aber mit der Säkularisierungskategorie hält sich Möller auffällig
zurück; vgl. *Horst Möller,* Vernunft und Kritik. Deutsche Aufklärung im 17. und 18.
Jahrhundert, Frankfurt a.M. 1986; vgl. ähnlich auch die wenigen Bemerkungen bei
Barbara Stollberg-Rilinger, Europa im Jahrhundert der Aufklärung, Stuttgart 2000,
104, 112; Michael Maurer vermerkt für den deutschen Raum Tendenzen der Säkularisierung und Pluralisierung, die man jedoch nicht überbetonen solle, „wenn die historische Entwicklung nicht vergewaltigt werden soll." (*Michael Maurer,* Kirche,
Staat und Gesellschaft im 17. und 18. Jahrhundert (Enzyklopädie Deutscher Geschichte, Bd. 51), München 1999, 58.)

wird anerkannt, dass sich die öffentliche Diskussion des 18. Jahrhunderts
intensiv mit der Frage nach dem Wesen der Religion, nach der Theodizee
und nach Gewissens- und Religionsfreiheit beschäftigte[342]. „Religion wird
wie in keiner Epoche zuvor thematisiert und problematisiert – es wird unabhängig von einzelnen Religionen nach der wahren Essenz der Religion gefragt, eine Verbesserung der Religion gefordert, die Religion mitunter aber
auch gänzlich in Frage gestellt.“[343]

Die Zeitschrift „American Historical Review“ etwa hat dem Thema „God
and the Enlightenment“ 2003 zwei ausführliche Review-Essays gewid-
met[344]. In beiden wird die weitreichende These vorgebracht, „that the resur-
rection of eighteenth-century religion is not simply a shift of scholarly em-
phasis to the *limits* of European modernity but rather the belated identifi-
cation of religion at the heart of the project of modernity itself, a constituti-
ve element of its very shaping“[345]. Jonathan Sheehan plädiert dafür,
Aufklärung weniger als vorrangig philosophische Bewegung – etwa in der
Lesart Jonathan Israels – zu verstehen, sondern als eine vielfältige kulturelle Erscheinung, in der die Religion einen zentralen Platz besaß: „For religion has never been left behind, either personally or institutionally. Instead, it
has been continually remade and given new forms and meanings over time.
Thinking more carefully about religion is a fundamental step in understan-

---

[341] Vgl. beispielsweise *Kaspar von Greyerz* (Hrsg.), Religion and Society in Early
Modern Europe, 1500–1800, London 1984; *Patricia Bonomi*, Under the Cope of
Heaven: Religion, Society, and Politics in Colonial America, überarb. Aufl., New
York 2003 [Erstausgabe 1986]; *Suzanne Desan*, Reclaiming the Sacred. Lay Religion
and Popular Politics in Revolutionary France, Ithaca 1990; *Dale K. van Kley*, The
Religious Origins of the French Revolution. From Calvin to the Civil Constitution,
1560–1791, New Haven 1996; *Knud Haakonssen* (Hrsg.), Enlightenment and Religion. Rational Dissent in eighteenth-century Britain, Cambridge 1996; *Marcel Gauchet*, The Disenchantment of the World. A Political History of Religion, Princeton
1997; *John McManners*, Church and Society in Eighteenth-Century France, 2 Bde.,
Oxford 1998; *John Pocock*, Barbarism and Religion, Bd. 1: The Enlightenments of
Edward Gibbon, 1737–1764, Cambridge 1999; *Robert Sullivan*, Rethinking Christianity in Enlightenment Europe, in: Eighteenth-Century Studies 34 (2001),
298–309; *Nigel Aston*, Christianity and Revolutionary Europe, 1750–1830, Cambridge 2003; *Stephen Barnett*, Enlightenment and Religion. The Myths of Modernity,
Manchester 2003.

[342] Vgl. *Werner Schneiders* (Hrsg.), Lexikon der Aufklärung. Deutschland und Europa, München 1995, 347. Vgl. etwa auch die englischsprachige Zusammenstellung
wichtiger theologischer Texte der Aufklärungszeit, deren Hauptthemen die Fragen
von Naturreligion und Offenbarung waren: *John Creed / John S. Boys Smith* (Hrsg.),
Religious Thought in the Eighteenth Century. Illustrated from writers of the period,
Cambridge 1934.

[343] *Pranzl*, Art. „Religion, religiöses Bewusstsein“, 529.

[344] Vgl. *Jonathan Sheehan*, Enlightenment, Religion, and the Enigma of Secularization: A Review Essay, in: The American Historical Review 108 (2003), 1061–1080;
Dale K. van Kley, Christianity as Casualty and Chrysalis of Modernity: The Problem
of Dechristianization in the French Revolution, in: ebd., 1081–1104.

[345] *Dror Wahrmann*, Introduction to Review Essays: God and the Enlightenment,
in: The American Historical Review 108 (2003), 1057–1060, hier 1058.

ding both the Enlightenment and the enigmas of secularization."[346] In seiner Arbeit über die Bibel in Zeiten der Aufklärung verwirft Sheehan die traditionelle Verbindung von Aufklärung und Säkularisierung und versteht unter letzterer eher die Transformation und Rekonstruktion denn das Verschwinden von Religion[347].

Ebenfalls in die Richtung einer Transformation und Pluralisierung von Religion argumentiert die Forschung zur Esoterik in der Aufklärung, insbesondere Monika Neugebauer-Wölk[348]. Ihr geht es darum, deutlich zu machen, dass Esoterik keinen Gegensatz zum, sondern im Gegenteil einen integralen Bestandteil aufklärerischen Denkens bildete und im Rahmen der Ausbreitung der Freimaurerei sogar eine „emanzipatorische Funktion"[349] besaß. Anne Conrad hat auf die popularisierte Esoterik der 1770er Jahre aufmerksam gemacht, die nicht als „Relikt voraufgeklärten Aberglaubens" anzusehen ist, sondern den religiösen Bedürfnissen der Zeitgenossen entgegenkam[350].

Dennoch kam der Religionskritik auch in der deutschen Aufklärung eine, wenn auch begrenzte, Bedeutung zu[351]. Der in dieser Hinsicht vergleichsweise gemäßigte Charakter der deutschen Aufklärung ist unter anderem mit ihrer „in hohem Maße akademisch eingehegten" Situation erklärbar, in der eine zu eindeutige antireligiöse Positionierung „beruflich existenzgefährdend" gewesen sei[352]. Im deutschen Sprachraum war die Aufklärung primär eine protestantische Erscheinung, die „theologisch imprägniert" geblieben sei – ein wichtiges Unterscheidungsmerkmal zur französischen Auf-

---

[346] *Sheehan,* Enlightenment, Religion, 1072.

[347] Vgl. *Jonathan Sheehan,* The Enlightenment Bible. Translation, Scholarship, and Culture, Princeton 2005.

[348] Vgl. u. a. *Monika Neugebauer-Wölk,* Die Geheimnisse der Maurer. Plädoyer für die Akzeptanz des Esoterischen in der historischen Aufklärungsforschung, in: Das achtzehnte Jahrhundert 21 (1997), 15–32; *Monika Neugebauer-Wölk,* Esoterik im 18. Jahrhundert – Aufklärung und Esoterik. Eine Einleitung, in: Die Politisierung des Utopischen im 18. Jahrhundert. Vom utopischen Systementwurf zum Zeitalter der Revolution, hrsg. v. Monika Neugebauer-Wölk / Richard Saage, Tübingen 1996, 1–37; *Monika Neugebauer-Wölk,* Zur Konzipierung der bürgerlichen Gesellschaft. Freimaurerei und Esoterik, in: Geheime Gesellschaft. Weimar und die deutsche Freimaurerei. Katalog zur Ausstellung der Stiftung Weimarer Klassik im Schiller-Museum Weimar 21. Juni bis 31. Dezember 2002, hrsg. v. Joachim Berger / Klaus-Jürgen Grün, München / Wien 2002, 80–89.

[349] *Neugebauer-Wölk,* Die Geheimnisse der Maurer, 30.

[350] *Anne Conrad,* „Umschwebende Geister" und aufgeklärter Alltag. Esoterik als Religiosität der Spätaufklärung, in: Neugebauer-Wölk / Saage, Politisierung des Utopischen, 397–415, hier 415.

[351] Vgl. *Karlfried Gründer / Karl Heinrich Rengstorf* (Hrsg.), Religionskritik und Religiosität in der deutschen Aufklärung, Heidelberg 1989. Vgl. auch einen Sammelband, der aus Tagungen des Arbeitskreises „Religion und Aufklärung" hervorgegangen ist: *Albrecht Beutel / Volker Leppin / Udo Sträter* (Hrsg.), Christentum im Übergang. Neue Studien zu Kirche und Religion in der Aufklärungszeit, Leipzig 2006.

[352] *Müller,* Aufklärung, 46.

klärung[353]. Folglich war die Aufklärung „nicht eine antikirchliche, sondern in den Anfängen zumindest ganz wesentlich eine kirchliche Angelegenheit"[354]. Erst nach 1740 habe die universitäre Theologie an Bedeutung im Aufklärungsdiskurs verloren, der fortan durch vom englischen Deismus beeinflusste Literaten und Pfarrer bestimmt worden sei[355]. Obwohl es in geringerem Umfang auch im katholischen Deutschland eine Aufklärungsbewegung gab[356], stellten die Integration populärer Glaubensformen und die traditionelle ‚Barock'-Mentalität im Katholizismus Barrieren gegen Säkularisierung dar – wenn auch gerade die geistlichen Staaten in ihrer „intendierten Rückständigkeit"[357] eine Zielscheibe für die Säkularisation boten. Allerdings trug auch die katholische Aufklärung zu den religiösen Tabubrüchen bei, die schließlich in die Säkularisation einmündeten[358].

Hartmut Lehmann[359] wies 1980 in seiner Darstellung über die Zeit zwischen Reformation und Aufklärung darauf hin, dass das mangelnde Interesse von Neuzeithistorikern an religiösen und kirchlichen Fragen im nachreformatorischen Zeitalter „der Vorstellung von einer rapide voranschreitenden Säkularisierung aller Lebensbereiche im neuzeitlichen Europa Vorschub" geleistet habe.[360] Zwar bestätigt Lehmann, dass die „Säkularisierung des Denkens" im 18. Jahrhundert zu einer „Schlüsselfrage für die christliche Theologie und die christlichen Kirchen" wurde, doch betont er gleichzeitig, dass die in der Forschung häufig gesetzte Zäsur von 1648/1660 als Scheide zwischen einem Zeitalter intensiver Frömmigkeit einerseits und einer Epoche säkularisierten Denkens andererseits so starr nicht gesehen werden dürfe: „Gegen die Vorstellung von einer früh einsetzenden und sich rasch auswirkenden Säkularisierung sei hier betont, daß Kirche, Theologie und Frömmigkeit auch in der historischen Welt des späten 17. und des 18. Jahrhunderts keineswegs ihre Bedeutung verloren hatten."[361] Das Christentum sei im 18. Jahrhundert „vor eine schicksalhafte Herausforderung gestellt" worden, doch seien „Aufklärung, Säkularisie-

---

[353] *Reinhart Koselleck,* Über den Stellenwert der Aufklärung in der deutschen Geschichte, in: Die kulturellen Werte Europas, hrsg. v. Hans Joas/Klaus Wiegandt, Frankfurt a.M. 2005, 353–366, hier 365.

[354] *Angela Borgstedt,* Das Zeitalter der Aufklärung, Darmstadt 2004, 38.

[355] Vgl. ebd., 40.

[356] Vgl. *Klueting,* Katholische Aufklärung.

[357] *Peter Hersche,* Intendierte Rückständigkeit. Zur Charakteristik des Geistlichen Staates im Alten Reich, in: Stände und Gesellschaft im Alten Reich, hrsg. v. Georg Schmidt, Stuttgart 1989, 133–149.

[358] Vgl. als Fallstudien *Andreas Holzem,* Säkularisation in Oberschwaben. Ein problemgeschichtlicher Aufriss, in: Blickle/Schlögl, Säkularisation, 261–298; *Vadim Oswalt,* Frömmigkeit im ländlichen Oberschwaben. Nach der Säkularisation, in: ebd., 299–315.

[359] Vgl. auch Kapitel B. V.

[360] *Lehmann,* Zeitalter des Absolutismus, 24.

[361] Ebd., 16 f.

rung und Dechristianisierung" für die Menschen desselben Jahrhunderts „niemals gleichlautende Begriffe und analoge Vorgänge" gewesen. Und Lehmann fügt hinzu: „Falsch wäre es, die religiöse Entwicklung vom Zeitalter des Konfessionalismus zum Zeitalter der Säkularisierung als homogen und geradlinig anzusehen. Im Gegenteil: Selbst in den gleichen Perioden und in den gleichen Ländern fand damals Ungleiches nebeneinander statt, verharrte Überholtes, kündigte sich an, was erst zu späteren Epochen gehört."[362] Allen Einschränkungen zum Trotz spricht auch Lehmann vom 18. Jahrhundert als dem „Zeitalter der Säkularisierung"[363].

Diese ambivalente Einschätzung findet sich bis in die jüngste Forschung: Aufklärung und Säkularisierung werden einerseits sachlich und zeitlich miteinander verbunden, um dann andererseits permanent auf die Grenzen dieser Verbindung hinzuweisen und strukturelle, inhaltliche und soziale Differenzierungen einzuziehen[364].

Mindestens zur schichtenspezifischen Verbindung von Aufklärung und Säkularisierung lassen sich auf der Basis der vorliegenden Forschungen aber einige gesicherte Aussagen machen. Den stark sektoralen bzw. schichtenspezifischen Charakter von Säkularisierungsprozessen in der Frühen Neuzeit betont Kaspar von Greyerz: „Wir beginnen zu erkennen, wie stark der Säkularisierungsvorgang des 17. bis 19. Jahrhunderts ein sozial und kulturell differenzierter Vorgang war, wie groß die Ungleichzeitigkeit des Gleichzeitigen tatsächlich war, wie sehr die Verweltlichung und – weberianisch gesprochen – Rationalisierung der Mentalitäten sowie des Denkens und Handelns je nach sozialer Schichtenzugehörigkeit und je nach kulturellem Umfeld verschieden waren."[365] Dementsprechend operiert von Greyerz auch mit einem sozial differenzierten Säkularisierungsverständnis, mit dem er „die wachsende Distanz sozialer Gruppen gegenüber den Kirchen sowie eine fortschreitende Indifferenz gegenüber Fragen der religiösen Sinngebung und des Bezugs auf das Übernatürliche in der Daseinsbewältigung" beschreibt[366]. Säkularisierungsvorgänge waren laut von Greyerz

---

[362] Ebd., 177.

[363] Ebd., 170. – In ihrer Studie zur Blasphemie im frühneuzeitlichen Zürich kommt auch Francisca Loetz zu dem Schluss, dass Zürich (und das zum Vergleich herangezogene katholische Luzern) im 18. Jahrhundert „einen Prozeß der Säkularisierung erlebten." (*Francisca Loetz*, Mit Gott handeln. Von den Zürcher Gotteslästerern der Frühen Neuzeit zu einer Kulturgeschichte des Religiösen, Göttingen 2002, 519.) Loetz postuliert, dass „die Epochengrenze zwischen religiöser Vormoderne und religiöser Moderne" seit dem dritten Viertel des 17. Jahrhunderts den entscheidenden Wendepunkt darstelle (ebd., 534).

[364] Vgl. jüngst *Esther-Beate Körber*, Die Zeit der Aufklärung. Eine Geschichte des 18. Jahrhunderts, Darmstadt 2006.

[365] *Greyerz*, Religion und Kultur, 108; vgl. auch *ders.*, Barock als Sakralisierung Europas? Ein Diskussionsbeitrag, in: Blickle / Schlögl, Säkularisation, 211–221, hier 212.

[366] *Greyerz*, Religion und Kultur, 286.

„von einer sukzessiven Trennung der gebildeten und popularen kulturellen Erfahrungsbereiche" begleitet, wobei es für das spätere 17. und das 18. Jahrhundert „keine wirklich fassbaren Anzeichen für eine Säkularisierung der Weltsicht und Lebenshaltung der kleinen Leute gibt"[367].

Die detaillierte Untersuchung der „Volksaufklärung"[368], also der aufgeklärten Beeinflussung der ländlichen Gesellschaft, hat jedoch zur Frage nach der Verdrängung bzw. der Persistenz christlicher Alltagspraktiken in nicht-gelehrten Schichten nur wenig beigetragen. Im Mittelpunkt dieser Untersuchungen stehen die gemeinnützig-ökonomische sowie die medizinische Aufklärung, die von der Forschung vor allem im Gegensatz zu außerchristlich-magischen Vorstellungen und Praktiken beschrieben werden[369]. Allerdings wurde beispielsweise die Kritik am weitverbreiteten traditionellen Kalenderwesen sowohl von der gemeinnützig-ökonomischen Richtung der Volksaufklärer als auch von kirchlicher Seite formuliert[370]. Zwar identifiziert die Forschung eine eigene „religiöse Volksaufklärung" vor allem im Tätigkeitsbereich vieler Pfarrer; sie erfolgte „meist wenig spektakulär [...] im Rahmen der hergebrachten religiösen Thematik"[371]. Ob sie allerdings eine Rationalisierung der Religion und des Glaubenslebens hervorbrachte, kann ohne eine eingehendere Untersuchung von Rezeptionsvorgängen nicht festgestellt werden[372].

Vor allem den bürgerlichen Mittel- und Oberschichten wendet sich dagegen Rudolf Schlögls wegweisende Arbeit zur Säkularisierung in Köln, Aachen und Münster im 18. Jahrhundert zu[373]. Aufbauend auf den Forschungen Michel Vovelles, der Systemtheorie Niklas Luhmanns und den kultursoziologischen Studien Pierre Bourdieus untersucht Schlögl den Wandel des

---

[367] Ebd., 305.

[368] Diese wird definiert als Versuch, mittels populärer Druckschriften aufklärerisches Gedankengut und damit verbundene praktische Kenntnisse an die Landbevölkerung und städtische Unterschichten zu vermitteln. Vgl. *Holger Böning*, Volksaufklärung. Biobibliographisches Handbuch zur Popularisierung aufklärerischen Denkens im deutschen Sprachraum von den Anfängen bis 1850, Bd. 1: Die Genese der Volksaufklärung und ihre Entwicklung bis 1780, Stuttgart – Bad Canstatt 1990.

[369] Vgl. *Martin Pott*, Aufklärung und Aberglaube. Die deutsche Frühaufklärung im Spiegel ihrer Aberglaubenskritik, Tübingen 1992.

[370] Vgl. *Holger Böning*, Volksaufklärung und Kalender. Zu den Anfängen der Diskussion über die Nutzung traditioneller Volkslesestoffe zur Aufklärung und zu ersten praktischen Versuchen bis 1780, in: Archiv für die Geschichte des Buchwesens 56 (2002), 79 – 108.

[371] *Böning*, Volksaufklärung. Biobibliographisches Handbuch, Einleitung, XI.

[372] Vgl. *Anne Conrad*, Aufgeklärte Elite und aufzuklärendes Volk? Das Volk im Visier der Aufklärung, in: Das Volk im Visier der Aufklärung. Studien zur Popularisierung der Aufklärung im späten 18. Jahrhundert, hrsg. v. ders. / Arno Herzig / Franklin Kopitzsch, Münster 1998, 1 – 15, 3; vgl. auch *Rudolf Schlögl*, Glaube und Religion in der Säkularisierung. Die katholische Stadt. Köln, Aachen, Münster. 1700 – 1840 (Ancien Régime, Aufklärung und Revolution, 28), München 1995, 31.

[373] Vgl. ebd.

Katholizismus zwischen barocker Frömmigkeit und konfessionell-politisch geprägter Massenreligiosität. Sein Hauptinteresse gilt Säkularisierungsprozessen auf der mentalitätsgeschichtlichen Ebene, denen er mittels der Untersuchung quantifizierbaren Quellenmaterials (vor allem von Testamenten, Bibliotheksinventaren und Totenzetteln) nachgeht. Auf dieser Quellenbasis rekonstruiert er „Prozesse der mentalen und gesellschaftlichen Säkularisierung"[374], die nicht allein aus individuellen Handlungsmotiven abzuleiten sind. Damit will Schlögl der Grundannahme Rechnung tragen, dass aus den „kollektiven, in Institutionen und organisierten Diskursen gebundenen Wissensbeständen das hervorgeht, was das Individuum überhaupt wissen kann, wie umgekehrt die kollektiven Wissensbestände ohne Kommunikation und individuelles soziales Handeln sich nicht formen"[375].

Schlögl gelingt es, den Wandel im Bereich religiöser Kommunikation etwa an der Untersuchung der tiefgreifenden Veränderungen der Jenseitsvorsorge nachzuzeichnen: So profanisierten sich beispielsweise der religiöse Formelapparat von Testamenten und deren Semantik schon vor 1790, woran sich ein Säkularisierungsvorgang erkennen lässt, den die französische Religionspolitik nur noch verschärfte; bis 1830 habe sich das Testament dann „weitgehend säkularisiert"[376]. Vor allem der Rückgang der Stiftung von Seelenmessen und Anniversarien zwischen 1740 und 1780 / 1800 führen Schlögl zu der Schlussfolgerung, dass der Gedanke an das Fegefeuer aus dem Frömmigkeitswissen der Katholiken auszuscheiden begann[377]. Auch das Gottesbild wandelte sich in der zweiten Hälfte des 18. Jahrhunderts von der barocken Vorstellung eines strafenden Gottes hin zu einem fernen Schöpfergott. Parallel dazu nahm der Anteil theologisch-religiöser Bücher im Besitz von Laien im 18. Jahrhundert ab, während im gleichen Zeitraum das Leseinteresse stieg. Die Ergebnisse Schlögls legen nahe, dass nicht die bewusste Rezeption der Aufklärung einen Mentalitätenwandel bewirkte, sondern dass sich dies in einem vom Einzelnen oft nicht reflektierten Prozess vollzog; Schlögl beschreibt also einen unbewussten Vorgang der Säkularisierung. Der Frage nach Säkularisierungsprozessen in den unteren Bevölkerungsschichten kann Schlögl zwar nicht nachgehen, für die mittleren und oberen Schichten bzw. Stände kann er jedoch ein differenziertes Bild unterschiedlicher Tempi und Intensitäten der Säkularisierungsvorgänge nachzeichnen: Signifikant setzten sie sich im Stadtbürgertum durch, während sich beim Adel die oben beschriebenen Prozesse nicht in gleicher Weise beobachten lassen[378].

---

374 Vgl. ebd., Einleitung und 280–283.

375 Ebd., 21.

376 Ebd., 28.

377 Vgl. ebd., 234–237.

378 Vgl. auch *Greyerz*, Religion und Kultur, 321–324; sowie knapp *Vera Isaiasz / Matthias Pohlig*, Soziale Ordnung und ihre Repräsentationen: Perspektiven der For-

Die Beziehungsgeschichte zwischen Aufklärung und Religion ist also vielfältig und kompliziert: „Enlightenment and religion, for a variety of reasons, make a difficult marriage."[379] In der Forschung zum 18. Jahrhundert der vergangenen zwei Jahrzehnte lässt sich ein Trend erkennen, dieses schwierige Verhältnis produktiv nutzbar zu machen und damit lange Zeit unhinterfragte Säkularisierungspostulate neu zu überdenken. Indem die Aufklärungszeit weniger als eine philosophische und antireligiöse, sondern als kulturelle Bewegung begriffen wird, verliert sie tendenziell ihren Ort als Ausgangspunkt eines allumfassenden Säkularisierungsprozesses[380]. Zugleich wird das 18. Jahrhundert jedoch weiterhin als ein wichtiger Schritt innerhalb eines langfristigen Säkularisierungsprozesses wahrgenommen. Dieser Prozess aber, so wird man im Hinblick auf die Aufklärungs- wie auch schon auf die Konfessionalisierungsforschung schließen dürfen, vollzog sich nicht kontinuierlich, sondern in Etappen sowie in unterschiedlichen Intensitäten in verschiedenen sozialen und geistigen Bereichen[381].

Nach dem 18. galt das 19. Jahrhundert der Forschung lange als das ‚säkulare' oder das ‚bürgerliche' Zeitalter, so dass die tiefe Verankerung der Religion hier kaum eine Rolle spielte. Angeregt nicht zuletzt durch die dreibändige Darstellung von Thomas Nipperdey hat sich die Geschichtswissenschaft jedoch in den beiden vergangenen Jahrzehnten verstärkt mit der konfessionellen und religiösen Prägung der deutschen Geschichte des 19. Jahrhunderts beschäftigt. Bis in die Gegenwart, so Nipperdey 1988, sei die Konfessionsspaltung „eine entscheidende Wirklichkeit des deutschen Lebens, des Denkens, des Selbstverständnisses. Und sie bleibt eine entscheidende Wirklichkeit der Politik"[382]. Daran anschließend hat etwa Etienne François formuliert, dass der im 16. Jahrhundert entstandene konfessionelle Dualismus für Deutschland eine „Langzeithaft"[383] bis in die zweite Hälfte des 20. Jahrhunderts zur Folge gehabt habe. François betont also die aus der Konfessionsspaltung resultierende Heterogenität und Disparatheit der konfessionellen, kulturellen und sozialmoralischen Milieus.

---

schungsrichtung ‚Stadt und Religion', in: Stadt und Religion in der Frühen Neuzeit: Soziale Ordnungen und ihre Repräsentation, hrsg. v. Vera Isaiasz / Ute Lotz-Heumann / Monika Mommertz / Matthias Pohlig, Frankfurt a.M. 2007, 9 – 32, hier 30 – 32.

[379] *Sheehan*, Enlightenment, Religion, 1064.

[380] „Secularization – understood as the passive demotion of religion to the corners of human experience – has lost its luster. Instead, it must be treated as a contingent and active set of *strategies* that change religion over time. This is as true of the nineteenth and twentieth centuries as it was of the eighteenth." (*Sheehan*, Enlightenment, Religion, 1079 f.)

[381] Vgl. *Dülmen*, Kultur und Alltag, Bd. 3, 268.

[382] *Thomas Nipperdey*, Religion im Umbruch. Deutschland 1870 – 1918, München 1988, 155.

[383] *Etienne François*, Die unsichtbare Grenze. Protestanten und Katholiken in Augsburg 1648 – 1806, Sigmaringen 1991, 11.

Inzwischen liegen zahlreiche Detailstudien zur konfessionellen Formierung verschiedener gesellschaftlicher Milieus, des Parteienwesens (Zentrumspartei) oder des Presse- und Verlagssektors vor. Nicht nur die Studien zum Kulturkampf und zu dessen Vorgeschichte belegen, wie stark die Gesellschaft des 19. Jahrhunderts kirchlich-konfessionell geprägt und gespalten war. Sowohl die romzentrierte Reklerikalisierung des Katholizismus[384] als auch die kulturprotestantische und nationale Umformung des Protestantismus[385] belegen die fortwirkende Bedeutung der Konfessionen, aber auch eine entscheidende Transformation ihrer politischen und gesellschaftlichen Rolle während des 19. Jahrhunderts. Die Reformprozesse innerhalb der Konfessionskirchen, die etwa die Verbesserung der Klerikerausbildung und -disziplin zur Folge hatten, wurden umfassend untersucht. Zu nennen sind darüber hinaus die neu entstanden Formen religiöser Vergesellschaftung in Vereinen (Gustav-Adolph-Verein, Kolping-Verein)[386], neue Formen kirchlicher Frömmigkeit[387] sowie die massenmäßige Organisation der Gläubigen auf den Kirchentagen[388]. Der zunehmend rein weltlichen Orientierung vor allem von Teilen der Arbeiterschaft im Zeitalter von Industrialisierung und Urbanisierung begegnete man etwa mit neuen Formen der Seelsorge ('Innere Mission'). Dadurch gelang es den Konfessionskirchen, auf die Herausforderungen des enormen Bevölkerungswachstums, zunehmender Mobilität und damit einhergehenden Säkularisierungstendenzen zu reagieren[389].

---

[384] Vgl. *Wolfgang Schieder,* Die katholische Kirche in Deutschland nach der Säkularisation. Institutionalisierungen im Laufe des 19. Jahrhunderts, in: Blickle/ Schlögl, Säkularisation, 517–529.

[385] Vgl. *Michael Maurer,* Zwischen Kirche und Kultur: Die konfessionelle Identität des Bürgertums um 1800, in: ebd., 409–420; sowie *Lothar Gall,* Vom Untertan zum Staatsbürger, in: ebd., 421–430.

[386] Gesellschaftlich und politisch einflussreich war etwa der kulturhegemonial eingestellte Deutsche Protestantenverein, der Anfang der 1860er Jahre aus einem Zusammenschluss führender kulturprotestantischer Gruppierungen entstand, „getragen von der allgemeinen nationalen und liberalen Aufbruchstimmung". Erklärtes Ziel des Protestantenvereins war „eine Erneuerung der protestantische Kirche im Geiste evangelischer Freiheit und im Einklang mit der gesamten Kulturentwicklung unserer Zeit." (*Gangolf Hübinger,* Kulturprotestantismus und Politik. Zum Verhältnis von Liberalismus und Protestantismus im wilhelminischen Deutschland, Tübingen 1994, 1.)

[387] Vgl. hierzu etwa *Lucian Hölscher,* Geschichte der protestantischen Frömmigkeit in Deutschland, München 2005, 181 f.

[388] Auch ältere Frömmigkeitsformen, wie das Wallfahrtswesen, erlebten eine Renaissance bzw. wurden neu organisiert; vgl. etwa *David Blackbourn,* Marpingen. Apparitions of the Virgin Mary in an Nineteenth-Century Village, New York 1993. Die umfangreiche Literatur religiösen Entwicklungen im 19. Jahrhundert kann hier nicht im einzelnem aufgeführt werden. Verwiesen sei stattdessen auf die von Friedrich Wilhelm Graf und Gangolf Hübinger herausgegebene Reihe „Religiöse Kulturen der Moderne", Gütersloh 1996 ff.

[389] Gleichzeitig strebte auch das bürgerliche Judentum nach Anerkennung als Konfession. Ausführlich zum Zusammenhang von Verbürgerlichung und Konfessionalisierung des Judentums im 19. Jahrhundert vgl. *Simone Lässig,* Jüdische Wege und Bürgertum. Kulturelles Kapital und sozialer Aufstieg im 19. Jahrhundert,

Insgesamt lässt sich für das 19. Jahrhundert somit kein linearer Prozess der Säkularisierung, sondern, wie Wolfgang Schieder formuliert, eine „Kontinuität wellenförmig aufbrechender konfessioneller Rechristianisierungsbestrebungen" und ein „Wechselspiel von Sakralisierung und Säkularisierung" beobachten[390]. Die Betonung der gesellschaftlichen Bedeutung religiöser Faktoren im 19. Jahrhundert darf jedoch zugleich nicht darüber hinwegtäuschen, dass „das Verhältnis von Religion und Welt neu bestimmt" wurde[391]. Lucian Hölscher hat auf den qualitativen Wandel, den die Bewertung öffentlicher Glaubenspraxis zu Beginn des 19. Jahrhunderts durchlief, aufmerksam gemacht: Im Gegensatz zu der an „innerlicher Religiosität" orientierten Aufklärungszeit habe ein neues „Konzept kirchlicher Frömmigkeit" gesellschaftliche Bedeutung gewonnen, das sich „ganz auf die Kirche als den institutionellen und geistigen Raum zentrierte"[392]. Religiosität bzw. ‚Kirchlichkeit' (ein Begriff, der erst um 1800 geprägt worden war), wurde nun gemessen an der Teilnahme oder Nicht-Teilnahme an den öffentlichen, institutionalisierten Formen der Glaubensausübung; der Grad der Säkularisierung der Gesellschaft wurde zeitgenössisch an der sinkenden Zahl der Gottesdienstbesucher und an der steigenden Zahl der Kirchenaustritte bemessen[393]. Die Konstatierung von Säkularisierung war hier eingebettet in eine Kulturkritik, die ihre Gegenwart insgesamt als krisenhaft begriff.

Trotz der um 1900 in weiten Teilen des städtischen Bürgertums und der Arbeiterschaft verbreiteten Kirchenfeindschaft[394] wird von der gegenwärtigen Forschung kaum noch bestritten, dass im 19. und 20. Jahrhundert religiöse und konfessionelle Deutungsmuster von zentraler Bedeutung waren, dass sie Politik, Kultur und Lebenswelt der verschiedensten Milieus beeinflussten, und dass Religion insgesamt auch noch bis nach dem Zweiten Weltkrieg ein wichtiger Faktor kulturellen Wandels und gesellschaftlicher Dynamik blieb[395]. Das Interesse an den religiösen Entwicklungen und Konflikten ist inzwischen so groß, dass man von einem ‚religious turn' in der deutschen und auch europäischen Geschichtswissenschaft spricht[396]. So

---

Göttingen 2004, 243–441; vgl. auch *Andreas Götz*, Zwischen Nation und Religion. Die deutschen Juden auf der Suche nach einer bürgerlichen Konfessionalität, in: Juden – Bürger – Deutsche. Zu Vielfalt und Grenzen in Deutschland, hrsg. v. dems. / Rainer Liedtke / Till van Rahden, Tübingen 2001, 241–262.

[390] *Schieder*, Säkularisierung, 311. Vgl. auch den Sammelband *Wolfgang Schieder* (Hrsg.), Religion und Gesellschaft im 19. Jahrhundert, Stuttgart 1993.

[391] *Manfred Jakubowski-Tiessen*, Einleitung, in: Religion zwischen Kunst und Politik. Aspekte der Säkularisierung im 19. Jahrhundert, hrsg. v. dems., Göttingen 2004, 7–11, hier 7.

[392] *Hölscher*, Geschichte der protestantischen Frömmigkeit, 181.

[393] Vgl. ebd., 401.

[394] Vgl. ebd., 402.

[395] Vgl. *Nipperdey*, Religion im Umbruch.

[396] Vgl. hierzu zusammenfassend *George Williamson*, A Religious Sonderweg? Reflections on the Sacred and the Secular in the Historiography of Modern Germany,

werden konfessionelle Denkmuster, die die Gesellschaft in Deutschland bis in die 1960er und 1970er Jahre mitbestimmten, inzwischen selbst in so vermeintlich religionsfernen Bereich wie dem Justizwesen und der Rechtswissenschaft des 19. und 20. Jahrhunderts untersucht[397]. Olaf Blaschke hat die Phase zwischen 1800 und dem Ende der Adenauer-Ära sogar als ein „zweites konfessionelles Zeitalter" etikettiert[398]. In Anlehnung an das von Heinz Schilling und Wolfgang Reinhard für das 16. und 17. Jahrhundert entwickelte Konfessionalisierungsparadigma versteht Blaschke auch die konfessionellen Entwicklungen des 19. Jahrhunderts als „Fundamentalprozeß"[399]. Gerade die Abgrenzungsprozesse zwischen den großen Konfessionskirchen und die daraus resultierenden interkonfessionellen Konflikte sollen mit dieser Epochenbenennung erfasst werden. Die vielen säkularisierenden Prozesse, die angesichts der wirtschaftlichen, sozialen und politischen Veränderungen sowie dem Aufschwung der (Natur-)Wissenschaften um 1900 zu einer wachsenden Bedeutung säkularer Heilslehren führten und einen Verlust der Plausibilität und Glaubwürdigkeit religiöser Sinnstiftung bedingten, sind hier in ihrer Bedeutung insgesamt abgewertet worden. Ähnlich definiert unter begriffsgeschichtlicher Perspektive Lucian Hölscher ein langes konfessionelles Zeitalter zwischen 1800 und 1970. Seiner Meinung nach fand „die eigentliche Konfessionalisierung in Deutschland" über-

---

in: Church History. Studies in Christianity and Culture 75 (2006), 139–156. Als Ursachen für dieses neue Interesse an der Geschichte des Religiösen werden hier unter anderem die Hinwendung zu kulturwissenschaftlichen Fragestellungen und die Abkehr von der älteren Sozialgeschichte benannt.

[397] Der Untersuchung konfessioneller, zumeist protestantischer Deutungsmuster in der Geschichte der modernen Rechtswissenschaft widmete sich die vom Max-Planck-Institut veranstaltete Tagung „Konfessionelle Denkmuster und Argumentationsstrategien" im Juni 2007; vgl. den Tagungsbericht von *Thomas Henne*, Konfessionelle Denkmuster und Argumentationsstrategien, 21.07.-22. 07. 2006, Frankfurt a.M., in: H-Soz-u-Kult, http://hsozkult.geschichte.hu-berlin.de/tagungsberichte/id=1287 (Datum des letzten Besuchs: 09. 03. 2008).

[398] Zuerst: *Olaf Blaschke*, Das 19. Jahrhundert: Ein zweites konfessionelles Zeitalter?, in: Geschichte und Gesellschaft 26 (2000), 38–75.

[399] Blaschke definiert Konfessionalisierung allerdings im Anschluss an Heinrich Richard Schmidt, der dem Konfessionalisierungsparadigma durchaus kritisch gegenübersteht, als einen Prozess, der die „Menschen zu Angehörigen verschiedener Konfessionen machte, und zwar in dem Sinne, daß diese Konfession zu einem Teil der alltäglichen wie außeralltäglichen Kultur des Menschen wurde." (*Olaf Blaschke*, Der ‚Dämon des Konfessionalismus'. Einführende Überlegungen, in: Konfessionen im Konflikt. Deutschland zwischen 1800 und 1970: ein zweites konfessionelles Zeitalter, hrsg. v. dems., Göttingen 2002, 13–70, 19 f.) Diese Definition vernachlässigt die für das Konfessionalisierungskonzept postulierte enge Verknüpfung von Staatsbildung und Konfessionsbildung im 16. und 17. Jahrhundert. Im frühneuzeitlichen Staat wurde von der Bevölkerung eine einheitliche Konfessionszugehörigkeit verlangt und Toleranz gegenüber Andersgläubigen nur in bestimmten politisch-sozialen Konstellationen gestattet. Dagegen sicherte der liberale Anstaltsstaat im Verlauf des 19. Jahrhunderts seinen Bürgern ein allgemeines Recht auf Religions- und Glaubensfreiheit zu. Vgl. auch *Olaf Blaschke*, Abschied von der Säkularisierungslegende. Daten zur Karrierekurve der Religion (1800–1970) im zweiten konfessionellen Zeitalter: eine Parabel, in: zeitenblicke 5 (2006), http://www.zeitenblicke.de/2006/1/Blaschke (Datum des letzten Besuchs: 09. 03. 2008).

haupt erst im 19. und 20. Jahrhundert statt[400]. In einem begriffsgeschichtlich angelegten Projekt hat Hölscher die Zusammenhänge des Wandels von
Religionssemantiken und Konfessionskonflikten des 19. Jahrhunderts in
verschiedenen europäischen Staaten untersucht[401].

Die Positionen Hölschers und Blaschkes sind nicht ohne Widerspruch geblieben: Gegen den Begriff des ‚zweiten konfessionellen Zeitalters‘ beispielsweise seien die „sinkende Bedeutung des Leitsektors Konfession [...],
das ambivalente Verhältnis von Konfessionalisierung und Modernisierung
[und] nicht zuletzt die Opposition von Kirche und Staat"[402] zu betonen.
Auch könne man fragen, ob gerade den Konfessionskirchen und den konfessionellen Prägungen eine insgesamt dominante gesellschaftliche Rolle zu-
kam: In der stark fraktionierten Gesellschaft des Kaiserreichs etwa verlie-
fen die Konfrontationslinien nicht nur zwischen Katholiken, Protestanten,
Juden und Atheisten, sondern eben auch mitten durch die Konfessionen.
Die Gegner im Kulturkampf, der für Blaschke einen Höhepunkt des ‚zweiten konfessionellen Zeitalters‘ darstellt, zeigten letztlich genau dies: „Nicht
Protestantismus und Katholizismus bekämpften sich hier, sondern – in genauer Umkehrung der frühneuzeitlichen Allianz – Staat und Kirche."[403]

Säkularisierung, so Manfred Jakubowski-Tiessen resümierend, lässt sich
im 19. Jahrhundert angesichts dieser Gemengelage nur mittels eines weiten
Begriffs untersuchen, der die institutionelle Entflechtung von Kirche und
Staat ebenso einschließt wie „den Verlust oder die Schwächung kirchlicher
Orientierungskraft" und innerkatholische und „innerprotestantische Diffe-
renzierungsprozesse und den Wandel religiöser Deutungssysteme"[404]. Die

---

[400] Hölscher lehnt es deshalb als Anachronismus ab, bereits die Epoche zwischen
1555 und 1648 als konfessionelles Zeitalter zu bezeichnen, da der Begriff der ‚Konfession‘, der „erst im 19. Jahrhundert seine politisch-soziale Prägung und Aussagekraft
gewann", „auf ein religionspolitisch völlig anders strukturiertes Jahrhundert" übertragen werde. Der Epochenbegriff des ‚konfessionellen Zeitalters‘ sei daher nur auf
die Epoche des sich etablierenden Nationalstaats anwendbar, zu dessen Charakteristika die moderne Trennung von Kirche und Staat und die individuelle Wahlfreiheit
des religiösen Bekenntnisses gehörten. (Presseinfo der Ruhr-Universität Bochum,
Nr. 162 vom 19. 05. 2004 unter: http://www.pm.ruhr-uni-bochum.de/pm
2004/msg00162.htm (Datum des letzten Besuchs: 09. 03. 2008)). Ausführlich dazu:
Lucian Hölscher, Konfessionspolitik in Deutschland zwischen Glaubensstreit und
Koexistenz, in: Baupläne der sichtbaren Kirche. Sprachliche Konzepte religiöser Vergemeinschaftung in Europa, hrsg. v. dems. (Bausteine zu einer Europäischen Religionsgeschichte im Zeitalter der Säkularisierung, 10), Göttingen 2007, 11 – 52.

[401] Vgl. dazu die Beiträge etwa zu Belgien, Schweden und Russland in: ebd.

[402] *Carsten Kretschmann / Henning Pahl*, Ein „Zweites Konfessionelles Zeitalter".
Vom Nutzen und Nachteil einer neuen Epochensignatur, in: Historische Zeitschrift
276 (2003), 369 – 393. In ihrer detaillierten Besprechung des von Olaf Blaschke herausgegebenen Sammelbandes „Konfessionen im Konflikt" zeigen sie unter anderem,
dass keiner der in dem Sammelband beitragenden Autoren der Periodisierung und
Epochenbenennung Blaschkes folgt.

[403] *Kretschmann / Pahl*, Zweites Konfessionelles Zeitalter, 391.

[404] *Jakubowski-Tiessen*, Einleitung, 9.

Beschreibung der nicht linear verlaufenden Säkularisierungs- und Modernisierungsprozesse des 19. Jahrhunderts müsse also die temporären Revitalisierungen und Transformationen von Religion berücksichtigen. Diese vollzogen sich nicht nur auf dem Feld der etablierten Konfessionskirchen, sondern beinhalteten auch die Ausbildung unterschiedlicher ‚Ersatzreligionen‘ und neuer Heilslehren.

Auch im 20. Jahrhundert, das hier nur ausblickartig und notwendigerweise verkürzt erwähnt sei, vollzog sich eine durchgreifende Säkularisierung im Sinne eines weitgehend schichtenunspezifischen Glaubensverlustes und der Erodierung konfessioneller Milieus erst seit den 1960 / 70er Jahren. Dies ist jedenfalls jüngeren empirischen Studien zu diesem Problem zu entnehmen[405], die gleichzeitig *en passant* deutlich machen, dass in dem Moment, als sich Säkularisierung zu einem gesellschaftsweit durchgreifenden Prozess entwickelte, die Theoretisierung dieses Prozesses ebenfalls einen entscheidenden Schritt vollzog. Ob aber die aktuelle „Rückkehr der Religionen"[406] die Säkularisierungsbewegungen des 20. Jahrhunderts zu einem provinziell-europäischen, zudem kurzzeitigen Epiphänomen degradieren wird, ist noch kaum entscheidbar. Peter Blickle und Rudolf Schlögl haben die These aufgestellt, dass man zumindest im Hinblick auf Europa zwischen Staat und Gesellschaft unterscheiden müsse: Der europäische Staat, der gleichwohl einiges an sakraler Emphase bewahrt habe, sei und bleibe wohl auch säkularisiert. Für die Gesellschaft treffe dies aber nicht zu; die beiden Historiker sprechen von „schier grenzenlosen Resakralisierungschancen"[407]. Die geschichtswissenschaftlichen Konsequenzen dieser ‚Rückkehr der Religion‘ sind jedenfalls bereits jetzt ablesbar: „Was es zu erforschen gilt", so Hartmut Lehmann, seien „im Rahmen eines globalen Szenarios der Modernisierung verschiedene Wege, verschiedene Varianten der Modernisierung, die alle auf die eine oder andere Weise, religiös gebunden und religiös beeinflusst sind"[408]. Ob tatsächlich *alle* Modernisierungs- und Säkularisierungsprozesse „religiös gebunden und religiös beeinflusst" sind, kann

---

[405] Vgl. *Hartmut Kaelble,* Europäischer Wertewandel am Ende des 20. Jahrhunderts. Ein internationaler Vergleich, in: Wege der Neuzeit. Festschrift für Heinz Schilling zum 65. Geburtstag, hrsg. v. Stefan Ehrenpreis / Ute Lotz-Heumann / Olaf Mörke / Luise Schorn-Schütte, Berlin 2007, 311 – 328; *Elmar Kuhn,* Rückständig und glücklich? Die Säkularisierung Oberschwabens, in: Blickle / Schlögl, Säkularisation, 483 – 516; *Hugh McLeod,* The Modern World – Secularised or not?, in: ebd., 533 – 549.

[406] *Riesebrodt,* Rückkehr der Religionen.

[407] *Peter Blickle / Rudolf Schlögl,* Einleitung, in: Blickle / Schlögl, Säkularisation, 11 – 17, hier 15.

[408] *Hartmut Lehmann,* Jenseits der Säkularisierungsthese. Religion im Prozeß der Säkularisierung, in: Jakubowski-Tiessen, Religion zwischen Kunst und Politik, 178 – 190, hier 190; vgl. zum Gesamtkontext auch *Shmuel N. Eisenstadt,* Multiple modernities, in: Daedalus 129 (2000), 1 – 29; für diese Forschungsrichtung vgl. auch *Heike Bock / Jörg Feuchter / Michi Knecht* (Hrsg.), Religion and Its Other. Secular and Sacral Concepts and Practices in Interaction, erscheint: Frankfurt a.M. / New York 2008.

hier nicht entschieden werden. Instruktiv ist dennoch die Annahme einer großen Pluralität zeitlich und sozial differenzierter Säkularisierungsvorgänge, deren Zusammenhang mit dem von der älteren Forschung angenommenen ‚großen‘ Säkularisierungsprozess erst noch bestimmt werden müsste.

Der Durchgang durch die geschichtswissenschaftliche Forschung zur frühneuzeitlichen Säkularisierung – vom Humanismus bis zur Aufklärung und zum ‚zweiten konfessionellen Zeitalter‘ – stimmt skeptisch gegenüber einer allzu einfachen, linearen Vorstellung von Säkularisierung: Ist doch immer wieder deutlich geworden, dass dort, wo die ältere Forschung zielgerichtete Schritte zur Säkularisierung am Werk sah, bestenfalls kontingente Tendenzen auszumachen sind, und dass so viele unterschiedliche Probleme unter diesem Etikett verhandelt werden, dass sie sich kaum zu einer generellen Entwicklung zusammenfügen lassen. Das Bild eines intrinsisch säkularisierenden Humanismus oder einer bereits in sich Säkularisierung bedeutenden Reformation wird man schwerlich aufrechterhalten können. Selbst im Fall der Aufklärung zeigt der Blick in die neuere Forschung, dass ihr Verhältnis zu Religion und Säkularisierung vielgestaltiger und kontingenter war als lange angenommen. Dies heißt nicht, dass man nicht in allen Epochen schwächere oder stärkere Säkularisierungstendenzen und v.a. auch einzelne Diskurse und Praktiken identifizieren kann, die beabsichtigt oder unbeabsichtigt zu Säkularisierung beigetragen haben. Insgesamt wird man – trotz aller Skepsis gegenüber linearen Entwicklungsmodellen – einen schwachen langfristigen Säkularisierungsprozess für die Frühe Neuzeit konstatieren können; im 18. Jahrhundert ist offensichtlich ein ‚Mehr‘ an Säkularität denk- und sagbar. Dies bedeutet aber weder, dass man es mit einem übergreifenden, quasi naturwüchsigen Säkularisierungsprozess zu tun hätte, noch heißt es, dass in der Forschung immer klar benannt werden könnte, aus welchen Konstellationen und Situationen eigentlich Haltungen entstehen, die sich als ‚säkularisiert‘ qualifizieren lassen. Deutlich wird in jedem Fall die große sachliche wie zeitliche Bandbreite von Säkularisierungstendenzen, die es nahe legen, von ‚Säkularisierungen‘ im Plural zu sprechen. Diese Pluralität von Säkularisierungsvorgängen benötigt aber, so darf man schließen, auch eine Pluralität von Begriffen. Es ist also angezeigt, sich noch einmal der verschiedenen Begriffe zu versichern, die in der Debatte um Säkularisierung angewandt werden.

V. Der Begriff der Säkularisierung und seine Komplementär- und Gegenbegriffe

„Die Probleme einer für die Erforschung der Transformationen des Religiösen im neuzeitlichen Europa adäquaten Terminologie sind bisher nicht gelöst und müssen bei allen weiteren Forschungen auf diesem Gebiet sorgfältig bedacht werden."[409] Mit diesen Worten kennzeichnet Hartmut Lehmann ein Grundproblem sowohl der historischen als auch allgemein der geisteswissenschaftlichen Säkularisierungsforschung. Beim Durchlauf durch die verschiedenen Stränge der oft sehr disparaten Diskussion erweist sich, dass eine große Zahl von Begriffen herangezogen wird, um sich dem Problem zu nähern, und dass diese jeweils in unterschiedlicher Beziehung zum oft beargwöhnten Begriff der Säkularisierung definiert werden. Dabei stößt man einerseits auf Alternativen zum Säkularisierungsbegriff und andererseits auf Termini, bei denen es vorrangig darum geht, den Prozess der Säkularisierung zu spezifizieren – also Gegen- bzw. Komplementärbegriffe. In einem Durchgang durch die vor allem in der historischen Forschung verwendeten Begriffe soll im Folgenden etwas mehr terminologische Klarheit geschaffen werden, und zwar mit dem Ziel, einen eigenen Ansatz zu formulieren, der den Säkularisierungsbegriff in neuer Weise für die Frühneuzeitforschung fruchtbar zu machen versucht.

Im Rahmen der terminologischen Reflexion der in der Säkularisierungsdebatte verwendeten Begriffe sei zuerst vorgeschlagen, ‚Säkularisierung‘ nicht mit dem Begriff der ‚Verweltlichung‘ zu verwechseln bzw. diesen Begriff als analytische Kategorie überhaupt fallenzulassen. Er entstammt so eindeutig dem apologetischen und polemischen Arsenal des Christentums, dass er kaum mehr bezeichnen kann als die zweitausend Jahre alte Perspektive einer Religionsgemeinschaft auf ihre Umwelt[410]. Daher ist er weniger geeignet als etwa ‚Säkularisierung‘, eine kritisch-analytische Distanz zum Gegenstand herzustellen. Dies heißt nicht, die Begrifflichkeit der Quellen und damit die Sicht der Akteure geringzuschätzen (siehe dazu Kapitel C. I.). Gleichwohl erscheint es nützlich, Quellen- und Analysebegriffe auseinanderzuhalten.

Anders verhält es sich mit dem Forschungsbegriff der ‚Entkirchlichung‘, der allein auf die institutionelle Seite abstellt; in der Regel soll Entkirchlichung kaum mehr bezeichnen als die quantitativ nachvollziehbare Abnahme von Gottesdienstbesuchen oder Kirchenmitgliedern. Für die erste Phase der Frühen Neuzeit ist dies kein adäquates Konzept, für die spätere Frühneuzeit dagegen kann der Begriff und das ihm entsprechende Phänomen als erstes, quantitatives und damit relativ hartes Säkularisierungskriterium genutzt werden. Er ist allerdings durch seine Fixierung auf die Institution Kirche kaum mehr als *ein* Index für einen Säkularisierungsprozess, dem andere, qualitative, hermeneutisch zu erschließende Indizes für

---

[409] *Hartmut Lehmann,* Säkularisierung, Dechristianisierung, Rechristianisierung im neuzeitlichen Europa. Forschungsperspektiven und Forschungsaufgaben, in: Säkularisierung, Dechristianisierung, Rechristianisierung im neuzeitlichen Europa, hrsg. v. dems., Göttingen 1997, 314–325, hier 318.

[410] Vgl. *Dienst,* Pluralismus, 170.

Schwund oder Transformation von Religiosität an die Seite gestellt werden sollten[411]. Ähnlich verhält es sich mit den Begriffen der ‚Laizität' oder ‚Laisierung'; beide bezeichnen, zumindest im französischen Sprachraum, wiederum institutionelle, nämlich staats-kirchenrechtliche Phänomene, die aber nicht mit dem eher kulturellen und gesellschaftlichen Phänomen Säkularisierung übereinstimmen müssen; auch sie sind daher nur ein erster Index für Säkularisierung unter vielen[412].

Weitere Komplementär- und Gegenbegriffe zu Säkularisierung sind die Termini ‚Profanierung' / ‚Profanisierung' und ‚Sakralisierung'. Beide scheinen als Forschungsbegriffe einerseits weniger belastet, weil sie keine terminologisch verdichtete Begriffsgeschichte besitzen[413]. Andererseits sind sie als im Wesentlichen aus der religionsethnologischen Forschung stammende Termini mit sehr allgemeinen, religionswissenschaftlich abstrahierenden Themen konnotiert; einschlägige Autoren sind hier Durkheim oder Eliade, die Religion generell durch die Abgrenzung eines ‚Heiligen' oder ‚Sakralen' vom ‚Profanen' gekennzeichnet sehen[414]. Gegen Durkheims strikte Dichotomie sakral / profan sind in den letzten Jahrzehnten von Ethnologen, Religionswissenschaftlern und Historikern vielfach Bedenken geäußert worden, da sie das komplexe religiöse Handeln historischer Akteure zu sehr simplifiziere[415]. So hat etwa Robert W. Scribner für die Frühe Neuzeit festgehalten, dass „the sacred is [...] experienced from *within* the profane"[416]. Damit sind die jeweiligen historischen, konfessionellen oder kulturspezifischen Zuschreibungen von ‚profan' und ‚sakral' in das Interesse der Forschung gerückt[417]. Profanisierung und Sakralisierung können als gruppen- oder objektspezifische Verhaltens- oder Zuschreibungsprozesse verstanden

---

[411] Vgl. als quantitativen Versuch *Heinrich Richard Schmidt*, „Verfall der Religion". Epochenwende um 1700?, in: Blickle / Schlögl, Säkularisation, S. 245–258.

[412] Vgl. *Bauberot*, Laïcité.

[413] So finden sich, anders als für Konfessionalisierung und v.a. Säkularisierung, in den meisten einschlägigen Lexika keine Artikel zu Profanisierung und Sakralisierung. Zum Begriff „Profan" vgl. den kurzen informativen Artikel von Matthias Viertel in: *Matthias Viertel* (Hrsg.), Grundbegriffe der Theologie, München 2005, 379 f. Vgl. auch Art. „Heilig und profan", in: Religion in Geschichte und Gegenwart. Handwörterbuch für Theologie und Religionswissenschaft, Bd. 3, hrsg. v. Hans Dieter Betz, 4. Aufl., Tübingen 2000, 1528–1539.

[414] Vgl. *Bolle*, Secularization.

[415] Die Kritik an Durkheim betont v.a. dessen Erfahrungshorizont der laizistischen französischen Gesellschaft. Zur Kritik an Eliade und Durkheim aus der Sicht von Frühneuzeithistorikern vgl. *Will Coster / Andrew Spicer*, Introduction. The dimensions of sacred space in reformation Europe, in: Sacred Space in Early Modern Europe, hrsg. v. dens., Cambridge 2005, 1–16, hier 1, 11.

[416] *Robert W. Scribner*, Cosmic Order and Daily Life: Sacred and Secular in pre-industrial German Society, in: ders., Popular Culture and Popular Movements in Reformation Germany, London 1987, 1–16, hier 2 (Kursivierung im Original).

[417] Hierzu etwa die Studie von *Natalie Zemon Davis*, The Sacred and the Body Social in sixteenth-century Lyon, in: Past & Present 90 (1981), 40–70; sowie den Sammelband von *Andrew Spicer / Sarah Hamilton* (Hrsg.), Defining the Holy. Sacred Space in Medieval and Early Modern Europe, Aldershot 2006.

werden: Wenn also Gegenstände mit sakralem Wert versehen werden oder dieser ihnen entzogen wird, könnte man dies als ‚Sakralisierung' und ‚Profanisierung' bezeichnen[418]. Nicht selten entstehen gerade um diese Zuschreibungen Deutungskonflikte, deren Untersuchung zeigen kann, wie Sakralität und Profanität historisch von verschiedenen Akteursgruppen definiert, hergestellt und verstanden wurde.

Hartmut Lehmann hat weiterhin die Begriffe der „Dechristianisierung" und „Rechristianisierung" in die deutsche Debatte eingebracht. Dabei definiert er Säkularisierung relativ vage – und die soziologische Diskussion weitgehend ignorierend – als „Nachlassen der Orientierung von Einzelnen, von Gruppen und der ganzen Gesellschaft an übernatürlichen Instanzen und Kräften"[419]. Dieser Begriff, so Lehmann, sei aber zu unspezifisch. Der Begriff der „Dechristianisierung" dagegen eigne sich als Spezifizierung des Säkularisierungskonzeptes für das Christentum, weil er „eine präzisere Formulierung von Forschungsfragen" verspreche[420]. Zum einen verweise er auf das Nachlassen eines spezifisch christlichen Einflusses und die Möglichkeit seiner Ersetzung durch andere religiöse Formen. ‚Dechristianisierung' beinhalte also nicht die oft mit Säkularisierung assoziierte Annahme einer Rationalitätssteigerung und der Trennung von Glauben, Weltwahrnehmung und Welterklärung. Zum anderen impliziere das terminologische Pendant zu ‚Dechristianisierung', nämlich ‚Rechristianisierung', die Möglichkeit der Umkehrbarkeit dieser Entwicklung: ‚Rechristianisierung' denotiere folglich die Revitalisierung des Christentums nach einer Phase seiner Schwächung. Durch diese terminologische Erweiterung sei die deutschsprachige Diskussion auch anschlussfähig an entsprechende Debatten im englisch- und insbesondere französischsprachigen Raum[421].

Lehmann plädiert allerdings nicht für eine strenge Begriffsverwendung, sondern sieht gerade in der terminologischen Vielfalt die Möglichkeit, religiöse Phänomene im frühneuzeitlichen Europa differenzierter zu erforschen und zu benennen: „Statt wie bisher mit einem einzelnen Begriff zu operieren, nämlich mit dem Begriff Säkularisierung [...], scheint es lohnender, ein Ensemble von Begriffen zu verwenden, die das Gegeneinander und Ne-

---

[418] Nach genuin theologischen Maßstäben dürfte dies für das Christentum keine Rolle spielen: „Das Christentum kannte von Hause aus keine Heiligkeit von Sachen und Orten, sondern nur solche von Personen. Im Laufe der Geschichte bildete sich jedoch [...] eine neue Art von Sach- und Ortsheiligkeit heraus." (*Arnold Angenendt*, Sakralisierung und Säkularisierung im Christentum – Auswirkungen im Mittelalter und Reformation, in: Blickle/Schlögl, Säkularisation, 113–126, hier 113.)

[419] *Hartmut Lehmann*, Von der Erforschung der Säkularisierung zur Erforschung von Prozessen der Dechristianisierung und der Rechristianisierung im neuzeitlichen Europa, in: ders., Säkularisierung, Dechristianisierung, Rechristianisierung, 9–16, hier 13.

[420] Ebd.

[421] Ebd., 14; vgl. *Lehmann*, Säkularisierung, 315–318.

beneinander verschiedener Entwicklungen sowie die besondere Rolle des Christentums im neuzeitlichen Europa zu kennzeichnen vermögen."[422] Worin jedoch die Verbindung von Terminologie und Methodik bei der Erforschung von Säkularisierung beziehungsweise Dechristianisierung liegen könnte, präzisiert Lehmann genauso wenig wie die anderen Autoren des von ihm herausgegebenen Sammelbandes „Säkularisierung, Dechristianisierung, Rechristianisierung im neuzeitlichen Europa"[423].

Was aber bedeutet ‚Dechristianisierung'? Welche Form des Christentums verschwindet hier? Handelt es sich um eine Abkehr von den Institutionen des Christentums, also um eine ‚Entkirchlichung', oder um eine Abkehr von seiner gesamten Lehre oder allen seinen Praktiken (die ja auch eine Zuwendung zu einer anderen Religion bedeuten kann)? Die begriffliche Erweiterung, aber auch Verengung, die der Begriff der Dechristianisierung mit sich bringt, führt jedenfalls nicht zwingend zu einer schärferen Analyse der religiösen Entwicklungen der Frühen Neuzeit: ‚Dechristianisierung' verlange, so Kaspar von Greyerz, auch immer eine genaue Festlegung dessen, was man unter Christentum verstehe; synkretistische Mischformen religiöser und magischer Praktiken, wie sie zum Beispiel in volksreligiösen Ritualen vorlägen, würden so womöglich fälschlich als „dechristianisiert" definiert[424].

Gerade am französischen Befund, der für diesen Begriff prägend ist, macht von Greyerz deutlich, wo die Grenzen der terminologischen Tauglichkeit von ‚Dechristianisierung' liegen. So hat der französische Historiker Michel Vovelle anhand einer Analyse von Testamenten in der Provence im 18. Jahrhundert einen Wandel im Verhältnis zum Tod herausgearbeitet und seine Ergebnisse unter das Stichwort der „déchristianisation" gestellt[425]. Doch handelt es sich, so wendet von Greyerz ein, bei diesen Phänomenen nicht präziser um eine „Distanzierung gegenüber der Kirche und ihren Vorschriften", die sich in den Testamenten und auch anderen Bereichen des zivilen Lebens fassen lässt[426]?

Wie von Greyerz nahelegt, entsprechen die französischen Begriffe ‚christianisation' und ‚déchristianisation' auf Grund ihrer Kopplung institutionel-

---

422 Ebd., 318.

423 Vgl. hierzu auch die Rezension *Kurt Nowak*, Wanderer am Kreuzweg. Das Religiöse in Europa – ein Kontinent wird vermessen. Rezension zu: Lehmann, Hartmut (Hrsg.), Säkularisierung, Dechristianisierung, Rechristianisierung im neuzeitlichen Europa. Bilanz und Perspektiven der Forschung, Göttingen 1997, in: Frankfurter Allgemeine Zeitung, 27. 06. 1997.

424 *Greyerz*, Religion und Kultur, 287.

425 Nach einigem Zögern entscheidet sich Vovelle in seinem Fazit für diesen Begriff, den er auch in den Titel seiner Studie aufgenommen hat: *Michel Vovelle*, Piété baroque et déchristianisation en Provence au XVIII siècle. Les attitudes devant la mort d'après les clauses des testaments, Paris 1973, 613.

426 *Greyerz*, Religion und Kultur, 309.

ler, wissenschaftlicher, sozialer und kirchlich-religiöser Entwicklungen eher dem deutschen Begriffspaar von ‚Konfessionalisierung' und ‚Säkularisierung' als ihrer direkten Übersetzung ‚De'- und ‚Rechristianisierung'[427]. So beschreiben viele französische Forscher die Entwicklungen des 16. und 17. Jahrhunderts als einen nun erst durchgreifenden Prozess der ‚christianisation' der gesamten Gesellschaft[428]. Jean Delumeau unterscheidet zum Beispiel zwischen einer ‚christianisation' im 17. und einer ‚déchristianisation' im 18. Jahrhundert[429], während er mit ‚christianisme' eine Volksfrömmigkeit bezeichnet sehen will, die sich als den Formierungsbemühungen gegenüber resistente „mélange" von Religion, Magie und Weltsicht erweist[430].

Eine unvoreingenommene Verwendung des Begriffes ‚déchristianisation' bzw. ‚Dechristianisierung' wird zudem sowohl im Deutschen als auch im Französischen durch seine Herkunft aus dem Kontext der französischen Revolution erschwert[431]. Dort bezeichnet er sowohl die Aktionen gegenüber Kirchen und Priestern als auch die Etablierung des neuen Vernunftkultes der Revolution[432]. Gerade das Propagieren einer neuen, nicht christlich ge-

---

[427] Vgl. ebd., 99 – 102.

[428] ‚Christianisation' ist in diesem Fall eng mit Modernisierungstheorien verbunden; vgl. den Forschungsüberblick bei *Claude Langlois,* Déchristianisation, sécularisation et vitalité religieuse: débats de sociologues et pratiques d'historiens, in: Lehmann, Säkularisierung, Dechristianisierung, Rechristianisierung, 154 – 173, hier 164 – 167. Nicht als ‚déchristianisation', sondern als ‚sécularisation' oder ‚désacralisation' klassifizieren viele französische Autoren die auf den ersten Blick oft paradox erscheinende Wechselwirkung von nachtridentinischen Reformen und Trennung von Sakralem und Profanem; vgl. *Marc Venard,* Réforme protestante, réforme catholique dans la province d'Avignon XVIIe siècle, Paris 1993, 1148.

[429] Vgl. *Jean Delumeau,* Le catholicisme entre Luther et Voltaire, 4. Aufl., Paris 1992, 266 – 302, 303 – 346.

[430] Vgl. ebd., 253 – 257.

[431] Ein großer Teil der französischen Historiographie zur ‚déchristianisation' befasst sich mit der déchristianisation des Jahres II der französischen Revolution. Diese Arbeiten lassen sich in zwei Kategorien einteilen: Die einen konzentrieren sich auf Fallstudien zu den Entwicklungen während der französischen Revolution, so zum Beispiel: *Xavier Marechaux,* Les Prêtres mariés sous la Revolution Française, Diss. Paris 1995; *Serge Bianchi,* La déchristianisation dans le district de Corbeil, Corbeil-Essonnes 1990; *Jean Robinet,* Le mouvement religieux à Paris pendant la Révolution, 1789 – 1801, Paris u. a. 1974. In die zweite Kategorie fallen Arbeiten, die der langen Dauer der ‚déchristianisation' nachgehen, indem sie im Gefolge Vovelles den Wandel der Testamente im späten 17. und 18. Jahrhundert studieren; vgl z. B. *Marc Bouyssou,* Réforme Catholique et déchristianisation dans le sud du diocèse de Chartres. Les testaments des ruraux du Blésois du Vendômois: XVIe-XVIIIe siècles, 2 Bde., Chartres 1998. In jedem Fall müssen diese Arbeiten von den Ansätzen der französischen Frühneuzeitforschung unterschieden werden, die mit ‚christianisation' bzw. ‚dechristianisation' Modernisierungsprozesse verbinden; vgl. für diesen Aspekt den Forschungsüberblick bei *Langlois,* Déchristianisation, 161 – 164.

[432] Vgl. mit entsprechenden Belegen *Friedrich Wilhelm Graf,* „Dechristianisierung". Zur Problemgeschichte eines kulturpolitischen Topos, in: Lehmann, Säkularisierung, Dechristianisierung, Rechristianisierung, 32 – 66, hier 35 – 36. Den Kult des „Höchsten Wesens" untersucht eine von Michel Vovelle betreute Dissertation: *John Whitworth,* Le culte de l'Être Suprême et le personnel revolutionnaire de l'an II, Diss. Paris 1992.

prägten politischen Religion im Rahmen der Französischen Revolution macht ‚Dechristianisierung' zu einem Begriff, der im Rahmen totalitärer Systeme häufig im Zusammenhang mit dem bewussten Ersatz christlicher durch andere religiöse Formen angewandt wird[433].

Anders aber als in der französischen Geschichtswissenschaft steht in der französischen Soziologie der Begriff ‚déchristianisation' für sehr viel weiter gefasste, nicht an spezifische historische und politische Zusammenhänge geknüpfte Konzeptionen, für so unterschiedliche Phänomene wie die französische Rezeption der Weberschen ‚Entzauberung' oder die Beschreibung des laizistischen Staates[434].

Diese Bedeutungsvielfalt lässt es als fraglich erscheinen, ob ‚déchristianisation' wirklich, wie von Hartmut Lehmann vorgeschlagen, ein adäquater Begriff ist. Die Ersetzung des Säkularisierungsbegriffs durch den Terminus der Dechristianisierung (dem der Begriff der Rechristianisierung zur Seite gestellt wird) löst die konzeptionellen Probleme des Forschungsfeldes nur scheinbar.

Aus der Begriffsdiskussion lassen sich zwei methodische Konsequenzen ziehen. *Erstens* ist festzuhalten, dass die meisten der im Zuge der Säkularisierungsdebatte verwendeten Konzepte – und dies gilt auch für den von Lehmann favorisierten Begriff der Dechristianisierung – im Wesentlichen makrohistorische Prozessbegriffe sind. Die bisherigen Durchgänge durch die Säkularisierungsdiskussion zeigen immer wieder den, bei allen Differenzierungsbemühungen im Einzelnen, „großflächigen Gebrauch" des Begriffs[435]. Dieser ist wohl nicht zufällig: Fast alle Begriffe, die im Zusammenhang mit dem Säkularisierungsproblem – als Gegen- wie als Spezifikationsbegriffe – verwandt werden, entstammen schon sprachlich einem strukturgeschichtlichen Betrachtungskontext; es sind nominalisierte Prozessbegriffe, deren Subjekt oft im Unklaren belassen wird. Säkularisierung, Dechristianisierung, Differenzierung von gesellschaftlichen Subsystemen, Marginalisierung, Relativierung oder Fragmentierung von Religion; das alles sind Termini, die vor allem in einer retrospektiven, langfristigen

---

433 In diesem Sinne wird der Begriff in der Variante ‚Dechristianisierungspolitik' benutzt von: *Friedrich Wilhelm Graf*, Art. „Säkularisation / Säkularisierung", in: Religion in Geschichte und Gegenwart. Handwörterbuch für Theologie und Religionswissenschaft, Bd. 7, hrsg. v. Hans Dieter Betz, 4. Aufl., Tübingen 2004, 774–790, hier 780; vgl. auch *Wolfgang Schmale*, Entchristianisierung, Revolution und Verfassung. Zur Mentalitätsgeschichte der Verfassung in Frankreich, 1715–1794, Berlin 1988, 14. Vgl. zur Verbindung von Rassismus und Dechristianisierung in Deutschland *Rainer Hering*, Säkularisierung, Entkirchlichung, Dechristianisierung und Formen der Rechristianisierung bzw. Resakralisierung in Deutschland, in: Völkische Religionen und Krisen der Moderne. Entwürfe „arteigener" Glaubenssysteme seit der Jahrhundertwende, hrsg. v. Stefanie von Schnurbein / Justus Ulbricht, Würzburg 2001, 120–164.

434 Vgl. *Langlois*, Déchristianisation, 154–158.

435 *Ruh*, Literatur, 7.

Sicht Sinn ergeben. Als makrosoziologische Begriffe aus dem Analysereservoir des Weberianismus hängen sie eng mit Modernisierungstheorien aller Couleur zusammen[436]. Die genannten Begriffe bezeichnen großangelegte Tendenzen, informieren aber kaum über Akteure, Milieus oder Motive. Dies ist als eindeutiges Manko der bisherigen Säkularisierungsforschung auszumachen. Im letzten Jahrzehnt sind allerdings viele Wege diskutiert worden, um die damit einhergehende Trennung von gesellschaftlichen Strukturprozessen und individueller Handlung als Scheindichotomie zu entlarven[437].

Außerdem besitzen die genannten Begriffe als Makrobegriffe die Konnotation von Langfristigkeit, eines über Jahrhunderte verlaufenden Prozesses. Für die Operationalisierung des Säkularisierungsbegriffes für die empirische Forschung an konkreten Fällen und Objekten scheint es aber geboten, diese Konnotation wenn nicht fallenzulassen, so doch weitgehend zurückzustellen. Säkularisierung kann als Konzept für empirische Forschung nur dann sinnvoll genutzt werden, wenn man den Begriff dergestalt operationalisiert, dass er auch auf kürzere Zeitspannen und sachlich kleinteiligere Kontexte bezogen werden kann. Es scheint heute also wünschenswert, die vorgestellten Großkategorien dergestalt zu verflüssigen, dass sie als Interpretamente auch kleinteiligerer Handlungen und Konstellationen eingesetzt werden können. Methodisch bedarf es daher der ‚Miniaturisierung‘ des Problems (siehe Kapitel C. I.).

Zweitens ist als Konsequenz der Begriffsdiskussion festzuhalten, dass es ratsam erscheint, dem Säkularisierungsbegriff pragmatisch eine Anzahl

---

436 Vgl. als Überblick *Thomas Mergel,* Geht es weiterhin voran? Die Modernisierungstheorie auf dem Weg zu einer Theorie der Moderne, in: Geschichte zwischen Kultur und Gesellschaft. Beiträge zur Theoriedebatte, hrsg. v. dems. / Thomas Welskopp, München 1997, 203–232. Wolfgang Reinhard hat auf die theoretische Abhängigkeit dieser Begriffe von den Entwürfen Webers hingewiesen und einige der ‚-ierungs‘-Begriffe deshalb zurecht als Elemente eines historiographischen Diskurses gekennzeichnet; vgl. *Wolfgang Reinhard,* Sozialdisziplinierung – Konfessionalisierung – Modernisierung. Ein historiographischer Diskurs, in: Die Frühe Neuzeit in der Geschichtswissenschaft. Forschungstendenzen und Forschungserträge, hrsg. v. Nada Boškovska Leimgruber, Paderborn 1997, 39–55. – Modernisierungstheoretische Grundannahmen, von denen sich keine Beschäftigung mit dem Problem der Säkularisierung wird ganz freimachen können, offenbaren oft implizite Vorannahmen über Entwicklungspfade von Gesellschaften, die festgelegten Zeitindizes folgen, an denen dann der ‚Stand‘ einer Entwicklung von einer als traditional angenommenen Vergangenheit in eine als ‚modern‘ deklarierte Gegenwart ablesbar sein soll. Die Frage ist aber, ob das modernisierungstheoretische Denkmodell – außer der generellen Vorstellung eines Unterschieds zwischen vormoderner und moderner Gesellschaft und gewissen behutsamen Annahmen über die Prozesse, die von der einen zur anderen führen – für eine konkrete historische Untersuchung von Säkularisierungsphänomenen hilfreich ist.

437 Vgl. etwa *Thomas Welskopp,* Der Mensch und die Verhältnisse. „Handeln“ und „Struktur“ bei Max Weber und Anthony Giddens, in: Geschichte zwischen Kultur und Gesellschaft. Beiträge zur Theoriedebatte, hrsg. v. Thomas Mergel / dems., München 1997, 39–70.

weiterer Termini zur Seite zu stellen. Lehmanns Überlegungen weisen zwar insofern in die richtige Richtung, als die Beschränkung auf den Begriff der Säkularisierung nicht hinreicht und ein „Ensemble von Begriffen"[438] präzisere Beschreibungen ermöglicht. Doch die Ersetzung des Säkularisierungsbegriffs durch das Begriffspaar ‚Dechristianisierung' und ‚Rechristianisierung' reicht nicht aus. Denn wenn man, wie dies hier vertreten wird, Säkularisierung nicht vornehmlich als makrosoziologischen, akteursunabhängigen, Jahrhunderte umfassenden Begriff versteht, sondern ihn vor allem auf der historisch-empirischen Ebene ansiedeln möchte, ist er in seinen unterschiedlichen Facetten sehr pluriform.

Es ist also ein flexibler Gebrauch unterschiedlicher Termini angezeigt, die es ermöglichen, jeweils unterschiedliche Facetten von ‚Säkularisierung' angemessen zu beschreiben: akteurs- oder diskurszentriert, entweder mit Fokus auf die Intentionen historischer Personen oder auf die nicht-intendierten Folgen ihrer Handlungen[439], objekt-, schichten- oder zeitspezifisch. Auf allen diesen Ebenen ändert sich, soweit man sehen kann, im Verlauf der Frühneuzeit etwas: Der individuelle Glaube wird umgeformt, *und* die gesellschaftliche Rolle der Religion verändert sich. Bestimmte religiöse Formen schwinden, *andere* werden aus dem christlichen Bereich in die Weltlichkeit entlassen. Es spricht nichts dagegen, alle diese Prozesse unter den Terminus der Säkularisierung zu fassen – wenn man gleichzeitig auch ein spezifischeres Vokabular auf den jeweiligen Untersuchungsfall anwendet und die Begriffe der Profanisierung, Sakralisierung, Fragmentierung, Systemdifferenzierung, Transformation, Entkirchlichung etc. zu ihrem Recht kommen lässt. Alle diese Facetten gehören zu Prozessen der Säkularisierung dazu, ja sie sind verschiedene ‚Manifestationen' von Säkularisierung[440]. Wenn Ulrich Barth fragt: „Geht es um Entdogmatisierung, Entkonfessionalisierung, Entkirchlichung, Entchristlichung, Verweltlichung, Transzendenzverlust oder um das Ende von Religion überhaupt?"[441] – dann lässt sich darauf antworten: Dies alles sind Prozesse, die sich durchaus einem allgemeinen Säkularisierungsbegriff subsumieren lassen und wiederum dessen spezifische Manifestationen bilden können[442]. Es erscheint sinnvoll, diese im jeweiligen Untersuchungsfall zu benennen und zur Ana-

---

[438] *Lehmann*, Säkularisierung, 318.

[439] Bolle weist darauf hin, dass Intentionen und Effekte auch hier nicht immer konform gehen: Oft seien säkularisierende Impulse den Handelnden nicht ersichtlich und auch nicht intendiert; die Säkularisierung sei „concealed at the time of its occurrence" (*Bolle*, Secularization, 250). Vgl. generell zum Problem *Wolfgang Reinhard*, Konfessionalisierung auf dem Prüfstand, in: Konfessionalisierung in Ostmitteleuropa, hrsg. v. Joachim Bahlcke / Arno Strohmeyer, Stuttgart 1999, 79–88.

[440] Vgl. ähnlich auch *Sommerville*, Secular Society / Religious Population.

[441] *Barth*, Art. „Säkularisierung I", 619.

[442] Vgl. ähnlich auch die Begriffsauffächerung bei *Henri Desroche*, Art. „déchristianisation", in: Encyclopaedia universalis, Bd. 6, hrsg. v. Giuseppe Annoscia, Paris 2002, 1042–1045.

lyse der unterschiedlichen Erscheinungsformen und Kausalzusammenhänge des Verhältnisses von Religion und Nicht-Religion zu nutzen.

Das heißt: Die Operationalisierung der Fragestellung nach Säkularisierung gelingt am einleuchtendsten über ihre Miniaturisierung; im Fokus zeitlich wie sachlich begrenzter Miniaturen werden dann die Facetten eines spezifischeren Säkularisierungsvorganges zu beschreiben sein. Welche methodischen Implikationen diese These besitzt, soll im nächsten Kapitel entwickelt werden.

C. Von der Theorie zur Empirie:
Wie erforscht man Säkularisierung?

I. Säkularisierung und kollektive Repräsentationen:
Miniaturisierung als Methode

Nachdem die weitverzweigte Säkularisierungsdiskussion eingehend rekapituliert und die Begriffstradition einer kritischen Sichtung unterzogen worden ist, soll nun ein Ansatz herausgearbeitet werden, der konkret genug ist, um historische Untersuchungen anleiten zu können.

Dem Problem der Säkularisierung eignen – schon wegen seiner Forschungsgeschichte – primär makrohistorische Prämissen, die aber nicht immer notwendig oder auch nur nützlich erscheinen, um sich der Frage nach konkretem Wandel in der Frühen Neuzeit zu nähern. Zu selten ist nach einer differenzierten Chronologie, nach gesellschaftlichen Teilbereichen und Milieus, betroffenen Objekten, Akteuren und deren Motiven und Strategien gefragt worden[1]. Insofern ist es angemessen, den Blick vom ‚großen' Säkularisierungsvorgang weg auf einzelne Konstellationen, ‚Miniaturen' zu richten, die es erlauben, qualitative Aussagen über die Veränderungen von Religion und Glaube in der Frühen Neuzeit zu treffen. Qualitative, hermeneutisch verfahrende Untersuchungen müssen letzten Endes mit einer strukturgeschichtlichen und makrohistorischen Perspektive verzahnt werden; doch zunächst ist es sinnvoller, Säkularisierung einmal aus der Sicht der Akteure zu beschreiben[2]. In diesem Zusammenhang kommt auch die Quellensprache wieder ins Spiel – nämlich im Kontext der Frage, wie frühneuzeitliche Menschen die Bedeutung religiöser Elemente für ihr Leben und ihr Handeln selbst beschreiben, bewerten, anerkennen, bestreiten oder verändern. Kurz: Das Säkularisierungsproblem soll im Folgenden auf die Ebene individueller und kollektiver Deutungen heruntertransformiert werden. Damit sollen keineswegs alle makrohistorischen Beschreibungsversuche erledigt werden; jedoch drängt sich ein Blickwechsel regelrecht auf, weil die Säkularisierungsdiskussion bisher so weit von den Selbstbeschreibungen und -deutungen der historischen Akteure geführt worden ist, dass sie sich in Abstraktio-

---

[1] Eine bemerkenswerte Ausnahme stellt der Überblick von *Kaspar von Greyerz*, Religion und Kultur, 285–341, dar.

[2] Vgl. *James Force*, Secularisation, the Language of God and the Royal Society at the Turn of the Seventeenth Century, in: History of European Ideas 2 (1981), 221–235, hier 222.

nen verfangen hat. Ein solcher Blickwechsel lässt sich durch eine Verbindung des Säkularisierungsproblems mit dem in jüngerer Zeit vieldiskutierten Begriff der ‚Repräsentation' herbeiführen.

Der Begriff der Repräsentationen hat in der jüngeren Sozial- und Kulturwissenschaft eine neue Bedeutung für die Erforschung der Zusammenhänge zwischen sozialen Ordnungen und den Formen ihrer Etablierung, Veränderung oder Ablösung gewonnen[3]. Repräsentationen bezeichnen die Art und Weise, in der die Gesellschaften Modelle von sich und ihrer Umwelt entwerfen und diese kommunizieren. Mehr noch: Repräsentationen sind nicht nur Abbilder und Darstellungen gesellschaftlicher Ordnungen, sondern vielmehr die eigentlichen Mittel zur Ausrichtung der Wirklichkeit. Repräsentationen stellen also Modelle für vergangene, gegenwärtige oder zukünftige soziale Wirklichkeiten bereit.

Nach Roger Chartier sind Repräsentationen das eigentliche Untersuchungsobjekt einer „Kulturgeschichte des Sozialen"[4]. Im Anschluss an Ernst Cassirer versteht er den Menschen als symbolisches Wesen, das Zeichen schafft und zu handhaben versteht. Die menschliche Erkenntnis der Welt vollzieht sich nach Cassirer in einem vom Menschen gestalteten „Symbolsystem"[5]. Erst durch die Zuordnung selbstgeschaffener „Vorstellungen" wird das, was wir Realität nennen, für den Menschen überhaupt erfassbar[6]. Repräsentationen dienen dazu, über „Zeichenkonstitutionen" die „Wirk-

---

[3] Zum Forschungsprogramm des SFB 640 „Repräsentationen sozialer Ordnungen im Wandel" siehe www.repraesentationen.de; vgl. als Überblick auch *Stuart Hall* (Hrsg.), Representation. Cultural Representations and Signifying Practices, London 1997. – Die Geschichte des Begriffs und die theoretischen Debatten der Philosophie, der Epistemologie, der Hermeneutik, der Ethnographie und der Politikwissenschaft sollen hier auf sich beruhen, zumal man zeigen könnte, dass die verschiedenen Begriffsstränge nur in unspezifischen Strukturen der Verwendung von Zeichen konvergieren. Zur Polysemie des Begriffs vgl. generell *P. Wagner*, Art. „Representation. History of the Problem", in: International Encyclopedia of social and behavioral sciences, Bd. 19, hrsg. v. Neil Smelser / Paul Baltes, Amsterdam 2001, 13167 – 13171. Vgl. zur erkenntnistheoretischen Repräsentationsdebatte *Silja Freudenberger*, Repräsentation. Ein Ausweg aus der Krise, in: Repräsentation, Krise der Repräsentation, Paradigmenwechsel. Ein Forschungsprogramm in Philosophie und Wissenschaft, hrsg. v. ders. / Hans Sandkühler, Frankfurt a.M. 2003, 71 – 102. Zum Problem politischer Repräsentation vgl. *Adalbert Podlech*, Art. „Repräsentation", in: Geschichtliche Grundbegriffe. Historisches Lexikon zur politisch-sozialen Sprache in Deutschland, Bd. 5, hrsg. v. Otto Brunner / Werner Conze / Reinhart Koselleck, Stuttgart 1984, 509 – 547; *Hasso Hofmann*, Repräsentation. Studien zur Wort- und Begriffsgeschichte von der Antike bis ins 19. Jahrhundert, Berlin 1974. Ausgeklammert bzw. ausgeweitet wird hier auch der in der Kunstgeschichte gängige Gebrauch von Repräsentation als Nachahmung und Mimesis; vgl. dazu *David Summer*, Art. „Representation", in: Critical Terms for Art History, hrsg. v. Robert Nelson / Richard Shiff, 2. Aufl., Chicago / London 2003, 3 – 19.

[4] *Roger Chartier*, Kulturgeschichte zwischen Repräsentationen und Praktiken, in: ders., Die unvollendete Vergangenheit. Geschichte und die Macht der Weltauslegung, Frankfurt a.M. 1992, 7 – 23, hier 12.

[5] *Ernst Cassirer*, Versuch über den Menschen. Einführung in eine Philosophie der Kultur, 2. Aufl., Frankfurt a.M. 1990 [Erstausgabe: New Haven 1944], 49.

[6] Ebd., 56; vgl. auch ebd., 63 – 65.

lichkeit zugänglich zu machen"[7]. Somit können sie als Organisationsformen der Wahrnehmung verstanden werden, mit deren Hilfe sich Menschen deutend ihrer Umwelt nähern. Durch diese Deutungsmuster und „Wahrnehmungsmodi"[8] werden soziale, politische oder kulturelle Phänomene und Zusammenhänge sinnlich erfahrbar und eigentlich erst verfügbar gemacht[9].

Repräsentationen sind also jene Vorstellungen und Darstellungen, die eine Gesellschaft von sich selbst erzeugt. Sie beschreiben die (soziale) Welt so, wie die Menschen glauben, dass sie beschaffen ist oder sein sollte; die Akteure bedienen sich dabei differenzierter Kommunikations- und Medienstrategien. Unter dem Begriff der Repräsentationen lassen sich beispielsweise Weltbilder, Wahrnehmungen[10], Erfahrungen[11], aber auch Klassifizierungen, Ordnungsschemata und Symbolisierungen subsumieren; allen diesen Begriffen ist gemein, dass sie gesellschaftlich generierte, kollektive Vorstellungen und Darstellungen der Wirklichkeit bezeichnen.

Repräsentationen ermöglichen es, gesellschaftliche Wirklichkeit kommunikativ und diskursiv herzustellen und zu (re-)interpretieren, aber auch Praktiken und Rituale hervorzubringen und mit Bedeutung zu versehen. Repräsentationen sind an Menschen und deren Sinnstiftung gebunden; sie sind akteurszentriert. Ein Ansatz, der Repräsentationen als ein Dreiecksverhältnis zwischen Zeichen, Welt und Interpretant[12] versteht, eröffnet die Möglichkeit, genau dieses Verhältnis auszuloten, da auf diese Weise sowohl die Prozesse als auch die Inhalte der Interaktion zwischen Zeichen, Welt und Interpretant in den Blick genommen werden können. Ein solcher Ansatz führt auch dazu, präziser nach den Herkunfts-, Entstehungs- und Rezeptionsbedingungen dieser Zeichen zu fragen; die Rezeption wird so als aktiver Aneignungs- und Welterschaffungsprozess verstanden, der eventuell Umdeutungen von Repräsentationen vornimmt, die nicht in ihrem Entstehungszusammenhang begründet waren. „Representations are social facts"[13] – daher kommt es für die Relevanz von Ideen, Vorstellungen und

---

[7] *Rudolf Schlögl,* Symbole in der Kommunikation. Zur Einführung, in: Die Wirklichkeit der Symbole. Grundlagen der Kommunikation in historischen und gegenwärtigen Gesellschaften, hrsg. v. dems. / Christine Pflüger, Konstanz 2004, 9 – 38, hier 14.

[8] Vgl. *Silvia Serena Tschopp,* Das Unsichtbare begreifen. Die Rekonstruktion historischer Wahrnehmungsmodi als methodische Herausforderung der Kulturgeschichte, in: Historische Zeitschrift 280 (2005), 39 – 81.

[9] Vgl. *Chartier,* Kulturgeschichte, 11.

[10] Vgl. *Tschopp,* Das Unsichtbare begreifen.

[11] Vgl. *Paul Münch* (Hrsg.), „Erfahrung" als Kategorie der Frühneuzeitgeschichte (Historische Zeitschrift, Beiheft 31), München 2001.

[12] Vgl. in Anlehnung an Charles Peirce *Freudenberger,* Repräsentation, 71 – 102.

[13] Vgl. *Paul Rabinow,* Representations Are Social Facts. Modernity and Post-Modernity in Anthropology, in: Writing Culture. The Poetics and Politics of Ethnography, hrsg. v. James Clifford / George Marcus, Berkeley 1986, 234 – 261; die bei Rabi-

Repräsentationen nicht darauf an, ob sie ‚stimmen'. Mögen sie noch so falsch sein, sie haben Handlungsfolgen[14]. Daher ist es nötig, sich auf die Herstellung und Rezeption von Repräsentationen einzulassen, weil man sich nur so der zentralen Frage nähern kann, welche Rolle sie im Rahmen historischer Veränderungsprozesse gespielt haben.

Der Begriff der Repräsentation hat gegenüber anderen, verwandten Begriffen wie zum Beispiel denen des Mythos, des Symbols oder des Rituals zwei Vorteile. Erstens können diese Phänomene jeweils als bestimmte Ausprägungen von Repräsentation verstanden werden. Der Begriff der Repräsentation ist offener und umfassender als die genannten Begriffe und erscheint daher für ganz unterschiedliche gesellschaftliche Bereiche und Handlungen nutzbar[15]. Zweitens ist der Terminus flexibel genug, um semiotische, hermeneutische sowie diskursanalytische Verfahren aufzunehmen und sie mit historischen und auch handlungstheoretischen Überlegungen zu verbinden[16]. Der Fokus auf Repräsentationen hilft so strukturgeschichtliche Engführungen zu überwinden, ohne die Vorteile strukturhistorischer Forschungen, nämlich z. B. das Interesse für Vergleiche, aufzugeben[17]. Er eignet sich also dazu, verschiedene Themenfelder zu bündeln, die unter den Begriffen der ‚Mentalität', des ‚Diskurses', der ‚symbolischen Repräsentation', der ‚Semantik' oder der ‚Ideologie' verhandelt worden sind, und diese zu Konzepten des Handelns und der Praktiken in Beziehung zu setzen. Damit kann Repräsentation als Bündelungsbegriff fungieren, auch wenn er im strengen terminologischen Sinn kaum eindeutig ist.

Ein Beispiel für die Benutzung des Repräsentationsbegriffs, an das anzuschließen lohnt, ist die Sozialpsychologie Serge Moscovicis. Moscovici arbeitet mit dem Terminus der ‚social representations', die in einer spezifischen historischen Situation kollektiv hergestellt werden. Sie konstituieren Sinn und schaffen soziale Ordnung. Wenn auch Moscovicis Konzept stark auf die Lebenswelt und ihre kulturellen Selbstverständlichkeiten

---

now zentrale Frage nach der ethnographischen Repräsentation spielt im Folgenden keine Rolle. Vgl. dazu auch *Iris Därmann,* Fremderfahrung und Repräsentation, in: Fremderfahrung und Repräsentation, hrsg. v. ders. / Christoph Jamme, Weilerswist 2002, 7 – 46; *Martin Fuchs,* Erkenntnispraxis und die Repräsentation von Differenz, in: Identitäten, Erinnerung, Geschichte, hrsg. v. Aleida Assmann / Heidrun Friese, Frankfurt a.M. 1998, 105 – 137.

[14] Vgl. *Robert K. Merton,* Die Self-Fulfilling Prophecy, in: ders., Soziologische Theorie und soziale Struktur, hrsg. u. eingeleitet v. Volker Meja / Nico Stehr, Berlin / New York 1995, 399 – 413, hier 400.

[15] Mit vergleichbaren Themen befassen sich auch die Sonderforschungsbereiche 485 (Norm und Symbol. Die kulturelle Dimension sozialer und politischer Integration, Konstanz) und 496 (Symbolische Kommunikation und gesellschaftliche Wertesysteme vom Mittelalter bis zur französischen Revolution, Münster).

[16] Vgl. *Hall,* Representation, 46.

[17] Vgl. *Michael Adas,* Bringing Ideas and Agency Back in. Representation and the Comparative Approach to World History, in: World History. Ideologies, Structures, and Identities, hrsg. v. Philip Pomper, Malden 1998, 81 – 104.

konzentriert ist, so ist doch der Begriff der Repräsentation bei Moscovici ein Ansatzpunkt, um Individuum, Kollektiv, Denken, Handeln und soziale Ordnung in ein Verhältnis zu setzen[18]. Gerade Umbruchszeiten, so ist im Anschluss an Moscovici vermutet worden, seien besonders gut geeignet, um soziale Repräsentationen zu erforschen.[19] Diese Intuition soll im Hinblick auf die Säkularisierungsfrage in der Frühen Neuzeit auf die Probe gestellt werden.

Ein im Anschluss an Pierre Bourdieu von Olivier Christin zur Diskussion gestelltes Konzept von Repräsentation ist mit diesem Begriffsgebrauch kompatibel: Nach Christin habe der späte Bourdieu „une histoire comparée des représentations du monde social" entworfen[20], in der Repräsentationen als sozial strukturiert wie strukturierend gesehen werden. In diesem Modell sind Repräsentationen mehr als subjektive – und damit sozial irrelevante – Vorstellungen: Es gehe Bourdieu, so Christin, um den Nachweis, „que les répresentations sociales du monde social que se faisaient les acteurs eux-mêmes furent toujours un peu plus que des points de vue et qu'elles contri-buèrent à organiser effectivement le monde et ses règles de fonctionne-ment"[21]. Die Konstruktion der sozialen Welt ist also nicht unabhängig von den Vorstellungen zu beschreiben, die die Akteure sich von ihr machen.

Bourdieu und Christin stellen sich mit ihrem Plädoyer für die Erfor-schung von Repräsentationen in eine französische, vor allem von Durkheim ausgehende Tradition. Allerdings werden in der neueren Debatte andere Schwerpunkte als noch bei Durkheim gesetzt: Gegen eine Lesart Durk-heims, die die gesellschaftliche Integrationskraft kollektiver Repräsentatio-nen in den Mittelpunkt rückt, betont etwa Roger Chartier den Praxis-, Handlungs- und Kampfbezug von Repräsentationen: „Die Repräsentatio-nen, von denen hier die Rede ist, stehen immer schon in Konkurrenz- und Wettbewerbssituationen, bei denen es um Macht und Herrschaft geht. Die Kämpfe im Bereich der Repräsentationen sind nicht minder wichtig als die ökonomischen Kämpfe, wenn man die Mechanismen verstehen will, durch die eine Gruppe ihre Sicht der sozialen Welt, ihre Werte und ihre Herrschaft durchsetzt oder durchzusetzen sucht. Wer sich mit Klassifizierungs- und Auslegungskonflikten befasst, entfernt sich nicht, wie eine kurzsichtige Ge-schichtsschreibung meinte, vom Sozialen, sondern kann, ganz im Gegenteil, Kampfzonen ausmachen, die umso entscheidender sind als sie materiell we-

---

[18] Vgl. *Serge Moscovici*, On Social Representations, in: Social Cognition. Perspecti-ves on Everyday Understanding, hrsg. v. Joseph Forgas, London 1981, 181–209; vgl. auch *Uwe Flick*, Social Representations and the Social Construction of Everyday Knowledge. Theoretical and Methodological Queries, in: Social Science Information 33 (1994), 179–197.

[19] Vgl. ebd., 189.

[20] *Olivier Christin*, Comment se représente-t-on le monde social? Introduction, in: Actes de la recherche en sciences sociales 154 (2004), 3–9, hier 3.

[21] Ebd., 4.

niger greifbar sind."[22] Wie Bourdieu betont Chartier, dass die Klassifizierungen, die Menschen treffen – logische, kosmologische, wissenschaftliche
Klassifizierungen – ihren Ursprung in sozialen Unterschieden haben und
dass damit die sozialen Positionen in Repräsentationsschemata übertragen
werden. Diese Repräsentationsschemata werden in sozialen Praktiken hergestellt und verfochten[23]. Während Repräsentationen damit „gesellschaftliche Institutionen"[24] sind, weil in ihnen Interessen und soziale Unterschiede
von einiger Dauer manifest werden, sind sie zugleich immer auf Akzeptanz,
auf Geglaubtwerden angewiesen. Die Untersuchung der ‚Aneignungswei-
sen' von Repräsentationen ist daher untrennbar mit der Erforschung der
Repräsentationen selbst verbunden.

In Abgrenzung zum methodisch viel schwerer kontrollierbaren Mentali-
tätsbegriff bezieht sich Chartier auf einzelne, kleinräumige, kurzzeitige Repräsentationen sozialer Ordnung, die in seinem Fall von Intellektuellen vertreten werden. Dies bietet zweifellos den Vorteil, kollektivpsychologischen
Verallgemeinerungen zu entgehen. Auf der anderen Seite ist aber zu fragen,
wie ‚repräsentativ' Repräsentationen Einzelner oder kleiner Gruppen sind.
In der französischen Diskussionstradition besitzt die Gesellschaft gegenüber dem Individuum oder der Vielzahl von Individuen eine ganz eigene Dignität und Qualität. Durkheim, der den Begriff der „répresentation collecti-
ve" maßgeblich geprägt hat, geht davon aus, dass kollektive Vorstellungen
nicht reduzibel auf individuelle Vorstellungen sind[25]. „Die kollektiven Vorstellungen sind das Ergebnis einer ungeheuren Zusammenarbeit, die sich
nicht nur im Raum, sondern auch in der Zeit ausdehnt. Um sie aufzustellen,
haben eine Vielzahl von Geistern ihre Ideen und ihre Gefühle zusammenge-
worfen, vermischt und kombiniert; viele Generationen haben hintereinan-
der ihre Erfahrung und ihr Wissen angehäuft. Eine ganz bestimmte Intel-
lektualität, die unendlich viel reicher und komplexer ist als die des Individuums, ist hierdurch gewissermaßen konzentriert."[26] Diese Antwort auf die
Frage, wie man von der Individualpsyche zur kollektiven Repräsentation,
vom Einzelnen zur Gesellschaft kommt, wird heute nicht mehr befriedigen
können. Man muss also fragen, wie Kollektivität zustandekommt; zu fragen
ist erstens nach den Trägern von Repräsentation, zweitens aber auch nach
der Möglichkeit von deren Verbreitung, also nach der Medien- und Kommunikationssituation.

---

[22] *Chartier,* Kulturgeschichte, 11.

[23] Vgl. *Marian Füssel / Thomas Weller,* Einleitung, in: Ordnung und Distinktion.
Praktiken sozialer Repräsentation in der ständischen Gesellschaft, hrsg. v. dens.,
Münster 2005, 9–22, hier 12.

[24] *Chartier,* Kulturgeschichte, 13.

[25] Vgl. *Emile Durkheim,* Individuelle und kollektive Vorstellungen, in: ders., Soziologie und Philosophie, Frankfurt a.M. 1976, 45–83.

[26] *Emile Durkheim,* Die elementaren Formen des religiösen Lebens, Frankfurt
a.M. 1994, 37.

Kollektive Repräsentationen, seien sie nun religiöser oder säkularer Natur, können nur über Kommunikation und über ‚Medien' im weitesten Sinne hergestellt werden. ‚Kommunikation' bezeichnet, in Anlehnung an Niklas Luhmann, nicht ein simples Sender-Empfänger-Modell, bei dem eine Informationsübertragung stattfindet, sondern einen komplexen Prozess zwischen Alter und Ego, in dem eine Kommunikation erst konstituiert wird, wenn Ego eine Mitteilung von Alter als solche anerkennt und durch ein ‚Anschlussverhalten' Kommunikation in Gang setzt[27]. Dieses Modell erscheint für historische Analysen zunächst durchaus problematisch: Wann können wir schon Alter und Ego in den Quellen so greifen, dass wir ihre Kommunikation im Detail verfolgen können? Doch genau wie das Verständnis von Repräsentation als Interaktion zwischen Zeichen, Welt und Interpretant verweist das Luhmannsche Modell auf die Komplexität von Kommunikationsvorgängen, in denen permanent Selektions-, Deutungs- und Umdeutungsprozesse stattfinden. Es gilt also, anhand von denjenigen Kommunikationsprozessen, die wir durch die Quellen offen legen können, dem Wandel der Repräsentationen auf die Spur zu kommen.

‚Kommunikation' als basaler Prozess sozialer Systeme und damit auch als konstitutiver Prozess für die Herstellung von Repräsentationen benötigt ‚Medien', die in einer weiten Begriffsverwendung als „Vermittlungsinstanzen"[28] definiert werden können[29]. Dabei ist natürlich als Erstes immer die Sprache zu nennen, aber auch Gestik und Mimik als Medien unmittelbarer Kommunikation zwischen Anwesenden[30]. Des Weiteren sind vor allem die „Verbreitungsmedien"[31] hervorzuheben, d. h. Schrift und Druck sowie visuelle und performative Medien wie Bilder und Rituale[32]. Jenseits dieser breiten Definition wirft die Frage der Kommunikation durch Medien für die Geschichtswissenschaft und insbesondere die Frühneuzeitforschung zwei Grundprobleme und vielfältige Differenzierungen auf.

Das erste Grundproblem historischer Forschung ist, dass ihr zeitgenössische Kommunikation immer nur vermittelt durch weitere Medien vorliegt.

---

[27] Vgl. *Niklas Luhmann,* Soziale Systeme. Grundriß einer allgemeinen Theorie, Frankfurt a.M. 1999, 191–241, hier 193–196. Auf dieses Modell beruft sich die historische Forschung in jüngster Zeit zunehmend, wenn Kommunikation als Forschungsfrage aufgegriffen wird. Vgl. z. B. *Stollberg-Rilinger,* Symbolische Kommunikation; *Rudolf Schlögl,* Rationalisierung.

[28] *Gerhard Maletzke,* Kommunikationswissenschaft im Überblick: Grundlagen, Probleme, Perspektiven, Opladen / Wiesbaden 1998, 53.

[29] Der folgende Abschnitt bedient sich bewusst unterschiedlicher Angebote der Definition von Medien. Es kann hier nicht um konzeptionellen Purismus gehen, sondern vielmehr darum, möglichst viele Facetten des Begriffs zu erfassen.

[30] Vgl. *Maletzke,* Kommunikationswissenschaft, 55.

[31] *Luhmann,* Soziale Systeme, 221.

[32] Luhmann ergänzt dies bekanntlich zu einem Dreiklang, indem er diesen beiden die „symbolisch generalisierten Kommunikationsmedien", z. B. Liebe oder Geld, hinzufügt (*Luhmann,* Soziale Systeme, 222). Dieser Aspekt wird jedoch im Folgenden keine Rolle spielen.

Dieses Faktum ist unhintergehbar und kann daher auch nur als solches benannt werden: Mündliche Kommunikation der Frühen Neuzeit oder auch Handlungssequenzen wie beispielsweise Rituale liegen uns meist nur in verschriftlichter Form, gegebenenfalls zusätzlich in Form von bildlicher Überlieferung, vor. Wenn beispielsweise Faulstich das „Menschmedium" Prediger als wichtigen Faktor im Rahmen der Verbreitung der Reformation hervorhebt[33] oder auch die Forschung zur „symbolischen Kommunikation in der Vormoderne" die zentrale Bedeutung von Ritualen und Zeremonien betont[34], dann müssen Frühneuzeithistoriker bei aller Verfeinerung ihres methodischen Instrumentariums doch auch die Grenzen dieser Herangehensweise im Auge behalten: Gedruckte Predigten zum Beispiel sind eben keine gehaltenen Predigten, und das Gemälde eines Krönungszeremoniells ist nicht die erlebte Handlungssequenz.

Das zweite Grundproblem betrifft die oben bereits angesprochene Frage der Rezeption. Gerade die insbesondere von Roger Chartier geforderte Untersuchung von Rezeptionsvorgängen in der Frühen Neuzeit, von Lesepraktiken und Textaneignungen in unterschiedlichen sozialen Milieus[35], stößt regelmäßig an die Grenzen des verfügbaren Quellenmaterials. Doch wird man auch dann, wenn man nicht einen Menocchio in den Fängen der Inquisition entdeckt oder einen Montaigne bei seinen Lesepraktiken beobachten kann[36], „rezeptionssteuernde Elemente"[37] in den Texten untersuchen können. Nicht nur der Inhalt, sondern auch Länge und Sprache sowie Format, Gliederung und unterschiedliche Formen von Visualisierung – also die „formale und materielle Präsentation" von Druckwerken – geben dem Historiker Hinweise auf deren „inhärente[s] Wahrnehmungspotential"[38]. Es wird nur selten möglich sein, zeitgenössische Rezeptionsweisen – und damit auch die definitive Aneignung oder Zurückweisung von Repräsentationen – zu rekonstruieren. Es ist aber möglich, unterschiedliche Deutungsangebote und Formen der Rezeptionssteuerung in den Texten (oder Bildern) zu rekonstruieren und zu prüfen, inwieweit bestimmte Repräsentationsangebote in bestimmten argumentativen Kontexten oder sozialen Milieus die Oberhand gewinnen.

---

[33] Vgl. Werner *Faulstich*, Geschichte der Medien, Bd. 3: Medien zwischen Herrschaft und Revolte. Die Medienkultur der Frühen Neuzeit, 1400–1700, Göttingen 1998, 144–150. Bezeichnenderweise begleitet Faulstich diesen Abschnitt in seinem Buch mit zwei bildlichen Darstellungen frühneuzeitlicher Prediger.

[34] Vgl. *Stollberg-Rilinger*, Symbolische Kommunikation.

[35] Vgl. *Roger Chartier*, „Volkstümliche" Leser und ihr Lesestoff von der Renaissance bis zum Âge classique, in: Leimgruber, Die Frühe Neuzeit in der Geschichtswissenschaft, 229–247; *Roger Chartier*, Lesewelten. Buch und Lektüre in der frühen Neuzeit, Frankfurt a.M. / New York 1990.

[36] Vgl. *Chartier*, Volkstümliche Leser, 245 f.

[37] *Tschopp*, Das Unsichtbare begreifen, 60.

[38] Ebd., 55.

Trotz dieses grundsätzlichen methodischen Problemhorizonts kommt der Kommunikation und den verschiedenen Medien eine zentrale Bedeutung für die Erforschung von Säkularisierungsvorgängen zu. Denn Kommunikation und Medien sind eben nicht ‚neutrale' Vermittlungs- und Verbreitungsformen, sondern besitzen selbst sinnstiftende Funktion: Sie sind, wenn man so will, der ‚gesellschaftliche Kitt' für die intersubjektive Vermittlung von Weltdeutungen. Ihre Entstehung und Wandelbarkeit, ihre Einsatzfähigkeit sowie ihre soziale Reichweite sind entscheidende Faktoren im Prozess der Durchsetzung von oder des Konflikts um Repräsentationen.

Die Forschung hat in den vergangenen Jahrzehnten herausgearbeitet, wie vielfältig differenziert die Kommunikations- und Medienformen in der frühneuzeitlichen Gesellschaft waren[39]. Dabei wird klassischer Weise davon ausgegangen, dass der Buchdruck – insbesondere, aber nicht nur, in Form von Flugblättern und Flugschriften – einen wesentlichen Beitrag an der Verbreitung der Reformation hatte: „M.L. – das Medium findet seinen Autor", wie Johannes Burkhardt formuliert hat[40]. Gerade an der Anfangsphase der Reformation erkennt man aber auch, dass die Rolle des Buchdrucks als Verbreitungsmedium der Reformation – und damit eines neuen religiösen Deutungsangebots – entscheidend davon abhing, welche sozialen Träger und Rezipienten in welchen Milieus sich des neuen Mediums bedienten: Die ‚Nachzüglerschaft' der katholischen Seite auf diesem Gebiet in den frühen Jahre der Reformation dürfte unbestritten sein[41].

---

[39] Einschlägig als Überblickswerke sind: *Faulstich,* Medien zwischen Herrschaft und Revolte; *Ders.,* Geschichte der Medien, Bd. 4: Die bürgerliche Mediengesellschaft, 1700–1830, Göttingen 2002. – Zur Diskussion um die epochemachende Bedeutung der Erfindung des Buchrucks und der Etablierung neuer Druckmedien auf dem entstehenden ‚Informationsmarkt' vgl. *Johannes Burkhardt / Christine Werkstetter* (Hrsg.), Kommunikation und Medien in der Frühen Neuzeit (Historische Zeitschrift, Beihefte 41), München 2005. Angestoßen wurde diese Diskussion unter anderem durch Michael Giesecke, der den Wandel von der auf mündlicher und handschriftlicher Kommunikation beruhenden Kultur des Mittelalters zum neu etablierten Informationsmarkt der Frühen Neuzeit untersucht hat. Vgl. *Michael Giesecke,* Der Buchdruck in der frühen Neuzeit. Eine historische Fallstudie über die Durchsetzung neuer Informations- und Kommunikationstechnologien, Frankfurt a.M. 2006 [Erstausgabe: 1991]. Dieser frühneuzeitliche ‚Medienmarkt' war jedoch einerseits dadurch gekennzeichnet, dass Informationen durch die Verbreitung von Flugblättern und Flugschriften nun in viel größerem Maße jedem zugänglich waren, andererseits suchten die Obrigkeiten schon seit der ersten Hälfte des 16. Jahrhunderts durch Zensur und Propaganda hier regulierend einzugreifen. Vgl. *Johannes Burkhardt,* Das Reformationsjahrhundert. Deutsche Geschichte zwischen Medienrevolution und Institutionsbildung 1517–1617, Stuttgart 2002, 76.

[40] *Burkhardt,* Das Reformationsjahrhundert, 26.

[41] Vgl. *Oelke,* Konfessionsbildung, 263 f. u. 328 f.

Zugleich wurde die Rolle des Buchdrucks mit Blick auf die Gesamtkommunikationssituation der Reformation und des konfessionellen Zeitalters jedoch deutlich relativiert und eingebettet in breitere Konzeptionen von „reformatorischer Öffentlichkeit"[42] bzw. einer „Partitur" der Kommunikationsformen[43]. Dies verweist auf das Zusammenwirken verschiedener Medien- und Rezeptionsformen in einer komplexen Kommunikationssituation, die mit differenzierten Kommunikationspraktiken verknüpft war. Druckschriften und Bilder, Predigten, Gesang und Theater wirkten zusammen und wurden durch Lesen, Zuhören, Singen und Schauen aufgenommen. Zudem wird die Bedeutung des Rituals als religiöser Kommunikationsform in der Frühneuzeitforschung immer wieder betont[44]. Die jüngere Reformationsforschung hat, wie bereits erwähnt, deutlich herausgearbeitet, dass bestimmte rituelle Formen der Religiosität eine Langlebigkeit besaßen, die auch durch die Ritualfeindlichkeit der konfessionellen Orthodoxien nicht beseitigt werden konnte[45].

Dieser Befund lässt sich für die Frühe Neuzeit verallgemeinern: Überall findet man das Ineinandergreifen von verschiedenen Kommunikationsformen und Medien: Schriftlichkeit und Mündlichkeit, diskursive und visuelle Praktiken sowie Rituale und Zeremonien überlagerten und ergänzten sich gegenseitig. Neben diese Differenzierung der Kommunikationsformen und Medien trat zudem ein komplexer Wandlungsprozess, der im Laufe der Frühen Neuzeit die Mediensituation und damit auch die Bedingungen für soziale Kommunikation veränderte[46]. Dieser Kommunikationswandel begünstigte aber nicht nur die Bewegung zu „Emanzipation und Gleichheit", sondern auch eine „Hierarchisierung und Disziplinierung"[47]: Der Buchdruck eröffnete sowohl die Möglichkeit der öffentlichen Verbreitung von Informationen auf einem freien Markt als auch die Möglichkeit von Zensur und Propaganda durch den Konfessionsstaat.

---

[42] Vgl. *Rainer Wohlfeil*, Reformatorische Öffentlichkeit, in: Literatur und Laienbildung im Spätmittelalter und in der Reformation, hrsg. v. Ludger Grenzmann / Karl Stackmann, Stuttgart 1984, 41 – 54.

[43] *Robert W. Scribner*, Flugblatt und Analphabetentum. Wie kam der gemeine Mann zu reformatorischen Ideen?, in: Flugschriften als Massenmedium der Reformationszeit, Beiträge zum Tübinger Symposium 1980, hrsg. v. Hans-Joachim Köhler, Stuttgart 1981, 65 – 76, hier 75.

[44] Vgl. *Greyerz*, Religion und Kultur, 190.

[45] Vgl. zusammenfassend *Muir*, Ritual, 155 – 228.

[46] Vgl. dazu übergreifend *Faulstich*, Medien zwischen Herrschaft und Revolte; *Faulstich*, Die bürgerliche Mediengesellschaft.

[47] *Wolfgang E.J. Weber*, Buchdruck. Repräsentation und Verbreitung von Wissen, in: Macht des Wissens. Die Entstehung der modernen Wissensgesellschaft, hrsg. v. Richard van Dülmen / Sina Rauschenbach, Köln / Weimar / Wien 2004, 65 – 87, hier 87.

Fasst man die Ausführungen zu Repräsentationen und Kommunikation zusammen, so wird deutlich, dass Repräsentationen erst über Kommunikation und durch den Gebrauch spezifischer Medien zu einem sozial wirksamen Faktor werden. Repräsentationen werden durch Kommunikation zu *kollektiven* Repräsentationen, und der Gebrauch und die Reichweite eines bestimmten Mediums entscheiden maßgeblich darüber, ob, wie, in welchem Maße und in welchen sozialen Gruppen sich eine Repräsentation durchsetzen kann. Genauso werden Auslegungs- und Deutungskonflikte in kommunikativen Aushandlungsprozessen ausgetragen. Damit verweist der Zusammenhang zwischen Kommunikationsvorgängen und kollektiven Repräsentationen unmittelbar auf die Frage nach dem konsensualen Zusammenhalt einer Gesellschaft wie nach ihren Machtstrukturen, inneren Deutungskonflikten sowie nach kontingentem und gesteuertem Wandel.

Faktisch ist die Masse der Kommunikationssituationen und Medien, in denen eine bestimmte Deutung oder Repräsentation von den Zeitgenossen aufgegriffen und verhandelt wurde, kaum überschaubar und wird auch nur in Ausnahmefällen gänzlich rekonstruierbar sein. Die konkrete Forschung benötigt also einerseits ein Bewusstsein dafür, dass jeweils nur ausgewählte mediale Manifestationen und Wandlungsprozesse von Repräsentationen im Detail untersuchbar sein werden, andererseits aber einen Blick für den kommunikativen Gesamtzusammenhang.

Im Folgenden (Kapitel C. II. 1.-6.) wird die Fragestellung nach kollektiven Repräsentationen mit der Untersuchung von Säkularisierungsvorgängen verknüpft. Die Arbeit mit dem Begriff der Repräsentation kann dabei lineare Konstruktionen von Säkularisierung korrigieren und die Wechselbeziehungen und Abhängigkeiten von religiösen und säkularen Vorstellungen und Deutungsmustern differenzierter beschreiben. Zu diesem Zweck wird der Blick auf spezifische historische Konstellationen gerichtet, in denen aus religiösen oder areligiösen Motiven Handlungen oder Haltungen entstanden, die zur Säkularisierung beitrugen. Nicht die ganz große Säkularisierung, sondern „Säkularisierungsmomente"[48] erscheinen historisch fassbar: Man muss „die ganz großen Fragen der Säkularisierungsdiskussion [...] miniaturisieren"[49]. Dieses Vorgehen trifft sich weitgehend mit der Methodik des bereits erwähnten Gießener literatur- und wissenschaftshistori-

---

[48] *Berndt Hamm*, Das Gewicht von Religion, Glaube, Frömmigkeit und Theologie innerhalb der Verdichtungsvorgänge des ausgehenden Mittelalters und der frühen Neuzeit, in: Krisenbewußtsein und Krisenbewältigung in der frühen Neuzeit. Festschrift Hans-Christoph Rublack, hrsg. v. Monika Hagenmaier/Sabine Holtz, Frankfurt a.M. 1992, 163–197, hier 182.

[49] *Fischer/Senkel*, Säkularisierung, 10.

schen Forschungsprojektes[50]. Auch dieses schiebt den makrohistorischen Prozessbegriff der Säkularisierung beiseite, um den methodischen Weg freizumachen für Säkularisierung als „mikrologische Interpretationskategorie"[51]. Der Unterschied zu diesem Projekt liegt allerdings darin, dass erstens durch die Operationalisierung des Säkularisierungsbegriffs mittels des Konzepts der Repräsentation die Objekte, die einer Säkularisierung unterliegen, genauer eingegrenzt werden können; zweitens unterscheidet sich das hier vorgeschlagene Vorgehen durch die Ausweitung des Themenspektrums: Statt nur literatur- und wissenschaftsgeschichtliche Säkularisierungsprozesse zu untersuchen, sollen in unserem Fall verschiedene, thematisch voneinander entfernt liegende Bereiche der frühneuzeitlichen Gesellschaft und Kultur untersucht werden.

Unter einer ‚Miniaturisierung' der Fragestellung nach Säkularisierung wird im Folgenden ein methodisches Vorgehen in drei Schritten verstanden. Dieses Vorgehen bestimmt auch die Gliederung der folgenden Fallstudien. In einem ersten Schritt geht es, wie bereits mehrfach angedeutet, darum, die auf eine gesamtgesellschaftliche Entwicklung bezogene ‚Großthese' Säkularisierung gleichsam zu ‚verkleinern', indem man sie bewusst nur im Hinblick auf bestimmte gesellschaftliche Bereiche stellt. Das heißt, dass eine pragmatische Fokussierung beispielsweise auf das Feld der Politik oder der Wissenschaft vorgenommen wird. Es liegt auf der Hand, dass eine solche Vorgehensweise, wie auch die oben beschriebene Konzentration auf bestimmte Kommunikationsformen, gerade vor dem Hintergrund einer vormodernen Gesellschaft kritisiert werden kann. Sie erscheint jedoch als unerlässliche pragmatische Vorentscheidung, um die Fragestellung handhabbar zu machen. Zudem wird das Problem dadurch entschärft, dass ja gerade die Frage nach den Zusammenhängen und Wechselwirkungen zwischen dem gewählten Feld und der Religion bzw. der Säkularisierung in den Mittelpunkt der Untersuchung rücken. Gerade dadurch kann das Spezifikum der frühneuzeitlichen Gesellschaft – die Tatsache nämlich, dass Religion eben noch kein klar abgrenzbares gesellschaftliches Subsystem war, sondern alle gesellschaftlichen Bereiche betraf –, genauer herausgearbeitet werden: Es stellt sich die Frage, wieweit der Einfluss religiöser oder säkularer Repräsentationen jeweils reichte.

Im zweiten Schritt wird auf mehreren Ebenen eine weitere Eingrenzung vorgenommen: Innerhalb des gewählten gesellschaftlichen Feldes wird ein ‚Objekt' im weitesten Sinne identifiziert, das dazu dient, die Untersuchung zu fokussieren. Dieses ‚Objekt' kann sowohl eine materielle als auch eine abstrakte Größe sein: der König oder der Proselyt, das Kirchengebäude

---

50 Vgl. oben Kapitel B. III.
51 *Pott*, Säkularisierung, 225.

oder das Schulbuch, Wasser oder Zeitvorstellungen. Luhmann hatte postuliert: „Wir wollen nicht von einer Säkularisierung des Mondes sprechen, wenn ihm bzw. ihr göttliche Qualitäten abgesprochen werden."[52] Doch warum eigentlich nicht? Die im Folgenden behandelten Objekte entsprechen nämlich genau Luhmanns Mond: Hier interessiert gerade, welche Repräsentationen eines ‚Objektes' kommunikativ verhandelt, durchgesetzt und bestritten wurden. Das ‚Objekt' ist der Brennspiegel, in dem die Kommunikation über religiöse und säkulare Repräsentationen betrachtet wird.

Dem jeweiligen Objekt korrelierend wird ein spezifischer chronologischer Zugriff gewählt, der sich daran orientiert, wo nach einer ersten Quellensichtung verdichtete Kommunikation über Repräsentationen zu erwarten waren. Hierbei können sowohl forschungspraktisch handhabbare Schlüsselzeiträume identifiziert werden als auch jeweils einzelne Zeitschnitte innerhalb längerer Zeiträume untersucht werden. Ziel ist es, Verschiebungen und Wandlungen in den religiösen und säkularen Repräsentationen des Untersuchungsfeldes genauer zu bestimmen und chronologisch einzugrenzen.

Im dritten Schritt geht es darum, die Repräsentationen des ‚Objektes' in ihrem konkreten Kontext greifbar zu machen. Dies ist deshalb notwendig, weil ‚Glauben', genau wie die sich von ihm abkehrende „Mentalität der Weltzuwendung"[53], empirisch schwer fassbar ist – wenn man nicht versucht, ihn in seinen Äußerungen, seinen Reflexionen und seinen sozialen Formationen zu identifizieren[54]. Dazu müssen erstens die Akteure – sowohl die Träger als auch möglichst die intendierten Rezipienten – bestimmter Repräsentationsangebote benannt und in ihren sozialen Milieus verortet werden. Es muss herausgearbeitet werden, welche Kommunikationsformen und Medien für die Durchsetzung oder Ablehnung eines bestimmten Deutungsangebotes gewählt wurden. Welche Sprachen, welche Textgattungen, welche Riten kommen zum Einsatz? Was bedeutete das für die Zugänglichkeit der Repräsentationsangebote in der frühneuzeitlichen Gesellschaft? Welche Hinweise lässt dies auf die intendierten Rezipienten zu? Kurz gesagt: Wer zielte mit welchen kommunikativen Mitteln auf welche Rezipientengruppen?

---

52 *Luhmann,* Säkularisierung (2000), 282.

53 *Lutz,* Normen und gesellschaftlicher Wandel, 179.

54 Vgl. *Gerhard Dilcher,* Säkularisierung im Spannungsverhältnis von Religion, Gesellschaft und Kultur, in: Zeitschrift für Historische Forschung 27 (2000), 567–571.

Auf der Grundlage dieser Schritte sollen abschließend Aussagen getroffen werden über das Verhältnis von religiösen und säkularen Repräsentationen im Kontext des jeweiligen Untersuchungsfeldes und -objektes; und zwar zum einen hinsichtlich der ‚Gemengelagen' und der ‚Mischungsverhältnisse' zwischen den Deutungsangeboten zu einem jeweils gegebenen Zeitpunkt, zum anderen bezüglich der Wandlungsprozesse und Verschiebungen in diesen Gemengelagen über einen längeren Zeitraum. Gewinnen bestimmte Repräsentationen die Oberhand? Kippen Mischungsverhältnisse in eine bestimmte Richtung? Gibt es Anzeichen für die Ausdifferenzierung gesellschaftlicher Teilbereiche, indem auch die Separierung und Autonomisierung bestimmter Repräsentationen sichtbar wird, die wiederum mit spezifischen Kommunikationsformen (z. B. Riten oder Diskursen) verknüpft sind?

Die Erforschung von Miniaturen und den ihnen entsprechenden Repräsentationen eröffnet der Säkularisierungsdebatte eine neue Perspektive: Im Detail kann untersucht werden, wie kollektive Deutungsmuster umgeformt, vernachlässigt oder aufgegeben wurden. Die folgenden Miniaturen zeigen nur ausschnittweise, wie Säkularisierung verlief – dafür zeigen sie es aber genauer, als dies makrosoziologische und -historische Verallgemeinerungen könnten.

II. Miniaturisierungen: Sechs Fallbeispiele

1. Monarchische Herrschaft und politisch-religiöse Legitimation: Die Sakralität der französischen Könige im 17. Jahrhundert

(Ruth Schilling)

Im Oktober 1610 zeigte die Krönung und Weihe Ludwigs XIII. in Reims den unmittelbaren Übergang der Königswürde von dem ermordeten Heinrich IV. auf seinen zu dem Zeitpunkt der Zeremonie erst achtjährigen Sohn an. An ihr nahmen einige der hochrangigsten französischen Geistlichen teil: Der Kardinal François de Joyeuse[1] führte die Salbung durch, die Bischöfe von Laon und Beauvais geleiteten Ludwig von seinem Sitz zum Altar. Wie seine Vorgänger so versprach auch Ludwig XIII., die Rechte der Kirche zu schützen und die Häresie zu unterdrücken. Wie seine Vorgänger wurde Ludwig XIII. mit dem Öl des Heiligen Remigius gesalbt. Wie seine Vorgänger reiste er nach der Krönung zu den Reliquien des Heiligen Markulf[2], um dort acht- bis neunhundert Skrofelkranke mit den Worten „Le roi te touche, Dieu te guérit" zu berühren[3].

Die Zeremonie der Salbung bewirkte, so die Begründung der Heilfähigkeiten des Königs, einen Wandel des königlichen Körpers. Auch Ludwig XIII. demonstrierte dies durch seine Reise nach Corbeny. Gerade dieses Element der Weihe, des *Sacre,* war es, das unter Ludwig XIII. sehr viel stärker als bei der Krönung und Weihe seines Vaters Heinrichs IV. in Frage gestellt wurde. Die Salbung, so ein einige Jahre nach diesem Ereignis anonym erschienener „Traicté du sacre des roys de France", könne gar nicht neue Fähigkeiten verleihen, da die Verbindung von Königtum und göttlicher Gnade bereits von Geburt an bestehe. Sie sei nunmehr eine „Bestätigung des Verhältnisses des Königtums zu Gott" („ce n'est qu'une saincte cérémonie pour publier solennelement la Roiauté, et la consacrerà Dieu avec la persone du Roi")[4]. Auch wenn der Autor die Heilfähigkeiten des Königs nicht direkt ansprach, so ergab sich doch implizit aus seinem Text eine Abwertung der Sakralität des Königs, wie sie dank Salbung verliehen worden war und in der Krankenheilung zum Ausdruck kam. In seiner Konstruktion einer von Natur gegebenen Verbindung der Monarchie zu Gott, wie sie sich in der Person des Königs manifestiere, spielten die speziellen Manifestationen könig-

---

[1]   Zur Person vgl. *Bernard Barbiche,* Art. „Joyeuse, François de, Kardinal", in: Biographisch-Bibliographisches Kirchenlexikon, Bd. III, hrsg. v. Friedrich-Wilhelm Bautz / Traugott Bautz, Hamm 1992, 777 – 778.

[2]   Diesem Heiligen wurde die Gabe der Skrofelheilung zugeschrieben. Vgl. *Marc Bloch,* Die wundertätigen Könige, München 1998 [Erstausgabe: 1924], 287 – 334.

[3]   Vgl. *Richard A. Jackson,* Vivat Rex. Histoire des Sacres et Couronnements en France, Paris 1984, 23 f.

[4]   *Jackson,* Vivat Rex (Anm. 3), 46.

licher Sakralität keine besondere Rolle mehr. Von dort zu einer Anzweiflung der Heilfähigkeiten selbst sollte es kein großer argumentativer Schritt mehr sein[5]. Gegen dieses Verschweigen oder auch die direkte Negation der Heilfähigkeiten richteten sich royalistische Traktate, die auf einer Verbindung von monarchischer Sakralität und Salbung beharrten und damit auch direkt das Argument der Gottverbundenheit qua Geburt ablehnten. So stellte zum Beispiel Simon Faroul, Kapitelältester der Kathedrale Notre-Dame in Mantes[6] in seiner Schrift „De la Dignité des Roys de France, et du privilege que Dieu leur a donné de guarir les escrouüelles" fest: „Il est veritable que le privilege de guarir des escroüelles, n'est point nay naturellement avec nos Roys, qu'il ne decoule point en eux comme une proprieté particuliere à leur famille, ny à tous leurs descendans. Tous ceux qui sont issus du sang Royal ne iouyssent point de ceste grace, mais celuy-là seulement qui tient le souverain gouvernement de la Monarchie Françoise: qui transfere par son decez la mesme grace, & la Couronne tout ensemble, à celuy qui luy succede, aussi-tost qu'il est oinct du baume sacré de la celeste Ampoule, & publié le Roy des Francois." Ludwig XIII. besäße die Gabe der Heilung Skrofelkranker also nicht aufgrund seiner dynastischen Abstammung und damit einer bestimmten Blutzugehörigkeit, sondern allein aufgrund der Salbung mit dem Heiligen Öl, die er während des *Sacre* erfahren habe. Faroul ging direkt auf Kritiker an der Wirkkraft des Öls ein: Mehrmals betonte er, dass auch Ausländer durch französische Könige geheilt worden seien. Das Ritual, so seine Schlussfolgerung, sei also kein von allen Franzosen geteilter Irrglaube[7]. Diese beiden unterschiedlichen Interpretationen der Salbung Ludwigs XIII. lassen sich als Versuche zweier Akteure verstehen, die religiösen und politischen Repräsentationen[8], die mit der Monarchie verknüpft waren, in einer bestimmten Weise miteinander zu verbinden. Beide Autoren, Simon Faroul und der anonyme Verfasser des „Traicté du sacre", waren keine Gegner der

---

[5] Vgl. *Benno Stiefelhagen,* Die Bedeutung der französischen Königskrönung von Heinrich IV. bis zum Sacre Ludwigs XIV., Diss. Univ. Bonn 1988, 89–93, 202–205; *Hermann Weber,* Das „Toucher Royal" in Frankreich zur Zeit Heinrichs IV. und Ludwigs XIII., in: European Monarchy. Its Evolution and Practice from Roman Antiquity to Modern Times, hrsg. v. Heinz Duchhardt, Stuttgart 1992, 155–170.

[6] Diese Kathedrale stritt sich mit der Abtei von Corbeny darum, welche von ihnen die echten Reliquien des Heiligen Markulf besäße, vgl. *Bloch,* Die wundertätigen Könige (Anm. 2), 296 f. Farouls Schrift ist auch als Versuch anzusehen, skrofelkranke Pilger nach Mantes zu locken.

[7] Vgl. *Simon Faroul,* De la Dignité des Roys de France, et du privilege que Dieu leur a donné de guarir les escrouëlles: Ensemble la Vie de sainct Marcoul Abbé de Nantueil, au Pays de Constantin en Normandie, les sacrez Reliques duquel reposent en l'Eglise Royale & Collegiale de nostre Dame de Mante, au Diocese de Chartres, Paris 1633, 36 f.

[8] Religiöse und politische Repräsentationen sollen hier sehr allgemein verstanden werden als Vorstellungen, die jeweils in den Bereich der geistlichen, christlichen oder der weltlichen, politischen Sphäre zugerechnet wurden. Diese Terminologie ist deswegen sehr allgemein gehalten, da hier nicht von Religion und Politik als zwei bereits ausdifferenzierten gesellschaftlichen Teilbereichen gesprochen wird.

Abb. 1: *Jean-Charles Raemond, Abbé de la Frenade,* Les Cérémonies observées
au sacre et couronnement du roy Loys XIII, Paris 1610, Titelseite
(Bibliothèque nationale de France)

Königsherrschaft in Frankreich. Dennoch verbanden sie religiöse und politische Repräsentationen gänzlich unterschiedlich, um die Legitimation der Herrschaft Ludwigs XIII. zu stärken. Der anonyme Autor wollte die Position der bourbonischen Dynastie, die ja auch unter Ludwig XIII. noch Angriffen von Seiten der Guise ausgesetzt war[9], unterstützen. Daher verband er die dynastische Legitimation mit der monarchischen Herrschaft. Die Königswürde wurde so von der Kontingenz der Krönung und Salbung getrennt. Simon Faroul hingegen hielt an dem Wandlungscharakter der Salbung fest und lehnte eine Sakralität, die naturgegeben ist und ohne liturgische Handlungen auskommt, ab.

Die Position, die beide Autoren zu den königlichen Heilfähigkeiten einnahmen, war also konträr entgegengesetzt: Verschwieg sie der eine, ging der andere, Simon Faroul, sehr detailliert darauf ein und versuchte, ihre Glaubwürdigkeit durch Augenzeugenschaft und die Zitation möglichst ‚glaubwürdiger‘ Kranker, die geheilt worden seien, hervorzuheben. In beiden Fällen lässt sich feststellen, dass die sakralen Fähigkeiten, die Ludwig XIII. zugeschrieben worden sind, nicht als selbstverständliche und unhinterfragte Eigenschaften der Monarchie galten. Sie mussten entweder negiert oder ausführlich begründet werden.

Die französische Monarchie war einer der vormodernen europäischen Herrschaftsformen, deren Legitimation in sehr hohem Maße auf einer Bündelung politischer und geistlicher Rechte und damit auch politischer und religiöser Repräsentationen aufbaute[10]. Die Sakralität der Herrscher manifestierte sich öffentlich in der ihnen zugeschriebenen Gabe, Skrofelkranke durch das Auflegen ihrer Hände zu heilen[11]. Die lange Dauer der Praktizierung dieses Rituals[12], das zuletzt unter Karl X. im Jahre 1825 durchgeführt wurde, weist darauf hin, dass die Sakralität der Monarchie während der gesamten Frühen Neuzeit und darüber hinaus in Frankreich zu den Repräsentationen gehörte, mit denen Königsherrschaft kommuniziert und begründet wurde. Auf den ersten Blick erscheint sie daher als ein denkbar ungeeignetes Untersuchungsobjekt zur fokussierten Tiefenanalyse von Wandlungsprozessen im Verhältnis von religiösen und säkularen Repräsentationen, wie sie hier vorgenommen werden soll[13]. Das eingangs zitierte

---

[9] Vgl. *Christian Bouyer*, Louis XIII. La montée de l'absolutisme, Paris 2006, 81 f.

[10] Vgl. *Paul Kléber Monod*, The Power of Kings. Monarchy and Religion in Europe 1589–1715, Ann Arbor 1999, 42.

[11] Vgl. zu den medizinischen Hintergründen *Susan Wheeler*, Medicine in Art. Henri IV. of France Touching for Scrofula by Pierre Firens, in: Journal of the History of Medicine and Allied Sciences 58 (2003), 79–81.

[12] Die terminologische Abgrenzung zwischen Ritual und Zeremonie ist nicht Gegenstand dieses Artikels. Beide Begriffe dienen hier zur Bezeichnung einer öffentlich sichtbaren und sich nach einem bestimmten Muster wiederholenden Handlung. Vgl. zusammenfassend auch *Edward W. Muir*, Ritual in Early Modern Europe (New Approaches to European History, 33), Cambridge 1997, 1–12.

[13] Vgl. Kapitel C. I.

Beispiel zeigt aber, wie unterschiedlich die Herleitung der sakralen Fähigkeiten in den Repräsentationen, die die beiden Autoren von Ludwig XIII. als idealem Herrscher entwarfen, ausfallen konnte. Die Sakralität des Monarchen musste immer wieder neu entworfen, negiert oder begründet werden und war daher, so die Hypothese, unterschiedlichen Möglichkeiten der Säkularisierung und Sakralisierung ausgesetzt. Besonders sinnfällig kommt dies in den Interpretationen des sakralen Gehalts von Krönung und Weihe der Herrscher zum Ausdruck. Diese Zeremonie soll daher als Fokussierungspunkt zur Miniaturisierung dienen[14]. Religiöse und politische Repräsentationen waren in ihr symbiotisch miteinander verknüpft und konnten nur schwer in jeweils autonome Repräsentationssysteme getrennt werden. Ob sich dennoch in den Interpretationen der Verbindung von Herrscherweihe und Sakralität Bedeutungsverschiebungen finden lassen, die sich als Säkularisierung in dem in diesem Buch vorgeschlagenen Sinne deuten lassen, dies soll im Folgenden untersucht werden.

Zunächst sollen einige methodisch-theoretische Vorüberlegungen zur Verbindung von religiösen und politischen Repräsentationen angestellt werden. Einer kurzen Einführung in die Forschungsgeschichte des französischen Sakralkönigtums folgen Begründungen der hier gewählten Periodisierung und Quellenauswahl. Anschließend soll am Beispiel von Berichten zu den Krönungen Heinrichs IV., Ludwigs XIII. und Ludwigs XIV. Veränderungen des jeweiligen Anteils religiöser und politischer Repräsentationen in der Stiftung der Legitimität dieser drei Monarchen nachgespürt werden. Abschließend ist danach zu fragen, ob und welche Art von Säkularisierung des französischen Sakralkönigtums sich hier feststellen lässt.

Die Verbindung religiöser Symbole mit politischen Aussagen ist kein allein der Vormoderne vorbehaltenes Charakteristikum[15]. Politische Macht, im weitesten Sinne definiert als Herrschaft über Gemeinwesen, die durch soziale und politische Zugehörigkeitslinien geordnet sind, ist zu allen Zeiten und in allen Räumen darauf angewiesen, sich auf moralische Prinzipien zu stützen, die durch die Anbindung an religiöse Repräsentationen eine nicht zu übertreffende Legitimation erhalten[16]. Dieser Umstand steht einer Säkularisierbarkeit politischer Macht im Sinne ihrer Loslösung von religiösen Repräsentationen entgegen[17]. Es ist also von einem grundsätzlichen

---

14 Vgl. ebd.

15 Vgl. auch (kultur- und zeitübergreifend) *David Cannadine,* Introduction. Divine Rights of Kings, in: Rituals of Royalty. Power and Ceremonial in Traditional Societies, hrsg. v. dems. / Simon Price, Cambridge u. a. 1987, 1–19; *Robert E. Goodin,* Rites of Rulers, in: British Journal of Sociology 29 (1978), Heft 3, 281–299; *David I. Kertzer,* Ritual, Politics and Power, New Haven / London 1988.

16 Vgl. *Kertzer,* Ritual, Politics and Power (Anm. 15), 35–56.

17 Diesem Problemfeld widmet sich seit kurzem auch das an der Friedrich-Wilhelms-Universität Münster angesiedelte Exzellenzcluster „Religion and Politics", vgl. http://www.uni-muenster.de/exini/(Datum des letzten Besuchs: 27. 02. 2008).

Spannungsverhältnis zwischen der Legitimation einer politischen Herrschaft durch Bilder, Rituale und Symbole auszugehen, die eine besonders große Wirkkraft durch ihren Bezug auf religiöse Elemente erhalten, und ihrer strukturell politischen Funktion. Mit anderen Worten: Die Repräsentationen, die die Konzeption politischer Herrschaft ausrichten, können, müssen aber nicht mit deren Ordnungswirkung innerhalb eines politischen Systems übereinstimmen.

Diesem Spannungsverhältnis ist es auch geschuldet, dass nicht von einem Gleichklang zwischen der Beziehung von politischen und geistlichen Gewalten innerhalb einer Gesellschaft und ihren jeweiligen Repräsentationen auszugehen ist. Damit soll aber auch nicht gesagt werden, dass beide nicht in einem Wechselverhältnis zueinander stehen. Das Wechselverhältnis von politischen und religiösen Repräsentationen, ihre Verbindung beziehungsweise Trennung, ist jeweils in verschiedenen politischen Kulturen neu zu bestimmen[18]. In der lateinischen Christenheit war das Verhältnis von politischer und geistlicher Gewalt, bedingt durch die Existenz eines politischen und eines geistlichen Oberhauptes, bipolar[19]. Damit war bereits in der Spätantike die Grundlage für die Ausdifferenzierung politischer und religiöser Repräsentationssysteme gelegt. Konfessionelle Spaltung, so hoben insbesondere Rechtshistoriker wie Ernst-Wolfgang Böckenförde hervor, hätte dann im 16. Jahrhundert die Genese einer autonomen politischen Sphäre und somit die Entstehung einer sich in verschiedene Teilbereiche gliedernden Gesellschaft gefördert[20].

Wieso aber dieser Entwicklung auf der einen Seite keine Herausbildung einer autonomen politischen Herrschaftsrepräsentation im Sinne der symbolischen Vermittlung von Herrschaftslegitimation auf der anderen Seite entspricht, stellt ein bis heute nur konstatiertes und kaum empirisch untersuchtes Phänomen dar[21]. Etwas ratlos schreiben die Herausgeber einer der neuesten Publikationen zu diesem Themengebiet: „Was und wer allerdings säkularisiert wurde und mit welchem Erfolg, ist mehr als umstritten. Das erklärt die kontradiktorische Zuordnung einer Reihe von Themen, die, ob-

---

[18] Vgl. *Clifford Geertz*, Kings, Centers and Charisma: Reflections on the Symbolics of Power, in: Culture and its Creators. Essays in Honor of Edward Shils, hrsg. v. Joseph Ben-David / Terry N. Clark, Chicago / London 1977, 150–171.

[19] Vgl. auch zum Konzept der lateinischen Christenheit *Wolfgang Reinhard*, Die lateinische Variante von Religion und ihre Bedeutung für die politische Kultur Europas. Ein Versuch in historischer Anthropologie, in: Saeculum 43 (1992), 231–255.

[20] Vgl. Kapitel B. IV. 1.

[21] Dies reflektiert auch die in diesem Bereich immer noch seltene Zusammenarbeit zwischen Historikern, Kunsthistorikern und Literaturwissenschaftlern, die durch eine unscharfe Konzeptionalisierung des semiotischen Verhältnisses von Darstellung, Legitimation und politischen Ordnungsverhältnissen erschwert wird. Der Studie von Hasso Hoffmann folgten keine ähnlich gelagerten Arbeiten aus beiden Bereichen. *Hasso Hoffmann*, Repräsentation. Studien zur Wort- und Begriffsgeschichte von der Antike bis ins 19. Jahrhundert, 4. Aufl., Berlin 2003.

schon sie sich auf die gleiche Epoche beziehen, im Titel sich wechselseitig ausschließende Thesen formulieren: Die mitlaufenden Tendenzen zur Säkularisierung im spätmittelalterlichen reformatio-imperii-Diskurs kontrastieren mit der Absicht der Sakralisierung der politischen Macht durch die Reformation ebenso, wie das weitgehend akzeptierte Rationalisierungs-Theorem für die moderne Welt mit der Wahrnehmung der europäischen Faschismen der politischen Religionen."[22]

Dieses Zitat soll als Ausgangspunkt für einige terminologische und pragmatische Überlegungen dienen. Als erstes ist von einem Spannungsverhältnis zwischen einer Bipolarität von geistlicher und weltlicher Gewalt und der Tatsache auszugehen, dass auch im lateinisch-christlichen Europa bis zum Zeitpunkt der Überlegungen Machiavellis und auch noch lange danach alle Gemeinwesen religiös (und das heißt in diesem Fall christlich) begründet wurden[23]. Es ist ein Missverständnis anzunehmen, dass die Existenz einer geistlichen und einer politischen Gewalt automatisch dazu führte, dass diese nicht versuchen würden, sich wechselseitig jeweils das Herrschaftslegitimationsreservoir und damit auch die jeweiligen Repräsentationen der anderen Seite anzueignen. Weder Kaiser noch Papst als Häupter der Christenheit sahen es als erstrebenswert an, allein politischer oder allein geistlicher Herrscher zu sein. Die Bipolarität des Herrschaftssystems der *Christianitas* war zwar institutionell durch die Existenz dieser beiden höchsten Gewalten festgeschrieben, hatte aber nicht automatisch auch zu einer kulturellen Säkularisierung der politischen Ordnung geführt. Bis weit in die Neuzeit versuchten beide, sich Zugriffsrechte und Symbole des anderen nutzbar zu machen. Dementsprechend lässt sich auch von einer – auf den ersten Blick paradox anmutenden – Säkularisierung des Papsttums als politischer Macht in der Frühen Neuzeit auf der einen und von einer Sakralisierung des Kaisertums auf der anderen Seite sprechen[24]. Das Bestreben

---

[22] *Peter Blickle / Rudolf Schlögl*, Die Säkularisation im Prozess der Säkularisierung Europas, in: Die Säkularisierung im Prozess der Säkularisierung Europas (Oberschwaben – Geschichte und Kultur, 13), hrsg. v. dens., Epfendorf 2005, 11–20, hier 16.

[23] Vgl. *Heinrich Lutz*, Normen und gesellschaftlicher Wandel zwischen Renaissance und Revolution – Differenzierung und Säkularisierung, in: Saeculum 26 (1975), 166–180.

[24] Zur Säkularisierung des Papsttums vgl. den Beitrag von Arne Karsten und Philipp Zitzlsperger auf dem Workshop „Säkularisierung in der Frühen Neuzeit: begriffliche Überlegungen und empirische Fallstudien". Die Veranstaltung hatte das Teilprojekt A 3 „Religiöse und säkulare Repräsentationen in der Frühen Neuzeit" des an der Humboldt-Universität zu Berlin angesiedelten Sonderforschungsbereichs 640 „Repräsentationen sozialer Ordnung im Wandel" organisiert. Vgl. den Tagungsbericht von *Maria Böhmer*, Tagungsbericht „Säkularisierung in der Frühen Neuzeit: begriffliche Überlegungen und empirische Fallstudien", 09. 12. 2006–10. 12. 2006, Berlin, in: H-Soz-u-Kult, 28. 01. 2006, URL: http://hsozkult.geschichte.hu-berlin. de/tagungsberichte/id=1035 (Datum des letzten Besuchs: 27. 02. 2008). Zum Kaisertum vgl. *Alfred Kohler*, „Kaiseridee" und „Reichsreform", in: Heiliges Römisches Reich deutscher Nation 962 bis 1806. Altes Reich und Neue Staaten 1495 bis 1806.

nach Ausweitung von Herrschaftsrechten und -symbolen gewann durch die konfessionelle Spaltung wiederum eine besondere Schärfe, boten sich doch nun im protestantischen Bereich den politischen Akteuren neue Zugriffsmöglichkeiten, während für den katholischen Bereich die Distanzierung oder bewusste Verbindung mit dem Papst als geistlichem Oberherrn und politischem Konkurrenten festzustellen ist[25]. Auch während und nach der Konfessionalisierung nahmen nicht einfach nicht-religiöse, rein politische Begründungen und Symbole überhand. Die Autonomisierung von Politik sollte vielmehr die Existenz eines geordneten politischen Raumes sicherstellen, der durchaus unter der Ägide des jeweiligen Machthabenden kirchlich geordnet war, wie es das Titelkupfer von Hobbes' Leviathan bildmächtig darstellt[26]. Allerdings entstanden im Rahmen der Differenzierungen einzelner Bereiche nun wiederum neue rechtliche und symbolische Repräsentationen, die zum Beispiel die ‚Säkularisation' im Jahre 1803 erst möglich machten: Eine Kirchenstruktur kann ja erst dann aufgelöst werden, wenn sie bereits als solche einheitlich vorhanden ist.

Bei der Verwendung von Begriffen wie ‚Säkularisierung' und ‚Sakralisierung' ist für das Verhältnis von politischer Gewalt und religiöser Herrschaftslegitimation also genau zu benennen, wer sich wie, wann sowie mit Hilfe welcher Repräsentationen welchen Bereich zuordnet und damit die politische Ordnung neu ausrichtet. Gerade der Begriff ‚Sakralisierung' weist anhand seiner vielfältigen terminologischen Unschärfen darauf hin, dass das Verhältnis von politischer und religiöser Sphäre meist im Interesse der ersteren nur undeutlich skizziert wird[27]. So kann ‚Sakralisierung' bedeuten, dass die theoretischen Begründungen politischer Herrschaft biblische Zitate zu Hilfe nahmen, konkrete Rechte über kirchliche Institutionen gefordert und ausgeweitet wurden oder die jeweiligen politischen Akteure sich mit Hilfe von Symbolen darstellen ließen, die meist sogar dann als ‚sakral' bezeichnet werden, wenn sie gar nicht oder zumindest nicht allein der kirchlichen Sphäre entstammten, wie etwa die Topik des Sonnenkönigs in der französischen Monarchie[28]. ‚Sakralisierung' wird dann zu einem die Ehrfurcht vor dem Objekt unbewusst widerspiegelnden Ober- und Sammelbegriff, der das Strahlen der jeweiligen Majestät(en) reflektiert. Etwas klarer scheint es um den Terminus der ‚Säkularisierung' bestellt, der

---

Essays, hrsg. v. Heinz Schilling / Werner Heun / Jutta Götzmann, Dresden 2006, 33 – 42 und *Barbara Stollberg-Rilinger,* Das Reich als Lehnssystem, in: ebd., 55 – 68.

25 Vgl. *Wolfgang Reinhard,* Glaube und Macht. Kirche und Politik im Zeitalter der Konfessionalisierung, Freiburg / Basel / Wien, 34 – 105.

26 Vgl. *Horst Bredekamp,* Thomas Hobbes visuelle Strategien. Der Leviathan: Urbild des modernen Staates, Berlin 1999, insbesondere 114 – 116.

27 Vgl. Kapitel B. V.

28 Vgl. *Heinz Duchhardt,* Absolutismus und Säkularisierung, in: *Blickle / Schlögl,* Die Säkularisation im Prozess der Säkularisierung Europas (Anm. 22), 223 – 230, 224 – 226; *Paolo Prodi,* Konkurrierende Mächte: Verstaatlichung kirchlicher Macht und Verkirchlichung der Politik, in: ebd., 21 – 36, 28 f.

im Gegensatz zu ‚Sakralisierung' sich im politischen Bereich konkret auf die Herausbildung eines eigenständigen, das heißt von anderen Faktoren getrennten, theoretischen Raumes bezieht[29].

Beide Begriffe, Säkularisierung und Sakralisierung, zielen also in der hier skizzierten terminologischen Anwendung auf zwei gänzlich unterschiedliche Phänomene: zum einen auf die institutionelle Veränderung der Kräftefelder innerhalb der politischen Ordnung, zum anderen auf die Herrschaftslegitimation qua Generierung von Repräsentationen durch die jeweiligen politischen Akteure. Eine detaillierte Analyse von einzelnen Beispielen kann im Sinne der in diesem Buch vorgeschlagenen Miniaturisierung aufweisen, welche Verbindungslinien zwischen diesen beiden Feldern bestehen. In dem hier ausgewählten Fallbeispiel soll es insbesondere darum gehen, zu analysieren, welche Veränderungen der Gewichtung von Politik und Religion in der Begründung monarchischer Herrschaft mit ihrer institutionellen und politischen Infragestellung aufgrund der konfessionellen Entwicklung einhergingen. Welche religiösen Repräsentationen wurden zur Begründung politischer Herrschaft benutzt, welche nicht mehr? Blieb der Bereich der Repräsentationen von Königsherrschaft etwa von den konfessionellen Entwicklungen unberührt? Oder zogen sie im Gegenteil nun ihre Legitimationskraft aus anderen Bereichen, etwa der antiken und nicht mehr der religiös-christlichen Symbolik?

Bei einer Untersuchung des französischen Sakralkönigtums muss es also darum gehen, den Anteil religiöser und nicht-religiöser Bedeutungszuschreibungen in der Repräsentation beziehungsweise den Repräsentationen monarchischer Herrschaft[30] im Frankreich der Frühen Neuzeit zu bestimmen. Das heißt, dass entgegen den bisherigen Forschungen zur Sakralität der französischen Monarchie das Augenmerk nicht auf die Sakralität selbst gelenkt wird, sondern darauf, zu fragen, welcher Anteil religiöser und politischer Repräsentationen zur Herrschaftslegitimation des Königs beiträgt. Es ist anzunehmen, dass sich gerade unter dem Eindruck der konfessionellen Entwicklungen dieser jeweilige Anteil verschoben hat: Bestand diese Veränderung in einer Trennung religiöser von politischer Repräsenta-

---

[29] Vgl. Kapitel B. V.

[30] Unter ‚Sakralkönigtum' ist in diesem Fall eine Herrschaftsform zu verstehen, deren oberster Herrschaftsinhaber der französische König ist, der sowohl geistliche als auch politische Rechte auf sich vereint und dies durch ein entsprechendes Zeremoniell kenntlich macht. Zum Problem des Sakralkönigtums in interdisziplinärer Perspektive vgl. *Franz-Reiner Erkens,* Sakral legitimierte Herrschaft im Wechsel der Zeiten und Räume. Versuch eines Überblicks, in: Die Sakralität von Herrschaft. Herrschaftslegitimierung im Wechsel der Zeiten und Räume. Fünfzehn interdisziplinäre Beiträge zu einem weltweiten und epochenübergreifenden Phänomen, hrsg. v. dems., Berlin 2002, 7–32 und *Rolf Gundlach,* Der Sakralherrscher als historisches und phänomenologisches Problem, in: Legitimation und Funktion des Herrschers. Vom ägyptischen Pharao zum neuzeitlichen Diktator, hrsg. v. dems. / Hermann Weber (Schriften der Mainzer Philosophischen Fakultätsgesellschaft, 13), Stuttgart 1992, 1–22.

tion, wie sie einer Entwicklung in der politischen französischen Theorie dieser Zeit entsprechen würde[31]? Oder versuchten Befürworter einer starken Position des Königs, beide Repräsentationen sehr eng miteinander zu verbinden[32]?

Als besonders augenfälliger Beweis für die Tatsache, dass den französischen Monarchen sakrale Fähigkeiten zugesprochen wurden, gelten seit der Untersuchung Marc Blochs die Skrofelheilungen der französischen Könige. Seit dem 12. beziehungsweise 13. Jahrhundert nahmen diese nach ihren Krönungen sowie an hohen religiösen Festtagen öffentlich Heilungen von Skrofelkranken vor[33]. Marc Bloch interpretierte die Skrofelheilungen als einen Nachweis für die lange Dauer sakraler Elemente, die sich mit dem französischen Königtum verknüpften. Somit betonte er eher die Kontinuität des französischen Sakralkönigtums, als dass er auf dessen Funktion als ordnungsausrichtende Repräsentation in einzelnen Situationen und politischen Kontexten eingegangen wäre[34]. Ernst H. Kantorowicz hingegen beschäftigte sich maßgeblich mit dem Kontext der Genese des Sakralkönigtums in Frankreich und England. Er wies auf seine Entstehung im Zusammenhang mit der Genese eines eigenständigen französischen Kirchenrechts hin. Die französischen Herrscher, so Kantorowiczs These, untermauerten ihre zunehmenden Eigenständigkeiten gegenüber Papst und Kaiser mit der Entwicklung eines ausgeklügelten monarchischen Zeremoniells, mit dessen Hilfe dem französischen König sowohl weltliche als auch religiöse Repräsentationen zugeschrieben wurden[35]. Auch wenn Kantorowicz Carl Schmitt weder namentlich zitiert noch von einer Säkularisierung spricht, skizzierte er genau das, was Carl Schmitt mit dem Diktum meinte, dass „alle prägnanten Begriffe der modernen Staatslehre [...] säkularisierte theologische Be-

---

[31] Vgl. zu der Gruppe der ‚Politiques‘ mit weiterführenden Angaben *Christopher Bettinson,* The Politiques and the Politique Party: A Reappraisal, in: From Valois to Bourbon. Dynasty, State and Society in Early Modern France, hrsg. v. Keith Cameron, Exeter 1989, 35–49.

[32] Im Gegensatz zur Gruppe der Monarchomachen sind die königstreuen Schriften bisher nur unzureichend erforscht, mit Ausnahme der Zeremonialschriften, die Ralph E. Giesey hinlänglich ausgewertet hat. Vgl. dazu insbesondere seine Beiträge *Ralph E. Giesey,* State-Building in Early Modern France. The Role of Royal Officialdom, in: Journal of Modern History 55 (1983), 191–207; *ders.,* Inaugural Aspects of French Royal Ceremonials, in: Coronations. Medieval and Early Modern Monarchic Ritual, hrsg. v. János M. Bak, Berkeley 1990, 35–45; *ders.,* Royal Ceremonial and the Advent of Absolutism, in: A Memória da Nação, hrsg. v. Francisco Bethencourt/Diogo Ramada Curto, Lissabon 1991, 169–186.

[33] Vgl. zu der Datierung in das 12. beziehungsweise 13. Jahrhundert *Joachim Ehlers,* Der wundertätige König in der monarchischen Theorie des Früh- und Hochmittelalters, in: Reich, Regionen und Europa in Mittelalter und Neuzeit, hrsg. v. Paul-Joachim Heinig (Historische Forschungen, 67), Berlin 2000, 3–21, 16–18.

[34] Vgl. *Bloch,* Die wundertätigen Könige (Anm. 2), 443–453.

[35] Vgl. *Ernst H. Kantorowicz,* The King's Two Bodies. A Study in Mediaeval Political Theology, Princeton 1997 [Erstausgabe: 1957], 314–450 und außerdem *ders.,* Mysteries of State. An Absolutist Concept and its Late Mediaeval Origins, in: The Harvard Theological Review 48 (1955), 65–91.

griffe" seien[36], nämlich die Übertragung kirchlicher, juristischer und kultureller Repräsentationen in die Sphäre eines weltlichen Herrschers und damit ihre Umformung. Er kam allerdings durch seine Untersuchungen genau
zu dem umgekehrten Schluss wie Schmitt, nämlich dass die Transformation
kirchlicher Repräsentationen in die Welt politischer Repräsentationen keine
Säkularisierung sei, sondern vielmehr eine Sakralisierung des Politischen
bewirkt habe[37].

Die jüngst von Alain Boureau gegen Kantorowicz und Bloch vorgebrachte
Kritik, dass sie von einzelnen Kontexten ausgehend recht weitreichende
Schlüsse über die Sakralität des französischen Königs ziehen würden, zeigt
die Notwendigkeit, jenseits des Begriffes der Sakralität präzise politische
und religiöse Schwerpunktsetzungen in der Begründung und Repräsentation politischer Herrschaft zu benennen[38]. Dafür ist eine dichte Beschreibung
der jeweils als einzelne Sprechakte aufgefassten Quellen notwendig[39].

Zunächst sind aber Überlegungen zu den Rahmenbedingungen einer reli-
giös-politischen Herrschaftslegitimation vom ersten Bourbonenmonarchen
Heinrich IV. bis zu Ludwig XIV. anzustellen. Konnten die französischen
Monarchen bis zur Mitte des 16. Jahrhunderts erfolgreich möglichst viele
Zugriffsrechte auf die Kirchenstruktur ihrer Territorien auf sich vereinen[40],
stellte sie die konfessionelle Spaltung vor grundlegende Schwierigkeiten[41].
Wie Paul Kléber Monod in europäisch-vergleichender Perspektive skizziert
hat, geriet die Verbindung politischer Rechte und religiöser Repräsentationen durch die konfessionellen Entwicklungen des 16. Jahrhunderts in eine
Bedeutungs- und damit auch Legitimationskrise[42]. Die konfessionelle Spaltung Frankreichs stellte die Monarchie vor das Problem, einheits- und frie-
densstiftend wirken zu müssen, um die politische Ordnung aufrechterhalten
zu können. Damit war sie aber zu einer ambivalenten Haltung gegenüber
der konfessionellen Situation verpflichtet, die ihrer Position als ,älteste
Tochter der Kirche' zuwiderlief[43]. Besonders sinnfällig kam diese in dem

---

[36] *Carl Schmitt*, Politische Theologie. Vier Kapitel zur Lehre von der Souveränität,
7. Aufl., Berlin 1996, 43.

[37] Vgl. *Kantorowicz*, Mysteries of State (Anm. 35), 91.

[38] Vgl. *Alain Boureau*, Le simple corps du roi. L'impossible sacralité des souverains
français XVe-XVIIIe siècle, Paris 2000.

[39] Dieses Verfahren wählte auch Alain Boureau, der eine mikroskopische Analyse
der Sterbeberichte der Herrscher vornahm, vgl. ebd., 5–70.

[40] Vgl. *Philippe Contamine*, Art. „Valois", in: Lexikon des Mittelalters, Bd. VIII,
hrsg. v. Robert-Henri Bautier, München 1997, 1399.

[41] Vgl. mit weiterführenden Angaben *Mack P. Holt*, The French Wars of Religion,
1562–1629, 2. Aufl., Cambridge u. a., 2005.

[42] Vgl. *Kléber Monod*, The Power of Kings (Anm. 10), 1–32.

[43] Dieses Epitheton lässt sich auf Ludwig IX. zurückführen.

[44] Vgl. *Jackson*, Vivat Rex (Anm. 3), 57–65.

[45] Vgl. *Stiefelhagen*, Die Bedeutung der französischen Königskrönung (Anm. 5),
11–16, 211 f.

Krönungseid der Herrscher zum Ausdruck, in dem sie die Bekämpfung der Häresie gelobten[44]. Diesen Eid legten alle Könige im 17. Jahrhundert ab, ganz gleich, ob sie, wie Heinrich IV., erst kurz vor der Krönung selbst konvertiert waren oder, wie Ludwig XIII., zwar die Präsenz der Hugenotten in ihrem Herrschaftsgebiet einschränkten, aber auch nicht gänzlich verhinderten[45]. Ludwig XIV. scheint diesen Eid persönlich sehr ernst genommen zu haben. Das Edikt von Fontainebleau wird teilweise als eine ‚Spätfolge' dieser persönlichen Deutung der Zeremonie durch den Herrscher interpretiert[46]. Das Problem des Verhältnisses zwischen konfessioneller Situation und christlich-katholischer Begründung der Herrschaftslegitimität lässt sich also besonders gut in seiner Fokussierung auf den Moment der Krönung und Weihe des Herrschers fassen, da keiner der einzelnen Handlungsabschnitte ohne Verweise auf die Fundamente der politischen Ordnung und deren religiöse Legitimation verständlich ist.

Bereits die Duldung der Existenz von Anderskonfessionellen diskreditierte die Monarchen in den Augen strenggläubiger Katholiken und bildete die Grundlage für die Negation der königlichen Sakralität und damit der königlichen Herrschaftslegitimität. Anhänger der katholischen Liga stilisierten die Gestalt des Monarchen zu einem Antichristen. Somit kehrten sie seine Sakralität in ihr Gegenteil[47]. Hugenottische Juristen und Theologen versuchten bereits in dieser Zeit, dem König eine rein politische Stellung zuzubilligen und deuteten seine Krönung allein als weltlichen Akt, bei dem auch der Eidestext verändert werden könne. Der König sei nicht verpflichtet, den Klerikern und Kirchenoberen ein Versprechen zu geben, sondern seinem Volk[48]. Dies weist auf die Schlüsselrolle der Krönung als Zeremonie hin, die neben der dynastischen Abstammung für die Legitimation des Herrschers als fundamental angesehen wurde[49]. Versuchten hugenottische Theologen und Juristen, die Krönung von ihrem liturgischen Charakter zu lösen, vollzogen sie eine Transformation eines vormals kirchlichen Rituals hin zu einem nun rein politisch-weltlich zu deutenden Akt[50].

Die Position des Königs litt nicht allein durch seine ambivalente Stellung zwischen den reformierten und katholischen Gruppen. Auch die Verän-

---

[46] Vgl. ebd., 293–295.

[47] Vgl. *Denis Crouzet*, Les Guerriers de Dieu. La Violence au Temps des Troubles de Religion (Vers 1525–Vers 1610), Seyssel 1990, 585–622.

[48] Vgl. *Richard A. Jackson*, Elective Kingship and Consensus Populi in Sixteenth-Century France, in: Journal of Modern History 44 (1972), 155–171.

[49] Vgl. zu der Problematik auch *Hermann Weber*, Sakralkönigtum und Herrscherlegitimation unter Heinrich IV., in: Legitimation und Funktion des Herrschers. Vom ägyptischen Pharao zum neuzeitlichen Diktator, hrsg. v. Rolf Gundlach/dems. (Schriften der Mainzer Philosophischen Fakultätsgesellschaft, 13), Stuttgart 1992, 233–258.

[50] Dies legen die von Jackson ausgewerteten Quellen nahe, wurde aber nicht so von ihm interpretiert: vgl. *Jackson*, Elective Kingship (Anm. 48).

derungen in der römisch-katholischen Kirche wirkten sich auf den Anspruch der Vereinigung von kirchlichen und politischen Rechten und den
damit verbundenen Repräsentationen aus[51]. Die spanischen Habsburger
beanspruchten in der Verbundenheit mit dem nachtridentinischen Katholizismus eine Vorrangstellung, der das in der ersten Hälfte des 17. Jahrhundert im Inneren zutiefst geschwächte Frankreich zunächst nur wenig konfessionelle Reputation und politische Stärke entgegensetzen konnte[52].

Die religiös-politischen Grundlagen der französischen Monarchie, wie sie
sich im Hoch- und Spätmittelalter herausgebildet hatten, wurden also zunehmend durch die konfessionellen Entwicklungen im Inneren und Äußeren der französischen Territorien in Frage gestellt. Ihre Konsolidierung erwies sich aber für ein Fortbestehen der Herrschaft und der Herrscher als
lebensnotwendig.

Diese Konsolidierung ist im ‚langen siebzehnten Jahrhundert‘ zu beobachten, verstanden als Zeitraum zwischen der Ermordung Heinrichs III. im
Jahre 1589 bis zum Tod Ludwigs XIV. im Jahre 1715[53]. Diese Periode eignet
sich daher besonders gut zu einer Beobachtung des Wechselverhältnisses
von religiösen und politischen Repräsentationen monarchischer Herrschaft.
Zu Beginn dieser Epoche mussten einerseits die Folgen der Destabilisierung
politischer Ordnung unter den letzten Valois beseitigt oder zumindest ver-
ringert und andererseits ganz neue Formen der Herrschaftslegitimation
entwickelt werden. Nicht nur stammte der Thronfolger aus einer Familie,
deren Legitimation im Konkurrenzkampf mit den Guise stand[54]. Er hatte
auch mehrfach die konfessionellen Seiten gewechselt und war zu dem Zeitpunkt, als Heinrich III. ihn zum Nachfolger deklarierte, nicht katholisch[55].
Ludwig XIII. reduzierte insbesondere nach der Eroberung La Rochelles im
Jahre 1628 die Sonderrechte der Hugenotten immer weiter, ein Prozess, den

---

[51] Peter Hersche hat einen der wenigen Versuche unternommen, sich systematisch
dem Problem der Periodisierung und der Klassifikation konfessioneller Änderungen
in Frankreich zu nähern, vgl. *Peter Hersche*, „Klassizistischer" Katholizismus. Der
konfessionsgeschichtliche Sonderfall Frankreich, in: Historische Zeitschrift 262
(1996), 357 – 389.

[52] Zu den Konflikten zwischen Spanien und Frankreich am Papsthof vgl. *Julia
Zunckel*, Rangordnungen der Orthodoxie? Päpstlicher Suprematieanspruch und Wer-
tewandel im Spiegel der Präzedenzkonflikte am heiligen römischen Hof in post-tri-
dentinischer Zeit, in: Werte und Symbole im frühneuzeitlichen Rom, hrsg v. Günther
Wassilowsky (Symbolische Kommunikation und gesellschaftliche Wertesysteme, 11),
Münster 2005, 101 – 128.

[53] Bei diesem Begriff handelt es sich um eine Wortschöpfung der Autorin in Anlehnung an das bereits eingeführte ‚16. Jahrhundert'. Im Gegensatz zum Reich ist für
Frankreich von einem ‚langen 17. Jahrhundert' auszugehen. Der Herrschaftswechsel
von Heinrich III. zu Heinrich IV. ist als ein entscheidender Umbruch anzusehen, nach
dem viele Entwicklungen vorbereitet worden sind, die die Grundlage für den Ausbau
der Monarchie als zentraler Gewalt unter Ludwig XIII. und Ludwig XIV. bildeten.

[54] Vgl. *Pierre Chevallier*, Henri III, roi shakespearien, Paris 1985, 560.

[55] Vgl. *Stiefelhagen*, Die Bedeutung der französischen Königskrönung (Anm. 5),
11 – 16; *Jackson*, Vivat Rex (Anm. 3), 15 f.

Ludwig XIV. formal mit der offiziellen Revokation des Edikts von Nantes im Jahre 1685 abschloss[56]. Die Regierungszeit Ludwigs XIV., wie überhaupt das gesamte ‚bourbonische‘ 17. Jahrhundert, wäre demnach als Kontrapunkt zu der Trennung von Monarchie und konfessioneller Heilsbegründung anzunehmen, wie sie zur Zeit der politischen Destabilisierung unter den letzten Valois theoretisch konzipiert worden war, also als eine Umkehr des mit dem Stichwort der ‚Politiques‘ verbundenen Säkularisierungsprozesses der Rechts- und Herrschaftsordnung in Frankreich[57]. Dieser Reversibilisierung folgte dann, so die gängige Forschungsmeinung, wiederum eine neuerliche Säkularisierung im Sinne einer Entsakralisierung im Zuge der Aufklärung im 18. Jahrhundert[58]. Diese Interpretationslinie ist in hohem Maße von der Frage bestimmt, wie die vollständige Dechristianisierung in der Französischen Revolution zu erklären sei[59]. Sie geht also von einer teleologischen Entwicklung aus, an deren Ende einer der radikalsten Ablehnungen christlicher Repräsentationen stand, die im lateinisch-christlichen Europa je stattgefunden hatte. Eine der wichtigsten Thesen hierzu hat Dale K. van Kley formuliert[60]. Van Kley sieht einen unmittelbaren kausalen Zusammenhang zwischen Französischer Revolution und den konfessionellen Entwicklungen in Frankreich ab der zweiten Hälfte des 16. Jahrhunderts[61]. Die aus den konfessionellen Bürgerkriegen gestärkt hervorgegangene Monarchie habe sich nicht auf die Überzeugungskraft ihrer „royal religion"[62] verlassen, sondern systematisch ihre konfessionellen Kritiker sowohl auf katholischer als auch calvinistischer Seite verfolgt. Diese hätten sich schließlich im Sammelbecken des Jansenismus verbündet, dessen Unterdrückung entscheidend zur Delegitimierung der Monarchie mit langfristigen Folgen im 18. Jahrhundert beigetragen habe[63]. Jens Ivo Engels hat entgegen diesen teleologisch angelegten Entwicklungsmodellen darauf hingewiesen, dass sich im 18. Jahrhundert keine breite Entsakralisierung des Königbildes in den Quellen feststellen lässt. Seine Studien weisen vielmehr auf die Notwendigkeit hin, die jeweiligen Texte, Bilder und Rituale so

---

[56] Vgl. *Peter Liessem*, Die Aufhebung des Edikts von Nantes (1598) durch das Edikt von Fontainebleau (1685) (Geschichtsblätter des Deutschen Hugenotten-Vereins e.V., 19, 8), Sickte 1987.

[57] Vgl. mit weiterführenden Angaben *Wolfgang E. J. Weber*, Politische Integration versus konfessionelle Desintegration. Das Problemlösungsangebot der Politiques im europäischen Kontext, in: Als Frieden möglich war. 450 Jahre Augsburger Religionsfrieden, hrsg. v. Carl A. Hoffmann u. a., Regensburg 2005, 131–145, 142 f.

[58] Mit kritischer Betrachtung dieser Begrifflichkeit vgl. die weiterführenden Angaben bei *Jens Ivo Engels,* Beyond Sacral Monarchy. A new Look at the Image of the Early Modern French Monarchy, in: French History 15 (2001), 139–158.

[59] Vgl. Kapitel B. IV. 2.

[60] Vgl. *Dale K. van Kley,* The Religious Origins of the French Revolution. From Calvin to the Cicivl Constitution, 1560–1791, New Haven / London 1996.

[61] Vgl. ebd., 5.

[62] Vgl. ebd., 11.

[63] Vgl. ebd.

weit wie möglich zu kontextualisieren und nicht zwangsläufig als Vorgeschichte zur Französischen Revolution aufzufassen[64]. Die hier angestrebte Untersuchung möchte daher einen anderen zeitlichen Zuschnitt verfolgen. Sie konzentriert sich auf den Zeitraum, in dem laut gängiger Forschungsmeinung die Reversibilierung der im 16. Jahrhundert begonnenen Säkularisierung stattgefunden hat. Dieser Zeitraum ist deswegen für eine Studie zur Säkularisierung französischer monarchischer Repräsentationen relevant, da sie darüber Aufschluss geben kann, inwieweit und bis zu welchem Maße tatsächlich eine Umkehrung bereits begonnener Autonomisierungsprozesse möglich war.

Die Herrschaftslegitimation eines Monarchen wird durch Kommunikation in verschiedenen Medien, durch Texte, Bilder und Praktiken hergestellt. Sie muss in Form einer ostentativen Behauptung sichtbar gemacht werden, um Wirksamkeit zu erlangen. Mehr noch als zum Beispiel religiöse oder naturwissenschaftliche Repräsentationen hängen Herrschaftsrepräsentationen von den Personen ab, die sie verkörpern[65]. Auf diese Weise besteht die Gefahr, dass die Personen, die diese verkörpern sollen, die intendierte Aussage durch ihr Verhalten unglaubwürdig erscheinen lassen. In diesem Zusammenhang ist die kontrollierte Vermittlung von Repräsentationen des Herrschers besonders wichtig: Sie sollen das Kontingente, das der Verknüpfung von Persönlichkeit und Repräsentationssystem innewohnt, verringern. Die Kontrolle hierbei wird durch die Wahl des Mediums, zum Beispiel durch die Vermittlung bestimmter Aussagen in stark ritualisierter Form, erreicht[66].

Das Begräbnis- und Inthronisationszeremoniell der französischen Monarchen sollte sie als Herrscher repräsentieren, die politische und religiöse Zugriffsrechte innehatten. Ralph E. Giesey und Richard A. Jackson haben sich in ihren Forschungen zum französischen Sakralkönigtum daher insbesondere auf die Analyse dieser Zeremonien konzentriert[67]. Dadurch, dass sie sich noch stärker als Kantorowicz auf die Analyse des Zeremoniells konzentrieren, tendieren sie dazu, die Kontinuitätslinien der Repräsentation der französischen Monarchie zu betonen[68].

---

[64] Vgl. *Jens Ivo Engels*, Königsbilder. Sprechen, Singen und Schreiben über den französischen König in der ersten Hälfte des achtzehnten Jahrhunderts (Pariser historische Studien, 52), Bonn 2000.

[65] Vgl. auch *Richard S. Wortman*, Scenarios of Power. Myth and Ceremony in Russian Monarchy. From Peter the Great to the Abdication of Nicholas II, Princeton / Oxford 2006, 411–413, 412.

[66] Vgl. *Hubert Ch. Ehalt*, Zur Funktion des Zeremoniells im Absolutismus, in: Europäische Hofkultur im 16. und 17. Jahrhundert, Bd. II, hrsg. v. August Buck u. a., Hamburg 1981, 411–419.

[67] Vgl. *Ralph E. Giesey*, The Royal Funeral Ceremony in Renaissance France (Travaux d'Humanisme et Renaissance, 37), Genf 1960; *Jackson*, Vivat Rex (Anm. 3).

[68] Vgl. *Giesey*, The Royal Funeral Ceremony (Anm. 67), 183–192 und *Jackson*, Vivat Rex (Anm. 3), 9–54.

Die vorliegende Untersuchung konzentriert sich wie Ralph E. Giesey auf eine Analyse der Krönungen[69]. Sie fokussiert auf Deutungen und Interpretationen der jeweiligen, als einzelne Situationen zu begreifenden, performativen Akte, um anhand der mit ihnen verknüpften Repräsentationen Verschiebungen zwischen religiösen und politischen Repräsentationen in der Stiftung der Legitimation des Herrschers zu erfassen. Dabei werden bei der Quellenanalyse zwei Ebenen unterschieden: zum einen die Beschreibung der Handlung selbst, zum anderen die Repräsentationen der sakralen Natur des Herrschers und die religiös-politischen Grundlagen seiner Macht. Die Konzentration auf die Krönungen rechtfertigt sich dabei aus einem hypothetischen Umkehrschluss, nämlich der Überlegung, dass diese Zeremonie eigentlich das Gegenteil eines Säkularisierungsprozesses bewirken sollte, das heißt, die religiös-politischen Grundlagen der französischen Monarchie unveränderbar und unverändert festschreiben. Lassen sich sogar in diesem Bereich von Herrschaftsinszenierung Tendenzen zur Veränderung der Repräsentationen des Herrschers finden, so ist festzustellen, dass diese also dermaßen wirkmächtig waren, dass sie nicht einmal diesen Kernbereich der Begründung von königlicher Würde und Autorität unberührt ließen.

In welchen Kontexten entstanden Texte zur Beschreibung und Interpretation der königlichen Krönungen? Zum einen natürlich im Rahmen der sich konsolidierenden und sich stetig weiter entwickelnden Zeremonialwissenschaften. Hierin ist die Zusammenstellung von Zeremonialtexten durch den Hofhistoriographen Théodore Godefroy einzuordnen[70]. Die Verfahrensgültigkeit der französischen Königskrönung sollte nach innen, gegenüber Zweifeln an der Legitimität monarchischer Herrschaft, aber auch nach außen, vor dem Hintergrund der steigenden völkerrechtlichen Bedeutung des Zeremoniells, bewiesen werden[71].

Zum anderen berichteten Festdrucke und Festbeschreibungen über den Ablauf der Ereignisse[72]. Ihr interpretatorischer Wert im Rahmen der vorliegenden Untersuchung liegt weniger in ihrer nur eingeschränkt vorhandenen

---

[69] Vgl. die grundlegenden Überlegungen in: *Marion Steinicke,* Politische und artistische Zeichensetzung. Zur Dynamik von Krönungs- und Investiturritualen, in: Investitur- und Krönungsrituale. Herrschaftseinsetzungen im kulturellen Vergleich, hrsg. v. ders. / Stefan Weinfurter, Köln / Weimar / Wien 2005, 1 – 28.

[70] Diese erschien erstmals 1619. 1649 wurde sie in einer erweiterten Fassung durch Théodores Sohn Denis Godefroy herausgegeben. Vgl. *Théodore Godefroy / Denis Godefroy* (Hrsg.), Le cérémonial français ou description des cérémonies, rangs et séances, observées en France en divers actes et assemblées solennelles, 2 Bde, Paris, 2. Aufl., 1649; vgl. dazu auch *Michèle Fogel,* Les cérémonies de l'information dans la France du XVIe au milieu du XVII siècle, Paris 1989, 155 – 170.

[71] Vgl. *Jackson,* Vivat Rex (Anm. 3), 66 – 80; *Stiefelhagen,* Die Bedeutung der französischen Königskrönung (Anm. 5), 237 – 255.

[72] Vgl. *Helen Watanabe-O'Kelly,* The Early Modern Festival Book. Function and Form, in: Europa Triumphans. Court and Civic Festivals in Early Modern Europe, Bd. I, hrsg. v. ders. / James R. Mulryne / Margaret Shewring, London 2004, 3 – 17.

Deutungsfreude als vielmehr in ihrer hemmungslosen Liebe zum Detail, die uns einen Einblick in jeden einzelnen Handlungsabschnitt der Krönungsfeierlichkeiten erlaubt. Da sie zur Verbreitung eines pro-monarchischen Königsbildes dienten, sind auch sie für die hier vorzunehmende Untersuchung hinzuziehen.

Besonders wichtig sind außerdem diejenigen Schriften, deren Autoren eine Diskussion und Interpretation der zeremoniellen Handlungen im Kontext eines anderen, übergeordneten Themas (des Lebens des Herrschers, der Funktion von Krönungen, der Heilfähigkeiten der französischen Monarchen usw.) vornehmen[73]. Auch hier war eine Konzentration auf pro-monarchische Schriften angebracht. Besonders für sie gilt die Überlegung, dass die Tendenzen dieser Schriften zu einer Verschiebung des Verhältnisses von religiöser und politischer Legitimation des Königsbildes aufschlussreich sind, wollten gerade sie diese doch meist verhindern.

Heinrich IV. wurde im Jahre 1594 in Chartres gekrönt und zum Herrscher geweiht. Die Zeremonie sollte die Legitimität des aus konfessionellen und dynastischen Gründen umstrittenen Herrschers stärken[74]. Die Voraussetzung, sie durchführen zu können, hatte er mit seiner Konversion einige Monate zuvor gelegt[75]. Seinen eigenen Zeugnissen zufolge war dieser Schritt eng mit der Annahme der französischen Königskrone verbunden. Als Nachfolger Chlodwigs und des Heiligen Ludwigs musste er, so war Heinrich IV. überzeugt, zum katholischen Glauben übertreten, wollte er nicht auf die sakralen Grundlagen seiner Repräsentation als Monarch verzichten[76]. Seine Krönung und Weihe führten dem französischen Hochadel, der hochrangigen Geistlichkeit und den anwesenden Zuschauern die Tatsache vor Augen, dass Heinrich IV. in jeder Hinsicht der Tradition seiner Vorgänger folgen wollte[77]. Dies sollte dadurch erreicht werden, dass der rituelle Ablauf eine minutiöse Beachtung des althergebrachten *Ordo* evozierte – ohne zu thematisieren, dass sich dennoch einige entscheidende Bestandteile von den Krönungs- und Weiheritualen von Heinrichs Vorgängern unterschieden. So waren es sowohl religiöse als auch politische Aspekte, die Heinrich IV. explizit in der Zeremonie selbst hervorheben ließ. Zum einen bezog er den Abschnitt des Eides, in dem er Bekämpfung der Häresie versprach, mit in den Text ein. Heinrich III. hatte diesen Teil aus

---

[73] Die entsprechenden Quellenbelege werden bei der Erstnennung des jeweiligen Textes genannt werden.

[74] Vgl. *Weber*, Sakralkönigtum (Anm. 49), 233–235.

[75] Vgl. *Michael Wolfe*, The Conversion of Henri IV. Politics, Power, and Religious Belief in Early Modern France, Cambridge, Mass./London 1993, 35 f., 172–176.

[76] Vgl. *Christian Desplat*, La religion d'Henri IV, in: Henri IV. Le Roi et la reconstruction du Royaume. Volumes des actes du colloque Pau-Nérac 14–17 septembre, Pau 1990, 223–267, 247–254.

[77] Vgl. *Jean-Pierre Babelon*, Henri IV, Paris 1989, 576 f.

Gründen der Pazifikation der konfessionellen Streitigkeiten bei seiner eigenen Weihe nicht laut verlesen[78]. Zum anderen war es Teil der Zeremonie, dass Heinrich IV. eine Abschrift dieses Eides an den Bischof von Chartres überreichte, um seine königlichen Rechte und Pflichten der Geistlichkeit gegenüber schriftlich festgehalten zu haben[79]. Auch seine Sitzhaltung zeigte sein Machtbewusstsein gegenüber den anderen hochrangigen geistlichen wie weltlichen Würdenträgern an: Er saß bei der Leistung des Eides und markierte damit seine Höherrangigkeit, da er nun das traditionelle Element der Präsentation des Gewählten durch den zeremonieleitenden Bischof seiner Symbolkraft beraubte[80]. Zwar waren die sich der Krönung einige Tage später anschließende Heilung der Skrofelkranken Teil des traditionellen Ritus, doch soll Heinrich IV. weit über 600 Personen berührt haben[81], wobei er – auch dies eine Neuerung – nach Rang unterschied und einige Personen von hohem Stand zur Handauflegung in seinen Privatgemächern empfing[82].

Die Möglichkeit einer rein politischen Legitimation des Königs im Moment der Krönung war seit dem Herrschaftswechsel von Heinrich III. zu Heinrich IV. gedacht und beschrieben worden[83]. Die katholische Liga leugnete die Herrschaftslegitimität Heinrichs IV. gänzlich und favorisierte einen anderen Thronkandidaten[84]. Heinrich IV. und seine Anhänger reagierten auf diese Herausforderungen damit, die Wirkkraft des *Sacre* nutzen zu wollen. Sie waren der Meinung, dass diese darin läge, sich als Teil einer ungebrochenen Traditionslinie zu repräsentieren. In ihren Bedeutungszuschreibungen zum *Sacre* mussten sie versuchen, die bereits bestehenden Repräsentationen monarchischer Herrschaft in Form eines rein politischen (Wahl-)Königs oder eines anderen, katholisch frommen Gegenkandidaten zu entkräften und gleichzeitig zu dem Zustand der monarchischen Legitimation vor den Bürgerkriegen, also zum vorkonfessionellen Sakralkönigtum, zurückzukehren.

Die Berichte zu ihrem Ablauf aus pro-monarchischer Sicht sollen im Folgenden also darauf hin analysiert werden, welche Verbindungen religiöser und politischer Repräsentationen in der Beschreibung von Krönung und Weihe zum Ausdruck kommen: War es nach der Erfahrung der konfessio-

---

[78] Vgl. *Weber*, Sakralkönigtum (Anm. 49), 245.

[79] Vgl. *Jean de Viguerie*, Les serments du sacre des rois de France (XVIe, XVIIe et XVIIIe siècles), in: Hommage a Roland Mousnier. Clientèles et fidélité en Europe à l'Epoque moderne, hrsg. v. Yves Durand, Paris 1981, 57–70, 60.

[80] Vgl. ebd.

[81] Vgl. *Bloch*, Die wundertätigen Könige (Anm. 2), 367.

[82] Vgl. *Weber*, Sakralkönigtum (Anm. 49), 249.

[83] Vgl. *Jackson*, Elective Kingship (Anm. 48).

[84] Vgl. *Eugène Saulnier*, Le Rôle politique du Cardinal de Bourbon 1523–1590 (Bibliothèque de l'École des hautes études: Sciences historiques et philologiques, 193), Paris 1912.

nellen Spaltung und der mehrmaligen Konversionen des Königs möglich, die hochgradig symbiotische Verbindung beider Repräsentationssysteme unbegründet beizubehalten?

Die Gestaltung der Zeremonie, auf die der König Einfluss nahm[85], hielt sich in den rituellen Formen soweit wie möglich an das *Ordo* des *Sacre*, wie es unter Karl V. verschriftlicht worden war, vom Einzug der Mönche mit der Ampulle des Heiligen Öls bis hin zum Festmahl im Bischofspalais[86]. Auch befolgte Heinrich IV. sämtliche liturgische Handlungen, die ihn als katholischen Herrscher auswiesen – von der Salbung selbst bis hin zum Krönungseid und zur aktiven Teilnahme an der Messe, einem den Königen im Rahmen der Krönung vorbehaltenen Privileg[87]. Die Tatsache, dass sich die Zeremonie detailgetreu an das traditionelle Formular zu halten suchte, sollte über zwei entscheidende Defizite hinwegsehen lassen: nämlich zum einen über die hugenottische Vergangenheit des Königs, zum anderen über die Tatsache, dass es sich um den ‚falschen‘ Ort (Chartres statt Reims) und das ‚falsche‘ Öl (statt des Öls des Hl. Remigius wurde eine Ampulle mit einem Öl des Heiligen Martin genommen) handelte[88].

Aufschlussreich ist nun, welche Folgen für die Verbindung von religiöser Legitimation und Krönungszeremoniell diese Neuerungen in einem traditionellen Verständnis hatten, in dem Ritualen ordnungsstiftende Funktionen zugeschrieben werden. Der Nachhall ihrer Wirkungen lässt sich jedenfalls gut in den Schriften erkennen, die ob der Zweifelhaftigkeit der Handlungen umso entschiedener versuchen, die Weihe des Königs mit seinen Herrschaftsansprüchen zu verknüpfen.

Der Geschichtsschreiber Pierre Victor Palma Cayet, der ein Jahr nach der Krönung Heinrichs IV. zum Katholizismus konvertierte, erwähnte die Feierlichkeit in seinem 1606 gedruckten historischen Werk „Chronologie novennaire, histoire des guerres de Henri IV de 1589 à 1598"[89]. Er begründete die Wahl des Krönungsortes (erstaunlicherweise) mit dem Argument der Wahrung monarchischer und speziell bourbonisch-dynastischer Traditionen: Heinrich IV. habe die Krönung in Chartres vollziehen lassen, um sich in eine Traditionslinie mit seinen monarchischen Vorgängern zu stellen, aber auch aufgrund der speziellen Beziehung, die seine eigenen bourbonischen Vor-

---

[85] Vgl. *René Pillorget,* Le Sacre d'Henri IV, Roi de France et de Navarre à Chartres le 27 février 1594, in: Herrscherweihe und Königskrönung im frühneuzeitlichen Europa, hrsg. v. Heinz Duchhardt (Schriften der Mainzer Philosophischen Fakultätsgesellschaft, 8), Wiesbaden 1983, 103–117, 105.

[86] Zum Ablauf vgl. ebd., 111–115.

[87] Vgl. ebd.; für das traditionelle Ordo vgl. Ordre pour Oindre et Couronner le Roi de France, zusammengestellt u. transkribiert v. Jean Goy, Reims 2002.

[88] Vgl. im Kontext der Bedeutung von Reims und dem Öl des Heiligen Remigius *Jackson,* Vivat Rex (Anm. 3), 46–49.

[89] Vgl. *Claude-Bernard Petitot* (Hrsg.), Collection complète des Mémoires relatifs à l'histoire de France, Bd. 43: Palma Cayet, seconde partie, Paris 1824, 157–182.

fahren zu der Kirche in Chartres besessen hätten[90]. Cayet vermied damit, die Zeremonie mit anzweifelbaren und umstrittenen politischen und religiösen Repräsentationen zu verbinden, indem er auf ein drittes Argument, das der Tradition, zurückgriff. In den Augen des eng mit dem Königshaus verbundenen Historikers Cayet war dies wohl die sicherste Variante, um die Legitimität des Herrschers zu stärken[91]. Er verzichtete auch auf eine eigene Ausdeutung der Zeremonie und fügte seiner Einleitung den Krönungsbericht zu, den der Erzbischof von Chartres, Nicolas de Thou verfasst hatte. Dieser Text stellt die Hauptquelle für eine Rekonstruktion des zeremoniellen Ablaufs dar[92].

Wenden wir uns daher nun diesem Krönungsbericht zu. Zweifel an der Rechtmäßigkeit von Ort und Handlung räumte de Thou mit dem Hinweis auf das *Sacre* Ludwigs VI., das gleichfalls im Jahre 1108 in Chartres stattgefunden hatte, aus, und er verwies zudem auf die Legitimierung der Handlungen durch die Präsenz zahlreicher hochrangiger französischer Geistlicher in Chartres[93]. Das Problem, dass einzig das Salböl von Reims dank der Taufe des ersten Merowingerkönigs Chlodwig mit der französischen Geschichte eng verbunden war, verschwieg de Thou[94]. Indirekt wies er Versuche zurück, der Zeremonie einen allein politischen Charakter zu verleihen, indem er die Rolle der Geistlichkeit in der Zeremonie hervorhob. Er erinnerte Heinrich IV. an die Abhängigkeit seiner Herrschaft von Gottes Gnade und der Macht der Kirche[95]. Ausführlich widmete sich de Thou einem im *Ordo* nicht mehr als andere Handlungselemente herausgehobenen Element, nämlich der Hinführung des Herrschers vom Altar zum Thron durch den Bischof, der die Salbung durchführte[96]. Heinrichs Macht sei unmittelbar von der Fürsprache der Geistlichkeit bei Gott abhängig: „Ledict Evesque de Chartres tenant le Roy par la main le fit sesoir, priant Dieu de la confirmer en son throsne, rendre invicible, & inexpugnable contre ceux qui iniustement s'efforcent de ravir la Couronne à luy legitimt escleve. Nulle est aussi si bien appuyée, qui ne puisse tomber en terre ny sceptre si ferme, qui ne soit en hazard d'estre arraché des mains des plus braves Princes, ny

---

[90] Vgl. ebd., 157.

[91] Zur Biographie Palma Cayets vgl. *Petitot,* Collection complète (Anm. 89), Bd. 38: Jean Choisnin – Mathieu Merle – Palma Cayet, première partie, Paris 1823, 227–233.

[92] *Nicolas de Thou,* L'Ordre Observé au Sacre et Couronnement du Roy Henry le Grand, l'an 1594, in: Le cérémonial français ou description des cérémonies, rangs et séances, observées en France en divers actes et assemblées solennnelles, Bd. 1, hrsg. v. Théodore Godefroy / Denis Godefroy, 2. Aufl., Paris 1649, 597–711.

[93] Vgl. ebd., 602.

[94] Vgl. ebd., passim. Zur Beziehung zwischen dem Salböl und der Taufe Chlodwigs vgl. mit weiterführenden Angaben *Josef J. Schmid,* Sacrum Monarchiae Speculum. Der Sacre Ludwigs XV. 1722. Monarchische Tradition, Zeremoniell, Liturgie, Münster 2007, 35–57.

[95] Vgl. *de Thou,* L'Ordre Observé (Anm. 92), 627, 673–674, 693.

[96] Vgl. Ordre pour Oindre (Anm. 87), Abschnitte 890–910.

throne si solidement fondé qui ne s'esbranle & subvertisse en fin avec le temps, sans son aide."[97] Die Verknüpfung von Weihe und Herrschaftslegitimität stärkte in der Beschreibung Nicolas' de Thous die Bedeutung der Geistlichkeit. Dies zeigt sich daran, dass er in seiner Beschreibung der Handlung einzelnen Abschnitten besonderes Gewicht beimaß. So beschrieb er zum Beispiel ausführlich, wie er den König vom Altar zum Thron geführt und ihn dort platziert hätte. Im traditionellen *Ordo* wird allerdings erwähnt, dass dies nicht nur der Erzbischof, sondern auch die *Pairs de France,* also Mitglieder des französischen Hochadels, durchführen sollten. Der Herausforderung, die die konfessionelle Spaltung an die argumentative und symbolische Repräsentation von Thron und Altar stellte, führte in de Thous Interpretation nicht dazu, dass er als Geistlicher die Symbiose religiöser und politischer Macht in der Person des Königs fördern wollte, sondern eher dazu, dass er beide Sinngehalte zu Gunsten der Gruppe der Geistlichkeit trennte.

Dies wird bei einem Vergleich seiner Beschreibung und Argumente mit einer anderen Schrift deutlich, die ebenfalls ein Geistlicher verfasst hat, aber den einzelnen Handlungen des *Sacre* eine ganz andere Gewichtung als de Thou verlieh. Es handelt sich um den Druck „Defence de la Monarchie Françoise" des Toulouser Geistlichen und Theologen Jean Baricave[98]. Im Erscheinungsjahr der Schrift im Jahre 1614 wurde Ludwig XIII. in einer feierlichen Zeremonie vor dem *Parlement de Paris* für volljährig erklärt[99]. Vermutlich ist diese Schrift im Kontext der Diskussionen um die Rechte des dreizehnjährigen Monarchen, die Legitimität seiner Herrschaft und die Validität des 1610 unmittelbar nach der Ermordung Heinrichs IV. abgehaltenen *Sacre* entstanden. Im Gegensatz zu de Thou begann Baricave mit einer theoretischen Begründung königlicher Prärogative, die er als mit der göttlichen Ordnung verknüpft sah. Explizit richteten sich seine Ausführungen allein gegen die Calvinisten, doch wird in einem Abschnitt deutlich, dass er die Macht des Königs auch gegenüber den Positionen stärken wollte, die die Rechte des französischen Königs gegenüber der Geistlichkeit bezweifelten. Der König sei „Seigneur proprietaire de son Domaine", eine Würde, die nicht zu schmälern sei und auch von der jeweiligen Nachfolge nicht abhängen würde[100]. In Baricaves Verständnis ist das königliche Versprechen im während der Krönung geleisteten Versprechen, Häretiker zu bekämpfen,

---

[97] Vgl. *de Thou,* L'Ordre Observé (Anm. 92), 673–674.

[98] *Jean Baricave,* La Defence de la Monarchie Françoise, et autres Monarchies. Contre les Detestables et execrables Maximes d'Estat d'Estienne Iunius Brutus & de Lovys de Mayerne Turquet & leurs adherans. Où l'on peut voir la response à tous les argumens & pretextes dont se sont servis ci-devant tous les autheurs des seditions, rebelllions, parricides, coniurations & guerres civiles, qu'ils ont suscité contre les Roys, Toulouse 1614.

[99] Vgl. *Bouyer,* Louis XIII (Anm. 9), 35.

[100] *Baricave,* La Defence de la Monarchie Françoise (Anm. 98), 615.

kein Zeichen der Macht der Geistlichkeit über die Krone, sondern Ausdruck von dessen Gewalt über die Geistlichen[101]. Baricave setzte also als Ergebnis der Auseinandersetzungen um die Legitimität der Nachfolge Heinrichs IV. auf eine Stärkung einer naturrechtlich gegebenen Königswürde, ohne diese explizit mit religiösen Symbolen zu verknüpfen.

Wie in de Thous Beschreibung spielen einzelne, von dem Autor für seine Argumentation ausgewählte Handlungsabschnitte in seiner Argumentation eine große Rolle. Bei diesen handelt es sich aber nicht um diejenigen Handlungen, die sich für eine Demonstration politisch-religiöser Repräsentationen besonders eignen würden, sondern vielmehr um die Handlungen mit einer vorwiegend juristischen Signifikanz. Das beste Beispiel ist dafür die Auslegung des Krönungseides im Sinne einer uneingeschränkten Begründung königlicher Macht. Diese führte Baricave unmittelbar auf Gott zurück. Eine Diskussion um die Validität der Nachfolge entbehrte in seinen Augen daher ihrer Berechtigung. Weitere sichtbare Zeichen für diese göttliche Auserwähltheit, wie sie die Heilfähigkeiten der Monarchen hätten sein können, waren für ihn daher nicht nötig: „Dira t'on, que Dieu n'est point Seigneur proprietaire de toute la terre en gros & en pieces, pourautant, qu'il ne peut tellement la donner & aliener, qu'il n'aye droit & puissance de l'oster & reprendre & la bailler toutes les fois qu'il luy plaist & pour autant de temps seulement que bon luy semble? quelle foiblesse d'esprit est cela donques de vouloir inferer & conclurre, que le Roy n'est pas Seigneur proprietaire de son Domaine, d'autant qu'il ne peut tellement le donner & aliener, qu'il ne puisse, s'il luy plaist, le revoquer & reprendre? le Roy ne meurt jamais: le mort faisait le vif; ce qui est fait par le predecesseur Roy ou par le successeur, C'est tousiours le Roy, c'est la mesme puissance & authorité."[102]

Beide Texte, der Bericht de Thous und die Auslegung Baricaves, weisen in unterschiedlicher Richtung darauf hin, mit welchen Problemen die Verknüpfung königlicher Herrschaft und Macht mit religiösen Symbolen nach dem außergewöhnlichen *Sacre* Heinrichs IV. zu kämpfen hatte: Die konfessionelle Spaltung hatte zu einer Dissoziation der weltlichen und geistlichen Naturen der Macht des Herrschers geführt. Wollte die eine Seite, hier repräsentiert durch den Bischof von Chartres Nicolas de Thou, die konfessionelle Entwicklung dahingehend nutzen, dass sie die königliche Gewalt dem (allerdings gallikanisch geprägten) geistlichen Primat unterstellte, versuchte die andere Seite, die politische Prärogative mit dem Hinweis auf die Parallelität von göttlicher und monarchischer Ordnung zu stärken. Dies bedeutete in Baricaves Argumentation eine Politisierung des Geschehens und machte das *Sacre* letzten Endes von der Notwendigkeit unabhängig, als liturgische Handlung in einer Kirche durch einen katholischen König voll-

---

[101] Vgl. ebd., 613, 615.
[102] Ebd., 615.

zogen zu werden – ein radikaler Schritt, dem das *Sacre* Heinrichs IV. die enge Verbindung königlicher politischer und religiöser Macht entgegensetzte, wie sie sich seit dem 13. und 14. Jahrhundert in diesem Zeremoniell herausgebildet hatte. Aufschlussreich ist, dass sogar ein katholischer Theologe wie Baricave dieser Verbindung unter Heinrich IV. so wenig Kraft zusprach, dass er nicht explizit auf ihren religiösen Symbolgehalt einging, sondern vielmehr eher die politische Souveränität des Königs stärken wollte.

Eine Rückkehr zu einer Symbiose politischer und religiöser Repräsentationen, wie sie das *Sacre* vor Heinrich IV. symbolisierte, war auch den Geistlichen nicht möglich, die eine möglichst starke Position der königlichen Gewalt befürworteten. Der Text Baricaves macht deutlich, dass eine Deutung des *Sacre* nicht automatisch in dem Sinne erfolgen musste, wie sie de Thou vorgegeben hatte, der die Bedeutung des Königs der der Geistlichkeit unterordnete. In Baricaves Interpretation spielten die Geistlichen als Mittler zwischen politischer und religiöser Sphäre keine Rolle. Eine möglichst uneingeschränkte königliche Gewalt, die über beide Bereiche herrscht, war seiner Meinung nach Ausdruck göttlichen Willens. In Baricaves Text führte diese Deutung aber nicht zu einer Heraushebung der sakralen Elemente der Zeremonie der Krönung und Weihe, sondern eher dazu, ihre juristischen Elemente zu unterstreichen. Auch er strebte also keine symbolische Überhöhung der sakralen Fähigkeiten der französischen Monarchie an. Das Beispiel Cayets wiederum weist darauf hin, dass sich auch in der unmittelbaren Umgebung des Königs keine politisch-religiöse Interpretation des zeremoniellen Ablaufs durchsetzen musste. Mit dem Argument der Tradition wählte er ein historisch-politisches, also neutrales Argument, das die religiösen Repräsentationen des Herrschers, die in der Weihe begründet lagen, schlichtweg ignorierte. Alle drei Beispiele weisen also auf eine Vielzahl von möglichen Repräsentationen hin, die mit der Krönung und Weihe Heinrichs IV. verknüpft werden konnten. Sie zeigen aber auch, dass keine Interpretation sich darauf verließ, eine Wiederbelebung des königlichen Kultes zu versuchen, ohne einer der beiden Sphären, der politischen oder der religiösen, einen argumentativen Vorrang einzuräumen. Sie folgen damit einer Differenzierung gesellschaftlich-kultureller Teilbereiche, die durch die konfessionellen Auseinandersetzungen bedingt waren und die auch die Symbolkraft der Königsweihe nicht vergessen lassen konnte.

War Heinrich IV. also nach allen Regeln der Kunst gekrönt und zum Herrscher geweiht worden, so wurde diese Zeremonie dennoch nicht zum stärksten Fundament der Legitimität seiner Herrschaft und ermöglichte keine Rückkehr zur Verbindung religiöser und politischer Legitimation, wie sie noch den Valois möglich gewesen war. Die Anhänger Ludwigs XIII. konnten nun versuchen, die hier bereits getrennten politischen und religiösen Repräsentationssysteme wiederum auf traditionelle Weise miteinander zu verweben, sie konnten aber nicht das Geschehen um die Krönung seines Vorgängers vergessen machen. Würden sie eher dem Pfad einer politischen oder einer eher geistlich-klerikalen Auslegung des Ritus folgen, oder würden sie auf eine ganz andere Art und Weise versuchen, religiöse mit politischer Legitimation in der Konstruktion und Begründung königlicher Macht im Moment des *Sacre* zu verknüpfen?

Ludwig XIII. wurde unmittelbar nach der Ermordung seines Vaters im Alter von acht Jahren gekrönt. Nun konnte die Zeremonie wieder am traditionellen Ort, Reims, und mit dem Salböl des Heiligen Remigius stattfinden. Die Befürworter einer starken Position des Königs standen aber vor der Schwierigkeit, diese überstürzte Maßnahme (der König war noch nicht einmal für volljährig erklärt worden) zu erklären und die Bedeutung des Geschehens mit dem teilweise recht kindlichen Verhalten des Königs während der Zeremonie in Übereinstimmung zu bringen. So gab der achtjährige Knabe dem vierzehnjährigen Duc d'Elbeuf, der in seiner Nähe stand, einen Knuff – eine Tatsache, die auch die wohlwollendsten Befürworter monarchischer Macht und der Bedeutung der königlichen Weihe nur mit Mühe positiv auslegen konnten[103].

Da die Zeremonie unmittelbar nach dem Anschlag auf Heinrich IV. stattfand, war sie bereits durch ihren Gesamtablauf mit bestimmten juristisch-politischen Implikationen versehen. So hatte Maria de' Medici bereits vor der Krönung und Weihe ein *Lit de justice* abhalten lassen[104]. Auf diese Weise sollte die unmittelbare Nachfolge Ludwigs XIII. symbolisiert und außerdem Maria de' Medicis Regentschaft anerkannt werden[105]. Die Krönung war in juristisch-politischem Sinne damit nur noch eine Bestätigung bereits festgelegter Herrschaftsverhältnisse. Dies kommt auch sehr gut darin zum Ausdruck, dass der König nach dem *Sacre* nicht in Form einer *Entrée solennelle* in Paris einzog: Der minderjährige König sollte in diesem Moment gar nicht von der Bevölkerung der Hauptstadt als Herrscher wahrgenommen werden. Erst vier Jahre später im Rahmen seiner Volljährigkeit sollte Ludwig XIII. in Form eines feierlichen Einzugs sein Verhältnis zu ‚seiner‘ Hauptstadt inszenieren[106]. Im Gegensatz zu dem Wegfall dieser beiden wichtigen politischen Funktionen einer Wandlung und damit auch Konstituierung politischer Macht sowie ihrer öffentlichen Sichtbarmachung blieben alle sakralen Elemente des zeremoniellen Ablaufs erhalten: Ludwig

---

103 Vgl. *Jackson*, Vivat Rex (Anm. 3), 49.

104 Im Rahmen dieses Zeremoniells erscheint der König mit seinem Gefolge im Parlement de Paris, um die Registrierung einer königlichen Ordonnanz durchzusetzen. Vgl. *Sarah Hanley*, The lit de justice of the kings of France. Constitutional ideology in legend, ritual, and discourse (Studies presented to the International Commission for the History of Representative and Parliamentary Institutions, 65), Princeton 1983.

105 Vgl. *Jackson*, Vivat Rex (Anm. 3), 21.

106 Vgl. *Bouyer*, Louis XIII (Anm. 9), 34.

XIII. berührte im Anschluss an sein *Sacre* acht- bis neunhundert Kranke vor dem Heiligtum des Heiligen Markulf in Corbeny[107].

Obwohl er gegenüber seinem Vater den Vorteil besaß, mit dem ‚richtigen' Öl gesalbt worden zu sein, war es genau dieses Element der Heilkraft, das dem König auf Grund seines geringen Alters bei der Krönung eher abgestritten wurde als Heinrich IV., bei dem es erstaunlicherweise nicht einmal von seinen Gegnern direkt angegriffen wurde. Es fällt jedenfalls auf, dass diejenigen Schriften, die sich mit der Weihe Ludwigs XIII. befassen, sich auch der Frage der Wirksamkeit des *Sacre* speziell hinsichtlich der durch die Salbung verliehenen Heilkräfte widmeten[108]. Die Zweifel an der Wirksamkeit der Salbung waren so groß geworden, dass sie auch diejenigen Autoren nicht ignorieren konnten, die mit der Beschreibung der Zeremonie die Verbindung religiöser und politischer Legitimation in der Person des Königs unter allen Umständen stärken wollten. Hierbei verwendeten die Autoren unterschiedliche Argumentationsstrategien, die sich aber im Ergebnis alle in gleicher Weise dahingehend auf die Bedeutung des *Sacre* und insbesondere der Salbung auswirkten, dass sie die im 13. und 14. Jahrhundert entwickelte Symbiose religiöser und politischer Repräsentationen nicht mehr in einer selbstverständlichen, also nicht erklärungsbedürftigen Weise zur Stärkung königlicher Legitimation hinzuzogen.

So stellte Jean-Charles Raemond, Abbé de la Frenade, die Heilkraft der französischen Könige in eine dezidiert antike Traditionslinie[109]. Das Titelblatt seines Druckes zeigt Ludwig XIII. mit ikonographischen Symbolen der Weltherrschaft. Christliche Attribute fehlen gänzlich[110]. Im Text charakterisierte er Ludwig XIII. als einen Herrscher, der ein großes Interesse an der Förderung der Wissenschaften besitze. Indirekt wies Raemond somit Vorwürfe zurück, die rasche Durchführung der Zeremonie sei mit dem noch nicht volljährigen Alter des Knaben nicht vereinbar. Vielmehr wird sie bei ihm zum Zeichen dafür, dass das französische Königtum durchaus in der Lage sei, neueste philosophische und wissenschaftliche Entwicklungen aufzunehmen. Folgerichtig charakterisierte er einen achtjährigen, von Zeitgenossen eher als geistig schwerfällig beschriebenen Jungen[111] als Nachfolger antiker Imperatoren und Förderer von Philosophie und Wissenschaften[112]. Raemonds Text und Bild kommt einer Säkularisierung der Herrschaftslegitimation durch den Rückgriff auf antike und damit primär nicht christliche

---

[107] Vgl. *Jackson,* Vivat Rex (Anm. 3), 23 f.

[108] Vgl. *Weber,* Das „Toucher Royal" (Anm. 5), 155–170, 160–166.

[109] Vgl. *Jean-Charles Raemond,* Abbé de la Frenade, Les Cérémonies observées au sacre et couronnement du roy Loys XIII, Paris 1610, fol. 1–66, passim.

[110] Vgl. Abb. 1.

[111] Vgl. die entsprechenden Quellenzitate bei *Philippe Erlanger,* Richelieu, Freiburg / Luzern 1978, 74–76.

[112] Vgl. *Raemond,* Les Cérémonies observées au sacre (Anm. 109), 64–66.

Repräsentationen recht nahe. Repräsentierte Raemond hier also eine neue Sichtweise auf die Erklärung des Ablaufs des *Sacre,* versuchten zwei andere Schriften, gerade die symbiotische Verbindung religiöser mit politischen Repräsentationen im Rahmen ihrer Interpretation des Zeremoniells zu stärken.

In einer bereits 1610 publizierten Schrift konstruierte der französische Hofgeistliche Guillaume du Peyrat eine unmittelbare Translation sakraler Fähigkeiten Heinrichs IV. auf Ludwig XIII. Er unterstrich diese, indem er die Umstände der Abfassung seiner Schrift unmittelbar mit dem Thronantritt Ludwigs verknüpfte: Noch während er seine als Begräbnisrede auf Heinrich IV. gedachte Schrift verfasse, würde bereits dessen Sohn in Reims gekrönt[113]. Du Peyrat verknüpfte die sakralen Fähigkeiten Heinrichs IV. (und damit auch die seines Sohnes) nicht mit der Salbung selbst, sondern mit der persönlichen Religiosität des Königs. Einen Großteil seiner Lobrede auf Heinrich IV. nehmen Berichte von der Frömmigkeit Heinrichs IV. ein. Als christlichem Herrscher, so du Peyrat, sei ihm in der Imitation und Nachfolge Christi die Fähigkeiten zur Krankenheilung verliehen worden[114]. Ludwig XIII. besitze diese Fähigkeiten, da er dem Vorbild des Vaters nacheifere, und also nicht allein auf Grund seiner im *Sacre* verliehenen königlichen Würde[115]. Du Peyrat gründete wie Raemond die königliche Legitimation nicht in erster Linie auf das Zeremoniell des *Sacre* und reagierte damit auf Zweifel an dessen Wirksamkeit.

André Valladier, der die Predigt am Folgetag der Krönung gehalten hatte[116], erinnerte wie du Peyrat an Heinrich IV. als Vorbild für den jungen Ludwig XIII. Im Gegensatz zu du Peyrat maß er aber daneben der Zeremonie der Weihe noch ein stärkeres Gewicht bei und bedauerte, dass ihre Wirkung angezweifelt wurde. Seiner Meinung nach war dies nicht in einem Verlust an königlicher Autorität durch den Wechsel von Dynastie und Konfession begründet, sondern darin, dass der Glauben an das, was die Zeichen in der Zeremonie bedeuteten, verloren gegangen sei: „La secheresse de nostre ame, l'indevotion, & l'impieté de nostre siecle a deseiché nos fleurs de Lys, a destourné nostre beau printemps."[117] Dies sei durch die religiösen Konflikte der vergangenen Jahre bedingt, die nun durch die Salbung des Königs wieder geheilt werden sollen: „la glace mortelle a saisy nosesprits, l'esmail inflexible obsede nos coeurs; l'erreur, l'heresie, l'infedileté mille devoyements

---

[113] Vgl. *Guillaume du Peyrat,* Discours sur la vie et mort de Henry le Grand, treschrestien Roy de France & de Navarre, Paris 1610, 5.

[114] Vgl. ebd., 82–97.

[115] Vgl. ebd., 9.

[116] Vgl. *André Valladier,* Parenese Royale. Sur les Ceremonies du Sacre du Tres-Chrestien LOUYS XIII. Roy de France & de Navarre. Pour le lendemain du sacre, iour de S. Luc, & de la ceremonie des Chevaliers du S. Esprit, faicte en l'Eglise Cathedralle de nostre Dame de Rheims, Paris 1611.

[117] Ebd., 7.

de teste nous fourfoyent, & nous egarent. Vous [es wird der König angesprochen] estes l'huille, amollissés la dureté de nos courages: vous estes le feu; fondez nos glaçons; vous estes la bouxolle, & l'astre polaire r'adressez nos voyes, & nos vaisseaux."[118] Die königliche Weihe verleihe dem Herrscher die Macht, religiöse Zweifel vergessen zu lassen. Valladier zog eine enge Verbindung zwischen der ‚Erlösung' Frankreichs und der Zeremonie: „Et sur toutes choses à l'huile & à l'onction celeste, pour estre gueris, consolez, r'enforcez, addoucis de nos maux en nostre affliction, en nos desespoirs, en nostre rebellion inveteree. Courage ma chere & douce patrie; ma pauvre France, leve toy, lave toy, oings toy, te voi-cy guerie; voicy venir l'huille saincte de ton allegement & de ta parfaicte guerison."[119] Die Person des Königs tritt bei Valladier am stärksten von allen hier diskutierten Schriften in den Hintergrund.

Dass die Position Valladiers eine Interpretation war, die der zu dieser Zeit von Maria de' Medici dominierte Hof teilte[120], zeigt sich daran, dass die von ihm vorrangig verwendete Symbolik auch die Inschriften und Bilder der ephemeren Festkonstruktionen prägte, die aus Anlass der Krönung Ludwigs XIII. in Reims aufgebaut worden waren[121]. Es ist denkbar, dass Valladier zu denjenigen gehörte, die an der Invention der jeweiligen theologisch-philosophischen Konzepte beteiligt wurden. Wie in Valladiers Predigt so wird Ludwig auch auf den Torinschriften als gesalbter König repräsentiert, der Frankreich von den konfessionellen Streitigkeiten erlösen würde, eine Heilgabe, die sich in direkter Traditionslinie zu der Taufe des Merowingerkönigs Chlodwig begründete: „Clovis par sa valeur accent ce grand Empire, / Et premier d'un seul Dieu le fut recognoissant, / Et premier de Iesus le regne establissant, / Pour luy, pour ses Neptueux les dons du Ciel attire, / Louys, dont la bonté ne se peut pas descrire, / De tout pouvoir humain l'Eglise affranchissant, / Va per sa pieté son throne affermissant, / Et fait que Rome encore aprés noz Roys souspire, / Louys sainct abregé de toutes les vertus, / Qui triomphe là-haut des monstres abbatus, / Ne voit rien de pareil à son claire Diadéme. / Et Louys que le Ciel nous donne ores pour Roy / Surpassant ses Ayeulx de courage, & de foy, / Sera de tous les Roys la Merveille supréme."[122]

Das *Sacre* Ludwigs XIII. als Heilmittel gegen konfessionelle Streitigkeiten: Diese Interpretationslinie ist diejenige, bei der sich am ehesten annehmen ließe, dass sie durch eine Vereinigung religiöser und politischer Reprä-

---

118 Ebd., 9.

119 Ebd., 10.

120 Vgl. auch entsprechend ebd., aiiv-r, 15.

121 Vgl. Inscriptions Principalles des Portes & Arcs de Triomphe, faitz pour l'Entrée, Sacre & Couronnement du Roy LOVYS treiziesme, en sa Ville de Reims, Reims 1610.

122 Ebd., 17.

sentationen in der Person des Königs durchgesetzt werden sollte. Bei Valladier und in dem anonymen Druck, der über die Inschriften in Reims anlässlich der Zeremonie berichtet, ist es auch so, dass sich eine Symbiose religiöser und nationaler Symbole feststellen lässt. Diese führte aber in seiner
Argumentation nicht zu einer direkten Stärkung monarchischer Gewalt.
Vielmehr verknüpfte er die konfessionelle Einheit Frankreichs mit den Bedeutungen der zeremoniellen Handlung. Die tatsächliche Person des Herrschers geriet dabei eher zu einer Nebensächlichkeit. Es ist also gerade nicht
eine Sakralisierung der persönlichen Erscheinung des Königs, die in diesen
Fällen als Strategie zur Begründung des *Sacre* verfolgt wird.

Die hier diskutierten Beispiele lassen sich exemplarisch für verschiedene
Methoden anführen, die Verbindung von Religion und Politik vor dem Hintergrund der innerfranzösischen Erfahrungen der Bürgerkriege und Konversionen des ersten Bourbonenkönigs zu repräsentieren. Diese Methoden
wandten nicht allein die expliziten Kritiker der Monarchie an. Vielmehr
wollten auch die Verteidiger monarchischer Herrschaft diese vor den jeweiligen Zweiflern schützen. Ihre Argumentationsmuster beruhten nicht darauf, diese Zweifel schlicht zu ignorieren. Sie bemühten sich vielmehr darum, die Verbindung zwischen Kirche und Krone zu stärken.

Die Verbindung persönlicher Frömmigkeit mit sakralen Fähigkeiten in
der Argumentation Guillaume du Peyrats maß dem *Sacre* nicht die wichtigste Bedeutung für die Stiftung religiös-politischer Legitimation zu. Diese
Argumentationslinie war durch Zweifel an der Glaubhaftigkeit der Konversion Heinrichs IV. bedingt, schwächte aber auf diese Weise auch wiederum
die Position des Herrschers: Waren die Heilfähigkeiten an die persönliche
Religiosität des Königs geknüpft, konnten sie mit dieser ab- und zunehmen.
Ludwig XV. beispielsweise ist diesem Prinzip gefolgt und hat über viele
Jahre hinweg auf Grund seines Ehebruchs keine Skrofelheilungen mehr
vorgenommen[123]. Die sakralen Fähigkeiten des Herrschers wurden durch
ihre enge Verbindung mit seiner persönlichen Religiosität kontingenten Veränderungen ausgesetzt, und dies in sehr viel höherem Maße, als wenn sie
sich unabhängig von der jeweiligen Persönlichkeit des Königs allein auf die
Salbung berufen hätten.

Eine andere Argumentationslinie, für die André Valladier angeführt werden kann, zielte weniger auf die Person des Herrschers, sondern verknüpfte
die traditionellen Elemente der Zeremonie mit einer Wiederherstellung der
konfessionellen Einheitlichkeit Frankreichs. Damit vernachlässigte sie aber
eine Stärkung der monarchischen Gewalt, die damit mehr oder weniger indirekt der Deutungshoheit der Geistlichkeit unterstand. Dies zeigt sich sehr

---

[123] Vgl. *Peter C. Hartmann*, Ludwig XV. (1715–1774), in: Französische Könige und
Kaiser der Neuzeit. Von Ludwig XII. bis Napoleon III. 1498–1870, hrsg. v. dems.,
München 1994, 237–271, 247.

gut daran, dass keiner der hier einzuordnenden Texte elaboriert auf die Heilfähigkeiten des Königs einging, obwohl sie die Person des Königs als Heilmittel gegenüber den Übeln der Zeit bezeichneten[124].

Heinrich IV. hatte mit der exakten Befolgung des Krönungsordo seine Einordnung in die Reihe der französischen Herrscher erreichen wollen. Promonarchische Autoren mussten nun versuchen, mit Hilfe eigenständiger Interpretationen des Verhältnisses von religiösen und politischen Repräsentationen seine Legitimation zu stärken. Sie erreichten dies, indem sie das *Sacre* nicht mehr als unmittelbar für seine Legitimation ansahen. Damit war die Möglichkeit eröffnet, Zweifel an der Stiftung sakraler Fähigkeiten im Rahmen dieser Zeremonie zu äußern – Zweifel, denen die Autoren, die die Krönung Ludwigs XIII. beschrieben, damit begegneten, sie wie Raemond mit explizit nicht religiösen, da antiken Repräsentationen zu verbinden, oder dem König eine spezifisch konfessionelle Rolle zuzuschreiben. Damit besaßen aber die Theologen und nicht der Herrscher selbst die Deutungsmacht über die religiösen Repräsentationen, die im *Sacre* kommuniziert wurden. Es ist also ersichtlich, dass die jeweiligen Autoren nicht die Ausgangsbedingungen im Verhältnis von politischen und religiösen Repräsentationen der Monarchie ignorieren konnten, die mit dem Regierungsantritt Heinrichs IV. geschaffen worden waren. André Valladier strebte dies zwar an. Sein Bedauern über den verlorenen Glauben an die Wirkkraft des *Sacre* ist aber ein resigniertes Eingeständnis, dass dieser Glaube wohl auch nicht mehr wiederbelebt werden kann. Auffällig ist an den Quellen zum *Sacre* Ludwigs XIII., dass sie nicht zu einer traditionellen Deutung des *Sacre* im Sinne einer vorbehaltlosen Sakralisierung der französischen Monarchie zurückkehrten, aber auch nicht dem Weg zur Dissoziation von religiösen und politischen Repräsentationen folgten, wie sie die Texte zum *Sacre* Heinrichs IV. nahelegten. Sie konzentrierten sich im Gegenteil in höherem Maße auf die konfessionellen und religiösen Repräsentationen der Zeremonie als es noch bei Heinrich IV. der Fall gewesen war. Dabei gelang ihnen aber auch nicht, den Monarchen ohne argumentative und inhaltliche Unstimmigkeiten als idealen Sakralherrscher zu porträtieren. Es lässt sich also nicht von einer linearen, teleologischen Säkularisierung in dem Sinne ausgehen, dass die Trennung politischer und religiöser Repräsentationen kontinuierlich fortgeführt wurde, sondern eher von einem Bedeutungswandel, der letztlich dadurch, dass royalistische Autoren ihn aufzuhalten oder umzukehren versuchten, beschleunigt wurde.

„Si les Rois sont les Images vivantes de celuy qui dans la Transfiguration paroist plua éclattant que le soleil qui brille sur nos testes. Il faut avoüer que LOUIS LE GRAND est l'Image la plus accomplie de ce soleil de la Justice,

---

[124] Vgl. *Baricave*, La defence de la Monarchie Françoise (Anm. 98), 671; *du Peyrat*, Discours (Anm. 113), 8 f.; *Valladier*, Parenese Royale (Anm. 116), 7 – 15, 112.

& moins par les brillants de sa couronne que par l'éclat de ses perfecti-
ons."[125] Dieser kurze Abschnitt einer panegyrischen Rede auf Ludwig XIV.
aus dem Jahre 1687 liest sich wie der Endpunkt einer Entwicklung, die die
Krönung und Weihe des Herrschers immer weiter ihrer eigentlich wichtigsten Bedeutung, nämlich der Konstitution des Herrschers als legitimer Monarch, entkleidet hatte: Nicht mehr die Krone habe zur Größe Ludwigs XIV.
beigetragen, sondern seine persönliche, von Gott gegebene und im Symbol
der Sonne repräsentierte Vollkommenheit.

Waren zwischen der Krönung Heinrichs IV. und Ludwigs XIII. nur wenige
Jahre vergangen, so fand die Ludwigs XIV. vierundvierzig Jahre nach der
seines Vorgängers statt. Im Gegensatz zu der Inthronisation und Weihe seines Vaters, die kurze Zeit nach dem Attentat auf Heinrich IV. erfolgt waren,
verstrichen zwischen dem Begräbnis Ludwigs XIII. und der Krönung Ludwigs XIV. zehn Jahre[126]. Dies wurde bereits von Zeitgenossen als Beweis
dafür angesehen, dass nunmehr die Zeremonie des *Sacre* bar jeder Konsti-
tuierungsfunktion war und nur noch zur Bestätigung und Sichtbarmachung
bereits bestehender Herrschaftsverhältnisse diente[127]. Auch andere Elemente der Zeremonie selbst wiesen auf einen Bedeutungswandel von Ludwig XIII. zu Ludwig XIV. hin: So war Ludwig XIV. der erste Herrscher, der
sich während der gesamten Zeremonie nicht erhob. Musste sich in den
Krönungsfeierlichkeiten zuvor der Herrscher im Kirchenraum bewegen,
stellte der Monarch nunmehr das Zentrum des Geschehens dar, auf den alle
räumlichen Arrangements und Handlungen ausgerichtet waren[128]. Außerdem reiste der Herrscher nicht mehr zur Heilung der Skrofelkranken zu den
Reliquien des Heiligen Markulf nach Corbeny. Die Reliquien wurden vielmehr speziell zu diesem Anlass nach Reims gebracht, wo der König die Heilungen vornahm[129]. Interpretierte Pierre David dies in seiner 1654 erschienen Abhandlung über die französischen Königskrönungen etwas ratlos als
eher zufällige Entwicklung, die er mit der Gefährlichkeit der Reise von
Reims nach Corbeny begründete[130], lässt sich darin ein Wandel in der zeremoniellen Stellung des Königs erkennen, der auch darin in eine zentralere
Position gerückt war.

---

[125] (*Ambroise de Quimper*), Panegyrique du Roy Prononce le second dimanche de
Carême dans l'Eglise des RR. PP. Capucins de Quimper par le R. Pere Ambroise de
Quimper Predicateur Capucin, où le Te Deum fût chanté en Action de Graces pour le
Rétablissement de la santé de SA MAJESTE 1687, o.O., o.J., 4 f.

[126] Vgl. *Jackson*, Vivat Rex (Anm. 3), 15.

[127] Vgl. *Nicolas Menin*, Traité historique et chronologique du Sacre et Couronnement des Rois et Reines de France depuis Clovis I. jusqu'à présent, et de tous les princes
souverains crétiens: Avec la relation du sacre de Louis XV, Amsterdam 1724, 168.

[128] Vgl. *de Viguerie*, Les serments (Anm. 79), 60.

[129] Vgl. *Bloch*, Die wundertätigen Könige (Anm. 2), 516.

[130] Vgl. *Pierre David*, Ceremonies pratiquees au sacre et couronnement des roys de
France: Tant pour les Prieres que l'on y fait, que pour le rang de Pairs Officieres de la
Couronne & autres Seigneurs, Paris 1654, 174 f.

Abb. 2: *Henri Avice*, La Pompeuse et Magnifique Ceremonie du Sacre
du Roy Louis XIV. Fait à Rheims le 7 juin 1654, Paris 1655,
Kupferstich ohne Seitenangabe (Bibliothèque nationale de France)

Dieser Wandel des zeremoniellen Ablaufs weist auf eine zeremonielle Zentralisierung der Stellung des Monarchen hin, die als Vorbote der medialen und zeremoniellen Repräsentationen des Herrschers in den folgenden Jahrzehnten gesehen werden kann[131]. Inwieweit dieser Wandel des zeremoniellen Ablaufs auch mit einem Wandel des Gewichts zwischen politischen und religiösen Repräsentationen in der Deutung des *Sacre* korrelierte, soll nun anhand zweier Quellen untersucht werden.

Zwei ausführliche Texte berichten über die Weihe Ludwigs XIV.[132]: eine anonyme handschriftlichen Relation[133], und ein außergewöhnlich reich bebilderter, Kardinal Mazarin gewidmeter Druck, der ein Jahr nach der Zeremonie in Paris erschien[134]. Wie schon bei der Weihe Ludwigs XIII. ist davon auszugehen, dass sowohl die Zeremonie selbst als auch die sie beschreibenden Texte sich in eine Traditionslinie mit den Krönungen des Vorgängers stellen. Allerdings fällt auf, dass sie dies sehr viel weniger explizit tun als bei der Abfolge von Heinrich IV. auf Ludwig XIII. Zum einen kann dies sicherlich damit erklärt werden, dass die dynastische Abfolge nun weniger neu und damit erklärungsbedürftig war. Zum anderen ließe sich hier eine Reaktion darauf vermuten, dass man sich nun darum bemühte, die Angriffe auf die religiöse Legitimation des Herrschers endgültig zu ignorieren.

Im Gegensatz zu den Quellen zum *Sacre* Ludwigs XIII. gehen beide Texte in keiner Weise auf andere Elemente als eine exakte Beschreibung der Zeremonie ein. Dies fällt auch schon bei einem Vergleich der Bebilderung ins Auge: War Ludwig XIII. noch auf dem Titelbild des Drucks von Raemond umringt von vom Betrachter zu interpretierenden Symbolen monarchischer Weltherrschaft, so fügte Henri Avice seiner ausführlichen Beschreibung der Zeremonie drei Kupferstiche hinzu, die das Geschehen so detailliert wie möglich wiedergeben, auch wenn sie natürlich in der Bildkomposition die Person des Königs hervorheben[135].

Im Gegensatz zu dem Titelbild des von Raemond verfassten Druckes sind nun keine zu deutenden Symbole mehr vorhanden. Alles ergibt den Eindruck einer restlos ausgefüllten, realistischen Szenerie. Dies entspricht

---

[131] Vgl. *Peter Burke,* The Fabrication of Louis XIV, New Haven 1992.

[132] Die Krönung Ludwigs XIV. ist bis jetzt im Gegensatz zu der seiner Vorgänger und Nachfolger nicht erforscht worden. Als weitere Quellen zusätzlich zu den im Folgenden ausgewerteten wären zu nennen *Simon Le Gras,* Procès-verbal du sacre de roy Louis quatorze du nom, o.O.: o.D.; Le lys sacré roy des fleurs ou le sacre de Louis XIV, Ms. 1492, Bibliothèque Municipale de Reims; Le sacre et couronnement de Louis XIV roy de France et de Navarre, Paris 1654.

[133] Le veritable Iournal de ce qui s'est passé au sacre du Roy LOUYS XIV pendant son sejour dans la ville de Rheims, depuis le troisiesme Iuin iusques au neuf; Avec les noms & qualitez de ceux qui y ont assisté, Paris 1654, in: Ms. Clairambault 484, fol. 10–32.

[134] *Henri Avice,* La Pompeuse et Magnifique Ceremonie du Sacre du Roy Louis XIV. Fait à Rheims le 7 juin 1654, Paris 1655.

[135] Vgl. Abb. 2.

auch den Beschreibungen, die Avice und der anonyme Autor der Handschrift verfasst haben und die im Ton eines Zeremoniale sämtliche Handlungen aufzählen. Verzichtete die Handschrift gänzlich auf Interpretationen
der Handlung, so gab Avice wenigstens zu Beginn seiner Bilderläuterungen
eine, die aber eher auf die Verleihung militärischer denn sakraler Fähigkeiten durch die Salbung einging: „dès le moment que Dieu par une grace toute
particuliere aux Rois de France, l'auroit mis au nombre de ses Oingts, & qu'
estant fortifié dela sainte Huile il imprimeroit plus puißamment la terreur
dans les troupes ennemies."[136] Die Krönung ist nun nicht mehr Heilmittel
gegen konfessionelle Spaltungen, sondern Garantiemacht für die Stärke des
Königs gegenüber militärischen (wohl inneren wie äußeren) Feinden. Auch
die exakte Beschreibung der Zeremonie verbarg nicht, dass sie einen Bedeutungswandel erfahren hatte. Dieser Bedeutungswandel bestimmte die Ikonographie und Panegyrik, die den Monarchen umgaben, auch noch lange
nach seinem *Sacre:* Seine aggressive Außenpolitik wird so religiös umge-
deutet in einen Vorboten des Weltfriedens, den der französische Herrscher
mit der Eroberung und Bekehrung aller Länder erreichen wolle. Antike und
christliche Repräsentationen gehen hier, wie auch beim *Sacre,* Hand in
Hand[137]. Nicht ihr Verhältnis deutet auf eine Säkularisierung der Repräsentationen der Monarchie hin, sondern der Verlust, den die Zeremonie von
Weihe und Inthronisation sowohl in politischer als auch bildlicher Aufladung erfahren hatte.

Die Legitimität seiner Nachfolger baute auf Heinrich IV. als erstem Bour-
bonen auf. Die Krönung und Weihe Heinrichs IV. nur wenige Monate nach
seiner feierlichen Konversion in Saint-Denis in Paris bot den Referenzrah-
men für die beiden Krönungen seiner direkten dynastischen Nachfolger. Ihre Gestaltung und ihre erfolgreiche Verknüpfung von herrschaftlicher Legitimität und religiöser Symbolik entwickelte eine argumentative und symbolische Repräsentationsmatrix, die bis zur Weihe Ludwigs XIV. fortwirkte.

Der Thronwechsel von Heinrich III. zu Heinrich IV. stellte die seit dem
13./14. Jahrhundert fest etablierte Verbindung von religiöser und politischer Legitimation monarchischer Gewalt nicht allein wegen des Dynastie-
wechsels in Frage, sondern auch vor dem Hintergrund der konfessionellen
Spaltung, die sich in den Konfessionswechseln Heinrichs IV. ausdrückte.
Die Durchführung des *Sacre* Heinrichs IV. in getreuer Befolgung des
Krönungsordo sollte die Verbindung von Religion und Politik in seiner Person wieder stärken, litt aber daran, dass sie auf den ‚richtigen' Ort und die
‚richtigen' Requisiten verzichten musste. Vorwiegend politische und vor-

---

136 Vgl. *Avice,* La Pompeuse et Magnifique Ceremonie (Anm. 134), A3r-v.

137 Aus der Fülle an einschlägigen Texten seien als zwei besonders markante Beispiele herausgegriffen *François de Callières,* Panegyrique historique du Roy, Paris
1683, 7–23; *Paul Tallemant,* Panegyriques et Harangues a la Louange *Du Roy. Pro-
noncez dans* l'Aacademie Françoise en diverses occasions, Paris 1680, 123–146.

wiegend konfessionelle Deutungen der Notwendigkeit und des Ablaufs des königlichen *Sacre* wurden somit gefördert. Dies bot für die Stärkung königlicher religiös-politischer Legitimität im Falle Ludwigs XIII. veränderte Ausgangsbedingungen. Besaß dieser zwar gegenüber seinem Vater den ‚Vorteil‘, im katholischen Glauben erzogen worden zu sein, war er doch zum Zeitpunkt der Zeremonie so jung, dass sein Verhalten Gegenstand von explanatorischen Bemühungen werden musste. Entsprechend weit entfernten sich die meisten Autoren von seiner Persönlichkeit bei der Konstruktion einer politisch-religiösen Legitimität. In jedem Fall versuchten sie, diese entweder in eher politischer oder eher konfessioneller Schwerpunktsetzung zu repräsentieren. Keiner ging davon aus, dass sie nicht erklärungsbedürftig sei. Keiner maß also dem *Sacre* die Bedeutung bei, mit der die Zeremonie im 13. und 14. Jahrhundert konnotiert wurde, nämlich uneingeschränktes Zeugnis für die religiöse Bedeutung des französischen Monarchen zu sein. Die Konsequenz hiervon zeigt sich in der Exaktheit der Beschreibung der Zeremonie unter Ludwig XIV.: Vierundvierzig Jahre nach der Krönung Ludwigs XIII. folgte die Weihe Ludwigs XIV. zwar dem traditionellen Muster, entbehrte nunmehr aber weitgehend eines symbolischen ‚Überschusses‘. Sie war nur noch farbenprächtiger und triumphierender Beweis für die königliche Macht, verstanden als Fähigkeit, sich gegenüber inneren und äußeren Feinden durchzusetzen.

Die Konsolidierung religiös-politischer Legitimation nach der Ermordung Heinrichs III. musste also von anderen Bedingungen als vor diesem Attentat ausgehen; diese veränderten Bedingungen wirkten sich massiv und tiefgehend auf die Verbindung von Herrschaftsrepräsentationen und Herrscherlegitimation aus. Die neu geschaffenen Legitimationsstrategien, obwohl sie gerade der Konsolidierung königlicher Macht und königlichen Ansehens dienen sollten, trugen zur Erosion derjenigen religiös-politischen Repräsentationen bei, die sie unbedingt bewahren wollten. In diesem Sinne stellte die Entwicklung des 18. Jahrhunderts auch ein Ergebnis derjenigen Veränderungen dar, die im ‚langen siebzehnten Jahrhundert‘ in Frankreich angelegt worden waren. In diesem Sinne ist ein Säkularisierungsprozess erkennbar, der gerade durch seine bewusste Umkehrung im 17. Jahrhundert kulturell gefördert worden ist. Diese These wäre nun durch eine Analyse der Interpretationen des *Sacre* Ludwigs XV. und Ludwigs XVI. zu erhärten, was hier nicht geschehen soll.

Die Säkularisierung, die in diesem Abschnitt im 17. Jahrhundert festgestellt wurde, ist auch kein kongruenter Prozess der kulturellen und politischen Autonomisierung von Politik und Religion, sondern ein Prozess der Eröffnung und des Akzeptierens neuer Akzentverschiebungen: Eine vorbehaltlose Symbiose politisch-religiöser Legitimität war dadurch, dass ein königlicher Herrscher den Thron bestieg, der zwischen den unterschiedlichen konfessionellen Lagern gewechselt hatte, nicht mehr möglich. Dieser veränderten Ausgangsbedingung folgte keine Säkularisierung der Person des Monarchen im Sinne einer nun rein politischen Interpretation der Monarchie. Diese ist in Ansätzen nur unter Heinrich IV. erkennbar. Sie bewirkte aber, dass neue Interpretationsmöglichkeiten der Verbindung von religiösen und politischen Repräsentationssystemen denkbar wurden, die auch diejenigen Autoren beeinflussten, die unter Ludwig XIII. versuchten, diese Entwicklung rückgängig zu machen. Unter Ludwig XIV. ist das *Sacre* als eine Zeremonie zu bezeichnen, die politisch keine differenzierte Funktion und Bedeutung hat und nunmehr auf die rein religiöse Bedeutung der Bestätigung des göttlichen Willens beschränkt ist.

Die Interpretation des *Sacre* stellte die pro-monarchisch gesinnten Autoren immer wieder neu vor das Problem, wie sie es möglichst effizient zugunsten des Königs nutzen konnten. Sie mussten sich also immer wieder neu zu den politischen und religiösen Repräsentationen monarchischer Herrschaft positionieren, die in den jeweiligen Debatten vorherrschten, in die sie diskursiv eingebunden waren. Das Problem blieb also immer gleich, doch die Antworten, die sie darauf gaben, stellten Gesprächsergebnisse dar, die nicht die Bedeutungsverschiebungen rückgängig machen konnten, die von den politischen und konfessionellen Konstellationen bei dem *Sacre* des jeweiligen Vorgängers abhängig gewesen waren. Die Antworten mussten also zwangsläufig zu Verschiebungen in der Gewichtung und Trennung von religiösen und politischen Repräsentationen führen, die als Teil eines Säkularisierungsprozesses zu bezeichnen sind, in dem die sich langsam entwickelnden Grundlagen für eine sich im 18. Jahrhundert beschleunigende Devalorisation der Monarchie als sakral-politischer Herrschaft gelegt wurden.

Die Säkularisierung als nachhaltiger Wechsel von religiös-politischen hin zu religiösen und / oder politischen Repräsentationen des Monarchen vollzog sich nicht als eine Transsubstantiation religiöser in weltliche Symbole, sondern vielmehr als ein langsam vor sich gehender Umbruch von einer mit religiösen Deutungen behafteten Zeremonie zu einer exakt beschriebenen Handlung. Damit verlor sie aber auch den Überzeugungscharakter im Kampf um ein möglichst allumfassendes Reservoir an religiös-politischen Repräsentationen und entfremdete sich also von den Zielen, mit denen sie im 14. Jahrhundert entwickelt worden war.

2. Konversionen und Säkularisierung?
Untersuchungen zum Wandel konfessioneller Repräsentation im frühneuzeitlichen Zürich

(Heike Bock)

Konversionen im Sinne individueller Glaubenswechsel haben sich in den letzten Jahren zu einem dynamischen und populären Untersuchungsobjekt in der Frühneuzeitforschung entwickelt, wobei das traditionelle Interesse an spektakulären Glaubensübertritten einzelner bekannter Persönlichkeiten jenem an Glaubensübertritten als einem komplexen, sozialen wie kulturellen Phänomen gewichen ist[1]. Ein Grund für die derzeitige Attraktivität des Forschungsgegenstandes Konversionen insbesondere in der Frühen Neuzeit liegt darin, dass er sich für eine kulturwissenschaftlich orientierte Historiographie anbietet, die nach sozialen Praktiken, kulturellen Deutungen und subjektiven wie kollektiven Wahrnehmungen und Erfahrungen fragt[2]. Die Erforschung von Glaubenswechseln lässt Erkenntnisse über den Umgang mit den „symbolischen Grenzen der Glaubenswelten" erwarten, die von kirchlichen und weltlichen Obrigkeiten „durch gezielte Konversionspolitik, Missionierung und Institutionalisierung von Konversionsverfahren" geschärft, vertieft, inszeniert und umkämpft wurden, mit denen die

---

[1] Für den deutschsprachigen Raum vgl. jüngst die Schwerpunkthefte „Glaubenswechsel", hrsg. v. Marlene Kurz / Thomas Winkelbauer, Wiener Zeitschrift zur Geschichte der Neuzeit 7 (2007), Heft 2; „Konversionen", hrsg. v. Ute Luig / Edith Saurer, Historische Anthropologie 15 (2007), 1–81; „Juden – Christen – Juden-Christen. Konversionen in der Frühen Neuzeit", hrsg. v. Jutta Braden / Rotraud Ries, Aschkenas 15 (2005), 257–433; vgl. außerdem *Ute Lotz-Heumann / Jan-Friedrich Mißfelder / Matthias Pohlig* (Hrsg.), Konversion und Konfession in der Frühen Neuzeit (Schriften des Vereins für Reformationsgeschichte, 205), Gütersloh 2007; *Kim Siebenhüner,* Glaubenswechsel in der Frühen Neuzeit. Chancen und Tendenzen einer historischen Konversionsforschung, in: Zeitschrift für Historische Forschung 34 (2007), 243–272; *Eric-Oliver Mader,* Fürstenkonversionen zum Katholizismus in Mitteleuropa im 17. Jahrhundert. Ein systematischer Ansatz in fallorientierter Perspektive, in: Zeitschrift für Historische Forschung 34 (2007), 403–440.

[2] Vgl. beispielsweise zur Sozial- und Kulturgeschichte von Konvertiten *Heike Bock,* Konversionen in der frühneuzeitlichen Eidgenossenschaft. Ein Vergleich von Zürich und Luzern, Diss. Univ. Luzern 2007; *Duane Joseph Corpis,* The Geography of Religious Conversion. Crossing the Boundaries of Belief in Southern Germany 1648–1800, Diss. New York Univ. 2001; *Elisha Carlebach,* Divided Souls. Jewish Converts from Judaism in Germany, 1500–1750, New Haven / London 2001. Zu Konversionserzählungen vgl. *Gesine Carl,* Zwischen zwei Welten? Übertritte vom Juden- zum Christentum im Spiegel von Konversionserzählungen des 17. und 18. Jahrhunderts (Tromsøer Studien zur Kulturwissenschaft, 10), Hannover 2007; *Angelika Schaser,* „Zurück zur heiligen Kirche". Konversionen zum Katholizismus im säkularisierten Zeitalter, in: Historische Anthropologie 15 (2007), 1–23; *Jan-Friedrich Mißfelder,* Zum König konvertieren. Zur politischen Funktion von Konversionsberichten im Frankreich des frühen 17. Jahrhunderts, in: Lotz-Heumann / Missfelder / Pohlig, Konversion und Konfession (Anm. 1), 147–169; *Ute Lotz-Heumann,* Konversionserzählungen im frühneuzeitlichen Irland zwischen „kommunikativem Muster" und „Individualität", in: Lotz-Heumann / Missfelder / Pohlig, Konversion und Konfession (Anm. 1), 517–545.

historischen Individuen aber nach ganz eigenen, von unterschiedlichen Notwendigkeiten und Bedürfnissen geprägten Kriterien umgingen[3].

In diesem Aufsatz soll das kulturwissenschaftlich-historiographische Interesse an Konversionen und Konvertiten in der Frühen Neuzeit aufgegriffen und für die Erforschung kollektiver Repräsentationen und deren Säkularisierung fruchtbar gemacht werden. Die Repräsentationen sozialer und politischer Gemeinwesen, in denen Konversionen stattfanden oder in Erwägung gezogen wurden, werden das Objekt meiner weiteren Untersuchung sein. Derartige Repräsentationen – also kollektive Vorstellungen, Interpretationen und Deutungsmuster sozialer und politischer Wirklichkeit – stellen Bindekräfte und Produzenten sozialer Ordnung dar, über welche Konsens und Legitimität hergestellt wird. Die herausragende Bedeutung von konfessioneller Religion als *vinculum societatis* für politische Ordnungsvorstellungen der Frühen Neuzeit ist unbestritten. Innerchristliche Konversionen in den Gesellschaften Europas vom 16. bis zum 18. Jahrhundert fanden vor dem Hintergrund stark vom Faktor ‚Konfession' geprägter Repräsentationen sozialer Ordnungen statt, zu deren normativen Zielvorgaben das Ideal konfessioneller Einheitlichkeit gehörte.

Glaubensübertritte waren in den an altem Herkommen und Tradition orientierten Gesellschaften der Frühen Neuzeit eigentlich nicht vorgesehen; Repräsentationen sozialer Ordnungen dieser Epoche strebten stets die Beibehaltung des Status quo in politischer, sozialer wie kirchlicher Hinsicht an. Ähnlich wie die Statik einer hierarchisch gegliederten Ständegesellschaft in den von Obrigkeiten geprägten sozialen Ordnungsvorstellungen nicht angezweifelt wurde, galt die Loyalität zum angestammten Glauben im christlichen Europa als religiöse ‚Normalität'. Nachdem dieses Loyali-

---

[3] *Siebenhüner,* Glaubenswechsel (Anm. 1), 271 f. Gerade Konvertiten als religiöse Grenzüberschreiter sind als ein fruchtbarer Forschungsgegenstand erkannt worden, anhand dessen sich Untersuchungen über Konstruktion, Etablierung und Bedeutung insbesondere christlich-konfessioneller Grenzen und Identitäten im Verlaufe der europäischen Frühen Neuzeit vornehmen lassen. Konversionen erweisen sich ebenso als attraktives Forschungsgebiet, um über die konfessionelle Abgrenzungen konterkarierenden vielfältigen Austausch- und Adaptionsprozesse neue Erkenntnisse zu erlangen, die Vorstellungen fixer und eindeutiger religiöser Grenzen hinterfragen. Vgl. in diesem Sinne beispielsweise *Christine Kooi,* Converts and Apostates. The Competition for Souls in Early Modern Holland, in: Archiv für Reformationsgeschichte 92 (2001), 195–214; *dies.,* Conversion in a Multiconfessional Society. The Dutch Republic, in: Lotz-Heumann/Missfelder/Pohlig, Konversion und Konfession (Anm. 1), 271–285; *Nicole Grochowina,* Bekehrungen und Indifferenz in Ostfriesland im 16. Jahrhundert, in: ebd., 243–270; *Frauke Volkland,* Konfession, Konversion und soziales Drama. Ein Plädoyer für die Ablösung des Paradigmas der ‚konfessionellen Identität', in: Interkonfessionalität – Transkonfessionalität – binnenkonfessionelle Pluralität. Neue Forschungen zur Konfessionalisierungsthese, hrsg. v. Kaspar von Greyerz/Manfred Jakobowski-Tiessen/Thomas Kaufmann/Hartmut Lehmann (Schriften des Vereins für Reformationsgeschichte, 201), Gütersloh 2003, 91–104; *dies.,* Konfession und Selbstverständnis. Reformierte Rituale in der gemischtkonfessionellen Kleinstadt Bischofszell im 17. Jahrhundert (Veröffentlichungen des Max-Planck-Instituts für Geschichte, 210), Göttingen 2005, 139–187.

tätsprinzip mit der massenweisen Einführung der Reformation in vielen Territorien Europas im 16. Jahrhundert radikal durchbrochen worden war, pendelte sich im Laufe der Zeit und mit der Etablierung einer neuen, pluraleren religiösen Landschaft ein neues Verständnis kirchlicher Loyalität ein: Für das alte Europa des 17. und 18. Jahrhunderts lässt sich die These aufstellen, dass es nunmehr als ein Bestandteil ‚guter Ordnung‘ angesehen wurde, dass ein katholisch Getaufter auch katholisch starb, analog dazu lutherisch oder reformiert getaufte Menschen auch zeitlebens ihrem jeweiligen Bekenntnis anhingen.

Das Selbst, das in der Frühen Neuzeit konvertierte, war ein vielfach – nämlich politisch, sozial, religiös und ökonomisch – gebundenes[4]. Veränderungen, die an einer Bindung vorgenommen wurden, hatten auch Konsequenzen auf alle anderen Bereiche, in die ein frühneuzeitlicher Mensch eingebunden war. Frühneuzeitlichen Konfessionswechseln kam deshalb nicht nur eine religiöse, sondern gleichzeitig immer auch eine politische, soziale und ökonomische Bedeutung zu. Konvertiten gerieten in mehrfacher Hinsicht in eine Außenseiterposition: Von den Angehörigen ihrer Ursprungskonfession wurden sie als Verräter sowohl am Glauben als auch am sozialen und politischen Gemeinwesen wahrgenommen, von ihren neuen Glaubensgenossen wurden sie oftmals mit distanzierendem Misstrauen betrachtet – einem Misstrauen, das sich auf ihre Ablösung aus den angestammten religiösen, sozialen und politischen Bindungen bezog und die Frage nach der Authentizität eines Glaubenswechsels aufwarf. In den frühneuzeitlichen Gesellschaften, deren Repräsentationen von ‚Konfession‘ als einem obrigkeitlichen Ordnungs- und Identifikationsanspruch geprägt wurden, verkörperte die Figur des Konvertiten mit seinem Wechsel des Glaubensbekenntnisses, der eben weitaus mehr als eine private Handlung war, gleichzeitig die Grenzen der Wirksamkeit von ‚Konfession‘ als integrierendem Faktor für Repräsentationen sozialer und politischer Gemeinwesen.

Wie erkennt und woran misst man nun ganz konkret den Wandel von religiös hergestellten zu säkular bestimmten Repräsentationen von sozialen und politischen Gemeinwesen der Frühen Neuzeit über einen längeren Zeitraum? Methodisch denkbar sind beispielsweise folgende entwicklungsgeschichtliche Analysen: der politischen Sprache der Eliten hinsichtlich religiöser Inhalte und Begriffe; des Stellenwerts religiöser Themen und Begründungen von politischen Entscheidungen in Ratsprotokollen; des Aufbaus und der Funktion des politischen Systems sowie der Rolle, die kirchliche Institutionen darin spielten; der sozialen Zusammensetzung politischer Führungsschichten, der potenziellen Verzahnung politischer und kirchlicher Karrieren sowie der Popularität kirchlicher Ämter darin. Einen

---

[4] Vgl. *Ute Lotz-Heumann / Jan-Friedrich Mißfelder / Matthias Pohlig*, Konversion und Konfession in der Frühen Neuzeit. Systematische Fragestellungen, in: dies., Konversion und Konfession (Anm. 1), 11–32, hier 30.

diverse Elemente integrierenden Zugang hat jüngst Thomas Maissen gewählt, indem er die obrigkeitlichen Repräsentationen in der frühneuzeitlichen Eidgenossenschaft in Ikonographie, Architektur, Zeremoniell und Literatur hinsichtlich der Genese eines republikanischen, säkularen Staatsverständnisses analysiert[5].

Im Folgenden wird eine andere Methode gewählt: Konversionen sollen
als Indikatoren für den Wandel konfessioneller Repräsentationen von sozialen und politischen Gemeinwesen dienen. Wenn man das Phänomen innerchristlicher Bekenntniswechsel, den obrigkeitlichen Umgang mit Konversionen sowie kulturelle Deutungen von Konvertiten als Indikatoren für die
Bedeutung konfessioneller Repräsentationen von Gemeinwesen begreift,
dann lassen sich anhand von Veränderungen in diesen Bereichen Transfor-
mationsprozesse aufzeigen, die möglicherweise einen Bedeutungsverlust
von ‚Konfession' für soziale und politische Ordnungsvorstellungen und einen Bedeutungsanstieg säkularer Repräsentationsformen widerspiegeln. Es
soll deshalb über den konkreten Forschungsgegenstand innerchristlicher
Konversionen untersucht werden, ob und inwiefern sich konfessionelle Repräsentationen von sozialen und politischen Gemeinwesen wandelten.

Um das Untersuchungsobjekt ‚Repräsentationen von Gemeinwesen' zu
konkretisieren, wird ein Beispiel eines frühneuzeitlichen Gemeinwesens
ausgewählt: der eidgenössische Stadtstaat Zürich, in dem die reformierte
Staatskirche das offiziell einzig erlaubte religiöse Bekenntnis vorgab. In
Zürich als dem Ausgangspunkt der schweizerischen Reformation diente die
reformierte Konfession, die vor allem von Heinrich Bullinger – dem Nachfolger Huldrych Zwinglis – in Auseinandersetzung und Zusammenarbeit
mit Johannes Calvin durch Bekenntnisschriften theologisch ausgestaltet
wurde, besonders eindringlich als Repräsentation des sozialen und politischen Selbstverständnisses[6]. Städtische Ratsobrigkeit und reformierte
Theologenschaft waren hier seit der Reformationszeit eine enge Symbiose
eingegangen. In der konfessionell gespaltenen Eidgenossenschaft fungierte
Zürich zudem als (reformierter) Vorort, der die Geschäfte auf den – nach der
Reformation konfessionell getrennt zusammentretenden – Tagsatzungen der
reformierten Orte federführend leitete[7].

---

5 Vgl. *Thomas Maissen,* Die Geburt der Republic. Staatsverständnis und Repräsentation in der frühneuzeitlichen Eidgenossenschaft (Historische Semantik, 4), Göttingen 2006.

6 Das wichtigste Bekenntnis, das länger als ein Jahrhundert der grundlegende Be-
kenntnistext des schweizerischen Reformiertentums bleiben und auch im Ausland
(Frankreich, Ungarn, Polen, Böhmen, Niederlande) weite Verbreitung finden sollte,
ist das von Bullinger konzipierte „Zweite Helvetische Bekenntnis" bzw. „Confessio
Helvetica Posterior" aus dem Jahr 1566. Zur Herausbildung der reformierten Kirchen vgl. *Emil Bloesch,* Geschichte der schweizerisch-reformierten Kirchen, Bd. 1,
Bern 1899, 9–239; *Alexander Schweizer,* Die Protestantischen Centraldogmen in ihrer Entwicklung innerhalb der Reformierten Kirche, Bd. 2: Das 17. und 18. Jahrhundert, Zürich 1856.

Das Konversionsgeschehen und die Repräsentation von Konfessionswechslern, wie sie Vertreter staatlicher und kirchlicher Institutionen ausbildeten, dienen gleichsam als ein indirektes Brückenelement, um Rückschlüsse über die von denselben Akteuren geprägte Repräsentation des Gemeinwesens Zürich zu ziehen. Konversionen waren in Zürich kein zentrales, aber doch ein beständig vorhandenes und sich über einen langen Zeitraum von etwa der Mitte des 16. bis zum Ende des 18. Jahrhunderts wandelndes Phänomen, das besonders eng mit dem konfessionellen Element in der Repräsentation Zürichs zusammenhängt. Deshalb erscheint es lohnend, den sich wandelnden Umgang Zürichs mit der Konversionsproblematik genauer zu betrachten und die chronologische Entwicklung hinsichtlich der obrigkeitlichen Repräsentation Zürichs zu befragen.

Die ausgewählten Quellenbeispiele stammen aus dem 17. und dem 18. Jahrhundert. Ab der Mitte des 17. Jahrhunderts verdichtete sich die Kommunikation über Glaubenswechsler in Zürich auffallend; sowohl Abtrünnige von der reformierten Konfession als auch Konversionswillige zum reformierten Bekenntnis – die in der Quellensprache als ‚Proselyten‘ bezeichnet werden – haben in den archivalisch aufbewahrten Schriftquellen reichlich Spuren hinterlassen. Zur selben Zeit – ganz massiv 1685 und in den Folgejahren – sah sich die reformierte Schweiz mit den aus Frankreich in großen Zahlen flüchtenden Hugenotten konfrontiert. Nach dem Vorbild der Exulantenkommission wurde 1692 in Zürich eine Proselytenkammer eingerichtet, die sich ausschließlich der Betreuung und Verwaltung von Konversionswilligen widmete und regelmäßige Protokolle und Jahresrechnungen hinterlassen hat. Der neue institutionelle Umgang mit Proselyten um 1700 lässt sich als Manifestation einer sich verändernden, institutioneller und nüchterner werdenden obrigkeitlichen Repräsentation der Konversionsproblematik verstehen. Mit dem Einmarsch napoleonischer Truppen, dem Zusammenbruch der politischen Strukturen der alten Eidgenossenschaft und der Errichtung des helvetischen Staates 1798 findet auch der Untersuchungszeitraum dieser Studie seinen naheliegenden Endpunkt.

Im Folgenden werden zuerst Grundzüge der konfessionellen Repräsentation des Gemeinwesens Zürich, wie sie von geistlichen wie weltlichen Funktionseliten im 16. Jahrhundert ausgebildet wurde, vorgestellt. So-

---

7 Zur Herausbildung und Funktion des Vorortes vgl. *Martin Körner*, Art. „Vorort“, in: Historisches Lexikon der Schweiz (HLS), URL: http://www.hls-dhs-dss.ch/ textes/d/D10077.php (Datum des letzten Besuchs: 17. 01. 2008); zur Tagsatzung allgemein vgl. *Andreas Würgler*, Die Tagsatzung der Eidgenossen. Spontane Formen politischer Repräsentation im Spätmittelalter und in der frühen Neuzeit, in: Landschaften und Landstände, hrsg. v. Peter Blickle, Tübingen 2000, 99–117; *Niklaus Bütikofer*, Zur Funktion und Arbeitsweise der eidgenössischen Tagsatzung zu Beginn der frühen Neuzeit, in: Zeitschrift für Historische Forschung 13 (1986), 15–41.

dann wird anhand prägnanter Quellen die von denselben Funktionsträgern gestaltete Repräsentation von Proselyten untersucht, die wiederum handlungsprägend auf die Konversionswilligen selbst zurückwirkte. Parallel zu der mit narrativen Quellen rekonstruierten Repräsentation von Proselyten lässt sich anhand einer detaillierten Analyse der konkreten Ausgaben der Proselytenkammer im 18. Jahrhundert eine Entwicklung erkennen, die die Hypothese zulässt, dass das Phänomen ‚Konversionen' – und damit auch der Faktor ‚Konfession' – in der zweiten Jahrhunderthälfte rapide an Bedeutung für die Repräsentation des Gemeinwesens Zürich verlor. Andere Bereiche, in denen sich derselbe Wandel der Repräsentation andeutete, betten das Konversionsgeschehen ein. Schließlich werden die Befunde in den Kontext der Säkularisierung kollektiver Repräsentationen eingeordnet.

Die Repräsentation des Gemeinwesens Zürich wurde seit der Reformation wesentlich durch das christlich-politische Ideengut der beiden bedeutendsten Theologen der Stadt, Huldrych Zwingli (1484–1531) und Heinrich Bullinger (1504–1575), geprägt. Die zwinglianische Ineinssetzung von bürgerlicher und christlicher Gemeinde wurde durch Bullingers Einheit von sichtbarer Kirche und Staat in der ‚Respublica Christiana' fortgeführt. In der zweiten Hälfte des 16. Jahrhunderts zielte das Zürcher Staatsdenken auf eine stabile, ewige Herrschaftsordnung unter der ‚lex Dei' ab, und noch im 17. Jahrhundert war der sakrale und heilsgeschichtliche Charakter der Stadt so wirkmächtig, dass er für eine stärkere Gewichtung der politischen Verfassung „ein Hindernis" darstellte[8]. Die erste politische Schrift Zürichs, die 1618 die säkulare Idee souveräner Staatlichkeit aufgriff, blieb zum einen lange Zeit singulär und nutzte sie zum anderen für konfessionelle Polemik; ein Appell an christliche Tugenden – vor allem Frömmigkeit und Gerechtigkeit – blieb im Zürcher politischen Schrifttum bis ins 18. Jahrhundert obligat[9]. Auch in der Außenpolitik Zürichs spielten konfessionelle Erwägungen während des 16. und 17. Jahrhunderts die Hauptrolle. Warnungen vor Glaubensfeinden waren im Zusammenhang mit der Dordrechter Synode von 1618–1619 und dem Dreißigjährigen Krieg omnipräsent; die Geistlichkeit um Antistes Johann Jakob Breitinger (1575–1645) suchte dabei die Unterstützung von England, Schweden und den Generalstaaten. Der englische Lordprotektor Cromwell und seine Anhänger wiederum erstrebten die Allianz mit Zürich und den drei anderen reformierten Stadtrepubliken der Eidgenossenschaft auf der Grundlage von ‚religio' und ‚libertas'[10].

Die starke konfessionell-religiöse Aufladung der Repräsentation des Gemeinwesens Zürich spiegelt sich auch in der engen ideellen und institutio-

---

8 Vgl. *Maissen,* Geburt der Republic (Anm. 5), 312–315, hier 315.
9 Vgl. ebd., 335.
10 Vgl. ebd., 346 f.

nellen Verzahnung von Kirche und Staat wider[11]. Bereits die Einführung der Reformation per Ratsbeschluss im Jahr 1523 hatte auf engster Zusammenarbeit des Reformators Zwingli mit dem Bürgermeister und den beiden Räten beruht[12]. Zwingli strebte keine Unabhängigkeit der Kirche von der Obrigkeit an, sondern intendierte eine Umgestaltung des zürcherischen Gemeinwesens im Sinne der Reformation, wobei alle wichtigen Beschlüsse vom Rat zu treffen waren. So sanktionierte der Zürcher Rat – bestehend aus dem 50-köpfigen Kleinen und den 212-köpfigen Großen Rat[13] – etwa die Kirchenordnungen und Glaubensgrundsätze in den Bekenntnisschriften, verwaltete das Kirchengut und übernahm die kirchliche Strafgewalt und Ehegerichtsbarkeit. Die Wahl und Besoldung der Pfarrer wie auch die Kontrolle über deren Lehre erfolgten durch die städtischen Behörden, wobei die Pfarrer in den Landgemeinden dadurch zu Vertretern der städtischen Herrschaft wurden. Als zentrale Kompetenz zog der Rat auch die Handhabung des Kirchenbanns an sich; der Ausschluss aus der Kirchengemeinde bedeutete gleichzeitig den Ausschluss aus der Gesellschaft. Die reformierte Geistlichkeit konnte sich letztlich keine Entscheidungsbefugnisse sichern, verlangte jedoch das Recht auf Anhörung und auf Mitsprache in kirchen- und gesellschaftspolitischen Fragen. Bullinger als Antistes der Zürcher Kirche nahm von seinem Recht, jederzeit unangemeldet auf dem Rathaus zu erscheinen, häufig Gebrauch, um die Freiheit des Predigtamtes zu verteidigen, auf die Vorschlagskompetenz der Kirche bei der Besetzung von Pfarrstellen zu dringen und die Verwendung bestimmter Einkünfte für die Zwecke von Kirche und Schule zu sichern[14].

Die Mitte des 16. Jahrhunderts erschienene Schrift „De ritibus et institutis ecclesiae Tigurinae"[15], in welcher der Theologe Ludwig Lavater dem Rat die zweckgemäße Verwendung und Verwaltung der Kirchengüter bescheinigte, ist ein deutlicher Ausdruck für die faktische und mittlerweile verfestigte Unterordnung der Zürcher Kirche unter die weltliche Obrigkeit. Die

---

[11] Zur Entwicklung des Kirche-Staat-Verhältnisses bis 1798 vgl. *Martin Grichting,* Kirche oder Kirchenwesen? Zur Problematik des Verhältnisses von Kirche und Staat in der Schweiz, dargestellt am Beispiel des Kantons Zürich (Freiburger Veröffentlichungen aus dem Gebiete von Kirche und Staat, 47), Freiburg i.Ü. 1997, 22–29.

[12] Als prägnante Einführung in die Zürcher Reformation vgl. *Bruce Gordon,* The Swiss Reformation, Manchester 2002, 46–85.

[13] Zu den Institutionen des Zürcher Regiments vgl. *Thomas Weibel,* Der zürcherische Stadtstaat, in: Geschichte des Kantons Zürich, Bd. 2, Zürich 1996, 16–65, hier 16–29.

[14] Vgl. *Hans Berner / Ulrich Gäbler / Hans Rudolf Guggisberg,* Schweiz, in: Die Territorien des Reichs im Zeitalter der Reformation und Konfessionalisierung. Land und Konfession 1500–1650, Bd. 5: Der Südwesten, hrsg. v. Anton Schindling / Walter Ziegler, Münster 1993, 278–323, hier 309 f.

[15] *Ludwig Lavater,* De ritibus et institutis ecclesiae Tigurinae, Zürich 1559. Als Neuauflage in deutscher Sprache vgl. *ders.,* Die Gebräuche und Einrichtungen der Zürcher Kirche. Erneut hrsg. und erweitert v. Johann Baptist Ott. Übersetzt und erläutert v. Gottfried Albert Keller, Zürich 1987.

Kirche bestand fortan nicht einmal mehr als „technische Einheit"[16] innerhalb des Staates und entbehrte auch der Rechtspersönlichkeit. „Für den
christlichen Staat gab es ja kein selbständiges Kirchenwesen, sondern nur
den kirchlichen Bezirk der Staatsverwaltung; umgekehrt gab es keinen
weltlichen und auf weltliche Ziele sich beschränkenden Staat, sondern die
Obrigkeit von Gottesgnaden, die von Gott die Pflicht hat, für das Seelenheil
ihrer Untertanen genau so gut wie für ihr leibliches Wohl zu sorgen."[17]

Die in den 1520er Jahren geschaffene institutionelle Struktur der Zürcher
Kirche sollte bis zum Ende des 18. Jahrhunderts im Wesentlichen unverändert intakt bleiben[18]. Der Antistes, Vorsteher der Zürcher Staatskirche und
erster Pfarrer am Großmünster, wurde vom Rat und der Bürgerversammlung
gemeinsam gewählt[19]. Als erster Ansprechpartner für alle kirchlichen Belange erstellte er in schwierigen Fällen Gutachten für den Rat und kommuni-
zierte die Synodalbeschlüsse sowie die obrigkeitlichen Bekanntmachungen
an die Geistlichkeit. Die 1528 eingeführte Synode war die Versammlung aller
Geistlichen von Stadt und Land unter dem Vorsitz des Antistes, die allerdings praktisch keine theologische, sondern ausschließlich eine sozialdiszip-
linierende Funktion gegenüber den Prädikanten hatte. Ebenfalls unter dem
Vorsitz des Antistes tagte das aus einigen Stadtpfarrern, Theologieprofesso-
ren und Ratsherren zusammengesetzte Examinatorenkonvent, die oberste
Aufsichtsbehörde der Zürcher Kirche. Das ursprünglich zur Prüfung der
Pfarrkandidaten eingesetzte Gremium zeichnete für alle Angelegenheiten
verantwortlich, die nicht in den Zuständigkeitsbereich des Kleinen Rats fie-
len und übte die eigentliche Kirchenpolitik aus. Von struktureller Bedeutsamkeit war ferner die Verbindung zum Schulwesen: Die Theologen des
Examinatorenkonvents besaßen als gleichzeitige Mitglieder des Kleinen und
Großen Schulrats Mitspracherechte bei der Aufsicht über das ganze Schulwesen und die Berufung von Professoren an die Höhere Schule der Stadt[20].

Die Sittenaufsicht des reformierten Zürcher Staats war in dem 1525 ein-
gerichteten Ehegericht zentralisiert. Dem aus zwei Leutpriestern, zwei

---

[16] *Walter Hildebrandt,* Die autonome Kirchengewalt. Untersuchungen zur Kenntnis der evangelisch-reformierten Landeskirchen mit besonderer Darstellung der neu-
ern Entwicklung im Stande Zürich, Zürich 1928, 82.

[17] *Peter Wernle,* Der schweizerische Protestantismus im 18. Jahrhundert, Bd. 1,
Tübingen 1923, 73.

[18] Vgl. *Wilhelm Baltischweiler,* Die Institutionen der evangelisch-reformierten
Landeskirche des Kantons Zürich in ihrer geschichtlichen Entwicklung, Diss. iur.
Zürich 1904.

[19] Der dem Griechischen entlehnte Amtstitel ‚Antistes' (Vorsteher) stellt eine Besonderheit des schweizerischen Reformiertentums dar und wurde außer in Zürich in
Basel, Schaffhausen, St. Gallen, im Thurgau und in Graubünden benutzt. Inoffiziell
war der Titel seit Bullinger in Gebrauch, offiziell eingeführt wurde er erst 1680; vorher
war einfach der Amtstitel „Pfarrer am Großen Münster" gebräuchlich. Vgl. ebd., 87.

[20] Vgl. ebd., 51–67; *Rudolf Pfister,* Kirchengeschichte der Schweiz, Bd. 2, Zürich
1974, 639.

Kleinräten und zwei Großräten zusammengesetzten sechsköpfigen Gremium oblag die Aufsicht über alle moralischen Fehlbarkeiten zwischenmenschlicher Beziehungen. Indem das Ehegericht nur kirchliche Strafen verhängen durfte und sich für alle weltlichen Strafen an den Rat als Appellationsinstanz wenden musste, übernahm der Zürcher Rat faktisch die Kompetenzen der bisherigen bischöflich-konstanzischen Ehegerichtsbarkeit und baute diese aus[21].

Ihren aussagekräftigsten Niederschlag fand die Repräsentation der Zürcher Obrigkeit in der Flut von Sittenmandaten, die seit der Reformation bis ins 18. Jahrhundert permanent auf die Untertanen niederging. Die Versuche, über Mandate reformatorische Vorstellungen einer christlichen Gemeinschaft zu verwirklichen, die hohe Ansprüche und zahlreiche Idealvorstellungen von einem christlichen, rechtschaffenen und ehrenvollen Leben in sich bargen, wurden durch die Zürcher Kirche stets bestärkt, konnten in ihrem Umfang und ihrer Detailliertheit jedoch nie durchgesetzt werden. Als bestes Beispiel, wie die religiös geprägte Repräsentation der Zürcher weltlichen Obrigkeit mit den Ordnungsvorstellungen der kirchlichen Obrigkeit im 16. Jahrhundert Hand in Hand ging, mag das „Große Sittenmandat" von 1530 dienen, das verschiedene andere Mandate zusammenfasste und maßgeblich für die folgende Zeit sein sollte. Darin befand sich auch ein Passus, der allen Untertanen die Pflicht zum regelmäßigen Gottesdienstbesuch auferlegte: „Da so gebietend wir uf's aller ernstlichest und wellend, dass sich mänklich der syge edel oder unedel, hoch oder nider stands, wib und mann, kind und gsind, wie die in gemeldter unser stadt, landschaft, oberkeiten, herrschaften, gerichten und gebieten gesessen und wonhaft sind, niemants usgescheiden, welicher nit durch krankheit oder andere ehaft [triftige], redlich, tapfer ursachen [...] sich zu entschuldigen mag, beflysse, zum wenigsten all Sonntag bi guoter zit zur kilchen und zur predig ze gan."[22]

Die Übernahme der *Canones* der Synode von Dordrecht 1618–1619 leitete die Phase der reformierten Orthodoxie in der Eidgenossenschaft ein, eine Entwicklung, die von scharfer Polemik gegen den konfessionellen Gegner geprägt war und die reformierten Schweizer Kirchen bis zum Jahrhundertende dominieren sollte.[23] Aus einem puritanisch-rigoristischen Geist wur-

---

21 Zum Ehegericht vgl. *Küngolt Kilchenmann*, Die Organisation des zürcherischen Ehegerichts zur Zeit Zwinglis, Zürich 1946; *Walther Köhler*, Zürcher Ehegericht und Genfer Konsistorium. Das Zürcher Ehegericht und seine Auswirkung in der deutschen Schweiz zur Zeit Zwinglis, Bd. 1, Leipzig 1932.

22 Actensammlung zur Geschichte der Zürcher Reformation in den Jahren 1519–1533, hrsg. v. Emil Egli, Zürich 1879, Nr. 1656, 702 f.; zitiert nach *Heinzpeter Stucki*, Das 16. Jahrhundert, in: Geschichte des Kantons Zürich, Bd. 2: Frühe Neuzeit – 16. bis 18. Jahrhundert, Zürich 1996, 172–281, hier 222.

23 Zur Synode von Dordrecht vgl. *Bloesch,* Geschichte der schweizerisch-reformierten Kirchen (Anm. 6), Bd. 1, 397–403.

den in Zürich 1619 die kirchlichen Feiertage auf Weihnachten, Ostern und Pfingsten reduziert, stattdessen hielten die unregelmäßigen Buß- und Bettage Einzug in den Festtagskalender. Den Höhepunkt der reformierten Orthodoxie in der Schweiz stellt die von dem Zürcher Theologen und Gelehrten Johann Heinrich Heidegger (1633–1698) ausgearbeitete „Formula Consensus Helvetica" von 1675 dar, die nach mühsamen Diskussionen eingeführt wurde und noch einmal der orthodoxen Selbstvergewisserung dienen sollte, jedoch nur noch teilweise und vorübergehende Geltung erlangte. Die Konsensformel hielt an einer calvinistischen Rechtgläubigkeit fest; Abweichungen von dieser wurden jedoch nicht mehr verdammt, sondern vielmehr missbilligt.

Eine Ursache für das ängstliche Festhalten am theologischen und kirchlichen Bestand nach innen und außen war die religionspolitische Situation Europas, die vor allem von großangelegten Verfolgungen und der Unterdrückung von reformierten Glaubensgenossen in Frankreich, Savoyen und Ungarn gekennzeichnet war. So gab sich ein nach innen stark reglementierendes, auf die Durchsetzung einer arbeitsamen, puritanischen Lebenseinstellung abzielendes Zürcher Gemeinwesen nach außen offener und gewährte seit der Reformation immer wieder individuellen oder kollektiven Glaubensflüchtlingen Asyl[24]. Für Zürich war besonders die Aufnahme der reformierten Gemeinde aus Locarno 1555 bedeutsam und folgenreich[25]. Während des Dreißigjährigen Krieges kamen Exulanten aus dem kriegsverwüsteten Elsass und aus der Pfalz in die Schweiz; eine Gruppe von ungarischen Prädikanten wurde durch gemeinsame eidgenössisch-niederländische Anstrengungen von einer neapolitanischen Galeere freigekauft und traf 1676 in Zürich ein[26]. Die aber mit Abstand bedeutsamsten und umfangreichsten Refugiantengruppen stammten aus Frankreich und Oberitalien[27]. Nachdem die ersten französischen Protestanten schon vor der Aufhebung

---

[24] Als ältere Darstellung der evangelischen Flüchtlingsfürsorge in der Schweiz vgl. *Johann Caspar Mörikofer,* Geschichte der evangelischen Flüchtlinge in der Schweiz, Leipzig 1876. Speziell zum 17. Jahrhundert vgl. *Pfister,* Kirchengeschichte (Anm. 20), Bd. 2, 499–520; *Bloesch,* Geschichte der schweizerisch-reformierten Kirchen (Anm. 6), Bd. 2, 1–23.

[25] Vgl. *Ferdinand Meyer,* Die evangelische Gemeinde in Locarno, 2 Bde., Zürich 1836; *Rudolf Pfister,* Um des Glaubens willen. Die evangelischen Flüchtlinge von Locarno und ihre Aufnahme zu Zürich im Jahre 1555, Zollikon/Zürich 1955; *Verena Jacobi,* Bern und Zürich und die Vertreibung der Evangelischen aus Locarno (Mitteilungen der Antiquarischen Gesellschaft Zürich, 43), Zürich 1967.

[26] Vgl. *Johannes Häne,* Die Befreiung der ungarischen Prädikanten von den Galeeren zu Neapel und ihr Aufenthalt in Zürich (1675–1677), in: Zürcher Taschenbuch auf das Jahr 1904, Neue Folge 27, Zürich 1904, 121–188; *Pfister,* Kirchengeschichte (Anm. 20), Bd. 2, 505–508.

[27] Als sozial- und wirtschaftsgeschichtliche Studie über die Flüchtlingsversorgung in Zürich vgl. *Bruno Barbatti,* Das „Refuge" in Zürich. Ein Beitrag zur Geschichte der Hugenotten- und Waldenserflüchtlinge nach der Aufhebung des Edikts von Nantes und zur Geschichte der Stadt Zürich, Zürich 1957. Eine entsprechende Untersuchung für die gesamte reformierte Schweiz fehlt bislang.

des Toleranzedikts von Nantes 1685 eingetroffen waren, erreichte die große Flüchtlingswelle die Eidgenossenschaft in den Jahren 1685 und 1686, abgeschwächt auch noch in der folgenden Zeit[28]. Annähernd im selben Zeitraum, 1687–1689, kamen Waldenser aus dem savoyischen Piemont in den reformierten Schweizer Städten an[29].

Die neu gegründeten Exulantenkammern – in Zürich am 30. September 1685 – wurden mit allen Kompetenzen zur Versorgung und Verwaltung der Refugianten ausgestattet. Die Mittel für den Unterhalt der Exulanten wurden seit 1683 durch regelmäßige, großangelegte und sehr erfolgreiche Kollekten in den reformierten Gottesdiensten aufgebracht; das Obmann- und das Seckelamt übernahmen die dadurch nicht gedeckten Kosten. Parallel zur Aufnahme von Flüchtlingen leisteten Zürich und die anderen reformierten Schweizer Kirchen substantielle und dauerhafte finanzielle Beihilfen an notleidende reformierte Gemeinden im Ausland, vor allem in Deutschland, aber auch in Böhmen, Mähren, Schlesien, Polen, Litauen und Russland. Während des Dreißigjährigen Krieges kamen zahlreiche Hilfegesuche von deutschen reformierten Gemeinden, deren Anzahl am Ende des 17. Jahrhunderts ihren Höhepunkt erreichte. Außerdem wurde durch die Entsendung von Pfarrern und die Aufnahme ausländischer Theologiestudenten als Stipendiaten vielfach geholfen[30].

Die Repräsentation des Gemeinwesens Zürich wurde also seit dem 16. Jahrhundert sehr stark von konfessionell-religiösen Deutungen und Interessen geprägt. Das in der engen ideellen und institutionellen Symbiose angelegte Spannungsverhältnis zwischen weltlicher und geistlicher Obrigkeit entlud sich zwar häufig in Interessensunterschieden und Auseinandersetzungen; schließlich hatte sich jedoch die weltliche Obrigkeit auch bei wichtigen kirchlichen Anliegen die letztinstanzliche Entscheidungsbefugnis gesichert. Die enge Kopplung kirchlicher Anliegen und staatlicher Interessen, die die konfessionelle Repräsentation des Zürcher Gemeinwesens seit der Reformationszeit prägte, zeigte sich ganz konkret in der ideellen wie finan-

---

[28] Le Refuge Huguenot en Suisse – Die Hugenotten in der Schweiz. Katalog der Ausstellung im Historischen Museum Lausanne 1985, Lausanne 1985; *Michelle Magdelaine*, Exil et voyage. Le Refuge huguenot et l'errance, in: Schweizerische Zeitschrift für Geschichte 49 (1999), 105–114.

[29] Vgl. *Hans Ulrich Bächtold*, Ein Volk auf der Flucht. Die Schweiz als Refugium der Waldenser, in: Jahrbuch für Europäische Geschichte 7 (2006), 23–42; *ders.*, „Das Thier wütet!" – Zürich und die Hilfe für die Waldenser im Piemont von Heinrich Bullinger (1504–1575) bis Anton Klingler (1649–1713), in: Pieter Valkenier und das Schicksal der Waldenser um 1700, hrsg. v. Albert de Lange / Gerhard Schwinge (Waldenserstudien, 2), Heidelberg 2004, 37–56; *Gerold Meyer von Knonau*, Die evangelischen Kantone und die Waldenser in den Jahren 1663 und 1664, in: Schriften des Vereins für Reformationsgeschichte 28 (1911), 115–178; *Barbatti*, Das „Refuge" in Zürich (Anm. 27), 105–123.

[30] Vgl. *Walter Meyrat*, Die Unterstützung der Glaubensgenossen im Ausland durch die reformierten Orte im 17. / 18. Jahrhundert, Bern 1941; dort auch ein ausführliches Verzeichnis der unterstützten Gemeinden, 249–252.

ziellen Unterstützung reformierter Glaubensgenossen in ganz Europa. In denselben Kontext ordnet sich auch der Umgang der Zürcher Obrigkeiten mit individuellen Personen – vor allem Katholiken – ein, die in Zürich den reformierten Glauben annehmen wollten oder bereits anderswo das reformierte Glaubensbekenntnis abgelegt hatten, vor den Zürcher Behörden vorstellig wurden und sich auf ihren Proselytenstatus beriefen. Beides, die Unterstützung von ausländischen Glaubensflüchtlingen und reformierten Gemeinden sowie von individuellen fremden Proselyten, erfolgte aus derselben Logik der Solidaritätsbereitschaft gegenüber reformierten Glaubensgenossen, die die kirchlichen und weltlichen Obrigkeiten in Zürich – wie in anderen Orten – aus konfessionspolitischen Gründen in einer Epoche konfessionellen Wettstreits in Europa für unterstützenswert hielten.

Obwohl ‚Neubekehrte‘ zum reformierten Bekenntnis vom Stadtstaat Zürich seit den ersten Fällen dieser Art im 16. Jahrhundert bis zum Zusammenbruch der politischen Strukturen 1798 grundsätzlich auf die eine oder andere Weise immer unterstützt wurden, zeigen sich bei einer näheren Betrachtung der narrativen Quellen eine Reihe von Zuschreibungen, Werturteilen und Deutungen von Proselyten oder von dem beabsichtigten Akt des Konfessionswechsels, die zu der relativ großzügigen Praxis der Proselytenunterstützung in Widerspruch zu stehen scheinen[31].

Es sind vor allem zwei Elemente, die die von Kirchenvertretern und städtischen Behörden hergestellte Repräsentation von Proselyten im frühneuzeitlichen Zürich prägen: die Sorge um die Vertrauenswürdigkeit und die damit verbundene Furcht vor Betrug sowie die Sorge um die durch Proselyten verursachten Kosten für das Gemeinwesen. Dies soll an Quellenbeispielen demonstriert werden.

Die Frage der Vertrauenswürdigkeit von Proselyten spielte nicht nur hinsichtlich ihrer religiösen, sondern auch ihrer sozialen, politischen und ökonomischen Integration in das Gemeinwesen eine wichtige Rolle. Proselyten waren in Zürich vor allem in drei großen Erwerbskategorien tätig: im Handwerk, in Schul- und Kirchendiensten sowie als Bedienstete oder Mägde. Standen bei Fragen der Inklusion von konvertierten Handwerkern vor allem protektionistische Konkurrenzängste des heimischen Zunfthandwerks entscheidungsbestimmend im Vordergrund, maß die Obrigkeit Proselyten, die im Schul- oder Kirchendienst untergebracht zu werden wünschten, nach anderen Maßstäben. Zunächst galt es selbstverständlich auch in diesen Bereichen des Staatsdienstes zu entscheiden, ob man überhaupt zusätzliche Lehrer oder Prediger benötigte oder das Angebot an entsprechenden Landesangehörigen ausreichte, was meistens der Fall war.

---

[31] Zur Problematik von Unterstützungsleistungen an Proselyten in Zürich vgl. ausführlich *Bock*, Konversionen in der frühneuzeitlichen Eidgenossenschaft (Anm. 2).

Dennoch fanden so einige Proselyten während des 17. und 18. Jahrhunderts in Zürich Aufnahme in den Schuldienst, vor allem bestritten mehrere Franzosen und Italiener Fremdsprachenunterricht. Geistliche Proselyten konnten in der ersten Hälfte des 17. Jahrhunderts sogar noch relativ problemlos vom katholischen in den reformierten Kirchendienst überwechseln[32], was wahrscheinlich auch mit dem auf Grund von Pestzeiten hervorgerufenen Predigermangel dieser Jahre zusammenhängen dürfte.

Die Anstellung von Proselyten im Zürcher Kirchen- und Schuldienst mag erstaunen, stellten doch gerade diese beiden mit großen geistigen Einflussmöglichkeiten auf die heimische Bevölkerung verbundenen Tätigkeitsbereiche wichtige Orte konfessioneller Bildung und Erziehung dar, die man vielleicht besser mit reformierten Landeskindern statt mit fremden Proselyten besetzen wollte. Dass sich die Geistlichen sehr wohl Gedanken über die potentiellen Gefahren bei der Besetzung von Lehr- und Predigerstellen mit Proselyten machten, zeigt sehr anschaulich eine Quelle aus dem Jahr 1642, die wegen der vielen aussagekräftigen Informationen in einem längeren Auszug zitiert werden soll. Es handelt sich dabei um eines der üblichen Gutachten an Bürgermeister und Rat der Stadt, hier über den ehemaligen Dominikanermönch Gerard de Sens aus Toulouse, der Französischunterricht erteilen und französischsprachige Predigten in der Wasserkirche halten wollte[33]. In einem kurzen Abschnitt stellt der Schreiber die gute Herkunft, die solide Bildung und das Alter von 29 Jahren des Kandidaten fest und bescheinigt diesem, dass er „uß gnugsamen ursachen vom Babstumb sich abgesönderet und syn heil anderswo zu suchen benöhtiget sige"[34]. Gleichwohl hegten die Theologen Bedenken, weil der ehemalige Mönch vor etwa zwei Monaten sich schon einmal bei ihnen gemeldet hatte, ihm das Ordenskleid abgenommen und er aus Mangel an Bedarf seiner Dienste mit einem Zehrpfennig und Empfehlungsschreiben nach Bern geschickt worden war, um sich dort um eine Stelle im Lehr- oder Kirchendienst zu bewerben. Warum de Sens nun abermals in Zürich auftauchte, konnten die „Herren Verordneten zur Lehre" nicht beantworten, nahmen diesen Umstand aber als Anlass zu allgemeineren Reflexionen:

„Namlich, daß uns, vilichter nit unzytig, dise sach umb etwas bedenklich fürkombt. Uns ist zwaren unverborgen daß ja in underschidlichen stätten

---

[32] Wie beispielsweise die eingebürgerten Kaspar von Moos (1613; ehemaliger Chorherr im luzernischen Beromünster), Peter de Saulcy (1628; ehemaliger Kapuzinermönch von Pruntrut), Johannes Frey (1636; ehemaliger Kapuzinermönch von Baden im Aargau) und Theobald Dirreisen (1636; ehemaliger katholischer Pfarrer von Schwyz). Vgl. dazu ausführlich *Bock*, Konversionen in der frühneuzeitlichen Eidgenossenschaft (Anm. 2).

[33] Der Rat hatte die Untersuchung („denselben syner glaubens-bekandtnuß und übriger beschaffenheit halber zu explorieren") am 26. Oktober 1642 als Antwort auf ein Bittgesuch von de Sens in Auftrag gegeben. Staatsarchiv Zürich (StAZ) B II 440, fol. 44, 26. 10. 1642 St.M.

[34] StAZ E I 9.1, Nr. 82, 31. 10. 1642.

tütscher nation francösische schulen, auch etwas francösische predigen, in übung sind. Könnend iedoch nit darfür halten daß hier zu gebrucht werden söllind solche personen die in der widrigen religion eben wol abgricht, denen auch niemand ins hertz sieht, und darzu noch ungwüß ist, ob und wie lang ihnen die waare religion gefallen werde. Deßglychen auch menschlich fürsichtigkeit nit wüßen mag, was für schaden von sölichen lüten den unseren begegnen möchte, vor und eh man deßen gewahr wurte. Gestalten eben diser Gerardus sich albereit mit etlich unseren studierenden knaben in disputation yngelaßen, papistische sachen vertädiget, und sy als junge lüt irr gemacht, daßelbig aber uff beschächnus fürhalten verantwortet hatt, er es allein exercitii causae gethan habe. Sonderlich wyl doch an guten mittlen francösische sprach zu erlernen und zu üben gar kein mangel weder an lüten noch an bücheren sich erscheinen thut. Uns schwäbend auch billich vor augen gar merkliche exempel ettlicher der jehnigen personen, welche so wol by unserem denken, als by läbzyten unsere in Gott seligklich ruwenden voreltteren uff glyche form by uns yngschlichen, und erst hernach, wann zuvor geschächen nit gringer schaden, widerumb fortgerißen werden müßen."[35]

In den Bedenken, ob der Proselyt de Sens die richtige Person für die Tätigkeit eines Französischlehrers sei, finden sich in diesem Gutachten von 1642 wesentliche Faktoren, die die Repräsentation von Proselyten der Zürcher Theologen aufzeigen, paradigmatisch zusammengefasst: (1) der generelle Zweifel, ob jemand, der in der ‚falschen' Konfession ausgebildet wurde, unbedingt eine Lehrtätigkeit in der ‚richtigen' Konfession ausüben solle; (2) die Unklarheit über die Aufrichtigkeit der Konversionsmotive („denen auch niemand ins hertz sieht"); (3) die Unklarheit über die Beständigkeit der Konversion („und darzu noch ungwüß ist, ob und wie lang ihnen die waare religion gefallen werde"); (4) die Gefahr des schädlichen Einflusses auf die einheimische Bevölkerung („auch menschlich fürsichtigkeit nit wüßen mag, was für schaden von sölichen lüten den unseren begegnen möchte"); (5) die häufigen schlechten Erfahrungen mit betrügerischen Proselyten („Uns schwäbend auch billich vor augen gar merkliche exempel ettlicher der jehnigen personen, welche [...] by uns yngschlichen, und erst hernach, wann zuvor geschächen nit gringer schaden, widerumb fortgerißen werden müßen"). Ergänzt werden die Bedenken durch die Feststellung im Allgemeinen, dass es gar keinen Mangel an Lehrpersonal und -material für Französischunterricht gebe und die Beobachtung im Besonderen, dass Gerard de Sens schon papistische Reden gegenüber Studenten geführt habe und man deshalb vorsichtig mit ihm sein müsse („sich albereit mit etlich unseren studierenden knaben in disputation yngelaßen, papistische sachen vertädiget, und sy als junge lüt irr gemacht").

Während sich derartige explizite Reflexionen über die (konfessionellen) Gefahren des Einsatzes von Proselyten in Unterricht und Predigt selten in

---

[35] StAZ E I 9.1, Nr. 82, 31. 10. 1642.

den Quellen finden lassen, können Zweifel an der Aufrichtigkeit und Beständigkeit der Konversionsmotive von Proselyten sowie die schlechten Erfahrungen mit ihnen geradezu zur Grundkomponente obrigkeitlicher Repräsentation von Konfessionswechslern in Zürich gezählt werden.

Bestandteil jeder Examinierung von Konversionswilligen war deshalb eine eindringliche Gewissensprüfung, die während des 16. und 17. Jahrhunderts die Theologen des Examinatorenkonvents im Auftrag des Kleinen Rats vornahmen, auf der Landschaft vorgängig auch die betroffenen Gemeindepfarrer. Ulrich Bulach, ein Pfarrer aus dem Zürichbiet, informierte beispielsweise 1666 die Oberen in Zürich, wie er einen Kapuzinermönch aus Würzburg befragt hatte, der auf dem Heimweg von Rom zu ihm gekommen war: „Wir hieltend ihm allerley ernstlich für, ob er nit usgeträtten irgend umb einen bösen that willen, oder ob es geschehe us betrug, falschheit, zum schein, ob nit etwan ein luck im hertzen, oder ob er vermeine das irdische, zeitliche ergetzlichkeiten by uns zu finden [...]. Er verneinte alles und stelte sich als ob ihm ernst, sey ietz ½ jahr mit der sach umbgangen, find das ihr religium nebst der heiligen schrift nit bestahn möge, hab auch offt seinen ordensbrüdern und conventualen widersprochen."[36] Der Briefauszug beschreibt, mit welchen anderen – außer den reinen Gewissensmotiven – man in Zürich bei konversionswilligen Katholiken noch rechnete, zumal wenn diese Ordensgeistliche waren[37].

Neben der Prüfung des religiösen Wissens und der Aufrichtigkeit der Motive gehörte eine allgemeine Einschätzung von Persönlichkeit, Charakter und Bildungsstand zu den Bestandteilen aller Gutachten, die die Examinatoren über die jeweiligen Konversionskandidaten abfassten und dem Bürgermeister und dem Rat übermittelten. Aus einem Gutachten aus dem Jahr 1678 wird deutlich, dass es bei der eindringlichen Erforschung der Charaktere von angehenden Proselyten darum ging, Betrüger möglichst rechtzeitig zu erkennen und von einem Glaubenswechsel abzuhalten. So schrieb ein reformierter Pfarrer aus dem Grauen Bund über den ehemaligen Franziskanermönch Johannes Godofred aus Linz, der nunmehr in Zürich vorsprach: „Ich kan mir wol einbilden, es werden dieser persohn halber vilerley gedanken gemacht werden, wegen grosser betrüglichkeit mehrmalen angestandner proselyten, allein gleich wie ich nicht jedem trawe, so trawe ich doch auf disem mehr alß gemelten auf einichem, wegen seiner allbereit außgestandnen halben marterprob und eingezogenen stillen wandels, den sonderlich ziehren seine hochadelige tugenden und ungefälschte offen-

---

36 StAZ E I 9.2, 4. 4. 1666.

37 Vgl. speziell zu geistlichen Konvertiten im Spannungsfeld von Authentizitätserwartungen und Betrugszuschreibungen *Heike Bock,* Pfarrer und Mönche in Gewissensnot. Eidgenössische Geistliche zwischen den Konfessionen im 17. Jahrhundert, in: Lotz-Heumann / Missfelder / Pohlig, Konversion und Konfession (Anm. 1), 353 – 392.

hertzigkeit die auch mit einer seltenen wolredenheit, nit nach vile der worten, sondern nach wichtigkeit der sprüchen gerichtet, begleitet wirt."[38]

Die Sorge um die von den Neuankömmlingen verursachten Kosten stellen
neben der Furcht vor Betrug einen weiteren Schwerpunkt der Repräsentation von Proselyten im frühneuzeitlichen Zürich dar. Einen Unterschied
machten die städtischen Behörden hierbei zwischen ausländischen und eidgenössischen Proselyten; letztere befanden sich in einer etwas günstigeren
Ausgangsposition hinsichtlich des Empfangs von Unterstützung, doch blieb
auch hier das Kostenargument vorrangig. Als Franz Rudolf Lussi aus Unterwalden, ehemaliger Fähndrich in spanischen und venezianischen Diens-
ten, 1670 in Zürich in die reformierte Kirche aufgenommen worden war
und um bessere Bekleidung, ein Reisegeld und eine Empfehlung nach
Schaffhausen, Basel, Heidelberg oder andere reformierte Städte bat, gab
Antistes Kaspar Waser als Vertreter der Kirche dem Bürgermeister zu Bedenken: „Deßen e.e.w. mit guten treüwen zubrichten, auch gedachten herren Lußi zu fehrneren gnaden, als einen Eidtgnoßen mehr als etwan andere
frömbde und unbekante zubefehlen, zugleich auch für ein höchstnothwen-
dige berahtschlagung, wie inskünfftig mit solchen proselytis zuverfahren,
damit die unkösten ertragenlich und nit etwan umbsonst angewendt werdind, instendig abermahlen anzuhalten, wir hiemit nit underlaßen
wöllen."[39] Der Rat ordnete im Fall Lussi eine Befragung des Wirts und anderer Leute durch Antistes Waser an, „das er nicht das seinige zuhauß ver-
than, kostlichen tractamennts gewohnet und villicht die religion zu einem
noth-helfer gebrauche." Für künftige Fälle mahnte der Rat Besonnenheit
an, „das nammlichen nicht jederman leichtlich geglaubt, sonder zuvor alle
mügliche umbständ von den wirthen und anderen leüthen, die etwas nachricht geben könnten, erforschet werden thügind."[40] Ganz deutlich zeigt sich
hier wiederum die Furcht – insbesondere des Rates –, dass Proselyten ihren
Konfessionswechsel nur vortäuschen und als Vorwand benutzen könnten,
um an die Gelder zu kommen, die man ihnen in Aussicht stellte.

Ein weiteres Beispiel aus dem Jahr 1680, also noch vor dem Eintreffen
der außerordentlich kostspieligen Exulantenströme aus Frankreich, ver-
anschaulicht, wie eng die Kostenfrage bei der Entscheidung über Aufnahme
oder Ablehnung von einzelnen Proselyten mit theologischen und moralischen Motiven verbunden war. In einer Fürbitte von Antistes Hans Heinrich Erni an Bürgermeister und Rat nimmt die Rücksichtnahme auf die
durch die Aufnahme von Proselyten verursachten Kosten einen breiten
Raum ein. Das Schriftstück setzt ein mit einem diplomatischen Verweis auf
„die tägliche große außgaaben unserer gnädigen herren für frömde und

---

[38] StAZ E I 9.3a, 1678 (undatiert).
[39] StAZ E I 9.2, 16. 4. 1670.
[40] StAZ E I 9.2, 18. 4. 1670.

heimsche", um dann der Haltung der Kirche Ausdruck zu geben, dass „wir doch unser hertz und hand nit zuschliessen [können] vor den jungen, die durch sonderbare erleüchtung des heiligen geists mitt uns tretten in die gemeinschafft des glaubens, dieselbigen in die erkanten wahrheit zu sterken und mit möglichster handreichung zu erhaltung des zytlichen lebens ihnen zubegegnen." Dem Antistes als Vertreter der geistlichen Obrigkeit war sehr bewusst, wie ökonomisch Bürgermeister und Rat bei der Aufnahme von Proselyten argumentierten, weshalb er die Wünschbarkeit der materiellen Unterstützung von „wahrhaft erleuchteten Seelen" noch einmal ausdrücklich betonte. Angesichts der vielen fremden Bittsteller in der Stadt sah die Kirche das wesentliche Problem in der Unterscheidung zwischen aufrichtigen und opportunistischen Konfessionswechslern, für welches man eine effektive Lösung finden müsste[41].

An diesem Beispiel manifestieren sich auch Unterschiede in der Repräsentation von Proselyten, wie Vertreter der Kirche sie pflegten, und jener, die Vertreter der weltlichen Obrigkeit prägten: Während die konfessionelle Geistlichkeit an die nach Erkenntnis und Wahrheit suchenden Seelen glaubte und diese nach Kräften unterstützen wollte, standen bei den städtischen Behörden generelle Zuschreibungen der Unaufrichtigkeit und Betrugsabsichten mit den damit verbundenen ökonomischen Implikationen zuvorderst.

Die Frage nach dem praktischen Umgang mit Proselyten war ein Problem, das alle reformierten eidgenössischen Orte betraf. In den zahlreichen Korrespondenzen untereinander wurden auch Unterkunfts- und Kostenfragen diskutiert, die wiederum Rückschlüsse auf die Repräsentation von Proselyten zulassen. Aus Anlass eines Gutachtens über den Mailänder Theologiestudenten Francesco Maria Visconti beispielsweise, der Zürich im April 1665 nach kurzem Aufenthalt in Richtung Basel wieder verließ, „weil er kein glegenheit alhie" angetroffen hatte[42], stellte Antistes Johann Jakob Ulrich allgemeine Überlegungen über den zukünftigen Umgang mit Proselyten an. Ulrich informierte den Zürcher Bürgermeister und Rat über eine Initiative seines Genfer Theologenkollegen Turretini, dass sich die evangelischen eidgenössischen Orte und ihre Zugewandten um ein gemeinsames Haus, womöglich ein Kloster, bemühen sollten, „dahin man solche leüt könte uf die prob sezen, die man im land herumb schweifend mit kosten müsse erhalten und nit mit gringer beschwärd." Denkbar seien zum Beispiel die säkularisierten Klöster Zofingen, Lausanne oder Königsfelden unter Berner Herrschaft, „da die gebeüw in ruin gehend", oder eine Unterkunft in Basel, das „auch vil ledige hüser hat". Der Zürcher Kirchenvorsteher fügte diesem Vorschlag seine eigenen Überlegungen zu Gunsten der

---

[41] StAZ E I 9.3a, 3. 11. 1680.
[42] StAZ E I 9.2, 19. 4. 1665.

fremden Glaubenswechsler hinzu: „Solche proselyten kan man nit allwegen fortweisen, weil under den selben eben auch deren sind die Christum von herzen suchend."[43] Deutlich wird auch hier wieder, dass der Zürcher Kirchenvertreter sich zwar argumentativ auf die durch ökonomische Überlegungen bestimmte Repräsentation von Proselyten auf Seiten der weltlichen Obrigkeit einstellt, selbst aber das Element der ‚wahrhaft Suchenden' in seiner eigenen Repräsentation von Proselyten aufrechterhält.

Die Pläne einer zentralen Aufnahmestelle für Proselyten in der evangelischen Eidgenossenschaft wurden nicht in die Tat umgesetzt. Übliches Vorgehen blieb es, sich die ausländischen Konfessionswechsler untereinander zuzuschieben, ja insbesondere zwischen den beiden Stadtstaaten Zürich und Bern bürgerte sich im 17. und 18. Jahrhundert eine rege wechselseitige – modern gesprochen – ‚Abschiebepraxis' ein. So beschwerte sich Bern 1739 in einem Schreiben an die Zürcher Bundesgenossen über die vielen von Zürich nach Bern geschickten deutschen und italienischen Proselyten, da man selbst mit jenen aus Frankreich bereits überlastet sei: „Uns ist der zuverläßige bericht ertheilet worden, was maaßen eine zeit dahero, die in eüwer statt ankommende proselyten in solcher starker anzahl allhero gewiesen werdind, daß unserer dergleichen leüthen wegen verordneten cammer so wohl in ansehung der abjuration[44] als assistenz deßnahen nit geringe beschwerlichkeiten auffallen, umb so mehrers, weilen ohne dem diejenigen proselyten, so aus Frankrych und der enden her allhier eintreffen, vieles zu schaffen geben. Welches die ursache, daß mit gegenwärtigem bey eüch unseren lieb alt eydgnoßen einzulangen, wir nicht länger anstehen laßen können und eüch zumahlen fründ eydgnossisch ersuchen wollen, für das könfftige eüwerseiths solche angemeßene verfügung zu thun, daß gedachte unsere cammer nicht gemüßiget werde, solche und andre aus Teütschland und Italien ankommende proselyten zuruk nacher Zürich zu weisen, und sich von diesem überlast zu erleichteren."[45]

Obwohl sich die städtischen Behörden Zürichs und auch anderer reformierter Orte der Eidgenossenschaft – wie im letzten Beispiel Bern – sich regelmäßig und geradezu toposhaft verdichtet über die Kosten im Zusammenhang mit Konfessionswechslern rhetorisch beklagten und auf diese Weise eine negativ wirkende Repräsentation von Proselyten ausbildeten, blieben sie paradoxerweise in der Praxis – auch im 18. Jahrhundert – doch bei ihrer grundsätzlichen Unterstützung von Proselyten auf vielerlei Arten.

Diese Praxis der prinzipiellen Unterstützungsbereitschaft stellt gemeinsam mit der permanent klagenden Rhetorik über die dadurch verursachten

---

[43] StAZ E I 9.2, 12. 4. 1665.
[44] Abschwörung vom alten Glauben.
[45] StAZ E I 9.5, Nr. 18, 11. 4. 1739.

Kosten die Grundbestandteile städtisch-obrigkeitlicher Repräsentation von Proselyten im frühneuzeitlichen Zürich dar, welche sich auf die Proselyten selbst handlungsorientierend auswirkte. Dass Zürich hinlänglich dafür bekannt war, durchreisenden Konfessionswechslern fast ausnahmslos eine Art Basisversorgung zu gewähren, darauf weist bereits eine chronologisch frühe Proselytenbittschrift des ehemaligen Kapuzinermönchs Augustin Turner aus Tirol hin, der 1605 in seinem Dank für die dreimonatige Versorgung an das Selbstverständnis Zürichs als Asylort anknüpfte und die Stadt segnete, „das sie zu ewigen zyten allen wysslosen und betrübten in ihren beküümbernussen ein zuflucht und tröstliche herberg sin könne und möge."[46] Ganz ähnlich, doch nicht nur allgemein auf Flüchtlinge, sondern konkret auf Proselyten bezogen, lobte ein entflohener Kapuziner aus Mantua Zürichs Großzügigkeit 1667: „Tout le monde confesse que vos excellences sont l'azile des pauvres proselytes."[47] Die Bittschrift eines anderen Franzosen, des vormaligen Pariser Theologieprofessors Marc Josselin d'Aunette von 1695, weist darauf hin, dass der enge Zusammenhang zwischen der Unterstützung der großen Anzahl von Glaubensflüchtlingen aus Frankreich und jener für die vergleichsweise kleine Zahl von ‚Neubekehrten‘ diesen selbst durchaus bewusst war: „Wan man mich in meinem verfahren für ohnbedachtsam ansehen möchte, so sind Eüwere immeranhaltende und überauß große barmhertzigkeiten, welche sich biß in das Berner-Gebieth verspühren laßen, deßen die ursach. Und ich darf auch sagen, daß ich Eüwer Herrlichkeiten nit bemüehet hette, wann Eüwere allmoßen für die armen vertriebenen nit auch herab gefloßen weren biß auf die neüwbekehrten."[48] D'Aunette machte darauf aufmerksam, dass er bereits in Bern von der Großzügigkeit der Zürcher gegenüber Exulanten wie Proselyten erfahren habe und sich deshalb ermutigt fühle, sich selbst wegen einer Unterstützung an die Zürcher Regierung zu wenden. Diese von d'Aunette in der Bittschrift selbstverständlich zur Begünstigung seiner eigenen Position angebrachte Schmeichelei verweist auf eine den Betroffenen durchaus bekannte Art des großzügigen finanziellen Umgangs mit Proselyten, deren gewissermaßen unintendierte Langzeitfolgen eher ungünstig auf die Zürcher Obrigkeit zurückwirken sollten, wenn man ihre Klagen über den stetig wachsenden Proselytenstrom und die damit verbundenen Kosten – von der rhetorischen Dramatisierung abgesehen – ernsthaft in Betracht zieht[49].

---

[46] StAZ E I 9.1, 11. 2. 1605, Bittschrift Augustin Turner.

[47] StAZ E I 9.2, 12. 2. 1667, Bittschrift Pierre Perrin.

[48] StAZ E I 9.3b, 30. 7. 1695, Bittschrift Marc Josselin D' Aunette.

[49] Zu den Argumentationsmustern in Proselytenbittschriften vgl. *Heike Bock,* Konversion: Motive, Argumente und Normen. Zur Selbstdarstellung von Proselyten in Zürcher Bittschriften des 17. und 18. Jahrhunderts, in: Frühneuzeitliche Konfessionskulturen, hrsg. v. Thomas Kaufmann / Anselm Schubert / Kaspar von Greyerz (Schriften des Vereins für Reformationsgeschichte, 207), Gütersloh 2008, 153–174.

Aus diesem Argumentationszusammenhang heraus regte denn auch der Exulantenschreiber in einem Dokument vom 5. November 1692, das sich mit der aktuellen Situation der französischen Glaubensflüchtlinge in Zürich befasst, die Gründung einer gesonderten Kommission für Proselyten an und umriss dabei klar den beabsichtigten Sinn und Zweck einer solchen Einrichtung: „Und weilen demmenach die anzahl der Proselyten sich von tag zu tag vermehret und vill unter denen selbigen gar geringen wüßenschafft von Gott und göttlichen sachen, und also weith einen anderen zwäck als den trib der wahren religion haben, dardurch dann Ihr meine gnädigen herren nicht allein zu großen cösten und aufgaaben kommen, sondern nach von sollichen betriegeren außerth landes beschimpfet und verlachet werden. Als hat mann für eine hoche nothwendigkeit sein erachtet, daß zukönfftiger vorbauwung deßen, etliche herren vom geist- und welltlichen stand verordnet werdind, welliche dergleichen leüthe ernsthafft examinieren und die befindtnus Eüch, meinen gnädigen herren, hinterbringen könten."[50]

Es wird die Gründung einer aus geistlichen und weltlichen Vertretern gemischten Kommission vorgeschlagen, die angesichts der zunehmenden Anzahl von konversionswilligen Personen diese auf ihr religiöses Wissen und ihre ‚wahren' Motive hin prüfen soll, dies einerseits, um möglicherweise fehlinvestierte Kosten und Arbeit zu vermeiden, andererseits, um von Betrügern vom Ausland her nicht verspottet zu werden. Offensichtlich hatten sich derlei Fälle schon des Öfteren ereignet, so dass die Zürcher Behörden vorsichtig geworden waren und erkannt hatten, wie schnell die positive Propagandawirkung der aus konfessionspolitischen Gründen offerierten Unterstützungsleistungen für Proselyten in ihr Gegenteil umschlagen konnte, nämlich in Hohn und Spott angesichts der Naivität der eidgenössischen Reformierten.

Mit der Schaffung der Proselytenkammer wurden sowohl die theologische und charakterliche Prüfung als auch die finanzielle, materielle und geistliche Unterstützung von Proselyten in einer Behörde zentralisiert. Die Gründung fiel in eine Zeit allgemein intensivierter Staatsbildung, bei der die Zunahme obrigkeitlicher Kompetenzen und Ordnungsbedürfnisse mit einer Differenzierung behördlicher Aufgaben und arbeitsteiliger Spezialisierung einherging[51]. Die Kompetenzen der Proselytenkammer waren klar geregelt. Neben der Prüfung und Aufnahme von Proselyten war sie auch für die weitere Beobachtung der ‚guten Führung' der Neuankömmlinge zuständig und konnte diese bei Missfallen zur Vernehmung herbeizitieren. Einem Protokolleintrag aus dem Jahr 1731 kann man entnehmen, worin die Vertreter der Proselytenkammer selbst ihre Aufgaben sahen, nämlich in keinen anderen, als „daß mann solcher gutten proselyten ufzichet, erhaltet, unter-

---

50 StAZ E I 9.3b, 5. 11. 1692.
51 Vgl. *Maissen*, Geburt der Republic (Anm. 5), 424.

weiset, handtwerch lehrnen laßet und sie so dann ihr glük anderwerts zusuchen mit ehren viaticis dimittirt."[52]

Mit der Gründung der Proselytenkammer institutionalisierte sich auch das formale Aufnahmeprozedere von Proselyten in Zürich. 1713 erschien in Zürich erstmals in gedruckter Form ein „Aufnahms-Formul Solcher / Welche die Römische Kirchen und dero Irrthumbe zuverlassen / und zu der allein seligmachenden Reformiert-Evangelischen Religion zutretten / und in derselben zu leben und zu sterben gesinnet sind"[53]. Dass das „Aufnahms-Formul" parallel zur deutschen auch in einer lateinischen, französischen und italienischen Ausgabe erschien, zeugt von der internationalen Herkunft der Proselyten in Zürich, mit denen man seit fast 200 Jahren Erfahrungen gesammelt hatte und die sich Anfang des 18. Jahrhunderts auch in einer Formalisierung der eigentlichen theologischen Prüfung niederschlug.

Neben einer Reihe von Fragen im „Aufnahms-Formul" zu den wichtigsten Glaubensdogmen der reformierten Kirche, der entsprechenden Ablehnung katholischer Lehrsätze und der Frage nach der aufrichtigen Gewissensentscheidung, spiegelt eine der Glaubensfragen besonders anschaulich die Repräsentation der Zürcher reformierten Kirche von sich selbst Anfang des 18. Jahrhunderts wider, die ganz wesentlich von der Situation im europäischen Rahmen geprägt war: „Ists aufrichtig gemeint / daß ihr von einer Kirch / die nach der Welt und in der Welt mächtig und glükhaft ist / und die meisten von den Grossen und Gewaltigen diser Erden hat auf ihrer Seiten / auffgebet / und hingegen aufgenommen werden wolt in ein solche / die in Ansehung der Römischen ist ein kleines Häuffelein / dero Haußzeichen ist Kreutz und Trübsahl in der Welt / Verachtung / Verfolgung / Widerwärtigkeit so zureden das tägliche Brodt / in welcher (wie die heilige Schrift redet) die gläubigen Glider zun Trübsahlen sind gesetzt."[54]

In dieser Passage, die sicherlich auch durch die persönlichen Erfahrungen des Verfassers geprägt ist[55], wird die eigene Konfession aus einer Opfer-

---

[52] StAZ E I 9.4, gesondertes Heft mit Protokollen der Proselytenkammer 1726–1732, Heft 1, p. 31 f., 8. 1. 1731.

[53] *Johann Heinrich Ulrich*, Aufnahms-Formul Solcher / Welche die Römische Kirchen und dero Irrthumbe zuverlassen / und zu der allein seligmachenden Reformiert-Evangelischen Religion zutretten / und in derselben zu leben und zu sterben gesinnet. Wie solche in der Reformiert-Evangelischen Kirchen zu Zürich gebräuchig / und auff Befehle in Teutsch-Italienisch-Französisch-und Lateinischer Sprache aufgesetzt und zum Truck übergeben worden. Gedruckt zu Zürich / Bey Christoff Hardmeyer / im Jahre Christi / 1713.

[54] Ebd., 3.

[55] Johann Heinrich Ulrich (1665–1730), der 1713 Helfer am Fraumünster war und wenig später zum Pfarrer an derselben Kirche gewählt wurde, hatte sich während seiner gesamten pfarramtlichen Tätigkeit für die Belange der reformierten Diasporagemeinden in Deutschland und Frankreich eingesetzt und von 1692–1699 selbst eine solche in Grönenbach im Allgäu versehen. Mit seinen Berichten über die Not der französischen Hugenotten prägte er das frankreichkritische Bild der reformierten

perspektive beschrieben, welche Phänomene wie Verfolgung, Not und Be-
drängnis in sich vereint. Offensichtlich wollte man die Katholiken noch in
letzter Minute davor warnen, sich auf eine derart trübselig visualisierte Zukunft einzulassen, indem der Eindruck kreiert wurde, dies sei nur bei absoluter Aufrichtigkeit und Wahrhaftigkeit auszuhalten. Die selbsternannte
Opfergemeinschaft der Reformierten Europas, von der die Zürcher sich als
einen Teil begriffen, begegnet uns in den Dokumenten zur Proselytenpro-
blematik direkt oder unterschwellig und gleichsam als zeitunabhängige
Konstante im 17. und 18. Jahrhundert sehr häufig. Dass das bis ins „Aufnahms-Formul" eingedrungene Motiv von der bedrohten Kirche auch jenen
Menschen, die sich der reformierten Konfession erklärtermaßen zugeneigt
zeigten, eingeschärft werden sollte, widerlegt jeden Verdacht einer Prosely-
tenmacherei oder einer in irgendeiner Form aktiven Missionierung für die
Zürcher Kirche der Frühen Neuzeit.

Nach der richtigen Beantwortung aller Glaubensfragen wurde der Kan-
didat in die reformierte Kirche aufgenommen. Eine Gebetsformel beendete
den Akt, woraufhin der Proselyt seine Treue beschwor und mit einem Geschenk sowie einem schriftlichen Aufnahmezeugnis entlassen wurde. Die
Proselytenkammer war ebenso zuständig für die Unterrichtung, die
Prüfung, die Abnahme der öffentlichen Aufnahmeformel und die Taufe bei
Juden oder Muslimen, die einen Glaubensübertritt wünschten, doch galten
für diese seltenen Fälle besondere Bestimmungen[56].

Aus den narrativen Quellen zur Konversionsproblematik, die von Vertretern der kirchlichen und weltlichen Obrigkeiten Zürichs während des 17.
und 18. Jahrhunderts verfasst wurden, lässt sich zusammenfassend und vereinfacht folgende Repräsentation von Proselyten rekonstruieren: Bei der
kirchlichen Obrigkeit, die eine defensive Repräsentation ihrer selbst aufgebaut hatte, brach sich eine wohlwollende Erwartung wahrhaft suchender
Seelen, die die ‚allein seligmachende Wahrheit' der reformierten Konfession
erkannt hatten und diese deshalb durch ihren Glaubensübertritt stärken
würden, immer wieder Bahn. Da diese Erwartung gelegentlich von einer gewissen Naivität geprägt war und des Öfteren enttäuscht wurde, verstetigte
sich gleichzeitig eine generalisierte Befürchtung der Unaufrichtigkeit und
der Täuschung. Die weltliche Obrigkeit machte sich diese im Wesentlichen

---

eidgenössischen Orte am Beginn des 18. Jahrhunderts wesentlich mit. Vgl. *Erich Wen-*
neker, Art. „Ulrich, Johann Heinrich", in: Biographisch-Bibliographisches Kirchenlexikon, Bd. XIX, hrsg. v. Traugott Bautz, Nordhausen 2001, 1455–1457; *Emanuel*
Dejung/Willy Wuhrmann (Hrsg.), Zürcher Pfarrerbuch 1519–1952, Zürich 1953,
576.

56 Vgl. *Johann Jacob Wirz,* Historische Darstellung der urkundlichen Verordnungen, welche die Geschichte des Kirchen- und Schulwesens in Zürich, wie auch die
moralische und einiger Massen die physische Wolfart unsers Volkes betreffen. Von
der Reformation an bis auf die gegenwärtige Zeiten, Bd. II, Zürich 1794, 195; *Salo-*
mon Steinberg, Die Proselyten der Stadt Zürich. Ein Beitrag zur Geschichte und Psychologie des Überläufers, Diss. Univ. Zürich 1914, 67 f.

konfessionelle Repräsentation von Proselyten nur bedingt zu Eigen, sondern integrierte stärker ökonomische Aspekte wie die Furcht vor den durch die Fremden verursachten Kosten. Die auch in der weltobrigkeitlichen Repräsentation von Proselyten ständig anzutreffende Zuschreibung von Täuschungsabsichten bezog sich dabei – im Unterschied zu den Kirchenvertretern – weniger auf die vorgetäuschten Gewissensmotive als auf die Erschleichung von Unterstützungszahlungen. Da die weltliche Obrigkeit letzte Entscheidungsinstanz hinsichtlich der Aufnahme oder Ablehnung von Proselyten blieb, waren die Kirchenvertreter darum bemüht, ihre konfessionell geprägte Repräsentation von Proselyten dergestalt zu kommunizieren, dass sie auf die stärker ökonomisch geprägte Repräsentation von Proselyten auf Seiten der städtischen Behörden einging. Praktisch heißt dies, dass die Kirchenvertreter in ihrer Kommunikation über Proselyten an Rat und Bürgermeister meist schon von selbst auf die ökonomischen Aspekte Bezug nahmen und potentielle Befürchtungen zu beschwichtigen versuchten. Beide Repräsentationen von Proselyten – die stärker konfessionelle der Kirchenvertreter und die stärker ökonomische der weltlichen Obrigkeit – lassen sich dabei als nahezu zeitunabhängige, vom 16. bis zum Ende des 18. Jahrhunderts konstant bleibende feststellen.

Repräsentationen – so die Vorannahme dieses Buches – werden erst über Kommunikation und durch den Gebrauch spezifischer Medien zu einem sozial wirksamen Faktor. Die Medien, über welche verschiedene Weltdeutungen von verschiedenen Akteuren in die Gesellschaft kommuniziert werden, können dabei sehr vielfältig sein. Für die Frühe Neuzeit gehen wir davon aus, dass mündliche und schriftliche, diskursive und visuelle Medien sowie Rituale und Zeremonien einander überlagerten und ergänzten[57]. Ein weiteres – zentrales – Medium, über das Repräsentationen kommuniziert werden können, soll nachfolgend im Vordergrund stehen: die Vermittlung von Weltdeutung über Geld. Der in der neueren Systemtheorie abstrakt gefasste Begriff von Geld als symbolisch generalisiertes Kommunikationsmedium verweist dabei genau auf den uns hier interessierenden Zusammenhang[58]: Eine Repräsentation, die sich als kollektiv anerkannte durchsetzen will, kann sich des symbolisch generalisierten und dadurch von allen beteiligten Akteuren verstandenen Mediums des Geldes bedienen, um ihr Ziel zu erreichen. Kämpfe um Geld, um die Verteilung von Geld, waren in der Frühen Neuzeit und sind bis heute vor allem eins: Kämpfe um Wertzuschreibungen und Deutungsmacht, Kämpfe um die Durchsetzung von Repräsentationen.

---

[57] Vgl. Kapitel C. I.

[58] Vgl. *Niklas Luhmann*, Geld als Kommunikationsmedium. Über symbolische und diabolische Generalisierungen, in: ders., Die Wirtschaft der Gesellschaft, Frankfurt a.M. 1988, 230–271.

Ein frühneuzeitliches Gemeinwesen, das eine Konfession im Sinne einer bestimmten Auslegungsgestalt christlichen Glaubens als für das Seelenheil unverzichtbar, als ‚allein seligmachend' ansah und deshalb zum ideellen Kern seiner Repräsentation erklärte, konnte Geld als Medium einsetzen, um diese Repräsentation von sich selbst zu kommunizieren, zu behaupten und zu stärken. Wenn die kirchlichen und weltlichen Obrigkeiten des Gemeinwesens Zürich während der Frühen Neuzeit auf vielfältige Weise reformierte Glaubensgenossen im Ausland mit Geld unterstützten und finanzielle Unterstützungsleistungen auch für ‚Neubekehrte' zur reformierten Konfession im Inland aufbrachten, so lässt dies darauf schließen, dass sie der Zugehörigkeit zum reformierten Bekenntnis einen hohen Wert zuschrieben. Es soll die Hypothese aufgestellt werden, dass zwischen der Höhe der Wertzuschreibung gegenüber der Zugehörigkeit zu einer bestimmten Konfession und der Höhe der Gelder, die zur Kommunikation des Wertes dieser konfessionellen Zugehörigkeit aufgebracht wurden, eine Korrelation besteht. Diese Korrelation wird nun anhand der für Proselyten in Zürich während des 18. Jahrhunderts aufgebrachten Gelder detailliert untersucht.

Während es für das 16. und 17. Jahrhundert praktisch unmöglich ist, sich einen zuverlässigen Überblick über die Ausgaben für Proselyten in Zürich zu verschaffen, sieht die Quellenlage im 18. Jahrhundert günstiger aus, da die meisten Ausgaben nun zentralisiert über die Rechnungen der Proselytenkammer eruierbar sind. Von den sieben separat geführten Abrechnungen der Proselytenkammer werden im Folgenden die Ausgaben anhand der Unterrechnungen F III 26a („Proselyten im Allgemeinen") und F III 26c („Exulanten und Proselyten aus Frankreich") tabellarisch aufgelistet und ausgewertet (Tabelle 1). Diese Sortierungen deuten darauf hin, dass zumindest die Archivare keine trennscharfe Unterscheidung zwischen Konfessionswechslern, Glaubensflüchtlingen und ausländischen Glaubensgenossen machten. Was diese drei Gruppen einte, war ihre Eigenschaft als ‚Unterstützenswerte aus religiösen Gründen'.

Tabelle 1

Ausgaben für Proselyten in Zürich, 1712–1798. Nach den Rechnungen der Proselytenkammer, StAZ F III 26a und c. Alle Zahlenangaben in vollen Gulden.

Jahr	F III 26a Proselyten allgemein (nicht aus Frankreich stammende)	F III 26c Exulanten und Proselyten aus Frankreich zusammen	F III 26c Proselyten aus Frankreich	Proselyten insgesamt (Summe aus F III 26a und 26c)
1712	k.A.	1.542	435	k.A.
1713	k.A.	1.867	480	k.A.
1714	k.A.	1.642	452	k.A.
1715	k.A.	1.741	600	k.A.

Jahr	F III 26a Proselyten allgemein (nicht aus Frankreich stammende)	F III 26c Exulanten und Proselyten aus Frankreich zusammen	F III 26c Proselyten aus Frankreich	Proselyten insgesamt (Summe aus F III 26a und 26c)
1716	k.A.	1.873	800	k.A.
1717	k.A.	2.558	1.300	k.A.
1718	k.A.	2.097	800	k.A.
1719	k.A.	3.104	1.200	k.A.
1720	k.A.	2.705	1.300	k.A.
1721	k.A.	2.373	1.200	k.A.
1722	k.A.	2.373	1.283	k.A.
1723	k.A.	2.379	1.266	k.A.
1724	k.A.	2.827	1.453	k.A.
1725	k.A.	2.834	1.705	k.A.
1726	1.521	2.625	1.490	3.011
1727	1.068	2.398	1.108	2.176
1728	1.576	2.570	1.100	2.676
1729	1.011	2.438	1.000	2.011
1730	769	2.291	940	1.709
1731	800	2.166	900	1.700
1732	795	1.968	800	1.595
1733	1.058	1.964	500	1.558
1734	1.125	2.176	1.000	2.125
1735	1.287	2.439	1.400	2.687
1736	1.446	2.490	1.450	2.896
1737	1.367	2.226	1.200	2.567
1738	1.487	2.416	1.463	2.950
1739	1.637	2.552	1.607	3.244
1740	1.527	2.433	1.560	3.087
1741	1.682	2.422	1.568	3.250
1742	1.674	2.422	1.590	3.264
1743	1.395	2.221	1.445	2.840
1744	1.268	2.347	1.590	2.858
1745	1.258	2.097	1.398	2.656
1746	1.543	1.894	1.030	2.573
1747	1.070	1.782	1.000	2.070
1748	982	1.611	867	1.849
1749	876	1.761	1.000	1.876
1750	856	1.636	967	1.823
1751	771	1.367	623	1.394
1752	541	1.110	450	991
1753	641	984	500	1.141
1754	627	1.083	680	1.307
1755	685	1.040	622	1.307
1756	642	1.302	230	872
1757	682	1.183	642	1.324
1758	753	1.196	720	1.473
1759	744	1.241	750	1.494
1760	782	1.355	880	1.662

Jahr	F III 26a Proselyten allgemein (nicht aus Frankreich stammende)	F III 26c Exulanten und Proselyten aus Frankreich zusammen	F III 26c Proselyten aus Frankreich	Proselyten insgesamt (Summe aus F III 26a und 26c)1764
1761	1.079	k.A.	k.A.	k.A.
1762	773	1.208	775	1.548
1763	830	1.241	870	1.700
1764	587	785	450	1.037
1765	608	928	600	1.208
1766	608	934	600	1.208
1767	711	1.124	600	1.311
1768	546	902	500	1.046
1769	677	1.052	648	1.325
1770	444	851	500	944
1771	503	963	600	1.103
1772	590	733	400	990
1773	315	709	400	715
1774	308	474	200	508
1775	278	676	400	678
1776	297	484	250	547
1777	280	486	250	530
1778	271	634	400	671
1779	313	530	300	613
1780	300	511	300	600
1781	309	415	200	509
1782	424	194	0	424
1783	411	288	0	411
1784	353	188	0	353
1785	367	192	0	367
1786	268	192	0	268
1787	267	188	0	267
1788	393	188	0	393
1789	278	229	0	278
1790	349	193	0	349
1791	368	199	0	368
1792	383	189	0	383
1793	390	213	0	390
1794	302	k.A.	k.A.	302
1795	360	188	0	360
1796	375	1.882	0	375
1797	500	188	0	500
1798	267	188	0	267

Für ‚Proselyten allgemein' (Spalte 2), d. h. nicht aus Frankreich stammende Proselyten, liegen uns systematische Angaben über Aufwendungen seit 1726 vor. Vergleicht man die Zahlen im Anfangsjahr (1726) und im Endjahr (1798) der Rechnung miteinander, so sank die Zahl der absoluten Ausgaben von 1.521 Gulden auf 267 Gulden, also um 82,5 %. Zwischen 1726 und 1747

lagen die Ausgaben immer über 1.000 Gulden, mit der signifikanten Ausnahme der drei Jahre 1730 – 1732 (769 – 800 Gulden). Nach 1748 erreichte
die Höhe der Ausgaben in der Regel nicht mehr 1.000 Gulden, mit der auf-
fälligen Ausnahme des Jahres 1761 (1.079 Gulden). Am höchsten lagen die
Ausgaben für nicht aus Frankreich stammende Proselyten im Jahr 1741
(1.682 Gulden).

Für die ‚Proselyten aus Frankreich‘ (Spalte 4) liegen uns Zahlen für die
Jahre 1712 bis 1798 vor (keine Angaben für die Jahre 1761 und 1782). Die
Ausgaben setzten mit geringen 435 Gulden ein (1712), pendelten sich in der
ersten Jahrhunderthälfte bei einer gut über 1.000 liegenden Zahl ein und
lagen ab 1750 dauerhaft unter 1.000 Gulden. Seit 1782 wurden keine gesonderten Ausgaben für französische Proselyten mehr getätigt. Vergleichsweise
niedrig lagen die Ausgaben für französische Proselyten – ähnlich wie für
Proselyten allgemein – in den Jahren 1730 – 1733. Das Jahr 1725 verzeichne-
te dagegen die höchsten Ausgaben für Proselyten aus Frankreich (1.705
Gulden). Im Vergleich zu den Ausgaben für Exulanten aus Frankreich nahmen die Zahlungen an Proselyten einen mindestens gleichwertigen Anteil
ein (Spalten 3 und 4), der während 20 Jahren sogar mehr als 60 % der Ge-
samtkosten für französische Exulanten und Proselyten ausmachte.

Vergleicht man die Entwicklung der Ausgaben für Proselyten allgemein
(Spalte 2) und Proselyten aus Frankreich (Spalte 4) miteinander, so liegen
die Summen in den einzelnen Jahren immer in etwa gleich hoch. Auch die
generell abnehmende Ausgabentendenz im Verlauf des 18. Jahrhunderts ist
in beiden Posten zu beobachten. Obwohl nicht notwendigerweise ein pro-
portionaler Zusammenhang zwischen der Höhe der ausgegebenen Summen
und der Anzahl der antragstellenden Personen angenommen werden kann,
legt die Entwicklung der Zahlen doch einige Vermutungen nahe. Dass etwa
die Hälfte aller für Proselyten ausgegebenen Gelder auf Personen aus
Frankreich entfiel, lässt darauf schließen, dass Franzosen die mit Abstand
zahlenmäßig größte nationale Gruppe unter den antragstellenden Proselyten in Zürich bildeten. Offenbar kamen ab den 1780er Jahren gar keine
Konfessionswechsler aus Frankreich mehr nach Zürich, denn es wird kein
einziger Gulden an Ausgaben mehr verzeichnet. Ab 1765 hat es den An-
schein, als sei für französische Proselyten pro Jahr jeweils ein fixer Betrag
veranschlagt worden; das abrupte Einfrieren des Betrages von 200 Gulden
1781 auf null Gulden von 1782 bis 1798 lässt darauf schließen, dass die Kategorie ‚Proselyten aus Frankreich‘ ganz geschlossen wurde, weil seit geraumer Zeit kaum mehr jemand kam, der sich für Leistungen aus diesem Fonds
anmeldete.

Auf Grund der Entwicklung der Ausgaben für ‚Proselyten insgesamt‘
(Spalte 5) lässt sich ein Zeitraum zwischen 1726 und 1747 konstatieren, in
dem die Unterstützungsleistungen für Proselyten in absoluten Zahlen am
höchsten lagen (mehr als 2.000 Gulden pro Jahr). Die Spitzenjahre mit Be-

trägen über 3.000 Gulden waren 1726 und 1739 bis 1742. Der auffällige Knick in den Ausgaben der Jahre 1730–1733 schlägt sich entsprechend auch auf die Gesamtausgaben nieder. Im letzten Viertel des 18. Jahrhunderts lagen die Gesamtausgaben für Proselyten permanent und deutlich unter 1.000 Gulden jährlich. Die allgemeine Hungersnot Anfang der 1770er Jahre schlug sich auffälligerweise nicht in einer vermutbaren Erhöhung der Ausgaben für Proselyten und deren Nachfahren nieder. Ein Grund hierfür mag sein, dass die Finanzen des Staates Zürich in dieser Zeit auf Grund der allgemeinen Armut so sehr strapaziert waren, dass man für die kleine Gruppe der (armen) Proselyten keine extra Aufwendungen erübrigen wollte oder diese auch von anderen Ämtern, vor allem dem Almosenamt, mitversorgt wurden.

Ein Vergleich der Ausgaben der Proselytenkammer in Zürich im 18. Jahrhundert mit den Ausgaben wichtiger anderer Fürsorgeämter lässt erkennen, dass es sich bei dem Proselytengeschäft für den Zürcher Stadtstaat in finanzieller Hinsicht zum einen um ein allgemein geringfügiges Problem und zum anderen um ein im Verlauf des 18. Jahrhunderts stetig marginaler werdendes Problem handelte. Während die Kosten des allgemeinen Armenwesens in Zürich im Laufe des 18. Jahrhunderts massiv anstiegen, wurde die Proselytenthematik in finanzieller Hinsicht nahezu bedeutungslos. Am Ende des Untersuchungszeitraums, im Jahr 1790, beliefen sich die Ausgaben für Proselyten nur noch auf 1,2% der Ausgaben des Almosenamtes. Auch im Vergleich zu dem am Großmünster angesiedelten Studentenamt, das vor allem Stipendien für Schüler und Theologiestudenten sowie Beihilfen für die Gehälter von Pfarrern auf der Landschaft stiftete, bewegten sich die Ausgaben für Proselyten auf einem sehr niedrigen Niveau[59].

Der Eindruck, dass sich die Proselytenproblematik in Zürich in der zweiten Hälfte des 18. Jahrhunderts substantiell veränderte, bestätigt sich nach einer Sichtung der von 1760–1800 abgelegten Dokumente zu Proselyten im Staatsarchiv Zürich[60]. Im Vergleich zum Quellenbestand für die Zeit von 1545–1760 lassen sich folgende Auffälligkeiten beobachten: (1) Es sind kaum noch Bittschriften von neu angekommenen Proselyten abgelegt. Auch die Zeit der vormals zahlreich durch Zürich reisenden Mönche scheint vorüber zu sein. (2) Statt individueller Proselytenbittschriften finden sich überwiegend Fürbitten von Pfarrern der Zürcher Landschaft um Assistenzen für Proselyten, die seit längerem in ihren Pfarrgemeinden sesshaft waren. Auffallend ist der hohe Anteil an Witwen und Nachfahren von Proselyten in der zweiten oder sogar dritten Generation, die also gar nicht selbst die Konfession gewechselt, sondern ihren Proselytenstatus gewissermaßen

---

[59] Vgl. dazu, mit entsprechenden Zahlenangaben für die anderen Ämter *Bock*, Konversionen in der frühneuzeitlichen Eidgenossenschaft (Anm. 2), 165 f.

[60] StAZ E I 9.6.

ererbt hatten. Versorgungsfragen stehen im Vordergrund dieser Fürbitten. (3) Bei den dokumentierten Konversionen handelt es sich zu einem beträchtlichen Teil um Rekonversionen von ehemals zum Katholizismus konvertierten Landesangehörigen, die nun in ihre reformierte Ursprungskonfession zurückkehrten, so dass hier im eigentlichen Sinne von ‚Heimgekehrten' und nicht ‚Neubekehrten' gesprochen werden muss.

Eine weitere Detailuntersuchung soll für die Mitte des 18. Jahrhunderts vorgenommen werden, konkret für die Jahre 1748–1769, dem entscheidenden Zeitraum für unsere Untersuchung, in welchem sich ein ‚Abschwung' der Bedeutung der Konversionsproblematik zeitlich vermuten lässt. Im Staatsarchiv Zürich gibt es für diese Jahre eine alphabetische Auflistung aller Personen, die von der Proselytenkammer mit einem Reisegeld unterstützt wurden[61]. Im Regelfall sind die Namen, Vornamen, Herkunftsorte und die Anzahl der unterstützten Familienmitglieder verzeichnet. Nur sporadisch finden sich Angaben zu den sozialen beziehungsweise beruflichen Hintergründen der unterstützten Personen; Reiseziele sind gar nicht aufgeführt. Die Auswertung dieser Quelle ist hier aus zwei Gründen aufschlussreich: Erstens erlaubt sie relativ zuverlässige Aussagen über die Anzahl der in Zürich angemeldeten Proselyten in dem entsprechenden Zeitraum, denn die Versorgung mit einem Reisegeld wurde nahezu jedem, auch Kurzaufenthaltern, gewährt. Zweitens ermöglicht sie Angaben zu Ausgabenhöhen und deren diachronen Veränderungen im Verhältnis zur Zahl der unterstützten Personen.

Wenden wir uns der Quelle im Detail zu (Tabelle 2). In den 1750er Jahren beantragten 207 Personen Leistungen aus dem Proselytenamt (Spalte 3), wobei die Anzahl der insgesamt unterstützten Personen mit 211 unwesentlich höher lag (Spalte 6). Dies bedeutet, dass in den 1750er Jahren fast ausschließlich Einzelpersonen gefördert wurden. Wahrscheinlich ist, dass sich darunter eine hohe Zahl einzelner, durchreisender ausländischer Proselyten befand. Im Jahrzehnt 1760–1769 hingegen stellten nur noch 172 Personen einen Unterstützungsantrag (Spalte 3). Auffallend ist in diesem Jahrzehnt, dass die Anzahl der insgesamt unterstützten Personen (251; Spalte 6) aber wesentlich höher lag, höher auch als im Jahrzehnt zuvor. Diese Beobachtung deutet darauf hin, dass in den 1760er Jahren zwar weniger Proselyten vorstellig wurden, diese aber eher Familienangehörige mit sich führten.

Verschafft man sich einen Überblick über die Ausgaben für Reisegelder, so lässt sich feststellen, dass in den beiden Jahrzehnten 1750–1759 beziehungsweise 1760–1769 nahezu gleich große Summen ausgegeben wurden

---

[61] „Verzeichnuß derjennigen Personen, welche seit Ao. 1748 Reißgelter von Loblicher Proseliten Comission empfangen haben". Es gibt eine ähnlich angelegte Liste für die Jahre 1770–1789, die wegen schlechter Lesbarkeit und unübersichtlicher Führung nicht ausgewertet wurde. Beide kleinformatigen Hefte liegen im StAZ in der Schachtel E I 9.6.

Tabelle 2

Reisegelder für Proselyten, 1748–1769. Auf der Grundlage von StAZ E I 9.6

Jahr	Summe in Gulden	Anzahl Antragsteller	Geschlecht Antragsteller		Anzahl Personen insgesamt (mit Angehörigen)
			m	w	
1748	162	56	44	12	69
1749	188	40	36	4	43
Summe 1748–1749	350	96	80	16	112
1750	225	45	34	11	45
1751	117	36	33	3	36
1752	58	23	19	4	24
1753	74	30	25	5	32
1754	25	12	9	3	12
1755	91	22	20	2	22
1756	59	15	13	2	16
1757	33	11	10	1	11
1758	2	1	1	0	1
1759	32	12	8	4	12
Summe 1750–1759	716	207	172	35	211
1760	19	6	6	0	6
1761	94	12	7	5	19
1762	131	31	26	5	45
1763	118	27	20	7	41
1764	85	24	21	3	41
1765	47	14	11	3	20
1766	43	14	13	1	23
1767	86	20	16	4	27
1768	32	10	7	3	11
1769	52	14	9	5	18
Summe 1760–1769	710	172	136	36	251

(716 Gulden beziehungsweise 710 Gulden). Verwendet man für die Berechnungen die Gesamtzahlen der unterstützten Personen, so zeigt sich allerdings, dass die Gesamtzahl in den 1760er Jahren um etwa 20% höher lag (251 Personen) als in den 1750er Jahren (211 Personen). Bezieht man die Ausgaben auf die Personenzahlen, so ergibt sich folgendes Bild: In den 1750er Jahren wurden pro Antragsteller durchschnittlich 3,47 Gulden und pro Person durchschnittlich 3,39 Gulden ausgegeben; für die 1760er Jahre lauten die entsprechenden Zahlen 4,12 Gulden beziehungsweise 2,82 Gulden. Dass die Ausgaben pro Antragsteller und pro Person in den 1750er Jahren dichter beieinander liegen als in den 1760er Jahren, verweist darauf, dass in den 1750er Jahren eher alleinstehende Proselyten Unterstützung er-

hielten, während es in den 1760er Jahren dagegen eher Proselyten mit Familienanhang waren. Faktisch heißt es auch, dass für die Unterstützten pro Kopf in den 1760er Jahren weniger ausgegeben wurde als in den 1750er Jahren. Vereinfacht lässt sich für die Mitte des 18. Jahrhunderts folgende Entwicklung konstatieren: Ein Rückgang der absoluten Zahl von bittstellenden Proselyten war begleitet von einem relativen Rückgang von alleinstehenden Proselyten sowie einer relativen Zunahme von Proselyten mit Familienangehörigen. Der Eindruck des generellen Rückgangs der Anzahl unterstützter Proselyten sowie der Ausgaben für diese seit der Mitte des 18. Jahrhunderts erhärtet sich bei einem Vergleich mit den Zahlen für die beiden Jahre 1748–1749: Die Summe der Ausgaben war allein in diesen zwei Jahren schon etwa halb so hoch wie in den jeweiligen Jahrzehnten 1750–1759 beziehungsweise 1760–1769. Ebenso waren die Anzahl der Antragsteller und die Gesamtzahlen der unterstützten Personen mit leichten Abweichungen während dieser zwei Jahre in etwa bereits halb so hoch wie in den jeweils zehn Jahren zwischen 1750–1759 beziehungsweise 1760–1769.

Wie lässt sich die rückgehende Entwicklung in der Anzahl antragstellender Proselyten um die Mitte des 18. Jahrhunderts in Zürich erklären? Einerseits mochte die Zürcher Obrigkeit kaum noch Interesse an der Unterstützung durchreisender Proselyten aufbringen und die Aktivitäten der Proselytenkammer deshalb zunehmend auf die Bezuschussung sesshafter Proselyten beschränken, die zwar rechtlich keine Landesangehörigen waren, deren Versorgung auf Grund ihres schlichten Vorortseins und ihrer Zugehörigkeit zu bestimmten Pfarrgemeinden allerdings näher lag, als noch vollkommen fremde Proselyten zu alimentieren. Andererseits ist ebenso denkbar, dass die Anzahl von durchreisenden, alleinstehenden Proselyten im Untersuchungszeitraum abnahm und der Posten ‚Reisegeld‘ in den Rechnungen der Proselytenkammer deshalb weniger wichtig wurde. Eine dritte Möglichkeit, wonach sich zwar immer noch gleich viele Proselyten in Zürich anmeldeten, aber nicht mehr unterstützt wurden, ist eher unwahrscheinlich, denn das Reisegeld war gewissermaßen die Basisversorgung, die in den vorangegangenen Jahrzehnten fast jedem bittstellenden Proselyten gewährt worden war. Die Verweigerung einer zumindest minimalen Beihilfe hätte wahrscheinlich kontraproduktive Folgen gezeitigt und zur direkten Vergrößerung des ohnehin schon bedrückenden Bettelwesens beigetragen.

Wenn man die chronologische Entwicklung des Konversionsgeschehens in Zürich während der Frühen Neuzeit insgesamt in die Überlegungen und die Suche nach einer Erklärung miteinbezieht, so ist zunächst festzustellen, dass sich diese etwa in Form eines Spannungsbogens beschreiben lässt: Während vor dem ausgehenden 16. Jahrhundert Personen noch kaum als Konfessionswechsler identifiziert beziehungsweise registriert wurden, lassen sich die höchsten Zahlen an konversionswilligen Personen, an staatlichen Unterstützungsleistungen für Proselyten und auch an überlieferten Dokumenten grob für den Zeitraum von der Mitte des 17. bis zur Mitte des 18. Jahrhunderts feststellen[62]. Erst ab der Mitte des 18. Jahrhunderts – dann aber bis zum Ende des Ancien Régime rapide – deuten verschiedene Indikatoren wie der Rückgang der Ausgaben der Proselytenkammer darauf hin, dass Konversionen zum einen von obrigkeitlicher Seite als kaum mehr notwendige und deshalb auch kaum noch unterstützungswürdige Erscheinung betrachtet wurden, zum anderen von Individuen immer seltener als attraktive Handlungsoption in Erwägung gezogen wurden. Welche Entwicklung jeweils mehr Einfluss auf die andere hatte – ob ein Wandel in der obrigkeitlichen Repräsentation von Proselyten zu weniger Konversionen führte, oder ob die geringer werdende Zahl von Proselyten den obrigkeitlichen Repräsentationswandel herbeiführte – wird im Einzelnen schwer zu belegen sein. In jedem Fall aber, so meine These, deutet dieser in Zürich zu beobachtende Schwund an Konversionen in der zweiten Hälfte des 18. Jahrhunderts auf Prozesse von Entkonfessionalisierung hin, während welcher das Kriterium ‚Konfession‘ zunehmend an Bedeutung verlor, und zwar in seiner Funktion als politisches und soziales Ordnungs- und Identifikationsprinzip, das als solches seit dem 16. Jahrhundert einen Grundbestandteil der Repräsentation des Gemeinwesens Zürich gebildet hatte. In diesem Sinne war es für katholische Fremde nicht mehr so notwendig oder attraktiv – da nicht mehr belohnt –, die reformierte Konfession Zürichs anzunehmen.

Ein weiteres, mit der Konversionsproblematik verbundenes Indiz, das die These der allmählichen Relativierung der Bedeutung der Konfession für die Repräsentation des Zürcher Gemeinwesens im späten 18. Jahrhundert unterstützt, stellt der interessante Fall des ehemaligen Benediktinermönchs Franz Xaver Bronner (1758–1850) dar. Bronner hatte 1785 das Kloster Donauwörth verlassen und war nach Zürich gegangen, wo er Mitredaktor der „Neuen Zürcher Zeitung" wurde und erst im Jahr 1820 förmlich zum reformierten Bekenntnis übertrat[63] – ein außergewöhnliches Beispiel für eine soziale Integration eines Konfessionsfremden am Ende des 18. Jahrhunderts, die noch wenig Zeit davor nur unter der Voraussetzung einer sofortigen Konversion zum reformierten Zürcher Staatsbekenntnis vorstellbar gewesen wäre.

Dass für die Repräsentation der Zürcher Obrigkeit ihre starke und selbstverständliche Bezogenheit auf die christliche Religion im Allgemeinen und die reformierte Konfession im Besonderen in der zweiten Hälfte des 17. und besonders im 18. Jahrhundert allmählich in den Hintergrund rückte, deutet

---

[62] Vgl. *Bock,* Konversionen in der frühneuzeitlichen Eidgenossenschaft (Anm. 2).

[63] Vgl. *Eduard Wymann,* Geschichte der katholischen Gemeinde Zürich. Denkschrift zur Feier des hundertjährigen Bestandes der Pfarrei, Zürich 1907, 56; *Thomas Maissen,* Die Geschichte der NZZ 1780–2005, Zürich 2005, 23.

sich auch in anderen Bereichen jenseits der Konversionsproblematik an. Zum einen zeigt es sich in einer weiteren Verschiebung des Machtverhältnisses zwischen Kirche und Staat zu Gunsten des Staates, der auf die Kirche immer weniger angewiesen zu sein schien. Die Kirche fügte sich immer bescheidener dem staatlichen Gemeinwesen ein; Antistes Peter Zeller (1713–1718) war der letzte Kirchenvorsteher, der dem Rat noch persönlich seine Meinung sagte[64] – ein Recht, das besonders von Zwingli und Bullinger als ihr vornehmstes wahrgenommen und häufig beansprucht worden war. Im höheren Schulwesen – das keine Universität kannte und bis dahin ausschließlich auf die Ausbildung von Pfarrern ausgerichtet war – wurden 1713 und 1724 die beiden ersten nichttheologischen Lehrstühle eingerichtet (für vaterländische Geschichte und Politik sowie für Naturrecht). „Die Theologie", so schlussfolgert Martin Hürlimann in seinem Überblickswerk zur Aufklärung in Zürich, „wurde mehr und mehr zu einer Wissenschaft unter anderen."[65]

Dass die für die zürcherische Repräsentation charakteristische enge Kopplung von staatlichen und kirchlichen Interessen und Ordnungsvorstellungen sich langsam auflockerte, lässt sich zum anderen daran ablesen, dass das weltliche Regiment die kirchlichen Vorschriften, von denen es sich keinen Nutzen mehr versprach, nicht mehr unterstützte. So wurde beispielsweise in der Mitte des 18. Jahrhunderts der Zwang zum Gottesdienstbesuch obrigkeitlicherseits aufgehoben und die Abhaltung von Schießübungen auch an Sonntagen gestattet[66]. Die Strenge der Kirchenzucht und die Periode der Sitten- und Luxusmandate gingen zu Ende, das letzte, im ‚strengen' Stil verfasste erschien 1744[67].

„Vermehrte Freiheit brachte die schleichende Entwertung der Religion der Kirche aber nicht, diese Entwicklung akzentuierte nur ihren Charakter als Staatsanstalt zur Sicherung des Gehorsams der Untertanen."[68] In dieser, den neuen staatspolitischen Interessen untergeordneten Helferrolle sah auch der berühmteste aufgeklärte Zürcher Gelehrte, Johann Jakob Bodmer (1698–1783), die Kirche. In seiner „Abhandlung vom Mangel der Politik in den Predigten", die er 1773 auf einer Sitzung der Helvetischen Gesellschaft vortrug, forderte er von den Geistlichen, ihre religiösen Interessen den politischen des Staates unterzuordnen: „Die Prediger sind Glieder des Staates

---

[64] Vgl. *Georg Rudolf Zimmermann,* Die Zürcher Kirche von der Reformation bis zum dritten Reformationsjubiläum (1519–1819) nach der Reihenfolge der zürcherischen Antistes geschildert, Zürich 1878, 263 f.

[65] *Martin Hürlimann,* Die Aufklärung in Zürich. Die Entwicklung des Zürcher Protestantismus im 18. Jahrhundert, Leipzig 1924, 148.

[66] Vgl. ebd., 80.

[67] Vgl. *Bloesch,* Geschichte der schweizerisch-reformierten Kirchen (Anm. 6), Bd. 2, 131.

[68] *Karl Dändliker,* Geschichte der Stadt und des Kantons Zürich, Bd. 3, Zürich 1912, 50 f.

und Arbeiter für den Staat. Die Zeiten sind vergangen, da die Geistlichen einen Staat im Staat gemacht, da der politische und priesterliche Stand für zwei in ihrer Natur entgegengesetzte Stände gehalten worden."[69]

In der reformierten Theologie verschaffte sich nach 1700 zunehmend die auf Sittenlehre und Ethik Wert legende sogenannte ‚Orthodoxie libérale‘ beziehungsweise ‚vernünftige Orthodoxie‘ Geltung. Zu deren Zielen zählte die Erneuerung der überlieferten Schultheologie im Sinne des Evangeliums, die durch die Konzentration auf wesentliche Fundamentalartikel des christlichen Glaubens bei einem grundsätzlichen Festhalten am bisherigen Bestand erreicht werden sollte. Die orthodoxe Konsensusformel und die dadurch verursachte Isolierung der Schweizer Reformierten wurden als überholt angesehen; innerprotestantische Gegensätze sollten überwunden werden, aufklärerische Vernunft und Liebe den Weg zur Toleranz gegenüber Nonkonformisten bahnen[70].

Die aufklärerische Idee religiöser Toleranz fasste auch in der Zürcher Theologenschaft Fuß, wovon Pfarrer Johannes Fries in seiner Abhandlung „Von der Klage, dass die alte Eintracht unter den Eidgenossen durch die Verschiedenheit der Religion aufgehoben worden" in einer theologischen Zeitschrift 1751 beredtes Zeugnis ablegte: „Die Lehrsätze der beiden Religionen mögen in gewissen Artikeln noch so verschieden sein, so bekennen doch beide ihren gleichen göttlichen Stifter und haben von ihm viele wesentliche Morallehren mit einander gemein. In einer christlichen Religion ist die allgemeine Menschenliebe im Grund das Hauptgesetz. Der höchste Gesetzgeber der Menschen ist gekommen, die Menschen durch das Band der Liebe zu vereinigen; nicht nur die Mitbürger, die in einem Staate beisammen leben, sondern die Staaten mit Staaten, die Nationen mit Nationen. Seine Gesetze sind die Menschlichkeit selbst, seine Gebote zielen alle dahin, dass die Philosophie gemehret werde."[71] Während Pfarrer Fries sich in Übereinstimmung mit Johann Jakob Zimmermann (1695–1757), Professor für Naturrecht und Kirchengeschichte am Carolinum und Wegbereiter der Toleranz in Zürich, wusste, der die Glaubensunterschiede vor allem zwischen Reformierten und Lutheranern als nicht mehr fundamental empfand, blieb die offizielle Haltung der Kirche gegenüber Katholiken rigide. An-

---

[69] Zitiert nach *Hürlimann,* Aufklärung in Zürich (Anm. 65), 154. Zu Bodmer und seinen politischen Ansichten vgl. *Simone Zurbuchen,* Patriotismus und Nation. Der schweizerische Republikanismus des 18. Jahrhunderts, in: *dies.,* Patriotismus und Kosmopolitismus. Die Schweizer Aufklärung zwischen Tradition und Moderne, Zürich 2003, 71–97.

[70] Zur ‚vernünftigen Orthodoxie‘ vgl. *Stefan Röllin,* Die Relativierung der konfessionellen Grenzen und Lebensformen im 18. Jahrhundert unter dem Einfluss von Pietismus und Aufklärung, in: Ökumenische Kirchengeschichte der Schweiz, hrsg. v. Lukas Vischer/Lukas Schenker/Rudolf Dellsperger, Freiburg i.Ü./Basel 1994, 182–204, hier 190 f.; *Wernle,* Der schweizerische Protestantismus (Anm. 17), Bd. 1.

[71] Zitiert nach *Bloesch,* Geschichte der schweizerisch-reformierten Kirchen (Anm. 6), Bd. 2, 143.

tistes Johann Konrad Wirz (1737–1769) predigte noch 1766 in einer Syno-
dalrede: „Kein Vernünftiger kann leugnen, daß dasjenige, was in der römischen Kirche das Wesentlichste und Vornehmste ist und jedermann in die
Augen fällt, ein Schandfleck der christlichen Religion, ein unerträglicher
Gewissenszwang und ein elendes Gemengsel des alten Heiden- und Judentums ist."[72] In Abweichung von dieser, vom Zürcher Kirchenvorsteher vertretenen antikatholischen Haltung stand in der zweiten Jahrhunderthälfte
beispielsweise der exzentrische Pfarrer und Goethe-Freund Johann Caspar
Lavater (1741–1801), der mit einem Jesuiten eng befreundet war, in seinem
Studierzimmer ostentativ ein Kruzifix aufgehängt hatte und Wirz entgeg-
nete: „Welch ein Unchrist, der einen Kultus Abgötterei nennt, dessen Gegenstand Christus ist!"[73]

Am Ende des 18. Jahrhunderts scheinen die alt-reformierten Bekenntnisse
ihre Überzeugungskraft und Verbindlichkeit weitgehend eingebüßt zu haben. Verschiedene, von aufklärerischen Ideen der individuellen Vernunft
und Erfahrung berührte Auffassungen vom Glaubensbekenntnis standen im
ausgehenden Ancien Régime nebeneinander: die natürliche, herkömmliche
konfessionelle Grenzen ablehnende Religion eines Jean-Jacques Rousseau
(1712–1778); das biblische Christentum des Berner Gelehrten Albrecht von
Haller (1708–1777), welches er in seinen „Briefen über die wichtigsten
Wahrheiten der Offenbarung" 1772 dargelegt hatte; sowie die im Kontrast
zu Rousseau und Haller stehende gefühlsbetonte Christusfrömmigkeit des
besagten Zürcher Pfarrers Johann Caspar Lavater. In seiner berühmten Sy-
nodalrede gegen den Deismus von 1779 betonte Lavater, dass natürliche Religion und Offenbarungsglaube nicht dasselbe seien, und warnte eindringlich vor den Auswirkungen von Skepsis und Despektierlichkeit in Glaubensfragen, wie sie im ausgehenden 18. Jahrhundert nicht zuletzt von der
der Aufklärung nahestehenden Zürcher Pfarrerschaft selbst an den Tag gelegt wurden[74]. Ein abnehmendes Interesse an religiösen Fragen konstatierte
beispielsweise auch Antistes Johann Konrad Wirz (1737–1769) in seiner Sy-
nodalrede von 1763, in der er bittere Klage über den „Indifferentismus reli-
gionis" auch bei Gelehrten, und nicht – wie üblich – nur im breiten Volk,
führte. In den 1780er Jahren waren die Klagen über den Verfall des Gottesdienstes kirchlicherseits omnipräsent; die Wochenpredigten wurden wegen
Mangels an Zuhörern eingeschränkt oder gänzlich eingestellt[75]. Die von den
reformierten Schweizer Kirchen geleisteten Unterstützungszahlungen an

---

[72] Zitiert nach *Hürlimann*, Aufklärung in Zürich (Anm. 65), 146.

[73] Zitiert nach ebd.

[74] Vgl. *Röllin*, Die Relativierung der konfessionellen Grenzen (Anm. 70), 191–194.
Zu aufklärerischen Einflüssen auf die Entwicklung der reformierten Kirchen all-
gemein vgl. *Bloesch*, Geschichte der schweizerisch-reformierten Kirchen (Anm. 6),
Bd. 2, 114–149; *Pfister*, Kirchengeschichte (Anm. 20), Bd. 3, 42–70.

[75] Vgl. *Hürlimann*, Aufklärung in Zürich (Anm. 65), 145, 141.

Schwesterngemeinden im europäischen Ausland sowie die traditionell ge-
währten Stipendien an Studenten aus Ungarn, der Pfalz und dem Piemont
wurden zwar auch während des 18. Jahrhunderts weiterhin gezahlt, unterlagen aber ebenfalls gewissen „Erlahmungserscheinungen", weshalb neuen
Begehren nicht mehr ohne weiteres Gehör geschenkt wurde[76].

Dass der Rückgriff auf eine konfessionell geprägte Repräsentation für
das Zürcher Gemeinwesen bereits im 17., aber vor allem im 18. Jahrhundert
allgemein an Bedeutung verlor, kündigte sich auch außerhalb kirchlicher
und religiöser Entwicklungen an. Im politischen Denken etwa säkularisierte sich das Zürcher Staatsideal: Während der einflussreiche Pfarrer und
Professor Johann Jakob Ulrich 1619 zum ersten Jahrhundertjubiläum der
Reformation seine Vaterstadt noch als das neue Zion pries, wurde aus
Zürich in der Aufklärung ein neues Rom, „welches das alte (und das mittelalterliche) nicht etwa dank seiner reformierten Christlichkeit übertrifft,
sondern in seiner republikanischen Gleichheit, die keinen Raum mehr lässt
für die verhängnisvollen Laster Ehrbegierde und Herrschsucht."[77] Bei dem
Polyhistor und Theologen Johann Heinrich Hottinger (1620–1667) finden
sich erstmals Ansätze einer neuen, sich säkular und historisch herleitenden
Repräsentation der Schweiz, wenn er in seiner Schrift „Irenum helveticum"
1653 das Gegenüberstehen zweier konfessioneller Bekenntnisse als Ursache
für das friedliche, ruhige und unabhängige Dasein der Eidgenossenschaft
interpretiert[78]. In seiner Rede zum Amtsantritt des Kollegen Johann Jakob
Escher 1711 sprach Bürgermeister David Holzhalb nicht nur die bekannten
christlich-sittlichen Werte Glaube, Wahrheit, Friede und Gerechtigkeit an,
sondern brachte neue, gleichsam als selbstverständlich gepriesene Werte
ein: „ruhige Sicherheit des Staates, Unversehrtheit der Bürger und wachsender äußerer Glanz des Vaterlands, nämlich durch die Wissenschaften
und durch Handel und Handwerk."[79] Es entstand das Bedürfnis, die – im
Gegensatz zu den Nachbarländern besonders deutliche – friedliche Stabilität der Eidgenossenschaft und den materiellen Wohlstand Zürichs, die von
einem Rückgang der Pestzüge und Hungersnöte begleitet waren, zu erklären: „Wenn Politik nach eigenen Gesetzmäßigkeiten erlernbar und gestalt-
bar wird, so hat das religiöse und vor allem das konfessionell fixierte Weltbild sein universales Erklärungsmonopol verloren", so erklärt Thomas
Maissen den Wandel des zürcherischen Politik- und Staatsverständnisses
im 17. Jahrhundert[80]. „Die Obrigkeit ist nicht länger das bloße Werkzeug
Gottes, das in einer sündigen Gesellschaft belohnend und strafend für Aus-

---

[76] Vgl. *Kurt Guggisberg*, Bernische Kirchengeschichte, Bern 1958, 488, 490; *Bloesch*, Geschichte der schweizerisch-reformierten Kirchen (Anm. 6), Bd. 2, 148.

[77] *Maissen*, Geburt der Republik (Anm. 5), 423.

[78] Vgl. ebd., 338.

[79] Ebd., 340.

[80] Ebd., 425.

gleich sorgt, sondern wird zum dynamischen Element, das die Voraussetzungen schafft, damit Wirtschaft und Wissenschaft sich entwickeln können. Die Bürgermeister, die noch 1696 als ‚vindices fidi Legis Deo-datae' geamtet haben, beschränken sich nicht mehr darauf, das gegebene göttliche Gesetz anzuwenden; sie nehmen es aktiv in die Hand, um die Gesellschaft zu lenken, wie von Johann Jacob Escher 1711 gesagt wird: ‚Vulgus moderatur legibus anceps'."[81]

In den schon früh politisierten ersten Zürcher Sozietäten – dem Collegium Insulanum (1679–1681), Collegium der Vertraulichen (1686–1696) und Collegium der Wohlgesinnten (1693–1709) – ist das Bedürfnis der jungen Söhne aus regimentsfähigen Familien überdeutlich, „die zeitlosen kirchlichen Interpretationsmuster im weltlichen Bereich zu hinterfragen und ihnen – zumindest gleichwertig – alternative, säkulare Erklärungen zur Seite zu stellen."[82] In den Vorträgen der Collegiaten, die die zukünftige staatliche Elite Zürichs bilden sollten, wird eine veränderte Repräsentation des politischen Gemeinwesens greifbar: die Politik wurde als eigenständige Sphäre gedacht und sollte möglichst von kirchlichem Einfluss ferngehalten werden; die Kirche sollte eine moralische Autorität im Staate, aber keine Gegengewalt darstellen[83].

Im Laufe des 17. Jahrhunderts bildete sich auch eine neue außenpolitische Repräsentation der Zürcher heraus, die sich zunehmend als souveräne Stadtrepublik innerhalb des vollwertigen Völkerrechtssubjekts der Eidgenossenschaft verstanden. Eine wichtige Voraussetzung hierfür war die Abkehr Zürichs von der zwinglianischen Ablehnung der Solddienste, indem 1612 zum ersten Mal seit knapp 100 Jahren gemeinsam mit Bern ein neuer Soldvertrag abgeschlossen wurde, und zwar mit der glaubensverwandten Markgrafschaft Baden-Durlach. Ein „pragmatische[r] Geist der Staatsraison" sollte jedoch die Überhand gegenüber den traditionellen konfessionellen Allianzen erlangen, als Zürich 1614 in das Bündnis der übrigen eidgenössischen Orte mit dem katholischen Frankreich zurückkehrte und 1615 ein Bündnis mit der altgläubigen Republik Venedig einging, das in der Folgezeit mehrmals erneuert wurde[84].

---

81 Ebd., 340 f.

82 Ebd., 425.

83 Die Zürcher Collegia waren informelle Bildungsstätten, die Lücken im Bildungsangebot der Stadt füllten, welches ausschließlich auf die Ausbildung von Geistlichen ausgerichtet war. Vgl. zum Schulwesen Thomas Maissen, Das Zürcher Schulwesen in der Frühen Neuzeit, in: Die sächsischen Fürsten- und Landesschulen. Interaktion von lutherisch-humanistischem Erziehungsideal und Eliten-Bildung, hrsg. v. Jonas Flöter / Günther Wartenberg, Leipzig 2004, 215–231; Hans Nabholz, Zürichs Höhere Schulen von der Reformation bis zur Gründung der Universität, 1525–1833, in: Die Universität Zürich 1833–1933 und ihre Vorläufer, hrsg. v. Ernst Gagliardi / Hans Nabholz / Jean Strohl (Die Zürcherischen Schulen seit der Regeneration. Festschrift zur Jahrhundertfeier, 3), Zürich 1938, 3–164.

84 Maissen, Geburt der Republik (Anm. 5), 345–356, hier 346.

Die sich wandelnde Repräsentation des Zürcher Gemeinwesens von einer stark konfessionell aufgeladenen zu einer von verschiedenen säkularen Elementen geprägten, wurde von einer Reihe realpolitischer Entwicklungen flankiert und mitgetragen. Das Jahr 1712 markierte für Zürich und die Schweiz insgesamt die größten politischen Veränderungen in einem aufs Ganze gesehen sehr statischen Ancien Régime: Der letzte von vier konfessionell motivierten Bürgerkriegen der alten Eidgenossenschaft (Zweiter Villmerger Krieg) endete mit dem Sieg der reformierten über die katholischen Orte, womit sich das politische Mächtegleichgewicht innerhalb der Eidgenossenschaft erstmals und dauerhaft zu Gunsten der reformierten Orte verschob, die in ökonomischer und demographischer Hinsicht seit langem dominierten. In der Folgezeit kam es zu einer überkonfessionellen Annäherung der Eliten; die politischen Frontlinien verschoben sich im Laufe des 18. Jahrhunderts weg von den konfessionellen Lagern hin zu jenen zwischen wirtschaftspotenten Städteorten (Zürich, Bern, Basel, Luzern, Freiburg) und wirtschaftsschwachen Länderorten wie Uri, Unterwalden, Zug und Appenzell. Die entscheidenden Bestimmungen des Vierten Landfriedens (1712) betrafen die Gemeinen Herrschaften, wo Zürich und Bern ihre machtpolitischen Vorstellungen dieses Mal ganz durchzusetzen vermochten: Die Fünf (katholischen) Orte wurden von der Mitherrschaft in der Gemeinen Grafschaft Baden, der Stadt Bremgarten und dem Unteren Freiamt ausgeschlossen. Das reformierte Bern wurde dafür neu in die Reihe der regierenden Orte in der Landvogtei Thurgau, im Rheintal, im Oberen Freiamt und in Sargans aufgenommen. Neben anderen Bestimmungen zum konfessionellen Zusammenleben wurde Reformierten wie Katholiken ausdrücklich die freie Religionsausübung zugestanden. Ebenso durften nunmehr auch Katholiken in den Gemeinen Herrschaften zum reformierten Bekenntnis übertreten, womit das 1531 festgelegte Reformationsverbot in den Kondominaten aufgehoben wurde[85]. 1775 schließlich, nach 20-jährigen Verhandlungen und einer 250-jährigen, von konfessionellen Dauerkonflikten belasteten Geschichte, kehrte mit der „Proselyten-Ordnung" sogar in der Landgrafschaft Thurgau relative Ruhe im Verhältnis der reformierten und katholischen Kirchen untereinander ein; sogar der Gedanke an die gemein-

---

[85] Als einführenden Überblick in das Zusammenleben der Konfessionen in der Alten Eidgenossenschaft vgl. *Bertrand Forclaz,* Religiöse Vielfalt in der Schweiz seit der Reformation, in: Eine Schweiz – viele Religionen. Risiken und Chancen des Zusammenlebens, hrsg. v. Martin Baumann / Jörg Stolz, Bielefeld 2007, 89–99. Zu den konfessionspolitischen Aushandlungsprozessen in Glaubensfragen vgl. *Daniela Hacke,* Zwischen Konflikt und Konsens. Zur politisch-konfessionellen Kultur in der Alten Eidgenossenschaft des 16. und 17. Jahrhunderts, in: Zeitschrift für Historische Forschung (32) 2005, 575–604. Zum Vierten Landfrieden vgl. *Ferdinand Elsener,* Das Majoritätsprinzip in konfessionellen Angelegenheiten und die Religionsverträge der schweizerischen Eidgenossenschaft vom 16. bis 18. Jahrhundert, in: Zeitschrift der Savigny-Stiftung für Rechtsgeschichte, Kanonistische Abt. 55, 86 (1969), 238–281, 280 f.; *Hans Conrad Peyer,* Verfassungsgeschichte der alten Schweiz, Zürich 1978, 99 f.

same Feier des jährlichen Bettags mit den Katholiken wurde denkbar[86]. Diese Entwicklung gerade an einem der konfessionspolitischen ‚Hotspots‘ der Alten Eidgenossenschaft ist umso bemerkenswerter, als die gemischt-konfessionellen Gemeinen Herrschaften das eigentliche Kampffeld zwischen den reformierten und katholischen eidgenössischen Orten darstellten. Hier prallten verschiedene konfessionelle Repräsentationen aufeinander, hier entluden sich die Spannungen in einer Vielzahl konfessioneller Konflikte. Gleichzeitig stellte die Notwendigkeit der Verwaltung der Gemeinen Herrschaften, die von reformierten und katholischen Orten in verschiedenen Bündniskonstellationen gemeinsam betrieben wurde, eine Art Kitt für die Eidgenossenschaft dar, da ein Zwang zu politischer Kooperation bestand.

In diesem Beitrag wurde der Wandel der konfessionellen Repräsentation eines sozialen und politischen Gemeinwesens der Frühen Neuzeit exemplarisch anhand des eidgenössischen Stadtstaates Zürich untersucht. Methodisch wurden die Repräsentation von Konfessionswechslern, der obrigkeitliche Umgang mit ihnen sowie die quantitativen Veränderungen in der Konversionsaktivität während des 17. und 18. Jahrhunderts als ein Indikator für einen Repräsentationswandel des Gemeinwesens verstanden. Dabei wurde das Konversionsgeschehen in Bezug zu anderen Bereichen – Verhältnis zwischen Kirche und Staat, kirchliche Entwicklungen, Staatsdenken, Innen- und Außenpolitik – gesetzt, in denen sich derselbe Repräsentationswandel abzeichnete.

Für die Frage nach der Säkularisierung kollektiver Repräsentationen, die hier forschungspraktisch auf die Miniatur ‚Konversionen im Gemeinwesen Zürich‘ fokussiert wurde, ergeben sich zwei Hauptergebnisse: Zum einen lassen sich zwei verschiedene Repräsentationsmuster von Proselyten im frühneuzeitlichen Zürich identifizieren, die sich im 17. und im 18. Jahrhundert in ihrer Substanz kaum veränderten: die stärker konfessionell – und damit religiös – geprägte Repräsentation von Proselyten der kirchlichen Obrigkeit und die stärker ökonomisch – und damit säkular – geprägte Repräsentation von Proselyten der weltlichen Obrigkeit. Zum anderen indiziert der auffällige Rückgang der Anzahl an fremden Proselyten und an den für sie aufgebrachten Unterstützungszahlungen in der zweiten Hälfte des 18. Jahrhunderts eine substanzielle Veränderung des Konversionsgeschehens, die sich unterschiedlich interpretieren lässt: etwa als ein Rückgang des Interesses des Gemeinwesens Zürich, ‚Neubekehrte‘ zu unterstützen; als ein nachlassender Druck für katholische Zuwanderer, zum Bekenntnis der reformierten Zürcher Staatskirche überwechseln zu müssen; oder als ein rückgehendes Interesse von katholischen Personen an der reformierten

---

[86] Vgl. *Bloesch,* Geschichte der schweizerisch-reformierten Kirchen (Anm. 6), Bd. 2, 147.

Konfession an sich beziehungsweise deshalb, weil ein Glaubensübertritt zur Staatskirche die Integrationschancen im Gemeinwesen Zürich nicht mehr beförderte. Es ist festzuhalten, dass die genannten Möglichkeiten einander nicht ausschließen, sondern vielmehr als verschiedene Aspekte eines sich im Hintergrund abspielenden Prozesses zu verstehen sind, der in anderen Bereichen ebenso, aber in unterschiedlichen Chronologien nachzuzeichnen ist: der Wandel von einer stark konfessionell geprägten Repräsentation des Gemeinwesens Zürich hin zu einer durch verschiedene säkulare Elemente geprägten Repräsentation. Während des 18. Jahrhunderts verschwand der Faktor ‚Konfession‘ dabei nicht vollständig aus der von Obrigkeiten geprägten Repräsentation Zürichs – ein Rückbezug auf die zwinglianische christliche Bürgergemeinde und die damit verbundenen Werte blieb bis zum Ende des Ancien Régime zumindest rhetorisch bestehen –, wurde aber zunehmend von säkularen Elementen in den Hintergrund gedrängt: politisch-republikanische Tugenden, historische Legitimation und friedliche Stabilität des Staatswesens, wirtschaftliche Prosperität, aufklärerische Gelehrsamkeit und Kultur.

In der Repräsentation des Gemeinwesens Zürich lässt sich also in der Entwicklung vom 16. bis zum 18. Jahrhundert eine sich verändernde Gemengelage von konfessionellen und säkularen Elementen erkennen, die sich vor allem im 18. Jahrhundert deutlich zugunsten säkularer Elemente verschob. Mit anderen Worten: Das erstarkende Staatswesen Zürich entledigte sich im Laufe der Zeit der Unterstützung und Legitimation durch eine konfessionelle Repräsentation; die Repräsentation des Gemeinwesens Zürich entkonfessionalisierte sich. Für diese Überlagerung konfessioneller durch säkulare Bezüge in der Repräsentation Zürichs soll hier der Begriff ‚Säkularisierung‘ angewandt werden.

Dieser Prozess der Säkularisierung im Sinne einer ‚Entkonfessionalisierung‘ der Repräsentation des Gemeinwesens Zürichs spiegelt sich in der chronologischen Entwicklung des Konversionsgeschehens in der Zwinglistadt wider. Dass sich eine vor allem ökonomische gegenüber einer konfessionellen Repräsentation von Proselyten im Laufe des 18. Jahrhunderts durchsetzte, erklärt sich vor allem aus den Veränderungen im Beziehungsgefüge zwischen Staat und Kirche. Zwar war die Kirche bereits seit der Reformation institutionell und entscheidungsinstanzlich faktisch der Ratsobrigkeit untergeordnet. Dennoch blieb das Staatswesen bis – etwas schematisch gesprochen – zum Ende des 17. Jahrhunderts an der Unterstützung kirchlicher Anliegen wie der Förderung von ‚Neubekehrten‘ interessiert, weil diese wiederum stärkend auf das soziale und politische Gemeinwesen zurückwirkten. Individuelle Proselyten, die die reformierte Konfession angenommen hatten oder anzunehmen gewillt waren, wurden deshalb nach individueller Prüfung durch Theologen von den städtischen Behörden finanziell unterstützt – was einem etwas wert ist, das lässt man sich etwas kosten. Diese Kostenfrage trat nun aber im Umgang mit der Proselytenpro-blematik schon im 17. Jahrhundert in den Vordergrund, was erkennen lässt, dass die Wertzuschreibung gegenüber Proselyten von Seiten der weltlichen Obrigkeit immer wieder hinterfragt wurde. Einen weiteren Entwicklungs-schritt im obrigkeitlichen Umgang mit Proselyten markiert die Einrichtung der mehrheitlich mit staatlichen Repräsentanten besetzten Proselytenkam-mer 1692, was eine zunehmende ‚Verstaatlichung‘ der Konversionsproble-matik als eines ursprünglich vor allem kirchlichen Interessenfeldes dar-stellt. Institutionalisierte Abläufe, berechenbare und zuverlässige Verfah-ren, ein formalisiertes Aufnahmeprozedere in die Kirche und die buchhalte-risch korrekte Verwaltung der Unterstützungsleistungen kennzeichnen die Arbeit der Zürcher Proselytenkammer im 18. Jahrhundert, die den Charak-ter einer Versorgungsanstalt annimmt und Assoziationen an moderne Asyl-behörden hervorruft. Kern der Examinierung von Konversionswilligen blieben bis 1798 theologische Fragen, doch nahmen alle darüber hinaus-gehenden, ‚säkularen‘ Probleme und Konsequenzen in den quellentechnisch greifbaren Diskussionen und Verhandlungen des ‚Proselytengeschäfts‘ ei-nen viel breiteren Raum ein.

Die Erforschung der Problematik von Konversionen in der *longue durée* erweist sich somit als ein fruchtbarer Indikator für das Aufzeigen einer po-tentiellen Säkularisierung von Repräsentationen sozialer und politischer Gemeinwesen in der Frühen Neuzeit. Eine sich seit dem ausgehenden 17. Jahrhundert säkularisierende Repräsentation des hier beispielhaft vorge-führten Gemeinwesens Zürich, die von einer fortschreitenden Unterord-nung der Kirche unter staatspolitische Interessen begleitet wurde, fand ih-ren zeitlich etwas nachhinkenden Ausdruck zunächst in einer verstärkten staatlichen Übernahme der Proselytenproblematik, um schließlich in der zweiten Hälfte des 18. Jahrhunderts in einen markanten Rückgang an Kon-versionen überhaupt zu münden. Als Schlussthese sei formuliert: In dem Maße, wie sich die Repräsentation des Zürcher Gemeinwesens im 18. Jahr-hundert säkularisierte, verloren Konversionen zum reformierten Glauben ihre Bedeutung für die Stärkung dieser Repräsentation und sind aus diesem Grund als eindeutiges ‚Rückgangsphänomen‘ erklärbar.

3. „Nicht ein gemein Bürgerhauß / nicht ein Rathauß oder Cantzley": Der Kirchenbau des Luthertums und seine Repräsentationen zwischen Sakralort und Funktionsraum

(Vera Isaiasz)

In den meisten Kulturen werden Kirchen, Tempel und heilige Stätten durch bestimmte Regelwerke, Rituale oder spezifische Architekturen von ihrer profanen Umgebung abgegrenzt[1]. Die gegenwärtigen Debatten um die Weiternutzung von Kirchengebäuden als Banken, Discotheken oder Restaurants belegen, wie sehr solche Profanierungen ein in allen Konfessionen sensibles Thema berühren. So hat etwa Wolfgang Huber, Landesbischof von Berlin-Brandenburg und Ratsvorsitzender der Evangelischen Kirche in Deutschland (EKD), im November 2005 den vorsichtigen Umgang mit Kirchengebäuden angemahnt und sich dafür ausgesprochen, bei der Umnutzung von Kirchen immer ihre vorherige Funktion als Ort des Gottesdienstes zu bedenken[2].

Historisch ist sowohl die Frage nach der Profanierung von Kirchen als auch die nach ihrer sakralen Dimension eng mit der Reformation verknüpft: In deren Verlauf wurden zahlreiche Klosterkirchen, die nun nicht mehr benötigt wurden, als Scheunen, Schulen oder Bibliotheken weiter genutzt. Und auch die teils gewaltsamen reformatorischen Bilderstürme richteten sich nicht nur gegen einzelne sakrale Bildwerke, sondern gegen die Vorstellung von der Heiligkeit des Raumes insgesamt[3]. Martin Luther selbst hatte die Wahl des Gottesdienstortes frei gestellt und die Vorstellung von der Dingheiligkeit des Kirchenraumes abgelehnt[4]. Da die Reformatoren auch

---

[1] In der Antike bezeichnete das Profanum den Vorraum des Tempels, der durch Vorschriften streng vom Sakralraum getrennt war. Vgl. *Matthias Viertel*, Art. „Profan", in: Grundbegriffe der Theologie, hrsg. v. dems., München 2005, 379–380 sowie *Günter Lanczkowski / Diether Kellermann*, Art. „Heilige Stätten", in: Theologische Realenzyklopädie, Bd. 14, hrsg. v. Gerhard Müller, Berlin / New York 1985, 672–683.

[2] Vgl. *Wolfgang Huber*, Wort des Bischofs, Herbstsynode Evangelischer Kirchenkreisverband Schlesische Oberlausitz, 2. November 2005, 6–9, http://www.kkvsol.net/aktuell/nachrichten/document.2005-11-03.0072578445 (Datum des letzten Besuchs: 13. 09. 2007); vgl. auch Hubers Predigt zur Einweihung der Dresdner Frauenkirche am 1. November 2005, http://www.ekd.de/predigten/2005/051101_huber_frauenkirche.html (Datum des letzten Besuchs: 05. 01. 2008). Zur Weihe der Dresdner Frauenkirche 2005 vgl. *Birgit Weyel*, Predigt und Öffentlichkeit. Die Weihe der Dresdner Frauenkirche, in: International Journal of Practical Theology 10 (2007), 168–177.

[3] Die Bilderstürme der Reformationszeit richteten sich nicht nur gegen einzelne Bilder oder sakrale Objekte, sondern gegen die ganze ‚falsche' Liturgie. Bilderstürme hatten oft den Charakter eines Exorzismus oder einer Tempelreinigung. Vgl. dazu zusammenfassend *André Holenstein / Heinrich Richard Schmidt*, Bilder als Objekte – Bilder in Relationen, in: Macht und Ohnmacht der Bilder. Reformatorischer Bildersturm im Kontext europäischer Geschichte, hrsg. v. Peter Blickle / André Holenstein / Heinrich Richard Schmidt / Franz-Josef Sladeczek (Historische Zeitschrift, Beiheft 33), München 2002, 511–527, 515–517.

die hohen Kosten für aufwändige Kirchenbauten verurteilt hatten, wird in der Forschung oft die Ansicht vertreten, dass der nachreformatorische, protestantische Kirchenbau von „Einfachheit, Nüchternheit, Zweckfunktionalität, Sparsamkeit" geprägt gewesen sei[5]. Im Zuge der Reformation sei – so lässt sich dieser Strang der Forschung thesenhaft zusammenfassen – die Kirche samt Kirchhof entsakralisiert[6] und zu einem „profanen Versammlungsraum"[7] geworden.

Nicht erst die Irritationen der gegenwärtigen Debatte belegen das Gegenteil[8]: Gerade im Verständnis des 16. und 17. Jahrhunderts war das lutherische Kirchengebäude ein heiliger, geweihter Ort[9]. Die lutherische Konfessi-

---

[4] Schon im Mittelalter hatte sich Opposition gegen die Form der Kirchenweihe formiert. Vgl. *Caspari*, Art. „Kirchweihe", in: Realenzykolpädie für protestantische Theologie und Kirche, Bd. 10, hrsg. v. Albert Hauck, 3. Aufl., Leipzig 1901, 499–502, hier 500.

[5] Vgl. *Peter Hersche*, Katholische Opulenz kontra protestantische Sparsamkeit. Das Beispiel des barocken Pfarrkirchenbaus, in: Landgemeinde und Kirche im Zeitalter der Konfessionen, hrsg. v. Beat Kümin, Zürich 2004, 111–128, hier 121. Hersche bezieht sich vor allem auf den schweizerisch-reformierten Kirchenbau, für den lutherischen schränkt er seine Thesen etwas ein. Insgesamt sieht er jedoch den Gegensatz zwischen katholischem und protestantischem Kirchenbau in der Opulenz und Vergeudung auf katholischer Seite, während der protestantische Kirchenbau eben – im Sinne von Max Webers Protestantismus-These – von Rationalität geprägt gewesen sei. Vgl. ebd., 122.

[6] Vgl. *Susanne Rau / Gerd Schwerhoff*, Öffentliche Räume in der Frühen Neuzeit. Überlegungen zu Leitbegriffen und Themen eines Forschungsfeldes, in: Zwischen Gotteshaus und Taverne. Öffentliche Räume in Spätmittelalter und Früher Neuzeit, hrsg. v. dens., Köln / Weimar / Wien 2004, 11–52, hier 38.

[7] *Reinhold Wex*, Ordnung und Unfriede. Raumprobleme des protestantischen Kirchenbaus im 17. und 18. Jahrhundert in Deutschland, Diss. Marburg, Marburg 1984, 133. Nach Wex mache nichts die „Profanierung des Kirchenraumes durch den Protestantismus deutlicher als die Entfernung der Altäre und ihre Ersetzung durch die Stühle und damit durch die Gesellschaft". (*Reinhold Wex*, Der frühneuzeitliche protestantische Kirchenraum in Deutschland im Spannungsfeld zwischen Policey und Zeremoniell, in: Geschichte des protestantischen Kirchenbaus. Festschrift für Peter Poscharsky, hrsg. v. Klaus Raschzok / Reiner Sörries, Erlangen 1994, 47–61, hier 51.) Ähnlich wie Wex argumentiert auch C. John Sommerville, der eine „Paganisierung" des englischen Kirchenbaustils nach 1666 konstatiert. Insgesamt hätten die Kirchen in England nach der Reformation den Charakter von „meeting places more than temples, meant to encourage a more reasonable ritual". (*C. John Sommerville*, The Secularization of Early Modern England. From Religious Culture to Religious Faith, New York / Oxford 1992, 84.) Auch der Theologe Traugott Koch sieht durch die lutherische Reformation das „Kirchengebäude und die Kunst in der Kirche [...] entsakralisiert und [...] ‚säkularisiert'." (*Traugott Koch*, Der lutherische Kirchenbau in der Zeit des Barocks und seine theologischen Voraussetzungen, in: Kerygma und Dogma 27 (1981), 111–130, hier 113.)

[8] Die Debatte um theologische Bedeutung des Kirchengebäudes der letzten 40 Jahre innerhalb der evangelischen Kirche fasst zusammen *Tobias Woydack*, Der räumliche Gott. Was sind Kirchengebäude theologisch? (Kirche in der Stadt, 13), Hamburg 2005.

[9] Zur Bedeutung von Weihen und Segnungen in der lutherischen Konfessionskultur vgl. *Robert W. Scribner*, Die Auswirkungen der Reformation auf das Alltagsleben, in: ders., Religion und Kultur in Deutschland 1400–1800, hrsg. v. Lyndal Roper, Göttingen 2002, 303–330, 315. Zu Kirchweihen und zur Sakralität des Kirchenrau-

onskultur der Frühen Neuzeit wollte nicht, so Robert W. Scribner, vollständig auf heilige Zeiten, Orte und Objekte verzichten[10]. Wie aber wurde innerhalb der lutherischen Orthodoxie Sakralität hergestellt und die Heiligkeit eines Ortes theologisch legitimiert? Seit der Mitte des 16. Jahrhunderts lassen sich „campaigns of re-secralisation or, more precisely, sustained endeavours to de-profanise religious buildings" ausmachen[11]. Unter anderem etablierte sich im Luthertum die Feier von Kirchweihen, um die „Aussonderung deß hauses deß Herrn, von allem Weltlichen, zu lauterm Geistlichen Gebrauch, und heiligem Nutzen"[12] zu begehen.

Darüber hinaus blieb die Kirche auch nach der Reformation zentraler Ort öffentlich praktizierter, lutherischer Glaubenspraxis und hatte so eine entscheidende Bedeutung für die religiöse bzw. konfessionelle Vergemeinschaftung[13]. Kirchen besaßen eben nicht nur eine religiös-liturgische Dimension, sondern auch eine soziale und politische: Sie waren „Knotenpunkte" des sozialen Lebens (R. Muchembled). Als Multifunktionsräume[14] leisteten sie weit mehr als die „räumliche Umhüllung der gemeinschaftlichen christlichen Abendmahlsfeier"[15]. In Kirchen versammelten sich die Kirchenältesten und der Magistrat zu Beratungen, hier wurden Nahrungsmittel und Handelswaren gelagert; während des sonntäglichen Gottesdienstes wurden Gesetze und Edikte verlesen. In Kirchen wurden Urkunden besiegelt, um den so geschlossenen Verträgen eine größere Verbindlichkeit und Legitimität zuzuweisen. Dieses integrale Raumkonzept unterschied politische, ökonomische und religiöse Bereiche nicht als distinkt, sondern ver-

---

mes im Luthertum vgl. *Renate Dürr*, Politische Kultur in der Frühen Neuzeit. Kirchenräume in Hildesheimer Stadt- und Landgemeinden 1550–1750 (Quellen und Forschungen zur Reformationsgeschichte, 77), Gütersloh 2006, 107–111.

[10] Vgl. *Scribner*, Auswirkungen der Reformation (Anm. 9), 318.

[11] *Beat Kümin*, Sacred Church and Worldly Tavern. Reassessing an Early Modern Divide, in: Sacred Space in Early Modern Europe, hrsg. v. Will Coster / Andrew Spicer, Cambridge 2005, 17–38, hier 18.

[12] *Johann Michael Dilherr*, Heilige Sonntagsfeier, beschrieben aus Heiliger Schrift, alten Kirchen-Vätern und andern reinen Lehrern. Samt einer Zugabe etlicher schöner Lieder, und zwoer Predigten, 1. Von rechter Anhörung deß Worts Gottes, 2. Von den Kirchweihen [. . .] Nürnberg: Endter, 1652, 340.

[13] Vgl. *Rudolf Schlögl*, Öffentliche Gottesverehrung und privater Glaube in der Frühen Neuzeit. Beobachtungen zur Bedeutung von Kirchenzucht und Frömmigkeit für die Abgrenzung privater Sozialräume, in: Das Öffentliche und Private in der Vormoderne, hrsg. v. Gert Melville / Peter von Moos (Norm und Struktur, 10), Köln / Weimar / Wien 1998, 165–209, 169, 173. Wenn man, wie von Seiten der Religionssoziologie vorgeschlagen, davon ausgeht, dass „Religion [. . .] kommunikativ beschaffen ist und sich maßgeblich als Kommunikation vollzieht und ‚reproduziert'", kommt der Kirche, in der mehrmals wöchentlich die konfessionsspezifische Glaubenspraxis eingeübt und die Glaubensinhalte gelehrt und gepredigt wurden, eine zentrale Rolle bei der konfessionellen Sozialisation zu. (*Hartmann Tyrell / Volkhard Krech / Hubert Knobloch*, Religiöse Kommunikation. Einleitende Bemerkungen zu einem religionssoziologischen Forschungsprogramm, in: Religion als Kommunikation, hrsg. v. dens. (Religion in der Gesellschaft, 4), Würzburg 1998, 7–29, hier 9.)

[14] Vgl. *Rau / Schwerhoff*, Öffentliche Räume in der frühen Neuzeit (Anm. 6), 39.

sammelte diese „ganz selbstverständlich ,unter einem Dach'"[16]. Anders als im Fall moderner Raumplanungs- und Städtebautheorien wurden in der Vormoderne Verwaltungs-, Arbeits-, Freizeit-, und Wohnbereiche räumlich zunächst noch nicht nach funktionalen Kategorien getrennt. Diese Trennung vollzog sich erst schrittweise im Verlauf des 16. bis 18. Jahrhunderts, wobei die Gleichzeitigkeit verschiedener Raumkonzepte über einen langen Zeitraum hinweg zu konstatieren bleibt. Dennoch begann sich in dieser Phase die alte Vorstellung vom Kirchenraum als integralem Gliederungselement des sozialen Stadtkörpers zu verändern.

Diese Untersuchung geht mithin davon aus, dass die Kategorie des (Kirchen-)Raumes in der Neuzeit einem grundlegenden Wandel ihrer „Wahrnehmungsmodi" unterlag[17]. Daher soll das Repräsentationssystem, in dem Kirchen zwischen dem 16. und der ersten Hälfte des 18. Jahrhunderts wahrgenommen, gedeutet und auch genutzt wurden, rekonstruiert werden. In Anwendung konstruktivistischer Raumtheorie wird davon ausgegangen, dass die Herstellung von Räumen durch ein kommunikatives Wechselverhältnis von „Wahrnehmung, Vorstellung und Gestaltung" erfolgt und „dass in diesem Prozess die Darstellung, Beschreibung oder Imagination von Raum eine kaum zu überschätzende Rolle spielt."[18] Damit wird auch die Frage nach der Sakralität oder Profanität lutherischer Kirchen letztlich zu einer Frage von Aushandlungsprozessen entlang sich wandelnder Deutungsmuster.

Im Folgenden soll der theologische und architekturtheoretische Diskurs zwischen dem 16. und der ersten Hälfte des 18. Jahrhunderts rekonstruiert werden, in dem die Kirche als religiös-konfessioneller, aber auch als öffentlicher Ort (um-)gedeutet wurde. Nicht behandelt werden sollen dagegen der stilistische Wandel der Kirchenarchitektur zwischen dem 16. und 18. Jahrhundert, Fragen der Finanzierung des Baus von Kirchen sowie die Organisation des Kirchenbaubetriebs. Ziel dieses Aufsatzes ist es, das Wechselver-

---

[15] So die Definition in der aktuellen, vierten Auflage der RGG. *Christian Freigang*, Art. „Kirchenbau" in: Religion in Geschichte und Gegenwart, Bd. 4, hrsg. v. Hans Dieter Betz u. a., 4. Aufl., 1059–1061, hier 1059.

[16] *Franz-Josef Arlinghaus*, Raumkonzeptionen der spätmittelalterlichen Stadt. Zur Verortung von Gericht, Kanzlei und Archiv im Stadtraum, in: Städteplanung – Planungsstädte, hrsg. v. Bruno Fritzsche / Hans-Jörg Gilomen / Martina Stercken, Zürich 2006, 101–123, hier 101, 103.

[17] Ebd., 102. Zum Begriff der Wahrnehmungsmodi vgl. auch *Silvia Serena Tschopp*, Das Unsichtbare begreifen. Die Rekonstruktion historischer Wahrnehmungsmodi als methodische Herausforderung der Kulturgeschichte, in: Historische Zeitschrift 280 (2005), 39–81 und Kapitel C. I. in diesem Buch.

[18] *Tanja Michalsky*, Raum visualisieren. Zur Genese des modernen Raumverständnisses in Medien der Frühen Neuzeit, in: Ortsgespräche. Raum und Kommunikation im 19. und 20. Jahrhundert, hrsg. v. Alexander T. Geppert / Uffa Jensen / Jörn Weinhold, Bielefeld 2005, 287–310, hier 288. Die aktuelle raumtheoretische Debatte hat wichtige Anstöße durch die Arbeit von Martina Löw erhalten. Vgl. *Martina Löw*, Raumsoziologie, Frankfurt a.M. 2001.

hältnis zwischen sakralen und profanen Zuschreibungen zu untersuchen sowie nach den Zusammenhängen zwischen lutherischem Sakralitätskonzept und dem Nutzungswandel von Kirchen in städtischen Räumen insgesamt zu fragen[19]. Welche Formen von Säkularisierung und Sakralisierung lassen sich dabei identifizieren? Und wie änderten sich Deutungen und Nutzungen von Kirchen langfristig vor dem Hintergrund gesellschaftlicher Differenzierungs- und Säkularisierungsprozesse in der Frühen Neuzeit?

Zunächst soll am Beispiel der Debatten um die Kirche und ihre Nutzungen gezeigt werden, wie diese als Sakralraum in die lutherische Konfessionskultur des 16. und 17. Jahrhunderts integriert wurde[20]. Untersuchungsgegenstand sind dabei die schon angesprochenen lutherischen Kirchweihfeste und Weihepredigten, in denen ein konfessionsspezifisches Sakralitätskonzept etabliert wurde. Diese vor allem theologische, zwischen den konkurrierenden Konfessionsparteien geführte Diskussion wird ergänzt werden um kürzere Skizzen der architektonisch-künstlerischen Diskurse sowie um eine Darstellung der normativen Maßnahmen der geistlichen und weltlichen Obrigkeiten zur Nutzung des Kirchenraumes. In einem zweiten Schritt soll die innerprotestantische, vor allem durch Pietisten geübte Kritik an diesem Sakralitätskonzept behandelt werden. Abschließend kann dann der Wandel, der sich in Perzeption und Gebrauch der Kirche zwischen dem 16. und 18. Jahrhundert im Luthertum insgesamt vollzog, charakterisiert werden.

Als einer der zentralen Räume städtischer Vergesellschaftung war die Kirche in ein komplexes Beziehungsgeflecht mit den anderen städtischen Einrichtungen – Rathaus, Schule, Marktplatz, Kirchhof, Gaststätte und Straßennetz – eingebunden und somit selbstverständlicher Teil der städtischen „politischen Kultur"[21]. Aus der Praxis des Mittelalters und der Frühen Neuzeit ergibt sich ein kompliziertes Bild der gesellschaftlichen Nutzung heiliger und profaner Räume: Nicht nur die Nutzung der Kirchen,

---

[19] Zum Zusammenhang sozialer Wandlungs- und Differenzierungsprozesse und modernen Formen der gesellschaftlichen Nutzung städtischer Räume vgl. *Moritz Föllmer / Habbo Knoch*, Grenzen und urbane Modernität. Überlegungen zu einer Gesellschaftsgeschichte städtischer Interaktionsräume, in: Historisches Forum 8 (2006), 28–33. Seit dem 18. Jahrhundert entstanden neue Orte öffentlicher Vergesellschaftung, wie Parks, die zu Zentren der Begegnung von Bürgertum und Adel wurden. Zur Genese moderner, öffentlicher Räume vgl. *Michel Foucault*, Andere Räume, in: Aisthesis. Wahrnehmung heute oder Perspektiven einer anderen Ästhetik. Essais, Leipzig 1990, 34–46. Vgl. auch allgemein *Adelheid von Saldern*, Stadt und Öffentlichkeit in urbanisierten Gesellschaften. Neue Zugänge zu einem alten Thema, in: Was ist los mit öffentlichen Räumen? Analysen, Positionen, Konzepte, hrsg. v. Klaus Selle, 2., erw. Aufl., Aachen 2003, 98–106.

[20] Zum Begriff der lutherischen Konfessionskultur vgl. *Thomas Kaufmann*, Konfession und Kultur. Lutherischer Protestantismus in der zweiten Hälfte des Reformationsjahrhunderts (Spätmittelalter und Reformation, Neue Reihe 29), Tübingen 2006.

[21] Vgl. *Dürr*, Politische Kultur in der Frühen Neuzeit (Anm. 9), passim.

sondern die des gesamten Stadtraums war durch ein Zusammenspiel verschiedener temporärer und räumlicher Parameter organisiert: So konnten
etwa Gaststätten zeitweise als Kirchen dienen, wohingegen die Kirche zugleich ein zentraler Ort politischer Öffentlichkeit war: Während etwa im
Arcanbereich der Ratsstube innerhalb des Magistrates jene Dinge verhandelt wurden, die eben noch nicht für die ‚breite' Öffentlichkeit bestimmt
waren, wurden Gesetze und Verordnungen schließlich in der Kirche ‚publi-
que' gemacht[22]. Als Sakralraum und Ort des öffentlichen Gemeindegottesdienstes lässt sich die Nutzung der Kirche wiederum von außerkirchlichen
Formen der Frömmigkeitspraxis, wie dem häuslich-familiären Gebet, unterscheiden. Auch diese Form der Glaubensausübung war keineswegs ‚privat' im modernen Sinn[23], sondern diente eben auch der Selbstdarstellung
als christlicher Hausgemeinschaft innerhalb des Nachbarschaftsverbandes.
Das Verhältnis des Kirchenraumes zum Kirchhof und seinem weiteren
städtischen Umfeld war also durch ein kompliziertes Zusammenspiel verschiedener Demarkationsstrategien[24], Gradierungen und temporäre Nutzungen bestimmt[25]. So lässt sich selbst das Verhältnis von Gaststätte und
Kirche nicht auf den einfachen Gegensatz von ‚profan' und ‚sakral' beschränken[26]. Diese Kategorien wurden eben nicht als Dichotomie begriffen,
sondern die Grenzen zwischen sakralen und profanen Räumen waren
flüssig und durchlässig[27]. Das komplizierte, situative Zusammenspiel der

---

[22] In dörflichen Gemeinden war die Bedeutung der Kirche zur Herstellung von Öffentlichkeit noch bedeutsamer als in städtischen. Vgl. *Heide Wunder,* Im Angesichte
Gottes. Öffentlichkeit in der ländlichen Gesellschaft der Frühen Neuzeit, in: Hamburg und sein norddeutsches Umland. Aspekte des Wandels seit der frühen Neuzeit,
hrsg. v. Dirk Brietzke, Hamburg 2007, 36–45.

[23] Zur Unterscheidung von ‚privat' und ‚öffentlich' in der Vorsattelzeit vgl. *Peter
von Moos,* Die Begriffe „öffentlich" und „privat" in der Geschichte und bei Historikern, in: Saeculum 49 (1998), 161–192. Zur Kirche als öffentlichem, städtischen
Raum vgl. *Rau / Schwerhoff,* Öffentliche Räume in der Frühen Neuzeit (Anm. 6),
33–40.

[24] Vgl. *Ruth Schilling,* Asserting the Boundaries. Defining the City and its Territo-
ry by Political Ritual, in: Imagining the City. The Politics of Urban Space, vol. 2, hrsg.
v. Christian Emden / Catherine Keen / David Midgley, Oxford / Bern u. a. 2006,
87–106. Zur Abgrenzung städtischer Machträume vgl. auch *Christian Hochmuth /
Susanne Rau,* Stadt – Macht – Räume. Eine Einführung, in: Machträume der
frühneuzeitlichen Stadt, hrsg. v. dens. (Konflikte und Kultur, 13), Konstanz 2006,
13–40.

[25] Fridrun Freise betont, dass der „Öffentlichkeitsstatus eines Raumes" über soziale Aushandlungsprozesse festgelegt und „gegebenenfalls temporär begrenzt" wird.
(*Fridrun Freise,* Einleitung. Raumsemantik, Rezeptionssituation und imaginierte Instanz – Perspektiven auf vormoderne Öffentlichkeit und Privatheit in: Offen und Verborgen. Vorstellungen und Praktiken des Öffentlichen und Privaten in Mittelalter
und Früher Neuzeit, hrsg. v. Caroline Emmelius / Fridrun Freise / Rebekka von Ma-
linckrodt u. a., Göttingen 2004, 9–32, hier 23.)

[26] Vgl. *Kümin,* Sacred Church and Worldly Tavern (Anm. 11).

[27] Vgl. *Andrew Spicer / Sarah Hamilton,* Definig the Holy. The Delineation of Sacred Space, in: Defining the Holy. Sacred Space in Medieval and Early Modern Europe, hrsg. v. dens., Aldershot 2005, 5; vgl. Kapitel B. V. in diesem Buch.

Nutzung städtischer Räume lässt sich jeweils durch die Kombination verschiedener Komplementärbegriffe beschreiben: von privat, arcan und
öffentlich; von geschlossen, separat und zugänglich; von politisch und religiös; von profan und sakral; von innerkirchlich und außerkirchlich; von
alltäglich und festtäglich[28]. Diese Begriffe beschreiben sozusagen „Aggre-
gatzustände"[29], die öffentliche Räume von Fall zu Fall einnehmen konnten
und die von den Akteuren jeweils erst herzustellen, zu bestätigen oder zu
aktualisieren waren. Am Beispiel des gemischtkonfessionellen Lyon hat
Natalie Zemon Davis gezeigt, wie die katholische und die calvinistisch-re-
formierte Seite zwischen 1550 und 1580 ihre je eigene Sprache entwickelten, mit der die zwei Konfessionsgruppen „could describe, mark and inter-
pret urban life [...] urban space, urban time and the urban community."[30]
Während der Stadtraum der Katholiken von (temporären oder dauerhaften) Sakralorten geprägt war, wurde eben diese katholische Ortsheiligkeit
von Seiten der Calvinisten als Götzenanbetung abgelehnt. Ihrem Selbstverständnis nach bereinigten oder purifizierten diese den Stadtraum ausdrücklich von solchen ‚Sonderzonen'[31]. Die soziale Erschließung eines
Stadtraums als Sakralort oder als Ort politischer und ökonomischer Akti-
vität hing demzufolge von den verschiedenen konfessionsspezifischen Sa-
kralitätskonzepten ab.

Auch die lutherische Reformation hatte die katholische Vorstellung von
der Heiligkeit des Ortes als Aberglaube verworfen. 1537 hatte Martin Luther in den Schmalkaldischen Artikeln die „närrischen und kindischen Artikeln von der Kirchweihe, von Glocken täufen, (und) Altarstein täuffen"
zum „Gauckelsack des Bapstes" gezählt[32]. Nach Luthers Verständnis war
der Tempel Gottes in den Gläubigen selbst gegenwärtig. Die innere Glau-
benseinstellung der Menschen war entscheidend, nicht die Wahl des äußeren Gottesdienstortes: „Es liegt furwar nicht an stetenn noch gepewen, wo
wir zusammen kommen, sondern allein an diesem unuberwinlichen gebet,
das wir dasselb recht zusammen thun und fur got kommen lassen."[33] Dennoch lehnte Luther Kirchengebäude nicht grundsätzlich ab, sondern zählte
diese zu den Adiaphora, zu den nicht-heilsrelevanten und damit indifferenten Mitteldingen. Den teuren Bau großer Kirchen attackierten alle Refor-

---

[28] Vgl. *Natalie Zemon Davis,* The Sacred and the Body Social in Sixteenth Century
Lyon, in: Past & Present 90 (1981), 40–70.

[29] *Freise,* Raumsemantik, Rezeptionssituation und imaginierte Instanz (Anm. 25),
32.

[30] *Davis,* The sacred and the body social (Anm. 28), 42.

[31] Vgl. ebd., 68.

[32] Die Schmalkaldischen Artikel zitiert nach: Die Bekenntnisschriften der evan-
gelisch-lutherischen Kirche, hrsg. vom Deutschen Evangelischen Kirchenausschuß
im Gedenkjahr der Augsburgischen Konfession 1930, Bd. 1, Göttingen 1930, 462.

[33] *Martin Luther,* Von den Guten wercken (1520), in: D. Martin Luthers Werke.
Kritische Gesamtausgabe, Bd. 6, Weimar 1888, 202–276, 239.

matoren als Verschwendung, und vom radikaleren Flügel der Reformation wurde die Notwendigkeit eines gesonderten Gottesdienstortes ganz bestritten[34]. Die mittelalterliche Konzeption der Heiligkeit des Raumes galt als idolatrisch, und der Vorstellung von der Bindung Gottes an einen bestimmten Raum wurde dessen Allgegenwart entgegengesetzt[35].

Trotz seiner scharfen Kritik am katholischen Kirchweihritus nahm Luther 1544 selbst die Einweihung der neu erbauten Kapelle auf Schloss Hartenfels in Torgau vor und stand damit vor der Aufgabe, eine „neue, theologisch und praktisch angemessene liturgische Form" für die Ingebrauchnahme eines neuen Kirchengebäudes zu entwickeln[36]. Eine Weihehandlung im katholischen Sinn fand nicht statt, denn auf Weihwasser, Öl und Weihrauch verzichtete man. Die gottesdienstliche Ingebrauchnahme bestand nur aus zwei, am Vormittag und am Nachmittag gehaltenen Predigten, wobei auf die Feier des Abendmahls ebenfalls verzichtet wurde. Schon die Wahl des Titels der Vormittagspredigt lässt die Distanz Luthers zum Objekt der Feier erkennen: „Einweyhung eines newen Hauses zum Predigtampt Göttlichs Wort erbawt Jm Churfuorstlichen Schloss zu Torgaw."[37] Luther vermied das Wort Kirche „und unterstreicht bereits in der Überschrift den alleinigen Zweck des neuen Hauses, nämlich Ort der Predigt zu sein."[38] Auch auf den eigentlichen Anlass der Predigten, die Feier des neuen Gebäudes, ging er nur kurz ein. Er fasste stattdessen seine Position zur Frage des Gottesdienstortes thesenhaft zusammen: Danach waren alle Orte und Stätten frei zur Feier des Gottesdienstes. Konnte die Verkündigung nicht „unterm Dach oder in der Kirchen" geschehen so war auch ein „Platz unterm Himel, und wo raum dazu ist" zur Predigt völlig ausreichend[39]. Entscheidend war für den Reformatoren, dass die Gottesdienstfeier eine „ordentliche gemeine, ehrlich versamlung" war, bei der man nicht

---

[34] Die Täufer beispielsweise verließen den numinos aufgeladenen Ort der Kirche und verankerten den Gottesdienst in der Alltagswelt. Vgl. *Hans-Jürgen Goertz*, Bildersturm und Täufertum, in: Blickle u. a., Macht und Ohnmacht der Bilder (Anm. 3), 239–252, hier 246.

[35] Im Gegenzug warf die altgläubige Seite den Protestanten vor, Gotteshäuser zu Pferdeställen, bloßen Scheunen oder Tanzhäusern zu machen. Die Reformation, so die katholische Sicht, entheilige die Gotteshäuser und nivelliere die Grenze zwischen Sakralraum und sozialer Alltagswelt. Vgl. *Sergiusz Michalski*, Einfache Häuser – Prunkvolle Kirchen. Zur Topik der frühen protestantischen Debatten um den Kirchenbau, in: Raschzok / Sörries, Geschichte des protestantischen Kirchenbaus (Anm. 7), 44–46.

[36] *Martin Brecht*, Gottes Wort und Gebet. Was eine Kirche zur Kirche macht, in: Torgau. Stadt der Reformation. Luthers Torgauer Kirchweihe 1544, Torgau 1996, 29–41.

[37] *Martin Luther*, Einweihung eines Neuen Hauses zum Predigtampt Göttliches Worts erbawet im Churfürstlichen Schloss zu Torgau, in: D. Martin Luthers Werke. Kritische Gesamtausgabe, Bd. 49, Weimar 1913, 588–604.

[38] *Woydack*, Der räumliche Gott (Anm. 8), 74.

[39] *Luther*, Einweihung eines Neuen Hauses (Anm. 37), 592. Vgl. *Brecht*, Gottes Wort und Gebet (Anm. 36), 30.

„heimliche winckel suche, da man sich verstecke, wie die Widderteuffer pflegen."[40] Wichtig war also, dass sich die Gemeinde öffentlich und in christlicher Freiheit zum Gottesdienst versammelte um Gottes Wort zu hören, miteinander zu beten und zu danken. Gegenüber den privaten Messen der Katholiken oder den teils im Geheimen stattfindenden Versammlungen der Anabaptisten betonte Luther hier die Bedeutung der Feier des öffentlichen Gemeindegottesdienstes, den er als Ausweis einer rechtgläubigen und frommen Gemeinschaft betrachtete. Im Gegensatz zu anderen Frömmigkeitsformen eigne sich der Gemeindegottesdienst eben „am besten [...], da man allein umb des willen zusamen kompt, und hertz und gedancken weniger zerstrewet sind weder sonst, da ein jeder fur sich selb odder mit andern zuthuen hat [...]."[41] Er markierte eine besondere, nicht alltägliche Zeit, auf die sich jeder Gläubige innerlich vorzubereiten hatte. Damit machte die Bedeutung des evangelischen Gottesdiensts im Leben der Kirchengemeinde jedoch geradezu einen „sonderlichen ort" notwendig, da „etwas sonderlichs daselbst gehandelt wird" und nicht „jederman sein mus, wie auff der gassen oder marckt."[42] Daher, so Luther in Torgau, „soll auch jetzt dieses Haus geweihet sein, nicht umb sein, sondern umb unsern willen, das wir selb durch Gottes wort geheiliget werden und bleiben."[43] Geheiligt wurde dieser Ort also durch seine Nutzung als Verkündigungsort des Evangeliums und durch den rechten Glauben der Gottesdienstteilnehmer. Diese Sakralitätskonzeption des Kirchenraumes gründete sich auf Luthers Gemeindetheologie, auf den Grundsatz des Priestertums aller Gläubigen, womit auch die Anwesenheit der Gemeinde zu einem unerlässlichen Bestandteil für die Durchführung der Weihe wurde[44]. Seine Aufwertung erfuhr das Kirchengebäude allein durch seine Bestimmung als Ort des Gemeindegottesdienstes. Sakralität konstituierte sich bei Luther damit nicht eigentlich räumlich, sondern temporär, durch die Zeit der Gottesdienstfeier.

Was aber änderte sich mit der Reformation an der Nutzung der Kirchen? Zunächst wurden in der Regel die gottesdienstlichen Handlungen auf die sonntäglichen Abendmahls- und Predigtgottesdienste sowie auf zwei bis drei weitere wöchentlich stattfindende Gottesdienstfeiern oder Andachten

---

40 *Luther,* Einweihung eines Neuen Hauses (Anm. 37), 592.

41 Ebd., 604.

42 Zitat Luther nach *Hermann Hipp,* Studien zur „Nachgotik" des 16. und 17. Jahrhunderts in Deutschland, Böhmen, Österreich und der Schweiz, Diss. Univ. Tübingen 1979, 437.

43 *Luther,* Einweihung eines Neuen Hauses (Anm. 37), 604.

44 Vgl. *Renate Dürr,* Zur politischen Kultur im lutherischen Kirchenraum. Dimensionen eines ambivalenten Sakralitätskonzeptes, in: Kommunikation und Raum. 45. Deutscher Historikertag in Kiel. Berichtsband, Neumünster 2005, 156 f. Vgl. *dies.,* Zur politischen Kultur im Kirchenraum. Dimensionen eines ambivalenten Sakralitätskonzeptes, in: Kirchen, Märkte und Tavernen, hrsg. v. ders. / Gerd Schwerhoff (Zeitsprünge, 9), Frankfurt a.M. 2005, 451–458.

in der Hauptpfarrkirche beschränkt[45]. Glaubenslehre und Katechismus-Unterricht fanden hier ebenfalls ihren Ort. Was die übrigen Funktionen angeht, ergibt sich folgendes Bild: Nutzungen, die über die eigentlich gottesdienstliche Bestimmung hinausgingen, wurden insgesamt nach und nach abgebaut, wiewohl sie noch häufig in unterschiedlichen Formen nachweisbar sind. So blieben Kirchen noch lange Orte lokalpolitischer Öffentlichkeit[46]. Mit Peter Clark muss aber dennoch konstatiert werden, dass durch die Reformation langfristig eine Dissoziierung des Sozialraumes Kirche angestoßen worden war: So lösten sich etwa die zahlreichen Bruderschaften auf, die sich vor der Reformation aktiv an der Nutzung und Gestaltung der Kirchen beteiligt hatten. Im Laufe des 16. und 17. Jahrhunderts verlor, wie Clark am englischen Beispiel gezeigt hat, die Kirche ihre Bedeutung als Mittelpunkt des gemeindlichen Lebens. An ihre Stelle trat nicht zuletzt das „Alehouse"[47].

Architekturgeschichtlich waren die wenigen Neubauten von Kirchen, die im 16. Jahrhundert entstanden, noch stark der mittelalterlichen Tradition verpflichtet. Bis zu Beginn des 17. Jahrhunderts standen sowohl der katholische wie der protestantische Kirchenbau im Zeichen einer spätgotischen Formensprache[48]. Die Architekturtheorie des 16. und 17. Jahrhunderts behandelte das Problem des Kirchenbaus im Rahmen der Zivilbaukunst[49]; die Frage aber, wie sich ein lutherischer Kirchenbau äußerlich vom katholischen abgrenzen könne, wurde bis zur Mitte des 17. Jahrhunderts von Architekturtheoretikern nicht behandelt. Wegen ihrer sozialen Bedeutung für die Stadt wurde die Kirche zwar von den verschiedenen Gebäudelehren des 16. Jahrhunderts als Bauaufgabe behandelt, hierbei standen jedoch technische und gestalterische Gesichtspunkte, wie die angemessene Dekoration und die Säulenordnung der Fassade, im Vordergrund. Architektonisches Prinzip des Kirchenbaus war die Dreiteilung des Gebäudes in Vorhalle, Kirchenraum und Chor[50]. Das Problem eines konfessionsspezifischen Kirchen-

---

[45] Sonntags wurden zwei oder drei Gottesdienste gefeiert.

[46] Vgl. *Dürr*, Politische Kultur in der Frühen Neuzeit (Anm. 9), 23–32.

[47] Vgl. *Peter Clark*, The English Alehouse. A Social History 1200–1830, London 1983, 154–157. Vgl. *Rau / Schwerhoff*, Öffentliche Räume in der Frühen Neuzeit (Anm. 6), 34.

[48] Vgl. *Hipp*, Studien zur „Nachgotik" (Anm. 42), passim.

[49] Vgl. *Ulrich Schütte*, Die Lehre von den Gebäudetypen, in: Architekt und Ingenieur. Baumeister in Krieg und Frieden, hrsg. v. dems. (Ausstellungskatalog Herzog August-Bibliothek), Wolfenbüttel 1984, 176; zur im deutschen Sprachraum entstandenen Architekturtheorie des 16. Jahrhunderts vgl. *Hanno-Walter Kruft*, Geschichte der Architekturtheorie, 3. Aufl. (Studienausgabe), München 1985, 173–192.

[50] *Hipp*, Studien zur „Nachgotik" (Anm. 42), 444. Das mittelalterliche Kirchenbauschema von Kirchhof, Langhaus, Chor geht auf das alttestamentarische Vorbild von Stiftshütte und salomonischem Tempel zurück. Martin Luther hatte die Einteilung des Salomonischen Tempels in atrium, sanctum und sanctum sanctorum mit den drei Typen des Verhältnisses des Menschen zu Gott analogisiert: die Gläubigen, die nur die äußerlichen Formen des Kultes beachten, hatten demnach ihren Platz im

baus aber wurde im Diskurs der Architektur nicht thematisiert. Erst der Ulmer Mathematiker und Architekt Joseph Furttenbach verfasste 1649 das erste Architekturtraktat, das sich dezidiert mit der Frage auseinandersetzte, wie eine Kirche, die dem Gottesdienst der „Augsburger ConfessionsVerwandten [...] gar bequem und dienlich seyn kan", zu bauen sei[51]. Um 1600 jedoch wiesen sowohl der katholische wie lutherische Kirchenbau in gewisser Hinsicht ein „Defizit an Theorie"[52] auf.

Jenseits des Architekturdiskurses rücken damit lutherische Kirchweihpredigten als Medium, in dem ein konfessionsspezifisches Sakralitätskonzept des Kirchenraumes verhandelt und verbreitet wurde, ins Forschungsinteresse[53]: Seit der Mitte des 16. Jahrhunderts etablierte sich die Konsekrierung und Einsegnung als Ritual: Es wurden nicht nur Kirchen geweiht, sondern auch Kirchgrundsteine, Altäre, Kirchenglocken und Kanzeln. Die Bestimmung des Kirchengebäudes als Adiaphoron ließ den Gemeinden und Pfarrern den Spielraum, solche Einsegnungen auch zunehmend festlicher zu gestalten. In den Weihepredigten wurden grundsätzliche Erörterungen über die Notwendigkeit und die richtige Nutzung von Kirchen sowie zahlreiche Aussagen über das konfessionsspezifische Verständnis von Sakralität getroffen. Außerdem wurden hier immer wieder die Unterschiede und Grenzen zwischen katholischem, reformiertem und lutherischem Kirchenbauverständnis thematisiert. Aus Predigten, Kirchweihfeiern und Predigtdrucken entstand so ein konfessionsspezifisches Repräsentationssystem, mit dem es gelang, sich die Kirche als Sakralort anzueignen[54]. Weihepredigten wurden bisweilen auch anlässlich einer grundlegen-

---

Atrium; diejenigen, die die Gottesgesetze befolgen, im Saal; die im Glauben besonders festen Glieder der Kirche im Chorbereich.

[51] *Joseph Furttenbach,* KirchenGebäw. Der Erste Theil [...] Augsburg 1649, Biv; hier zitiert nach: *Gerhard Langmaack,* Evangelischer Kirchenbau im 19. und 20. Jahrhundert. Geschichte – Dokumente – Synopse, Kassel 1971, 192.

[52] *Schütte,* Lehre von den Gebäudetypen (Anm. 49), 179.

[53] Zum Quellenwert von Kirchweihpredigten in kunsthistorischer Perspektive vgl. *Kai Wenzel,* Abgrenzung durch Annäherung – Überlegungen zu Kirchenbau und Malerei in Prag im Zeitalter der Konfessionalisierung, in: Bohemia 44 (2003), 29 – 66.

[54] Im Einzelfall konnten die Kirchweihen durchaus unterschiedlich ausgestaltet werden. Für das 16. und 17. Jahrhundert lassen sich verschiedene Typen der Ingebrauchnahme einer neuen Kirche feststellen: 1. ohne jegliche Feier; 2. durch einen Abendmahlsgottesdienst; 3. durch eine Kombination des Abendmahlsgottesdienstes mit einem zweiten Gottesdienst am selben Tag, bei dem eine Taufe gefeiert wurde, also durch die Spendung beider Sakramente. Zugleich versuchte man klare Grenzen zum katholische Weihritus zu setzen: So fand keine Dämonenreinigung statt, und man verzichtete auf wichtige Elemente des mittelalterlichen Kirchweihritus, wie etwa Taufwasser, Öl und Weihrauch. Die Weihe war auch keine Sakramentalie; im Vergleich mit katholischen Kirchweihen blieb der Ritus insgesamt reduziert. Seit dem 17. Jahrhundert wurden ‚Prozessionen' um die oder zur Kirche in die Weihefeiern integriert, wobei die Kirchweihberichte den Begriff der ‚Prozession' meist vermeiden. Vgl. den Überblick über die lutherischen Formen der Weihe bei *Paul Graff,* Geschichte der Auflösung der alten gottesdienstlichen Formen in der evangelischen Kirche Deutschlands, Bd. 1, 2. Aufl., Göttingen 1937, 400 – 413.

den Renovierung einer Kirche gehalten und gedruckt und geben so einen
Einblick in die weitere, nicht nur auf Neubauten beschränkte Bautätigkeit
nach der Reformation[55]. Da im 16. Jahrhundert wegen der zahlreich vorhandenen Kirchen Neubauten zunächst nur selten notwendig waren[56],
lenkte sich die Stiftungspraxis im Luthertum auf die Neuausstattung von
Kirchen mit Altären, Taufbecken, Kanzeln oder Glocken. Mit dem feierlichen Begehen von Weihefesten wurde zudem dem repräsentativen Bedürfnis der Gemeinden entsprochen, die durch ihre Unterstützung zum Bau der
Kirche oder zur Finanzierung einer neuen Kanzel oder eines Altars beigetragen hatten. Auch die anlässlich der Ingebrauchnahme dieser Stücke
gehaltenen Weihepredigten referierten nicht nur über deren Bedeutung und
Funktion, sondern auch über die des Kirchengebäudes insgesamt[57]. Da die
Weihefeier in keiner der Kirchenordnungen des 16. Jahrhunderts beschrieben wurde[58], trug der Druck dieser Predigten selbst zur Verbreitung und
einer zumindest tendenziellen Vereinheitlichung des Kirchweihritus im 16.
und frühen 17. Jahrhundert bei und hatte somit auch Anteil an dessen
wachsender Bedeutung innerhalb der lutherischen Konfessionskultur.

Die Entwicklung des lutherischen Kirchweihritus lässt sich über einige
beispielhafte Stationen verfolgen: Anlässlich der Wiederherstellung des
Kloster Berge bei Magdeburg 1563/65 verfasste der Magdeburger Pastor
Johannes Pomarius ein Festgedicht, das sich im Gegensatz zu der ebenfalls
gehalten Einweihungspredigt auch erhalten hat[59]. Pomarius' Gedicht lobte

---

[55] So fand beispielsweise 1608 in der Berliner Domkirche ein Weihegottesdienst
statt, nachdem das Innere der Kirche renoviert und die bis dahin an der Domkirche
gefeierten konservativen Gottesdienstformen reformiert worden waren. Vgl. *Christoph Pelargus*, Encaenia sacra. Christliche predigt Bey renovation oder ernewerung
der grossen Domkirche zu Cöln an der Sprew/Welche auff des Durchleuchtigsten
Hochgebornen Fürsten und Herrn/Herrn Joachim Friderici Marggraffen zu Brandenburg [...] gnedigste anordnung und befehl zur obersten newen Pfarrkichen zube-
reitet und am Sonntag der heiligen Dreyfaltigkeit (war der 22. Maij dieses 1608. jars)
in Volkreicher versamlung auff das newe ist eingeweihet worden. Auff S. Churfürstlichen Gn. sondernbarn befehl gehalten und publiciret [...] Magdeburg: Betzel, 1608.
Zur Ausstattung des Berliner Domes im 16. Jahrhundert und den dort gefeierten konservativen Kirchenzeremonien vgl. *Andreas Tacke*, Der katholische Cranach. Zu zwei
Großaufträgen von Lucas Cranach d.Ä., Simon Franck und der Cranach-Werkstatt
(1520–1540), Mainz 1992, 170–217. Vgl. zum Umbau von 1608 kurz *Walter Wend-
land*, Siebenhundert Jahre Kirchengeschichte Berlins, Berlin 1930, 32.

[56] Zu den wenigen lutherischen Kirchenneubauten vor dem Dreißigjährigen Krieg
gehören unter anderem die Kirche in Joachimsthal (Böhmen, 1540), die Marienkirche
in Marienberg (Sachsen, 1564), die Pfarrkirche St. Nikolai in der Magdeburger Neustadt sowie die beiden im Dreißigjährigen Krieg zerstörten oder verwüsteten Augsburger Kirchen, nämlich das so genannte Predigthaus bei der Heilig-Kreuz-Kirche
und die St. Ulrichs-Kirche.

[57] Hierfür ist die Schrift zur Altarweihe in Freiberg ein Beispiel: *Helwig Garth*,
Christliche Evangelische Altar-Weyhe [...] Freybergk: Hoffmann 1611.

[58] Erst im 18. Jahrhundert wurde die Feier des Kirchweihritus zum Gegenstand
liturgischer Handbücher.

[59] Vgl. zum folgenden *Ulrich Schlegelmilch*, Descriptio templi. Architektur und
Fest in der lateinischen Dichtung des konfessionellen Zeitalters, Regensburg 2003,

Könige und Fürsten als Beschützer der Kirche, zu deren Aufgabe es gehöre, sich für den Bau von Kirchen einzusetzen. Schon zu Beginn des Gedichtes wird deutlich, dass Pomarius nicht mehr strikt der Ansicht Luthers folgte, nach der die Kirche ein notfalls auch entbehrlicher Zweckbau sei[60]. Zum Nachweis, dass die Errichtung von Kirchen und Kultstätten sich bis in alttestamentarische Zeiten zurückverfolgen lasse und keine spätere Zutat und Verunreinigung gewesen sei, zählte er eine Reihe wichtiger Erbauer auf, die von Adam über Noah, Abraham, Jakob, Samuel und Moses bis zu König Salomo, den er als den Bauherrn des bedeutendsten Tempels feierte, reichte[61]. Durch diese Traditionslinie ließ sich die Legitimität des Kirchenbaus bis in die Gegenwart sichern[62].

Der salomonische Tempel wurde zum entscheidenden Referenzpunkt bei der biblischen Legitimierung des lutherischen Kirchenbaus[63]. Wiederum in Magdeburg war es der Domprediger Siegfried Sack, der 1585 die Pfarrkirche St. Nikolai in der Neustadt weihte[64]. Entlang der Beschreibung von

---

467–477. Die erste Predigt in der 1525 fast zerstörten Konventskirche hielt der zum lutherischen Glauben konvertierte Peter Ulner.

[60] Im Lobgedicht des Johannes Pomarius heist es: „Nam genus ad tales humanum condidit usus / Ut celebret merito laudis honore Deum / Extruat atque aedes et certa habitacula, quae sint / Doctrinae sedes hospitiumque Die, / in quo uersetur, precibus quaeratur et in quo / A sera possit posteritate coli." (Zitiert nach *Schlegelmilch*, Descriptio templi (Anm. 59), 469.) Damit führt Pomarius sowohl die Vorstellung von der Wohnstatt Gottes als auch den Anspruch auf einen dauerhaften Bestand des Bauwerks wieder ein.

[61] Vgl. *Schlegelmilch*, Descriptio templi (Anm. 59), 469.

[62] Über den Verweis auf das antike Christentum wurden aktuelle Kirchweihen immer wieder legitimiert. Oft wird etwa betont, dass schon in nachapostolischer Zeit Kirchen geweiht wurden: „So haben nach der Apostelzeiten die Christen / so bald sie nur ihren Gottesdienst offentlich verrichten und ihre offentliche Gottes- und Bethäuser haben und gebrauchen können / ihre Kirchen Ceremonien inn Einweyhung ihrer Tempel / Altar und Tauffstein / mit grösserer Solennitet angestellet und gehalten / damit das Alte Testament nicht eine grössere Klarheit hette als das Newe / sie auch nicht darfür angesehen würden / als achteten sie nicht gros ihrer Gottes-Häuser und deroselbigen zubehör [...] Derohalben legten sie ihren newerbawten Kirchen und Altare auch die Ehre an / daß sie mit gewissen und ansehenlichen / jedoch Christlichen Ceremonien eingeweyhet / und von anderen gemeinen Häusern / Gebewden und Tischen unterschieden und abgesondert / und zum Heilign gebrauch geweyhet und verordnet werden." (*Garth*, Christliche Evangelische Altar-Weyhe (Anm. 57), Bii r.)

[63] Vgl. z. B. *Jacob Andreae*, Christliche Predig, von der Kirchweyhe zu Jerusalem. Auß dem zehenden Capitel deß Evangelisten Joannis. Darinnen von Christlicher Reformation und Weyhe der Evangelischen Kirchen, besonders aber vom waren Alten Catholischen Apostolischen Römischen Christlichen Glauben gehandelt. In deß Heiligen Römischen reichs Statt Aalen. Den 25. tag Septembris Anno 1586 gehalten [...] Tübingen: Hock, 1587. Der Verweis auf den Tempel Salomo war schon Teil des mittelalterlichen Weiheritus gewesen. Zum mittelalterlichen Kirchweihritus vgl. *Ruth Horie*, Perceptions of Ecclesia. Church and Soul in Medieval Dedication Sermons (Sermo, 2), Turnhout 2006, 1–4. Weitere Bezugsstellen, die schon Teil des mittelalterlichen Ritus sind, und die nun in die Kirchweihpredigten integriert werden, sind die Entweihung des Tempels durch Antiochus Epiphanes (1. Buch Makkabäer 1, 41–64; 4, 36–39 und 2. Buch Makkabäer 6, 1–11) sowie eine Reihe von Psalmen, wie z. B. Psalm 122 oder Psalm 84, der das Entzücken über das Haus Gottes beschreibt.

Bau und Weihe des salomonischen Tempels im Buch der Könige entwarf er eine komplexe und allegorische Deutung. Sack griff dabei „zwar die Grundgedanken von Luthers Einweihungspredigt" auf, baute diese „aber im Sinne einer biblisch und historisch motivierten Theologie des Kirchenbaus aus."[65] Er konstruierte eine Traditionslinie des positiv zu bewertenden Tempelbaus von Salomo über Judas Makkabäus zu Kaiser Konstantin und schließlich Luther. „Der Tempel Salomos und die Beschreibung seiner Weihe werden zu Sinnbildern für Gottesdienst und Kirchenbau."[66] Die eigene Weihehandlung ließ sich als rechtgläubig und die gereinigte Praxis in Übereinstimmung mit deren ursprünglicher, alttestamentarischer Bedeutung darstellen: Die einzelnen Motive der Schrift – Bundeslade, Cherubim, Tieropfer – wurden auf die Gegenwart der Kirche bezogen und gedeutet. Die Wolke im Tempel symbolisierte beispielsweise den Glauben an Gottes Gegenwart im Sinne der Zachäusperikope (Mt 18,20: „Wo zwei oder drei versammelt sind in meinem Namen, da bin ich Mitten unter ihnen"). Das von Sack benutzte Schema der Ausdeutung der Salomonischen Tempelweihe im Sinne lutherischer Theologie wurde bis Ende des 17. Jahrhunderts in zahlreichen Weihepredigten wiederholt. Auch bildliche Umsetzungen finden sich, beispielsweise im Frontispiz der 1678 veröffentlichten zehn Kirchweihpredigten von Jacob Nicolaus Röser (Abb. 1). Hier werden Elemente des alten Tempels als allegorische Vignetten ihren entsprechenden Deutungen für die gegenwärtige Kirche gegenübergestellt: Die Wolke im Tempel nimmt den Oberrand des Bildes ein, die Begegnung zwischen Jesus und Zachäus steht im Zentrum der Darstellung unterhalb des Titels.

Bis zum Beginn des Dreißigjährigen Krieges entwickelte sich allmählich eine Gattung der Kirchweihpredigt, die neben der Salomonischen Tempelweihe immer wieder ein Repertoire von Bibelstellen zitierte, mit denen sich die Funktion der Kirche und der Charakter der Weihe beschreiben ließ: Als „Bethaus" beispielsweise wurde die Kirche unter Berufung auf Jes 56,7 bezeichnet. Da es im Neuen Testament keine Vorbilder für einen Kirchenbau oder eine Kirchweihe gibt, war es zudem zentral, den Akt der Kirchweihe etwa unter Berufung auf 1 Tim 4,4f. („Denn alles, was Gott geschaffen hat,

---

64 Vgl. *Siegfried Saccus*, Von Christlicher Einweihung der Kirchen aus dem exempel Salomonis / do wo der Tempel zu Jerusalem eingeweihet / im ersten Buch der Könige am achten Kapitel, Magdeburg: Francken, 1586.

65 *Hartmut Mai*, Tradition und Innovation im protestantischen Kirchenbau bis zum Ende des Barock, in: Raschzok / Sörries, Geschichte des protestantischen Kirchenbaus (Anm. 7), 12.

66 *Conrad Dietrich*, Ulmische Kirchweyh Predigte, bey Einweyhung der von einem Ersamen Wohlweysen Rath Löblicher deß H. Römischen Reichs Statt Ulm von newen erbawten Schönen und Herrlichen Kirchen zu der Heyligen Dreyfaltigkeit, mit vorgehenden Christlöblichen Ceremonien und Solenniteten daselbst zu Ulm den 16. Sonntag nach Trinitatis [...] dieses 1621. Jahres in ansehnlicher Volckreicher Versamblung [...] gehalten, nachgehendts auff sonderbares begehren in offenen Truck geben [...] Ulm: Meder, 1621, 3.

Abb. 1: Frontispiz, *Jacob Nicolaus Röser,* Conciones Encoeniales, 1678,
http://www.gbv.de/du/services/gLink/vd17/39:135724X_001,800,600

ist gut und nichts ist verwerflich, wenn es mit Dank genossen wird; es wird
geheiligt durch Gottes Wort und durch das Gebet") oder durch den paulini-
schen Befehl in 1 Kor. 14,40 („Lasset uns alles ehrbar und ordentlich zuge-
hen") auch neutestamentarisch zu legitimieren[67]. Im Titel der Weihepredig-

---

[67] Vgl. *Ernst W. Hofhansl,* Art. „Weihe/Weihehandlung", in: Religion in Geschichte und Gegenwart, Bd. 8, hrsg. v. Hans Dieter Betz u. a., 4. Aufl., Tübingen 2005,
1333 f. Vgl. z. B. *Christian Lehmann,* Im Nahmen Der hochgelobten Dreyfaltigkeit!
Annabergische Trinitatis-Freude/Uber der neuerbauten Hospital-Kirchen zur

ten tauchte häufig der griechisch-lateinische Begriff „Encaenia"[68] oder
„Encaenia Sacra"[69], also heilige Weihe auf, der auch in der katholischen
Predigtliteratur und der lateinischen Architekturdichtung ein gebräuchli-
cher Terminus für die Konsekration eines Gotteshauses war[70]. Dieser Pre-
digttypus zeigte so schon im Titel ausdrücklich seine ‚Gattung' an. Wie andere theologische Flugschriften nannten auch die Weihepredigten die Kirche immer wieder „Hauß des Herrn", „Wohnhaus Gottes" oder „locus sacer"[71]. Solche Formulierungen betonten die Dignität und Sakralität des
Gebäudes und erinnern an katholische Konzeptionen von Ortsheiligkeit[72],
wenn dieses auch von den Verfassern der Kirchweihpredigten immer wieder
bestritten wurde[73]. Dennoch lässt sich festhalten, dass sich in der zweiten
Hälfte des 16. Jahrhunderts die Beschreibungssemantik des Kirchengebäudes gewandelt hatte.

Theologisch nahmen die Lutheraner in der Frage der Adiaphora eine Mit-
telstellung zwischen Katholiken und Reformierten ein, weshalb sie sich immer wieder gegen den Vorwurf wehren mussten, ihre Kirchen auf katholische Art zu weihen[74]. Im Zuge des Konfessionalisierungsdrucks und der
kontroverstheologischen Auseinandersetzungen um 1600 führten alle drei
Konfessionen eigene Sakralitäts- und Reinheitsdiskurse[75]. Die rituellen

---

H. Dreyfaltigkeit in der Vorstadt zu St. Annaberg / Als dieselbe [...] In einer Predigt
aus Psalm LXXXIV. 2. 3. 4. 5. Eröffnet [...] Annaberg: Nicolai, 1686, 6.

[68] Z. B. *Martin Mirus,* Encaenia oder Renovalia, Der Stiffte Kirchen zu Halberstadt, Gehalten an S. Mattheus tage [...] Dresden: Bergen, 1595.

[69] *Simon Gedicke,* Encaenia Sacra, Oder Christliche Predigt / bey Renovation oder
Ernewerung [...] der Domkirche zu Meissen [...] Freiberg: Hoffmann, 1616.

[70] Vgl. *Schlegelmilch,* Descriptio Templi (Anm. 59), passim.

[71] *Petrus Conovius,* Abermahlige bescheidentliche Antwort. Wieder die Vermeynte
weitere Erörterung und Erweisung / daß Bilder und Exorcismus auß der Kirchen ab-
zuschaffen seyn, Wittenberg: Meissner, 1615, 14.

[72] Vgl. z. B. die Predigt von Matthias Hoe von Hoenegg: „Dann ob es wol an dem /
daß Gott nicht wohnet in Häusern mit Menschen Händen gebawet [...] und aller
Himmel Himmel ihn nicht begreifen können / 1.Reg.8 als einen solchen Gott der Himmel und Erden erfüllet / Jerem. 23. der nirgends ein / nirgends ausgeschlossen ist: So
ist doch hinwieder wahr / und bleibt war / in alle ewigkeit / daß zu jedenzeiten / sonderliche Stette und Ort / ausgesondert / und verordnet worden / darinnen dem Allmächtigen Gott / sein öffentlicher schuldiger Ehrendienst erzeiget / darin er gelobet /
gepreiset / angeruffen / und gebührlicher Reverentz ist gehöret / an welchem Ort auch
sein Segen und Gnad / mit verlangen ist erwartet worden [...]." (*Matthias Hoe von
Hoenegg,* Christliche predigt Bey Fundation oder Legung / Des ersten Grundsteins /
einer Kirchen / für die Evangelischen Teutschen Nation / in der Königlichen alten
Stadt Prag: Den 27. Julii am Tage Caroli / An. 1611. in grosser Volckreicher Versamlung gehalten [...] Leipzig: Lamberg, 1611, 15 f.)

[73] Heute kennt die evangelische Kirche verschiedene Formen der Einsegnung oder
Weihe, die bei verschiedenen kirchlichen oder lebensgeschichtlichen Anlässen (wie
der Konfirmation) vollzogen werden. Vgl. *Hofhansl,* „Weihe / Weihehandlung"
(Anm. 67).

[74] Vgl. dazu *Hipp,* Studien zur „Nachgotik" (Anm. 42), 443–454.

[75] Vgl. *Christian Grosse,* Places of Sanctification. The Liturgical Sacrality of Gene-
van Reformed Churches, 1535–1566, in: Coster / Spicer, Sacred Space (Anm. 11), 60–80.

Handlungen zur Kirchweihe wurden im Luthertum zwar zunehmend auf-wändiger begangen, aber in bewusster Abgrenzung zur katholischen Litur-gie vollzogen, die man als heidnisch und abgöttisch verwarf. Obwohl das zentrale Element der Weihe die Predigt blieb, wurde das Gebäude aber auch hier über die Handlung der Weihe geheiligt. Im Vergleich zur Reformations-zeit hatte die Kirche als Gottesdienstort entschieden an Bedeutung und ge-rade auch an Sakralität gewonnen. Nun war die Konzeption von Sakralität nicht mehr nur temporär, sondern hatte eine dauerhafte Qualität gewonnen. Im Verlauf des 16. Jahrhunderts war das Vorbild von Luthers Torgauer Wei-hefest entschieden weiterentwickelt worden[76], wobei Weihehandlung und gedruckte Weihepredigt ein Repräsentationsangebot geliefert hatten, das wiederum zum Vorbild für weitere Kirchweihfeste wurde.

Dabei scheint für die Feier von Kirchweihen sowie für den Druck der Kirchweihpredigten oft eine besondere konfessionelle Konkurrenz- oder Bedrohungssituation den Anlass gegeben zu haben. So erhielt beispielswei-se die Stadtkirche in der lutherischen Residenz Bückeburg (1615) allem An-schein nach zu ihrer Fertigstellung keine gedruckte Kirchweihpredigt. Auch die Fertigstellung der Wolfenbüttler Hauptkirche Beatae Mariae Vir-ginis wurde 1625 lediglich mit dem Druck eines großen Holzschnittes gefei-ert[77].

Anders verhielt es sich im multikonfessionellen Prag: Anlässlich der Grundsteinlegung der Prager Salvatorkirche 1611 hielt Matthias Hoe von Hoenegg als Direktor der deutsch-lutherischen Gemeinde zu Prag eine auch im Druck erschienene Weihepredigt. Dieser Text erweiterte das Spektrum der Gattung um einen weiteren Aspekt. Hoe von Hoenegg verglich die Si-tuation der lutherischen Gemeinde in Prag mit dem Schicksal des Volkes Israel. Erst 1609 war mit dem Erlass des Majestätsbriefs den in Prag ansäs-sigen protestantischen Denominationen freie Religionsausübung zugesi-chert und ihnen freie Ortswahl für neue Kirchenbauten gestattet worden. Schon bald nach 1609 beschlossen die Prager Gemeinden, die keinem Pfarr-zwang unterlagen, neue Kirchenbauten, um sich auch öffentlich zu konsti-tuieren[78]. Hoe von Hoenegg spielte auf eben diese Situation an: Nach der Babylonischen Gefangenschaft und der Wiedererlangung des „frey Exerci-tum der Religion" habe auch die Israeliten nicht die „grösse der Unkosten"

---

[76] Bridget Heal hat dagegen jüngst die These vertreten, dass sich der lutherische Kirchweihritus kaum weiterentwickelt hätte. Vgl. *Bridget Heal*, Sacred Image and Sacred Space in Lutheran Germany, in: Coster / Spicer, Sacred Space (Anm. 11), 43.

[77] Vgl. *Schlegelmilch*, Descriptio templi (Anm. 59), 459.

[78] Zur Kirchenbautätigkeit der verschiedenen Konfessionen in Prag vgl. *Anna Oh-lidal*, Kirchenbau in der multikonfessionellen Stadt. Zur konfessionellen Prägung und Besetzung des städtischen Raums in den Prager Städten, in: Stadt und Religion in der frühen Neuzeit. Soziale Ordnungen und ihre Repräsentationen, hrsg. v. Vera Isaiasz / Ute Lotz-Heumann / Monika Mommertz / Matthias Pohlig, Frankfurt a.M. / New York 2007, 67–81, 75.

abhalten können, den zerstörten salomonischen Tempel wieder zu errich-
ten[79]. In der konfessionell gemischten Situation Prags vor dem Dreißigjährigen Krieg äußerte sich Hoe von Hoenegg einerseits voller Freude über die
Legung des „Erste(n) Grundstein / zur Evangelischen Deutschen Kirche / in
der Alten Stadt Prag", warnte aber zugleich vor den Gegnern derselben:
Auch die Israeliten hätten unter König Cyrus viele Feinde gehabt, die mit
„allerley Renken" gegen sie vorgegangen seien, um den „Majestätsbrieff des
Königs Cyri und die ansehnliche Religions Concession zu nicht [...] [zu]
machen"[80]. Die Anspielung auf den Majestätsbrief Rudolfs II. ist evident.

Die publizierte Predigt bot also einerseits die Möglichkeit der überregio-
nalen Selbstdarstellung der Gemeinde, andererseits war sie ein Anlass, um
über die aktuelle konfessionspolitische Situation selbst zu reflektieren. Die
Bibelstellen bekamen dabei die Funktion eines ‚Vehikels‘, um mehr oder
weniger offen die bestehenden konfessionellen Konflikte anzusprechen.
Durch den Majestätsbrief war der Gemeinde die Möglichkeit gegeben, zum
Gottesdienst „in loco publico, an einem freyen / offenen und sichern Orth
zusammen [zu] kommen / Gottes Wort offentlich [zu] lehren und [zu] predigen / und des Gottesdienstes für jedermann [zu] pflegen und [zu] warten /
damit die Widersacher nicht Ursach haben / die Lehr des heiligen Evangelii
zu lestern / oder sonsten verdechtig zu machen."[81] Wie schon Luther bestimmte auch Hoe das Kirchengebäude als Ort der Predigt und des Gebets,
zugleich aktualisierte er aber schon bekannte Argumentationsmuster: Da
bis 1609 sowohl die öffentliche Feier des Gottesdienstes als auch der Unterhalt eines eigenen Kirchengebäudes nicht selbstverständlich gewesen waren, wurden die Kirchen zur Repräsentation der eigenen Konfession in der
multikonfessionellen Stadt. Gerade der öffentlich gefeierte Gottesdienst
sollte Ausweis konfessioneller Rechtgläubigkeit sein und vor dem Vorwurf
schützen, ‚verdächtige‘ Glaubenspraktiken zu pflegen. Der Frage der
Kirchweihe und des Baus von Kirchen insgesamt kam somit ein „konfessi-
onspolitischer Signalwert"[82] zu. Der Kirchenbau wurde Sinnbild des
Rechts auf freie Religionsausübung und diente zu dessen Schutz – eine Konstellation, die sich in ähnlicher Weise im Reich während des Dreißigjährigen
Krieges wiederholen sollte. So reflektierte eine 1631 anonym erschienene
Flugschrift, deren Verfasser sich selbst einen „Teutschen Redlichen Patrio-

---

[79] Vgl. *Matthias Hoe von Hoenegg*, Christliche Predigt bey Fundation oder Legung
des ersten Grundsteins einer Kirchen / für die Evangelischen Teutscher nation / in der
Königlichen alten Stadt Prag. Den 27. Julii am tage Caroli / An. 1611 in grosser
Volckreicher Versammlung gehalten / und auf instendiges begehren in Druck verfertiget, Leipzig: Lamberg, 1611, 9, 10.

[80] Ebd., 9.

[81] *Garth*, Christliche Evangelische Altar-Weyhe (Anm. 57), zitiert nach *Hipp*, Studien zur „Nachgotik" (Anm. 42), 461.

[82] *Thomas Kaufmann*, Bilderfrage im frühneuzeitlichen Luthertum, in: Ders.,
Konfession und Kultur (Anm. 20), 157–204, hier 160.

ten" nennt, über die Folgen des Restitutionsedikts (1629), das die umfassende Rückgabe von Kirchen und Kirchengut an die Katholiken forderte. Der
erzwungenen Wiedereinführung des katholischen Ritus in protestantischen
Gemeinden begegnete der Verfasser trotzig, dass „wir wol [...] von unserm
aignen Gutt unnd Gottes Gaben ein sondern Platz lösen / Kirchen bawen /
und Prediger halten" können[83]. Fragen des Kirchenbaus und des Kirchen-
gutes waren ein wichtiger Gegenstand politischer Öffentlichkeit des Dreißigjährigen Kriegs. Die zitierte Haltung des anonymen Verfassers mag die
Position zahlreicher evangelischer Bürger etwa in Augsburg, Regensburg
oder Ulm widerspiegeln. In Augsburg waren 1630 die von den Protestanten
genutzten Kirchen abgerissen oder geschlossen worden, worauf der Gottesdienst nur noch behelfsmäßig im Hof des Annenkollegiums gehalten werden
konnte. Ein Neubau wurde erst nach der Restitution der Parität im Westfälischen Frieden gestattet. In der paritätischen Reichsstadt Ulm wiederum
war den Evangelischen erst nach langwierigen Verhandlungen 1621 erlaubt
worden, die Dreifaltigkeitskirche zu bauen[84]. Und auch in Regensburg waren der Kirchweihe von 1631 langwierige Verhandlungen vorangegangen.

Unter den Kirchweihen während des Dreißigjährigen Krieges nimmt
diese am 5. Dezember 1631 besonders aufwändig begangene Feier in Regensburg eine besonders wichtige Stellung ein[85]. Denn hier bot sich einer
lutherischen Gemeinde die Möglichkeit, sich auf dem Höhepunkt der konfessionellen Auseinandersetzungen als rechtgläubige Bürgerschaft zu inszenieren. Gleichzeitig erhielt die Veranstaltung eine antikatholische Pro-
pagandafunktion[86]. Ein umfangreicher Druck erschien, der Baubeschrei-
bung, Predigttext und Festbericht miteinander verband[87]. Diese Kompila-

---

[83] (*Anonym*), Schrifft an unsere liebe Teutschen. Daß ihre Hochgelehrten offentlich
sollen gewissenshaffte Antwort geben / uber nachfolgende jetziger Zeit in unserm lieben Vatterland Hochwichtige und Nöthige Fragen. I. Woher Christliche Kirchengebäw kommen / unnd wer eigentlich dazu hab zu sprechen [...] Auffgesetzt durch
einen Teutschen Redlichen Patrioten / der gern sehe / daß es in Geist und Weltlichen
Sachen Christlich und Recht zuginge, o.O. 1631.

[84] Vgl. *Dietrich*, Ulmische Kirchweyh Predigte (Anm. 66).

[85] Vgl. Encaenia Ratisbonensia. Regenspurgische Kirchweih Oder Summarischer
Bericht Was auß Befelch und Anordnung / Eines Edlen Ehrenvesten Raths der Stadt
Regenspurg [...] bey Einweihung der Newerbawten Evangelischen Kirchen zur H.
Dreyfaltigkeit / für Ceremonien und Solennien den 5. Dec. [...] Anno 1631. fürgan-
gen: Sambt den Christlichen Predigten / und Andächtigen Gebetten unnd Collecten /
auch andern Nothwendigen Stücken / verzeichnet; Allen eiverigen Bekennern unnd
Liebhabern des Worts Gottes / wie auch der lieben Jugend unnd Posteritet zum Ge-
dächtnuß verfasset [...], Regensburg: Fischer, 1633.

[86] Vgl. *Schlegelmilch*, Descriptio templi (Anm. 59), 458.

[87] Vgl. *Karl Möseneder*, Die Dreieinigkeitskirche in Regensburg. Ein protestantischer Kirchenbau, in: 450 Jahre Evangelische Kirche in Regensburg. 1542–1992,
hrsg. v. Museum der Stadt Regensburg, Regensburg 1993, 109–129; *Vera Isaiasz*, „Ar-
chitectonica Sacra": Feier und Semantik städtischer Kirchweihen im Luthertum des
16. und 17. Jahrhunderts, in: dies. u. a., Stadt und Religion in der frühen Neuzeit
(Anm. 78), 125–146.

tion wurde „so zu einer Art Flugschrift für die gelehrte Leserschaft [...], in der Ereignis und konfessionelle Deutung kombiniert" wurden[88].

Die Regensburger Festschrift enthält unter anderem auch einen Text über die Vorgeschichte, nämlich die Grundsteinlegung der Kirche 1627. Dieser ist mit einem Kupferstich von Matthäus Merian illustriert (Abb. 2). Merians Arbeit ist eine der wenigen bildlichen Darstellungen einer festlichen Kirchengrundsteinlegung überhaupt und bietet zudem eine wichtige Quelle für die spezifische lutherische Sakralitätskonzeption[89]. Gezeigt wird die städtische Festgemeinde mit Soldaten, Bürgerschaft, Sängerchor und Musikanten sowie dem städtischem Magistrat während des Weihegottesdienstes, wobei letzterer im Zentrum der Darstellung auf einer hölzernen Bühne platziert ist. Gut zu erkennen sind das Modell der Kirche sowie zwei seitlich postierte Kräne mit den beiden Grundsteinen. Am oberen rechten Bildrand ist die Sonne zu sehen, umgeben von einem „Halo oder Cirkel"[90]. Während des Festgottesdienstes hatte es mehrere Stunden lang geregnet. Dann, so der Bericht, brach die Sonne durch die Wolkendecke, und ein Regenbogen zeigte sich. Den Regen deutete man als göttliche Weihe, denn auf katholisches Weihwasser hatte man natürlich verzichtet[91], und den Regenbogen im Sinne von Gen 6,9 als Zeichen des Bundes zwischen Gott und den Menschen[92]. Ein veritables Himmelszeichen also, das in seiner biblischen Auslegung zum Bestandteil der Weihehandlung wurde und zudem noch konfessionell deutbar war.

Insgesamt lassen die Kirchweihen mit ihren beschriebenen Elementen – barocke Allegorese, alttestamentarische Rückbindung, konfessionelle Pu-

---

[88] *Schlegelmilch,* Descriptio templi (Anm. 59), 459. Vgl. *Möseneder,* Die Dreieinigkeitskirche in Regensburg (Anm. 87), 109 f.; *Wex,* Ordnung und Unfriede (Anm. 7), 74–91.

[89] Vgl. *Eugen Trapp,* Katalog Nr. 106 „Grundsteinlegung zur Dreieinigkeitskirche", in: 450 Jahre Evangelische Kirche in Regensburg (Anm. 87), 312 f.

[90] So die Legende auf dem Kupferstich „Aigentliche Abbildung der zu Regensburg gehaltenen Solennien, als Ein E.E. Rath daselbsten, die erste grundstein zu einer Newen Evangelischen Kirchen gelegte hat. Julii Anno 1627."

[91] Der Regen hatte um 12 Uhr eingesetzt, während der eigentlichen Grundsteinlegung. Im Bericht wird dies folgendermaßen geschildert: „So bald es zwölff geschlagen / und man die Stein auff den Grund sincken lassen / hat die ganze Gemein angefangen / die Litaney teutsch zusingen / darinn dann sonderlich begriffen gewesen / daß Gott diesen Baw benediciren wolle / es hat auch gleich angefangen / ein fruchtbaren Regen zuthun / und Gott die grundstein mit Segen zu befeuchte." Encaenia Ratisbonensia (Anm. 85), Biv v.

[92] Der Bericht der Grundsteinlegung beschreibt dies folgendermaßen: „es hat sich auch damals umb die liebe Sonnen ein Circkel / oder ein Halo, fast in farb eines Regenbogens erzeiget / und darbey die Christliche gemein / sich nicht unbillich zu erinnern gehabt / was Gott zu Noa gesagt: Meinen Bogen hab ich gesetzt in die Wolcken / der sol das Zeichen seyn deß Bundes zwischen mir und der Erden / und darumb soll mein Bogen in den Wolcken seyn / daß ich ihn ansehe / und gedencke an denen ewigen Bund zwischen Gott / und allen lebendigen Thieren / in allem Fleisch / das auff Erden ist." Encaenia Ratisbonensia (Anm. 85), K v.

Abb. 2: Matthäus Merian, Grundsteinlegung Regensburg

blizität – einen Bedeutungswandel für das lutherische Kirchengebäude insgesamt nachvollziehbar machen. In Abkehr von der indifferenten Haltung Luthers vollzog sich nach und nach die Herausbildung einer spezifisch lutherischen Semantik des Sakralen. In diesem Sinne kann von einer Sakralisierung des Kirchengebäudes gesprochen werden. Die lutherische Theologie hatte eine Sprache bzw. ein Repräsentationssystem gefunden, mit der sich die Kirche als Sakralort aneignen ließ. Damit verband sich ein gesellschaftliches Interesse, die Einweihung einer Kirche im städtischen Rahmen so zu inszenieren, dass sich die jeweilige Gemeinde als rechtgläubige Gemeinschaft repräsentieren konnte – gerade auch angesichts des konfessionellen Gegners, womöglich in der eigenen Stadt. In der Krise des Dreißigjährigen Krieges wurde die Kirche damit nicht nur theologisch aufgewertet, sondern auch über den Diskurs der Flugschriften zu einem Schutz- und Sinnbild des Rechts auf freie Religionsausübung.

Nach dem Dreißigjährigen Krieg häufen sich die Nachrichten über die Weihe im Krieg zerstörter, nun neu errichteter Kirchen. Durch die erhöhte Bautätigkeit verlor die Feier der Kirchweihe „das Merkmal der Seltenheit.“[93] Predigtsammlungen, wie die bereits erwähnte des Jacob Nicolaus Röser[94], enthielten bis zu zehn Beispiele für Kirchweihpredigten und trugen zur weiteren Standardisierung der Textgattung bei. Doch obwohl sich der Ritus der Kirchweihe innerhalb der lutherischen Konfessionskultur etabliert hatte, blieb das lutherische Sakralitätskonzept in der Eigenwahrnehmung durch die Theologie ambivalent[95]: Denn einerseits erfuhr der Kirchenraum seinen sakralen Status nur über seine Nutzung als Gottesdienstort, andererseits haftete ihm auch dauerhafte Sakralität an. So thematisierten die Weihepredigten immer wieder das Verhältnis von geistiger und physischer bzw. innerer und äußerer Kirche: Denn ‚Kirche‘ war nach der Theologie Luthers vor allem die Gemeinschaft der rechtgläubigen Christen, was zählte waren „die geistlichen lebendigen Tempel der wahren Christen“. „Aber gleichwo“, so die Argumentation eines Pfarrers 1647, „so ist per se, an und für sich selbsten / Kirchen und Tempel bawen / nicht unrecht / und soll / wo müglich / in alle wege der Unterscheid zwischen Privathäusern und Gottshäusern erhalten werden / damit man desto bequemer / füglicher unnd ordentlicher den schuldigen Gottesdienst verrichten möge.“[96] Die lutherische Orthodoxie verstand also innere und äußere Kirche nicht als Gegen-

---

[93] *Graff,* Geschichte der Auflösung (Anm. 54), 403.

[94] Vgl. *Jacob Nikolaus Röser,* Conciones Encoeniales, Das ist / Kirchweyhe – Oder wie man zu reden pfleget / KirmeßPredigten. An der Zahl Zehne [...], Leipzig: Fromman, 1678.

[95] Vgl. *Renate Dürr,* Zur politischen Kultur im lutherischen Kirchenraum. Dimensionen eines ambivalenten Sakralitätskonzeptes, in: dies. / Schwerhoff, Öffentliche Räume in der Frühen Neuzeit (Anm. 6), 497–526.

[96] *Daniel Rücker,* Hohentwilische Kirchweyhe [...], Straßburg 1646, 13, zitiert nach *Hipp,* Studien zur „Nachgotik“ (Anm. 42), 430.

satz, sondern sah beide in einem unauflöslichen Zusammenhang miteinander verbunden[97]. In der Interpretation der Theologen und Pfarrer Mitte des 17. Jahrhunderts war Gotteserkenntnis nicht anders zu erreichen, als „durch das heilige Predigampt und Gottesdinste / welche je an gewisse Oerter müssen verrichtet" werden, damit die Gläubigen „nicht wie das Vihe in unsaubere Oerter zusammen lauffen."[98] Die Kirche war ein Ort der besonderen Gegenwart Gottes[99]. Als Konsequenz daraus wurde es fast unabdingbar, einen klaren Unterschied zwischen Kirchen und anderen Gebäuden zu machen. Auch der Salomonische Tempel sei, so der Hildesheimer Superintendent Christoph Schleupner, keine „gemeine irdische Menschen wohnung" gewesen, sondern ein „Tempel als Haus des Herrn." Und in gleicher Weise sei mit dem Bau einer Kirche „nicht ein gemein Bürgerhauß / nicht ein Rathauß oder Cantzley / nicht ein Fürstliches Schloß oder Königliche Burgk / viel weniger ein Trinkhauß / Sondern ein Tempel / ein Kirche / ein Gotteshauß [vollbracht worden] / welches wegen des Inwohners allen weltlichen Wohnungen und Profan gebewden weit vorzuziehen ist."[100] Zwischen dem Sakralort und den profanen Gebäuden wurde eine klare Unterscheidung getroffen.

Die Aufladung der Kirche mit sakralen Konnotationen hatte natürlich im Umkehrschluss zur Folge, dass auch die Entweihung derselben möglich wurde, etwa durch falsche, unchristliche Handlungen der Gemeinde. Die Entheiligung von Kirchen drohe auch durch die Verkündigung falscher Lehren und Irrtümer von der Kanzel, so die Warnung des Ulmer Superintendenten Conrad Dietrich. Falsche Lehren seien geeignet, die Kanzel als den Verkündigungsort des göttlichen Wortes „zu verunehren, schänden und entheiligen / unnd wohl dar selbst [zu] verwüsten und verstören." Anstatt die Kanzel „wie ein Sawkoben oder Hünersturz" zu behandeln, solle diese „rein und ehrlich" gehalten werden „und das Gott zur devotion, der Kirchen zur zier / und der Religion zu ehren."[101] Eine Schändung aber geschehe, „wann man solche Sachen auff die Cantzel bringet / so nicht auff Cantzel gehören / sondern an andern Orthen verrichtet werden können / als wann

---

[97] Vgl. *Klaus Raschzok*, Lutherischer Kirchenbau und Kirchenraum im Zeitalter des Absolutismus. Dargestellt am Beispiel des Markgrafentums Brandenburg-Ansbach, 1672–1891, Bd. 1, Frankfurt a.M. u. a. 1988, 452.

[98] *Clemens Streso*, Einweihung eines newen Predigstuls geschehen zu Zerbst S. Barthelmes Kirche am Sontag / IVDICA aus dem gew[oe]nlichen / Euangelio Johan 8. [. . .] o.O. 1597, Aiv v.

[99] Vgl. *Raschzok*, Lutherischer Kirchenbau (Anm. 97), Bd. 1, 448.

[100] *Christoph Schleupner*, Evangelische Kirchweihung / Das ist / Eine Christliche Predigt bey Inauguration und Einsegnung der wiedererbawten Kirchen S. Georgen in Hildesheim / Den 4. Martii / Anno 1603 [. . .] Hildesheim: Hantzsch, 1603, Aiv r.

[101] *Conrad Dietrich*, Zwo Ulmische CantzelPredigten. Darinn vom Ersten Ursprung / Nutz und Brauch der Cantzeln unnd Predigstühle in der Christlichen Kirche gehandelt wird [. . .] Gehalten zu Ulm im Münster / an dessen Kirchweyhtag / Im Jahr Christi 1625, den 31. unnd 1626, den 30. Julij. Jetzo aber uff begehren in Truck gegeben [. . .] Ulm: Sauer, 1627, 25 f.

man verlorne oder gefundne Sachen auff der Cantzel verkündiget / da dann offtmahls so heyllose liederliche Ding / von alten Schlappen / Messern / Schüsseln / Beuteln / und dergleichen Lappenwerck mehr / die kaum drey Heller werth verkündiget / daß ein Schand zu hören."[102]

Einen konkreten Fall des Widerstandes gegen die profane Nutzung der Kanzel lieferte der Prenzlauer Pfarrer David Malichius, der sich 1652 weigerte, ein kurfürstlich-brandenburgisches Salzedikt in seiner Kirche zu verlesen, da sich dieser „Ort nicht zur publication der civilsachen [...] schicke". Die Kirche sei nach Jes 56,7 „ein bethaus", in dem nichts „anderes [...], als des Heiligen Geistes Werck, betrieben werden" dürfe. Es gelte: „Aedibus in sacris non fas tractare profana", an sakralen Orten dürfen keine profanen Handlungen geschehen[103]. Forderung des Pfarrers war es also, sakrale und profane Sphären stärker als bisher von einander zu trennen. Nach langwierigen Auseinandersetzungen zwischen dem Kurfürsten Friedrich Wilhelm, städtischem Magistrat und Pfarrer, musste Malichius, der sich beharrlich weigerte, jenes Salz-Edikt zu verlesen, schließlich auf Geheiß des Landesherrn seine Pfarrstelle verlassen. Über die bisher gängige Form der Kirchennutzung und ihre Konzeption als sakraler Ort ließ sich also in diesem Fall kein Konsens zwischen den Akteuren mehr herstellen. Was Mitte des 17. Jahrhunderts noch eine Forderung eines einzelnen Geistlichen war, wurde schließlich über 50 Jahre später von landesherrlicher Seite verfügt: 1711 ordnete König Friedrich I. an, dass „nicht alle Edikte von der Cantzel publiciret werden sollen, sondern nur diejenigen, so Ecclesiastica betreffen". Diese Verordnung sollte die „Gewohnheit" abschaffen, „ohne Unterschied alle und jede Profan-Sachen concernierende Edicta, mandata und Verordnungen von denen Cantzeln" abzulesen[104]. Stattdessen sollten diese nur noch auf dörflichen Kirchhöfen verlesen, in Städten nur noch am Rathaus ausgehängt werden[105].

---

[102] Ebd., 26.

[103] Vgl. *Paul Schwartz*, Beiträge zur Kirchengeschichte brandenburgischer Städte, 1. Prenzlau, in: Jahrbuch für Brandenburgische Kirchengeschichte 7/8 (1911), 14–76.

[104] Vgl. Consistorial-Verordnung vom 21. Dezember 1711, in: Corpus Constitutionum Marchiarum, hrsg. v. Christian Otto Mylius, I. Theil, I. Abth., Nr. LXXII, 448.

[105] Ähnliche Verordnungen finden sich, teils früher, auch in anderen Regionen, so z. B. in der fränkischen Stadt Langenzenn. Hier wurde bereits 1680 verboten, obrigkeitliche Mandate von den Kanzeln zu verlesen. Diese sollten von nun an nur noch am Rathaus ausgehangen bzw. in Dörfern von den Schulmeistern nach der Kirche auf dem Kirchhof verlesen werden. (Archiv der Evangel.-Luther. Landeskirche in Bayern, ehem. Landeskirchenarchiv Nürnberg, Bestand: Markgräfl. Dekanat Langenzenn, Nr. 16, Mandate in Policeysachen, unpag., fürstl. Mandat vom 10. November 1680.) Dieses Mandat musste 1700 und 1709 wiederholt werden. Mit dem Mandat an alle Pfarrer vom 22. Juli 1700 bezweckte das Landeskonsistoriums, Unmutsäußerungen in der Kirche über die neue Waldordnung zu verhindern, weil sich „gemeiner mann daran [an weltlichen Gesetzen] ärgert". Die erneute fürstliche Verordnung vom 16. September 1709 an alle Beamten reagierte darauf, dass lokal wohl noch gelegentlich Verordnungen von Kanzeln verlesen worden waren. Das Verbot galt auch für Ur-

Die Nutzung von Kirche und Kirchhof wurde im 17. Jahrhundert zunehmend obrigkeitlich geregelt und normiert[106]: So versuchte man etwa gegen die Vermüllung und Verschmutzung des Kirchhofes durch den Bau von Mauern sowie durch das Verbot, Tiere auf dem Kirchhof zu weiden, vorzugehen[107]. 1612 wurde es in Danzig verboten, weiterhin Mist durch die Marienkirche hindurch zu transportieren, und es wurde ein Hundepeitscher eingestellt, der die Straßenhunde aus der Kirche zu vertreiben hatte[108]. Ebenfalls wurde es untersagt, Bier oder andere Lebensmittel in der Kirche zu lagern. Parallel dazu wurden auch Verhalten und Affekte der Gemeindemitglieder während des Gottesdienstes einem neuen Regelwerk unterworfen[109]. Sonntägliche Tätigkeiten außerhalb der Kirche wurden zunehmend normiert, in vielen Fällen mussten Gaststätten an diesem Tag oder zumindest während des Gottesdienstes schließen. Jahrmärkte und Wochenmärkte, die oft am arbeitsfreien Sonntag gehalten worden waren, wurden auf einen Wochentag verlegt. Allgemein wurde der Handel von Waren, das Kaufen und Verkaufen, am Sonntag verboten. Die Sorge der Kirchenordnungen galt der Sicherstellung des ungestörten Verlaufs des Gottesdienstes und der „Vermeidung von konkurrierenden Unterhaltungsmöglichkeiten" für die Gottesdienstbesucher, für die ja Gottesdienstzwang bestand[110].

All diese Maßnahmen liefen darauf hinaus, den Kirchraum stärker von seiner Umwelt abzugrenzen und sakrale und profane Bereiche stärker voneinander zu trennen. Dem Selbstbild und der Repräsentation einer Stadt als rechtgläubiger Gemeinde entsprach es nicht[111], wenn dieser Ort verschmutzt oder der Gottesdienst gestört wurde. Die beschriebenen Maßnah-

---

teile der lokalen Gerichte und für Versteigerungen von Gütern. – Ich danke Stefan Ehrenpreis für diesen Hinweis.

[106] Vgl. *Heike Düselder*, Der Tod in Oldenburg. Sozial- und kulturgeschichtliche Untersuchungen zu Lebenswelten im 17. und 18. Jahrhundert, Hannover 1999, 69–119.

[107] Die Brandenburgische Visitationsordnung von 1573 etwa forderte die Umhegung des Kirchhofs durch eine Mauer oder einen Zaun. Vgl. Die Evangelischen Kirchenordnungen des XVI. Jahrhunderts, Bd. III: Die Mark Brandenburg – Die Markgrafenthümer Ober- und Nieder-Lausitz – Schlesien, hrsg. v. Emil Sehling, Leipzig 1909, 115. Vgl. *Vera Isaiasz*, Adlige Memorialkultur und dörfliche Bestattung. Die Bestattungstopographie am Dom zu Brandenburg, in: Leben bei den Toten. Kirchhöfe in der ländlichen Gesellschaft der Vormoderne, hrsg. v. Jan Brademann / Werner Freitag (Symbolische Kommunikation und gesellschaftliche Wertesysteme, 19), Münster 2007, 215–235.

[108] Die Evangelischen Kirchenordnungen des 16. Jahrhunderts, Bd. IV: Das Herzogthum Preussen – Polen – Die ehemals polnischen Landestheile des Königreichs Preussen – Das Herzogthum Pommern, hrsg. v. Emil Sehling, Leipzig 1911, 201, 216 f. Vgl. *Heal*, Sacred Image and Sacred Space (Anm. 76), 44.

[109] Vgl. *Susan Karant-Nunn*, Gedanken, Herz und Sinn. Die Unterdrückung der religiösen Emotionen, in: Kulturelle Reformation. Sinnformationen im Umbruch 1400–1600, hrsg. v. Bernhard Jussen / Craig Koslofsky, Göttingen 1999, 69–96.

[110] Vgl. *Michael Maurer*, Der Sonntag in der frühen Neuzeit, in: Archiv für Kulturgeschichte 88 (2006), 75–100, hier 81–87.

[111] Vgl. *Rau / Schwerhoff*, Öffentliche Räume in der Frühen Neuzeit (Anm. 6), 38.

men ließen sich mithin auch als Akte der De-Profanierung kennzeichnen[112], die eben darauf abzielten, weltliche Dinge aus dem Kirchenraum zu entfernen. Langfristig unterlag die Nutzung von Kirchen in der Frühen Neuzeit einem tiefgreifenden Funktionswandel: Von einem der zentralen Orte der Gemeinde mit vielfältigen Aufgaben wurde ihre Nutzung zunehmend auf die gottesdienstlichen und religiösen Funktionen beschränkt oder „zentriert"[113]. Insgesamt wurde die Nutzung öffentlicher Räume einem neuen Regelwerk unterworfen, auf das die in Reformation und lutherischer Konfessionsbildung etablierten Normen einen wichtigen Einfluss hatten.

Ende des 17. Jahrhunderts gewannen religiöse Reformbewegungen wie der Pietismus an gesellschaftlichem Einfluss, die teils entschieden Kritik an den orthodox-lutherischen Gottesdienst- und Frömmigkeitsformen übten[114]. Insgesamt unterstützte der Pietismus eine Entwicklung, die von einer öffentlich geprägten Glaubensausübung hin zu einer eher privat konzipierten Frömmigkeitspraxis führte[115]. Nicht zuletzt kritisierten die Pietisten die etablierte Abendmahlspraxis, und auch in der Frage, wie die Rolle der Adiaphora zu interpretieren sei, bezogen sie andere Positionen[116]. Ob und wie der Pietismus den Kirchenbau und die innere Gestaltung der Kirchen im 18. Jahrhundert sowie deren gottesdienstliche Nutzung beeinflusste, ist eine von der Forschung differenziert beantwortete Frage. Denn obwohl der Pietismus einerseits Architektur, Musik und Malerei insgesamt „puritanisiert[e]"[117], ist dennoch ein durchaus produktives Verhältnis zwischen Pietismus und allen Bereichen der Kunst zu konstatieren[118].

Als Beispiel für den Einfluss des Pietismus auf den Kirchenbau können der Bau und die Ausstattung der Katharinen-Kirche (1678–1681) in Frankfurt am Main dienen, die im Zusammenhang mit den Ideen Philipp Jakob

---

[112] So *Beat Kümin,* Sacred church and worldly tavern (Anm. 11), 18.

[113] Zum Begriff der normativen Zentrierung vgl. *Berndt Hamm,* Normative Zentrierung im 15. und 16. Jahrhundert. Beobachtungen zur Religiosität, Theologie und Ikonologie, in: ZHF 26 (1999), 163–202.

[114] Vgl. Kapitel B. IV. 2.

[115] Vgl. *Kaspar von Greyerz,* Religion und Kultur, Europa 1500–1800, Darmstadt 2000, 285–288.

[116] Vgl. *Martin Scharfe,* Die Religion des Volkes. Kleine Kultur- u. Sozialgeschichte des Pietismus, Gütersloh 1980, 77.

[117] *Jan Harasimowicz,* Architektur und Kunst, in: Geschichte des Pietismus, Bd. 4: Glaubenswelt und Lebenswelten, hrsg. v. Martin Brecht u. a., Göttingen 2004, 456–485, hier 457.

[118] Vgl. *Thomas Müller-Bahlke,* Der Hallesche Pietismus und die Kunst: Bemerkungen zu einem alten Vorurteil, in: Das Echo Halles. Kulturelle Wirkungen des Pietismus, hrsg. v. Rainer Lächele, Tübingen 2001, 243–269. Für das Verhältnis von Pietismus und Kirchenbau hat Hartmut Mai ein kontingentes Verhältnis konstatiert: „So wenig der evangelische Kirchenbau dieser Zeit die Schöpfung des Pietismus war, so sehr hat dieser doch als Geburtshelfer zu seiner charakteristischen Gestalt mitgewirkt." (*Hartmut Mai,* Der evangelische Kanzelaltar. Geschichte und Bedeutung, Halle 1969, 154.)

Speners gedeutet werden[119]. Dabei verschob sich die Bedeutung, die Spener dem physischen Kirchengebäude im spirituellen Leben der Gemeinde ebenso wie im Leben des einzelnen Gläubigen beimaß, in signifikanter Weise. Anders als die Theologen des 16. und frühen 17. Jahrhunderts betonte Spener 1685 in seinen „Theologischen Bedencken", dass es im Neuen Testament eben kein Vorbild für einen Kirchenbau gebe. Daher könne er auch das „Kirchen-Bauen bloß dahin und an sich selbst [. . .] für keinen Gottesdienst, oder dem Herren sonderbar gefälliges Werck [halten], wie es auch nirgends im dem N.T. uns Christen befohlen und recommendiret." Auch von dem auf göttlichen Befehl errichteten Salomonischen Tempel ließe sich, so Spener weiter, „nicht auf unsere Kirchen schliessen, [. . .] was Gott dabey sich und in solchem Vorbild für Absichten hatte, sich auf unsere Kirchen nicht reimet, sondern diese vielmehr mit Schulen oder Synagogen der Juden als ein Tempel zu vergleichen sind."[120] Spener verwarf damit eines der zentralen Argumentationsmuster, mit dem im 16. und 17. Jahrhundert Kirchenbau und Kirchweihe legitimiert worden waren: Der Salomonische Tempel war für ihn kein Vorbild mehr. Hatte die lutherische Orthodoxie den alttestamentarischen Kultus nicht als Gegensatz zum Neuen Testament begriffen, wurde nun wieder die Differenz zwischen Altem und Neuem Testament betont. Spener hob hervor, dass die Vorstellung, „die Stifftung und Erbauung der Kirchen, und so genannter geistlicher Gebäude [. . .] an und vor sich selbst [für] ein heiliges Werck" zu halten, aus dem „Pabstthum" stamme. Der römischen Religion seien „ansehnliche Kirchen vielmehr als denen unsrigen gemäß [. . .], als die wir gelernet haben, daß der Dienst des N.T. mehr in dem innerlichen bestehe, und in dem äusserlichen nichts, ohne allein, was die Sauberkeit, Reinigkeit und gute Ordnung angehet, erfordert [. . .]."[121] Spener legte den Akzent seiner Argumentation auf die Innerlichkeit, auf den inneren Tempel, und damit auf die personale Gotteserfahrung[122]. Innerlichkeit wird hier als der Weg der Gotteserkenntnis postuliert, der die Bedeutung des öffentlich gefeierten Gemeindegottesdienstes übersteigt. Über die Rolle, die die (physische) Kirche noch im Leben der Gläubigen spielen konnte, geben Speners Berichte über seine ‚collegia pietatis' oder Hausversammlungen in Frankfurt Auskunft: Rückblickend schildert er, wie sich hier Menschen aller sozialen Schichten und beiderlei Geschlechts trafen, die „sich ihr Christentum ernstlicher als sonsten [. . .] an-

---

119 So *Jan Harasimowicz*, Architektur und Kunst (Anm. 116), 457; vgl. *ders.*, Der Einfluss des Pietismus auf Architektur und bildende Künste, in: Hoffnung besserer Zeiten. Philipp Jakob Spener (1635 – 1705) und die Geschichte des Pietismus (Katalog der Franckeschen Stiftungen, 15), Halle 2005, 143 – 162, hier 143.

120 *Philipp Jakob Spener*, Theologische Bedencken, [. . .] Ander Theil, Worinnen sondernlich die pflichten gegen Gott / die Obern / den nechsten und sich selb / auch ehe-sachen / so dann aufmunterung und trost-schreiben enthalten [. . .] 3. Aufl., Halle: Waisenhaus, 1713, 178.

121 Ebd.

122 Vgl. *Schlögl*, Öffentliche Gottesverehrung und privater Glaube (Anm. 13), 194.

gelegen seyn" ließen und die im Rahmen der Hausversammlung „ihre Mey-nung zu allgemeiner Erbauung frey herzusagen" wagten[123]. Im Selbstver-ständnis der Pietisten waren die Kollegien Hort einer neuen, lebendigen Frömmigkeit[124], für deren Übung „die offentliche Kirche nicht so bequem seyen."[125] Auf Druck der städtischen Obrigkeit aber musste Spener diese aus seinem Privathaus wieder in die Kirche verlegen. Dabei ging, wie er selbst bemerkt haben soll, die Möglichkeit des „freien gesprächs über religi-on und frommes Denken verloren" und „besonders die Unstudierten, die bei den häuslichen Zusammenkünften keine Scheu getragen hatten, von ih-rer Glaubenserfahrung zu berichten, schwiegen jetzt wieder."[126] Offensicht-lich herrschten in der Kirche andere Regeln des öffentlichen Umgangs und der Glaubensausübung als im Privathaus[127]. Die Kirche war eben der Ort des Gemeindegottesdienstes, bei dem die Kirchengemeinde immer mehr auf ihre Rolle als bloßer Zuschauer und Rezipient der Predigt zurückgedrängt worden war[128]. Den neu formulierten Ansprüchen an die Gestaltung from-mer Lebensführung konnte diese so nicht mehr genügen. Aufgrund der pie-tistischen Betonung der Priesterschaft aller Gläubigen stieg deshalb in der Konsequenz die Bedeutung der religiösen Unterweisung außerhalb der Kir-che. „Das christliche Haus wurde zum wichtigsten Punkt religiöser Soziali-sation, zur wahren Kirche."[129] Durch die Privatisierung und Individualisie-rung von Glaubensformen verlor die Kirche also an Bedeutung, ein Prozess, der eng verknüpft war mit der Dissoziierung privater und öffentlicher Sozi-alräume[130].

Mit dem Ziel der Pietisten, das „christliche Leben und Bekenntnis aus der Isolation der sakralen Bauten" herauszulösen „und in den weltlichen Alltag hineinzutragen"[131], wurde nicht nur das in der Zeit lutherischer Or-

---

[123] Vgl. *Johann Heinrich Reitz*, Historie Der Wiedergebohrnen. Vollständige Aus-gabe der Erstdrucke aller sieben Teile der pietistischen Sammelbiographie (1698–1741) [. . .], Bd. 2, Teil V, hrsg. v. Hans-Jürgen Schrader, Tübingen 1982, 313 f.

[124] Vgl. *Greyerz*, Religion und Kultur (Anm. 115), 132.

[125] *Reitz*, Historie Der Wiedergebohrnen (Anm. 123), 314.

[126] *Schlögl*, Öffentliche Gottesverehrung und privater Glaube (Anm. 13), 194.

[127] Vgl. ebd.

[128] Esther Beate Körber hat zur Kommunikationssituation im lutherischen Kir-chenraum festgestellt, dass hier die nachreformatorische Kirchengemeinde gleichsam ‚mediatisiert', auf ihre Funktion als bloßer Zuhörer der Predigt des Pfarrers be-schränkt worden sei. Vgl. *Esther-Beate Körber*, Öffentlichkeit in der Frühen Neuzeit. Teilnehmer, Formen, Institutionen und Entscheidungen öffentlicher Kommunikation im Herzogtum Preußen von 1525 bis 1618, Berlin / New York 1998, 190. Differenziert zur Kommunikationssituation in der Kirche sowie zu den Handlungsmöglichkeiten der Gemeindemitglieder im Kirchenraum *Dürr*, Politische Kultur in der Frühen Neu-zeit (Anm. 9), 15–39.

[129] *Andreas Gestrich*, Ehe, Familie, Kinder im Pietismus. Der „gezähmte Teufel", in: Geschichte des Pietismus (Anm. 116), Bd. 4, 498–521, 507.

[130] Vgl. *Schlögl*, Öffentliche Gottesverehrung und privater Glaube (Anm. 13), pas-sim.

[131] *Müller-Bahlke*, Der Hallesche Pietismus und die Kunst (Anm. 118), 258.

thodoxie entwickelte Konzept der Heiligkeit des Raumes verworfen, sondern auch die Frage nach der Berechtigung der Existenz und der Errichtung von Kirchbauten überhaupt stand nun (wieder) zur Disposition. So urteilte der Ansbacher Stadtkaplan Johann Christian Knebel 1738, dass Gott an der vergänglichen Kirchenbaukunst der Menschen allein kein Wohlgefallen habe: „Man glaubt die Religion seye gut und sicher, wenn man steinerne Kirchen und saubere Gottes-Häuser habe: Man macht sich nicht nur Ruhm, sondern wohl gar Verdienst bey Gott und den Menschen daraus, wenn man zur Erbauung eines prächtigen Mauer-Wercks gerathen oder geholffen hat! Wie verkehrt sind nicht die meiste Menschen! Sollte wohl Gott nach dem äußerlichen fragen? Sollte er an einem Hauffen Holz und Steine, oder ander vergänglichen Kunst gefallen haben?"[132] Damit wandte er sich gegen die protestantische Kirchenbausemantik des 17. Jahrhunderts, die in der Krise des Dreißigjährigen Kriegs im Kirchengebäude gerade ein Synonym für das Recht und den Schutz auf freie Religionsausübung gesehen hatte. Dass Knebel seine Äußerungen jedoch ausgerechnet anlässlich einer Kircheinweihung machte, verdeutlicht wiederum, dass sich für die erste Hälfte des 18. Jahrhunderts nicht immer eine einfache Unterscheidung in orthodox-lutherische Befürworter und pietistische Gegner von Kirchenbauten machen lässt[133].

Konkrete Einflüsse des Pietismus auf die Kirchenarchitektur lassen sich beispielhaft an der Person des Baumeisters Leonhard Christoph Sturm (1669 – 1719), der für die Architekturtheorie des Kirchenbaus im 18. Jahrhundert von großem Einfluss war[134], sowie an der Errichtung neuer Gebäudetypen festmachen: So stellte das 1711 fertiggestellte Bet- und Singesaalgebäude der Franckeschen Stiftungen in Halle eine für das europäische Luthertum gänzlich neue Architektur dar, indem hier ein Ort geschaffen wurde, an dem „gleichermaßen kirchliche und weltliche Versammlungen stattfinden konnten."[135] Der Bet- und Singesaal war auf die Nutzungs-

---

132 *Johann Christian Knebel*, Gottes neuer und lebendiger Tempel am Tage der feyerlichen Einweyhung, der abgebrochenen und nun neu aufgeführten Stifts-Kirche St. Gumberti zu Anspach [. . .] Nachmittags geprediget [. . .], o.O. 1738, zitiert nach *Raschzok*, Lutherischer Kirchenbau (Anm. 96), 468.

133 Auch orthodox-lutherische Kirchweihpredigten erfuhren durchaus Wertschätzung von Seiten des Pietismus.

134 Vgl. *Leonhard Christoph Sturm*, Architectonisches Bedencken. Von protestantischer Kleinen Kirchen, Figur und Einrichtung. An eine durchlauchtige Person über einem gewissen Casu gestellet, Und Als eine offtmahls vorkommende Sache zum gemeinen Nutzen im Druck gegeben. Mit dazu gehörigen Rissen, Hamburg 1712. *Ders.*, Vollständige Anweisung alle Arten von Kirchen wohl anzugeben. Worinnen 1. Nic. Goldmanns Anweisung und drey Exempel angeführet, und mit Anmerckungen erläutert. 2. Außführlicher von Römisch-Catholischen Kirchen, und insonderheit 3. Von dem künstlichen Bau der grossen Kuppeln. 4. Vom Protestantischen Kirchen gehandelt, Mit fünff neuen Inventionen von jenen, und sechs von diesen der Praxi gemäß erkläret, und in 22. saubern Kupffer-Platten appliciret wird, Augsburg 1718.

135 *Müller-Bahlke*, Der Hallesche Pietismus und die Kunst (Anm. 118), 258.

bedürfnisse der kirchlich gebundenen Lehranstalt zugeschnitten, in dem sowohl Gottesdienste und Andachten als auch die Schulexamina und der Gesang- und Chorunterricht stattfanden[136]. Er war eine Mehrzweckhalle, ein Funktionsraum, aber kein sakraler Ort.

Der Mathematiker und Architekt Leonhard Christoph Sturm wiederum stand in jahrelangem Briefkontakt mit August Hermann Francke und gehörte einer radikal-pietistischen Strömung an. Am orthodoxen Luthertum kritisierte er vor allem die Abendmahlspraxis und -lehre[137] und konvertierte schließlich zum reformierten Glauben. Architektonisch propagierte er einen „stark von rationalen und funktionalen Gesichtspunkten – der besten Nutzung des Raumes – geprägten Kirchenbau."[138] Seine wichtigsten Kriterien waren Regularität, Symmetrie, Licht und eine möglichst freie Sicht auf den Predigtstuhl. Einen architektonisch ausgeschiedenen Chor lehnte er aus Sicht- und Helligkeitsgründen ebenso ab wie die „Meynung bey den Lutheranern [...] als welche die Creutz-Figur an den Kirchen fast als ein wesentliches Stück Christlicher Kirchen" ansehen würden[139]. Damit verurteilte er implizit nicht nur die Weiternutzung mittelalterlicher Kirchen für den lutherischen Gottesdienst, sondern auch das lutherische Kirchenbauwesen der vorangegangenen 200 Jahre und verband mit seiner Kritik eine „strikte Ablehnung jeglicher symbolischer oder transzendenter Funktionen der Räume."[140] Seine veröffentlichten Kirchengrundrisse, die u. a. quadratisch, oval, dreieckig, L- und T-förmig waren, brachen mit dem üblichen dreiteiligen Schema von Vorhalle, Langhaus und Chor. Die Geometrisierung der Grundrisse auf Grundlage einfacher Formen verstand Sturm als Ausweis der Funktionalität des Kirchenraumes und als Ausdruck protestantischer Gottesdienstauffassung. Damit rationalisierte er einerseits den Kirchenbau, andererseits war der Architekturdiskurs von nun an konfessionell geprägt und von der Suche nach dem der protestantischen Theologie und Liturgie angemessenen Kirchengrundriss bestimmt[141].

---

[136] Vgl. ebd.

[137] Vgl. *Leonhard Christoph Sturm*, Mathematischer Beweiß Von dem Heil. Abendmahl / Daß I. Die Worte der Einsetzung nie recht übersetzt worden. II. An der Art / Wie es von den Lutheranern gehalten wird / viele Puncte nicht so indifferent, als man bißhero vorgegeben / sondern höchst schädlich und gefährlich seyn. Durchgehende mit solchen Gründen ausgeführte / die er nicht aus Reformirten schrifften genommen / deren er keines von dieser Sache gelesen hast / sondern aufs neue also abgefasset / daß es unmöglich seyn wird / etwas dawider zu sagen, Frankfurt a.M. / Leipzig 1714.

[138] *Eva-Maria Seng,* Kirchenbau zwischen Säkularisierung und Resakralisierung im 18. und 19. Jahrhundert, in: Dürr / Schwerhoff, Kirchen, Märkte und Tavernen (Anm. 44), 559 – 602, 568.

[139] Vgl. *Sturm,* Architectonisches Bedencken (Anm. 134), A2 B.

[140] 1718 schrieb Sturm, dass es „giebet tausend andere und bequemere Gelegenheiten unter den Christen / das liebe Creutz zu gedencken / als die Creutz-Form der Kirchen." Zitiert nach *Seng,* Kirchenbau zwischen Säkularisierung und Resakralisierung (Anm. 138), 569.

Sturms Entwürfe für Kirchenbauten und Kirchengrundrisse hatten zwar einen großen Einfluss auf die Kirchenarchitektur des 18. Jahrhunderts, dieser ging jedoch nicht so weit, dass etwa vollständig auf das Kreuz als Grundrissform verzichtet worden wäre: Nicht nur die Dresdner Frauenkirche (1726) wurde über einem kreuzförmigen Grundriss konstruiert[142]. Die Rede „vom schlichten protestantischen Predigtraum" allerdings wurde bis zum Ende des 18. Jahrhunderts zu einem gängigen Topos, der die Kunst- und Architekturgeschichte bis ins 20. Jahrhundert hinein beeinflussen sollte[143].

Die „gute Symmetrie und Ordnung, nebst der nöthigen Rein- und Räumlichkeit" lobte 1733 der Freiberger Superintendent Christian Friedrich Willisch an der neu erbauten Kirche zu Pretschendorf. Vor allem aber pries er das Bauwerk wegen seiner Helligkeit, denn Licht sei „eine Aufmunterung zur Andacht" und nunmehr „kann ein schläffriger Kirchen-Gänger, sich in einer finstern Kirche, hinter den altväterischen hölzernen Gegitter, sich [nicht mehr] verstecken, und des sündlichen Schlaffs sich bedienen."[144] Es änderte sich also nicht nur die Architektur und Ausstattung der Räume, sondern parallel dazu auch ihre Beschreibungssemantik. Hatte man im 17. Jahrhundert die Heiligkeit des Raumes betont, wurden nun Eigenschaften wie Helligkeit, Schlichtheit und Ordnung, wie sie von Architekturtheoretikern der Generation Sturms gefordert worden waren, zu entscheidenden Kriterien der Bewertung. Ziel der Kirchenarchitektur sollte es im Verständnis der Zeitgenossen sein, Kirchen eher schlicht und weniger prunkvoll und prächtig zu bauen[145]. Nach einer Zeit der Orthodoxie sollte „das von der Funktionalität geprägte Raumideal im protestantischen Kirchenbau" eine große Akzeptanz finden, da es „mit dem Verzicht auf äußere und innere Prachtentfaltung" im Selbstverständnis der Zeitgenossen „zugleich dem Verinnerlichungskonzept der Pietisten entsprach."[146]

In der ersten Hälfte des 18. Jahrhunderts wurden also die Ansprüche von Seiten der pietistischen Bewegung und der Architekturtheorie an Aufgaben und Funktionen des Kirchengebäudes neu formuliert. Zugleich wurde aber

---

141 Vgl. *Harold Hammer-Schenk*, Art. „Kirchenbau des 16. bis 18. Jahrhunderts (Kirchenbau III)", in: Theologische Realenzyklopädie, Bd. 18, hrsg. v. Gerhard Müller, Berlin / New York 1989, 456–483, 475; *Hartmut Mai*, Tradition und Innovation im protestantischen Kirchenbau bis zum Barock, in: Raschzok / Sörries, Geschichte des protestantischen Kirchenbaus, (Anm. 7) 11–26, 19–26.

142 Vgl. zum protestantischen Kirchenbau der ersten Hälfte des 18. Jahrhunderts *Martin Warnke*, Geschichte der deutschen Kunst, Bd. 2: Spätmittelalter und Frühe Neuzeit, 1400–1750, München 1999, 317–320.

143 Vgl. *Seng*, Kirchenbau zwischen Säkularisierung und Resakralisierung (Anm. 138), 569.

144 Zitiert nach ebd, 557.

145 Vgl. *Raschzok*, Lutherischer Kirchenbau (Anm. 98), Bd. 1, 469.

146 *Seng*, Kirchenbau zwischen Säkularisierung und Resakralisierung (Anm. 138), 570.

auch an älteren Repräsentationsschemata festgehalten: Auf diese Weise wurden die Kirchweihpredigten der ersten Hälfte des 18. Jahrhunderts zum Austragungsmedium im Streit zwischen Pietisten und eher orthodox eingestellten Lutheranern in der Frage der Sakralität des Kirchenraumes. Im Zentrum dieser Auseinandersetzungen stand die Frage nach dem Verhältnis von innerem und äußerem Tempel, die auch schon Spener thematisiert hatte[147]. Ein Beispiel für eine Weihpredigt in orthodox-lutherischer ‚Färbung‘ ist die anlässlich der Weihe der Dresdner Frauenkirche gehaltene Festpredigt 1734. In der Residenzstadt Dresden, die nach der Konversion Kurfürst Augusts II. zum Katholizismus binnen Kurzem zu einer bikonfessionellen Stadt geworden war, ergab sich aus dem Neubau der Frauenkirche ein Konfliktpotential, das an die beschriebenen Konstellationen in den Reichsstädten während des Dreißigjährigen Kriegs erinnert[148]. In ihrer Selbstwahrnehmung fühlte sich die lutherische Bevölkerung durch die katholische Minderheit bedroht, was seinen sinnfälligen Ausdruck „in der vielfach gebrauchten Metapher von Dresden als dem sächsischen Zion“ fand[149]. Schon bei der festlichen Grundsteinlegung der Frauenkirche 1726 hatte der Superintendent Valentin Ernst Löscher, einer der letzten bedeutenden Vertreter lutherischer Orthodoxie in der Residenzstadt[150], Dresden mit Jerusalem und „den Bau der Frauenkirche mit der Errichtung des salomonischen Tempels“[151] verglichen. Außerdem warnte er die Zuhörerschaft vor dem Abfall von der wahren evangelischen Religion und lobte den Kirchenbau als „Zeichen für die Lebendigkeit des evangelischen Glaubens in der Stadt.“[152]

---

[147] Vgl. *Raschzok*, Lutherischer Kirchenbau (Anm. 98), Bd. 1, 446–458.

[148] Die Bikonfessionalität Dresdens unterscheidet sich hinsichtlich der rechtlichen Stellung der katholischen Minorität grundlegend von denen der Reichsstädte. Die Katholiken konnten kein Bürgerrecht erwerben und waren damit automatisch vom Handwerk und Immobilienbesitz ausgeschlossen. Vgl. jüngst *Ulrich Rosseaux*, Das bedrohte Zion. Lutheraner und Katholiken in Dresden nach der Konversion August des Starken (1697–1751), in: Konversion und Konfession in der Frühen Neuzeit, hrsg. v. Ute Lotz-Heumann / Jan-Friedrich Missfelder / Matthias Pohlig, Gütersloh 2007, 212–235, 214.

[149] Ebd., 215.

[150] Zu Löscher vgl. *Martin Greschat*, Zwischen Tradition und neuem Anfang. Valentin Ernst Löscher und der Ausgang der lutherischen Orthodoxie, Witten 1971.

[151] *Rosseaux*, Das bedrohte Zion (Anm. 148), 229. Vgl. *Valentin Ernst Löscher*, Als Am 26. August An. 1726 Der Grund-Stein [...], Dresden 1726. Vgl. auch Löschers Einweihungspredigt *Valentin Ernst Löscher*, Evangelische Predigt von unterschiedlichen Hörern der göttlichen Rede, so zu erst in der neu-erbauten Frauen-Kirche Domin. Sexagesima 1734, als dieselbe zum Gottesdienst der Nothdurfft nach fertig war [...], Dresden: Robring, 1734.

[152] *Rosseaux*, Das bedrohte Zion (Anm. 148), 229. Nach Löschers Meinung war Ausdruck richtig und gottgefällig geübter Glaubenspraxis das Hören der Predigt im Gottesdienst. In seiner Predigt zur Weihe der Frauenkirche 1734 unterschied er zwischen den „verwerfliche[n] Hörer[n] der Predigt“, den „gefährlich und übel-beschaffene[n]“ sowie den „fromme[n] und lobwürdige[n] Hörer[n]“. Zu den verwerflichen Hörern zählte er dabei auch jene, „die gantze Monate aus allen Kirchen [bleiben]“ mit der Entschuldigung, sie „wolten [...] zu Hause in einem geistreichen Buche lesen, da könten sie sich ebenso gut erbauen, als wenn sie in der Kirchen das Wort Got

Man sieht, wie hier auf etablierte Deutungsmuster zurückgegriffen werden konnte, der Jerusalemer Tempel blieb als Bezugsebene präsent und war geeignet, in Dresden erneut aktualisiert zu werden.

Wie die Dresdner Frauenkirche ist auch die Hamburger St. Michaelis-Kirche von 1762 im Lauf der letzten zwei Jahrhunderte zu einem städtischen und sogar nationalen Symbol geworden. Ein Beleg dafür, dass Kirchen immer wieder neue gesellschaftliche Zuschreibungen erfahren können, die weit über eine rein religiöse Bestimmung als Gottesdienstort hinausgehen. In beiden Fällen hängt dies mit der Baugeschichte der Kirchen und gerade auch mit ihren Zerstörungen zusammen, die eine Folie für eine städtische, konfessionell-religiöse und schließlich nationale Ausdeutung bestimmter Ereignisse lieferten: 1750 war der Vorgängerbau der St. Michaelis-Kirche abgebrannt[153]. Ein Blitzeinschlag hatte zunächst den Turm und schließlich die ganze Kirche in Brand gesetzt, die bis auf ihre Grundmauern zerstört wurde. Den stark lutherisch-orthodox geprägten Stadtpfarrern erschien der Brand der Michaeliskirche als Strafe Gottes für das „gottlose Hamburg [...] und die ‚Freygeister‘"[154]. Dementsprechend hieß es noch in der Predigt zur Wiedereinweihung der neu erbauten Kirche 1762: „Wir danken Dir, daß Du zornig gewesen bist und Dein Zorn sich gewendet hat, und tröstet uns wieder. Siehe, Du bist unser Heil und unsere Zuflucht."[155] Die

---

tes höreten." (*Löscher*, Evangelische Predigt Von unterschiedlichen Hörern (Anm. 151), 26.) Hier nimmt der Dresdner Pfarrer also nicht nur Bezug auf die katholische ‚Konkurrenz‘, sondern kritisiert auch Phänomene der Entkirchlichung im Allgemeinen.

[153] Die St. Michaelis-Kirche wurde nochmals 1906 sowie im 2. Weltkrieg zerstört.

[154] Franklin Kopitzsch, Zwischen Hauptrezeß und Franzosenzeit 1712–1806, in: Hamburg. Geschichte der Stadt und ihrer Bewohner, Bd. 1: Von den Anfängen bis zur Reichsgründung, hrsg. v. Werner Jochmann/Hans-Dieter Loose, Hamburg 1982, 350–414, 391. Vgl. Reiner Postel, Das Kirchspiel St. Michaelis in der hamburgischen Geschichte. „Sankt Michaelis de Armen, dröber mag sick Gott erbarmen", in: Der Turm: Hamburgs Michel. Gestalt und Geschichte, hrsg. v. Dieter Haas, Hamburg 1986, 19–40, 33.

[155] In seiner Predigt bei Einweihung des Neubaus der Michaelis-Kirche sprach Haupt-Pastor Orlich: „Herr, heiliger und erhabner Gott! Vor dem die Seraphinen ihre Antlitze bedecken und alle Heiligen sich fürchten müssen; wir nahen uns an diesem Tage mit besonderer Ehrfurcht und mit gerührten Herzen zu Deinem Throne, und bringen Dir ein demüthiges, schuldiges, aber auch zugleich freudiges Lob- und Danck-Opfer, für die ausnehmende Gnade, daß wir Dir und Deinem Dienste heute ein neues Haus weihen, und uns in demselben in Deiner Furcht versammeln können. Ach, Herr! Wir gedenken nicht ohne Empfindung an den traurigen Tag zurück, an welchem Du Deinen Tempel, der an dieser Stätte stand, vom Himmel herab, durch einen unvermutheten und schnellen Blitz angezündetest, innerhalb weniger Stunden völlig zerstörtest, und bis auf den Grund der Verwüstung Preis gabest. Ach, Gott! Wie bange waren wir, und wie erschrocken alle Einwohner dieser Stadt! Du hättest uns wie Adama und Zeboim zurichten, und völlig verderben können. Denn wenn die Menschen Dein wort nicht mehr achten; so fängest Du gemeiniglich in Deinen Gerichten von Deinem Heiligthume an, und gehest alsdann weiter". Zitat aus: Verordnung zu der auf den 19ten October dieses Jahres ausgesetzten feierlichen Einweihung der grossen neuen St. Michaelis Kirche. Auf Befehl eines Hochedlen Raths der Stadt Hamburg publiciret den 11ten October 1762, Hamburg: Piscator 1762, 10 f.

Lehre aus der Zerstörung zog 1751 der Sinnspruch: „Ja, nicht etwa bloß der Christe, Nein, auch selbst der Atheiste, Nahm, bestürzt bei der Gefahr, Etwas Göttliches gewahr."[156] Die Kirche wurde hier zu einer Repräsentation von Glauben und Religion in einer als zunehmend säkular empfundenen Umwelt.

Der Vergleich der Semantik lutherischer Kirchweihen um 1600 und um 1710/1750 hat gezeigt, dass der Kirchenraum um 1600 sakral aufgeladen wurde, während im 18. Jahrhundert eben diese Semantik durch den Einfluss des Pietismus ‚zurückgefahren' wurde und sich – im Sinne des Wandels historischer Wahrnehmungsmodi – das Deutungsmuster Kirche ‚säkularisierte'.[157] Vor einem größeren zeitlichen Horizont erscheint diese Abfolge wiederum als Vorgeschichte zur historisierenden Sakralisierung des protestantischen Kirchenbaustils im 19. Jahrhundert – also zur Formensprache der Neo-Romanik und Neo-Gotik – sowie zu einer Semantik des Kirchenbaus, die durch den Einfluss der Romantik in neuer Weise sakral überhöht wurde.[158] Seit der Reformation lassen sich immer wieder verschiedene Phasen unterscheiden, in denen sich die Bedeutung des Kirchenraums für den Protestantismus zwischen Ablehnung, Indifferenz, Zweckmäßigkeit und sakraler Aneignung wandelte. Die vorangegangenen Ausführungen haben verdeutlicht, dass im konfessionellen Zeitalter die „Grenzlinien zwischen dem Sakralen und dem Profanen" neu verhandelt und gezogen wurden[159]. In den Kirchweihpredigten setzte sich zunächst um 1600 die Vorstellung des Kirchenraumes als eines ‚locus sacer' als gängiger Wahrnehmungsmodus durch. Der sakrale Status der Kirche musste dabei jedoch erst kommunikativ durch Theologen, Pfarrer und Gemeinden hergestellt und ausgehandelt werden. ‚Abgesichert' wurde diese Semantik durch den rituellen Akt der

---

[156] Gedichte auf die am 10. Märtz 1750, eingeäscherte Haupt-Kirche zu St. Michaelis in Hamburg, in: *Christian Friedrich Schaub*, Zwo Predigten in Absicht auf die am 10. Märtz 1750, bey einem Wetter von dem Blitz entzündete und durch das Feuer gäntzlich in Asche gelegte Haupt-Kirche zu St. Michaelis in Hamburg gehalten, und nebst einem in gleicher Absicht entworffenem Gedichte [...], o.O.: Selbstverlag, 1751, 83–90, 90. Ein Jahr nach dem Kirchenbrand war in Hamburg vom Rat der Stadt Hamburg ein allgemeiner Buß- und Bettag verordnet worden. Vgl. Verordnung, wegen des auf den Sonntag Reminiscere, als den nächsten Sonntag vor dem 10. März, an welchem [...] der Thurm der Kirche zu St. Michaelis durch einen Wetterstrahl entzündet, und nebst der Kirche bis auf den grund eingeäschert worden, besonders angesetzten Buß-Tages [...] 26. Febr. 1751. Die verschieden zu diesem Anlass im Druck erschienenen Bußpredigten können hier nicht einzeln aufgeführt werden. Vgl. *Walther H. Dammann*, Die St. Michaeliskirche zu Hamburg und ihre Erbauer. Ein Beitrag zur Geschichte der neueren Protestantischen Kirchenbaukunst, Leipzig 1909, 19.

[157] Vgl. *Seng*, Säkularisierung und Re-Sakralisierung (Anm. 137), 578.

[158] Vgl. *Gerlinde Wiederanders*, Die Kirchenbauten Karl Friedrich Schinkels. Künstlerische Idee und Funktion, Berlin 1981, 48 f.

[159] *Bernd Roeck*, Kunst und Öffentlichkeit in der frühneuzeitlichen Stadt, in: Stadt und Region. Internationale Forschungen und Perspektiven. Kolloquium für Peter Johanek, hrsg. v. Heinz Duchhardt/Wilfried Reininghaus, Köln u. a. 2005, 73–82, hier 81.

Einweihung. Schließlich wurde im Diskurs lutherischer Theologen die Kirche als besonderes, aus seiner sozialen Alltagswelt herausgehobenes Gebäude bewertet. Dabei definierten diese die Aufgaben und Funktionen des Kirchengebäudes zunehmend über dessen (System-)Grenze zur profanen Umwelt und betonten die Differenzen zu anderen öffentlichen Gebäuden. Abgestützt wurde dies durch die Normen und Maßnahmen der Obrigkeiten.

Der Prozess der semantischen Sakralisierung des späten 16. Jahrhunderts verband sich im 17. Jahrhundert mit einer voranschreitenden funktionalen Normierung des Kirchgebäudes. Sowohl weltliche als auch kirchliche Obrigkeiten waren an einem kontrollierbaren und beruhigten Kirchenraum interessiert. In diesem Zusammenhang verlor die Kirche ihre multifunktionalen und zwar vor allem die politischen und ökonomischen Aufgaben. Die Konstellation von profan und sakral wurde dabei von den Zeitgenossen zunehmend als ein Gegensatz begriffen.

Im 18. Jahrhundert setzte sich die seit dem späten 17. Jahrhundert zu beobachtende Funktionsspezifizierung öffentlicher Räume fort, und andere Orte, wie öffentliche Parks oder Gaststätten, wurden zu Zentren urbaner Vergesellschaftung. Kirche, Rathaus und Marktplatz als stadträumliche Fixpunkte des spätmittelalterlichen und frühneuzeitlichen Stadtbürgertums wurden abgelöst durch neue Orte der Repräsentation, die der Adel und das aufsteigende Bürgertum fanden und besetzten[160]. Der soziale und politische Wandel bedingte eine Verlagerung auf neue Schauplätze des öffentlichen Lebens und Handelns. Darüber hinaus verlor die Kirche ihre zentrale Rolle innerhalb der öffentlichen Glaubenspraxis, oder anders formuliert: Ihre Bedeutung für die Konfessionskultur änderte sich, weil der Protestantismus nunmehr privatisierte und individualisierte Frömmigkeitsformen favorisierte. Die Nutzung der Kirche unterlag also einem religiösen Wandel: Wenn Bischof Wolfgang Huber im November 2005 eine „Verlebendigung der Kirchennutzung"[161] und eine stärkere Integration der Kirchengebäude in alle Tätigkeitsbereiche der Kirchengemeinden forderte, reflektierte er genau über jenen beschriebenen Vorgang des Bedeutungs- und Funktionsverlustes innerhalb der Evangelischen Kirche, der sich insgesamt

---

[160] Diese Entwicklung fasst am Beispiel englischer Städte zusammen *Vanessa Harding*, Reformation and Culture, in: The Cambridge Urban History, Bd. II.: 1540–1840, hrsg. v. Peter Clark, Cambridge 2000, 263–288, 282–288.

[161] Auf der Herbstsynode des Evangelischen Kirchenkreisverbandes Schlesische Oberlausitz im November 2005 sowie bei der Einweihung der Dresdner Frauenkirche trat Wolfgang Huber für eine „Verlebendigung der Kirchennutzung" ein und kritisierte den „beunruhigende(n) Beitrag zur Selbstsäkularisierung", wenn Kirchen an Sonntagen nur für wenige Stunden geöffnet und während der Woche entweder geschlossen oder nur als „kunsthistorische Dokumente" erfahrbar seien. Stattdessen sollten sie auch an Wochentagen verschiedensten Gruppen zum gemeinsamen Gebet offen stehen, um die Gebäude so für „ihre Kernbestimmung" als Gottesdienstraum zurückzugewinnen. *Huber*, Wort des Bischofs, Herbstsynode 2. November 2005 (Anm. 2), 7 f.

im 19. und 20. Jahrhundert fortsetzten sollte. In diesem Fall ist zu konstatieren, dass die Kirche zwischen dem 16. und 18. Jahrhundert insgesamt ihre Bedeutung als Ort kommunaler Öffentlichkeit ebenso verlor wie als Ort konfessionell-religiöser Vergesellschaftung.

Die in der Literatur vielfach verwendeten Begriffe ‚Re-Sakralisierung‘, ‚Purifizierung‘ oder ‚De-Profanierung‘ werden nur dann zu brauchbaren Beschreibungskategorien für die hier beschrieben Prozesse, wenn auch die jeweiligen gesellschaftlichen, politischen und konfessionellen Konstellationen in den Blick genommen werden, die das Regelwerk der gesellschaftlichen Nutzung öffentlicher Räume bestimmten. Säkularisierung kann hier als Beschränkung der Nutzung der Kirche auf rein religiöse Funktionen verstanden werden. Es fand eine Funktionsspezifizierung der Kirche auf ihre, im Verständnis der Zeitgenossen ‚Kernaufgabe‘, nämlich nur noch Ort des sonntäglichen Gemeinde- und Predigtgottesdienstes zu sein, statt. So war der Prozess der Sakralisierung des Kirchenraumes um 1600 eine wichtige Voraussetzung jener Entwicklung, in der die Nutzung der Kirche auf bestimmte religiöse Funktionen beschränkt wurde. Langfristig löste ein funktionales Raumkonzept das vormoderne, integrale Raumkonzept im Zuge eines komplizierten Prozesses der Funktionsspezifizierung öffentlicher Räume ab. Dennoch bleibt die Gleichzeitigkeit verschiedener Vorstellungen von Sakralität und Profanität, von Integration und Separierung des Kirchenraumes innerhalb der Stadt, von Funktionsmischung und -spezifizierung ein Wesensmerkmal der Diskussion um den rechten Gebrauch des Kirchengebäudes. Bestimmte Vorstellungen, semantische Muster und Möglichkeiten der Repräsentation sind über den gesamten Zeitraum der hier vorgestellten Beispiele hinweg niemals weder allein gültig noch verworfen. Sie bleiben in den verschiedensten Konstellationen aktualisierbar – bis heute.

4. Frühneuzeitliche Schulbücher als Medien der Säkularisierung? Zwei Fallbeispiele

(Stefan Ehrenpreis)

Die Frage, wie, wann und in welchem Ausmaß der Prozess der Säkularisierung im Erziehungs- und Schulwesen Platz gegriffen habe, ist kaum einmal explizit zum Gegenstand der Forschung gemacht worden. Zwar herrschte lange Jahrzehnte ein Konsens der deutschen historischen Erziehungswissenschaften und der geschichtswissenschaftlichen Bildungsforschung vor, Säkularisierung im Bildungswesen mit dem Zeitalter der Aufklärung beginnen zu lassen. Dies war jedoch nicht Ergebnis spezialisierter Untersuchungen, sondern Ausfluss der Vorstellung, Pädagogik im modernen Sinn sei überhaupt erst mit der ‚philanthropischen Wende‘ in der Phase der Hochaufklärung entstanden. Die wesentliche Leistung der pädagogischen Reformer sei „die Verfachlichung des Erziehungs- und Unterrichtswesens und die Professionalisierung seiner Träger“ gewesen. Die Grundlage dieser Entwicklung sah der erziehungswissenschaftliche Mainstream in der „Ablösung der metaphysischen Systeme“ und darin, den „Menschen zum Zentrum der wissenschaftlichen Fragen“ gemacht zu haben. In diesem historischen Prozess hätten mehrere theoretische Strömungen zu einer Revision älterer Kindheits- und Erziehungsvorstellungen beigetragen: eine mechanisch-rationalistische, eine psychologisch-anthropologische und eine ästhetisch-humanistische.[1]

Die Kongruenz von pädagogischer Moderne, Aufklärungsphilosophie und Eliminierung der Religion im Verstaatlichungsprozess des Erziehungswesens ist jedoch als wissenschaftliche Konstruktion nicht mehr unumstritten. Ideengeschichtlich hat jüngst Jürgen Overhoff die Verwurzelung des Philanthropismus in den religiösen Diskursen der lutherischen Theologie des frühen 18. Jahrhunderts aufgezeigt, und institutionengeschichtlich hat Mitte der 1980er Jahre Wolfgang Neugebauer am brandenburgisch-preußischen Beispiel dargelegt, dass die Phase der aufgeklärten Schulreformen um 1800 nur wenige Jahre umfasste und im frühen 19. Jahrhundert für mehrere Jahrzehnte zurückgedreht wurde. Die Feststellung, dass in der ersten Hälfte des 19. Jahrhunderts eine erneuerte „verstärkte Gewichtung religiöser Bildungsinhalte als gemeinsames Ziel von Staat und Kirche“ galt, kann wohl für viele Staaten des deutschen Bundes bestätigt werden[2].

---

[1] Die zitierte Begrifflichkeit entstammt der Dissertation von *Christa Kersting*, Die Genese der Pädagogik im 18. Jahrhundert. Campes „Allgemeine Revision“ im Kontext der neuzeitlichen Wissenschaft, Weinheim 1992, 387 f. Die dort vertretene Sicht sei hier stellvertretend für die vorherrschende Richtung in der Erziehungswissenschaft angeführt. – Vgl. auch zu einer ähnlichen Periodisierung für die Psychologie *Georg Eckardt / John Matthias / Temilo van Zantwijk.*, Anthropologie und empirische Psychologie um 1800, Köln / Wien 2001.

Aus erziehungswissenschaftlicher Sicht hat kürzlich Hans-Ulrich Musolff ein Resümee der Forschung unternommen und dabei zunächst die älteren Versuche, Säkularisierung als einen schulorganisatorischen Vorgang zu
identifizieren, zurückgewiesen: Säkularisierung erschöpft sich nicht in der
Übernahme kirchlicher Institutionen durch den ‚Staat‘, was immer unter
frühneuzeitlichen Verhältnissen darunter zu verstehen ist[3]. Insbesondere
die Mädchenerziehung kann als ein Modellfall dienen, wie kirchlich organi-
siertes und religiös geprägtes Bildungswesen bis ins 20. Jahrhundert hinein
wichtige Positionen zu behaupten wusste[4]. Der von Hartmut Lehmann für
die Zeit seit dem 17. Jahrhundert behauptete „Grundwiderspruch zwischen
Säkularisierung und Rechristianisierung“, der auch im Erziehungswesen
Platz gegriffen habe, ist daher an den Quellen noch nicht wirklich überprüft
worden[5].

‚Säkularisierung‘ des Erziehungswesens im Sinne des oben in diesem
Buch formulierten Forschungsprogramms könnte – bezogen auf die Frühe
Neuzeit – heißen:

– die Ablösung der kirchlichen Organisations-, Finanzierungs- und Kon-
  trollfunktion für das Schulwesen;

– die Ersetzung der Theologen im Lehrbetrieb durch fachlich anders aus-
  gebildetes Personal;

– die Abkehr von der religiösen Fundierung der Unterrichtsgegenstände;

– die Zurückdrängung theologischer Anschauungen bei der Vermittlung
  von Wissen über die Natur, den Menschen und sein Sozialleben;

– die Zurückdrängung theologischer Lehren bei der Vermittlung sittlicher
  Verhaltensnormen.

Die Entwicklung der Organisationsstruktur und des Personals lassen
nach dem Stand der Forschung wohl kaum Säkularisierungstendenzen im
oben beschriebenen Sinne erwarten. Dies deutet darauf hin, dass in viel
stärkerem Maße die Unterrichtsinhalte in den Blickpunkt rücken sollten.
Jüngst hat eine Untersuchung zu den Unterrichtsplänen höherer Schulen

---

[2] *Wolfgang Schmale,* Die Schule in Deutschland im 18. und frühen 19. Jahrhundert, in: Revolution des Wissens? Europa und seine Schulen um 1800, hrsg. v. dems. /
Nan Dodde, Bochum 1991, 627–767, hier 634. Vgl. *Jürgen Overhoff,* Die Frühge-
schichte des Philanthropismus (1715–1771). Konstitutionsbedingungen, Praxisfelder
und Wirkung eines pädagogischen Reformprogramms im Zeitalter der Aufklärung,
Tübingen 2004; *Wolfgang Neugebauer,* Absolutistischer Staat und Schulwirklichkeit
in Brandenburg-Preußen, Berlin 1985.

[3] Vgl. *Hans-Ulrich Musolff,* Stichwort: Säkularisierung der Schule in Deutschland,
in: Zeitschrift für Erziehungswissenschaft 9 (2006), 155–170, 156.

[4] Ebd., 158. Für Beobachtungen zur ersten Hälfte des 19. Jahrhunderts mit entsprechenden Literaturhinweisen vgl. ebd., 162–164.

[5] Vgl. *Hartmut Lehmann,* Zur Erforschung der Religiosität im 17. Jahrhundert, in:
ders., Religion und Religiosität in der Neuzeit, Göttingen 1996, 28–37, hier 35.

Westfalens ein Eindringen neuer philosophischer Theoreme der Frühaufklärung seit dem späten 17. Jahrhundert konstatiert. Ob diese an Einzelbei-
spielen gewonnenen Erkenntnisse verallgemeinerbar sind, ist noch nicht
absehbar[6].

Auch die jüngere Forschung hat bisher methodisch kaum neue Wege beschritten, um die Veränderungen der Unterrichtsinhalte untersuchen zu
können. Analysen der Schulordnungen und Unterrichtspläne, soweit überhaupt überliefert, haben lediglich die normative Seite in den Blick nehmen
können. Autobiographische Quellen von Lehrern und Schülern über ihre
Schulzeit wären ein unter den methodischen Zugriffen der ‚Egodokumen-
ten'-Forschung lohnendes Ziel; sie sind aber in ihren Aussagen meist zu wenig detailliert[7]. Die in regierungsamtlicher, kommunaler oder kirchlicher
Zuständigkeit überlieferten Akten zum Schulwesen, die in ihrer Überliefe-
rungsbreite noch unausgeschöpft sind, enthalten auch zum Unterrichtsall-
tag Quellen. Ihre Zersplitterung entzieht sie jedoch einem konzentrierten
Zugriff, und sie erlauben nur einen regionalspezifischen Einblick.

Hier wird aus diesen Gründen ein anderer Zugang vorgeschlagen, der
sich auf eine weitere, noch kaum erschlossene Quellengruppe stützt: die
frühneuzeitlichen Schulbücher. Sie sind für Fragen von Unterricht und
Schulalltag multiperspektivische Quellen: *Erstens* geben sie Einblick in die
von Pädagogen im Unterricht angestrebten Ziele und eingesetzten Mittel.
Insbesondere die Vorworte formulieren oft ein pädagogisches Programm
oder eine erzieherische Problemsicht, von denen sich der Entwurf der Unterrichtsmaterialien ableitet. *Zweitens* lassen der Wandel der Gattungen
und der dargebotenen Inhalte und Materialien Rückschlüsse auf grundlegende Entwicklungen in Unterrichtsangebot und -nachfrage sowie in der
Didaktik zu, auf die der Schulbuchmarkt reagierte. Sowohl die Fächerbrei-
te als auch die in den einzelnen Fächern gelehrten Inhalte veränderten sich
zwischen dem 16. und dem 18. Jahrhundert erheblich. *Drittens* geben die
Inhalte der Schulbücher Einblicke in die Veränderungen des Weltbildes
und der Repräsentationen gesellschaftlicher Instanzen.

Für die Frage nach der Säkularisierung sind diese drei analytischen Zugriffsmöglichkeiten auf die Quellen unterschiedlich aussagefähig. Die Vorworte können auf die Argumente für inhaltliche Veränderungen hin untersucht werden, die religiöse durch säkulare Legitimationen von Kirche und
Gesellschaft ersetzten. Die formulierten Problemsichten bieten den wohl

---

[6] Vgl. *Hans-Ulrich Musolff*, Wiederkehr der Metaphysik und moderne Bildungs-
theorie. Zur Interpretation der Schulphilosophie in Curricula des 17. Jahrhunderts,
in: Anfänge und Grundlegungen moderner Pädagogik im 16. und 17. Jahrhundert,
hrsg. v. dems. / Anja-Silvia Göing, Köln / Wien 2003, 139–188.

[7] Vgl. etwa „Es waren wilde und förchtige Kerl". Der Holzgerlinger Dorfschul-
meister Johann Jacob Huber und sein Blick in die Welt. Eine Chronik im Zeitalter
der Aufklärung 1733–1763, hrsg. v. Kreisarchiv Böblingen, Böblingen 2004.

besten Zugang zum diskursiven Prozess, der sich um die Konzeption von Schulbüchern entwickelte. Der Gattungswandel kann besonders auf Formen hinweisen, die komplementär zu religiösen Texten eingesetzt wurden oder diese sogar substituierten. Inhaltsanalysen schließlich sind wohl am besten geeignet, subtile Wandlungsprozesse in der Darstellung von Gott, Mensch und Kosmos aufzuzeigen.

Die untersuchungsleitende Vermutung ist, dass in den dargebotenen Unterrichtsmaterialien religiös bestimmte Inhalte und Sichtweisen abnehmen und Repräsentationen von Mensch und Kosmos ohne Bezug auf die göttliche Offenbarung legitimiert und kontextualisiert werden. Besonders interessieren hierbei einerseits die Veränderungen der Repräsentation des Zusammenhangs von Kirche, Staat und Gesellschaft im Wandel von der Konfessionalisierung zur Aufklärung, sowie zweitens die Repräsentationen von Welt und Natur. Beide Repräsentationen sind auf die Konstruktionen und Legitimationen von Ordnung hin zu untersuchen: wird die Ordnung von Staat und Gesellschaft göttlich oder innerweltlich legitimiert, an religiösen oder anthropologisch-sittlichen Normen festgemacht? Wird Natur als ein von göttlichen Eingriffen unabhängiges System von naturgesetzlich erklärbaren Abläufen dargestellt, oder dominiert Gott als Beherrscher der Natur auch alltägliche Phänomene? Wie werden die Repräsentationen von Gesellschaft und Natur mit den Aussagen der Bibel in Übereinstimmung gebracht? Diese Fragen lassen sich an alle Texte der Schulbücher richten, müssen allerdings je nach Quellenart unterschiedlich operationalisiert werden.

Säkularisierung im Sinne des oben formulierten Forschungsprogramms wird sich – so die leitende Frage dieses Untersuchungsfeldes – besonders in innerweltlichen Beschreibungen und Deutungen von gesellschaftlichen und natürlichen Ordnungen zeigen, die Gottes Wirken für das Funktionieren dieser Ordnung nicht mehr unmittelbar voraussetzen, die Vorstellung seines direkten Eingreifens in die Abläufe dieser Ordnungen ablehnen und die Bedeutung der Offenbarungstexte für diese Ordnungen relativieren oder ganz negieren. Für die Untersuchung von Repräsentationen gesellschaftlicher Ordnung heißt dies, die Darstellung der Rolle der Kirche im Verhältnis zur weltlichen Obrigkeit und die Legitimationen ihrer Normensetzung zu analysieren. Für die Untersuchung der Repräsentationen von Natur heißt dies, die Reichweite naturgesetzlicher Erklärungen für die Ordnung und die Abläufe in der Natur sowie die Relevanz biblischer Erzählungen über göttliche Eingriffe zu analysieren. Für die erste Frage bilden Katechismen den Hauptuntersuchungsgegenstand, für die zweite die entstehenden Naturkundebücher.

Eine weitere methodische Entscheidung betrifft die Schultypenspezifik. Für die Fragestellung der geschichtswissenschaftlichen Säkularisierungsforschung, die einen gesamtgesellschaftlichen Wandlungsprozess beschrei-

ben will, wäre die Konzentration auf das höhere Gelehrtenschulwesen nicht
zielführend, da es zwar eine wichtige Elite sozialisierte, die jedoch quantitativ nur einen kleinen Teil der Bevölkerung ausmachte. Die nachfolgenden
Untersuchungsschritte stellen daher weit verbreitete muttersprachliche
Schulbuchformen in den Mittelpunkt. Sie wurden in den seit dem 16. Jahrhundert etablierten Unterklassen der städtischen Lateinschulen und den
rasch an Zahl wachsenden städtischen und dörflichen Deutschen Schulen
gebraucht. Ihre Bedeutung liegt zum einen in der Möglichkeit, die zeitgenössischen Diskussionen über Fragen der Stoffauswahl, der pädagogischen Erklärung und Vermittlung, denen sich die Autoren stellten, zu erfassen. Zusätzliches Interesse kann beanspruchen, dass die Schulbücher und
die behandelten Unterrichtsthemen sich nach zeitgenössischer Sicht nicht
nur an die Kinder, sondern auch an die Eltern richteten, die durch die religiöse Fundierung des Unterrichts mitbeeinflusst werden sollten.

Das Untersuchungsfeld wird durch Überblicke und zwei detailliert untersuchte Beispielfälle bearbeitet. Nach einem knappen Überblick zur Me-
diengeschichte des Schulbuchs und seiner Formen wird die Fragestellung
auf zwei ausgewählte Schulbuchformen angewandt: Einmal auf die Katechismen als quantitativ herausragender Form und zweitens auf einen um
1700 neu entwickelten Typus, den des Naturkundebuchs. Die Zusammenfassung bezieht die Ergebnisse dieser beiden Untersuchungsschritte auf die
Fragestellungen der Säkularisierungsforschung.

Für Schulbücher in der Frühen Neuzeit gibt es keine eindeutigen Ab-
grenzungskriterien gegenüber anderen zeitgenössischen Textsorten.
Schulbücher lassen sich daher nach einer gängigen fachwissenschaftlichen
Beschreibung nur über den Gebrauch definieren: frühneuzeitliche
Schulbücher sind solche Texte, die in damaligen Schulen verwendet wurden[8]. Diese pragmatische Definition nimmt Rücksicht auf die Tatsache,
dass es zwar frühneuzeitliche Textsorten gibt, die überwiegend in Schulen
genützt wurden, z. B. Katechismen, Fibeln oder Grammatiken. Allerdings
waren alle diese Textformen auch für die Privat- und Familienlektüre gedacht und geschrieben und wurden bei allen Arten von Erziehung und Bildung verwendet. Vor allem der seit dem 17. Jahrhundert in großem Aufschwung befindliche Fachbuchmarkt umfasste Publikationsformen, die sowohl für die damaligen Bildungsinstitutionen als auch für das Selbststudi-

---

[8] Definition nach *Dominique Julia,* Livres de classe et usages pédagogique, in: Histoire de l'édition francaise, Bd. 2, hrsg. v. Henri-Jean Martin / Roger Chartier, Paris
1984, 468. Mit dieser Definition wird eine ganze Reihe von Kinder- und Jugendliteratur ausgeschlossen, die nicht in Schulen verwendet wurde. Ohne eine methodische
Reflexion ihres Einsatzes werden hingegen in Quellensammlungen Texte zusammengestellt, deren Rezeption in historischen pädagogischen Kontexten zumindest unklar
bleibt, vgl. etwa *Alfred C. Baumgärtner / Heinrich Pleticha* (Hrsg.), Abc und Aben-
teuer. Texte und Dokumente zur Geschichte des deutschen Kinder- und Jugendbuchs,
Bd. 1, München 1985.

um gedacht waren. Insbesondere im Bereich der Mädchenbildung, aber auch des akademischen Lebens, gilt dies auch für die zahlreichen Moral- und Anstandsbücher[9].

Für einen detaillierten Einblick in den *Schulbuchmarkt* und seine Rahmenbedingungen[10] lässt sich die Katechismusproduktion heranziehen, die quantitativ wohl einen großen Teil ausgemacht haben dürfte. Wir können in Deutschland für jedes Jahrzehnt zwischen 1550–1610 die Publikation von 30–40 neuen Editionen von protestantischen Katechismen verzeichnen; dies bedeutete eine erheblich größere Breite des Katechismusangebots als z. B. in England[11]. Hierin spiegelt sich nicht nur die differenzierte Lehrtradition im Protestantismus, sondern vor allem die kirchliche Organisation in den verschiedenen territorialen Landeskirchen wider. Im katholischen Raum war die Zahl der Katechismuseditionen (nicht aber der gedruckten Exemplare) begrenzter: hier waren bis ins 17. Jahrhundert der lateinische und der deutsche Katechismus von Canisius vorherrschend. Erst seit dem späten 17. Jahrhundert öffnete sich der Markt für neue Textformen, die sich an den erfolgreichen protestantischen orientierten. Produktionszentren katholischer Katechismen und anderer katholischer Schulbücher waren Köln, Mainz, München und Ingolstadt, dazu existierten regional bedeutsame Druckorte wie z. B. nach 1623 Amberg für die Oberpfalz[12].

Ein europäischer Vergleich kann die spezifische deutsche Situation erhellen. In Frankreich standen sich im 16. und frühen 17. Jahrhundert eine relativ kleine Anzahl einflussreicher konfessionell geprägter Texte gegenüber: Auf der katholischen Seite der Catechismus Romanorum und die Ausgabe von Robert Bellarmin sowie die ‚klassischen‘ französischen von Turlot, Auger, Coyssard und d'Outreman; in den protestantischen Gebieten beherrschten die Ausgaben Calvins und des Heidelberger Katechismus das Feld, ergänzt durch das hugenottische Glaubensbekenntnis. Nach 1685 schlug man in Frankreich einen in Europa einmaligen Weg ein: jede Diözese publizierte unter bischöflicher Aufsicht und unter königlicher Lizenzierung einen eigenen Katechismus, der als für alle Pfarrgemeinden verbindlich erklärt wurde. Zwischen 1715 und 1750 wurden in 52 Diözesen neue Katechismen produziert, die in unterschiedlichen Ausgaben für verschiedene Schultypen

---

[9] *Cornelia Niekus-Moore,* The Maiden's Mirror. Reading Materials for Girls in the Sixteenth and Seventeenth Centuries, Wiesbaden 1987.

[10] Vgl. dazu bisher *Ludwig Fertig,* Buchmarkt und Pädagogik 1750–1850: Eine Dokumentation, in: Archiv für Geschichte des Buchwesens 57 (2003), 1–145.

[11] Berechnung für Deutschland nach dem Quellenwerk von *Johann Michael Reu,* Quellen zur Geschichte des kirchlichen Unterrichts in der evangelischen Kirche Deutschlands zwischen 1530 und 1600, 12 Bde., Gütersloh 1904–1938. Vgl. zu England *Ian Green,* The Christian's ABC. Catechisms and Catechizing in England, Oxford 1996.

[12] Vgl. *Markus Lommer,* Amberg und das „Buch der Bücher". Einblicke in die biblische Produktivität der Buchdrucker in der Hauptstadt der Oberen Pfalz, in: Zeitschrift für bayerische Kirchengeschichte 74 (2005), 117–140.

und Altersstufen erschienen. Trotz dieser Vielfalt waren Form und Inhalt der französischen Katechismen einer sehr viel stärkeren staatlichen Kontrolle als in England oder im Reich unterworfen, was wohl auch auf die Konkurrenz mit dem Jansenismus zurückzuführen ist[13].

Neben die Katechismen, die im ganzen Untersuchungszeitraum die quantitativ größte Gruppe bildeten, traten bereits im 16. Jahrhundert muttersprachliche Bibelauszüge, Gebet- und Liederbücher sowie seit dem frühen 17. Jahrhundert die ABC-Bücher oder -Fibeln. Letztere dienten den Lese- und Schreibanfängern und boten neben dem Alphabet und Silben- oder Wortlisten Illustrationen, die die Kinder zur richtigen Aussprache anleiten sollten und dazu mnemotechnische Funktion übernahmen. Diese sogenannten ‚Namenbüchlein' erklärten die Vokal- und Silbenlaute mit Hilfe von Abbildungen von Tieren. Einfache Fibeln verwendeten die Tierabbildungen lediglich, um sich der Buchstaben mit Hilfe der Tiernamen zu erinnern. Kompliziertere nutzten die Tierlaute, um Silben einzuprägen[14]. Die einfachen Illustrationen der ‚Namenbüchlein' wurden im Laufe der Jahrzehnte zu umfangreicheren, didaktisch eigenständig eingesetzten Abbildungsteilen von Schulbüchern ausgebaut. Die sinkenden Herstellungskosten von Kupferstichen taten ein Übriges, um diese populären Hilfsmittel flexibel einsetzbar zu machen. Seit dem letzten Drittel des 17. Jahrhunderts wurden daher zunehmend alle Formen von Schulbüchern mit Illustrationen versehen. Ein neues Einsatzfeld waren auch religiöse Bücher, z. B. Bibelauszüge. Bekanntestes Werk wurde im protestantischen Bereich Johann Hübners „Zweymahl zwey und funffzig Auserlesene Biblische Historien"[15]. Hier erhalten die Illustrationen den Zweck, unabhängig vom Text Bibelaussagen zu erklären. In diesem und ähnlichen Werken machte man sich eine didaktische Einsatzmöglichkeit zu nutze, die bereits seit dem späten 16. Jahrhundert durch die Emblematik vorgezeichnet war. Die ursprünglich im huma-

---

[13] Vgl. *Jean de Viguerie,* Les catéchismes enséignes en France au XVIIIe siècle. Première approche, in: Revue d'histoire de l'Eglise de France 82 (1996), 85–108, 86. Vgl. zur französischen Katechismusgeschichte *Jacques Audinet,* Le catéchisme au carrefour des disciplines, in: Enseigner le catéchisme. Autorités et institutions, XVIe-XXe siècles, hrsg. v. Raymond Brodeur/Brigitte Caulier, Saint-Nicolas (Quebec) 1997, 25–34; *Marc Venard,* Catéchisme à l'église ou catéchisme à l'école? Un choix ecclésiologique et social dans la France des XVIe et XVIIe siècles, in: ebd., 57–72.

[14] *Gisela Teistler,* Fibel-Findbuch: FiFi. Deutschsprachige Fibeln von den Anfängen bis 1944, eine Bibliographie, Osnabrück 2003. Die europäische Forschung ist hier z. T. weiter als die deutsche, vgl. beispielsweise De hele Bibelebontse Berg. De Geschiedenis van het kinderboek in Nederland & Vlaanderen van de Middeleeuwen tot heden, hrsg. v. Harry Bekkering/P. J. Buijnsters, Amsterdam 1990.

[15] *Johann Hübner,* Zweymahl zwey und funffzig Auserlesene Biblische Historien Aus dem Alten und Neuen Testamente, Der Jugend zum Besten abgefasset, Leipzig 1714 [Neudruck: Hildesheim 1986]. Vgl. zur Wirkung dieses Werks *Christine Reents,* Die Bibel als Schul- und Hausbuch für Kinder, Göttingen 1984 sowie *Ruth B. Bottigheimer,* Les Bibles pour enfants et leurs lecteurs aux XVIe et XVIIe siècles en France et en Allemagne, in: Le Bible imprimée dans l'Europe moderne, hrsg. v. Bertram E. Schwarzbach, Paris 1999, 428–446.

nistisch-weltlichen Kontext entstandene Emblematik war spätestens durch die pädagogische Arbeit der Jesuiten in den Religionsunterricht einbezogen worden, allerdings zunächst nur für die höheren Schulen[16].

Die *Autoren* der Schulbücher lassen sich in zwei große Gruppen einteilen: einmal die Theologen, die ihrer Verantwortung im Bildungsbereich und auch ihrem realem Einsatz im pädagogischen Arbeitsmarkt gemäß Schulbücher schrieben oder solche zu schreiben veranlassten. Vermutlich stellen sie die größte Anzahl unter den Autoren. Ihre Rolle für das frühneuzeitliche Schulsystem, die Pädagogik und Didaktik kann kaum überschätzt werden. Insbesondere das höhere, aber auch das niedere Schulwesen war ein großes Betätigungsfeld für Theologen aller Konfessionen, obwohl die Erziehungslehre kaum Gegenstand im Theologiestudium war. Protestantische wie katholische Theologen (unter letzteren vor allem Mitglieder der Lehrorden) verfassten Schulbücher zu den humanistischen Sprachen, zu Philosophie und Rhetorik, Katechismen und andere religiöse Textbücher, aber im 18. Jahrhundert auch Bücher, die die Ergebnisse der Wissenschaften für die Schule präsentierten[17].

Zum Zweiten treten als Autoren nichtakademische pädagogische Praktiker auf, beispielsweise Lehrer an öffentlichen höheren und niederen Schulen, aber auch Fachlehrer an spezialisierten Privatschulen, wie etwa die bekannten reichsstädtischen Schreib- und Rechenmeister oder die Sprachlehrer[18]. Die Autorschaft von Schulmeistern hatte auch wirtschaftliche Funktionen, konnte man doch damit einen lokalen Markt beherrschen. In den seit dem späten 17. Jahrhundert bekannten Lehrerdynastien konnte man auch den aus der Familie stammenden Nachfolgern ein erprobtes Hilfsmittel an die Hand geben[19]. Im Bereich der niederen Schulen wurden die Schulmeister spezialisierte Autoren für den Markt der Lese-, Schreiblern- und Rechenbücher[20]. Im 18. Jahrhundert blieb die Autorenstruktur im We-

---

[16] Vgl. *Richard Dimler*, A Bibliographical Survey of Emblem Books produced by Jesuit Colleges in the Early Society. Topography and Themes, in: Archivum Historicum Societatis Jesu 48 (1979), 297–309.

[17] Vgl. als Überblick *Otto Brunken / Carola Cardi* (Hrsg.), Aufklärung und Kinderbuch, Pinneberg 1986.

[18] Vgl. beispielsweise *Hans Heisinger*, Die Schreib- und Rechenmeister des 17. und 18. Jahrhunderts in Nürnberg, Diss. Erlangen 1927. In England, Frankreich oder den Niederlanden hatte der Fachbuchmarkt eine noch höhere Bedeutung als im Reich und wurde von einem Fachschulsystem von Handels-, Ingenieur- oder Seefahrtsschulen getragen.

[19] Vgl. jüngst *Ulrich Bartels*, Die Niederwöhrener Schule unter der Lehrerfamilie Tecklenburg. Besoldung, Stellenbesetzung und Ausbildung der Lehrer an einer schaumburg-lippischen Landschule (17.-19. Jahrhundert), in: Zur Geschichte der Erziehung und Bildung in Schaumburg, hrsg. v. Hubert Höing, Bielefeld 2007, 44–96.

[20] Die Bedeutung der genannten Textsorten lassen sich durch einen Quellenfund bestätigen, der einen Einblick in die Schulbuchverwendung in einer dörflichen Deutschen Schule des frühen 17. Jahrhunderts zulässt. In dem mittelfränkischen Dorf Ottenhofen vermachte 1615 ein reicher Bauer testamentarisch der Gemeinde fünfzig

sentlichen unverändert, es dominieren weiterhin die Theologen. Allerdings mehren sich in der Phase der Hochaufklärung die Bemühungen, über die Neuentwicklung von Schulbüchern die gesamte pädagogische Praxis einschneidend zu wandeln. Rousseau hatte mit seiner radikalen Kritik am Lernen durch Bücher im Alten Reich keinen Einfluss, vielmehr wurden gerade die Schulbücher und ihr didaktischer Einsatz intensiv diskutiert. Hierbei holten die katholischen Territorien seit der Mitte des 18. Jahrhunderts ihren Rückstand im Schulbuchsektor rasant auf und überwanden ihre Einseitigkeiten. Die Schulbücher als Medien behielten aber auch um 1800 die seit dem 17. Jahrhundert entwickelten Typen bei. Schulbücher der Aufklärung unterschieden sich also nicht der Form nach von den älteren Ausgaben.

Katechismen gab es bereits vor der Reformation, aber erst mit den europaweit verbreiteten Ausgaben von Luther, dem Heidelberger Katechismus und den katholischen Katechismen von Canisius und Bellarmin wurden sie im Laufe des 16. Jahrhunderts zu Bekenntnistexten ihrer jeweiligen Konfession, die für die Unterrichtung von Kindern und Erwachsenen benutzt wurden[21]. In Deutschland als dem Ursprungsland der Reformation ergab sich schon in den ersten Jahrzehnten des 16. Jahrhunderts eine intensive Diskussion um die inhaltliche, sprachliche und didaktische Form der Katechismen[22]. Während Luther seinen Katechismus zunächst als Instrument der Hausfrömmigkeit in der Familie sah, entstanden bald auch katechetische Texte, die für den Unterricht in den um 1600 auf allen Bildungsebenen etablierten Schulsystemen der Konfessionskirchen gedacht waren. Hinzu kam, dass mit der Gründung der protestantischen Landeskirchen eine staatliche Aufsicht über die verwendeten Katechismustexte eingeführt wurde, die – stärker als in der katholischen Kirche – zur Entwicklung territorialer kanonischer Texte beitrug[23]. Für die Katechese entwarf man in der

---

Gulden zur Anschaffung von Unterrichtsmaterialien. Die überlieferten Gemeindeprotokolle der nächsten Jahre listen – neben Federn, Griffeln, Tinte und Papier – die Schulbücher auf, die von den Kapitalzinsen angeschafft wurden. An erster Stelle nennen sie die Katechismen und Bibelauszüge, dann finden sich für die Schulanfänger „Namenbüchlein" sowie „große ABC-Büchlein" und Schreibkalender; Staatsarchiv Nürnberg, Rep. 165a: Ansbacher Oberamtsakten, Nr. 89, 296–330.

21 Vgl. als Überblick *Jürgen Fraas*, Art. „Katechismus I", in: Theologische Realenzyklopädie, Bd. 17, hrsg. v. Gerhard Müller, Berlin / New York 1988, 710–722; sowie die Mittelalter und Reformationszeit übergreifende Darstellung *Robert James Bast*, Honor Your Fathers. Catechisms and the Emergence of a Patriarchal Ideology in Germany 1400–1600, Leiden / New York 1997. Letzteres Werk ist jedoch in seiner Interpretation einseitig. Wichtige, gleichwohl wenig beachtete Detailstudien zur Praxis der Katechese im 16. Jahrhundert liefert *Gerald Strauss*, Luther's House of Learning. Indoctrination of the Young in the German Reformation, Baltimore 1978.

22 Aus literaturwissenschaftlicher Sicht betont diese frühen Debatten *Konrad Ehlich*, Der Katechismus – eine Textart an der Schnittstelle von Mündlichkeit und Schriftlichkeit, in: Zeitschrift für Literaturwissenschaft und Linguistik 116 (1999), 9–33.

23 Die evangelischen Kirchenordnungen schreiben meist den Katechismus, der in den Schulen und der sonntäglichen Kinderlehre benützt werden sollte, vor. Nur sel-

Reformationszeit zunächst einen dialogischen Textaufbau mit Frage-Ant-wort-Schema, der auch in den folgenden Jahrhunderten weiter genutzt wurde. Als Hauptziel der protestantischen Katechismen kann nach Luthers Vorbildwerk die Hinführung zur und Erläuterung der Heiligen Schrift gel-ten. Die Form der den Katecheten präsentierten Hilfsmittel waren unter-schiedlich: es wurden nur die ‚Fragestücke' integriert, d. h. die den Kate-chumenen in den Examen zu stellenden Fragen, oder auch zusätzliche um-fangreiche Erläuterungen in kindgerechter Sprache, die der Katechet als Predigttexte vortragen konnte[24]. Diese Katechismuspredigten, die zumeist nicht in der Schule, sondern nur in der sonntäglichen Kinderlehre gehalten wurden[25], erhielten seit dem späten 17. Jahrhundert eine zunehmende Be-deutung. Auf der anderen Seite wurde von vielen Katecheten und Schul-meistern deutscher Schulen, insbesondere auf dem Land, die Länge und Kompliziertheit vieler katechetischer Texte bemängelt, die ihren Einsatz im Unterricht erschwerten oder sogar verhinderten. Seit dem Ende des 16. Jahrhunderts wurden daher immer wieder auch Kurzfassungen der soge-nannten ‚Hauptstücke'[26] des christlichen Glaubens entworfen, z. T. in dog-matischem Stil von Lehrsätzen. Hier erhielt das Auswendiglernen, zunächst kein Hauptpunkt der Katechese, oft eine zentrale Funktion zugebilligt, die aber immer umstritten blieb.

Die in Deutschland vorherrschende große Vielfalt katechetischer Texte stimulierte die Diskussion um ihre Verständlichkeit und ihren Gebrauch im Unterricht. Vor allem die Vorworte, in denen die theologisch geschulten Au-toren die Begründung für Stoff und Darstellungsform der religiösen Wahr-heiten niederschrieben, können methodisch in Hinblick auf die diskursiven Intentionen und Problemsichten ausgewertet werden. So formulierte etwa 1685 Johann Wilhelm Petersen, pietistischer Superintendent in Lüneburg, dass viele Katechismen nur durch persönliche Eigensucht neuer Amtsinha-

---

ten wird jedoch die katechetische Praxis geregelt, siehe als Ausnahmefall die Hohen-lohische Kirchenordnung von 1577/78 bei *Johann Michael Reu,* Quellen zur Ge-schichte des Katechismus-Unterrichts, Bd. 1: Süddeutsche Katechismen, Gütersloh 1904, 306–308. Stattdessen wird die katechetische Praxis meist den lokalen Ge-wohnheiten und dem Engagement des örtlichen Pfarrers überlassen.

[24] Ein weitverbreiteter protestantischer Katechismus mit solchen Erläuterungen war beispielsweise der von Osiander entworfene Nürnberger „Catechismus oder Kin-derpredigt", erschienen Nürnberg 1533. Vgl. hierzu *Klaus Leder,* Kirche und Jugend in Nürnberg und seinem Landgebiet 1400 bis 1800, Neustadt a.d. Aisch 1973, 62–71.

[25] Allerdings gaben die Predigttexte im Katechismus auch dem Schulmeister eine Anleitung, wie das Verständnis der Kinder für den Inhalt der Hauptstücke gefördert werden konnte.

[26] Als solche werden seit dem Kleinen Katechismus Luthers die Zehn Gebote, das Glaubensbekenntnis und das Vaterunser bezeichnet; dazu kommen später weitere, den ersten drei aber nachgeordnete Grundlagentexte, etwa Tagesgebete. Vgl. als Überblick *Michael Beyer,* Der Katechismus als Schulbuch – das Schulbuch als Kate-chismus, in: Die Rolle von Schulbüchern für Identifikationsprozesse in historischer Perspektive, hrsg. v. Heinz-Werner Wollersheim/Hans Martin Modrow/Cathrin Friedrich, Leipzig 2002, 97–106.

ber verändert worden seien, die zum Leidwesen der Jugend eine neue Lehr-
art ausprobieren wollten. Stattdessen sei als Grundlage der Katechese der
Bibeltext unverfälscht an die Kinder weiterzugeben. Dies bedeute harte Arbeit: Viele undeutliche oder zu lange Bibelsprüche habe er aussortieren
müssen und nur klare und kurze verwendet. Sie könnten als Extrakt aus-
wendig gelernt werden, während sich der große Katechismus besonders
zum Nachlesen eigne. Für die Dorfkinder, die ein schlechtes Erinnerungs-
vermögen besäßen, habe er die wichtigsten Worte in größeren Buchstaben
drucken lassen, damit sie diese besonders beachteten[27].

Diese Erläuterung Petersens kann stellvertretend für die Diskussion um
Ziele und Mittel der Katechese nach 1648 stehen. Seit dem späten 17. Jahrhundert trugen der Pietismus und die katholischen Schulorden in beiden
großen Konfessionen zu einer Renaissance katechetischer Unterweisung
bei, die wie auch das Schulwesen durch den Dreißigjährigen Krieg stark ge-
litten hatte. Neue Textformen entstanden, wie z. B. die gedruckten Katechismuspredigten und reich illustrierte Biblische Geschichten, die Auszüge
aus der Bibel boten. Neben das Frage-Antwort-Schema zur Vermittlung
zentraler Glaubensinhalte traten Gebete, Lieder, Illustrationen und Regeln
der sittlichen Lebensführung. Dies zeigt, dass der Schwerpunkt der Erziehung in der Erneuerung der christlichen Grundsätze lag.

Ein kurzer Blick auf die katechetische Praxis kann dies bestätigen. Zusätzlich zum Gebrauch des Katechismus in der Schule nahm der Pfarrer in
der sonntäglichen ‚Kinderlehre‘ den Stoff der Glaubenslehre durch und
kontrollierte die Kenntnisse der Schüler[28]. Damit war der Ortspfarrer über
das Niveau und die Erfolge des Schulunterrichts genau informiert. Mindestens einmal jährlich stattfindende öffentliche Katechismusexamen unter
Anwesenheit eines kirchlichen Vorgesetzten waren in beiden Konfessionen
üblich. Auf mangelnden Erfolg reagierten die Kirchenleitungen mit wieder-
holten Mahnungen, mittels besonderer kindgerechter Katechismuspredigten und Illustrationen den Inhalt der Glaubenslehre zu erklären, die Evangelien zu erläutern und Beispiele moralischen Verhaltens auszuführen.

Die Einbeziehung immer weiterer Bevölkerungskreise in den schulischen
Unterricht des 18. Jahrhunderts, vor allem der wachsenden städtischen Armen und dörflich-bäuerlicher Schichten, machte auch neue Techniken der
Vermittlung religiösen Wissens notwendig: Kinder bekamen an Neujahr
und hohen kirchlichen Feiertagen kleine Broschüren mit frommen Texten
geschenkt, die Vergabe von Geldern aus den Armenfonds wurde an die Teilnahme der Kinder an der Katechese gekoppelt etc. In Deutschland förder-

---

[27] Vgl. *Johann Wilhelm Petersen*, Spruch-Catechismus der Kirchen Gottes zum
besten herausgegeben, Frankfurt / Leipzig 1689 [Erstdruck: Plön 1685], Vorwort
a5-a7.

[28] Die detaillierteste Darstellung der Entwicklung der Katechese an einem regio-
nalen Beispiel ist nach wie vor *Leder*, Kirche und Jugend in Nürnberg (Anm. 24).

ten dies vor allem kirchenkritische Bewegungen wie der Pietismus, die die englische Erbauungsliteratur rezipierten. Die Verbindung schriftlich-textueller und mündlicher Vermittlung sozialen Wissens über Religion verankerte die frühneuzeitliche Lesekultur in den Gebrauchstraditionen vormoderner Kommunikation und trug damit zu einer dauerhaften Transformierung der kommunikativen Kulturtechniken im Alltag bei.

Für die Frage nach der Säkularisierung sind *drei* auf die gesellschaftliche Ordnung bezogene inhaltliche Bereiche der Katechismen von Interesse: einmal die Deutung der Rolle der Kirche in Staat und Gesellschaft, besonders des Verhältnisses von Kirche und Staat, zweitens die Darstellung der Kirche als soziale Gemeinschaft und drittens die Legitimation von alltäglichen Verhaltensnormen. Darüber hinausgehende Anknüpfungspunkte, etwa die direkte Auseinandersetzung mit rationalistischen Auffassungen von religiösem Glauben oder mit offen atheistischen Positionen, kann die Quellengruppe der Katechismen – von wenigen Ausnahmen abgesehen – nicht bieten[29]. Dem Katechismus als Lehr-Lernbuch wurde in allen Konfessionen bewusst nicht primär eine konfrontativ-polemische Aufgabe zugeteilt (obwohl konfessionelle Abgrenzungsfragen durchaus deutlich angesprochen wurden), sondern eine von Gegenargumenten freie Sicherung zentraler Glaubenslehren angestrebt.

Zum *ersten* Untersuchungsgegenstand, der Frage nach der Deutung von Kirche und ihrer politischen und sozialen Rolle in den Katechismen, muss zunächst auf eine konfessionell unterschiedliche Lesart der katechetischen Texte verwiesen werden, die sich aus der Dogmatik ergibt. Katholische Katechismen betonen bei der Sakramentenlehre den Heilscharakter liturgischer Handlungen und damit den Bezug der Gläubigen zum Geistlichen[30]. Damit kommt dem kirchlichen Amt und seiner Autorität eine hohe Bedeutung zu, die durch das andersgeartete Sakramentsverständnis des Protestantismus im evangelischen Katechismus in dieser Form nicht gefunden werden kann.

Protestantischen Katechismen liegt seit Luthers Kleinem und Grossen Katechismus ein Schema zu Grunde, dass die Erläuterungen der Zehn Gebote, des Glaubensbekenntnisses, des Vater Unser und der Sakramente ent-

---

[29] Vgl. als eines der wenigen Beispiele *Bernhard Peter Karl,* Christ-erbauliches Catechismus-Gespräch zwischen Gottlieb Wahrmund und Weltlieb Nam-Christ, Lutheranern. [. . .], 2. Aufl., o.O. 1707. Die folgende Übersicht will nicht beanspruchen, die Katechismen in ihrem theologischen Gehalt auszuschöpfen.

[30] Die Einfügung der Sakramentenlehre in katholische Katechismen beruhte auf dem Vorbild des Catechismus Romanorum von 1566, vgl. *Gerhard Bellinger,* Art. „Katechismus II", in: Theologische Realenzyklopädie, Bd. 17, hrsg. v. Gerhard Müller, Berlin / New York 1988, 729–736, 734. Die Darstellung des katholischen Sakramentsverständnisses nimmt auch in den Katechismen von Canisius und Bellarmin im Anschluss an die Hauptstücke über Glaube, Hoffnung und Liebe einen breiten Raum ein.

hält, jeweils mit entsprechenden Bibelstellen. Bei der Erläuterung des Fünften Gebots und in der Erklärung des „Amtes der Schlüssel und der Beichte"[31] werden in den meisten Texten Deutungen der Obrigkeit fassbar: Ein wichtiger Anknüpfungspunkt im Verhältnis von Kirche und Obrigkeit entstand aus dem Streit um die Kompetenz zum Kirchenbann, d. h. den Ausschluss vom Abendmahl, die Geistlichkeit und Obrigkeit konkurrierend beanspruchten. Hier liegt also ein in der Reformationszeit sehr aktueller Grund für die Darstellung vom ‚Amt des Schlüssels' in den Katechismen vor. Die Nürnberger Katechismus-Predigt von 1533 betont, dass Gott der Obrigkeit befohlen habe, die zu strafen, die seine Gebote übertreten: „dann wo kein frid noch rue ist, da kann man auch Gottis wort nicht predigen mit nutz und pesserung"[32]. Allerdings wird in vielen Katechismen über die konkrete Kompetenzverteilung zwischen kirchlichen und weltlichen Amtsträgern beim Ausschluss vom Abendmahl nichts ausgesagt. Viele formulieren, die grundsätzliche Entscheidung hierüber läge bei den Geistlichen. Eine stärkere Berücksichtigung der Obrigkeit im Abschnitt von der Schlüsselgewalt findet sich hingegen beispielsweise im elsässischen Katechismus von Caspar Lutz, dem Superintendenten der Grafschaft Mömpelgard, von 1586. Hier wird dargestellt, dass der von den Predigern nach Beschluss der Ältesten ausgesprochene Ausschluss vom Abendmahl den Sünder beispielsweise auch als Taufpate nicht mehr zulasse. Weiter heißt es: „Ausser der Kirch verbeut ihm die Obrigkeit alle ehrliche Gesellschaft", allerdings ohne nähere Erläuterung[33]. Eine solche Aussage zu den ‚weltlichen' Folgen des Abendmahlausschlusses findet sich sonst in anderen Texten nicht, wohl weil man die umstrittene Frage nach den Rechten der Obrigkeit in kirchlichen Angelegenheiten nicht ausführen wollte.

Die Erläuterung des Fünften Gebots nimmt hingegen in den Texten größeren Raum ein. Seit den reformatorischen Anfängen betonen viele katechetische Texte, dass die Obrigkeit von Gott legitimiert sei und zitieren dabei das mosaische Gebot, Vater und Mutter zu ehren, was auf alle Autoritäten (Prediger, Schulmeister, Lehrherren, Obrigkeit) übertragen wird[34]. Allerdings ist das Bild der Obrigkeit nicht in allen reformatorischen Katechismen eindeutig. Noch ist gegenwärtig, dass man sich gegen katholische Obrigkeiten wehren musste, um zur neuen Lehre übergehen zu können. Im Esslinger Katechismus von Jakob Other von 1532 wird der Gehorsam gegenüber der Obrigkeit ausdrücklich an das Gewissen vor Gott gebunden[35].

---

[31] Es ist darauf zu verweisen, dass dieser Titel des Hauptstücks in frühen Fassungen Luthers anders lautete und erst in Neubearbeitungen ab 1531 diesen Titel trägt, vgl. *Fraas*, Art. „Katechismus I" (Anm. 21), 711.

[32] *Reu*, Quellen zur Geschichte (Anm. 23), 530.

[33] Ebd., 170.

[34] Vgl. beispielsweise den Augsburger Katechismus von 1533, ebd., 762.

[35] Vgl. ebd., 367.

In der Nürnberger Katechismus-Predigt von 1533 wird erwähnt, man solle der Obrigkeit „unnotige und leichtfertige aid" verweigern und man dürfe den gebotenen Gehorsam der Obrigkeit verlassen, wenn sie etwas gegen Gott gebiete[36]. Direkte Obrigkeitskritik findet sich noch 1569 im Katechismus „Güldenes Kleinod" des Burglengenfelder Superintendenten Johan Tetelbach, wo es bei der Behandlung der Zehn Gebote heißt: „Frage Welchs sind die andern Diebe? Antwort Die dem Nechsten sein hab und Gut mit Gewalt nemmen, als die Rauber thun unnd die unersättliche, geitzige Obrigkeit, die ihrer Unterthanen Güter mit Gewalt an sich ziehen, die tragen am hals güldine Ketten und haben iren Galgen in der Hell"[37]. Ähnlich weist der Regensburger Katechismus des Nicolaus Gallus von 1554 im Vorwort auf die „heuchler, klüglinge und Epicurer" hin, die die kirchliche Disziplin nicht schätzten „und allein sehen, wie sie der Religion halben grosse Herrn nit ertzürnen oder alle ding nach ihrer weisheit ordnen und miltern, einen fuß zu hofe oder auff dem Rathause, den andern in der kirchen haben [...]"[38]. Hier werden also nicht nur katholische Obrigkeiten, sondern auch gleichgültige Christen im eigenen Lager als Gefahr angesehen.

In Texten aus der zweiten Hälfte des 16. Jahrhunderts sind solche Einschränkungen aber selten. In den Katechismen steht ganz die für die Konfessionalisierung typische weltliche Gesetzestreue der Gläubigen und die theologische Legitimation obrigkeitlichen Handelns im Vordergrund, ohne dass dies spezifisch ausgeführt wird. Der Lauinger Katechismus des Tilman Heßhusen von 1568 nennt die Obrigkeit als von Gott eingesetzt. Er führt die göttliche Legitimation auf die im Buch Moses überlieferte „von Gott gestiftete policey ordnung, das weltlich regiment im Judischen Volck damit zu fassen und darnach zu führen", zurück[39]. Im Katechismus des hohenlohischen Superintendenten David Meder von 1595 wird der Gehorsam gegen die Obrigkeit kurz und bündig mit dem gegenüber den Eltern gleichgesetzt[40].

In reformierten Katechismen wird eine etwas andere Schwerpunktsetzung deutlich. Bereits in der von Kurfürst Friedrich III. verfassten Vorrede zum Heidelberger Katechismus wird formuliert, dass die Lehre des heiligen Evangeliums an die Jugend Voraussetzung für den Erhalt nicht nur geistlicher, sondern auch weltlicher Ämter sei[41]. Bei der Erläuterung der Zehn Gebote wird ausdrücklich gefordert, sich der Obrigkeit zu unterwerfen: „und auch mit iren gebrechen gedult haben sol, dieweil uns Gott durch ire hand regieren will"[42]. Die Obrigkeit wird also biblisch fundiert und er-

---

36 Vgl. ebd., 470, 481.
37 Ebd., 680.
38 Ebd., 737.
39 Ebd., 651.
40 Vgl. ebd., 401 f.
41 Vgl. ebd., 241 f.
42 Ebd., 259.

scheint sozial und politisch notwendig. Gleichzeitig wird ihr aber, als durch sündige Menschen veranstaltete Institution, eine sakrosankte Stellung verweigert. Im 18. Jahrhundert ist aber eine Veränderung dieser Tendenz wahrzunehmen. Der reformierte Katechismus des am Niederrhein tätigen Predigers Bernhard Meyer von 1733 konzentriert sich bei abgeänderter Gliederung ganz auf die Inhalte der althergebrachten Hauptstücke; weder die Strukturen der Kirche noch ihre Rolle in der Welt werden thematisiert[43]. Auch von der Obrigkeit ist nicht die Rede; im Abschnitt über das Amt des Schlüssels wird ausdrücklich verneint, dass dieses Amt von Gott der Obrigkeit verliehen worden sei. Stattdessen wird der Erklärung der Glaubensunterschiede zur katholischen Kirche größerer Platz eingeräumt[44]. Insgesamt lässt sich festhalten, dass nach der Klärung der reformatorischen politischen Situation die protestantischen Katechismen mit wenigen Ausnahmen die Obrigkeit als von Gott legitimiert bezeichnen, ohne jedoch deren Funktion und Kompetenzen, insbesondere gegenüber der Kirche, genauer zu beschreiben.

Für das *zweite* Untersuchungsobjekt in den katechetischen Texten, der Darstellung der Rolle der Gemeinde als sozialer Lebensform christlichen Glaubens, lässt sich vor allem ein Defizit vermelden. Von der Gemeinde, ihren Ämtern und ihren Aufgaben ist in den Katechismen kaum einmal die Rede. Ein Katechismus von Johann Bader, 1544 in Landau in der Kurpfalz publiziert, nennt nach der Abendmahlslehre einen Abschnitt „Von einer heyligen, Christlichen gemeynde". Hier ist aber nur von der christlichen Gemeinschaft und der Absonderung von der bösen Welt die Rede; stattdessen hätten sich die Frommen „under den gehorsam und burgerschafft oder regiment des heylgen Evangelis gutwillig begeben"[45]. In den älteren Katechismen der Reformationszeit werden von den Gemeindeämtern nur das des Predigers und gelegentlich das der Ältesten erwähnt[46]. Die in den Kirchenordnungen festgelegten Leitungsstrukturen der Kirche waren jedoch weder aus der Bibel noch aus den Glaubensbekenntnissen unmittelbar ableitbar, und fehlten daher in den ,Hauptstücken christlicher Lehre'. Fragen der individuellen Zugehörigkeit werden nicht behandelt, sondern die Kirche nach dem urchristlichen Vorbild als die Gemeinschaft der Gläubigen

---

43 Vgl. *Bernhard Meyer,* Eine kurtze, doch nähere Erklärung und Befestigung des Christlich-Reformierten Catechismi, hrsg. v. Helmut Ackermann, Rödingen 2001. Dieser Katechismus ist der Form nach eine Erklärung des Heidelberger Katechismus.

44 Vgl. *Reu,* Quellen zur Geschichte (Anm. 23), 269 f. Ob dies als ein Rückzug von der öffentlichen Rolle der Kirche gedeutet werden kann, müsste allerdings noch an anderen reformierten Beispielen überprüft werden. Zur Konfessionspolemik vgl. beispielsweise die Darstellung der Sakramentenlehre ebd., 252 – 259.

45 Ebd., 235.

46 Vgl. etwa den ansonsten ausführlichen Augsburger Katechismus von Caspar Huber von 1544, in dem die Kirchenämter als eines der Zeichen für die wahre Christengemeinde aufgeführt werden. Diese werden aber nur beschrieben als „Pfarrer, seelsorger, Prediger etc.", ebd., 803.

definiert: „[...] verstee ich diß wörtlin kirch [...] für die gemain oder versamlung Gotes, im hailigen gayst, wa, wenn und in welchen er solches wirckt, so weit und lang die gantz welt ist"[47]. Eine Ausnahme bildet hier die Erklärung des Heidelberger Katechismus durch Bernhard Meyer von 1733. Dort ist im Anhang, einer Darstellung der Kirchengeschichte, bei der Erläuterung der urchristlichen Gemeinschaft neben den Aposteln auch von Predigern und Bischöfen, Diakonen und Diakonissen die Rede[48].

Zusammenfassend lässt sich sagen, dass die katechetischen Texte der Gemeinde keine elementare Funktion beim Erhalt des christlichen Glaubens zubilligen. Dieses Fehlen erweckt den Anschein, die Glaubensentscheidung falle nur in einer rein individuellen Form durch Gottes Gnade und jede soziale Komponente wäre eine Schwächung dieser Deutung. Damit sind zentrale Elemente des religiösen Lebens, die jeder Gläubige von Kindesbeinen an erfuhr, nicht Gegenstand der katechetischen Unterweisung gewesen.

Für das *dritte* Untersuchungsobjekt lässt sich Ähnliches konstatieren wie für das zweite. Von der sozialen Nützlichkeit der christlichen Gebote ist in den Katechismen keine Rede. So wird etwa in der Augsburger Ausgabe des Kleinen Katechismus Luthers für St. Anna von 1559 bei der Aufzählung der „Nutzbarkeiten des christlichen Catechismi" die Kräftigung der christlichen Lehre, das öffentliche Bekenntnis und der Trost im Leben erwähnt, aber keine gesellschaftsstabilisierende Wirkung. Auch die Zehn Gebote dienen nur der Kenntnis des Willen Gottes und dem menschlichen Gehorsam[49]. Seit Luthers Einbeziehung der sogenannten ‚Haustafeln'[50] in den Katechismus wird in den umfangreicheren Texten auf lebenspraktische Anwendungen der göttlichen Gebote abgehoben, um den Kindern ihren Sinn und ihren Anspruch zu erklären. Die Erläuterungen zur christlichen Moral im kirchlichen, politisch-öffentlichen und häuslichen Bereich finden sich häufig nicht in den Katechismen selbst, sondern in den gedruckten Katechismuspredigten, deren Zahl seit dem Ende des 16. Jahrhunderts erheblich zunahm[51].

Im Straßburger Katechismus von 1559 werden Fragen zum Verhalten der Geistlichkeit, der Laien, der Obrigkeit, der Eheleute, Eltern und Hauseltern, der Knechte und Mägde, der Jugend und der Witwen behandelt. Hier wird knapp ein ständisch differenzierter Tugendkanon entworfen, jeweils mit positiven und negativen Handlungen. Bei den Geboten für die Eltern wird erwähnt, dass sie bei Einhaltung der Zucht „ehre an ihnen erleben",

---

[47] Nach dem Augsburger Katechismus von 1533, ebd., 768.

[48] Vgl. *Meyer*, Erklärung (Anm. 43), 350.

[49] Vgl. *Reu*, Quellen zur Geschichte (Anm. 23), 834.

[50] *Werner Jetter*, Art. „Katechismuspredigt", in: Theologische Realenzyklopädie, Bd. 17, hrsg. v. Gerhard Müller, Berlin / New York 1988, 744–786, 755.

[51] Überblick zur Entwicklung der Katechismuspredigten ebd., 753–780.

aber dies ist der einzige Hinweis auf einen innerweltlichen Nutzen aller beschriebenen Anweisungen[52]. In den meisten katechetischen Texten werden
die lebenspraktischen Alltagsnormen bei der Erläuterung der Zehn Gebote
abgehandelt; diese werden traditionell in die zwei Mosaischen ‚Tafeln' un-
terteilt, die erste umfasst die Gebote gegenüber Gott, die zweite die Gebote
gegenüber den Mitmenschen. Die gebräuchliche Vermittlung christlicher
Alltagsnormen im Gewand der Zehn Gebote deutet die Übertretungen als
Sünden gegen Gott, nicht als Schaden für andere Menschen. Die Nürnberger Katechismuspredigt formuliert: „Und zum ersten bedenckt eben, das
Gott der Herr seine gepot darumb geben hat, das wir daraus sollen lernen,
was ihm wohl gefal [. . .]"[53]. In der Auslegung des vierten Gebots weisen die
Nürnberger Autoren allerdings auf die anthropologischen Notwendigkeiten
zur menschlichen Ernährung und Kinderpflege hin, für die Gott sorge[54].
Auch die Einrichtung der Arbeit und des Berufs gehören also zur
Schöpfung Gottes. An verschiedenen Stellen der Erläuterungen zu den
Zehn Geboten werden die krisenhaften oder gar katastrophalen Folgen der
Übertretungen göttlicher Gebote für die Menschen dargestellt. Diese Folgen
werden jedoch nicht als innerweltliche kausale Zusammenhänge geschil-
dert, sondern als von Gott gesandte Strafen.

Die Geschichte der katechetischen Textproduktion und der katechetischen Praxis im 17. Jahrhundert lässt kaum Rückschlüsse auf die Verstär-
kung oder Abschwächung von inhaltlichen Bezügen in Hinblick auf unsere
drei Untersuchungsfragen zu. Nach der Neukonstituierung der Katechese
im Zuge des Wiederaufbaus der Landeskirchen nach dem Dreißigjährigen
Krieg kam es in mehrmaligen Wellen zu Bemühungen, die Katechese in er-
neuerter, aber vor allem intensivierter Form im Gemeindeleben zu ver-
ankern. Die Debatte um zeitgemäße Formen des Katechismus bewegte sich
nicht auf eine völlige Neukonzeption hin, sondern suchte im Gegenteil eine
Rückkehr zu den reformatorischen Anfängen, zur Konzentration auf den
Bibeltext, zur Kurzfassung von Kernelementen der Christologie[55]. Bei manchen Autoren lässt sich eine Ausweitung der Applikation christlicher Glaubensgrundsätze auf das sittliche Alltagsleben feststellen; diese Texte sind
aber in ihrem katechetischen Einsatz sehr umstritten gewesen und galten
als Nebenwege, die in den Katechismuspredigten Platz fanden[56]. Auch der
Einbezug von Erläuterungen der Kirchenordnung und damit eine Stärkung
der ekklesiologischen Thematik ist eine Ausnahmeerscheinung.[57]

---

52 Vgl. *Reu*, Quellen zur Geschichte (Anm. 23), 153.

53 Ebd., 477.

54 Vgl. ebd., 479.

55 Vgl. *Gury Schneider-Ludorff*, Aktualisierung Luthers. Beobachtungen zum Umgang mit Luthers Kleinem Katechismus in der Aufklärung, in: Christentum im
Übergang: Neue Studien zu Kirche und Religion in der Aufklärungszeit, hrsg. v. Albrecht Beutel, Leipzig 2006, 205 – 215.

56 Vgl. im Überblick *Jetter*, Katechismuspredigt (Anm. 50), 760 – 765.

Ein Vergleich der protestantischen mit katholischen Katechismen anhand der weit verbreiteten Ausgabe des Kleinen Katechismus von Petrus Canisius aus der Mitte des 16. Jahrhunderts kann ergänzend einzelne charakteristische Unterschiede verdeutlichen[58]. Die Obrigkeit wird bei Canisius wie in protestantischen Katechismen generell als göttlich legitimiert repräsentiert, allerdings ohne größere thematische Ausführungen. Im Abschnitt „Ain kurtzer christlicher underricht von den hailigen sacramenten der buß [...]" wird bei der Behandlung des vierten Gebots beispielsweise auch der Ungehorsam gegen die Obrigkeit als Sünde genannt[59]. Eine Besonderheit ergibt sich im Gebetsanhang, wo das Kind die Hilfe des heiligen Geistes für „alle gaistliche und weltliche oberkait" erflehen soll. Dort werden Kaiser, Fürsten, Grafen, Freiherren und Ritter des Heiligen Römischen Reiches, „welliches du zu erweiterung deines hailigen glaubens verordnet hast", als Objekte der Fürbitten aufgeführt, damit sie das Reich schützen und schirmen vor dem „grausamen tyrannen und erbfeindt des christlichen bluts, den Türcken [...]"[60]. Damit knüpft der Katechismus des Canisius, ohne dies genauer zu erklären, an die Lehre Daniels von den vier Weltreichen an und verbindet diese Deutung mit den zeitgenössischen Türkenkriegen. Obwohl dies im 18. Jahrhundert zunehmend obsolet wird, ändert sich der Text in späteren Ausgaben nicht.

Die Darstellung der Kirche sowie ihrer Stellung und Aufgaben in der Welt werden bei Canisius ebenfalls wie in den protestantischen Katechismen nur wenig erwähnt. Bei den Kirchenämtern wird zuvörderst das Amt des Papstes genannt. Von der Kirche heißt es, ihrer Autorität sei von Gott die Sakramentsverwaltung unterstellt; allerdings werden keine anderen Ämter oder kirchliche Organisationsstrukturen erklärt, sondern lediglich Bischöfe und Priester im Text gelegentlich genannt[61]. Eine Besonderheit findet sich hingegen wieder bei der Frage der Legitimation christlicher Werte im Alltagshandeln. Bei der Erläuterung der Zehn Gebote wird bei der Darstellung der zweiten mosaischen Tafel eine Zusammenfassung gegeben, die für das 16. Jahrhundert überraschend utilitaristische Züge trägt: „Kürtzlich: Was du nit wilt, das dir geschehe, sagt Gottes wort, das solt du kainem andern thun, ja: Alles, so ihr wöllet, das euch die menschen thun, das sollet ir auch inen thun."[62] Dieses steht jedoch isoliert im Text; Folgerungen im Hinblick auf eine innerweltliche Legitimation göttlicher Gebote

---

[57] Ebd., 756.

[58] Zitate nach der Edition bei *S. Petri Canisii* [...] Catechismi latini et germanici, 2 Teile, Rom / München 1936. Zur Forschungssituation vgl. *Friedrich Trzaskalik*, Studien zu Geschichte und Vermittlung des katholischen Katechismus in Deutschland, Köln / Wien 1984.

[59] Vgl. *S. Petri Canisii*, Catechismi (Anm. 58), 227.

[60] Ebd., 225.

[61] Vgl. ebd., 218.

[62] Ebd., 217.

werden sonst nicht gezogen. Gerade diese Stelle zeigt jedoch, dass ebenso wie bei den protestantischen Katechismen die Texte gelegentlich für heterodoxe Interpretationen offen sind.

Im 17. Jahrhundert orientierten sich katholische Katechismen meist am Grundtext von Canisius, ergänzten ihn aber durch zusätzliche kindgerechte Erläuterungen[63]. Die zum Katechismus von Canisius 1592 entwickelten ‚Fragstücke‘ beispielsweise erläutern ausführlich den Messritus und die Abläufe des Kirchenjahrs[64]. Im Laufe des 17. Jahrhunderts werden meist die Katechismusabschnitte zu den alltäglichen Lebensregeln ausgebaut[65]. Der Würzburger ‚Exempelkatechismus‘ von Georg Vogler von 1630 etwa setzt auf Beispielgeschichten aus dem Leben Jesu, auf Liedtexte und auf ein Katechismusspiel. In seiner Konzentration auf die Christologie und in seinen Andachtsübungen nähert er sich den protestantischen Texten[66]. Die umfangreiche Berücksichtigung häuslicher Situationen in den Liedern und Gebeten zum Tagesablauf spiegelt die Funktion dieses Textes für die neugegründete Würzburger Mädchenschule. Kirche und Gemeinde begegnen vor allem in den verstreuten Darstellungen des religiösen Brauchtums, die die religiöse Praxis der katholischen Reform in Stadt und Land beherrscht; dabei wird u. a. auch den Wundergeschichten, Wallfahrten und dem Hexenglauben besondere Beachtung geschenkt, die in protestantischen Katechismen nicht auftauchen[67].

Ein Bruch in der Entwicklung der Inhalte von Katechismen lässt sich erst für die Phase der Hochaufklärung konstatieren. Seit Mitte des 18. Jahrhunderts setzten zwei grundlegende Wandlungsprozesse ein, deren Radikalität nochmals ein Schlaglicht auf die geringe Flexibilität der traditionellen Katechismen wirft. Zum einen wurden im protestantischen Bereich neue Katechismen entwickelt, die inhaltlich mit den alten Konzepten brachen und nach den Vorgaben der ‚natürlichen Religion‘[68] die Verknüpfung der theo-

---

[63] Vgl. zur Entwicklung der katholischen Katechese generell *Karl Schrems*, Die Methode katholischer Gemeindekatechese im deutschen Sprachgebiet vom 16. bis zum 18. Jahrhundert, Frankfurt a.M. 1979.

[64] Teilabdruck ebd., 94–98. Zu diesem Text gehört auch der „Symbolismus der Finger", der jedem Finger einen religiösen Erinnerungsspruch zuordnet.

[65] Vgl. etwa die Mainzer Katecheteninstruktion von 1671, ebd., 32 f.

[66] Vgl. *Theodor Brüggemann / Otto Brunken* (Hrsg.), Handbuch der Kinder- und Jugendliteratur, Bd. 2, Stuttgart 1991, 106–122. Der Katechismus Voglers hatte im 17. Jahrhundert mindestens sieben Neuauflagen, ebd., 120. Vgl. *Georg Vogler*, Catechismus In auserlesenen Exempeln, kurtzen Fragen, schönen Gesängen, Reymen und Reyen für Kirchen und Schulen, Würzburg 1630.

[67] Vgl. *Brüggemann / Brunken*, Handbuch der Kinder- und Jugendliteratur (Anm. 66), Bd. 2, 110, 120–122.

[68] Zum zeitgenössischen Begriff der ‚natürlichen Religion‘ vgl. *Hans-Erich Bödeker*, Kirche als Religionsgesellschaft im Diskurs der deutschen protestantischen Aufklärung. Eine Strukturskizze, in: Baupläne der sichtbaren Kirche. Sprachliche Konzepte religiöser Vergemeinschaftung in Europa, hrsg. v. Lucian Hölscher, Göttingen 2007, 53–89, bes. 62–78.

logischen und sittlichen Maßstäbe mit der Offenbarung kappten. Zum anderen wurden statt der Katechismen mit Frage-Antwort-Schema für den Religionsunterricht verstärkt Exempelbücher mit moralischen Beispielgeschichten verwendet, die ihre Texte nicht der Bibel, sondern moralischen Geschichten entnahmen. Neben das rationale Erkennen von gesellschaftlicher Ordnung und deren Bejahung traten Bemühungen um gefühlsbestimmte Handlungsanleitungen[69]. Auch die Exempelbücher lösten sich von der Offenbarungsüberlieferung und begründeten die gesellschaftlichen Normen mit einer vernunftgemäßen, gleichwohl gottgewollten Sittlichkeit zum sozialen Wohl Aller. Insgesamt nahm die Bedeutung der Katechismen für den Unterricht ab und die der moralisch belehrenden Kinderliteratur stieg. In abgeschwächtem Maße gilt dies auch für den Katholizismus: In vielen katholischen Territorien des Reiches wurden nach dem Vorbild Österreichs die Katechismen als wichtigste Schulbücher abgelöst und durch neue Formen von ABC- oder Elementarbüchern ersetzt. Zwar behielten die Katechismen durchaus noch eine religionspädagogische Funktion, aber nicht mehr die Vorrangstellung im Schulunterricht[70]. Auch in den im späten 18. Jahrhundert verfassten katholischen Katechismen wurde aber das Monopol der von Gott eingesetzten Kirche als Bewahrerin und Auslegerin der Glaubenswahrheiten nicht aufgebrochen: Man dürfe Gottes Wort nicht so bekennen, wie man es selbst zu verstehen meine[71]. Dies dürfte ein wichtiger Unterschied zum Großteil der protestantischen Katechismen gewesen sein.

Im protestantischen Bereich wurde der Begriff ‚Katechismus' im späten 18. Jahrhundert auch für Texte ohne Bezug zu den traditionellen Hauptstücken weiter benützt, um an die Lehrfunktion anknüpfen zu können. So entstanden neue Formen protestantischer Frömmigkeitsanleitungen, die den alten katechetischen Charakter verloren, wie z. B. Carl Friedrich Bahrdts 1790 erschienener „Catechismus der natürlichen Religion"[72]. Auf

---

[69] Vgl. *Klaus-Ulrich Pech*, Beispielgeschichten. Anmerkungen zu einem Prototyp der Kinder- und Jugendliteratur, in: Aufklärung und Kinderbuch, hrsg. v. Dagmar Grenz, Pinneberg 1986, 79–118, bes. 93–99.

[70] Vgl. die bei *Ingeborg Jaklin*, Das österreichische Schulbuch im 18. Jahrhundert (Buchforschung. Beiträge zum Buchwesen in Österreich, 3), Wien 2003, 124–134 abgedruckte Liste der seit 1770 gebrauchten Schulbücher in den österreichischen Erbländern. Gesetzliche Grundlage der Schulbuchreformen war die 1774 erlassene „Allgemeine Schulordnung für die deutsche Normal-, Haupt- und Trivialschulen in sämmtlichen Kayserl. Königl. Erbländern". Vgl. zu Bayern *Michael Rettinger*, Die Schulbücher Heinrich Brauns, in: Handbuch der Geschichte des Bayerischen Bildungswesens, Bd. 1, hrsg. v. Max Liedtke, Bad Heilbrunn 1991, 701–710.

[71] Vgl. den einflussreichen Text von *Johann Ignaz Felbiger*, Katholischer Katechismus zum Gebrauche der Schlesischen und anderen Schulen Deutschlands nach der Fähigkeit der Jugend in drey Klassen eingetheilt, Münster 1775. Zur Person des Autors vgl. *Josef Stanzel*, Die Schulaufsicht im Werk des J.I. von Felbiger (1724–1788). Schule, Kirche und Staat in Recht und Praxis des aufgeklärten Absolutismus, Paderborn 1976.

[72] Vgl. *Theodor Brüggemann / Hans-Heino Ewers* (Hrsg.), Handbuch der Kinder- und Jugendliteratur, Bd. 3, Stuttgart 1982, 776 f.

der Grundlage der ‚reinen Vernunftreligion' behandelt Bahrdt umfangreich
zwei Teile: 1. die Gotteserkenntnis und 2. die Kenntnis von der Glückseligkeit und den Regeln ihres Erlangens[73]. Glaube erfolge auf der Basis der Vernunft und sinnlichen Wahrnehmung. Beide seien die einzigen Quellen der
göttlichen Offenbarung, keine menschengemachten Texte. Als Mittel zur
Glückseligkeit wird die Tugend bezeichnet, die Zehn Gebote werden nicht
erwähnt. Die Übel der Welt beruhten auf der Unvollkommenheit der Natur
und der Menschen. Jede der von Bahrdt vorgestellten Repräsentationen von
Natur und Gesellschaft entbehrt der Verbindung zu kirchlich-religiösen
Deutungen und Praktiken; damit geht sein Text über die philanthropischen
Entwürfe hinaus. Gesellschaftliche Ordnung schaffen alleine die Regelun-
gen der natürlichen und bürgerlichen Rechte der Menschen[74]. Andere protestantische Texte waren in der Abkehr von den traditionellen Katechis-
musschemata zurückhaltender. Zwei Ausgaben von Johann Georg Schlosser
beispielsweise, die sich bewusst an die dörfliche Bevölkerung und deren
Lehrer wandten, konzentrieren sich auf die Worte und Lehren Jesu unter
Wegfall einiger zentraler Hauptstücke, u. a. den Abschnitten zum Amt des
Schlüssels. Der Text vermeidet jedoch Hinweise zum Problem der Wahrheit
und Authentizität der Schrift. Er ist dreiteilig: einer Religionsgeschichte
folgen die Behandlung des Kleinen Katechismus Luthers und abschließend
Erläuterungen zum Matthäusevangelium. Schlosser wendet sich damit sowohl gegen rationalistische als auch Vorstellungen der ‚natürlichen Religion' und zielt auf einen gefühlvollen Glauben des Herzens[75].

Der knappe Durchgang durch katechetische Texte des 16. bis 18. Jahrhunderts hat gezeigt, dass der Katechismus als Schulbuch seine bedeutende
Funktion bis in die Zeit der Aufklärung – und darüber hinaus – nicht verlor,
allerdings dann erheblichen Wandlungen unterlag. Er blieb ein grundlegen-
des Lehrbuch religiösen Wissens, dessen inhaltlicher Aufbau, bei allem
Wandel zwischen der Reformation und der Aufklärung, keinen Platz für eine Erweiterung um die Darstellung von Kirche, Staat und Gesellschaft bot.
Die Diskussionen über die Ziele der Katechese und die theologischen
Grundlagen christlichen Glaubens führten im Ergebnis zu einer Darlegung
konfessionell abgesicherter, aber nicht primär konfrontativ-polemisch auf-
geladener Lehrinhalte. Für den Zusammenhang der Säkularisierungsforschung ist bedeutsam, dass in der gesamten Frühen Neuzeit sowohl die

---

[73] Vgl. *Carl Friedrich Bahrdt,* Katechismus der natürlichen Religion, als Grundlage eines jeden Unterrichts in der Moral und Religion, Halle 1790, 3.

[74] Vgl. *Brüggemann / Ewers,* Handbuch der Kinder- und Jugendliteratur (Anm. 72),
Bd. 3, 786–791.

[75] Vgl. *Johann Georg Schlosser,* Katechismus der Sittenlehre für das Landvolk,
Stuttgart 1998 [Neudruck der Ausgabe Frankfurt a.M. 1771]; *ders.,* Katechismus der
christlichen Religion für das Landvolk, Leipzig 1776. Vgl. zu beiden Texten *Brüggemann / Ewers,* Handbuch der Kinder- und Jugendliteratur (Anm. 72), Bd. 3, 735–740.
Schlosser war Schwager Goethes.

kirchlichen Strukturen als auch das Verhältnis von Kirche und Staat in den Katechismen nicht explizit thematisiert wurden, da die Formen der Kirche in der Welt nicht zu den grundlegenden Glaubensvorstellungen gerechnet wurden. Stattdessen zielten die ausgewählten Bibeltexte und ihre Auslegungen einzig auf die Heilsbotschaft und ihre Folgen für ein christliches Leben des Individuums. Das soziale Moment der christlichen Gemeinde wurde kaum gestreift. Die Katechismen aller drei Konfessionen blieben, so kann man zusammenfassen, in der Konfessionsbildung stecken und beschrieben den Übergang zur Konfessionalisierung von Staat und Gesellschaft in ihren Texten selbst nicht. Die Konfessionalisierung fand in Katechismen nicht statt, daher konnten sie auch nicht entkonfessionalisiert werden. Die Katechismen boten der Entwicklung zur Privatisierung von Religion keine Widerstände, auch wenn hier mit Blick auf die katechetische Praxis nicht behauptet werden soll, dass sie diesen Prozess direkt förderten. Die im 17. Jahrhundert verstärkte Behandlung religiös begründeter, sittlich normierender Verhaltensstandards in den Katechismen trug ebenfalls zu einer individuellen Heilsorientierung bei.

Dieses Ergebnis gilt jedoch vorwiegend für die protestantischen Textausgaben. Die katholischen Katechismen, deren Variationsbreite geringer als die der protestantischen war, thematisierten die Rolle der kirchlichen Amtsstrukturen aus ihrer Theologie heraus stärker, ebenso die konfessionalistische Vorstellung einer Identität von kirchlicher und obrigkeitlicher Autorität. Diese Tendenz blieb erhalten, auch als die katholische Katechese im späten 18. Jahrhundert einen Bedeutungsverlust im Schulunterricht erlitt. Die katholischen Katechismen zeigten sich also langfristig resistent gegen jede Säkularisierungstendenzen. Für protestantische Katechismen lässt sich hingegen ein deutlicher Bruch in der zweiten Hälfte des 18. Jahrhunderts feststellen, der vor allem durch die Abkehr von jeglichem Bezug auf die biblische Offenbarung charakterisiert ist. Vernunft als leitendes Prinzip der ‚natürlichen Religion‘ lässt nur noch sittlich orientierte und gefühlsmäßige Deutungen von gesellschaftlicher Ordnung zu. Diese Tendenz hatte sich in den protestantischen Katechismen vor 1750 aber nicht vorbereitet; allerdings standen die älteren Texte mit ihrer Konzentration auf den privaten, individualistischen Glauben als Widerstandsmittel gegen die Vernunftreligion nicht zur Verfügung.

Insgesamt bleibt festzuhalten, dass sich die Katechismen, wohl die größte Gruppe unter den frühneuzeitlichen Schulbüchern, gegen eine grundlegende Veränderung ihrer Textinhalte bis weit in die zweite Hälfte des 18. Jahrhundert hinein sperrten. Der seit der Reformation starre Rahmen der ‚Hauptstücke christlichen Glaubens‘, die enge Bindung an biblische Textauszüge, die Orientierung auf Christologie und Rechtfertigungslehre und die streng dogmatische Aussageform der protestantischen Texte verhinderten den Einbezug von Themen, die das Verhältnis von Kirche, Staat und Gesellschaft betrafen. Das zwischen dem 16. und dem 18. Jahrhundert gewandelte Verständnis von Kirche in der Welt konnte sich somit in den Katechismen nicht niederschlagen. Der Charakter der protestantischen katechetischen Texte bot andererseits Spielraum für eine ‚privatistische' Deutung von Religion und Glauben, die mit dem Rückzug der Kirche aus dem öffentlichen Raum kompatibel war. In katholischen Katechismen hingegen lassen sich deutlichere Aussagen zu einer aktiven Rolle der Kirche in Staat und Gesellschaft und auch bei der individuellen Heilsvermittlung feststellen, die sich selbst im späten 18. Jahrhundert kaum veränderten.

Muttersprachliche Naturkundebücher für den Schulunterricht gab es in Deutschland bis ins 18. Jahrhundert hinein nicht, da das Thema ‚Natur' nicht zum schulischen Lehrstoff-Kanon gehörte. Erste Ansätze, Naturkunde an niederen Schulen einzuführen, waren Teil der Schulreformen in Sachsen-Gotha unter Herzog Ernst dem Frommen in den 1650er Jahren[76]. Der führende protestantische Schulreformer dieser Jahre, der Theologe Andreas Reyher, arbeitete im Auftrag des Fürsten u. a. einen kurzen Text aus, der den Schülern die Natur als Schöpfung Gottes deutete[77]. Dies blieb aber ein Einzelfall, der keine Nachahmer fand. Das berühmte Schulbuch „Orbis pictus sensualium" des Jan Amos Comenius von 1653 lässt sich nur bedingt als weitere Anregung verstehen, da es ein pädagogisches Gesamttableau des Lernens vom ABC über die Bibel bis zur Sittenlehre bietet, worin die Naturkunde nur relativ wenig Raum einnimmt[78]. Auch ein 1681 im Verlag Endter in Nürnberg anonym erschienenes Lehrwerk bot zwar auf Kupferstichen in 36 Tafeln Abbildungen von Gegenständen des kindlichen Alltags und der Natur, z. B. Tiere und menschliche Körperteile. Diese dienten jedoch nicht der Naturkenntnis, sondern lediglich der Wort- und Silbenerklärung[79].

Im frühen 18. Jahrhundert wurde eine Stätte pädagogischer Reformen der Geburtsort der muttersprachlichen Naturkunde: die Franckeschen Anstalten in Halle. Dort nahm die Produktion von Schulbüchern eine besondere Funktion für die pietistische Bewegung ein[80]. Schon vor der Gründung

---

[76] Siehe zu diesen die umfassende Untersuchung von *Veronika Albrecht-Birkner*, Reformation des Lebens. Die Reformen Herzog Ernsts des Frommen von Sachsen-Gotha und ihre Auswirkungen auf Frömmigkeit, Schule und Alltag im ländlichen Raum (1640–1675) (Leucorea-Studien zur Geschichte der Reformation und der Lutherischen Orthodoxie, 1), Leipzig 2002.

[77] Vgl. *Andreas Reyher*, Kurtzer Unterricht von natürlichen Dingen, Gotha 1659.

[78] Vgl. *Stefan Ehrenpreis*, Teaching Religion in early modern Europe. Catechisms, emblems and local traditions, in: Cultural Exchange in Early Modern Europe, vol. I: Religion and Cultural Exchange in Europe, 1400–1700, hrsg. v. Heinz Schilling / Istvan G. Toth, Cambridge 2006, 256–273.

[79] Vgl. Neu-erfundener Lust-Weg Zu dem Grund aller Künste und Wissenschaften, Nürnberg 1681.

[80] Zur Rolle Halles als Verlagsstandort vgl. die Aufsatzsammlung von *Hans-Joachim Kertscher*, Literatur und Kultur in Halle im Zeitalter der Aufklärung, Hamburg 2007, 315–419.

des Lehrerseminars, dessen Absolventen für die Verbreitung der pädagogischen Ideen des Hallischen Pietismus eine wichtige Rolle spielten, widmeten sich Francke und seine Mitstreiter den Möglichkeiten, pietistische Unterrichtsreformen durch entsprechendes Unterrichtsmaterial zu unterstützen. Eine Besonderheit war die Fokussierung auf muttersprachliche Unterrichtsmaterialien für die Ebene der lesefähigen älteren Schülerinnen und Schüler der Deutschen Schulen. Hier war eine Lücke zu füllen, die zwischen den ABC-Fibeln einerseits und den Langfassungen der Katechismen andererseits lag. Diese Spezifik des hallischen Buchangebots resultierte wohl auch aus der an den Franckeschen Anstalten erfahrbaren Notwendigkeit, die Lernstufen für die Absolventen der Deutschen Schulen differenzierter zu gestalten. Die große Zahl der aus der Stadt und den Vorstädten zu den Deutschen Schulen der Franckeschen Anstalten strömenden Kinder bot darüber hinaus einen attraktiven Absatzmarkt[81].

Die Gründung der schnell erfolgreichen Verlagsbuchhandlung des Waisenhauses hatte aber von Anfang an auch die Aufgabe, die Pädagogik Hallischer Prägung im gesamten protestantischen Deutschland zu verbreiten und zu propagieren[82]. Neben den Schriften Franckes dienten hierzu zahlreiche Publikationen anderer pietistischer Theologen im Verlag, u. a. katechetische Literatur des führenden pietistischen Giessener Religionspädagogen Johann Jacob Rambach[83]. Die umfangreiche Korrespondenz August Hermann Franckes beschäftigte sich immer wieder auch mit Buchprojekten und Beziehungen zu auswärtigen Buchhändlern.

Das für unsere Fragestellung einschlägige Untersuchungsobjekt ist eine 1720 im Verlag der Waisenhausbuchhandlung erschienene Schrift mit dem Titel „Kurtze Fragen von den Natürlichen Dingen oder Geschöpffen und Wercken Gottes." 1728 erschien ein Nachdruck des Verlags, 1790 eine Neubearbeitung in der 9. Auflage, unter dem Titel „Unterricht von natürlichen Dingen" bis 1838 insgesamt mindestens 23 weitere Ausgaben[84]. In der For-

---

[81] Zur Funktion der Deutschen Schulen der Anstalten als Elementarschulen Halles und der Vorstädte siehe *Juliane Jacobi*, Die Bedeutung der Waisenhausschulen als Bildungseinrichtungen der Stadt Halle, in: Bildung und städtische Gesellschaft. Beiträge zur hallischen Bildungsgeschichte, hrsg. v. Thomas Müller-Bahlke, Leipzig 2003, 54–68.

[82] Am Studienzentrum der Franckeschen Anstalten wird unter der Leitung von Dr. Brigitte Klosterberg gegenwärtig ein Forschungsprojekt betrieben, das eine vollständige Bibliographie der im Verlag der Waisenhausbuchhandlung erschienenen Titel (gesammelt bisher 1416 Nummern) zum Ziel hat. Vgl. vorläufig ABC-Büchlein und Bilderbibel. Kinder- und Jugendliteratur in Franckes Stiftungen (Kleine Schriftenreihe der Franckeschen Stiftungen, 1), Halle 2000; *Brigitte Klosterberg*, Der Verlag der Buchhandlung des Waisenhauses zu Halle. Buchbestände, Archivalien und Projekte des Studienzentrums August Hermann Francke, in: Leipziger Jahrbuch für Buchgeschichte 12 (2003), 421–431.

[83] Vgl. zu diesem *Walter Hug*, Johann Jacob Rambach (1693–1735). Religionspädagoge zwischen den Zeiten, Stuttgart 2003, besonders 191–194 die Liste seiner Publikationen.

schung ist es als „erstes deutschsprachiges naturwissenschaftliches Schulbuch" bezeichnet worden[85]. Ob dies tatsächlich zutrifft, ist beim gegenwärtigen Forschungsstand nicht sicher zu beantworten; jedenfalls liegt das Erscheinungsjahr in einem Zeitraum, in dem der Aufschwung des Fachbuchmarktes in Leipzig beginnt, ohne dass dessen Produktion als Schulbücher bezeichnet werden können[86].

Autor des Werkes war Johann Georg Hoffmann (?-1730), Inspektor der Deutschen Schulen der Franckeschen Anstalten[87]. Wie die Akten der folgenden Jahre zeigen, blieb Hoffmann in allen Fragen der Deutschen Schulen mit Francke in engem Kontakt[88].

Die Vorrede des Werkes, betitelt „Von den rechten Gränzen der Philosophia naturalis", stammt von Johann Daniel Herrnschmidt (1675 – 1723), Professor der Theologie an der Universität Halle und Stellvertreter Franckes (Subdirektor) in den Anstalten[89]. Er fungierte gleichzeitig als Oberinspektor

---

[84] Vgl. *Brüggemann / Brunken*, Handbuch der Kinder- und Jugendliteratur (Anm. 66), Bd. 2, 1413. Der vollständige Titel lautet: *Johann Georg Hoffmann*, Inspector der Teutschen Schulen bey dem Hallischen Waysen-Hause / Kurtze Fragen Von denen Natürl. Dingen oder Geschöpffen und Wercken Gottes / Welche Gott als Zeugen seiner Liebe / Almacht / Majestät und Herrlichkeit den Menschen vor Augen gestellet, Zum Lob und Preis des grossen Schöpffers / Und zum Dienst der Einfältigen, sonderlich der kleinen Schul-Jugend, aufgesetzet. Samt einer Vorrede Johann Daniel Herrnschmids / S.Th.D. und P.P.Ord. Von den rechten Gränzen der natürlichen Philosophie, Halle: Waisenhaus 1720. – Zum Nachdruck von 1728 vgl. *Theodor Georgi*, Allgemeines Europäisches Bücher-Lexikon, Bd. 2, Leipzig 1742, 275.

[85] *Brüggemann / Brunken*, Handbuch der Kinder- und Jugendliteratur (Anm. 66), Bd. 2, 1413. In der Vorrede Herrnschmidts werden Reyhers „Kurzer Unterricht von natürlichen Dingen" und nicht spezifizierte „andere zu gleichem Zweck dienende Schrifften" als Vorläufer und Hilfsmittel bei der Abfassung des Werkes genannt, vgl. *Hoffmann*, Kurtze Fragen (Anm. 84), Vorrede, 64 f.

[86] Vgl. *Detlef Döring*, Leipzig als Produktionsort enzyklopädischer Literatur bis 1750, in: Seine Welt wissen. Enzyklopädien in der Frühen Neuzeit, hrsg. v. Ulrich Johannes Schneider, Darmstadt 2006, 125 – 134.

[87] Hoffmann war bereits seit den 1690er Jahren mit Francke bekannt, als er noch als Lehrer in Königsee tätig war. Nach der Jahrhundertwende kam er nach Glaucha, wo er 1715 als Rektor der Bürgerschule nachweisbar ist. Damals arbeitete er eng mit Francke in Fragen der Katechese zusammen. 1718 trat er in Franckes Anstalten als Oberinspektor der Deutschen Schulen ein, als diese organisatorisch von der Lateinschule abgetrennt wurden. Geichzeitig war er auch noch für zwei Deutsche Schulen der Hallischen Vorstadt mitverantwortlich. Vgl. die Korrespondenz im Archiv der Franckeschen Stiftungen (AFSt), Hauptarchiv C 65 b: 1 – 3, sowie den Bericht Hoffmanns an Francke, AFSt, Hauptarchiv A 193, 47. Vgl. auch *Axel Oberschelp*, Das Hallische Waisenhaus und seine Lehrer im 18. Jahrhundert. Lernen und Lehren im Kontext einer frühneuzeitlichen Bildungskonzeption, Tübingen 2006, 29, 130.

[88] Vgl. beispielsweise Berichte Hoffmanns an Francke über die Verhältnisse der Deutschen Schulen der Anstalten und in Glaucha in AFSt, Hauptarchiv D 85, 461 (1718) und A 175, 49 (1721).

[89] Herrnschmidt stammte aus Schwaben und studierte Theologie in Altdorf und Halle. Seit 1698 war er als Lehrer am Pädagogium der Anstalten tätig und wurde zwei Jahre später Franckes Privatsekretär mit Wohnung in seinem Haus. 1701 erlangte er unter dem Dekanat Franckes die Stelle des Adjunkten der Theologischen Fakultät der Universität Halle, ging jedoch im folgenden Jahr in seine Heimat und

der Lateinschule der Anstalten[90]. Bis zu seinem Tod 1723 wurde er der wichtigste und engste Mitarbeiter Franckes[91]. Damit wird deutlich, dass für dieses Buchprojekt zwei sehr enge Mitarbeiter Franckes, die in ständigem Kontakt mit ihm organisatorische und pädagogische Fragen besprachen, verantwortlich waren. Die Verbundenheit der Autoren mit dem Anstaltsdirektor kommt auch in der Widmung an Francke zum Ausdruck. Die Bedeutung des Werkes, die die Autorenseite offenbart, wird durch die Funktion des Buches innerhalb der Anstaltsschulen bestätigt: es ist das erste und wohl wichtigste Schulbuch, das den realienkundlichen Schwerpunkt in Franckes Unterrichtsvorstellungen verwirklichen half und organisatorische Neuordnungen des Schulwesens der Anstalten komplettierte. Während Francke persönlich, andere Anstaltsmitarbeiter und wissenschaftliche Kontaktpersonen ganz überwiegend religiöse Lehr- und Erbauungsschriften schufen, entstand hier ein Lehrwerk für den Naturkundeunterricht, das ebenfalls als ein Beitrag zur Erkenntnis Gottes verstanden werden sollte.

Wie in der reflektierten Unterrichtspraxis der Franckeschen Anstalten üblich, machten sich die Autoren Gedanken über den idealen Gebrauch des Werkes. Dem eigentlichen Hauptwerk wurden zwei didaktische Teile beigegeben: die von Herrnschmidt verfasste 60-seitige Vorrede[92] und eine von Hoffmann entworfene dreiseitige „Vor-Erinnerung vom Rechten Gebrauch dieses Büchleins"[93]. Beide wandten sich nur an die Lehrenden. Die knappe „Vor-Erinnerung" gab die pädagogisch-didaktische Richtung vor: der Lehrer solle die Naturkunde nur ein- bis zweimal die Woche behandeln, geringer als die tägliche Lektüre der Bibel. Besondere Aufmerksamkeit muss dem Schülerinteresse gelten: „Und wenn sich / wie bey den jungen Gemüthern leicht geschiehet / eine unmäßige Begierde hervor thun / und sie die Physic höher als die H. Schrift halten wollten / so muß solche möglichst /

---

amtierte als Diakon seines Vaters, der Pfarrer war, und publizierte theologische Schriften und geistliche Lieder. 1712 rief man ihn auf Franckes Empfehlung als Superintendent und Hofprediger nach Nassau-Idstein. Als Francke wegen Krankheiten und Reisetätigkeit immer stärker die Notwendigkeit eines Stellvertreters erkannte, fiel die Wahl auf Herrnschmidt, der 1716 als Professor der Theologie an die Universität berufen wurde. Vgl. zur Biographie *Friedrich Wilhelm Bautz,* Art. „Herrnschmidt, Johann Daniel", in: Biographisch-Bibliographisches Kirchenlexikon, Bd. II, hrsg. v. dems., Hamm 1990, 773 f.; *Georg Knuth,* A. H. Franckes Mitarbeiter an seinen Stiftungen, Halle 1898, 140–165; *Gustav Kramer,* August Hermann Francke. Ein Lebensbild, Bd. II, Hildesheim 2004 [Neudruck], 208–213.

[90] Vier Thaler und Sechzehn Groschen. August Hermann Francke, der Stifter und sein Werk. Ausstellungskatalog der Franckeschen Anstalten, Halle 1998, 196.

[91] Vgl. ebd., 228. Von der besonderen Verbundenheit zeugt auch der Nachruf Franckes auf seinen Stellvertreter in AFSt, Hauptarchiv D 44, Anhang, 411–424.

[92] Vgl. *Hoffmann,* Kurtze Fragen (Anm. 84), Vorrede Herrnschmidts (mit gesonderter Seitenzählung), 5–66. Benutzt wurde eine in der Bibliothek des Studienzentrums der Franckeschen Anstalten vorhandene Kopie. Ein Originaldruck findet sich u. a. in der Herzog August-Bibliothek in Wolfenbüttel.

[93] Ebd., hinter 66 (unpag.). An die „Vor-Erinnerung" schließt sich eine Gliederungsübersicht sowie der mit neuer Seitenzählung startende Haupttext an.

doch weißlich / bey ihnen verhütet und gedämpfet werden"[94]. Das Buch sollte nicht in die Hände der Schüler gegeben werden, sondern beim Lehrer verbleiben. Bei der Bindung sollte weiteres Papier eingeschossen werden, um Raum für didaktische Anmerkungen oder Ergänzungen des Stoffs zu lassen.

Die Anleitung zur Einordnung und angestrebtem Verständnis des Buches leistet die ausführliche, mit dem Datum des 20. Dezember 1719 unterzeichnete Vorrede Herrnschmidts. Sie zeigt, dass bereits vor Ausbruch des bekannten Streits Franckes mit Christian Wolff 1721 dessen Naturphilosophie in der Anstaltsleitung als höchst problematisch angesehen wurde. Unter Bezug auf Interpretationen der Naturphilosophie durch Johann Christoph Sturm, Scheuchzer, aber auch Robert Boyle, auf die knapp in den Anmerkungen verwiesen wird, betont Hoffmann den Hauptzweck der Naturkenntnis: die Offenbarung Gottes in seiner Schöpfung. Zunächst bekräftigt Hoffmann mit Hinweis auf eine Bibelstelle in den Römerbriefen die Legitimität der Erforschung der Natur, da die Heiden der Antike in der Erkenntnis Gottes nur die unterste Stufe erreicht hätten, „weil sie der Spur ihrer natürlichen Erkenntniß nicht getreulich nachgegangen"[95] seien. Da die christliche Lehre selbst „uns in die Betrachtung der Schöpfung und Erhaltung aller Dinge hineinführe", sei es nicht unnütz, wenn ein Christ „das ganze Welt-Gebäude in seinen grossen Cörpern, nach deren natürlichen Eigenschafften und Bewegungen, theils aber die sonderbahre Geschöpfe [...] genauer bemercket, und eines aus dem andern, zu einem desto vollständigern Begriff der Sachen, folgert, mit dem beständigen Endzweck / Gottes wunderbare Krafft / Weisheit / Güte und Warheit / um so viel mehr in seinem eignen Gemüthe und bey andern zu verherrlichen [...]"[96]. An anderer Stelle wird die Naturbeobachtung geradezu eine christliche Pflicht: „Ein meister auf Erden hält es für eine Verachtung, wenn man sein Werck nicht recht ansehen mag; also heißt das ebenmäßig nicht Gott ehren, wenn man seine wundersame Creaturen keines bedachtsamen Anschauens oder Nachdenkens würdiget"[97].

Herrnschmidt konzediert dann den Gebrauch der menschlichen Sinne und des Verstandes zur Erforschung der Natur, allerdings in der für die damalige protestantisch-theologische Naturphilosophie charakteristischen Weise. Zunächst wird darauf hingewiesen, dass nicht jeder gleichartig zur Erforschung der Natur prädestiniert sei: „Dahero es bey vielen genug ist, wenn ein jeder von demjenigen, was er in der Natur zufälliger Weise erkennet, es sey wenig oder viel, den obgedachten guten Gebrauch machet, und seinen Schöpfer demüthig darüber ehret [...]"[98]. Insbesondere die Arbeit

---

[94] Ebd., Vor-Erinnerung „Zum rechten Gebrauch [...]", unpag.
[95] Ebd., Vorrede Herrnschmidts „Von den natürlichen Grenzen [...]", 7.
[96] Ebd., 9.
[97] Ebd., 16.

am Begriff, d. h. auch die wissenschaftliche Ordnung der Natur, ist nur denen vorbehalten, die die Naturphilosophie in großem Umfang studieren
können. Dieses Studium ist mittels der „Betrachtung der natürlichen Dinge
durch die Sinne" zu erfolgen und schafft „den Grund, auf welchem die folgende Natur-Erkundigung gebauet werde"[99]. Zwar wird neben der sinnlichen Wahrnehmung auch dem Verständnis durch „Vernunfft-Schlüsse" eine Bedeutung eingeräumt. Außer auf die technische Beschränktheit der
Wahrnehmung verweist Herrnschmidt auch darauf, „daß man dabey nicht
vergesse, wie leicht man in Schlüssen fehlen könne / und wie grosse Unvollkommenheit in unseren Gemüths-Kräfften sich bey aller Gelegenheit äus-
sere"[100]. Die Fehlschläge spekulativer Metaphysik ließen sich leicht an der
aristotelisch-scholastischen Physiklehre beweisen. Daher sei es zu be-
grüßen, dass die Philosophie „ihre Gedancken von denen verborgenen Be-
schaffenheiten, Wirckungen und Ursachen der natürlichen Dinge" nicht als
Lehrsätze, sondern als Hypothesen oder Versuche vortrage[101].

Mit diesen deutlichen Hinweisen setzte sich Herrnschmidt von jedweder
rationalistischen Richtung der Naturphilosophie ab. Deutlich wird an einer
anderen Textstelle, dass eine solche Richtung einer atheistischen Sicht zu-
geordnet wird: „Denn obwohlen dieses ausser Zweifel stehet, daß der erste
und allgemeine Ursprung aller Bewegung aus dem göttlichen Willen und
Allmacht-Spruch herzuführen, so forschen doch die Weltweisen der nähern
und unmittelbaren Ursache nach; und wissen einige solche nirgend, als in
einem so genannten Natur-Geist anzutreffen, den sie aber weder beweisen
noch beschreiben können [. . .]"[102].

Als Konsequenz aus den positiven und negativen Momenten der Deutung
von Repräsentation für den Glauben empfiehlt Herrnschmidt, dass sich der
Mensch mit den Grenzen seines Verstandes abfinde und nicht der Gefahr
erliege, das als unwahr anzusehen, was nicht zu verstehen sei. „Denn es soll
doch dieses der allein wahre Zweck und Gebrauch der Physic seyn und bleiben, daß man Gott als Gott, d.i. als den unendlich=weisen, mächtigen und
gnädigen Schöpffer und Herrn, auch aus den Geschöpffen erkennen, und
am Ende alles, wir verstehen es oder nicht, uns denselben zu loben und zu
lieben bewegen soll"[103]. Er erläutert dies im folgenden Abschnitt am Beispiel der Arbeit mit dem Mikroskop: zwar könne man kleinste Teilchen
natürlicher Körper identifizieren, ihre Funktion aber nicht erklären. Letztlich stoße der Naturforscher überall auf Unbegreiflichkeiten, die er auch
nicht zu verstehen versuchen solle: „Dahero thut man abermal am besten,

---

[98] Ebd., 15.
[99] Ebd., 18 f.
[100] Ebd., 20.
[101] Vgl. ebd., 22 f.
[102] Ebd., 42.
[103] Ebd., 26.

daß man von dem nachsinnen ablasse, und bekenne, daß die Wercke der
Schöpffung in denen minimis uns unbegreiflich seyn [...]"[104]. Das Gleiche
gelte auch für die Betrachtung der kosmischen Ordnung, da zwar die Bewegung der Planeten u. a.m. erkannt worden sei, allerdings nicht die treibende
Kraft von deren Lauf und auch nicht ihr innerer Zustand. Insgesamt sei es
dem Menschen nicht möglich, sich „die ursprüngliche Materie, die allen ir-
dischen Cörpern gemein sey", zu erschliessen[105]. So sei insbesondere nicht
erklärbar, wie es vor sich gegangen sei, „daß aus denen Elemetarischen
Theilen, vermittelst unterschiedener Vermischungen, die besondere Cörper
mit ihren Formen entstanden"[106]. Scharf wendet sich Herrnschmidt gegen
Philosophen, die sich anmaßen, die Art und Weise der Erschaffung der Welt
erklären zu wollen. Auch der Ursprung der „innerlichen und äußerlichen
Bewegung in denen materiellen Geschöpffen oder Cörpern" könne durch
die menschliche Vernunft nicht erkannt werden. Noch chancenloser sei es,
erklären zu wollen, wie die Seele oder ein Geist in einem Körper eine Bewegung hervorbringen könne[107].

Herrnschmidt hatte sich bis zu dieser Textstelle in seiner Vorrede mit
den aktuellen Diskussionen um zentrale Probleme der zeitgenössischen
Naturwissenschaften beschäftigt und für Zurückhaltung gegenüber Erklärungen, die Gottes Wirken komplett durchschauen und die Wirkungsweisen der Natur aus inneren Gesetzen ableiten wollen, plädiert. Wenn physikalische Theorien zu Erklärungen führten, die gegen die Aussagen der Bibel gerichtet sind, so müsse man bedenken, dass alle wissenschaftlichen
Aussagen nur Mutmaßungen seien und nur wenige wirklich einen kausalen
Zusammenhang beweisen könnten[108]. Mit dieser These wendete Herrnschmidt die methodische Kritik der Wissenschaft gegen ihre eigenen Ergebnisse. An anderer Stelle bezeichnet er es sogar als Sünde, „die Wunder-
wercke, die in der Hl. Schrift erzehlet werden, entweder bloß aus natürlichen Ursachen, die nur etwas mehr verborgen wären, herzuleiten, oder
doch, wo dieses ihnen nicht angehen will, die Geschichten selber in Zweifel zu ziehen"[109]. Wer die Glaubwürdigkeit der Bibel in solchen Fragen in
Zweifel ziehe, dem werde es nicht schwer fallen, „auch in den Glaubens-
Lehren und Lebens-Regulen nur so viel für wahr anzunehmen, als seiner
Vernunft wahrscheinlich vorkommt [...] aus welchem Zustand des Gemü-

---

[104] Ebd., 31.

[105] Ebd., 36.

[106] Ebd., 39.

[107] Vgl. ebd., 40–44. In einer Anmerkung wird 44 f. einmal einer der Gegner erwähnt: Balthasar Bekker (1634–1698), wegen Sozinianismus entlassener niederländischer reformierter Prediger, Autor der Schrift gegen die Hexenverfolgung „De be-
toverte Weereld", dessen cartesianisches Naturverständnis darin gipfele, jede biblische Erzählung von Engeln und Geistern abzulehnen.

[108] Vgl. ebd., 47 f.

[109] Ebd., 54.

thes ein gar schneller und kurtzer Sprung ist, nicht nur in die Naturalisti-
sche, sondern auch in die Atheistische und andere Heydnische Abwe-
ge"[110].

In den nachfolgenden Abschnitten bemüht der Verfasser sich, aus dieser
grundlegenden These Konsequenzen zu ziehen und zu anderen Definitionen
naturwissenschaftlichen Erkenntnisstrebens zu kommen. Die Grenzen der
menschlichen Vernunft werden einmal mehr hervorgehoben, um vor speku-
lativen Behauptungen zu warnen. Stattdessen wird an zahlreichen Beispielen die Schönheit der göttlichen Schöpfung gepriesen, die durch detaillierte
Naturerkenntnis in ihrer ganzen Vollkommenheit erkannt und dargestellt
werden kann. Ergänzend wird darauf verwiesen, dass auch die nicht zu ent-
rätselnden Geheimnisse der Natur Gott verherrlichen[111]. Als eines der wissenschaftlich nicht erklärbaren Geheimnisse der christlichen Glaubenslehre wird abschließend auf die Lehre von der Dreieinigkeit Gottes hingewiesen[112].

Insgesamt zeigt die Vorrede Herrnschmidts eine hohe Vertrautheit mit der
zeitgenössischen Naturwissenschaft und den Schriften ihrer Theoretiker.
Am Schluss seiner Vorrede weist er nochmals ausdrücklich darauf hin, dass
im Hoffmannschen Hauptteil nichts geschrieben stehe, was den Vorwurf der
Unwahrheit rechtfertigen könne. Vielmehr seien auch die neuesten wissenschaftlichen Erkenntnisse eingearbeitet worden[113]. Diese positive Einschätzung der Wissenschaft beruht auf der Deutung ihrer Ergebnisse als Bestätigung der Schöpfung als göttliches Werk. Die in zahlreichen oben zitierten
Stellen deutlich werdende Abwehrhaltung gegen rationalistische Natur-
deutungen hielt Herrnschmidt für keinen Beweggrund, Kindern tiefschür-
fende Naturkenntnis zu verbieten. Ob ein Verbot seiner Meinung nach Aussicht auf Erfolg gehabt hätte, darf allerdings bezweifelt werden, wenn man
seine Bemerkungen über die „Weltkinder" ernst nimmt.

Der von Hoffmann verfasste Hauptteil des Buches (299 Seiten plus ein
Register), der den eigentlichen Unterrichtstext für die Schüler bietet, gliedert sich in sieben Abschnitte: 1. Der Himmel und seine Geschöpfe Gottes,
2. Die vier Elemente und das Wetter, 3. Der Erdkreis und seine Geschöpfe,
4. Kräuter und Bäume, 5. Die „unvernünfftigen" Tiere, 6. Der menschliche
Leib, und 7. Die Seele des Menschen. Der Stoff wird wie im Katechismus in
einem Frage-Antwort-Schema präsentiert, Abbildungen wurden – wohl mit
Rücksicht auf die Kosten – nicht verwendet. Wenn möglich, wird auf Bibelstellen verwiesen, bei denen ein Bezug zu den erläuterten Naturphänome-
nen hergestellt werden kann. Der Text erhält so den Charakter eines Nach-

---

[110] Ebd., 55.
[111] Vgl. ebd., 53.
[112] Ebd., 60–62.
[113] Vgl. ebd., 65 f.

weises der Richtigkeit biblischer Aussagen, was allerdings nicht in allen Abschnitten durchgehalten werden kann.

Im einleitenden Überblick zur „Physic" wird die naturphilosophische Spekulation abgelehnt[114]. Im ersten Abschnitt wird der Himmel als ein Raum definiert, der den Menschen rund erscheint, um die Allgegenwart Gottes auszudrücken[115]. Zu den Sternen, die eine unzählige Menge bilden, erklärt Hoffmann: „Die Mathematici lehren uns, daß die Fixsterne, die wegen ihrer Entfernung so klein scheinen, an sich selbst müssten meist grösser als die Erd-Kugel seyn"[116]. Die Planeten, die „ihren Schein nur von der Sonne haben", werden von den anderen Sternen geschieden[117]. Ob aus den Gestirnen geheime Wirkungen auf die Erde und ihre Menschen ausgehen, ist nach Hoffmann weder aus der Bibel noch aus der Vernunft oder menschlichen Erfahrung zu beweisen; daher sei die Astrologie eine heidnische Kunst und man brauche sich vor ihren Aussagen nicht zu fürchten[118]. Bei der Behandlung der einzelnen Sternentypen kommt der Sonne eine besondere Bedeutung zu. Da nach dem Bericht Josua in der Bibel die Sonne einmal stehengeblieben sei, lässt sich ein Wunder Gottes konstatieren, das seine Allmacht beweist. Ebenso gäbe es natürliche und übernatürliche Sonnenfinsternisse[119]. Kometen werden hingegen als rein natürliche Erscheinungen geschildert[120].

Im zweiten Teil werden die Gasförmigkeit der Luft und ihre mechanischen Eigenschaften anhand der Luftpumpe beschrieben[121]. Die Darstellung der vier Elemente wird benützt, um zahlreiche Bibelzitate einzustreuen, wie Gott die Elemente in unnatürlichem Zustand als Zeichen und Mitteilung verwendete. Jedoch werden auch natürliche Erscheinungen wie etwa warme Quellen, Vulkane oder Hochwasser behandelt[122]. Das Doppelgesicht der Erscheinungen lässt sich beispielsweise an der Erklärung von Blitz und Donner erkennen: „Frage 80: was hat man von dem Donner und Blitz zu mercken? Daß derselbe zwar seine natürliche Ursach hat, iedoch nicht also, als wenn Gott nichts dabey zu thun hätte." Nach der Erklärung der natürlichen Ursachen heißt es dann: „Frage 88: was kann ein Christ aus dem Donner er-

---

[114] Vgl. ebd., Haupttext Hoffmanns, 2.

[115] Vgl. ebd., 6 f.

[116] Ebd., 13.

[117] Ebd., 14.

[118] Vgl. ebd., 16 f., 33.

[119] Vgl. ebd., 24, 27 f. Hoffmann beschreibt die Sonne als den bewegenden und die Erde als ruhenden Teil des Planetensystems. Eine Sonnenfinsternis als Eingreifen Gottes schildert der Text unter Bezug auf die Bibel beim Tod Jesu.

[120] Vgl. ebd., 38. Dies richtet sich gegen die im 17. Jahrhundert noch weit verbreitete Auffassung von Kometen als Zeichen Gottes oder als Unheilverkünder.

[121] Vgl. ebd., 41 f.

[122] Die zeitgenössische Diskussion um den Vulkanismus und das Ende der Welt werden nicht erwähnt.

kennen lernen? Gottes Kraft und Allmacht, die Menschen zu strafen. Hiob. XXXVII 5 Gott donnert mit seinem Donner gräulich, und thut grosse Dinge, und wird doch nicht erkannt. [...] Frage 90: Soll aber ein Kind Gottes sich knechtisch fürchten, wenn ein groß Donnerwetter ist? Nein, sondern es soll sein Hertz desto inniger zu Gott richten und sich freuen, daß es einen solchen allgewaltigen und mächtigen Gott und Vater im Himmel habe." Wer nur die Sünden lasse und fromm sei wenn es blitze und donnere, sei heuchlerisch und von knechtischer Furcht beherrscht. Der Donner solle zur Erkenntnis Gottes führen und die Menschen nicht situativ, sondern beständig zum Widerstand gegen die Sünde bewegen[123]. Andere Wetterbedingungen wie Regen, Schnee, Tau, Nebel und Winde werden in ihrer Funktion für die Fruchtbarkeit der Erde dargestellt. Die Erdbeben werden ebenfalls natürlich erklärt, allerdings diese Erscheinung als Ursache für in der Bibel beschriebene Ereignisse abgelehnt und diese vielmehr als göttliches Eingreifen bezeichnet[124].

Das dritte Kapitel beschreibt zahlreiche Gesteinsarten, ihren Wert und ihre Verwendungsmöglichkeiten. Ebenso werden im vierten Abschnitt die Kräuter in Hinblick auf ihre Arzneitauglichkeit vorgestellt, die Tiere hingegen nach ihrem geographischen Vorkommen[125]. Bei einigen Tierarten wird intensiver auf die Brutpflege und das Sozialverhalten eingegangen, allerdings nur phänomenologisch und ohne vergleichende Thesen aufzustellen. Die Haustiere und die Jagdvögel nehmen mit Rücksicht auf die kindliche Erfahrung einen größeren Raum in den Darstellungen ein als Wildtiere. Ausnahme bilden hier jedoch die Tiere, wie die Elefanten, die nicht in Europa vorkommen und ebenso ausführlich geschildert werden[126]. Das europäische Einhorn wird als Fabelwesen gekennzeichnet und stattdessen auf das afrikanische Nashorn hingewiesen[127]. Im sechsten Kapitel konzentriert sich die Darstellung des menschlichen Körpers auf die Erklärung der Gliedmaßen und der Sinne sowie auf die Organe und ihre Funktionen inklusive des Blutkreislaufs und der Verdauung; die Geschlechtsteile und generell die Fortpflanzung werden jedoch ausgeklammert. Als Ergänzung zur physiologischen Beschreibung liefert das letzte Kapitel Erläuterungen zur menschlichen Seele[128]. Hierbei wird die herausgehobene Bedeutung des Menschen in der göttlichen Schöpfung betont. Die Seele werde durch Kräfte, Begierden und von den Sinnen erzeugten Eindrücken beeinflusst. Diese erzeugten

---

[123] Vgl. ebd., 57–61.

[124] Vgl. ebd., 78 f.

[125] Die Franckeschen Anstalten besaßen eine wirtschaftlich erfolgreiche Versandapotheke. Die Arzneiverwendung von Kräutern und Tierteilen sollte möglicherweise das Interesse der Kinder an diesem Gewerbezweig wecken.

[126] Der Abschnitt über die Tiere ebd., 126–208, ist der umfangreichste des ganzen Textes.

[127] Vgl. ebd., 183 f.

[128] Vgl. ebd., 279–299.

äußere und innere Bewegungen, die den Menschen von den Pflanzen unterscheiden. Mit den Tieren teile er Gedächtnis, Aufmerksamkeit und Träume,
nur der Mensch besitze aber Vernunft. Verstand und Willen werden als die
zwei „Haupt-Kräfte" der menschlichen Seele bezeichnet. Der Verstand er-
kenne nicht nur das, was zum Erhalt des Körpers notwendig sei, sondern
auch, „das ein göttlich Wesen sey. Item was Zahl und Ordnung, Recht und
Unrecht, Tugend und Laster etc."[129] Die Verdunkelung des Verstandes
durch die Sünde könne durch die Erkenntnis der göttlichen Offenbarung
verbessert werden. Das Gewissen helfe, das Wahre vom nur scheinbaren
Guten, den weltlichen Gelüsten, zu trennen. Diese Vorstellung der menschlichen Seele war in ihrer Schlichtheit, so die zeitgenössische Haltung, den
kindlichen Verständnismöglichkeiten gemäß.

Zusammenfassend kann der Hauptteil als eine vorwiegend beschreibende
Repräsentation von Natur bezeichnet werden. Natürliche Phänomene werden als solche erklärt und ihre Interpretation als situative Zeichen abgelehnt. Ein Eingreifen Gottes in natürliche Abläufe, wie in der Bibel zahlreich überliefert, wird aber als möglich angesehen und verdeutlicht seine
Schöpferrolle. Die Natur wird oft in ihrer Nützlichkeit für die Menschen
vorgestellt, hingegen der Mensch als körperliches Wesen nur knapp. Eine
Vergleichbarkeit des menschlichen Körpers mit denen von Tieren wird nicht
angesprochen, sondern die menschliche Seele als Unterscheidungsmerkmal
betont.

Es ist deutlich geworden, dass dieses frühe Schulbuch zum naturkundlichen Unterricht sich grundlegend von älteren philosophisch-deutenden
und auch von rein klassifikatorisch-darstellenden Publikationen über die
Natur unterscheidet. Gerade die Aufeinanderbezogenheit von theologischen und didaktischen Reflexionen des zeitgenössischen Natur- und Wis-
senschaftsverständnisses und der Erklärung natürlicher Phänomene, auch
die außerhalb der Erfahrungsmöglichkeiten frühneuzeitlicher mitteleuro-
päischer Kinderwelt, macht den experimentellen Charakter dieses Buches
aus. Das Besondere an der Publikation Hoffmanns und Herrnschmidts, das
soll nochmals betont werden, ist nicht ihr Beitrag zur Debatte der zeitgenössischen Naturwissenschaft und ihrer Lehren. Die Bedeutung lag in
der didaktischen Stoffauswahl und der Konzentration auf die Vermittlung
neuer wissenschaftlicher Methoden und Inhalte im Unterricht. Mit den
Schulmeistern Deutscher Schulen trat eine Sozialisationsinstanz in den
Blick einer pädagogisch-schulischen Reformbewegung, die sich bisher fast
ausschließlich auf das gelehrte Schulwesen fokussiert hatte. Deutsche
Schulmeister waren im ersten Drittel des 18. Jahrhunderts eine überwie-

---

[129] Ebd., 290.

gend stark kritisierte und öffentlich schlecht angesehene Gruppe unter den pädagogisch Tätigen. Diese nachdrücklich in den schulreformerischen Diskurs einbezogen zu haben, gehört zu den wichtigen Innovationen des Franckeschen Programms und setzte sich in der Gründung eines Lehrerausbildungsseminars fort. Auch die Schulkinder wurden über den engen Bereich der Alphabetisierung hinaus als vernunftbegabte Subjekte wahrgenommen, deren Bildung mit religiöser Orientierung vereinbar sein sollte.

Die Orientierung der Akteure auf das Elementarschulwesen und seine institutionellen Kontexte unterscheidet das Schulbuch von Herrnschmidt und Hoffmann auch erheblich von der im 18. Jahrhundert wachsenden Gruppe der populären naturkundlichen Lehr- und Unterhaltungsbücher, z. B. von dem weitverbreiteten französischen Bestseller von Noel-Antoine Pluche (1688–1761)[130]. Letztere waren – schon von den Anschaffungskosten her – kaum zur Schullektüre, sondern zur Privatlektüre im bürgerlichen und adligen Haushalt oder für den Unterricht durch Privatpräzeptoren bzw. Hofmeister gedacht[131].

Sowohl der Text Hoffmanns als auch insbesondere die Vorrede Herrnschmidts machen deutlich, dass die Autoren die erstrebte religiöse Haltung mit den damals modernen Naturwissenschaften und ihren methodischen Prinzipien durchaus für kongruent hielten. Die ganze Breite der naturwissenschaftlichen empirischen Forschung wird, ebenso wie das Forschungsinteresse selbst, ausdrücklich bejaht; leitend ist hierbei die seit dem späten 17. Jahrhundert verbreitete, aber in der lutherischen Orthodoxie nicht unumstrittene Lehre von der Natur als zweiter Offenbarung[132]. Ansätze eines realienkundlichen Unterrichts, die im 17. Jahrhundert bereits bekannt waren, wurden als Vorläufer gesehen und in verstärkter Form als Mittel der Verbreitung neuer, umfassender protestantischer Frömmigkeit ausgebaut. Die hallischen Autoren setzen hier die Überlegungen Speners fort, der die Theologie eher durch die mangelnde Kenntnis des neuen Wissens bedroht sah als durch wissenschaftliches Denken[133]. Der Grund hierfür lag in der

---

130 Deutsche Übersetzung unter dem Titel *Noel-Antoine Pluche,* Schau=Platz Der Natur, oder: Gespräche von der Beschaffenheit und den Absichten der Natürlichen Dinge, 8 Teile, Wien-Nürnberg 1746–53 [französ. Erstdruck: Paris 1732]. Vgl. zu diesem Buch den Überblick in *Brüggemann / Brunken,* Handbuch der Kinder- und Jugendliteratur (Anm. 66), Bd. 2, 646–667.

131 Vgl. zur Welle der populärwissenschaftlichen Schriften um 1700 *Barbara Stafford,* Kunstvolle Wissenschaft. Aufklärung, Unterhaltung und der Niedergang der visuellen Bildung, Amsterdam 1998, 45–93.

132 Vgl. *Udo Sträter,* Zum Verhältnis des frühen Pietismus zu den Naturwissenschaften, in: Pietismus und Neuzeit 32 (2006), 79–100, 89 sowie Beispiele protestantischer Autoren bei *Anne-Charlott Trepp,* Zur Differenzierung der Religiositätsformen im Luthertum des 17. Jahrhunderts und ihrer Bedeutung für die Deutungen von Natur, in: Pietismus und Neuzeit 32 (2006), 37–56.

133 Darauf verweist für Spener *Sträter,* Verhältnis (Anm. 132), 84.

Sicht auf die nicht mehr hintergehbare Entdeckung der Natur durch die modernen Wissenschaften des 17. Jahrhunderts; diese solle und könne für eigene Zwecke genutzt werden.

Auf diesem Hintergrund überrascht es, wie stark und detailliert sich Herrnschmidt und Hoffmann mit den Gefahren einer rein innerweltlichen Deutung von Natur auseinandersetzten, obwohl diese nur im wissenschaftlichen und allenfalls im populärwissenschaftlichen, nicht aber im pädagogisch-didaktischen Diskurs präsent war. Die oftmalige Erwähnung des gegnerischen Interpretationsmodells, das als „Weltweisheit" bezeichnet und dessen Anhänger als „mutwillige Weltkinder" apostrophiert werden, macht deutlich, dass die Autoren solche Sichtweisen in ihrer zeitgenössischen Gesellschaft schon als weit verbreitet ansahen. Ansatzpunkte für falsche Repräsentationen der Natur sahen sie vor allem in der zeitgenössisch an den Universitäten florierenden rationalistischen Naturphilosophie, deren Rezeption (ebenso wie ausländischer deistischer Literatur) sie befürchteten. Ihre pädagogisch-didaktische Schrift hatte unausgesprochen wohl auch die Absicht, dem entgegenzutreten: dieses war mit den „Gränzen" im Titel der Vorrede Herrnschmidts gemeint. Dazu mussten die Arbeitsweisen und die Ergebnisse der zeitgenössischen Naturwissenschaft zunächst anerkannt und, didaktisch aufbereitet, vermittelt werden. In einem zweiten Schritt wurde das Verhältnis von Naturbeobachtung und biblischer Offenbarung neu definiert. Natürliche Phänomene wurden als solche erklärt, deren Ursache ohne unmittelbares göttliches Wirken herleitbar sind; damit setzten sich die Autoren von der orthodox-lutherischen Tradition ab, natürliche Erscheinungen als Strafen Gottes für konkrete Sünden zu interpretieren. Allerdings ergeben sich für die Autoren auch nicht erklärbare irdische Phänomene und biblisch überlieferte Geschehnisse, die als für Menschen nicht ergründbar dargestellt werden und die erste Grenze bilden.

Die zweite Grenzziehung betrifft alle Erklärungsversuche, die die Autoren als „spekulativ" bezeichnen und der Naturphilosophie zuordnen. Im zeitgenössischen Kontext trifft das alle Spielarten des Rationalismus, die nach einer kausalen Theorie der Natur suchten. Dieses als ‚res extensa-Modell' charakterisierte Naturverständnis verneinte die Intentionalität in der Natur und stellte diese als ‚Natur-Maschine' dar, deren Bauprinzipien zu entschlüsseln seien[134]. Unsere Autoren lehnten dies ab mit dem Argument, eine solche Erkenntnis wäre mit den naturwissenschaftlichen empirischen Methoden nicht zu erlangen. Die letzten Fragen der Naturdeutung sollten zu Gott zurückführen.

---

[134] Vgl. *Thomas Leinkauf,* Der Natur-Begriff des 17. Jahrhunderts und zwei seiner Interpretamente, in: Berichte zur Wissenschaftsgeschichte 23 (2000), 399–418, 405.

Die Analyse des frühen pietistisch geprägten Naturkundebuches liefert für die Betrachtung der Schulbücher zur Realienkunde der Aufklärungszeit eine Perspektive, die den Übergang von der älteren theologischen Schöpfungslehre zur modernen säkularisierten Naturwissenschaft erhellt. Die Schulbuchforschung hat den entscheidenden Unterschied zwischen älterer Realienkunde und der aufgeklärten Naturkunde in der kindgerechten Aufbereitung der Unterrichtsmaterialien und der Unterhaltungs- und Nutzfunktion des Dargestellten für die Lebenswelt des Kindes gesehen. Allerdings muss ergänzend auf den Weltbildwandel verwiesen werden, der in der pädagogischen Forschung oft nicht eigens thematisiert wird. Aufgeklärte Naturbetrachtungen erhielten als Hinführung zur ‚natürlichen Religion' Ersatzfunktion für frühe katechetische und biblische Unterweisung, die frühestens im Jugendalter einsetzen sollten[135]. Dazu lassen sich eine ganze Reihe von Texten aus dem letzten Drittel des 18. Jahrhunderts anführen: so wird etwa im Basedowschen Elementarbuch von 1770 die Natur als Ganzes im ersten, den jüngeren Kindern gewidmeten Teil nicht thematisiert, sondern lediglich einzelne Phänomene von Flora, Fauna und Mineralien in ihren Funktionen für die Ernährung oder der gewerblichen Nutzungen vorgestellt. Bei der Erklärung des menschlichen Körpers wird jetzt die Fortpflanzung einbezogen[136]. Erst im zweiten Teil für die ältere Jugend gibt es weitere Stücke über „die sinnliche Erkenntniß der Körperwelt", die diese Erläuterungen mit der Darstellung der verschiedenen Berufsausübungen koppelt. In einem größeren Abschnitt, betitelt „Etwas aus der Naturgeschichte", werden die naturwissenschaftlichen Themen unter der Frage der Entstehung, Struktur und Entwicklung des Sonnensystems und der Erde zusammengefasst. Hier wird die Natur als Schöpfung Gottes beschrieben, jedoch die Vorstellung eines unmittelbaren Wirkens Gottes in der Natur abgelehnt. Da Basedows Werk ausdrücklich auf der Idee der ‚natürlichen Religion' beruht[137], wird den Wundern der Bibel keine Aussagekraft zuerkannt. In einem für den Unterricht am Philanthropinum in Dessau entworfenen „Elementarwerk" in zehn Büchern, das für alle Schüler bis ins Alter von 16 Jahren gedacht ist, wird der Stoff von Basedow noch einmal

---

[135] Vgl. *Hans-Heino Ewers*, Einleitung. Hauptströmungen und Tendenzen, in: *Brüggemann / Ewers*, Handbuch der Kinder- und Jugendliteratur (Anm. 72), Bd. 3, 15 – 35, 31 f. Vgl. auch *Ulrich Hermann*, Kinder und Jugendliteratur, in: Handbuch der deutschen Bildungsgeschichte, Bd. II: 18. Jahrhundert, hrsg. v. Notker Hammerstein, München 2005, 480 – 497, 485 – 489.

[136] Vgl. *Johann Bernhard Basedow*, Das Elementarbuch für die Jugend und für ihre Lehrer und Freunde in gesitteten Ständen erstes bis drittes Stück, Altona / Bremen 1770. Das Werk ist umfangreich mit Kupferstichen illustriert.

[137] Vgl. ebd., Vorrede, IV.

ausgeweitet und neu angeordnet.[138] Im achten Buch behandelt er die Naturkunde, der das System von Linné zu Grunde gelegt wird. Neben Physik und
Chemie der Körper wird hier auch den neuentdeckten Phänomenen wie
Magnetismus und Elektrizität Aufmerksamkeit geschenkt.[139] Als Zielsetzung der Naturkunde gilt das Erkennen von Naturgesetzen. „Durch Betrachtung unsrer Selbst und der ganzen Natur" komme man auch ohne Offenbarung zum Glauben an Gott[140].

Mit dem Schulbuchwerk Basedows war das Hauptziel der aufgeklärten
Pädagogik erreicht, in ihrem Sinne ein einheitliches Unterrichtswerk für
die Jugend zu schaffen. Es ist kennzeichnend, dass insbesondere die ‚religio
naturalis' auf die heftige Ablehnung der lutherischen Orthodoxie stieß, da
sie geeignet sei, die Jugend zum Atheismus zu führen.[141] Allerdings war die
Reichweite des Werkes von vorneherein beschränkt: Basedow hatte bereits
Schwierigkeiten, den kostspieligen Druck zu finanzieren, und sowohl das
„Elementarbuch" als auch insbesondere das umfangreiche „Elementarwerk" waren für einen Einsatz in Deutschen Schulen wesentlich zu teuer.
Die Anlage der Werke, die Schwierigkeit der Texte und auch ihr Titel machen deutlich, dass Basedow selbst diese für die Bildung einer bürgerlichen
Schicht gedacht hatte. In einfacheren, an die Schulpraxis angepassten Werken wurde die Darstellung der Natur eher auf die Nützlichkeitsaspekte reduziert. Die Repräsentation von Natur als gesicherte Form der Offenbarung
Gottes durchzieht jedoch auch diese Texte[142]. Umstritten blieb, inwieweit
eine Verbindung der Naturbetrachtung zur biblischen Offenbarung gezogen
werden sollte. Viele Naturkundebücher lassen diese Problematik uner-
wähnt und waren so für verschiedene Unterrichtsinhalte und theologische
Kontexte anwendbar. Das 1787 in Nürnberg von einem lutherischen Diakon
verfasste Werk „Die Welt im Kleinen" beispielsweise beschränkte sich mit
Hilfe von Kupferstichen auf die Darstellung und Erklärung des Tier-
reichs[143]. Eine einbändige Naturgeschichte für Kinder beschränkte sich auf
den Nachweis der Natur als Gottes Schöpfung mittels der Nützlichkeits-
erwägungen für den Menschen[144]. Gelegentlich wurden auch lediglich die

---

138 Vgl. *Johann Bernhard Basedow,* Das Elementarwerk erster bis vierter Band.
Ein geordneter Vorrath aller nöthigen Erkenntniß. Zum Unterrichte der Jugend von
Anfang, bis ins academische Alter. Zur Belehrung der Eltern, Schullehrer und Hof-
meister, Dessau 1774.

139 Vgl. *Brüggemann / Ewers,* Handbuch der Kinder- und Jugendliteratur
(Anm. 72), Bd. 3, 976.

140 Zitiert nach *Basedow,* Elementarwerk (Anm. 138), Bd. 2, 982.

141 Vgl. ebd., 983. Vgl. zur Aufnahme des Basedowschen Werkes allgemein *Marga-
rete Krebs,* Elementarwerke aus der Zeit des Philanthropismus, Coburg 1929.

142 Vgl. *Ewers,* Einleitung (Anm. 135), 31 f.

143 Vgl. *Johann Ferdinand Roth,* Die Welt im Kleinen zum Nuzen und Vergnügen
lieber Kinder, 3 Teile, Nürnberg 1787.

144 Vgl. *Georg Christian Raff,* Naturgeschichte für Kinder, Wien 1791.

Interessen des Menschen an der Natur zum Mittelpunkt der Darstellung gemacht[145]. Über die Sinneswahrnehmung hinausgehende Methoden zur Erforschung der Natur oder gar ihre Interpretation als System waren kein Gegenstand dieser Lehrbücher.

Ein abschließender Blick auf die katholische Unterrichtspraxis im späten 18. Jahrhundert offenbart eine traditionelle Distanz zur Naturkunde. In den Schulbuchlisten der Schulreformgesetzgebung in Österreich und in Bayern tauchen gesonderte Naturkundelehrbücher nicht auf[146]. Auch unter denen in den Quellen auftauchenden Schulbüchern der katholischen Schulen im Erzbistum Köln finden sich keine katholischen Naturkundebücher, wohl aber in Einzelfällen protestantische Lehrbücher mit Einbezug der Naturkunde[147]. Das katholische Schulwesen scheint also resistent gegen eine Debatte um das Naturverständnis gewesen zu sein; jedenfalls konnte es diese negieren.

Wurde für die Naturkunde der Aufklärungspädagogik anhand der oben genannten und anderer Beispiele in der Forschung bisher ein Bruch mit vorhergehenden Traditionen postuliert, so kann diese Interpretation mit Blick auf das Hallenser Schulbuch nun modifiziert werden. Schon vor der Aufklärungsepoche beschäftigte man sich mit dem pädagogischen und didaktischen Einsatz der Naturkunde in der Schule. Das früheste als Naturkundelehrbuch konzipierte Werk widmete sich bereits explizit der Frage nach dem Verhältnis von Natur, Offenbarung und übernatürlichem göttlichem Einfluss. Das Hallenser Produkt trennte im Sinne des Pietismus zwischen den natürlichen Erklärungen für Phänomene, die bisher metaphysisch ausgedeutet wurden, und einem nicht naturwissenschaftlich analysierbaren Rest, der aus biblischer Offenbarung und Gottes Allmacht erklärt wurde. Die protestantische Aufklärung beseitigte diese Trennlinie und verbannte Gott aus der Natur, oft unter Auslassung des Problems der biblischen Überlieferung göttlicher Eingriffe. In der Sicht der Aufklärer stand den Erkenntnismöglichkeiten des menschlichen Verstandes nichts mehr im Wege, außer technische Unzulänglichkeiten. In der Repräsentation von Natur in den Schulbüchern wurde dies jedoch kaum diskutiert, sondern in den Naturkundebüchern für das Elementarschulwesen herrschten rein klassifikatorische Beschreibungen vor. Diese Schulbücher waren daher flexibel und für alle theologischen Richtungen einsetzbar. Der Unterschied zwischen dem Hallenser und den späteren Naturkundebüchern kann also nicht als ein absoluter Bruch der Deutung von Natur,

---

[145] Vgl. *Johann Christoph Adelung,* Unterweisung in den vornehmsten Kuensten und Wissenschaften zum Nutzen der Schulen, Leipzig 1777.

[146] Vgl. für Österreich *Jaklin,* Schulbuch (Anm. 70), 124–134; für Bayern *Rettinger,* Schulbücher (Anm. 70), 703–706.

[147] *Johannes Kistenich,* Bettelmönche im öffentlichen Schulwesen. Ein Handbuch für die Erzdiözese Köln 1600 bis 1850, Köln / Wien 2001, 233–238.

sondern als ein gradueller Übergang charakterisiert werden. Ähnlich wie bei den Katechismen zeichnet sich auch in der Repräsentation von Natur in der Schule die katholische Seite durch ein größeres Beharren auf traditionellen Formen aus, hier konkret durch eine weitgehende Ablehnung, die Naturkunde an den Elementarschulen zum Unterrichtsgegenstand zu machen.

Das Untersuchungsfeld des frühneuzeitlichen Schulbuchs als Medium der Säkularisierung wurde hier anhand von zwei Parametern untersucht: einmal der Repräsentation von Obrigkeit und Kirche als gesellschaftlich gestaltender Kräfte und zweitens der Repräsentation von Natur als göttlicher Offenbarung und Wirkungsstätte. Zusammenfassend lassen sich aus der Untersuchung einige Rückschlüsse auf den Prozess der Säkularisierung im Bereich von Bildung und Erziehung und auf die wissenschaftliche Methodik zu seiner Erforschung ziehen:

1. Im frühneuzeitlichen Bildungswesen lässt sich Säkularisierung weder organisatorisch noch an der pädagogischen Zielsetzung festmachen. Kirche, Regierungen und lokale Gemeinden arbeiteten mit einer gemeinsamen Zielsetzung an der Entwicklung des Schulwesens, die die Frage nach der Überführung kirchlicher Verantwortung in die des ‚Staates‘ vor 1800 obsolet macht. Stattdessen muss der Blick auf die Unterrichtsinhalte und deren Wandel gelenkt werden. Aus quellenkritischen Gründen bieten sich hierfür die frühneuzeitlichen Schulbücher als Untersuchungsobjekte besonders an. Ihre Autoren entstammten zum größten Teil der theologisch gebildeten Geistlichkeit und waren an der Debatte um die Repräsentationen von Kirche und Welt beteiligt.

2. In den hier untersuchten frühneuzeitlichen muttersprachlichen Schulbüchern zeigten sich vom 16. bis zur Mitte des 18. Jahrhundert keine Intentionen und Mittel der Zurückdrängung der Rolle der Kirche in Staat und Gesellschaft. Die größte Gruppe unter den Schulbücher, die Katechismen, hatten eine hohe Bedeutung für die religiöse Unterweisung, die sich erst in der Mitte des 18. Jahrhunderts wandelte. Die seit dem frühen 17. Jahrhundert neuen Schulbuchgattungen waren, so weit sie nicht direkt auf religiöse Inhalte bezogen waren, nur Hilfsmittel, um den Zugang zu religiöser Literatur zu ermöglichen. Bestes Beispiel hierfür sind die ABC-Bücher, die vor 1750 keine Ersatzfunktion für religiöse Literatur einnahmen, sondern vielmehr zu deren Lektüre hinführen sollten.

3. Säkularisierung im Sinne der Abkehr von der in der Konfessionalisierung geschaffenen konstituierenden Rolle der Kirche in Staat und Gesellschaft wird in der quantitativ größten Gruppe der Schulbücher, den Katechismen, nicht erkennbar. Der Grund liegt in der fehlenden oder jedenfalls sehr schwachen Konfessionalisierung des in den protestantischen Katechismen vermittelten Religionsverständnisses. Die Katechismen waren

zwar ein hervorragendes Mittel der Konfessionalisierung, ihr Inhalt verschloss sich jedoch der spezifisch konfessionalistischen Interpretation des Verhältnisses von Kirche, Staat und Gesellschaft. Der im 16. Jahrhundert theologisch begründete Rahmen der Schulbuchgattungen bot hierfür keinen Platz. So ermöglichten die auf individuelle Glaubensentscheidungen ausgerichteten Katechismen sowohl eine kirchlich-konfessionelle als auch eine private Religiosität. Sie waren daher offen für Tendenzen zu einer Zurückdrängung der Kirche im öffentlichen Leben. Eine innerweltliche Begründung von Normen des sittlichen Lebens kann sich nur ausnahmsweise finden lassen.

Die katholischen Katechismen zeigen hingegen einen deutlich konfessionalistischeren Zugang, sowohl in Hinblick auf die Darstellung der Rolle der Kirche in Staat und Gesellschaft als auch im Verständnis der Rolle von Kirche und Gemeinde für die individuelle Religiosität. In den katholischen Katechismen wird dies bis zum Übergang zum 19. Jahrhundert beibehalten und sogar die Rolle der Kirche ausdrücklich bekräftigt.

4. Der seit dem späten 17. Jahrhundert stark wachsende Markt für muttersprachliche Fachbücher öffnete den Schulbuchsektor für die Rezeption wissenschaftlicher Entwicklungen. Am Beispiel eines aus dem Pietismus hervorgegangenen frühen Naturkundebuchs zeigt sich, dass Säkularisierung im Sinne der innerweltlichen Kausalität von Naturgesetzen, die ohne Gott auskommt, nur als Negativfolie auftaucht. Natur wird als Gottes zweite Offenbarung verstanden und ist lesbar als Verherrlichung Gottes, was den Lehrern mittels didaktischer Anweisungen als Unterrichtsziel vor Augen geführt wird. Dazu mussten jedoch alle Interpretationen zurückgedrängt werden, die natürliche Phänomene als Gottes unmittelbare Eingriffe interpretierten. Natur ‚funktioniert‘ also, so wurde zugestanden, nach eigenen Prinzipien, auch wenn diese nicht universell gelten und letztendlich alle noch Gottes Willen gehorchen. Methodisch-kritisch wurden empirische Arbeitsweisen der Forschung anerkannt, auch wenn mit ihrer Vermittlung und Anwendung Gefahren für ein tradiertes religiöses Weltbild drohten[148]. In der Aufklärungsepoche werden diese theologisch bedingten Einschränkungen gegen das rationalistische Naturverständnis verworfen und im Zuge der Vorstellung einer ‚natürlichen oder Vernunft- Religion‘ eine Natur ohne göttliche Eingriffe vorausgesetzt. Dies war nur möglich unter gleichzeitiger

---

[148] Hier setze ich etwas andere Akzente als *Sträter*, Verhältnis (Anm. 132), 100, der „die Offenheit im empirischen Bereich" so lange vorherrschen sieht, „wie sich noch nicht abzeichnete, dass auch die neuen Beobachtungen schließlich auf rational geprägte Systematisierungen hindrängten und mit konkurrierenden Systemen der Weltdeutung drohten". Wie das Schulbuch Hoffmanns zeigt, war man sich dieser Gefahren durchaus bewusst, wollte oder konnte jedoch die Empirie nicht aufgeben.

Preisgabe des biblischen Offenbarungscharakters. Letzteres wurde allerdings in den Schulbüchern oft nicht offensiv vertreten, sondern in rein beschreibenden Darstellungen von Natur versteckt. Im katholischen Schulwesen blieb eine traditionelle Distanz zur Naturkunde auch im späten 18.
Jahrhundert bestehen.

5. Sowohl die Untersuchung der Katechismen als auch die der Naturkundelehrbücher ergaben eine konfessionell unterschiedliche Entwicklung: der Protestantismus war eher und deutlicher zur Übernahme säkularer Repräsentationen von Natur, Kirche und Gesellschaft bereit als die katholische Kirche. Ein Wandel der Repräsentationen vollzog sich erst und
auch nicht überall durchgreifend ab der Mitte des 18. Jahrhunderts, war
allerdings durch frühere Diskussionen vorbereitet. Auch um 1800 war es
noch möglich, Sittenlehre und Naturkunde in einer theologisch uneindeutigen Art zu lehren, um Problemen mit der Säkularisierung von Repräsentationen sozialer und natürlicher Ordnungen aus dem Weg zu gehen.

5. Repräsentationen von Heilwassern und -quellen in der Frühen Neuzeit: Badeorte, lutherische Wunderquellen und katholische Wallfahrten[*]

(Ute Lotz-Heumann)

Wasser, Brunnen und Quellen sind in Mythologie und Religion mit vielfältigen Bedeutungsinhalten aufgeladen. Im Judentum, Christentum und Islam repräsentieren sie nicht zuletzt Reinigung und Erneuerung in einem umfassenden Sinn. Während Wasser, Brunnen und Quellen damit hauptsächlich Symbole des Lebens sind, steht das Wasser – beispielsweise im Rahmen der biblischen Sintflut – auch für das Bedrohliche und Zerstörerische. Ausgehend von den Erzählungen der Bibel, dem Quellwunder Mose und der Taufe Christi im Jordan, erlangte das Wasser im christlichen Glauben und Kultus eine herausragende Bedeutung, insbesondere als Tauf- und Weihwasser. Die Heilungswunder am Teich Bethesda verweisen auf die Verankerung des heilenden Wassers in der christlichen Tradition[1].

Der vorliegende Beitrag beschäftigt sich mit Heilwasser und -quellen vor dem Hintergrund der Frage nach Säkularisierungsvorgängen in der Frühen Neuzeit auf der einen Seite und der frühneuzeitlichen Konfessionsdifferenz auf der anderen Seite. Ob eine Quelle als ‚heilend‘ eingestuft wurde, war in der Frühen Neuzeit durchgängig eine Frage der erfolgreichen Zuschreibung. Zwar hatten die Zeitgenossen durchaus Erfahrungswerte, die dazu führten, dass bestimmte Quellen langfristig als ‚heilend‘ galten; doch konnte diese Heilungsfunktion jederzeit bestritten werden, da bis ins 18. Jahrhundert schlüssige naturwissenschaftliche Beweise der Heilkraft nicht möglich waren[2]. Die Zuschreibung ‚heilendes Wasser‘ beruhte also auf Aus-

[*] Ich möchte an dieser Stelle den beiden wissenschaftlichen Hilfskräften Jacob Schilling und Lisa Wolff für ihre unermüdliche und zuverlässige Hilfe bei der Quellen- und Literatursuche sehr herzlich danken. – Der vorliegende Aufsatz geht maßgeblich auf zwei Vorträge zurück, die ich im Oktober 2007 auf der Sixteenth Century Studies Conference in Minneapolis und im Januar 2008 auf der Konferenz der American Historical Association in Washington gehalten habe, die überwiegend vom SFB 640 finanziert wurden. Ich danke der Frauenbeauftragten der Philosophischen Fakultät I der Humboldt-Universität für Zuschüsse zu diesen Reisen. – Die Quellenfülle, auf der der Beitrag beruht, kann im Folgenden nicht annähernd ausgeschöpft werden. Die Verfasserin plant deshalb eine Monographie, die sich mit den unterschiedlichen Bedeutungszuschreibungen von heilendem Wasser in der Frühen Neuzeit beschäftigen wird.

[1] Vgl. dazu umfassend *Karl Matthäus Woschitz*, Fons vitae – Lebensquell. Sinn- und Symbolgeschichte des Wassers, Freiburg i.B. 2003; *Bernhard M. Lersch*, Geschichte der Balneologie, Hydroposie und Pegologie oder des Gebrauchs des Wassers zu religiösen, diätischen und medicinischen Zwecken, Würzburg 1863 [Neudruck: Leipzig 1987]; Einzelaspekte behandelt auch der Sammelband *Hartmut Böhme* (Hrsg.), Kulturgeschichte des Wassers, Frankfurt a.M. 1988.

[2] Vgl. dazu beispielsweise das ‚Hochloben‘ der Langenschwalbacher gegenüber den Wiesbadener Quellen und die ‚Verurteilung‘ des Pyrmonter Wassers durch *Jacob*

handlungsprozessen in der frühneuzeitlichen Gesellschaft, in denen sich die Interessen verschiedener Akteure und unterschiedlicher sozialer Milieus überlagerten und in Widerspruch geraten konnten. Das heißt auch, dass in der Frühen Neuzeit grundsätzlich jede Quelle als ‚heilend' gedeutet werden konnte; entscheidend war, ob sich diese Repräsentation im Diskurs[3] ausreichend durchsetzte und zu sozialen Praktiken führte, die das Deutungsmuster wiederum stabilisierten.

Aus der Fülle des Materials, über das sich frühneuzeitliche heilende Quellen erschließen lassen, werden im Folgenden zum einen Flugblätter, Flugschriften und Traktate in deutscher Sprache untersucht, die sich an ein Laienpublikum richteten und damit als Instrumente dienten, die Repräsentation ‚heilsam' sowie weitere Zuschreibungen im Spektrum zwischen ‚sakral' und ‚profan' zu vermitteln[4]. Zum anderen richtet sich der Blick auf die – zum Teil bereits in den Schriften enthaltenen – Visualisierungen der mit den heilsamen Wassern und Quellen verbundenen materiellen Kultur[5], die dazu dienen sollten, eine bestimmte Repräsentation zu stabilisieren und nicht nur sichtbar, sondern auch ‚erleb- und greifbar' zu machen.

Das Zusammenspiel von Textualität und materieller Kultur im Rahmen eines spezifischen Repräsentationsangebotes wird – in Abwandlung des Konzepts der „kommunikativen Gattung" von Thomas Luckmann – als ‚kommunikatives Muster' verstanden. Mit dem Begriff der „kommunikativen Gattung" bezeichnet Luckmann „Muster, welche bestimmte [...] kommunikative Vorgänge vorzeichnen, indem sie die kommunikativen Bestandteile dieser Vorgänge mehr oder minder detailliert und mehr oder minder verpflichtend festlegen"[6]. Wie anhand der Quellen gezeigt werden wird,

---

Theodor Tabernaemontanus, Neuw Wasserschatz: das ist: von allen heylsamen metallischen mineralischen Bädern und Wassern [...]; auch wie man dieselbigen und alle metallische Wasser zu mancherley Kranckheiten und Leibs gebrechen [...] gebrauchen soll [...]/alles [...] widerumb ubersehen, verb., gemehret, beschrieben durch Iacobum Theodorum Tabernaemontanum, Frankfurt a.M.: Basseum, 1584.

3 ‚Diskurse' werden im Folgenden in Anlehnung an Foucault als institutionalisierte Redeweisen verstanden, die Formationsregeln und Sagbarkeitsregimen unterliegen. (Vgl. *Michel Foucault,* Archäologie des Wissens, Frankfurt a.M. 1981.) Allerdings werden im Folgenden – im Gegensatz zu Foucault – die zeitgenössischen Autoren durchaus als ‚Akteure' begriffen, die Zuschreibungen propagierten und an Deutungskämpfen um Repräsentationen teilnahmen. Vor diesem Hintergrund wird auch der Begriff der ‚Diskursgemeinschaft' verwendet.

4 Wie oben (vgl. Kapitel B.V.) beschrieben, werden die Begriffe ‚sakral' und ‚profan' hier im Sinne von Zuschreibungen durch Akteure im Diskurs verstanden (vgl. auch Fußnote 3). Die Begriffe ‚säkular'/‚Säkularisierung' werden dagegen zur Beschreibung langfristig-übergreifender Entwicklungstendenzen verwandt.

5 Vgl. zur Erforschung materieller Kultur in der Geschichtswissenschaft den Aufsatz von *Leora Auslander,* Beyond Words, in: American Historical Review 110 (2005), http://www.historycooperative.or/journals/ahr/110.4/auslander.html (Datum des letzten Besuchs: 05. 02. 2007).

6 *Thomas Luckmann,* Ende der Literatur? Kommunikative Gattungen im kommunikativen „Haushalt" einer Gesellschaft, in: Der Ursprung von Literatur. Medien,

machten die zeitgenössischen Autoren ihren Rezipienten spezifische Deutungsangebote im Hinblick auf heilende Quellen; um diese Angebote möglichst geschlossen erscheinen zu lassen – und damit Rezeptionschancen zu erhöhen – wurden kommunikative Muster angewandt, in denen Textualität und die visuell präsentierte materielle Kultur sich gegenseitig bestätigten und verstärkten[7]. Meine These ist, dass diese Geschlossenheit der kommunikativen Muster als ein wesentlicher Teil der von Silvia Serena Tschopp so genannten „rezeptionssteuernden Elemente" anzusehen ist[8].

Die Frage lautet also, welche Rezeptionsangebote für die Interpretation heilenden Wassers mit Hilfe welcher kommunikativen Muster in deutschsprachigen, an Laien gerichteten Flugblättern und -schriften zwischen der Mitte des 16. und dem frühen 19. Jahrhundert gemacht wurden. Damit beschränkt sich diese Studie bewusst auf die Untersuchung von gedruckten Medien, die in einer spezifischen sozialen Konstellation zu verorten sind: Gebildete – im vorliegenden Fall überwiegend Ärzte und Pfarrer – richteten sich sowohl an das lesefähige als auch an das illiterate Laienpublikum[9]. Dass diese Vorgehensweise die allgemeine Frage nach der Rezeption von Flugschriften und Flugblättern in der Frühen Neuzeit nicht lösen kann[10], liegt auf der Hand. Doch findet man sowohl in den zeitgenössischen Drucken selbst als auch über die Untersuchung der materiellen Kultur Hinweise auf spezifische Rezeptionsformen und damit Anhaltspunkte, inwieweit das von den gebildeten Autoren vorgegebene Repräsentationsangebot angenommen und in Praktiken umgesetzt wurde.

Die untersuchte Problemstellung ist in der deutschen Forschung bislang nicht behandelt worden. Insofern sieht man sich für das engere Thema – die Repräsentationen von heilendem Wasser – einer bemerkenswerten Literaturlage gegenüber: Regionalgeschichtliche Literatur zu Badeorten, lutherischen Wunderquellen und katholischen Wallfahrtsorten mit Quellkulten liegt in großer Zahl vor; daneben gibt es einige wenige – ältere und neuere –

Rollen, Kommunikationssituationen zwischen 1450 und 1650, hrsg. v. Gisela Smolka-Koerdt / Peter M. Spangenberg / Dagmar Tillmann-Bartylla, München 1988, 279–288, hier 283.

[7] In den Worten von Leora Auslander: „the interplay of things and words" (*Auslander*, Beyond Words (Anm. 5), Abschnitt 25).

[8] *Silvia Serena Tschopp*, Das Unsichtbare begreifen. Die Rekonstruktion historischer Wahrnehmungsmodi als methodische Herausforderung der Kulturgeschichte, in: Historische Zeitschrift 280 (2005), 39–81, hier 60; vgl. zu dieser Frage genauer Kapitel C. I.

[9] Die Literatur zu Flugblättern und Flugschriften der Frühen Neuzeit ist mittlerweile Legion; vgl. u. a. *Wolfgang Harms / Alfred Messerli* (Hrsg.), Wahrnehmungsgeschichte und Wissensdiskurs im illustrierten Flugblatt der Frühen Neuzeit (1450–1700), Basel 2002; *Hans-Joachim Köhler* (Hrsg)., Flugschriften als Massenmedium der Reformationszeit. Beiträge zum Tübinger Symposion 1980, Stuttgart 1981; *Robert W. Scribner*, For the Sake of Simple Folk. Popular Propaganda for the German Reformation, Cambridge 1981.

[10] Vgl. dazu allgemein Kapitel C. I.

Untersuchungen zur Kulturgeschichte des Wassers, die jedoch sehr disparate Themenfelder rund um das Wasser abdecken[11]. Ähnliche Fragestellungen wie die hier behandelten werden jedoch im Hinblick auf andere europäische Länder verfolgt, wobei vor allem die Studien von Alexandra Walsham zu Großbritannien zu nennen sind[12].

Die Frage nach der Repräsentation heilender Quellen steht jedoch in einem breiten historiographischen Umfeld und in verschiedenen Forschungskontexten: erstens im Zusammenhang mit der Untersuchung lutherischer Wunder[13] sowie der breiten Forschung zu lutherischer Volksfrömmigkeit[14]

---

[11] Vgl. z. B. für die ältere Kulturgeschichte *Alfred Martin*, Deutsches Badewesen in vergangenen Tagen, Jena 1906; für die neuere *Böhme*, Kulturgeschichte des Wassers (Anm. 1).

[12] Vgl. *Alexandra Walsham*, Reforming the Waters. Holy Wells and Healing Springs in Protestant England, in: Life and Thought in the Northern Church, *c.* 1100–*c.* 1700. Essays in Honour of Claire Cross, hrsg. v. Diana Wood, Rochester / New York 1999, 227–255; *dies.*, Holywell. Contesting Sacred Space in Post-Reformation Wales, in: Sacred Space in Early Modern Europe, hrsg. v. Will Coster / Andrew Spicer, Cambridge 2005, 211–236; vgl. auch *Jens Chr. V. Johansen*, Holy Springs and Protestantism in Early Modern Denmark. A Medical Rationale for a Religious Practice, in: Medical History 41 (1997), 59–69. Zu beiden europäischen Fällen gibt es interessante Parallelen und Unterschiede, die im vorliegenden Beitrag leider nicht diskutiert werden können.

[13] Vgl. z. B. *Jürgen Beyer*, A Lübeck Prophet in Local and Lutheran Context, in: Popular Religion in Germany and Central Europa, 1400–1800, hrsg. v. Robert W. Scribner / Trevor Johnson, Houndmills / London 1996, 166–182, 264–272; *Renate Dürr*, Der schwierige Umgang mit dem schönen Wunder. Zur Rezeptionsgeschichte einer Wunderheilung aus dem Jahre 1644, in: Weib und Seele. Frömmigkeit und Spiritualität evangelischer Frauen in Württemberg. Katalog zur Ausstellung im Landeskirchlichen Museum Ludwigsburg vom 16. Mai 1998 bis 8. November 1998, Ludwigsburg 1998, 89–95; *Nicole Bauer / Renate Dürr*, Die Wunderheilung der Katharina Hummel 1644, in: Nonne, Magd oder Ratsfrau. Frauenleben in Leonberg aus vier Jahrhunderten, hrsg. v. Renate Dürr, Leonberg 1998, 85–95; *Renate Dürr*, Prophetie und Wunderglauben – zu den kulturellen Folgen der Reformation, in: Historische Zeitschrift 281 (2005), 3–32; *Martin Scharfe*, Wunder und Wunderglaube im protestantischen Württemberg, in: Blätter für Württembergische Kirchengeschichte 68–69 (1968–1969), 190–206; *David W. Sabean*, Power in the Blood. Popular Culture and Village Discourse in Early Modern Germany, Cambridge u. a. 1984; vgl. aber auch *Philip Soergel*, From Legends to Lies. Protestant Attacks on Catholic Miracles in Late Reformation Germany, in: Fides et historia 21 (1989), 21–29; vgl. zu England auch *Alexandra Walsham*, Miracles in Post-Reformation England, in: Signs, Wonders, Miracles. Representations of Divine Power in the Life of the Church. Papers Read at the 2003 Summer Meeting and the 2004 Winter Meeting of the Ecclesiastical History Society, hrsg. v. Kate Cooper / Jeremy Gregory, Woodbridge 2005, 273–306.

[14] Vgl. hierzu, insbesondere im Hinblick auf die Frage nach der ‚Säkularisierung‘ protestantischer Frömmigkeit nach der Reformation v.a. die Arbeiten von *Robert W. Scribner*, z. B. The Impact of the Reformation on Daily Life, in: Mensch und Objekt im Mittelalter und in der Frühen Neuzeit. Leben – Alltag – Kultur, Wien 1990, 316–343; *ders.*, The Reformation, Popular Magic and the „Disenchantment of the World", in: Journal of Interdisciplinary History 23 (1993), 475–494; *ders.*, Reformation and Desacralisation. From Sacramental World to Moralised Universe, in: Problems in the Historical Anthropology of Early Modern Europe, hrsg. v. R. Po-Chia Hsia / Robert W. Scribner, Wiesbaden 1997, 75–92; vgl. auch *Ernst Walter Zeeden*, Konfessionsbildung. Studien zur Reformation, Gegenreformation und katholischen Reform, Stuttgart 1985.

und den – meist protestantischen – Prodigien[15] in der Frühen Neuzeit; zweitens im Kontext der Forschung zu katholischen Frömmigkeitsformen, insbesondere Wundern und Wallfahrten[16]; drittens im Zusammenhang mit dem weiten Forschungsfeld der Entwicklung der frühneuzeitlichen Medizin und Naturwissenschaften[17], wobei jedoch der engere Kontext der Bäderkunde, der Balneologie, kaum erschlossen ist[18].

[15] Vgl. z. B. *Franz Mauelshagen*, Verbreitung von Wundernachrichten als christliche Pflicht. Das Weltbild legitimiert das Medium, in: Medien und Weltbilder im Wandel der Frühen Neuzeit, hrsg. v. Franz Mauelshagen / Benedikt Mauer, Augsburg 2000, 130–154; *Michaela Schwegler*, „Erschröckliches Wunderzeichen" oder „natürliches Phänomen"? Frühneuzeitliche Wunderzeichenberichte aus der Sicht der Wissenschaft, München 2002; *Irene Ewinkel*, De monstris. Deutung und Funktion von Wundergeburten auf Flugblättern im Deutschland des 16. Jahrhunderts, Tübingen 1995; *Thomas Klingebiel*, Apokalyptik, Prodigienglaube und Prophetismus im Alten Reich, in: Im Zeichen der Krise. Religiosität im Europa des 17. Jahrhunderts, hrsg. v. Hartmut Lehmann / Anne-Charlott Trepp, Göttingen 1999, 17–32; *Benigna von Krusenstjern*, Prodigienglaube und Dreißigjähriger Krieg, in: ebd., 53–78.

[16] Vgl. z. B. *Werner Freitag*, Volks- und Elitenfrömmigkeit in der Frühen Neuzeit, Paderborn 1991; *ders.*, Wallfahrtsbilder im konfessionellen Zeitalter. Das Fürstbistum Münster, in: Rahmen-Diskurse. Kultbilder im konfessionellen Zeitalter, hrsg. v. David Ganz / Georg Henkel, Berlin 2004, 81–96; *Peter Hersche*, Devotion, Volksbrauch oder Massenprotest? Ein Literaturbericht aus sozialgeschichtlicher Sicht zum Thema Wallfahrt. Von der kirchlichen über die volkskundliche zur sozialgeschichtlichen Wallfahrtsforschung, in: Das achtzehnte Jahrhundert und Österreich 9 (1994), 7–34; *Rebekka Habermas*, Wallfahrt und Aufruhr. Zur Geschichte des Wunderglaubens, Frankfurt, New York 1991; *dies.*, Wunder, Wunderliches, Wunderbares. Zur Profanisierung eines Deutungsmusters der frühen Neuzeit, in: Armut, Liebe, Ehre. Studien zur historischen Kulturforschung, hrsg. v. Richard van Dülmen, Frankfurt a.M. 1988, 38–66; *Andreas Holzem*, Religiöse Orientierung und soziale Ordnung. Skizzen zur Wallfahrt als Handlungsfeld und Konfliktraum zwischen Frühneuzeit und Katholischem Milieu, in: Institutionen und Ereignis. Über historische Praktiken und Vorstellungen gesellschaftlichen Ordnens, hrsg. v. Reinhard Blänkner / Bernhard Jussen, Göttingen 1998, 327–354; *Wolfgang Brückner*, Die Neuorganisation von Frömmigkeit des Kirchenvolkes im nachtridentinischen Konfessionsstaat, in: Jahrbuch für Volkskunde, Neue Folge 21 (1998), 7–32; *David Gentilcore*, From Bishop to Witch. The System of the Sacred in Early Modern Terra d'Otranto, Manchester / New York 1992; *Jens Ivo Engels*, Wunder im Dienste profanisierter Weltsicht? Zur Gemengelage der Weltbilder im achtzehnten Jahrhundert anhand der Debatte über jansenistische Wunder, in: Historisches Jahrbuch 117 (1997), 84–110; vom Ansatz her übergreifend, aber auf den Katholizismus konzentriert: *Gabriela Signori*, Wunder. Eine historische Einführung, Frankfurt a.M. / New York 2007.

[17] Vgl. z. B. *Sandra Pott*, Säkularisierung in den Wissenschaften seit der Frühen Neuzeit, Bd. 1, Medizin, Medizinethik und schöne Literatur. Studien zu Säkularisierungsvorgängen vom frühen 17. bis zum frühen 19. Jahrhundert, Berlin / New York 2002; *Lorraine Daston / Katharine Park*, Wonders and the Order of Nature 1150–1750, New York 2001; *Matthias Pohlig*, Frühneuzeitliche Naturwissenschaft und Konfessionalisierung, in: Frühneuzeitliche Bildungsgeschichte der Reformierten in konfessionsvergleichender Perspektive. Schulwesen, Lesekultur und Wissenschaft, hrsg. v. Stefan Ehrenpreis / Heinz Schilling, Berlin 2007, 229–268; *Anne-Charlott Trepp*, Zwischen Inspiration und Isolation. Naturerkundung als Frömmigkeitspraxis in der ersten Hälfte des 18. Jahrhunderts, in: Religionsgeschichte der Neuzeit. Profile und Perspektiven, hrsg. v. Monika Neugebauer-Wölk, in: zeitenblicke 5 (2006), Nr. 1 (Datum des letzten Besuchs: 27. 04. 2006).

[18] Vgl. *Irmgard Probst*, Die Balneologie des 16. Jahrhunderts im Spiegel der deutschen Badeschriften, Münster 1971; *Frank Fürbeth*, Heilquellen in der deutschen Wissensliteratur des Spätmittelalters, Wiesbaden 2004; *ders.*, Bibliographie der deut-

Dabei haben zwei dieser Forschungszweige in den letzten Jahrzehnten die These von einer Säkularisierung in der Frühen Neuzeit weitgehend unterhöhlt: Erstens die Untersuchungen zur lutherischen Volksfrömmigkeit im Gefolge von Robert W. Scribner. Hier wurde herausgearbeitet, dass das Luthertum keineswegs eine ‚Entzauberung der Welt' herbeiführte, sondern vielmehr eine spezifisch lutherische ‚Sakralität' zu konstatieren sei: „Protestantism[19] [...] certainly did not dispense with sacrality of spaces, places, persons, times or things. The hard-edged sacramentalism of Catholicism was not replaced but modified into a weaker and more ill-defined form of sacrality"[20]. Dies führte, so Renate Dürr, „zunächst einmal zu einer weiteren Verzauberung der Welt"[21]. Darüber hinaus betont Dürr in ihrer Untersuchung einer Wunderheilung in Leonberg auch, dass im Kontext lutherischer Wundervorstellungen des 16. und 17. Jahrhunderts nicht „zwischen dem Glauben der Seelsorger und demjenigen der Gemeindemitglieder unterschieden" werden dürfe[22]. Tatsächlich waren es die lutherischen Ortspfarrer, die im 16. und 17. Jahrhundert Heilungen als Wunderheilungen und selbsternannte Laienpropheten als Propheten anerkannten. Dürr führt dies auf das lutherische Verständnis der Adiaphora zurück, so dass die Pfarrer und Gemeinden eine eigene Entscheidungsbefugnis hatten – auch eine über die Anerkennung von Wundern. Auf diese Punkte wird unten zurückzukommen sein.

Zweitens haben die Forschungen zur frühneuzeitlichen Naturwissenschaft und Medizin die These von der Säkularisierung durch naturwissenschaftliche und medizinische Erkenntnisse massiv in Zweifel gezogen. Vielmehr wird mittlerweile gerade die Rolle der Religion, das Zusammenspiel von Religion und Naturwissenschaften sowie auch die Religiosität von Naturwissenschaftlern und Medizinern in der Frühen Neuzeit betont[23]. Das Problem, das hierdurch jedoch im Raum steht und das zunehmend unerklärlich erscheint, ist der Entwicklungsgang hin zu einer – und das dürfte weiterhin unbestritten sein – säkularisierten, ‚modernen' Naturwissen-

---

schen oder im deutschen Raum erschienenen Bäderschriften des 15. und 16. Jahrhunderts, in: Würzburger medizinhistorische Mitteilungen 13 (1995), 217–252.

19 Es muss jedoch betont werden, dass Scribner lutherische Quellen untersucht hat; der Befund ist auch von Renate Dürr im Hinblick auf das Luthertum bestätigt worden, vgl. oben Fußnote 13.

20 *Scribner,* Reformation and Desacralisation (Anm. 14), 76.

21 *Dürr,* Prophetie und Wunderglauben (Anm. 13), 21.

22 Ebd., 5.

23 Vgl. zusammenfassend oben Abschnitt B. III. in diesem Band sowie *Pohlig,* Frühneuzeitliche Naturwissenschaft (Anm. 17). Vgl. dazu auch den Abschnitt über „Alte und neue Wissenschaften und Weltdeutungen" in dem Sammelband: *Lehmann/Trepp,* Im Zeichen der Krise (Anm. 15), mit den Beiträgen von *Jacob, von Greyerz, Trepp* und *Russell.* Diesen Befund hat eine jüngst vom Verein für Reformationsgeschichte organisierte Tagung über „Religion und Naturwissenschaften" im September 2007 in Wittenberg erneut unterstrichen.

schaft und Medizin. In ihrer Studie über „Medizin, Medizinethik und schöne Literatur" macht Sandra Pott deutlich, welche Schwierigkeiten sich im Hinblick auf die exakte Bestimmung von Mechanismen der Emanzipation, Funktionalisierung und Differenzierung im Spannungsfeld zwischen Medizin und Theologie auftun[24]. In ähnlicher Weise zeigt Anne-Charlott Trepp die Komplexität des Zusammenhangs von Naturerkundung und Frömmigkeit anhand der Physikotheologie auf und meint, dass hier Prozesse der ‚nicht-intendierten Nebenwirkungen' zum Bedeutungsverlust von Religion führen konnten[25].

Vor dem Hintergrund dieser Forschungslage wäre es denkbar, den Zusammenhang der Repräsentation von Wasser und Säkularisierungsvorgängen in der Frühen Neuzeit im Hinblick auf die Balneologie, also auf den inner-wissenschaftlichen Diskurs über das heilende Wasser, zu untersuchen, nach unterschiedlichen naturwissenschaftlichen Konzeptionen von Wasser zu fragen oder auch die Hydrotheologie von Fabricius im Kontext der Physikotheologie zu analysieren[26]. Man könnte die Frage nach dem Zusammenhang von Theologie und Medizin in der Frühen Neuzeit[27] auch mit Bezug auf die zeitgenössisch immer wieder benutzten Sprachbilder von Christus bzw. den Heiligen als „Lebensquell"[28] oder von Predigten als „geistliche[n] Wasserquelle[n]"[29] untersuchen; diese reiche metaphorische Verwendung des Wassers, deren langfristiger Wandel bislang nicht erforscht wurde, könnte auf Veränderungsvorgänge innerhalb der Theologie als sich ausbildendem gesellschaftlichen Teilsystem hinweisen[30]. Des Weiteren könnte

---

[24] Vgl. *Pott,* Säkularisierung (Anm. 17), insbes. 187–191.

[25] Vgl. *Trepp,* Zwischen Inspiration und Isolation (Anm. 17), insbes. Abschnitt 19–23; vgl. auch *Helga Dirlinger,* Das Buch der Natur. Der Einfluß der Physikotheologie auf das neuzeitliche Naturverständnis und die ästhetische Wahrnehmung von Wildnis, in: Individualisierung, Rationalisierung, Säkularisierung. Neue Wege der Religionsgeschichte, hrsg. v. Michael Weinzierl, München 1997, 156–185.

[26] Vgl. *Johann Albert Fabricius,* Hydrotheologie Oder Versuch, durch aufmerksame Betrachtung der Eigenschaften, reichen Austheilung und Bewegung Der Wasser, die Menschen zur Liebe und Bewunderung Ihres Gütigsten, Weisesten, Mächtigsten Schöpfers zu ermuntern, [. . .], Hamburg: König / Richter, 1734; vgl. *Udo Krolzik,* Das Wasser als theologisches Thema der deutschen Frühaufklärung bei Johann Albert Fabricius, in: *Böhme,* Kulturgeschichte des Wassers (Anm. 1), 189–207.

[27] Vgl. *Johann Anselm Steiger,* Medizinische Theologie. Christus medicus und theologia medicinalis bei Martin Luther und im Luthertum der Barockzeit. Mit Edition dreier Quellentexte, Leiden / Boston 2005; *Pott,* Säkularisierung (Anm. 17); vgl. auch *Woschitz,* Fons vitae (Anm. 1).

[28] Vgl. z. B. *Johann Rudolph Hybner,* Christus Jesus Der Heyl-brunnen wider die Sünd und wider die Unreinigkeit [. . .], Bern: Sonnleitner, 1667; *Chrysostomus Beitmiller,* Brunnquell Mariae Dettelbach Darinn der Ursprung, und daß aufnemmen dieser H. Wallfahrt beschriben. Durch F. Chrysostomum Beitmiller Franciscanum. Prediger in unsser lieben Frawen Pfarr zu Bambirg, Würzburg: Zinckh, 1647.

[29] Vgl. z. B. Geistliche Wasserquelle: Darinnen sich ein jedes frommes Hertz in mancherley Hitze der Anfechtung / leiblich und geistlich / erquicken und erfrischen kan. Aus dem heilsamen Häupt-Brunnen der heiligen Schrifft / und andern Christlichen Büchern zugerichtet, [. . .], Lüneburg: [Stern], 1655.

man nach religiösen und säkularen Repräsentationen von Wasser im Kontext der Literatur[31] und der Kunst fragen, beispielsweise im Hinblick auf die Jungbrunnendarstellungen der Renaissance[32].

Der Fokus wird jedoch im Folgenden, wie bereits erwähnt, auf die Vermittlung von Deutungsmustern durch Gebildete (Ärzte und Theologen) an ein Laienpublikum gelegt. Das geschieht aus zwei Gründen: Erstens erschien es im Hinblick auf die Frage nach Säkularisierungsvorgängen in der Frühen Neuzeit wichtig, Medien zu erfassen, die eine größere gesellschaftliche ‚Tiefenwirkung‘ vermuten lassen als beispielsweise der Blick auf einen gelehrten Diskurs. Da gerade deutschsprachige Schriften und Flugblätter in der Frühen Neuzeit nachweislich für einen Markt geschrieben wurden[33], kann man von der Annahme ausgehen, dass diese Quellentypen gegebenenfalls ein ‚Einsickern‘ säkularer Deutungsmuster in die Gesellschaft spiegeln. Es wurde auch davon abgesehen, einzelne Heil- bzw. Wunderquellen im Detail archivalisch zu untersuchen, da dies für den hier gewählten Fragehorizont nur in großer Anzahl aussagekräftige Ergebnisse zugelassen hätte[34]. Zweitens konnte auch nur über die vorgenommene Beschränkung der untersuchten Medien die Zeitperspektive so weit wie möglich, nämlich von der Mitte des 16. bis zum frühen 19. Jahrhundert, ausgedehnt werden.

---

30 Die vermutlich bekannteste Schrift in diesem Kontext ist *Thomas Murner*, Ein andechtig geistliche Badenfart / des hochgelehrten Herren Thomas murner / der heiligen geschrifft doctor barfüser orden / zu Straßburg in dem bad erdicht / gelert und vngelerten nutzlich zu bredigen vnd zu lesen, Neudruck nach der Ausgabe Straßburg 1514, hrsg. v. Ernst Martin, Straßburg 1887. Murner nutzte hier die Analogie zur Badenfahrt, um die Buße des sündigen Menschen zu veranschaulichen.

31 Vgl. das umfassende Werk von *Woschitz,* Fons vitae (Anm. 1), das sich auch intensiv mit der ‚Sinngeschichte‘ des Wassers in der Literatur beschäftigt; vgl. auch *Hartmut Böhme,* Eros und Tod im Wasser – „Bändigen und Entlassen der Elemente". Das Wasser bei Goethe, in: Kulturgeschichte des Wassers, hrsg. v. dems. (Anm. 1), 208 – 233.

32 Vgl. *Anna Rapp,* Der Jungbrunnen in Literatur und bildender Kunst des Mittelalters, Diss. Univ. Zürich 1976; *Horst Bredekamp,* Wasserangst und Wasserfreude in Renaissance und Manierismus, in: Kulturgeschichte des Wassers, hrsg. v. Böhme (Anm. 1), 145 – 188.

33 Aus dem Fundus der für diese Untersuchung verwendeten Quellen sei auf den Einwand des Stadtpfarrers von Landshut, Georg Bernhard Krembser, gegen den Druck eines umfangreichen Manuskripts über das Maria Brünnl verwiesen: „[. . .] er finde nicht, warum dieses Werk in Druck kommen soll, es ist gar zu weitläufig, und wozu ist es mit so vielen lateinischen Texten vermengt? Dies würde kein Büchlein, sondern ein Buch, und damit würde es das Brünnl auch in große Unkosten bringen, und zwar ohne daß zu hoffen sei, daß die Unkosten wieder hereinkämen." (Zitiert nach *Hans Bleibrunner,* Die Wallfahrt Maria Brünnl bei Landshut, eine Tochterwallfahrt von Passau-Maria Hilf, in: Ostbairische Grenzmarken. Passauer Jahrbuch für Geschichte, Kunst und Volkskunde 10 (1968), 29 – 53, hier 48.)

34 Auch die möglicherweise für die vorliegende Fragestellung ergiebige Analyse volkstümlicher Kalender konnte nicht geleistet werden, da – im Gegensatz zu den gedruckten Einzelschriften und -blättern – hier nicht am Titel erkannt werden kann, ob sich das Themenfeld betreffende Aussagen finden lassen.

Für die vorliegende Untersuchung wurde deshalb nach Flugschriften und -blättern gesucht, die dem frühneuzeitlichen Laien Repräsentationen von heilendem Wasser anboten. Es wurde versucht, die verschiedenen Repräsentationen möglichst breit zu erfassen. Im Rahmen dieser Recherche, die sich für das 16. und 17. Jahrhundert auf VD 16 und VD 17 stützen konnte, jedoch auch den verstreuten Hinweisen in der lokalgeschichtlichen Literatur nachgegangen ist, und für das 18. und frühe 19. Jahrhundert allein solchen Hinweisen in der Literatur und den richtigen ‚catchwords' im Karlsruher Virtuellen Katalog folgen musste, konnte ein über 300 Titel umfassendes Quellenverzeichnis aufgebaut werden. Auf dieser Quellengrundlage wird im Folgenden argumentiert, auch wenn naturgemäß auf Grund des eingeschränkten zur Verfügung stehenden Raumes nur einzelne Nachweise und Belegstellen als Beispiele angeführt werden können.

Die Auswertung dieser Quellengrundlage machte deutlich, dass es im deutschsprachigen Raum zwischen der Mitte des 16. und der Mitte des 18. Jahrhunderts drei Diskursgemeinschaften gab, die sich an ein Laienpublikum richteten und in denen je spezifische Deutungen von heilendem Wasser vorherrschten. Erstens gab es einen medizinischen Heilwasser-Diskurs; hier schrieben Ärzte, seltener auch Laien, Badeführer, die sowohl die Badekur im Allgemeinen als auch den Aufenthalt an einzelnen Badeorten thematisierten. Zweitens gab es einen lutherischen Diskurs über heilende Wunderquellen; hier propagierten meist lutherische Pfarrer in Flugblättern und kurzen Flugschriften Wunderquellen, die sie in spezifischer Weise als lutherische Wunder interpretierten. Drittens gab es einen katholischen Diskurs über katholische Wallfahrten mit dazugehöriger heilender Quelle; hier verfassten katholische Kleriker Wallfahrtsort-Beschreibungen, Mirakelbücher und kleine Gebetbüchlein. Diese Diskursgemeinschaften sind natürlich nicht als feste, unwandelbare Größen zu verstehen, doch wiesen sie, wie im Folgenden noch zu zeigen sein wird, über einen längeren Zeitraum eine durchaus beachtliche Konsistenz und Stringenz in ihren Argumentationsmustern auf. Dies wird nicht zuletzt auch daran deutlich, dass die textuelle Ebene des Diskurses durch die Visualisierung einer je sehr spezifischen materiellen Kultur ergänzt wurde, so dass die jeweilige Repräsentation des heilenden Wassers eine beachtliche Geschlossenheit erhielt.

Im Folgenden werden nacheinander der balneologische Diskurs, der lutherische sowie der katholische Wunderbrunnen-Diskurs untersucht. Daraufhin werden ‚Statik' und ‚Dynamik' des Diskurses über heilendes Wasser anhand einzelner Deutungskonflikte vorgestellt sowie die ‚chronologische Dynamik' des Heilwasser-Diskurses zwischen dem späten 17. und dem beginnenden 19. Jahrhundert erläutert.

Die deutschsprachigen, auf ein Laienpublikum zielenden bäderkundlichen Schriften des 16. Jahrhunderts legen eine sich bereits früh anbahnende Säkularisierung der Repräsentation von Heilwasser und -quellen nahe: Heilwasser wird hier im medizinischen Sinne als ,Medikament' repräsentiert. In seiner Studie über den „Tractus de balneis naturalibus" des Felix Hemmerli aus der Mitte des 15. Jahrhunderts sowie dessen deutschsprachige Rezeption weist Frank Fürbeth darauf hin, dass Hemmerli sich mit seiner Schrift bereits gegen einen säkularisierenden Trend wandte. In der Tradition der italienischen Balneologie[35] entstanden im 15. Jahrhundert auch in Deutschland so genannte ,Badeconsilia', in denen „die Heilquellen in ihrer medizinischen Funktion als Heilmittel"[36] beschrieben wurden: „[...] ihr Wesen als Geschöpf Gottes, der sie zum Nutzen des Menschen und als Zeichen der göttlichen Wirkkraft geschaffen habe, [...], wird dabei nicht zum Thema"[37]. Hemmerli habe diesen Trend, so Fürbeth, gleichsam zurückdrehen wollen: „Diese pragmatische Funktionalisierung und die daraus resultierende Entbindung aus dem heilsgeschichtlichen Rahmen versucht Hemmerli nun wieder rückgängig zu machen; [...]"[38]. Dies gelang ihm jedoch nicht: Fürbeth konstatiert für die nachfolgende Rezeption Hemmerlis in den deutschsprachigen Badeschriften, dass der religiöse Kontext, den Hemmerli als Teil seiner Repräsentation von Heilquellen entwirft, nicht aufgegriffen wurde. Vielmehr habe man sich „auf die medizinischen Textkerne konzentriert"[39].

Dieser Befund ist für das 16. Jahrhundert zwar etwas einzuschränken, kann aber im Hinblick auf eine fehlende Gesamteinbettung balneologischer Argumentationsmuster in einen religiösen Erklärungskontext bestätigt werden. Besonders die Badeführer der ersten Hälfte des 16. Jahrhunderts, wie Laurentius Fries' „Tractat der Wildbeder natuer" (1519) und Johann Dryanders „Vom Eymsser Bade" (1535)[40], weisen eine ausschließliche Konzentration auf die naturwissenschaftlichen, medizinischen und diätetischen Aspekte des Heilwassers und der Badekur auf, oder, wie es auf dem Titelblatt von Dryander heißt: „Vom Eymser Bade / was natur es in jm hab. Wie

---

35 Zur Tradition der italienischen Balneologie vgl. *Katharine Park,* Natural Particulars. Medical Epistemology, Practice, and the Literature of Healing Springs, in: Natural Particulars. Nature and the Disciplines in Renaissance Europe, hrsg. v. Anthony Grafton / Nancy Siraisi, Cambridge, Mass. / London 1999, 1–16.

36 *Fürbeth,* Heilquellen (Anm. 18), 197.

37 Ebd.

38 Ebd.

39 Ebd., 199.

40 *Lorenz Fries,* Tractat der Wildbeder natuer, wirckung vnd eigenschafft mittsampt vnderweisung wie sich ein yeder bereiten sol ee er badet / auch wie man baden / vnd ettliche zufell der badenden wenden sol / Gemacht mit grossem fleiß durch Laurentium Phriesen der freien kunst vnnd artzney doctorem, Stuttgart: Grieninger, 1519; *Johannes Dryander,* Vom Eymsser Bade / was natur es in jm hab. Wie man sich darin halten soll. Auch zu was kranckheit es gebraucht sol werdenn. Durch D. Johan Dryander genant Eichman. Des hochwirdigsten Fürsten und Herrn H. Johann Ertzbischoffs zu Tryer / und Churfürst etc. diener und verordentenn der Artzeney Doctor zu Coblentz / yetzt new in truck bracht, [Mainz: Jordan, 1535], neu hrsg. v. Verein für Geschichte / Denkmal- und Landschaftspflege e.V., Bad Ems 1983.

man sich darin halten soll. Auch zu was kranckheit es gebraucht sol werdenn".

Im Badenfahrtbüchlein des Georg Pictorius von 1560 findet sich die typische Begründung für das Verfassen der Badeführer: „Damit der gemein man
verstehen möge / das nitwenig nutz bringt so man wol bedächtlich / und mit
gutem rath gen baden fart / auch das nit kleiner schad entstehet / so der ge-
gentheil gebraucht wirt / [. . .] So hab ich mir fürgenommen manchen hiemit
zu dienen / von den bädern und auch wie zu baden / mit kurtzen worten einen bericht an den Tag zu bringen"[41]. Inhaltlich geht es im Einzelnen darum „zu eröffnen / was tugend unnd krafft die mineralischen einfachte / und
auch componierte bäder / [. . .] in sich haben / oder begreiffen. Item mit was
ordnung man baden solle / wenn die bäder gut / und wenn sie böß / welche
sich des Badens gebrauchen mögen / unnd welchen sie verbotten / auch wie
man allen zufellen die sich vil malen in den bädern zu tragen begegnen solle / [. . .]"[42].

Heilwasser wurden in den bäderkundlichen Schriften als ‚Medikamente'
repräsentiert, deren Wirkung zum einen von der korrekten Anwendung ab-
hinge, zum anderen durch empirische Beobachtung und die Untersuchung
ihrer Zusammensetzung zu erforschen sei. Für die an die Badegäste gerichteten ‚Badeconsilia' bedeutete das, dass das einzelne Wasser nicht als universelles Heilmittel dargestellt wurde, sondern auf der Grundlage der ‚Natur' des Wassers und der Erfahrung mit seiner Anwendung eine Liste von
Krankheiten erstellt wurde, gegen die es zur Anwendung kommen sollte.
Wenn diese Indikationslisten in der Frühen Neuzeit auch lang blieben und
bestimmte Indikationen wie Kinderlosigkeit immer enthielten, so war man
doch darauf bedacht, auch Kontraindikationen offenzulegen und vor der
Anwendung bestimmter Wasser bei bestimmten Krankheiten ausdrücklich
zu warnen. Gerade an diesem Punkt wird deutlich, dass sich die Ärzte über
diese Repräsentation des Wassers nach streng medizinischen Kriterien zugleich selbst als Experten zu etablieren suchten – Klagen über die unüber-
legte und undifferenzierte Anwendung von Heilwassern durch Laien waren
an der Tagesordnung[43]. Die Badeführer bestehen deshalb aus ausführlichen

---

41 *Georg Pictorius*, Badenfartbüchlein. Gantz kurtzer bericht von allerhand ein-
fachten / und acht und dreissig componierter mineralischen teutsches lands wildbä-
dern / wie man im baden und darvor / ordnung halten solle / welchen baden gut / und
welchen böß / von der bäder diet / und wie man allen zufällen die sich gemeinlich den
badenden zutragen / begegnen soll. Mit angehenckter beschreibung / was nutz
schrepffen bringe / welchen es füget / un[d] was für schaden denen so es nit gezimet /
auch an welchen orten die ventosen anzusetzen / Jetzunder mit fleiß ubersehen und
zum dritten mal getruckt. Alles durch D. Georgium Pictorium der artzney Doctorn /
und der Keiserlichen regierung Ensißheim bestelten Phisicum / auß den gelehrten /
und wie er vil selber erfaren / allher in diß Büchlin zusammen getragen, Frankfurt
a.M.: o.D., [1560] [Neudruck: Freiburg i.B. 1980], 15 – 16 (1 – 2 bzw. A iiii r-v).

42 Ebd., 12 – 13 (Aii v-Aiii r).

43 Vgl. ebd., 15 (1 bzw. Aiiii r).

Anweisungen zum richtigen Verhalten während der Badekur, über die nach den zeitgenössischen diätetischen Vorstellungen ‚richtige Lebensart‘, vor allem das richtige Essen und eine ausgeglichene Gemütsverfassung, über die Länge des Badens und die Zahl der zu trinkenden Gläser. Es wird immer wieder davor gewarnt, dass die Nichteinhaltung dieser medizinisch wohlbegründeten Regeln den Erfolg der Badekur zunichte mache.

Zugleich stellt man jedoch fest, dass die große Mehrzahl der balneologischen Schriften des 16. und 17. Jahrhunderts doch einen ‚Ort‘ für eine religiöse Anbindung der Repräsentation des Heilwassers hat; dieser ‚Ort‘ befindet sich meist in den Vorworten und Widmungsreden, gelegentlich auch am Ende der Schriften sowie in kurzen Sätzen am Anfang einzelner Kapitel[44]. Im Badenfahrtbüchlein von Pictorius heißt es beispielsweise in der Widmungsrede: „Das die Göttliche fürsichtigkeit von ewigem her versehen habe / [...] / wie sie dem menschen fürstand un[d] nutz beweisen könde / auff das er von diser welt / so mit kranckheit und vil gebresten uberladen / nit vor seiner auffgesetzter zeit müste abgehen und verderben / [...] “[45] – darum habe Gott die Heilwasser bereitgestellt. Pictorius weist seine Leser zu Beginn des 5. Kapitels aber auch darauf hin, dass die von Gott den Heilwassern zum Besten der Menschheit ‚eingepflanzten‘ Tugenden und Wirkungen durch falsche Anwendung Schaden anrichten könnten[46].

Dazu heißt es in der Vorrede zur Brunnenbeschreibung des Straßburger Arztes Georg Graseck über Sankt Petersthal und Griesbach in Württemberg von 1607: „Also hat dieser Himlische *Aesculapsius,* nach seinem allein Weissesten und Göttlicher Fürsehung / uns bresthafftigen Menschenkindern

---

[44] Gelegentlich findet sich auch eine starke Betonung des religiösen Aspektes im Titel balneologischer Schriften; vgl. *Martin Maskosky,* Im Namen JEsu! Das Göppingische Bethesda! Das ist Kunstmässige Beschreibung des uralten heilsamen Sauerbrunnen Bey der Hochfürstlichen Würtenbergischen Statt Göppingen! Von desselben Gelegenheit / Chimischer Probe / heilsamer Wirkung und ordenlichem Gebrauche / aus eigener Zwanzigjähriger Erfahrung zur Ehre GOttes und Nuzzen des Nächsten wolmeinend entworfen von Martin Maskosky / Medicinae Practico, [...], Nördlingen: Hilbrandt, 1688. Auch hier orientiert sich der Verfasser, ein Arzt, jedoch inhaltlich ausschließlich an den Genre-Erwartungen der balneologischen Schriften. Die Kapitelfolge lautet dementsprechend: „I. [...] von der Gelegenheit des Göppinger Sauerbrunnens, II. [...] von denen Quellen insonderheit; und absonderlich von dem Mineralischen Halte der Haubt-Quelle; III. [...] die Kraft und Wirkung [...]; IV. [...] den Unterschied des Göppinger und Jebenhäuser Sauerbrunnens; V. [...] die Zustände und Gebrechen / in welchen der Edle Göppinger Sauerbrunnen [...] zu gebrauchen; VI. [...] den innerlichen Gebrauch [...]; VII. [...] was vor dem Gebrauche [...] zu tuhn; VIII. [...] wessen mann sich in währender Cur zu verhalten; IX. [...] was [die Gäste] nach dem Sauerbrunnen vorzunehmen; X. Gedenket [...] der neugefassten Quelle; XI. [...] wie mann [...] zu baden; XII. [...] daß der Göppinger Sauerbrunnen noch auf mehrerley Weise innerlich zu gebrauchen sey; XIII. [...] den fernern äußerlichen Gebrauch des Göppinger Sauerbrunnen; XIV. [...] was in der Sauerbrunnen-Cur für eine Lebens-Ordnung zu führen; XV. [...] Erzehlung einiger nahmhafter Curen / so der [...] Sauerbrunnen verrichtet.“

[45] *Pictorius,* Badenfartbüchlein (Anm. 41), 9 (A ii r).

[46] Vgl. ebd., 35 – 36 (11 bzw. Bvi r).

zum besten [...] unser geliebtes Vatterland der Teutschen Nation / mit soviel heilsamen / so wol warmen als auch kalten Bädern / [...] zuerhaltung des Leibs gesundheit / [...] vor andern hoch erhaben und begabet"[47]. Bei Grasek finden wir zusätzlich eine religiöse Einbettung durch einige Gebete für die Badekur im abschließenden Kapitel. Der Hauptteil der Schrift besteht jedoch, wie das Titelblatt unmissverständlich ausweist, aus einer ausschließlich auf die medizinische, ‚profanisierte' Repräsentation des Wassers konzentrierten Darstellung: „Fons Salutis Scatebra Petrina: Das ist / Gründtliche Beschreibung der weitberühmbten Brunnquellen des Heils / des genandten / Sant Petersthals unnd Grießbachers Saurwassers. Als in welcher gehandlet wirdt / von dessen urspringlichen Quellen: Mineralischen Geystern: deren Kräffte: unterscheid: application. Auff jedwedere Leibs Constitution und deren Kranckheiten so wol Eusserlichen als Innerlichen / wie nicht weniger / welchen solch Wasser zuwider. Item von der diaet und zeit solcher visitation, bey neben vielen anderen / sehr nntzlichen [sic] observationen und Regulen / so nicht allein auff dieses Saurwasser / sondern auch ins gemein auff andere Saurbrunnen und Bädern füglichen kan accomodirt werden"[48].

Das Argumentationsmuster des von Ärzten dominierten balneologischen Diskurses tritt klar zutage: Zwar seien die Heilwasser von Gott geschaffen, doch erfordere ihre richtige Anwendung die Erfahrung und das Wissen des

---

[47] *Georg Graseck,* Fons Salutis Scatebra Petrina: Das ist / Gründtliche Beschreibung der weitberühmbten Brunnquellen des Heils / des genandten / Sant Petersthals unnd Grießbachers Saurwassers. Als in welcher gehandlet wirdt / von dessen urspringlichen Quellen: Mineralischen Geystern: deren Kräffte: unterscheid: application. Auff jedwedere Leibs Constitution und deren Kranckheiten / so wol Eusserlichen als Innerlichen / wie nicht weniger / welchen solch Wasser zuwider. Item von der diaet und zeit solcher visitation, bey neben vielen anderen / sehr nntzlichen [sic] observationen und Regulen / so nicht allein auff dieses Saurwasser / sondern auch ins gemein auff andere Saurbrunnen und Bädern füglichen kan accomodirt werden. Männiglichen zu bestem frommen / so wol gesunden als Bresthafftigen / Hohen als Nidrigen / Frembden als Einheimischen / also zugericht und bereitet. Durch: Georgium Graseccium, Med. Doctorem und Practicum zu Straßburg, Straßburg: Martin, 1607, Vorrede.

[48] Ähnlich ist die Schrift von *Georg Bopp* über das im Kurfürstentum Bayern gelegene Bad Adelholzen einzuschätzen: Trifons Adlholzianus Antipodagricus, Das ist: Historische unnd Medicinalische Hydrographia oder Wasserbeschreibung / Deß vor vil hundert Jahren / durch S. Primum den heyligen Martyrer und Einsidel erstlich erfundenen / an jetzt aber wider restaurirten Wildtbads Adelholzen / Im ChurFürstlichen Hertzogthumb Obern Bayrn gelegen. Darinnen allerley Krancken / auch so gar Podagrische / Wassersüchtige / groß Geschwollne / Krumme und Lahme / wunderbarliche Hülff erlangt haben / und Gesund worden. Brobiert und Beschreibt Anno Christi, GeorgIVs Bopp, MeDICVS TheosophIae & PansophIae SerVVs obserVans, [...], Salzburg: Katzenberger, 1620 [i.e. 1629]. Zwar bezeichnet Bopp die Quelle von Adelholzen als von Gott gegeben und berichtet über die Entdeckung des heilenden Wassers durch St. Primus (10, 13), doch der Mediziner Bopp richtet seine Schrift nach balneologischen Richtlinien aus, erläutert beispielsweise „denen Anligen oder Kranckheiten / welche diß Wiltbad zucurirn nit mächtig / nutzlich oder ersprießlich / derowegen anderstwohin zu remittirn" sei (101) und versorgt den Leser mit einer ausgefeilten Tabelle der Badestunden (nach 97).

Arztes; dieser sei darauf bedacht, durch wissenschaftliche Beobachtung und Erkenntnis die Heilkraft des Wassers sowie seine Anwendungsmöglichkeiten möglichst exakt zu bestimmen. Die Heilwasser kommen in der balneologischen Repräsentation des 16. und 17. Jahrhunderts zwar von Gott und bleiben insofern unmissverständlich in eine übergreifende religiöse Weltsicht integriert – ihre ‚Alltagsrepräsentation‘, der Umgang mit ihnen, ist jedoch im balneologischen Diskurs profanisiert. Damit hatte sich in Fortführung der balneologischen Schriften der italienischen Renaissance auch in Deutschland eine Tradition etabliert, die die Repräsentation der heilenden Wasser auf dem Weg zum säkularisierten ‚Medikament‘ förderte. Dies geschah jedoch, insbesondere nach der Reformation und seit der zweiten Hälfte des 16. Jahrhunderts, in einem gesellschaftlichen Kontext, in dem die Religion bzw. Konfession eine weitreichende Deutungsmacht hatte und (noch) nicht als funktional differenziertes Teilsystem der Gesellschaft angesehen werden kann[49]. Die Verfasser der balneologischen Schriften glichen ihre Argumentation diesem Umstand gleichsam an, indem sie in den einführenden und Schlusspassagen ihrer Werke auf die religiös determinierte Weltsicht rekurrierten – ob bewusst oder unbewusst, das mag hier dahingestellt sein, eine nichtintentionale Entwicklung ist jedoch die wahrscheinlichere. Mit Pictorius gesprochen handelte es sich bei heilendem Wasser deshalb um „auß der himmelischen appoteck artzney"[50].

Der innerhalb des an Laien gerichteten balneologischen Diskurses starke Trend zur Profanisierung der Heilwasser und -quellen wird bestätigt, wenn man die mit dieser Repräsentation verbundene materielle Kultur untersucht. Hier zeigt sich, dass diejenigen Orte, die sich als Badeorte und ihre Heilwasser als ‚Medikamente‘ verstanden und entsprechend bewarben, in ihrer materiellen Kultur auf dreierlei besonders achteten: erstens auf eine möglichst solide erscheinende, den Badeort als etabliert und erfolgreich ausweisende Architektur und zweitens auf die Befriedigung der Bedürfnisse der Badegäste durch die Bereitstellung angemessener Dienstleistungen und Baulichkeiten für ‚Freizeitaktivitäten‘[51] sowie drittens auf den freien Zugang und die ungehinderte Religionsausübung aller Badegäste.

Abbildungen 1 und 2 zeigen Plombières bzw. Plummers in Lothringen und Bagno Vignioni in der Toskana, deren Architekturensembles als typisch für das späte Mittelalter und die beginnende Frühe Neuzeit gelten können:

---

[49] Vgl. *Wolfgang Reinhard,* Konfession und Konfessionalisierung in Europa, in: Bekenntnis und Geschichte. Die Confessio Augustana im historischen Zusammenhang, hrsg. v. dems., München 1981, 165–189; *Heinz Schilling,* Die Konfessionalisierung im Reich. Religiöser und gesellschaftlicher Wandel in Deutschland zwischen 1555 und 1620, in: Historische Zeitschrift 246 (1988), 1–45.

[50] *Pictorius,* Badenfartbüchlein (Anm. 41), 9 (Aii r).

[51] Der Anachronismus des Begriffs ist offensichtlich, er wird jedoch hier und im Folgenden pragmatisch als Kurzform für alle Formen der Vergnügungen und Rekreation an Badeorten verwendet.

Abb. 1: Plombières, in: *Conrad Gesner*, „De thermis Germanicis", in:
De Balneis, Venedig: Juntas, 1553, (aus: *Vladimir Křížek*, Kulturgeschichte
des Heilbades, Leipzig: Edition Leipzig, 1990, 79)

Abb. 2: Bagno Vignioni, Toskana (Fotografie Ute Lotz-Heumann)

Um das gemauerte Badebecken in der Mitte des Ortes stehen die Badeher-
bergen, so dass die materielle Kultur des Badeortes einen Eindruck der Solidität und der Urbanität vermittelt. Im späten 16. und 17. Jahrhundert
wurden die Badeeinrichtungen in die Häuser verlegt und zu den Badewan-
nen traten die sogenannten ‚Duschen‘ als eine weitere Form der balneologischen Anwendung hinzu (Abb. 3). Zudem wurde die Trinkkur als Kur-
anwendung eingeführt, wobei auch hier auf die Errichtung solider Brunnen geachtet wurde, die den Brunnengästen komfortablen Zugang und
Aufenthalt boten; Brunnenknechte und -mägde schöpften beispielsweise
das Wasser zum Trinken (Abb. 4 zeigt den Trinkbrunnen in Langen-
Schwalbach). Des Weiteren wurde von Badeorten die Bereitstellung von
‚Freizeiteinrichtungen‘ erwartet. Beispielhaft sei hier auf Gärten und Ke-
gelbahnen verwiesen, wie in den Abbildungen 5 und 6 in Boll und Adelholzen erkennbar.

Wenn sich, wie im bayerischen Adelholzen, die Kapelle am äußeren rechten Bildrand befindet (Abb. 6), so steht dies sinnbildlich für die Frage nach
der Stellung der Religion am Badeort: In den Badeführern und Badeordnungen auch bereits des 16. und 17. Jahrhunderts wird die gleichsam ‚kon-
fessionsneutrale‘ Stellung der Kurorte betont: In den Badeordnungen werden konfessionelle Kontroversen und Streitigkeiten im Bad untersagt[52], in

---

[52] Vgl. z. B. Die Badeordnung von Baden-Baden aus dem Jahr 1596, die auch zum
Vorbild von Liebenzell und Boll wurde: „3. Sie sollen sich zur Verhüetung Uneinig-

Abb. 3: Therapeutische „Duschen" in Aachen, in: *Franz Blondel,*
Außfürliche Erklärung vnd Augenscheinliche Wunderwirckung Deren Heylsamen
Badt- und Trinckwässern zu Aach [. . .], Aachen: Clemens, 1688 (reprint Aachen 1999
nach dem Exemplar im Besitz der Sammlung Crous gGmbH), K2 r

den Badeführern ist es ein Werbemerkmal, auf die Möglichkeit des Besuchs
der Gottesdienste verschiedener Konfessionen in der Umgegend des Kur-
ortes zu verweisen[53].

---

keit des Disputirens in Religionssachen in dem Bad, ob dem Essen und sonst meßigen
und enthalten." (Abgedruckt in: *Gebhard Mehring,* Badenfahrt. Württembergische
Mineralbäder und Sauerbrunnen vom Mittelalter bis zum Beginn des 19. Jahrhunderts, Stuttgart 1914, 161).

[53] Vgl. z. B. *Horstius, Johann Daniel,* Beschreibung deß Embser-Bades, in: ders.,
Kurtzer Bericht Vom Embser-Bad an der Lahn / in Teutsch und Frantzösisch / So dann
Wiß- und Offenauer-Bad / Auß Vier und viertzig Jähriger Erfahrung auffgesetzt. Wie
auch D. Georg. Marii, and anderer Gelährten Gedancken über die Brunnen zu Offenau /
Denig / St. Menard / Bachstainbach / etc. Sambt angehängtem ausführlichem Bericht
Doct. Marsilii Weigelii Vom Embser Bad und Brunnen, Darmstadt: Müller, 1683, 1.

Abb. 4: Langen-Schwalbach, Kupferstich von Matthäus Merian, 1631, Exemplar des Stadtmuseums Bad Schwalbach, (aus: *Klaus Günzel*, Bäder-Residenzen. Kuren und Amouren, Diplomatie und Intrigen, Stuttgart: DVA, 1998, 111)

Abb. 5: Bad Boll, in: *Philipp Gretter*, Boller Landtafel, 1602 (Detail), (aus: *Gemeinde Boll* (Hrsg.), Bad Boll 1595 – 1995. Vom herzoglichen Wunderbad zum Kurort, Weißenhorn: Konrad-Verlag, 1995, 65)

Abb. 6: Das Wildtbad Aendelholtzen, aus: *Matthäus Merian*, Topographia Bavariae [...], Frankfurt a.M.: Merian, 1644 (reprint Braunschweig; Archiv-Verlag, 2005), nach 108

Im Gegensatz zu diesem profanisierten Deutungsangebot von Heilwassern im balneologischen Diskurs und in der materiellen Kultur der Badeorte steht die Repräsentation lutherischer Wunderbrunnen des 16. und 17. Jahrhunderts. Wie oben bereits dargelegt, ist die Tatsache, dass Wunderbrunnen – ähnlich wie Wunderheilungen und Prophetie – in der lutherischen Frömmigkeitspraxis der Frühen Neuzeit einen festen Platz erlangten, vor dem Hintergrund älterer volkskundlicher und neuerer historischer Forschung nicht mehr überraschend. Doch stellt sich insgesamt weiterhin die Frage, ob diese Formen der Religiosität mit Ernst Walter Zeeden als „katholische Traditionselemente"[54] zu definieren sind, mit Robert W. Scribner als eine „weaker [...] form of sacrality"[55], die nichts mit der Entzauberung der Welt zu tun habe, oder, wie jüngst Renate Dürr und Alexandra Walsham vorsichtig formuliert haben, als eine Form der Sakralität, die doch „von innen heraus die religiöse Weltsicht auszuhöhlen vermochte"[56] bzw. bestimmte „sacred rituals and practices out of the realm of religion and piety"[57] verdrängte.

Bezeichnend ist zunächst, dass sich die führenden lutherischen Theologen des 16. und 17. Jahrhunderts skeptisch gegenüber Wundern äußerten, indem sie Wunder zwar nicht für unmöglich, jedoch für unwahrscheinlich hielten, denn die Zeit der Wunder sei nach Luther die Zeit Jesu und der Apostel gewesen[58]. Georg Zaeman meinte 1624: " [...] wo die Lehr rein ist / da hat man sich umb die Wunder nicht zubekümmern / [...]"[59]. Und doch wurden Wunder seit der Mitte des 16. und verstärkt im 17. Jahrhundert zu einem festen Bestandteil lutherischer Frömmigkeit. Dies geschah zum einen, weil es bei den Laien ein Bedürfnis nach Wundern in einer insgesamt

---

[54] *Ernst Walter Zeeden,* Grundlagen und Wege der Konfessionsbildung im Zeitalter der Glaubenskämpfe, in: Historische Zeitschrift 185 (1958), 249–299, hier 276. Vgl. dazu auch *Johansen,* Holy Springs and Protestantism (Anm. 12), der die dänischen ‚Wundergeläufe' nach der Reformation als Kompensation für die entfallenen Wallfahrten interpretiert.

[55] *Scribner,* Reformation and Desacralisation (Anm. 14), 76.

[56] *Dürr,* Prophetie und Wunderglauben (Anm. 13), 30.

[57] *Alexandra Walsham,* The Reformation and ‚The Disenchantment of the World' Reassessed, erscheint in: Historical Journal 51 (2008), 497–528. – Ich danke Alexandra Walsham für die Überlassung dieses Beitrags vor der Veröffentlichung.

[58] Vgl. *Dürr,* Prophetie und Wunderglauben (Anm. 13), 4; *Walsham,* The Reformation (Anm. 57), 517.

[59] Zitiert nach *Dürr,* Der schwierige Umgang (Anm. 13), 89, Fußnote 5 (*Georg Zaeman,* Newe Wunder Spiegel / Oder Zehen Wunder: Und Walfahrts BETHA Predigten: Darinn zuvordrist insgemein die Hauptlehr von Wunderzeichen gründlich erklärt: Darauff ein außführlich Examen oder Musterung der Päpstlichen Wunder / in drey Hauptpuncten angestellt [...], Kempten 1624, 278). Vgl. auch *Soergel,* From Legends to Lies (Anm. 13), 27 f. (mit Bezug auf *Johannes Marbach,* Von Mirackeln und Wunderzeichen. Wie man sie auss und nach Gottes wort / für waar oder falsch erkenen soll Sampt Grundtlicher widerlegung des Wunderzeichen so vor einem Jar Canisius / wie er vermeint / an einem besessnen Jungfrewlin gewurcket [...], Straßburg 1571).

weitgehend unerklärbaren und bedrohlichen Welt gab, zum anderen, weil sie den Adiaphora zugerechnet wurden und sich insofern dem jeweiligen Ortspfarrer und ggf. auch Flugschriftenautor, der als erster mit solchen Fragen konfrontiert war, ein Interpretationsspielraum eröffnete, der, wie wir sehen werden, auch genutzt wurde.

Im Gegensatz zu den Prodigien, den Wunderzeichen, die im Luthertum fast allgegenwärtig waren, einen beachtlichen Teil der Flugblatt- und Flugschriftenproduktion ausmachten und meist eine negative Konnotation im Sinne der Ankündigung von Kriegen und Katastrophen hatten, waren die von Lutheranern propagierten Wunderquellen zunächst einmal positiv konnotiert: Sie entsprangen plötzlich und unerwartet an einem Ort, bewirkten die Wunderheilung eines nicht selten hoffnungslos Kranken und wurden daraufhin als Geschenke Gottes zur Heilung der leidenden Menschheit interpretiert. Daraufhin zogen einige von ihnen, wie Pyrmont in der Grafschaft Spiegelberg im Jahr 1556 und Hornhausen im Bistum Halberstadt in den Jahren 1646–47, Tausende von Gläubigen an und wurden durch die mediale Verarbeitung innerhalb kürzester Zeit im Reich und sogar im übrigen Europa bekannt. Ihr geographischer Schwerpunkt waren die lutherischen Territorien in Mittel- und Nordostdeutschland, ihr zeitlicher Schwerpunkt lag um die Mitte und in der zweiten Hälfte des 17. Jahrhunderts.

An den meist von lutherischen Pfarrern verfassten Flugschriften wird deutlich, dass hier eine interpretatorische Gratwanderung vollzogen wurde: Die Repräsentation lutherischer Wunderquellen forderte sowohl eine Gegen-Repräsentation zum balneologischen Deutungsmodell als auch die Abgrenzung gegenüber der katholischen ‚Konkurrenz‘, den Quellen an Wallfahrtsorten, sowie gegenüber einem volksreligiösen Verständnis und volksreligiösen Praktiken. Dies war kein leichtes Unterfangen. In seiner Hornhauser Brunnenpredigt formulierte Bornmann die Abgrenzung gegenüber der balneologischen Repräsentation heilenden Wassers kurz und knapp: „Denn daß dieses natürlich zugehe / sol mich nimmermehr kein Chymicus, Medicus oder Physicus bereden. [...] Dis ist Gottes Hand / [...]"[60]. Lutherischen Wunderquellen wurden deshalb gänzlich andere Eigenschaften zugeschrieben, als sie die Ärzte in ihren Badeschriften in den Mittelpunkt stellten. Erstens wurde eine Wunderquelle grundsätzlich als universelles Heilungsinstrument angesehen, es wurde auf keine spezifische Krankheit eingeschränkt. Vielmehr ging es bei der Repräsentation der

---

[60] *Christmann Bornmann*, Hornhausischer Heil- und Gnaden-Born / Das ist: Kurtze und Einfältige Betachtung / Wie nemlich dieser Heil-Brunn zu Hornhausen / mit dem Wunder-Teiche Betheßda zu Jerusalem Johan. 5. nach unterschiedlichen Stücken könne verglichen werden; Im Jahr MDCXLVI. Dominica X. post Trinitatis, nach Mittage zu Hornhausen bey und vor den Brunnen / in Versamlung [sic] vieler tausend Personen gepredigt: Und auff Anhalten vieler auch vornehmer Leute daselbst / zu Außbreitung der Ehre Gottes / nunmehr in Druck gegeben Durch Christmannum Bornmannum Diaconum zu Delitzsch, Leipzig: Köler, [1646], C3 r.

Wunderquellen darum, deren Heilkraft bei allen Krankheiten und körperlichen Gebrechen, auch angeborenen, wie z. B. Blindheit, Taubheit oder Verkrüppelung, zu betonen. Die ultimative Unterscheidung gegenüber der balneologischen Repräsentation von heilenden Quellen bestand jedoch darin, dass den Wunderquellen auch die Fähigkeit zum Exorzismus zugeschrieben wurde[61].

In einer Flugschrift mit dem Titel „Unvergreiffliches und wolmeynendes Guttachten / von dem neu-entsprungenen Heil-Brunn zu Hornhausen in NiederSachsen / Ob desselben Kräffte allein von den inwohnenden Mineralien oder aber von einer mit-würckenden Göttlichen Wunder-krafft herkommen. Gestellet durch Der Wahren Medicin Dienern" wird betont, dass „eine besondere und wunderbare GOttes-Krafft hier vorhanden / und in etlichen unheilbaren Kranckheiten die vornehmste Würckung habe: Und daß die jenigen Kranckheiten nicht durch die natürlich Krafft des Wassers / sondern durch GOttes grundlose und wunderbare Barmhertzigkeit / barmhertzige Wückung und würckende wunder-Hand / curiret und weggewiesen werden"[62]. Als Ausweis der von Gott geschenkten wunderbaren Heilkraft des Wassers wurden lange Heilungslisten angelegt: Sie bezeugten die postulierte Repräsentation und dienten zugleich dazu, aufkommender Kritik bzw. Zweifeln entgegenzutreten. Beispielsweise listete Salchmann in seinen Schriften über Hornhausen 412 und 2405 Wunderheilungen auf, um dann zu betonen, dass es sich dabei nur um diejenigen Personen handele, die sich nach ihrer Heilung tatsächlich gemeldet hätten[63]. Ein Flugblatt über Hornhausen von 1646 fasste die Repräsentation einer lutherischen Wunderquelle

---

61 Vgl. z. B. (*Christoph Barbarossa*), Wunder-brunnen Gottes / Das ist: Waarhafftiger / Christlicher und nothwendiger Bericht / was von denen Brunnen zuhalten / darbey so grosse Zeichen und Wunder geschehen / auch was ein Christlich Hertz zu seiner Lehr / Trost / Warnung und Vermahnung / ohne alle Superstition und Aberglauben / dabey betrachten möge. In einem kurtzen Gespräch eines Beichtkindes mit seinem BeichtVatter verfasset / und anno 1613. bei damaln gegebener Gelegenheit / und begehren publiciert durch M. C. B. [Christoph Barbarossa] Jetzo aber in gleichem Fall / und wegen der in Sachsen entsprungenen Heylbrunnen widerholt [. . .], Nürnberg: Dümler, 1646, B i r-v.

62 Unvergreiffliches und wolmeynendes Guttachten / von dem neu-entsprungenen Heil-Brunn zu Hornhausen in NiederSachsen / Ob desselben Kräffte allein von den inwohnenden Mineralien oder aber von einer mit-würckenden Göttlichen Wunderkrafft herkommen. Gestellet durch Der Wahren Medicin Dienern, o.O. 1646, Aii.

63 Vgl. *Friedrich Salchmann*, Historischer Bericht Von den Hornhausischen Gesund-Brunnen / Wann dieselbe entstanden / wie sie bekandt worden / Und was der Wunderthätige GOtt biß anhero Denckwürdiges durch dieselben gewürcket hat. Zur Außbreitung der Ehren Gottes / mit sonderm Fleiß beschrieben / Und auff vielfaltiges Begehren zum Druck verfertiget / Durch Fridericum Salchmanum, Pastorem des Orths, [. . .], Halberstadt: Kolwald, 1646; *Friedrich Salchmann*, Continuatio prima, Oder Erster weiterer Bericht Von den Hornhausischen Sund-Brunnen / Wie der Wunderthätige Gott dieselben wunderbarlicher weise vermehret / und dadurch ferner seine Wunder-Krafft erzeiget habe / Alles auffs fleissigste beschrieben / und auff vielfältiges Begehren zum Druck verfertiget Durch Fridericum Salchmanum, Pfarrherrn daselbst, [. . .], Halberstadt: Kolwald, 1647.

in zwei Sätzen zusammen: Die Brunnen „[d]ienen für allerhand inner- und eusserliche Gebrechen / die gantz desperat und kein Medicus heilen kann. [...] Welches alles der grossen Allmacht / Gnade / Güte und Barmhertzigkeit Gottes zuzuschreiben"[64].

Ein weiteres Moment der Abgrenzung gegenüber dem balneologischen Diskurs bestand zweitens in der Frage, welche Gründe für eine nicht eingetretene Heilung zu suchen waren. Hier sah die lutherische Repräsentation des heilenden Wassers mehrere Möglichkeiten, die sich jedoch alle entweder in dezidiertem Gegensatz zu ärztlicher Intervention und balneologischer Praxis oder in einem religiösen Kontext bewegten: Salchmann wies beispielsweise darauf hin, dass man das Hornhausener Wasser einfach nur kalt anwandte bzw. in eingetauchten Tüchern um die Wunden legte, und folgerte: „Und solche ist die Allgemeine / schlechte / jedoch vermittelst Göttlicher Gnade / die glücklichste Cur gewesen. Denn ob zwar ein und andere ansehnliche rationes Medicorum hie ein anders persuadiren / und man den Gebrauch dieses Wassers auff sondere und andere Art und Weise anstellen wollen; Hat doch die nicht triegende Experientz allewege ein widriges gelehret: Gestalt es bey den Jenigen / so es anders gebraucht / [...] / entweder wenig / oder gar nichts geschaffet"[65].

Zugleich wurde eine nicht eingetretene Heilung entweder der im religiösen Sinn unangemessenen Haltung der Gläubigen oder allein Gottes Wille zugeschrieben. Johannes Lanius argumentierte 1630, der Hertzfeldische Brunnen heile die Gebrechen der Leute häufig nicht, „dieweil sie den Creatorem den Ursprung und Hauptherrn deß Bruns nicht erkennen noch bedencken / sondern nur bloß uff daß Medium und Mittelding den Brunn sehen / und darauff stracks ihre Augen und Confidentz schlagen / setzen sie hiermit das Geschöpff über den Schöpffer / und wollen die Crafft und Heylsame Würckung der Wasserquellen allein zuschreiben / und das ist unrecht"[66]. Vom Pyrmonter Brunnen wurde berichtet, drei Söldner hätten sich

---

[64] Eigentlicher Abriß Des Dorffes Hornhausen / Darinnen nun in die Zwantzig Heil-Brunnen entsprungen / welche vor allerley innerlich- und eusserlichen Schäden und Kranckheiten nützlich zu gebrauchen, o.O. 1646.

[65] *Salchmann*, Historischer Bericht (Anm. 63), 48.

[66] *Johannes Lanius*, Theologischer Discurs Herßfeldischen Metallischen Heilbruns / So ausser der Ringmauren gemelter Stadt / in dero Feldmarck / auff einer schönen grünen Awen das Werth genand / bey der anflissenden Fuld, Anno Domini 1629. den 9. Tag Augusti gefunden unnd angerichtet worden / mit Biblischer Erzehlung / wie GOtt der Schöpffer Himmels und der Erden / im Alten und Newen Testament / so grosse Miracul / zu gnugsamer Confirmation unnd Bestärckung seines waren Göttlichen Worts / und seligmachenden Evangelij, mit: und bey Brunnen gethan habe. Sampt Einer Theologischen Information / wie man diesen Brunn in seinen Essentialischen Qualiteten betrachten / und denselbigen in seiner Leibsschwachheit / zu besserer Constitution heilsamlich gebrauchen soll. Und sind die Inheimische Bürgers Personen der Stadt / und Außländische / so darvon mit Göttlicher Mitwürckung curirt und heil worden. Der Warheit zu stewr specificirt darbey gesetzt / uff eines Erbarn Rahts daselbst Gutheissen beschrieben / Von Johanne Lanio von Herßfeld / der freyen

des Wassers bedient, jedoch „die krafft vnd Würckung des wassers verlacht vnd verspottet", einer habe gesagt: „muß mich weschen vileicht wirden ich hübscher". Doch Gott habe die drei für ihre Verachtung seiner Gaben bestraft: einer sei „vnsinnig vnd rasend" geworden, der zweite „gar toll vnd wütend" und der dritte „mitt dem teuffel besessen"[67]. Und das Blatt „Copia Schreibens auß dem Heylbronnen Hornhausen" von 1646 argumentierte, Gott würde auf die Heilung Einzelner verzichten, wenn „Er sihet/daß es [die Krankheit] ihnen an ihrer Seelen nutz und ersprießlich ist"[68].

Damit sind wir bei zwei entscheidenden Punkten, die aus Sicht der lutherischen Pfarrer wesentlich waren für die Repräsentation lutherischer Wunderquellen sowohl im Hinblick auf die eigenen Gläubigen als auch auf die Abgrenzung vom Katholizismus: die Rolle Gottes sowie die angemessene religiöse Haltung und Praxis der Gläubigen; beide waren eng miteinander verknüpft und fanden auch Ausdruck in den Visualisierungen und der mit den lutherischen Wunderbrunnen verbundenen materiellen Kultur. Hier zeigte sich insbesondere, dass die lutherischen Autoren eine schwierige argumentative Gratwanderung unternahmen.

Diese Gratwanderung wird zunächst im Kontext der exakten Zuschreibungen im Hinblick auf Gott und das heilende Wasser deutlich. Die lutherischen Pfarrer suchten die Deutungshoheit über die Wunderquellen zu erlangen, indem sie immer wieder darauf verwiesen, dass dem Wasser *an sich* keine sakrale Qualität zugeschrieben werden dürfe, sondern dass Gott allein bzw. die göttliche Gnade die heilende Kraft sei und die Heilungswunder bewirke. Dabei sahen sie sich offenbar im Kampf gegen populäre Repräsentationen und Praktiken, die dem Wasser *selbst* eine sakrale Qualität zuschrieben: So wurde beispielsweise in der Brunnenordnung für Pyrmont davor gewarnt, dem Brunnen „Göttliche Ehr" zu erweisen[69]. 1646 betonte Salchmann, er habe in Hornhausen das zweimal täglich stattfindende

---

Künsten Magistro gecrönten Poeten und Evangelischen Predigern, [. . .], Erfurt: Dedekind, Bischof, 1630, D r.

[67] *[Burckard Metobius],* Beschreibung des newen gefundnen Brunnens/in welchem der allmechtig Gott täglich seine gaben vnnd güthat reichlich den menschen erscheinen laßt/deßgleichen vor nie erhört. Vnnd ist der selb Brunn gelegen in der Graffschafft Speygelberg zwo meil wegs von Hamelen/an dem fluß Weser gelegen, o.O. 1556, abgedruckt in: *Martin,* Deutsches Badewesen (Anm. 11), 286–290, hier 289. Vgl. allg. *Hermann Engel,* Das Pyrmonter „Wundergeläuf" von 1556, in: ders., Kulturgeschichtliche Streifzüge durch das Pyrmonter Tal. Gesammelte Abhandlungen und Aufsätze zur Geschichte der Herrschaft, der Stadt und des Staatsbades Pyrmont, München 1973, 189–194.

[68] Copia Schreibens aus dem Heylbronnen Hornhausen/an eine hohe Stands-Person/dessen eygentliche Beschaffenheit betreffent/was die Herrn Medici und viel andere vornehme verständige Leut allda/davon geurtheilt. Von einer glaubwirdigen unpassionirten Person so der Cur bey diesen Gnaden: oder Heylbrunnen selbsten abwarttet/mit allem Fleiß erforschet/und der Warheit zulieb an Tag gegeben, o.O. 1646, Aii r.

[69] Abgedruckt in *Martin,* Deutsches Badewesen (Anm. 11), 293.

öffentliche Brunnengebet institutionalisiert, um der „Superstition" des „gemeine[n] Pöfel" entgegenzutreten[70]. Die lutherischen Pfarrer legten vor diesem Hintergrund großen Wert auf die Betonung des Gebetes – sowohl des Einzelnen als auch in der Gemeinschaft – und der rechten, demütigen Haltung der Gläubigen gegenüber Gott – andernfalls, so warnten sie, könne keine Heilung eintreten[71]. Den Gläubigen wurde immer wieder eingeschärft, zunächst zu beten und sich erst danach des Brunnenwassers zu bedienen[72]. Zudem wurden Brunnenpredigten institutionalisiert, in denen wechselnde Prediger die Gläubigen auf die ‚korrekte' lutherische Repräsentation der Wunderbrunnen hinwiesen[73]. In dezidierter Abgrenzung zum Katholizismus warnte Salchmann 1646 ausdrücklich davor, die Wunderbrunnen mit der katholischen Heiligenverehrung in einen Zusammenhang zu stellen. Er argumentierte: „So darff man auch [...] keines Weges solche Krafft und Wirckung den verstorbenen Heiligen und deren krafftlosen Todten-beinen zumessen/[...]"[74]. „Sondern was rechtschaffene Christen

---

[70] *Salchmann*, Historischer Bericht (Anm. 63), 6. Vgl. auch *Andreas von Keil*, Pyrmontanus Fons Sacer, Das ist: Beschreibung Des Wunderbaren und Welt-berühmten Heil-Brunnenns/Gelegen in der Herrschafft Pyrmont/Sammt seiner vortrefflichen Krafft und Wirckung/auch welche Gebrechen des menschlichen Cörpers durch dieses Wassers Nützung/ohne Kosten/mit weniger Neben-Artzney/geheilet und curiret werden können; Vormals beschrieben von Johanne Pyrmontano, alias Feuerberg/und gedruckt zu Lemgo/1597. durch Conrad Grothen Erben. Anjetzo wegen des gemeinen Nutzens wieder auffs neue durchgesehen/und mit Historischen Anmerckungen dieses Landes und Pyrmontischer Herrschafft herausgegeben von Andrea von Keil, o.O. [1709].

[71] Vgl. auch die Bedeutung des Gebetes im Kontext der Wunderheilung der Katharina Hummel. Die beherrschende Rolle des Gebetes war jedoch in diesem Fall erst eine durch den Pietismus verbreitete Repräsentation der Wunderheilung Hummels. (*Dürr*, Prophetie und Wunderglauben (Anm. 13), 11, 14). Im vorliegenden Fall der Wunderbrunnen ist die Konzentration auf das Gebet jedoch deutlich früher vorhanden; so wird das Erscheinen eines weiteren Brunnens in Hornhausen direkt mit dem öffentlichen Brunnengebet in Verbindung gebracht. Vgl. *Salchmann*, Continuatio prima (Anm. 63), 10.

[72] Vgl. hierzu auch den Titelkupfer von *Salchmann*, Historischer Bericht (Anm. 63).

[73] Vgl. *Heinrich Andreas Pröhle*, Chronik zu Hornhausen. Mit besonderer Berücksichtigung der dortigen zur Zeit des dreißigjährigen Krieges berühmten Gesundbrunnen, Oschersleben 1850, 120; vgl. z. B. *Balthasar Balduin*, Threnen-Brunnen Christi und seiner Gläubigen Beym Gnaden-Heil-und Wunderbrunnen zu Hornhausen im Stifft Halberstatt gelegen/mildiglich vergossen/Als am 10. Sontag nach dem Fest der heiligen Dreyeinigkeit/aus dem gewöhnlichen Evangelio Luc. 19. die Threnen unsers Heylandes/so über die Statt Jerusalem mitleidentlich die heilige Wangen herunter geflossen/beobachtet/Allen Krancken/Preßhaften/und Nothleidenden/Personen daselbst zum Cordial und kräfftigen Labsall vorgehalten und Ihre betrübte trawrige Hertzen/damit erquicket wurden. In einer Thränen- Trost- und Trawer-Predigt zusammen gefasset von vielen tausenden/hohes und niedriges Standes Personen geschöpffet/und auff Begehren übergeben. Dabey auch ein warhafftiger Bericht zubefinden/was es mit dem in Meißnischen Gebürge newlichst entsprungenen Brunnen/bey Zwönitz/3. Meil von Zwickaw gelegen/vor eine Beschaffenheit habe/ebenmessig auffgesetzt von Balthasar Balduin/der H. Schrift Doctorn, und dieser zeit verordneten Pastorn und Superintendenten zu Zwickaw, Zwickau: Göpner, 1646.

[74] *Salchmann*, Continuatio prima (Anm. 63), 26.

seyn / und alle diese Wunder in gläubigem Hertzen erwegen / [...] Die werden hie billig einig und allein dem Höchsten die Ehre geben / [...]"[75].

Wenn die Wunderbrunnen wegen ihrer positiven Konnotation zunächst nicht mit den sonst allgegenwärtigen Prodigien verknüpft zu sein scheinen, so zeigen die Deutungsangebote der lutherischen Pfarrer doch einen engen gedanklichen Zusammenhang. Erstens, indem auch die Wunderbrunnen als Vorzeichen angesehen wurden – in diesem Fall nicht kommenden Unglücks, sondern in der Hornhausen-Repräsentation am Ende des Dreißigjährigen Krieges als Vorzeichen kommenden Friedens. So heißt es in einem Flugblatt von 1646 über die zwanzig in Hornhausen entsprungenen Brunnen: „Es hat eine hohe Person allda erzehlet / er hette vor geraumer Zeit eine Prophecey gelesen / wann neun Brunnen in Sachsen Land entspringen würden / so solte es Friede werden. Wann dieses die Omina und Vorboten deß Friedens weren / so haben wir für eines und das andere Gott dem Allerhöchsten höchlich zu dancken"[76]. Zweitens zeichnete sich die Repräsentation der lutherischen Wunderbrunnen durch einen weiteren argumentativen Zusammenhang mit den Prodigien aus: Die Autoren wurden nicht müde, die Gefahr des Entzugs der göttlichen Gnade bzw. einer möglichen Strafe Gottes für sündiges Verhalten zu betonen. Dies betraf nicht nur, wie oben bereits erwähnt, den Einzelnen, sondern auch die Gemeinschaft. Der vermeintliche Verlust der Heilkraft der Pyrmonter Quelle 1557 wurde auf die am Brunnen begangenen Sünden zurückgeführt, ja die Strafe Gottes traf sogar das Territorium, als der Graf von Spiegelberg im gleichen Jahr den Schlachtentod erlitt[77]. So wurden auch die an sich als positiv dargestellten Wunderbrunnen zu einem Phänomen der potenziellen Gefahr bzw. des potenziellen Verlusts, und sie erhielten den Charakter eines temporären Phänomens: Der Wunderbrunnen drohte ständig durch den Entzug der göttlichen Gnade seine Heilkraft wieder zu verlieren.

Die zentralen Aspekte dieser lutherischen Wunderbrunnen-Repräsentation spiegelten sich auch in den Visualisierungen und der materiellen Kultur der Wunderbrunnen: Abbildung 7 zeigt eine Darstellung des Hornhauser

---

[75] Ebd., 27.

[76] Eigentlicher Abriß Des Dorffes Hornhausen (Anm. 64).

[77] Vgl. *Wilhelm Mehrdorf / Luise Stemler,* Chronik von Bad Pyrmont, Bad Pyrmont 1967, Bd. 1, 39. Vgl. auch den engen argumentativen Zusammenhang, der in einer „newen Zeitung" zwischen Gottes Gnade und dem drohenden Zorn Gottes hergestellt wird: Zwo warhafftige newe Zeitung / Von einem Brunnen / welchen Gott der Allmechtige aus der Erden hat auffspringen lassen / in Schlesien bey der Steina / Zwo meyl weges von der Fürstlichen Stadt Neyß. Und wer des Wassers trincket / er sey Krumb oder Lahm / so wird er gesund davon / Welches viel Hundert Personen probieret haben. Und ist der Brunnen entsprungen in dem grossen Wetter vor Mitfasten / in diesem Tausendt Sechshundert und andern Jahre. Gesangßweise gestellet. Im Thon: Hilff Gott das mirs gelingt. Die ander Zeitung / Von Zweyen unterschiedlichen Wettern / auffs kürtzte Gesangsweise gestellet / und zu singen. Im Thon / Kompt her zu mir spricht Gottes Sohn, Neiße: Seyfried, 1602.

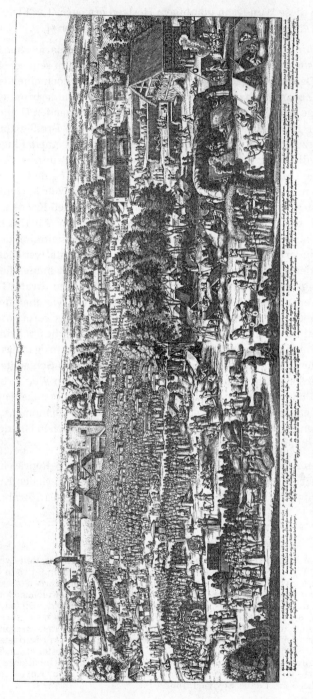

Abb. 7: „Eigentliche Delineatio des Dorffs Hornhausen sampt denen darin entsprungenen Heylbronen Im Jahr 1646.", in: *Matthäus Merian*, Theatrum Europaeum V, 1647 (aus: *Friedrich Bachmann* (Hrsg.), Die alte deutsche Stadt. Ein Bilderatlas der Städteansichten bis zum Ende des 30jährigen Krieges, Bd. 3: Mitteldeutschland, Teil 1: Braunschweig und Harzgebiete, Anhalt, Provinz Sachsen, Stuttgart: W. Hiersemann, 1949, Tafel 45, Abb. 93)

‚Wundergeläufs' aus dem „Theatrum europaeum". Hier werden drei Aspekte visuell betont: erstens die Verbürgung der wunderbaren Heilkraft des Wassers durch die schiere Menge der heilungssuchenden Menschen; zweitens die Bedeutung des Gebets für die lutherische Repräsentation von Wunderbrunnen (der Pfarrer, der das öffentliche Brunnengebet spricht, befindet sich zusammen mit dem Schulmeister und den Schülern in einem Holzanbau vor dem Steinturm in der hinteren linken Bildmitte); sowie drittens die durch Zelte, Wagen und behelfsmäßig gebaute Hütten visualisierte Temporalität, um nicht zu sagen ‚Prekarität' der lutherischen Wunderbrunnen, was auf die Unsicherheit der Gnade Gottes verweist. In Abbildung 8, einem Hornhausen-Flugblatt, und Abbildung 9, dem Titelkupfer einer Wunderbrunnen-Schrift von 1732, wird insbesondere die Rolle Christi bzw. Gottes in den Mittelpunkt der Visualisierung gestellt. Dass diese darstellerische ‚Direktverbindung' zwischen dem himmlischen Geber und dem Wasser bei den Gläubigen durchaus Repräsentationen fördern konnte, die den Intentionen der lutherischen Pfarrer nicht entsprach, ist offensichtlich. Auch im Rahmen der Visualisierungen wird also die interpretatorische Gratwanderung deutlich, die die Repräsentation der lutherischen Wunderbrunnen in den textuellen Quellen auszeichnet. Insbesondere das Flugblatt von 1646 (Abb. 8) ist mehrdeutig. Einerseits verweisen die aus dem Mund Christi zu drei größeren Heilbrunnen führenden ‚Strahlen', die mit Bibelsprüchen beschrieben sind, den Lesekundigen auf die lutherische Wunderbrunnen-Interpretation: „Komt her zu mir alle, die ihr mühselig und beladen seid" (Matth 11,28); „Ihr werdet mit Freuden Wasser schöfen [sic] aus dem Heilbrunen" (Jes 12,3); „Las dir an meiner Gnade gnügen den meine Kraft ist in den Schwachen mächtig" (2. Kor, 12,9). Andererseits führen jedoch auch zahlreiche einfache ‚Strahlen' von den Wunden Christi zu kleineren Heilbrunnen und ermöglichen Interpretationen, die aus lutherischer Sicht theologisch problematisch waren: Das Wasser konnte als ‚sakrales Objekt' betrachtet werden, da es direkt mit Christus verbunden war bzw. aus den Wunden Christi zu fließen schien. Außerdem konnte das Heilwasser so mit dem Blut Christi assoziiert werden, und die Beziehung zwischen dem Blut Christi und dem Heilwasser konnte als eine Form der Verwandlung bzw. Transsubstantiation interpretiert werden.

Auch im Katholizismus waren die heilenden Wasser an Wallfahrtsorten ein zutiefst religiös geprägtes Phänomen, doch unterschied sich die Repräsentation hier zugleich fundamental von dem lutherischen Deutungsangebot. Im Gegensatz zu der – der lutherischen Theologie entsprechenden – ausschließlichen Verknüpfung der Wunderquellen mit Gott und Gottes Gnade, steht im Katholizismus meist die Verbindung mit einem Heiligen, häufig der Jungfrau Maria oder Sankt Ulrich. Im Gegensatz zur Temporalität und ‚Prekarität' der lutherischen Deutung der Wunderbrunnen steht im Katholizismus – ähnlich wie bei den Badeorten, jedoch auf der Grundlage einer gänzlich anderen Repräsentation – das Bemühen um Verstetigung und

Abb. 8: Eigentlicher und warhaftiger abriß des dorffes Hornhausen [...],
o.O. 1646 (Exemplar der Universitätsbibliothek Leipzig,
Signatur: Baln. 350)

Abb. 9: Titelkupfer von:
Georg Christoph Zimmermann, Hygia Creilsheimensis,
Oder Creilsheimischer Heyl- und Wunder-Bronnen [. . .], Creilsheim:
Selbstverlag, 1732 (Exemplar der Universitätsbibliothek München,
Signatur: 8° Th.past.736#2)

‚Solidität' der die Wallfahrt umgebenden materiellen Kultur und religiösen Praktiken.

Große und kleine Wallfahrtsorte mit ‚angeschlossener' Heilquelle lassen sich insbesondere in Bayern und in den österreichischen Erblanden, aber auch im Rheinland in der Frühen Neuzeit in großer Zahl nachweisen[78]. Systematisch kann man verschiedene Ausprägungen des Zusammenspiels von Wallfahrt und heilendem Wasser unterscheiden: Döring differenziert zwischen „primären" und „sekundären" Kulten: „Bei primären Kulten steht die Quelle, das heilige Wasser im Mittelpunkt der Verehrung, sie ist gewissermaßen das Kultobjekt. [...] An sekundären Quell- und Brunnenkulten erfährt das Wasser auf Grund lokaler Beziehung zum Kultgegenstand (Gnadenbild, Reliquie), zum heiligen Ort (*locus sanctus*), Heiligung. Auch ihm wird heilbringende Kraft zugeschrieben"[79]. Diese Systematik ist jedoch historisch tendenziell missverständlich, denn in den frühneuzeitlichen Repräsentationen – den visuellen Darstellungen, der materiellen Kultur der Wallfahrtsorte sowie den Mirakelbüchern und Wallfahrtsbeschreibungen – haben alle Quellkulte auch ein Patrozinium und es steht durchweg der oder die Wallfahrts-Heilige im Mittelpunkt, wogegen die Quelle nur als ‚sekundär' erscheint. Zudem lässt sich für die einzelne Wallfahrt zum Teil nur noch schwer bestimmen, wann ein dazugehöriger Quellkult erstmals entstand, dann wieder in Vergessenheit geriet und gegebenenfalls in der Hochzeit der barocken Wallfahrten in der zweiten Hälfte des 17. und im frühen 18. Jahrhundert wieder auflebte, wie das Beispiel des Quellkultes von Heilig Blut bei Neukirchen zeigt[80].

Das wichtigste Charakteristikum der katholischen Repräsentation heilender Quellen an Wallfahrtsorten war deren feste Integration in einen umfassenden Repräsentationskomplex ‚des Heiligen' – ein umfassendes ‚Gebäude' bestehend aus Diskurs, materieller Kultur und Frömmigkeitspraktiken. Die Integration des heilenden Wassers in eine ‚Struktur des Heiligen'

---

[78] Vgl. dazu im Überblick *Rudolf Kriß,* Volkskundliches aus altbayrischen Gnadenstätten. Beiträge zu einer Geographie des Wallfahrtsbrauchtums, Augsburg 1930; *Gustav Gugitz,* Österreichs Gnadenstätten in Kult und Brauch. Ein topographisches Handbuch zur religiösen Volkskunde in 5 Bänden, Wien 1955–58; *Heidemarie Strauss / Peter Strauss,* Heilige Quellen zwischen Donau, Lech und Salzach, München 1987; *Franz Leskoschek,* Heilige Quellen und Wunderbrunnen in Steiermark, in: Blätter für Heimatkunde, hrsg. v. Historischen Verein für Steiermark 21 (1947), 3–24; *Johann Schleich,* Heil- und Wunderquellen in der Steiermark, Graz / Wien / Köln 1998; *Alois Döring,* Heiliges Wasser. Quellenkult und Wassersegnungen im Rheinland, in: Rheinisch-westfälische Zeitschrift für Volkskunde 41 (1996), 61–100.

[79] *Döring,* Heiliges Wasser (Anm. 78), 68–69; vgl. ähnlich *Gerhard Zückert,* Alte Brunnen in der nördlichen Oberpfalz, in: Archiv für Geschichte von Oberfranken 62 (1982), 147–154, hier 152 f.

[80] Vgl. *Walter Hartinger,* Die Wallfahrt Neukirchen bei heilig Blut. Volkskundliche Untersuchung einer Gnadenstätte an der bayerisch-böhmischen Grenze, Diss. Univ. Kiel 1970, 96–99.

ist auf mehreren Ebenen erkennbar. Erstens wird die Quelle – im Gegensatz sowohl zu den balneologischen Schriften als auch dem lutherischen Diskurs – im katholischen Kontext nie alleine behandelt: Die mediale Verarbeitung von heilenden Wassern erfolgt im katholischen Bereich in Wallfahrtsbeschreibungen und Mirakelbüchern, die zwar häufig – aber nicht durchgängig – am Titel erkennen lassen, dass es sich auch um einen Quellkult handelte. Zweitens hatte diese feste Integration der heilenden Quellen in die Gesamtstruktur der Wallfahrtsorte zur Folge, dass katholische Autoren – im Gegensatz zu den Lutheranern – keine Notwendigkeit sahen, den Quellkult – weder als Einzelphänomen noch in seiner Einbettung in den Wallfahrtskult – explizit zu verteidigen. Man könnte auch sagen: Im Katholizismus war (und ist) eine heilende Quelle als Teil eines Wallfahrtsortes eine religiöse Tradition, die auf Grund ihrer Einbettung in die Gesamtstruktur auch eine nicht zu hinterfragende Selbstverständlichkeit erlangt hatte; die Tradition bedingte die Legitimation des Quellkultes[81].

In der Repräsentation des heilenden Wassers weist der katholische Diskurs dagegen zahlreiche Gemeinsamkeiten mit dem lutherischen auf. Auch hier wird das Wasser grundsätzlich als gegen alle Krankheiten wirksam definiert, auch wenn im katholischen Bereich eine gewisse Präferenz für die Heilung der Augen und für so genannte ‚Augen-Brünnl‘ bestand. Aber auch den ‚Augen-Brünnl‘ wurde regelmäßig eine große Bandbreite anderer Heilungswunder zugeschrieben[82]. Wie im Luthertum wurden der Zulauf sowie die große Zahl der Heilungswunder als Ausweis für die besondere Wirksamkeit des heilenden Wassers und die besondere Gnade des oder der Heiligen angesehen[83].

---

[81] In diesem Sinne hat Werner Freitag auch die Stellung der Wallfahrtsbilder in der Frühen Neuzeit interpretiert. Vgl. *Freitag,* Wallfahrtsbilder (Anm. 16), insbes. 85.

[82] Vgl. z. B. *Anton Leopold Schuller,* Das Mirakelbuch der Wallfahrtskirche „Maria Hasel" in Pinggau, in: Zeitschrift des historischen Vereines für Steiermark 68 (1977), 245–277, hier 275, 277.

[83] Vgl. z. B. *Paul Krieger,* Beneficia Oder Gesundtmachung So sich bey St. Wenceßlai Böhaimischen Fürsten und Martyrers Hayl-Brunn Zu Oberlautterbach / im Chur-Fürstlichen Landtgericht Schrobenhausen in Obern Bayrn / Augspurger Bistumbs / im Jahr 1658. unnd 59. eraygnet. Zusammen getragen durch Paulum Krieger Der geistlichen Rechten Doctorn ChorHerren bey unser Lieben Frawen zu München / der zeit Pfarrern zu Schrobenhausen, [...], Ingolstadt: Hänlin, 1659; Puteus Aquarum Viventium. Marianischer Brunnenquell / Oder Kurtzer Außzug hundert Miraculen / und grossen Gnaden / welche bey dem Wunderthätigen Gottshauß der Allerheiligsten Dreyfaltigkeit / und unser lieben Frauen Hülff zu Weichenlinden genandt ins gemain bey dem heiligen Brunnen nächst dem Dorff Högling / Ayblinger Land-Gerichts / die andächtige Christen und Pilgramen in allerhand grossen Nöthen / und Anligenheiten durch Vorbitt der Allerwunderbarlichisten Mutter Gottes empfangen haben. Dannenhero zu schuldigster Dancksagung / und höherer Verehrung der Jungfräulich: Allerseeligsten Mutter Gottes / weilen selbe allda noch Täglich ihren Gnaden-Brunnen zu Trost aller betrübten Hertzen / so reichlich fliessen lasset / hat sich obligiert befunden der Hochwürdige in Gott Herr / Herr Gelasius, Probst deß Lobl. Closter Weyars Can. Reg. S. Augustini der Lateranensischen Congregation (in deme dero Closter dises Gnadenreiche Gottshauß pleno jure incorporiert ist) solchen Ma-

Neben diesen Parallelen sind jedoch auch deutliche Unterschiede im Vergleich zum Luthertum zu konstatieren. Erstens wird zwar in den katholischen Wallfahrtsbeschreibungen und Mirakellisten auch wiederholt erwähnt, dass Ärzte den nunmehr durch ein Quellwunder Geheilten nicht mehr helfen konnten; doch fehlt die im Luthertum so prägnante Abgrenzung vom balneologischen Diskurs und dessen Untersuchungs- und Anwendungsformen heilenden Wassers[84]. Es stellt sich hier die Frage, ob man diese Zurückhaltung auf katholischer Seite mit der oben bereits erwähnten ‚sicheren' Einbettung in die religiöse Tradition und Praxis erklären kann oder mit der Tatsache, dass die katholische Kirche für die Verifikation von Wundern im Rahmen von Heiligsprechungen regelmäßig ärztliches Wissen heranzog[85] – das schließt jedoch nicht aus, dass gerade diese beiden Aspekte auch Hand in Hand gehen konnten.

Zweitens waren – erwartungsgemäß – die Formen, in denen im Katholizismus Heilungswunder angebahnt wurden und vonstatten gingen, sehr viel breiter als in den Wunderbrunnen-Repräsentationen der Lutheraner[86]. Während dort eine Konzentration auf Predigt, Gebet und einfache Anwendung des Wassers erfolgte, konnte man im Rahmen der katholischen Frömmigkeit auf vielen Wegen zu einer Heilung durch das Wasser einer Wallfahrtsquelle kommen: die Kranken kamen an den Wallfahrtsort, benutzten das Wasser und wurden geheilt, woraufhin sie eine Votivtafel oder -gabe hinterließen oder eine Messe stifteten; das Wasser wurde zu den Kranken gebracht, die dann eine Messe stifteten oder nach ihrer Heilung eine Wallfahrt unternahmen; die Kranken gelobten, eine Wallfahrt an den Ort mit Quellkult zu unternehmen, wurden sogleich soweit gesund, dass sie die Wallfahrt auf sich nehmen konnten und wurden dann nach Ankunft und Einnahme des Wasser gänzlich geheilt – die Liste der Variationen ließe

---

rianischen Brunnenquell in offentlichen Truck gehen zulassen / worzu auch dieselben von dem Hochfürstl. Freysingerischen Ordinariat den genädigisten Consens und Approbation erhalten, München: Straub, [ca. 1688], Vorrede, 5v.

[84] Vgl. z. B. *Fortunat Hueber,* Zeitiger Granat-apfel Der allerscheinbaristen Wunderzierden In denen Wunderthätigen Bildsaulen Unser L. Frawen / der allerheiligisten Jungfräwlichen Mutter Gottes MARIA Bey zweyen hoch-ansehentlichen Völckern der Bayrn und Böhamen. Besonders Von der Blutfleissenden Bildsaulen der gnadenreichisten Himmelkönigin und Trösterin aller Betrübten Zu Newkirchen In Chur-Bayrn / am Ober Böhamer-Wald gelegen. So beschriben und in drey Theil entscheiden hat P. Fr. Fortunatus Hueber von Neustatt / der Mindern Brüder Ordens S. Francisci, in der Reformierten Bayrischen Provintz Priester und heiliger Schrifft Lector, [...], München: Straub, 1671, 172 – 173, 187 – 188.

[85] Vgl. *David Gentilcore,* Contesting Illness in Early Modern Naples. *Miracolati,* Physicians and the Congregation of Rites, in: Past and Present 148 (1995), 117 – 148.

[86] Vgl. zu dieser – wohl doch in der Forschung weiterhin unbestrittenen – Einschränkung der Bandbreite religiöser Handlungsmöglichkeiten und den damit vebundenen Emotionen: *Susan C. Karant-Nunn,* „Gedanken, Herz und Sinn". Die Unterdrückung der religiösen Emotionen, in: Kulturelle Reformation. Sinnformationen im Umbruch 1400 – 1600, hrsg. v. Bernhard Jussen / Craig Koslofsky, Göttingen 1999, 69 – 95.

sich fortsetzen[87]. Dass hier die katholische Werkgerechtigkeit mit der lutherischen sola gratia und sola fide-Lehre kontrastiert, ist offensichtlich.

Drittens repräsentierten die katholischen Autoren – ganz im Gegensatz
zu den lutherischen – ihre heilenden Wallfahrtsquellen als ein Phänomen
der Konstanz, der dauerhaften Präsenz des oder der Heiligen am Wallfahrtsort und der ebenso permanenten Gnade Gottes bzw. der / des Heiligen
gegenüber den Menschen. In seiner Schrift „Zeitiger Granat-Apfel" über
den Wallfahrtsort Neukirchen betont Fortunat Hueber diese dauerhafte
Verbindung bzw. Präsenz: „[...] daß die Göttliche Jungfraw sich pflege am
maisten bey den Brünnen auffzuhalten"[88]. Zwar habe Gott „das Wasser ge-
mindert und endlich den Brunnen ganz außgeseichet" als eine Barbara sich
unterstanden habe, das heilende Wasser zu verkaufen. Jedoch sei das Wasser sofort wieder erschienen, nachdem der Pfarrer den Missbrauch abge-
stellt hatte[89]. Der Pfarrvikar Georg Christoph Pexelfelder berichtete in der
Wallfahrts-Chronik von Maria Brünnl bei Landshut über den Niedergang
der Wallfahrt: Nicht die Wunderkraft des Wassers habe nachgelassen, als
die Wallfahrer ausblieben, sondern Maria sei immer bereit gewesen, „von
der Fülle ihrer Gnaden reichlichst auszuteilen" – vielmehr hätte die Ver-
nachlässigung der Brunnenkapelle abschreckend auf die Gläubigen gewirkt[90].

Während, wie wir oben gesehen haben, die lutherischen Autoren eine dezidierte Repräsentation der Wunderbrunnen gegenüber der Volksfrömmigkeit durchzusetzen suchten, zeichnet sich der katholische Diskurs viertens
durch eine gewisse Offenheit im Hinblick auf genaue Zuschreibungen aus.
In ein und demselben Werk wird argumentiert, Gott habe dem Wasser „in
ansehen seiner würdigsten Mutter *Maria* zu Newkirchen die gnad der
Heylsambkeit [...] eingegossen"[91] oder die Kraft der Wunderquellen wird
definiert als „welche mit ihren tugendreichen Seegen die Himmelskönigin
ihnen einmischet"[92] und das Wasser wird als „das Jungfräwliche Element"[93] bezeichnet. Diese Offenheit eröffnete auch die Möglichkeit, Visualisierungen und materielle Objekte im Umkreis des Heiligen- und Brunnen-
kultes zuzulassen, die die Verknüpfung des / der Heiligen und des Wassers
im Sinne einer gesteigerten Unmittelbarkeit und regelrechten ‚Körperlich-
keit' den Gläubigen direkt vor Augen führten[94].

---

[87] Vgl. z. B. Marianischer Brunnenquell (Anm. 83); *Krieger,* Beneficia Oder Gesundtmachung (Anm. 83). Vgl. auch *Hartinger,* Die Wallfahrt Neukirchen (Anm. 80),
164–167.

[88] *Hueber,* Zeitiger Granat-apfel (Anm. 84), 168.

[89] Vgl. ebd., 182–184, Zitate auf 183.

[90] Zitiert in: *Bleibrunner,* Die Wallfahrt (Anm. 33), 37; vgl. auch Marianischer
Brunnenquell (Anm. 83), 4v.

[91] *Hueber,* Zeitiger Granat-apfel (Anm. 84), 183.

[92] Ebd., 169.

[93] Ebd., 190.

Abbildung 10, eine Marienfigur, aus deren Körper das heilende Wasser floss, ist ein typischer Ausdruck dieser Unmittelbarkeit, aber auch der oben bereits erwähnten tiefgreifenden Integration des Quellkults in die ‚Struktur des Heiligen' am Wallfahrtsort. Die Betonung der Konstanz und der Institutionalisierung von Quellkulten an katholischen Wallfahrtsorten wird in Abbildung 11 deutlich: Der Brunnen befindet sich in der Einsbacher Wallfahrtskirche unmittelbar vor dem Altar. Häufig wurde der Brunnen jedoch auch in einer eigens errichteten Brunnenkappelle untergebracht. Abbildungen 12 bis 14 schließlich sind einer bemerkenswerten Quelle entnommen, der Chronik des Riemers Thomas Amplatz über seinen eigenhändigen Aufbau der Wallfahrt Maria Brünnl bei Landshut beginnend mit dem Jahr 1661[95]. Hier wird in wenigen Bildern das Entstehen einer Wallfahrt aufgezeigt, die mit einer gefassten Quelle und einem Opferstock am Wegesrand ihren Ausgang nahm (Abb. 12). Rasch bemühte sich Amplatz jedoch um eine Institutionalisierung der Wallfahrt, die in der materiellen Kultur Ausdruck fand: Abbildung 13 zeigt das hochintegrierte ‚Ensemble' von Gnadenbild, Altar, Opferstock, Votivgaben und heiliger Quelle. Dieses Institutionalisierungsbemühen kulminierte im Besuch des bayerischen Kurfürsten Ferdinand im Jahr 1663 (Abb. 14).

Die oben beschriebene relative Stabilität der Repräsentationen der drei Diskursgemeinschaften ergibt sich, das sei ausdrücklich hervorgehoben, *nicht* aus einzelnen Begriffsverwendungen, sondern ist nur aus dem Gesamtzusammenhang von Diskurs und Visualisierung der materiellen Kultur ersichtlich. Als Beispiel sei darauf verwiesen, dass die Begriffe ‚Wunderbrunnen', ‚Wunderwirkung' usw. im 16. und 17. Jahrhundert regelmäßig auch Anwendung fanden, wenn über heilende Quellen gesprochen wird, die über Diskurs und materielle Kultur eindeutig als Badeorte gekennzeichnet sind: Bezeichnend ist hier der Titel von Blondels Werk über Aachen von 1688: „Außfürliche Erklärung und augenscheinliche Wunderwirckung deren heylsamen Badt- und Trinckwässeren zu Aach / in welchen derselben wunderbarliche Natur und Aigenschafften / auch vielfältige und bewehrte durch Baden und Trincken erhaltene Curen / beneben nothwendiger und nützlicher Underrichtung / wie sich die Gesunden so woll als Krancken in deren Brauchung zuverhalten haben / gründlich beschrieben

---

[94] Dies scheint mir in einem gewissen Gegensatz zu der von Werner Freitag anhand von Wallfahrtsbildern entwickelten These von der Gratwanderung der katholischen Kleriker zwischen dem vom Tridentinum geforderten reinen symbolischen Bedeutung des Bildes und der Verdinglichung des Heiligen durch die Gläubigen zu stehen. (Vgl. *Freitag*, Wallfahrtsbilder (Anm. 16), 82.) M. E. ist diese Differenz wesentlich auf die unterschiedliche Wahrnehmung von Wallfahrtsbildern und Wasser zurückzuführen, das ja als geweihtes Taufwasser oder Xaverwasser auch bereits theologisch einen anderen Stellenwert hatte als die Bilder.

[95] Vgl. *Bleibrunner*, Die Wallfahrt (Anm. 33); *ders.*, Ursprung der Wallfahrt Maria Brünnl in Berg ob Landshut, herausgegeben zur 300. Wiederkehr des Jahres der Entstehung der Landshuter Marienwallfahrt, Passau, Landshut 1960.

Abb. 10: Marienfigur aus St. Margarethen
in der Nähe von Grieskirchen in Oberösterreich, 2. Hälfte 17. Jh.
(Bayerisches Nationalmuseum, Inventarnr.: Kr K 193)

Abb. 11: Altarraum in der Wallfahrtskirche von Einsbach, Bayern, 1688
(aus: *Heidemarie Strauss / Peter Strauss*, Heilige Quellen zwischen Donau,
Lech und Salzach, München: Hugendubel, 1987, 102)

Abb. 12: Zeichnung aus der Chronik des Thomas Amplatz über
Maria Brünnl bei Landshut, 1661 ff. (aus: *Heidemarie Strauss / Peter Strauss,*
Heilige Quellen zwischen Donau, Lech und Salzach,
München: Hugendubel, 1987, 115)

Abb. 13: Zeichnung aus der Chronik des Thomas Amplatz über
Maria Brünnl bei Landshut, 1661 ff. (aus: *Heidemarie Strauss / Peter Strauss*,
Heilige Quellen zwischen Donau, Lech und Salzach,
München: Hugendubel, 1987, 116)

werden"[96]. Eine begriffsgeschichtliche Vorgehensweise, die hier im Einzelnen nicht geleistet werden kann, müsste sorgfältig unterscheiden zwischen,

---

[96] *Francois Blondel,* Außfürliche Erklärung und augenscheinliche Wunderwirckung deren heylsamen Badt- und Trinckwässeren zu Aach / in welchen derselben wunderbarliche Natur und Aigenschafften / auch vielfältige und bewehrte durch Baden und Trincken erhaltene Curen / beneben nothwendiger und nützlicher Underrichtung / wie sich die Gesunden so woll als Krancken in deren Brauchung zuverhalten haben / gründlich beschrieben werden. Durch Franciscum Blondel der Artzeney Doctoren / ältesten Statt-Artzen / den ersten Inventeur oder Uhrheber / und über diese Wässer verordneten Superintendent. Jetzund zum ersten auß der dritten weit ver-

Abb. 14: Zeichnung aus der Chronik des Thomas Amplatz über
Maria Brünnl bei Landshut, 1661 ff. (aus: *Heidemarie Strauss / Peter Strauss*,
Heilige Quellen zwischen Donau, Lech und Salzach,
München: Hugendubel, 1987, 116)

---

mehrt und verbesserter Lateinischer Edition in Teutsch fleissig übertragen, Aachen:
Clemens, 1688 [Neudruck: Aachen 1999). Vgl. z. B. auch *Johann Bauhin / David Foerter*, Ein New Badbuch / Und Historische Beschreibung / Von der wunderbaren Krafft
und würckung / des WunderBrunnen und Heilsamen Bads zu Boll / nicht weit vom
Sawrbrunnen zu Göppingen / im Hertzogthumb Würtemberg. Auß Bevelch des Durch-

wie Katherine Park und Lorraine Daston formuliert haben, „the supernatural and the preternatural", denn die zeitgenössischen Sprachen „all
blurred the sacred and the secular objects of wonder – the miraculous and
the marvelous"[97]. Im vorliegenden Untersuchungsfeld konnte jedoch
gezeigt werden, dass im Diskurs und in den Visualisierungen diese begriffliche Zweideutigkeit in Eindeutigkeit überführt wurde. So wird denn
an der diskursiven Einbettung deutlich, dass die Rede von der ‚wunderbaren Kraft' des heilenden Wassers oder von „wunderbahre[n] Leibes-
Gebrechen"[98] sich auf die von Gott geschaffenen Wunder der Natur bezogen, die aber wissenschaftlich-empirisch zu untersuchen waren, wogegen
die Rede von „GOttes sonderbare[r] wunder-Gnade" oder „wunderbare[r] GOttes-Krafft"[99] auf das übernatürliche, vom Menschen nicht zu
ergründende Wunder Gottes abzielte, d. h. auf dessen direktes Eingreifen
in der Welt[100].

Es ist deutlich geworden, dass die beschriebenen drei Diskursgemeinschaften vor allem zwischen der Mitte des 16. Jahrhunderts und dem
beginnenden 18. Jahrhundert eine durchaus beachtliche Stabilität aufwie-
sen, doch darf man diese Stabilität nicht im Sinne einer ‚Statik' missverste-
hen: Vielmehr ist auch diese Phase der Stabilität der Diskursgemeinschaften durch ‚Dynamik', durch Aushandlungsprozesse und Deutungskämpfe,
gekennzeichnet, die im Folgenden anhand einiger Beispiele skizziert werden sollen, bevor die ‚chronologische Dynamik', d. h. insbesondere der Wandel seit dem frühen 18. Jahrhundert, untersucht und abschließend die Frage
nach der Bedeutung dieser Aushandlungsprozesse und Entwicklungen für
frühneuzeitliche Säkularisierungsvorgänge erörtert werden soll.

Im frühneuzeitlichen Diskurs um das heilende Wasser findet man ‚Au-
ßenseiter', die sich jedoch letztlich in die etablierten Diskurse fügten bzw.
gegen eine einmal von einer Seite – sei es die balneologische Repräsentation, die lutherische Wunderbrunnen-Interpretation oder den katholischen
Wallfahrtsdiskurs – durchgesetzte Diskurshoheit nicht erfolgreich anschreiben konnten: sie blieben Einzelfälle. Insofern spiegelt auch diese
‚Dynamik' die relative Stabilität der oben beschriebenen Diskursgemeinschaften.

---

leuchtigen Hochgebornen Fürsten und Herrn / Herrn Friderichs / Hertzogen zu
Würtemberg [...]. Durch Johannem Bauhinum D. Ihrer Fürstl. Gn. Hof Medicum zu
Mümpelgart / Erstlich Lateinisch beschrieben / an jetzo aber ins Deutsch gebracht /
Durch David Förter, [...], 4 Bde., Stuttgart: Fürster, 1602.

[97] *Daston / Park,* Wonders (Anm. 17), 16.

[98] *Maskosky,* Das Göppingische Bethesda (Anm. 44), unpag. Vorrede.

[99] Unvergreiffliches und wolmeynendes Guttachten (Anm. 62), Ai v, Aii r.

[100] Es ist auch darauf hinzuweisen, dass der Begriff ‚Gnadenbrunnen' sowohl im
Luthertum als auch im Katholizismus verwandt wird, wobei der Terminus im Luthertum ausschließlich der Zuschreibung zu Gott dient, im Katholizismus dagegen häufi-
ger auf die Gnade der Jungfrau Maria rekurriert wird.

Die Dominanz der Ärzte im balneologischen Diskurs und der Theologen in den beiden konfessionell determinierten Diskursen hatte zur Folge, dass sich andere Autoren offensichtlich nur selten in die Diskussion um die Repräsentation heilenden Wassers einschalteten. Interessant sind vor diesem Hintergrund deshalb die Fälle von ‚Schulmeistern‘, die sich zur Deutung von heilenden Quellen äußerten. Beispielhaft seien hier die beiden in unmittelbarer zeitlicher Nähe erschienenen Schriften des Martin Pfündel, Rektor der (Latein-)Schule in Plauen, sowie des David Lange, „deutscher Schulmeister" in Hamburg, erläutert[101]. Obwohl Pfündel in seinem Traktat von 1608 über die Meißener Quelle keine balneologische Schrift im eigentlichen Sinne vorlegt, richtet er seine Argumentation nach der balneologischen Repräsentation heilenden Wassers aus: Die Quelle wird zwar auf die „schickung Gottes"[102] zurückgeführt, doch weist Pfündel zugleich darauf hin, dass das Wasser kein Allheilmittel sei und nur die ärztliche Kunst dieses als Medizin erschließe: „Aber das kan auch niemand / er were dann nicht gantz bey sinnen / glauben / daß solches Wasser allerley Kranckheit heylen solte / [...] Diß blosse Wasser aber / wie mich bedunckt / kan nicht viel nutzen und zur Artzeneyen gebraucht werden / wo es nicht zuvor von verständigen gelehrten Artzten / aller Eigenschafft halber erkundiget und erforschet wird / [...]"[103].

In völligem Gegensatz zu dieser Repräsentation steht die Flugschrift von David Lange über den ‚Wunderbrunnen‘ im Fürstentum Danneberg von 1612. Ohne – wie einige der lutherischen Theologen, die Wunderbrunnen propagierten, – mit theologischen Details zu argumentieren, fügt Lange sich argumentativ gänzlich in den lutherischen Diskurs ein. Sein Traktat ist angefüllt mit Hinweisen auf den Brunnen als Ausdruck von Gottes Allmacht und Gnade sowie mit Warnungen vor Gottes Zorn wegen Missachtung seiner Wunder. Lange wiederholt den zentralen Grundsatz der lutherischen Wunderbrunnen-Repräsentation: „[...] / denn wer an den Brunnen nebenst

---

[101] Vgl. *Martin Pfündel,* Warhafftige / Gründliche / Historische Beschreibung / Deß neuen wunderbaren erfundenen Brunnens in Meissen / Von desselben wunderlichen Krafft und Wirckungen / Was für Kranckheiten davon geheilet / Wie derselbe widerumb ist herfür kommen / Welcher vor fünfftzig Jaren durch Schnee und Ungewitter verfallen / und der Brunn zu den dreyen Thannen ist genannt worden. Erstlich in Lateinischer Sprach beschrieben / durch M. Martinum Pfuntelium, Rectorn der Schulen zu Plawen. Jetzo aber menniglichen zu einer guten Nachrichtung durch einen Liebhaber der Warheit und Historien / trewlich verteutschet, Nürnberg: Fuhrmann, 1608; *David Lange,* Mirakel und Wunderwerck / auch Eigentlicher und warhafftiger Bericht: Von einem new erfundenen Brunnen / so im Lande zu Lüneburg / unter dem Fürstenthumb Danneberg / und dero gebietenden Herrschafft / 3. Meilweges von Saltzwedel / und 2. Meilweges von Lüchaw gelegen / etc. welcher durch sonderliche schickung des Allmechtigen GOTTES ist geoffenbaret worden / auch für allerley Kranckheiten / damit die Menschen beladen / es sey gleich Lahm / Taub oder Stum / behülfflich unnd dienstlich ist. Sampt einer trewhertzigen Vermahnunge / an alle frommen Christen: Gestellet Durch Davidem Langium Deutschem Schulmeister in Hamburg, Hamburg: o.D., 1612.

[102] *Pfündel,* Historische Beschreibung (Anm. 101), Aii v.

[103] Ebd., Aiv r.

GOTTes hülffe geleubet wirdt Gesundt / wer aber nicht gleubet / bleibet als
er ist / [...] Wie viel ziehen wol hin / [...] / und spotten denn den Brunnen
durch ihren Unglauben / die müssen verterben [...]"[104]. Die ‚Schulmeister'-Deutungen geben also einen Hinweis darauf, dass die drei frühneuzeitlichen Diskursgemeinschaften die Bandbreite der Deutungsmöglichkeiten
heilenden Wassers bis zum Beginn des 18. Jahrhunderts relativ stabil unter
sich aufgeteilt hatten; denn andere Autoren fügten sich entweder in die medizinische oder die theologische Deutung ein, ohne ein eigenes Repräsentationsangebot zu entwickeln.

Dies heißt jedoch nicht, dass einzelne Heilwasser und -quellen nicht unterschiedlichen Zuschreibungen und Deutungskämpfen unterliegen konnten. Tatsächlich ist dies der Punkt, an dem der frühneuzeitliche Heilwasser-
diskurs seine Dynamik entfaltete: Die Repräsentation einzelner, als heilend
identifizierter Wasser war meist – aber nicht ausschließlich – kurz nach ihrer ‚Entdeckung' umstritten; hier wurde zwischen den drei Diskursgemeinschaften um die Deutungshoheit über ein bestimmtes Wasser gekämpft.

In diesem Zusammenhang ist beispielweise eine vom Typus her sehr seltene Flugschrift über Hornhausen mit dem Titel „Der Medicorum oder
Aertzte Bedencken / Uber Der Krafft und Tugend derer durch Gottes Gnade
new eröffneten Heil- und Gesund-Brunnen / Welche zu Hornhausen entsprungen"[105] aufschlussreich. Diese Schrift ist eine offensichtliche Reaktion auf die lutherische Wunderbrunnen-Repräsentation, die sich im Falle
Hornhausens innerhalb kürzester Zeit etabliert hatte. Sie beginnt unver-
mittelt mit einer Analyse der chemischen Bestandteile des Wassers sowie
der daraus abzuleitenden Heilkraft gegen ausgewählte Krankheiten sowie
‚Kontraindikationen'. Man gewinnt den Eindruck, dass angesichts der bereits etablierten lutherischen Deutungshoheit diese balneologische Flugschrift nur vorsichtig argumentiert und formuliert: „Denen Maniacis oder
Verwirrten wils auch nicht allerdings wohl gerathen / wiewol man von etlichen wenigen Exempeln sagen wil / davon doch die Gewißheit anietzo er-
mangelt"[106]. Und der Schlusssatz verweist indirekt auf die Tatsache, dass
chemische Untersuchung und medizinische Beobachtung längere Zeit benötigen als spontane Wunderbrunnenzuschreibungen: „Und so viel hat biß da-
to in Eil zu observiren die Experienz zugelassen"[107].

---

[104] *Lange,* Mirakel und Wunderwerck (Anm. 101), Aiii r-v.

[105] Der Medicorum oder Aertzte Bedencken, [...], o.O. 1646; vgl. auch *Johannes
Freytag,* Unvorgreifflichs doch raifflichs Bedencken Von deß zu früe geprisenen
und nicht erwisenen WunderBrunns Hornhausen / Unbegreifflichen Würckungen /
als ein bloß Project vor Augen gestellet Von Johanne Freytag Philos.Med.D. Gotts
Gabn wolln nicht mißbrauchet seyn | Viel weniger leidn falschen Schein | Wirth /
Gast / ein jeder mercke auff | Daß ihm der Seegen nicht entlauff, Regensburg: Fi-
scher, 1646.

[106] Der Medicorum oder Aertzte Bedencken, unpag. [letzte Seite].

[107] Ebd.

In ähnlich aussichtsloser Weise versuchte umgekehrt der sächsische Oberhofprediger Johannes Olearius 1668 in einem Traktat über Karlsbad, diesen Badeort im Sinne der lutherischen Wunderbrunnen-Repräsentation umzudeuten[108]. Auf der Grundlage mehrfacher Hornhausen-Referenzen repräsentiert Olearius seinen Lesern Karlsbad als eines der „großen Wunder [...] der Göttlichen Allmacht"[109]. Er nutzt geschickt die lange Tradition der Erforschung des Karlsbader Wassers für seine Zwecke: „Ob nun zwar unterschiedliche verständige Leute sich unterstanden haben / die eigentliche Ursache solcher immerwehrenden Hitze anzuzeigen. [...] So hat doch noch zur Zeit sich niemand gefunden / welcher die gnugsame und eigentliche Ursach dieses Zustandes hätte ergründen mögen. [...] / so können wir nicht weiter / als / wir men dieses halten vor ein sonderbares Wunderwerck Gottes / welches zu ergründen Menschlicher Vernunfft unmüglich ist"[110]. Angesichts des etablierten balneologischen Diskurses über Karlsbad ist Olearius förmlich gezwungen, sich bei der Frage der Indikationen auf die Brunnenärzte zu stützen, doch bescheinigt er dem Wasser auch hier eine „unvergleichliche [...] Nutzbarkeit"[111] und versichert, dass es „so gut und kräfftig / als fast alle andere Artzney in der ganzen Welt"[112] sei. Der Versuch Olearius', über die Nutzung und Vereinnahmung des balneologischen Diskurses eine lutherische Wunderbrunnen-Repräsentation Karlsbads zu etablieren, wird auch an seiner Auflistung der Ursachen für das eventuelle Versagen der Heilkraft des Wassers deutlich: An erster Stelle steht bei ihm das unterlassene Gebet, dann folgen einige balneologische Hinweise wie die Nicht-Einhaltung der „gebührende[n] Diaet und Lebens-Art", um dann mit der Unterlassung der „hertzliche[n] Dancksagung" an Gott abzuschließen[113]. Olearius' Repräsentation des heilenden Wassers von Karlsbad hatte wohl keine Chance, sich im Diskurs durchzusetzen – der Karlsbad-Diskurs war bereits seit langem von balneologischen Schriften determiniert –, doch macht er deutlich, welchen (begrenzten) Spielraum ein Autor hatte, der gegen eine etablierte Repräsentation ‚anschreiben' wollte, welcher (Um-)Deu-

---

108 Vgl. *Johannes Olearius*, Thaumatologia Die großen Wunder der Göttlichen Allmacht / Welche an dem weitberühmten Carls-Bade / im Königreich Böhmen täglich zu verspüren / Zu schuldigem Lob / Preiß und Danck deß Allerhöchsten Bey eigener Erfahrung kürtzlich erwogen von Johanne Oleario, D. Fürstl. S. Magd. Ober-Hof-Prediger / Kirchen-Rath und General-Superintendenten, Halle: Salfeld, 1668.

109 Ebd., Aiii r.

110 Ebd., Avi v – Avii r. – Daraufhin betont er nochmals: „Summa / die grosse Menge des Wassers [...] zwinget auch die allerklügsten und scharffsinnigsten Naturkündiger / daß sie gestehen müssen / [...] der kräfftige Nachdruck Gottes sey hierbey unstreitig zu verspüren / und bleibe demnach dieses [...] Carls-Bades Ursprung und Wirkung [...] ein Werck der Göttlichen sonderbaren wunderlichen Regierung / wegen seiner vortrefflichen / ungewöhnlichen / unerforschlichen / und aller Ehren würdigen Beschaffenheit" (Avii r-v).

111 Ebd., Biv v.

112 Ebd., Bv r.

113 Ebd., Cvi r.

tungsmuster er sich dabei bedienen konnte und wie weit er dem herrschenden Diskurs entgegenkommen musste.

Deutungskonflikte in der ‚Entdeckungs- bzw. Entstehungsphase einer heilenden Quelle aufzudecken, ist im gedruckten Diskurs weniger möglich als in Chroniken und Briefen, so dass im Folgenden zwei Fälle aus der lokalgeschichtlichen Literatur herangezogen werden. In Schweich im Kurfürstentum Trier wurde im Jahr 1602 eine Heilquelle entdeckt, deren Zuschreibung in ihrer Anfangsphase zwischen verschiedenen Akteuren umstritten war. Aufschluss über diesen Deutungskonflikt erhalten wir durch die Chronik des Johannes Mechtel, eines Kanonikus zu Limburg, der den Schweicher Heilbrunnen besuchte. Mechtel berichtet, dass an dem Brunnen eine populäre Wallfahrt entstanden war: ein Mann namens Peter hatte erzählt, ein Engel habe ihm im Schlaf des Brunnens Kraft offenbart[114]. „Alte Weiber" und einfache Priester „giengen bey den Brunnen herum zu den gebrechlichen Menschen und legten jeden eine Buß uff, gewisser Anzal Vatter unser und Ave Maria"[115]. Der Ortspfarrer verfasste mit Hilfe des Schultheißen und des Dorf-Schulmeisters ein Protokoll über die Wunderheilungen, das „der Her Officialis D. Bartholomaeus Bodogemius Licentiatus zu Trier mit Handt unterschrieben und autentisiert" hatte. Als aufflog, dass viele der Heilungen vorgetäuscht waren, „hat obg. Herr Officialn darnach der Unterschrift sehr gereuwet"[116]. Diese populäre Wallfahrt, die bereits offizielle kirchliche Unterstützung erhielt und durch den geplanten Bau einer Kapelle auch auf den Weg der Institutionalisierung gebracht werden sollte[117], war die eine Seite. Die andere Partei im Konflikt um die Deutungshoheit über das Schweicher Wasser waren die „Medici zu Trier", die das Wasser „nach der Kunst destilirt und probiert" hatten und seine Heilkraft als durchaus zwiespältig einschätzten[118]. Der Autor der Chronik, der gelehrte Kleriker Mechtel, distanziert sich von der populären Wallfahrt und schließt sich der balneologischen Repräsentation der Schweicher Quelle an – man wird aber davon ausgehen dürfen, dass er in einem anderen Kontext, beispielsweise in seinem eigenen Bistum, auch durchaus anders gehandelt hätte. Bezeichnenderweise wurde der Schweicher Brunnen- und Heiligenkult Ende des 18. Jahrhunderts von einer Marianischen Kongregation namens „Maria Himmelfahrt" wiederbelebt, so dass doch noch eine katholische Wallfahrt entstand, deren Geschichte sich bis heute fortsetzt[119].

---

114 Limburger Chronik des Johannes Mechtel, abgedruckt in: *Artur Gemmel,* Chronik von Schweich, Trier 1960, 74.

115 Ebd., 75.

116 Ebd., 75 f.

117 Vgl. ebd., 77.

118 Ebd.

119 Vgl. *Döring,* Heiliges Wasser (Anm. 78), 76 – 78; *Josef Koch,* Die Geschichte des Heilbrunnens und der Heilbrunnenkapelle zu Schweich, Schweich 2002.

Einen ähnlich gelagerten Deutungskonflikt rief die 1630 im Garten des Grafen Johann Ludwig von Nassau-Hadamar[120] entdeckte Quelle hervor: Im Diarium der Jesuiten heißt es dazu, dass der Brunnen den Namen „Heiliger Quell" erhielt und viele Geheilte dort Votivgaben zurückließen. Auch habe man das Wasser den Ärzten zur Untersuchung gegeben. Doch, so das Diarium: „Mihi vero maius aliquid nobiliusque natura persuadent rati effectus. Sentiet mecum eruditus et pius lector, si pensiculatim, que contigerunt, examinet"[121]. Auch in Hadamar gab es also einen Streit um die Deutungsmacht zwischen der katholischen Repräsentation als Wunderquelle, die in den Augen der Jesuiten eine Wallfahrt rechtfertigte, und dem balneologischen Diskurs.

Neben diesen Deutungskämpfen um die Repräsentation einzelner Heilquellen vollzog sich jedoch vor allem eine chronologische Dynamik innerhalb der drei Diskursgemeinschaften, die uns Aufschluss gibt über Säkularisierungsvorgänge in der frühneuzeitlichen Gesellschaft. Wie oben bereits angedeutet, lässt sich innerhalb des balneologischen Diskurses, der sich bereits im 15. Jahrhundert stark profanisierte, seit der Reformation und insbesondere im ‚langen' konfessionellen Zeitalter bis gegen Ende des 17. Jahrhunderts eine teilweise Sakralisierung feststellen. Diese Entwicklung führte jedoch nicht dazu, dass sakral aufgeladene und profanisiert-wissenschaftliche Argumentationslinien in den balneologischen Schriften vermischt wurden. Vielmehr konnten wir feststellen, dass der Religion gleichsam ein Platz ‚am Rande' der Schriften, in den Widmungsreden, Vorworten, teilweise am Kapitelanfang oder am Ende der Bücher, zugewiesen wurde. Dies ist als Ausdruck einer bereits vorangeschrittenen funktionalen Differenzierung bzw. Säkularisierung des sozialen Systems ‚Balneologie' und ihrer Repräsentationen zu werten[122]. Zwar wurde dieser Prozess von der Konfessionalisierung teilweise wieder rückgängig gemacht – auch der balneologische Diskurs konnte sich dem gesellschaftlichen ‚Gesamttrend' Konfessionalisierung nicht entziehen bzw. musste sich diesem ‚anpassen' und wurde ‚teil-sakralisiert'. Doch gerade die festgefügte, sich immer wiederholende Grundstruktur der Hauptteile der Badeführer sowie die damit verbundene Gleichförmigkeit der Repräsentation heilenden Wassers macht deutlich, dass sich der balneologische Diskurs auf der Basis einer profanisierten Weltsicht und ohne religiöse Repräsentation etabliert hatte. Dass

---

[120] Es wäre zu prüfen, welche Bedeutung hierbei der Tatsache zukommt, dass der Graf im Jahr zuvor zum Katholizismus konvertiert war. Vgl. *Walter Michel*, Die Konversion des Grafen Johann Ludwig zu Nassau-Hadamar im Jahr 1629, in: Archiv für Mittelrheinische Kirchengeschichte 20 (1968), 71–101.

[121] Zitiert nach *Walter Michel*, Zwei Heilquellen und ihre „Wunder", in: Archiv für mittelrheinische Kirchengeschichte 32 (1980), 61–68, hier 62, Fußnote 2.

[122] Ich ‚miniaturisiere' hier bewusst auch den Luhmannschen Begriff der gesellschaftlichen Teilsysteme und spreche deshalb nicht vom Wissenschaftssystem insgesamt. Vgl. *Niklas Luhmann*, Die Gesellschaft der Gesellschaft, 2. Teilbd., Frankfurt a.M. 1998.

diese funktionale Differenzierung in gesellschaftliche Wissensbereiche auch bereits den Zeitgenossen vor Augen stand, machte eine Formulierung des Mediziners Bopp in seiner Schrift über Adelholzen von 1629 deutlich. Seine abschließenden Ausführungen über Gottes Gnade beendet er nämlich mit der Bemerkung: „Weil aber dise Materi mehrers den Theologis als Medicis zu tractieren gebürt / als lassen wirs darbey bewenden / [...]"[123].

Dass sich die funktionale Abkopplung und Säkularisierung der balneologischen Repräsentation heilenden Wassers im Laufe des späten 17. und 18. Jahrhunderts wieder verstärkte, lässt sich daran erkennen, dass die religiösen Argumentationszusammenhänge zunehmend aus den Vorreden etc. der Badeschriften verschwinden: Gott ist dort immer weniger präsent. Übrig bleiben die bereits beschriebenen Analysen der Heilwasser sowie die medizinischen Anweisungen zur Bade- und Trinkkur[124]; diese werden zunehmend ergänzt durch erweiterte Informationen über den Badeort als Ort des Vergnügens und der ‚Freizeit'. Am Ende des 18. Jahrhunderts ist der balneologische Diskurs damit säkularisiert – er thematisiert Religion nicht mehr, und er funktioniert nach den Regeln des sozialen Systems ‚Balneologie'. Zugleich befindet er sich selbst schon wieder in einem Differenzierungsvorgang, indem stärker balneologisch orientierte Werke und stärker ‚touristisch' definierte Schriften auseinander treten und zunehmend getrennt publiziert werden[125].

Die stärksten Brüche und Wandlungen in der Deutung heilenden Wassers lassen sich im Luthertum feststellen. Wie oben bereits angedeutet, tendierten die führenden Theologen der Reformationszeit zwar nicht zur ‚Abschaffung' von Wundern, doch erklärten sie diese für nicht mehr zeitgemäß[126]. Damit legten sie zumindest die Grundlage für eine langfristig geminderte Bedeutung von Wundern im Luthertum, wenn auch nicht für eine ‚Säkularisierung' von Wundern. Wie im Hinblick auf zahlreiche andere Phänomene – nicht zuletzt die im vorliegenden Band von Vera Isaiasz diskutierten Kirchweihen – fand seit der Mitte des 16. und dann vor allem im 17. Jahrhundert eine ‚Sakralisierung' des Luthertums statt: Auch die Repräsentation des Wassers erwies sich – neben Fragen wie Wunderheilungen und Laienprophetentum – im Luthertum als ein Adiaphoron[127], so dass es möglich wurde – ausgehend von populären Interessen und deren Aufnahme durch Ortspfarrer – heilende Quellen als lutherische Wunderbrunnen zu definieren. Betrachtet man die kommunikativen Muster im Kontext der Verbrei-

---

123 *Bopp*, Trifons Adlholzianus Antipodagricus (Anm. 48), 103.

124 Vgl. z. B. *Gottlob Carl Springsfeld*, Abhandlung vom Carlsbade, nebst einem Versuch einer Carlsbader Krankengeschichte, Leipzig: Gleditsch, 1749.

125 Für Einzelheiten dieser Prozesse vgl. meine demnächst fertiggestellte Habilitationsschrift über den Kurort des langen 18. Jahrhunderts als Heterotopie.

126 Vgl. oben Fußnote 59.

127 Vgl. dazu oben S. 282.

tung dieser lutherischen Wunderquellen, so tritt eine Vielschichtigkeit zutage, die zugleich auf die Komplexität und die ‚Prekarität' des Phänomens verweist. Erstens wurde deutlich, dass hier tatsächlich eine „weitere Verzauberung der Welt"[128] stattfand, indem lutherische Wunderbrunnen zu universellen Heilmitteln erklärt wurden, die gänzlich von Gottes Gnade abhingen – im Gegensatz zum balneologischen Diskurs, in dem die heilenden Wasser zwar als gottgegeben, aber auch als begrenzte und zu erforschende Heilmittel definiert wurden. Doch dies war nur die eine Seite der Medaille.

Zweitens stellte diese ‚Sakralisierung' – im Vergleich zum Katholizismus – eine „weaker [...] form of sacrality"[129] dar. Da die lutherischen Pfarrer die Wunderbrunnen im Kontext der ‚wankelmütigen' Gnade Gottes beschrieben und die entstehenden lutherischen ‚Wallfahrten' vor dem Hintergrund der Abgrenzung zum Katholizismus als ein temporäres Phänomen inszeniert wurden, erfolgte auch keine feste Einbettung der Wunderbrunnen in die lutherische Theologie und Frömmigkeit. Obwohl durchaus versucht wurde, unter den jeweils konkreten Bedingungen einer lutherischen Wunderbrunnen-‚Wallfahrt' Rituale zu etablieren, erfuhren die Wunderbrunnen letztlich jedoch keine Institutionalisierung innerhalb der Konfession und wurden nicht als fester Teil lutherischer Frömmigkeitspraktiken verankert.

Die Frage nach Ritualen und Frömmigkeitspraktiken verweist drittens auf Spannungen, die zwischen der Volksfrömmigkeit und den Vorstellungen der lutherischen Pfarrer über angemessenes Verhalten am Wunderbrunnen bestanden. Dass die Autoren der Flugschriften immer wieder vor ‚abergläubischen' Praktiken warnten, zeigt, dass – jedenfalls im Kontext der Wunderbrunnen – doch „zwischen dem Glauben der Seelsorger und demjenigen der Gemeindemitglieder"[130] unterschieden werden muss. Das mag auch darin begründet liegen, dass sich das Phänomen ‚lutherische Wunderbrunnen' im besonders engen Überschneidungsbereich zu katholischen Wallfahrtsquellen befand und damit aus dem mittelalterlichen Katholizismus überlieferte populäre Frömmigkeitsformen hier zu Tage traten. Ob man jedoch von „katholischen Traditionselementen"[131] sprechen kann, wäre auf der Grundlage anderer Quellen als der hier verwendeten zu klären.

Im späten 17. und beginnenden 18. Jahrhundert zeichnet sich ein massiver Wandlungsprozess in den Kommunikationsmustern des lutherischen Diskurses ab. Bereits kurz nach der ‚Hochphase' der Propagierung lutherischer Wunderbrunnen fühlten sich die lutherischen Pfarrer offensichtlich

---

[128] *Dürr,* Prophetie und Wunderglauben (Anm. 13), 21.

[129] *Scribner,* Reformation and Desacralisation (Anm. 14), 76.

[130] Ich argumentiere hier im Gegensatz zu *Dürr,* Prophetie und Wunderglauben (Anm. 13).

[131] *Zeeden,* Grundlagen und Wege der Konfessionsbildung (Anm. 54), 276.

unter Rechtfertigungsdruck. Ihre Aussagen weisen darauf hin, dass sie in dieser Phase eine abnehmende Rolle religiöser Deutungsmuster in der Gesellschaft wahrnahmen und sich unter zunehmendem Druck durch die balneologische Repräsentation der heilenden Wasser sahen. Im Jahr 1693 verteidigte der Pfarrer von Polzin, Joachim Titelius, in einem Traktat vehement seinen ‚Wunderbrunnen' gegen „Naturkünder und Aertzte", die seines Erachtens die Wirkung der heilenden Wasser zu sehr aus natürlichen Ursachen ableiteten[132]. „Und wiewol natürliche Ursachen mit unterlauffen / daß solche Brünne und Wassere grosse Krafft bekommen von Metall / Ertz und Mineralien unter der Erden / darüber und dadurch sie ihren Gang und Lauff haben / so sind sie doch nicht simpliciter, bloß und alleine natürliche Dinge / sondern es kommt GOttes Wunder-Krafft und Wirckung dazu / und geschehen zum öfftern solche Curen dadurch / welche der Natur an sich unmüglich sind"[133]. Und er fährt fort: „[...] daß es warlich nicht natürlich Ding allein mit denen Heyl-Brunnen ist; sondern daß sie billig für Wunder GOttes zu halten und anzusehen sind"[134]. Titelius ruft in seiner Schrift die typischen Argumentationsstrukturen des lutherischen Wunderbrunnen-Diskurses auf, indem er beispielsweise auf Hornhausen verweist sowie auf die Tatsache, dass „auch die Menge derer die gesund bey denen Heyl-Wassern werden / uns leichtlich überweisen [kann] / daß GOtt die Hand muß mit im Spiel haben / [...]"[135]. In ähnlicher Weise verdeutlicht Georg Christoph Zimmermann in seiner Schrift über den Creilsheimer Brunnen in Brandenburg-Ansbach seinen Lesern sowohl visuell (Abb. 9) als auch textuell, dass die Wunderkraft des heilenden Wassers nur auf Gott zurückzuführen sei und wendet sich damit zugleich gegen die – in seinen Augen – Hybris der naturwissenschaftliche Erforschung des Phänomens: „2. | Es mag nun zwar, die Witz der Klugen | Und deren Geist sich höher schwingt. | Die Mineralien durch suchen, | Die solcher Brunnen mit sich bringt, | So können sie wol viel vernünfftig davon sagen | Doch bleiben unerklärt, dabey, die schwersten Fragen. || 3. | *Gott* der alleine Weiß zu nennen | Gibt solcher Wasser Wunder-Krafft | [...]"[136].

---

132 *Joachim Titelius,* Einfältiger Bericht / Von denen Heyl- oder Gesund-Brunnen / absonderlich von Poltzin / Dessen Entspringung / vermuhteten Art und Eigenschafft / Entdeckung und Wirckung / wie auch Verachtung / GOtt dem Allmächtigen zu Ehren / ausgefertiget von Joachimo Titelio, Past. zu Poltzin, Stargard: Ernst, 1693, A2 r.

133 Ebd., A2 v.

134 Ebd., A3 r.

135 Ebd.

136 *Georg Christoph Zimmermann,* Hygia Creilsheimensis, Oder Creilsheimischer Heyl- und Wunder-Bronnen / Durch Gottes Gnade Anno 1701 entsprungen / bey einer halben Stund von der Hoch-Fürstl. Brandenburg-Anspachischen Ober-Ampt-Stadt Creilsheim / ohnferne dem Dorff Roßfeld / Zum allgemeinen Nutzen und Unterricht / so wohl den Frembden / als Einheimischen / beschrieben Von Dem unten benannten Verfasser (Welcher ehemahls / auff des Heiligen in Israels Zulassung biß in das fünffte Jahr, an dem durissimo malo hypochondriaco, Melancholia, und Miltzkranckheit laborierend, dann widerum biß in das siebende Jahr, eben diese Maladies noch heffti-

Damit unterscheidet sich der lutherische Wunderbrunnen-Diskurs von der in den letzten Jahren in der Forschung zunehmend in den Mittelpunkt gestellten Physikotheologie, in deren Rahmen nicht zuletzt protestantische Theologen eine „Versöhnung zwischen Glauben und Wissen" anstrebten[137]. Vielmehr beobachten wir hier eine Art ‚Rückzugsgefecht' der lutherischen Autoren, die gegen die zunehmende Bedeutungslosigkeit ihrer eigenen Wunderbrunnen-Interpretation kämpften und dabei die Theologie gegen die Balneologie bzw. Medizin und Naturwissenschaften in Stellung brachten. Sie antworteten damit eindeutig auf einen gesellschaftlichen Wandel, den man wohl verkürzt als zunehmende Plausibilität naturwissenschaftlicher Erklärungsmuster sowie den Rückgang der gesamtgesellschaftlichen Wirksamkeit religiöser Deutungsmuster beschreiben kann. So werden denn auch die Aufforderungen zum Vertrauen auf Gott statt auf das Wasser in diesen Schriften immer eindringlicher. Bei Titelius heißt es: „Und es ist kein Wunder / wenn man GOtt bey seit / und seine Hoffnung gantz allein auff das Wasser setzet / daß man wenig oder gar keine Hülffe verspüre"[138].

Meines Erachtens kann man deshalb im Kontext der lutherischen Wunderbrunnen nicht unbedingt davon sprechen, dass die lutherische Sakralität die religiöse Weltsicht „von innen heraus"[139] aushöhlte, doch kann man feststellen, dass die mangelnde institutionelle und rituelle Verankerung der ‚Sakralisierung' der Wunderbrunnen-Repräsentation im Luthertum diese wenig resistent machte gegen ihre allmähliche Aushöhlung von außen: In den verteidigenden Aussagen lutherischer Pfarrer an der Wende zum 18. Jahrhundert wird deutlich, dass sie der zunehmenden gesellschaftlichen Plausibilität balneologischer Deutungsmuster nichts mehr entgegenzusetzen hatten.

Zugleich nimmt die Zahl der expliziten lutherischen Wunderbrunnen-Schriften um 1700 deutlich ab. Innerhalb des Heilwasser-Diskurses im Luthertum treten stattdessen Brunnengebete und -predigten in den Vordergrund, die sich an Kurgäste in Badeorten – nicht an Wunderbrunnen-‚Pilger' – wenden und allgemeine Gebete für Gesundheit und Gottes Gnade

---

ger und gefährlicher erdultet, doch durch den von GOttes geseegneten Gebrauch, des Crailsheimischen Heil-Bronnens, bey andächtigen Gebet, GOtt sey ewig Lob! am Gemüth und Leib, so gesund worden, daß er mit der Hülffe Gottes, wiederum frölich und getrost, auff der Cantzel lehren kan), Georg Christoph Zimmer Mann / Pfarrherrn, Redivivo, Creilsheim: Selbstverlag, 1732, Widmungsrede.

[137] *Trepp,* Zwischen Inspiration und Isolation (Anm. 17), Abschnitt 3 mit Fußnote 7; dort auch umfassende Literatur. – Die oben erläuterten Kommunikationsmuster lutherischer Pfarrer, die Wunderbrunnen verteidigten, stehen damit in einem deutlichen Gegensatz zu Fabricius' Hydrotheologie, in der er das Quellwunder Mose' in dem Sinne interpretiert, dass an dieser Stelle auf natürliche Weise eine Quelle vorhanden war, die Gott Moses nur offenbarte. Vgl. *Fabricius,* Hydrotheologie (Anm. 26); vgl. auch *Krolzik,* Das Wasser (Anm. 26).

[138] *Titelius,* Einfältiger Bericht (Anm. 132), D4 r.

[139] *Dürr,* Prophetie und Wunderglauben (Anm. 13), 30.

enthalten, auf detaillierte Begründungsmuster hinsichtlich des konkreten Zustandekommens und der Wirkungsweisen von Heilwassern aber weitgehend verzichten[140]. Während der Deutungskampf um die Interpretation von heilenden Wassern im Sinne lutherischer Wunderbrunnen verloren ging, vollzog der lutherische Diskurs damit einen Rückzug auf sein religiös-konfessionelles System in der Gesellschaft[141]: Im Kontext der nun vom balneologischen Diskurs beherrschten Badeorte wurde den Kurgästen ein Angebot zur religiösen Andacht gemacht – statt umfassendem Interpretationsangebot also der Rückzug auf die religiöse ‚Ergänzung' einer von balneologischen Prinzipen determinierten Kur.

Im Gegensatz zum Luthertum ist im Katholizismus die Integration des Phänomens ‚Wallfahrtsquelle' in die Theologie und die Frömmigkeitspraxis hervorzuheben. Daher bricht die Tradition der heilenden Quellen an Wallfahrtsorten bis heute nicht ab, auch wenn man einen Höhepunkt im Hinblick auf die Zahl der Quellen und die publizistische Verarbeitung in der zweiten Hälfte des 17. Jahrhunderts, also in der Hochphase barocker Frömmigkeit, konstatieren kann. Die oben beschriebene feste Integration heilenden Wassers in die konfessionelle Kultur des Katholizismus im Allgemeinen sowie in die ‚Struktur des Heiligen' am Wallfahrtsort im Besonderen führte zu einer durchgehenden Stützung und Institutionalisierung des Phänomens sowohl durch die populäre Frömmigkeit als auch durch die kirchliche Hierarchie. Katholische Quellkulte überlebten – im Gegensatz zu lutherischen Wunderbrunnen – auf der Grundlage ihrer tiefen Einbettung in die Konfession.

Wenn man auch mit Blick auf die vorliegende Fragestellung und im Vergleich zum Luthertum stärker das Überleben und die lange Tradition des Phänomens betonen wird, so ist zugleich ein tiefgreifender Wandel innerhalb des kommunikativen Musters katholischer Wallfahrtsberichte an der Wende zum 19. Jahrhundert zu konstatieren. Es ist in der Forschung ausreichend belegt, dass auch die katholischen Wallfahrten und Wallfahrtsquellen durch die Aufklärung unter Druck gerieten[142]. Für die Wallfahrtsbrunnen kann dies an der „Beschreibung der marianischen Wallfahrt Maria-Brunn in Ponlach nächst Tittmoning" aus dem Jahr 1818 deutlich gemacht werden[143]. Der Verfasser dieser Schrift stellt sich zugleich in die Tradition und

---

140 Vgl. z. B. *Heinrich Georg Neuß*, Brunnen-Lieder / Denen gottseel. Brunnen-Gästen zu Pyrmont Zur Erbauung Und Christl. Zeit-Vertreib. Mitgetheilet Durch Heinrich Georg Neuß D. Superint. und Consist. zu Wernigerode, Wernigerode: o.D., 1706.

141 Vgl. oben Fußnote 122.

142 Vgl. *Hartinger*, Die Wallfahrt Neukirchen (Anm. 80); *Habermas*, Wallfahrt und Aufruhr (Anm. 16); *Habermas*, Wunder, Wunderliches, Wunderbares (Anm. 16).

143 Beschreibung der marianischen Wallfahrt Maria-Brunn in Ponlach nächst Tittmoning. Herausgegeben bey Gelegenheit ihrer hundertjährigen Jubel-Feyer im Jahre 1818, Burghausen: Kalteneggers Witwe, 1818.

in Abgrenzung zu seinem Vorgänger, Andreas Joseph Dietrich, der 1762 eine Wallfahrtbeschreibung zu Maria-Brunn verfasst hatte[144]. Der Autor von 1818 stützt sich, wie er selbst sagt, weitgehend auf Dietrich und zugleich zeigt er sich enttäuscht über den Mangel an anderen Quellen über die Wallfahrt, so dass er seiner Darstellung nicht stärker „die Tendenz einer historisch-topographischen" geben könne[145]. Der Verfasser von 1818 verteidigt die Wallfahrt im Allgemeinen und Maria-Brunn im Besonderen, doch an seiner Argumentationsstruktur wird deutlich, dass die katholischen Wallfahrten und Wallfahrtsbrunnen sowie die damit verbundenen Wunder ihre Selbstverständlichkeit im Diskurs eingebüßt hatten. Einerseits formuliert der Autor: „Wallfahrten sind fromme Reisen, aus guten Absichten unternommen – von entschiedenem Nutzen"[146]. Andererseits spricht er davon, Dietrich habe „ungeprüfte und unbewährte Mirakel"[147] berichtet. Er fühlt sich offensichtlich dazu genötigt, das Wallfahrtswesen ausführlich zu verteidigen und die *praktischen* Aspekte der Wallfahrt Maria-Brunn (angenehmer Zugang, ungestörte Andacht) zu loben statt auf ihre Wunder zu rekurrieren. Seine Argumentation hinsichtlich der Heilkraft der Wasserquellen im Umkreis der Wallfahrt ist dabei besonders aufschlussreich: Einerseits zweifelt er deren Wirksamkeit in der Vergangenheit nicht an, vermeidet aber andererseits jegliche Formulierung, die das Wasser in Verbindung mit Wundern bringen könnte[148]. Statt dessen verweist er auf allgemeines Wissen über die Heilkraft der Quellen oder auf „Leute, die nähere Kunde davon haben"[149] und empfiehlt, die einzelnen Wasser in Maria-Brunn einer (chemischen) Untersuchung zu unterziehen[150].

Für die katholischen Wallfahrtsquellen wird man folglich die ‚kurze' Sattelzeit, die Phase zwischen 1780 und 1820, als entscheidenden Umbruch im Hinblick auf den Wandel der Argumentationsstrukturen ansehen müssen[151]. Auch der katholische Wallfahrtsdiskurs kam unter Druck von außen

---

[144] Vgl. *Andreas Joseph Dietrich,* Maria ALLen eIn GnaDen BrVnn zV PonLaCh, Oder Wahrhaffte Beschreibung des Ursprungs, Fortpflanzung und gegenwärtigen Zustand der Marianischen Wallfahrt In Dem Löbl. Gottshaus Ponlach, nächst Tittmoning, Salzburg: Johann Joseph Mayrs Erbe, 1762; vgl. *Hans Roth,* Die Wallfahrtskirche Maria Ponlach in Tittmoning. Zur Entstehung und Entwicklung der Wallfahrt, in: Das Salzfass, Neue Folge 25 (1991), 69–144, 129.

[145] Beschreibung der marianischen Wallfahrt Maria-Brunn (Anm. 143), Vorrede.

[146] Ebd., 26.

[147] Ebd., Vorrede.

[148] Vgl. ebd., 13 f.: „Dieser Vorfall verschaffte dem Wasser einen so großen Ruhm, daß es bald weit und breit gesucht ward, und in verschiedenen Umständen Heil gewährte."

[149] Ebd. 7.

[150] Vgl. ebd., 7 f.

[151] Zum Rückgang katholischer Frömmigkeit in der Sattelzeit, die als eine Form der Säkularisierung interpretiert werden kann, vgl. *Rudolf Schlögl,* Glaube und Religion in der Säkularisierung. Die katholische Stadt – Köln, Aachen, Münster – 1700–1840, München 1995.

und versuchte, seine Repräsentation der Wallfahrten und der heilenden Quellen an die gesellschaftliche Dominanz naturwissenschaftlicher Deutungsmuster anzupassen. Dies änderte jedoch nichts daran – das sei hier abschließend nochmals betont –, dass das Phänomen ‚katholische Wallfahrtsquelle‘ im Gegensatz zu den lutherischen Wunderbrunnen auf Grund seiner tiefen Einbettung in die katholische Frömmigkeit und seiner Verankerung in der katholischen Konfessionskirche als sozialem System überlebte, um dann im 19. und 20. Jahrhundert – man denke nur an Lourdes und Marpingen – eine Renaissance zu erleben[152].

Betrachtet man die verschiedenen Deutungsmuster des Objekts ‚heilendes Wasser‘ zwischen dem späten 15. und dem beginnenden 19. Jahrhundert in der Zusammenschau, so wird deutlich, dass sich eine funktionale Differenzierung der Repräsentationen bereits im späten Mittelalter anbahnte; der balneologische Diskurs koppelte sich von religiösen Argumentationsmustern ab. Doch wurde diese Entwicklung durch die Reformation und das ‚lange‘ konfessionelle Zeitalter zum Teil rückgängig gemacht, indem religiöse Deutungsmuster wiederum einen Ort in den balneologischen Schriften fanden. Zudem erlangten religiös aufgeladene Repräsentationen heilenden Wassers sowohl im Luthertum als auch im Katholizismus eine große Bedeutung im Diskurs. Diese Repräsentationen gerieten dann jedoch durch die offenbar in der Gesamtgesellschaft unter dem Einfluss der Aufklärung zunehmende Plausibilität der balneologisch-naturwissenschaftlichen Deutungsmuster unter Druck. Dies geschah aber auf Grund ihrer unterschiedlich starken Integration in die jeweilige Konfession zu unterschiedlichen Zeiten – im Luthertum deutlich früher als im Katholizismus – und in unterschiedlich starkem Maße. Das Luthertum gab daraufhin die Repräsentation ‚Wunderbrunnen‘ auf; im Katholizismus überlebten die Quellkulte, jedoch brach im Diskurs die vorherige Selbstverständlichkeit der ‚Wunder‘ weg. Die Untersuchung säkularer und religiöser Repräsentationen von heilendem Wasser hat zudem in methodischer Hinsicht deutlich gemacht, dass die Analyse der sich wandelnden Deutung eines ‚Objektes‘ in verschiedenen gesellschaftlichen Bereichen geeignet ist, Mischungsverhältnisse von religiösen und säkularen Repräsentationen und (Teil-)Säkularisierungsvorgänge in der Frühen Neuzeit zu identifizieren.

---

[152] Vgl. *Ruth Harris,* Lourdes. Body and Spirit in the Secular Age, London 1999; *David Blackbourn,* Marpingen. Apparitions of the Virgin Mary in Nineteenth-Century Germany, New York 1994; *Döring,* Heiliges Wasser (Anm. 78), 73, 75; zu den Marpinger Heilquellen vgl. auch http://www.haertelwald.de/index.php?id=geschichte (Datum des letzten Besuchs: 14. 01. 2008).

6. „The greatest of all Events":
Zur Säkularisierung des Weltendes um 1700

(Matthias Pohlig)

Während die Reformation und die Konfessionalisierung von einem hohen
Maß an endzeitlicher Erwartung begleitet wurden, veränderte sich in der
zweiten Hälfte der Frühen Neuzeit das Nachdenken und Sprechen über das
Weltende. Die Vorstellung vom nahen Weltende und das apokalyptische
Bildreservoir stellten noch um 1600 einen zentralen Repräsentationsbestand der alteuropäischen Kultur bereit; um 1750 traf dies nicht mehr
zu[1]. Die Apokalyptik, hier verstanden als „begründete und eindeutig formulierte Erwartung des Endes der ganzen Welt als eines bald hereinbrechenden Ereignisses in Raum und Zeit"[2], scheint im Verlauf der Frühen
Neuzeit an Bedeutung verloren zu haben.

Dieser Eindruck beruht allerdings auf einer nicht hinreichenden Forschungslage. Diese ist gekennzeichnet durch eine Vielzahl von Einzeluntersuchungen ohne Interesse an einer übergreifenden historischen Entwicklung, durch Detailstudien apokalyptischen Denkens in unterschiedlichen
Sektoren der Gesellschaft (Religion, Politik, Naturwissenschaft) und durch
ein Interesse an spektakulären Einzelfällen vor allem aus dem Bereich des
radikalen Chiliasmus. In der Forschung erscheint die Frühe Neuzeit als
Übergangsepoche, in der die Apokalyptik einerseits radikalisiert, andererseits schrittweise entwertet wird[3].

---

[1] Vgl. als Einführung in das Gesamtproblem *Robin Barnes,* Images of Hope and
Despair. Western Apocalypticism, ca. 1500–1800, in: The Encyclopedia of Apocalypticism, vol. 2: Apocalypticism in Western History and Culture, hrsg. v. Bernard
McGinn, New York 1998, 143–184 und, v.a. begriffsgeschichtlich *Martin Seils,* Art.
„Weltende; Weltuntergang", in: Historisches Wörterbuch der Philosophie, Bd. 12,
hrsg. v. Joachim Ritter u. a., Basel 2004, 464–469. Vgl. generell auch *Gottfried Seebaß,* Art. „Apokalyptik / Apokalypsen VII: Reformation und Neuzeit", in: Theologische Realenzyklopädie, Bd. 3, hrsg. v. Gerhard Krause / Gerhard Müller, Berlin / New
York 1978, 280–289; *Erhard Kunz,* Protestantische Eschatologie. Von der Reformation bis zur Aufklärung (Handbuch der Dogmengeschichte, hrsg. v. Michael Schmaus,
Bd. 4: Sakramente, Eschatologie; Fasz. 7c), Freiburg u. a. 1980; *Wilhelm Schmidt-
Biggemann,* Apokalypse und Philologie. Wissensgeschichte und Weltentwürfe der
Frühen Neuzeit, Göttingen 2007.

[2] *Volker Leppin,* Antichrist und jüngster Tag. Das Profil apokalyptischer Flugschriftenpublizistik im deutschen Luthertum 1548–1618, Gütersloh 1999, 17. – Zur
Differenzierung der in der Forschung oft vermischten Begriffe Apokalyptik, Chiliasmus und Eschatologie vgl. die einschlägigen theologischen Nachschlagewerke; terminologisch sei darauf hingewiesen, dass die Apokalyptikforschung auch weit diesseits
theologischer Binnendifferenzierungen dazu neigt, den Endzeitdiskurs undifferenziert mit Katastrophendiskursen zu vermischen.

[3] Vgl. *Markus Meumann,* Zurück in die Endzeit, oder: Ist die Moderne das Tausendjährige Reich Christi? Beobachtungen zum Verhältnis von heilsgeschichtlicher
und säkularer Zukunftserwartung in der Neuzeit, in: Zeitschrift für Geschichtswissenschaft 52 (2004), 407–425, hier 407.

In der Regel wird das Endzeitproblem in ein allgemeineres Narrativ von Säkularisierung durch Aufklärung eingefügt. Auch wird als Erklärungshypothese für den mutmaßlichen Niedergang der endzeitlichen Repräsentationsmatrix die vor allem in der zweiten Hälfte der Frühneuzeit beobachtbare Aufwertung von Innovation, Mobilität und Wandel herangezogen, die den prophetisch geschlossenen Zukunftshorizont sukzessive geöffnet und so zur Herausbildung eines neuen Zukunftsbegriffs beigetragen habe[4]. Diese Hypothesen beschreiben eher vogelflugartig die allgemeine Entwicklung der europäischen Kultur. Es ist aber fraglich, ob eine scheinbar selbstevidente ‚Säkularisierung‘ oder auch ein so vielgestaltiges und selbst hochgradig erklärungsbedürftiges Phänomen wie ‚Aufklärung‘ als *explanans* für die Reduktion oder den Wegfall prophetisch-apokalyptischer Deutungsschemata eingesetzt werden kann. Die abnehmende Plausibilität apokalyptischer Repräsentationen muss, das steht außer Zweifel, in einem Kausalgeflecht von sich veränderndem Gottes- und Menschenbild, einer Änderung der gesellschaftlichen Rolle der Religion, einer sich wandelnden Naturvorstellung verortet werden – dies alles ist chiffrenartig unter ‚Aufklärung‘ zu verbuchen. Aber es ist kaum etwas gewonnen, *nur* mit dieser Chiffre zu arbeiten. Genau wie die Endzeiterwartung diskurs- und milieuspezifisch differierte, gab es unterschiedliche Weisen, sie zu überwinden.

Es dürfte sich als schwierig erweisen, einen quantitativen Niedergang des Endzeitthemas während des 18. Jahrhunderts empirisch zu zeigen; auch der frontale Angriff auf den Endzeitglauben dürfte nur vereinzelt vorkommen. Daher erscheint es lohnender, relativ umgrenzten Umorientierungen des apokalyptischen Repräsentationsbestandes nachzugehen, an denen sich zeigen lässt, wie das Thema von innen heraus eine Transformation durchlief und in einigen seiner Basisprämissen ins Wanken geriet. Im Folgenden geht es somit um eine spezifische Veränderung innerhalb des Endzeitdenkens um 1700 in England und Deutschland: die Einbeziehung der Naturkunde und Naturwissenschaft, die zu einer Anreicherung der apokalyptischen Bildsprache mit weltlichen Wissensbeständen führte. Ging es hierbei auch darum, zum vielleicht letzten Mal eine harmonische Einheit von theologischem und naturwissenschaftlichem Wissen herzustellen, so schwächten doch die Differenzierungen, die sich auf diese Weise in die Apokalyptik einspeisten, diese langfristig. Die an dieser Diskussion beteiligten Akteure waren Gelehrte, vor allem protestantische Naturforscher und Theologen. Beteiligten sich in England sowohl Naturwissenschaftler als auch protestanti-

---

[4] Vgl. für diesen Themenkomplex *Lucian Hölscher,* Die Entdeckung der Zukunft, Frankfurt a.M. 1999, 29–46; *ders.,* Zukunft und historische Zukunftsforschung, in: Handbuch der Kulturwissenschaften, Bd. 1: Grundlagen und Schlüsselbegriffe, hrsg. v. Friedrich Jaeger/Burkhard Liebsch, Stuttgart/Weimar 2004, 401–416; *Gunter Scholtz,* Die Weltbilder und die Zukunft. Prophetie – Utopie – Prognose, in: *ders.,* Zwischen Wissenschaftsanspruch und Orientierungsbedürfnis. Zu Grundlage und Wandel der Geisteswissenschaften, Frankfurt a.M. 1991, 332–357.

sche Theologen unterschiedlicher Ausrichtung (v.a. Anglikaner und Antitrinitarier) an der Transformation des Endzeitdenkens, war die deutsche Diskussion stärker eine binnentheologische Auseinandersetzung einiger protestantischer Pastoren, die in graduell unterschiedlichem Maße um das Verhältnis von Orthodoxie und Aufklärung rangen. Die Debatten spielten sich vor allem in gelehrten Monographien, zum Teil auch in Nachschlagewerken ab und wurden in gelehrten, aber auch bürgerlich gebildeten Kreisen sowie z. B. durch Übersetzungen auch über nationale Grenzen hinaus rezipiert. Doch möchte die vorliegende Studie nicht in die Fallen einer Geistesgeschichte tappen, die von gelehrten Positionen auf allgemein verbreitete Geisteshaltungen oder gar Mentalitäten schließt. Über populäre Apokalyptik, wie sie etwa in Flugblättern und -schriften verbreitet wurde, kann im Folgenden nichts gesagt werden. Doch am Beispiel einer gelehrten Debatte vom Beginn des 18. Jahrhunderts soll ausschnittweise die Frage beantwortet werden, was mit dem Endzeitdenken im Prozess seiner gesellschaftlichen Entwertung und inhaltlichen Transformation geschah. Denn trotz aller Aufklärungs- und Säkularisierungstendenzen „stellt sich das 18. Jahrhundert als ein Höhepunkt in der Geschichte der Apokalypseauslegung dar"[5]; die Offenbarung des Johannes blieb „das beliebteste und am meisten illustrierte Buch der Bibel"[6]. Was genau passierte also mit dem Endzeitglauben im 18. Jahrhundert[7]?

Ich gehe zur Beantwortung dieser Frage in drei Schritten vor: Zuerst sollen die Konturen des Themas vorgestellt werden; dabei wird die eingangs aufgestellte These plausibel gemacht, dass die Apokalyptik um 1600 ein do-

---

[5] *Gerhard Maier,* Die Johannesoffenbarung und die Kirche, Tübingen 1981, 447; vgl. auch die umfangreiche Bibliographie von *Christoph Heinrich Schetelig,* Bibliotheca disputationum theologico-philologico-exegeticarum in V. et N. Testamentum [...], Bd. 3: Ab Epist. ad Romanos usque ad finem, Hamburg 1737, hier 274–312.

[6] *Otto Böcher,* Apokalyptische Strukturen in der Geschichte des Mittelalters und der Neuzeit, in: Zeitschrift für bayerische Kirchengeschichte 69 (2000), 1–18, hier 1. Vgl. auch *Bernhard Bach* (Hrsg.), Das Bild in der Bibel. Bibelillustrationen von der Reformation bis zur Gegenwart, München 1995.

[7] Hier und im Folgenden wird immer wieder die Rede von „Endzeitglauben", „apokalytischer Repräsentation", „endzeitlichem Diskurs", „endzeitlicher Rhetorik" etc. sein. Natürlich ist das alles nicht dasselbe: Doch wie unterscheidet man ‚echten' Endzeitglauben von apokalyptischer ‚Rhetorik'? Vgl. dazu ausführlicher *Matthias Pohlig,* Zwischen Gelehrsamkeit und konfessioneller Identitätsstiftung: Lutherische Kirchen- und Universalgeschichtsschreibung 1546–1617, Tübingen 2007, 462–467. – Ein zweites methodisches Problem teilt diese Studie mit einem Klassiker des Genres: *Daniel P. Walker,* The Decline of Hell. Seventeenth-Century Discussions of Eternal Torment, London 1964. Walker weist dort, gestützt auf eine Reihe theologischer und naturkundlicher Texte, die langsame Transformation der Höllenidee im 17. Jahrhundert nach. Er kann dabei selbstverständlich weder zeigen, dass nach dieser Transformation niemand mehr die traditionelle Höllenvorstellung vertrat, noch dass der traditionelle Höllenglaube vorher tatsächlich gesamtgesellschaftliche Akzeptanz fand. Alles dies muss er hypothetisch extrapolieren, um dann plausibel zu machen, dass maßgebliche und weit rezipierte Autoren ab der Mitte des 17. Jahrhunderts neue Auffassungen äußerten. Ganz ähnlich ist das Ausgangsproblem der vorliegenden Studie gelagert.

minierendes Deutungsmuster war, dies aber für das 18. Jahrhundert nicht mehr in derselben Weise zutrifft. Weiter werden die Gründe, die in der Forschung für ihren Niedergang angeführt werden, überprüft. In einem zweiten Abschnitt soll dann eine Miniatur gezeichnet werden, die die Veränderung der Apokalyptik anhand einer Reihe gelehrter englischer Texte aus der Zeit zwischen etwa 1680 und 1700 nachvollzieht. Im dritten Abschnitt skizziere ich die Aufnahme dieser Diskussion in Deutschland zwischen etwa 1720 und 1750. Im letzten Abschnitt komme ich auf das Problem zurück, inwiefern das Säkularisierungskonzept nützlich ist, um die Umorientierung des apokalyptischen Repräsentationsbestandes im frühen 18. Jahrhundert zu beschreiben.

Wenn in der Frühen Neuzeit über das Weltende nachgedacht wurde, konnte dies, vereinfacht gesprochen, in drei unterschiedlich generellen Formen geschehen. Am weitesten verbreitet war der fundamentale und von Vertretern aller Konfessionen mehr oder weniger geteilte Glaube an die Begrenztheit der Zeit, die der Welt bleibe. In aller Regel ging man davon aus, dass – analog den sechs Schöpfungstagen – die Welt ungefähr 6000 Jahre dauern werde. Damit war das Ende nicht mehr fern, auch wenn das genaue Datum in der Regel als nicht berechenbar verstanden wurde[8]. Die gegenwärtige letzte Zeit, so meinten etwa die Reformatoren, werde aber um der Gnade willen verkürzt werden (Mt 24,22), weshalb man des Weltendes gewärtig sein müsse. In der frühneuzeitlichen Naturwissenschaft, die sich bis zur *scientific revolution* weitgehend an der aristotelischen Kosmologie orientierte, blieb gerade Aristoteles' Lehrstück von der Ewigkeit der Welt ein umstrittener Fremdkörper[9]. Konfessionsunspezifisch wurden das „Altern der Welt" und ihr allmählicher Niedergang als Folge von Sündenfall und Sintflut angenommen[10]. Eine offene Zukunft von mehr als ein paar hundert

---

[8] Vgl. *Jean Delumeau*, La peur en occident (XIVe-XVIII siècles). Une cité assiégée, Paris 1978, 294. Ein lutherischer Theologe jedenfalls stellte 1586 fest, die meisten Autoren seien sich darin einig, dass die Dauer der Welt 6000 Jahre betragen werde. Vgl. *Volker Leppin*, Humanistische Gelehrsamkeit und Zukunftsansage. Philipp Melanchthon und das *Chronicon Carionis*, in: Zukunftsvoraussagen in der Renaissance, hrsg. v. Klaus Bergdolt / Walther Ludwig, Wiesbaden 2005, 131–142, hier 141. – Die 6000 Jahre wurden oft nach der außerbiblisch überlieferten *traditio domus Eliae* in drei Phasen eingeteilt: in die Zeit von der Schöpfung der Welt bis Abraham (die Zeit vor dem Gesetz), dann in die Zeit bis zu Christus (unter dem Gesetz), schließlich in die Zeit nach Christus. Vgl. *Roderich Schmidt*, Aetates mundi. Die Weltalter als Gliederungsprinzip der Geschichte, in: Zeitschrift für Kirchengeschichte 67 (1955/56), 288–315, hier 299. – Vor allem protestantische Mathematiker und Theologen versuchten, nicht unkritisiert, den Jüngsten Tag zu berechnen, blieben damit aber eher Einzelfälle. Vgl. *Herbert Breger*, Mathematik und Religion in der frühen Neuzeit, in: Berichte zur Wissenschaftsgeschichte 18 (1995), 151–160; zur Haltung der lutherischen Orthodoxie vgl. *Kunz*, Protestantische Eschatologie (Anm. 1), 58.

[9] Vgl. *Michael Weichenhan*, „Ergo perit coelum ...". Die Supernova des Jahres 1572 und die Überwindung der aristotelischen Kosmologie, Stuttgart 2004, 59. Zur Langlebigkeit der flexiblen aristotelischen Kosmologie trotz solcher Probleme vgl. *Edward Grant*, Aristotelianism and the Longevity of the Medieval World View, in: History of Science 16 (1978), 93–106.

Jahren vertrat, so weit man sehen kann, vor dem späten 17. Jahrhundert niemand.

Die zweite Möglichkeit, vom Weltende zu sprechen, war ein Rekurs auf die biblischen Prophetien, vor allem die apokalyptischen Schriften, und ihre Applikation auf die nahe Zukunft. Offenbar stellte im 16. und auch im 17. Jahrhundert die Bildwelt der Apokalypse, Vorstellungen vom Antichristen, vom nah bevorstehenden Jüngsten Gericht, vom möglicherweise diesem vorhergehenden Tausendjährigen Reich der Heiligen und vom Neuen Jerusalem ein höchst attraktives Deutungsmuster für Welt und Geschichte dar. Grundtexte dieses Traditionsbestandes schon der Urkirche[11] waren das alttestamentarische Buch Daniel, die synoptische Apokalypse der Evangelien sowie die Johannesoffenbarung. In oft wenig dramatisch zugespitzter Form durch das Mittelalter tradiert[12], wurde die Endzeiterwartung im Gefolge der Reformation in drastischer Form wieder aufgenommen. Apokalyptik wurde zum Signum des konfessionellen Zeitalters, während der vorreformatorische Humanismus andere Zukunftshorizonte ausgebildet hatte[13]. Die protestantische Identifizierung des Papstes als Antichrist und die Vorstellung, direkt vor dem Weltende zu stehen, war einer der wichtigsten Impulse für die Blüte apokalyptischer Vorstellungen im 16. Jahrhundert[14]. Das nahende Weltende beschäftigte im konfessionellen Zeitalter v.a. Protestanten,

---

[10] Vgl. nur *Winfried Zeller,* Die „alternde Welt" und die „Morgenröte im Aufgang". Zum Begriff der „Frömmigkeitskrise" in der Kirchengeschichte, in: Theologie und Frömmigkeit. Gesammelte Aufsätze, hrsg. v. Bernd Jaspert, Bd. 2, Marburg 1978, 1–13; zu den frühneuzeitlichen Dekadenztopoi vgl. *Helmut G. Koenigsberger,* Sinn und Unsinn des Dekadenzproblems in der europäischen Kulturgeschichte der frühen Neuzeit, in: Spätzeit. Studien zu den Problemen eines historischen Epochenbegriffs, hrsg. v. Johannes Kunisch, Berlin 1990, 137–157.

[11] Vgl. *Kurt Erlemann,* Naherwartung und Parusieverzögerung im Neuen Testament. Ein Beitrag zur Frage religiöser Zeiterfahrung, Tübingen/Basel 1995; *Bruce J. Malina,* Christ and Time. Swiss or Mediterranean?, in: Catholic Biblical Quarterly 51 (1989), 1–31.

[12] Vgl. z. B. *Böcher,* Apokalyptische Strukturen (Anm. 6); *Heinz-Dieter Heimann,* Antichristvorstellungen im Wandel der mittelalterlichen Gesellschaft. Zum Umgang mit einer Angst- und Hoffnungssignatur zwischen theologischer Formalisierung und beginnender politischer Propaganda, in: Zeitschrift für Religions- und Geistesgeschichte 47 (1995), 99–113.

[13] Für die humanistische Offenheit für Gegenwart und Zukunft und das Desinteresse der Humanisten am Endzeitthema vgl. *Ulrich Muhlack,* Zukunftsvorstellungen bei humanistischen Geschichtsschreibern des 15. und 16. Jahrhunderts, in: Zukunftsvoraussagen in der Renaissance, hrsg. v. Klaus Bergdolt/Walther Ludwig, Wiesbaden 2005, 64–88. – Diese Tendenz bestätigt sich am kunsthistorischen Befund: Während die Beliebtheit des Endzeitthemas in der Renaissance nachließ, sahen die Barockmaler gerade darin ein attraktives Sujet. Vgl. *Friedhelm Hofmann,* Die Apokalypse in der Kunstgeschichte, in: Apokalpyse. Bilder vom Ende der Zeit, hrsg. v. Richard Loibl, Limburg-Kevelaer 2001, 100–125, hier 112 f.; vgl. auch die Fülle von Gemälden, Holzschnitten und Kupferstichen in: *Frances Carey* (Hrsg.), The Apocalpyse and the Shape of Things to Come, London 2000.

[14] Vgl. *Robin Bruce,* Barnes, Prophecy and Gnosis. Apocalypticism in the Wake of the Lutheran Reformation, Stanford 1988; *Leppin,* Antichrist (Anm. 2); *Pohlig,* Gelehrsamkeit (Anm. 7), 462–493.

während die katholische Seite eher Distanz wahrte[15]. Um 1600 jedenfalls war die fast permanente Beschäftigung mit dem nahenden Weltende eher ein protestantisches, v.a. lutherisches, als katholisches Phänomen[16].

Doch auch über den Protestantismus hinaus war das 16. Jahrhundert ein apokalyptisches Zeitalter in ähnlichem Sinne, „wie man das unsrige etwa als sexualistisches oder als elektronisches bezeichnen mag"[17]. Zumindest stellte die Apokalypse eine jederzeit aktualisierbare Repräsentationsmatrix bereit. Ob in der politischen Propaganda und der Konstruktion von Feindbildern[18] oder in der Deutung von Krieg, Teuerung und Pest[19], bei der Deutung von Naturereignissen wie Kometen[20], selbst im Hinblick auf die Be-

---

[15] Der Trienter Index von 1564 hatte, wohl um die heilsgeschichtliche Gefahr des Protestantismus herunterzuspielen, ein Verbot von Weltuntergangsprophezeiungen ausgesprochen. Vgl. *Heribert Smolinsky,* Deutungen der Zeit im Streit der Konfessionen. Kontroverstheologie, Apokalyptik und Astrologie im 16. Jahrhundert, Heidelberg 2000, 32 f.; *Arno Seifert,* Der Rückzug der biblischen Prophetie von der neueren Geschichte. Studien zur Geschichte der Reichstheologie des frühneuzeitlichen deutschen Protestantismus, Köln / Wien 1990, 8. Vgl. auch *Kaspar von Greyerz,* Barock als Sakralisierung Europas? Ein Diskussionsbeitrag, in: Die Säkularisation im Prozess der Säkularisierung Europas, hrsg. v. Peter Blickle / Rudolf Schlögl, Epfendorf 2005, 211–221, hier 218.

[16] Vgl. *Leppin,* Antichrist (Anm. 2); *Thomas Kaufmann,* Apokalyptik und politisches Denken im lutherischen Protestantismus in der Mitte des 16. Jahrhunderts, in: *ders.,* Konfession und Kultur. Lutherischer Protestantismus in der zweiten Hälfte des Reformationsjahrhunderts, Tübingen 2006, 29–66, hier 41; *Delumeau,* La peur en occident (Anm. 8), 299–302; vgl. jüngst auch *Willem Frijhoff,* Catholic Apocalyptics in a Protestant Commonwealth? The Dutch Republic (1579–1630), in: Konfessioneller Fundamentalismus. Religion als politischer Faktor im europäischen Mächtesystem um 1600, hrsg. v. Heinz Schilling, München 2007, 247–272; vgl. für einzelne katholische Phänomene *Karl A. Kottman* (Hrsg.), Millenarianism and Messianism in Early Modern European Culture, Bd. 2: Catholic Millenarianism: From Savonarola to the Abbé Grégoire, Boston / London / Dordrecht 2001, v.a. *Bernard McGinn,* Forms of catholic millenarianism, in: ebd., 1–13. Zur im Vergleich mit dem Luthertum deutlich weniger dramatischen reformierten Eschatologie vgl. *Kunz,* Protestantische Eschatologie (Anm. 1), 58.

[17] *Kaufmann,* Apokalyptik (Anm. 16), 33.

[18] Vgl. jüngst *Schilling,* Konfessioneller Fundamentalismus (Anm. 16) sowie *Kaspar von Greyerz,* Die Konfessionalisierung der Apokalyptik, in: Zeitstruktur und Apokalyptik. Interdisziplinäre Betrachtungen zur Jahrtausendwende, hrsg. v. Urban Fink / Alfred Schindler, Zürich 1999, 163–179; *Matthias Pohlig,* Konfessionskulturelle Deutungsmuster internationaler Konflikte um 1600 – Kreuzzug, Antichrist, Tausendjähriges Reich, in: Archiv für Reformationsgeschichte 93 (2002), 278–316; *Ingvild Richardsen-Friedrich,* Antichrist-Polemik in der Zeit der Reformation und der Glaubenskämpfe bis Anfang des 17. Jahrhunderts, Frankfurt a.M. u. a. 2003.

[19] Vgl. *Hartmut Lehmann,* Endzeiterwartungen im Luthertum im späten 16. und frühen 17. Jahrhundert, in: Die Lutherische Konfessionalisierung in Deutschland. Wissenschaftliches Symposion des Vereins für Reformationsgeschichte 1988, hrsg. v. Hans-Christoph Rublack (Schriften des Vereins für Reformationsgeschichte, 197), Gütersloh 1992, 545–554.

[20] Vgl. *Christian von Zimmermann,* „Wie man den Cometen ... soll betrachten". Zwei Predigten des Jahres 1618 aus Riga und Magdeburg im Kontext der frühneuzeitlichen Kometenliteratur, in: Iliaster. Literatur und Naturkunde in der Frühen Neuzeit. FS Joachim Telle, hrsg. v. Wilhelm Kühlmann / Wolf-Dieter Müller-Jahncke, Heidelberg 1999, 321–344.

strafung von Kindern[21] wurde – vor allem im Protestantismus – regelmäßig auf das nahe Weltende rekurriert. Das heißt nicht, dass alles und jedes apokalyptisch gedeutet wurde; es ist mit Konjunkturen endzeitlichen Denkens, Milieu- und Sektorabhängigkeiten zu rechnen und nach den jeweiligen Trägern und Multiplikatoren endzeitlicher Vorstellungen zu fragen[22]. Es heißt aber sehr wohl, die Fundamentalität apokalyptischer Sprechakte in dem Sinne zu betonen, dass sie mehr darstellen als reine Epiphänomene von Krisen. Diese reduktionistische Haltung[23] bleibt insofern ein Opfer der Krisenheuristik, als sie annehmen muss, dass die Apokalyptik wegfällt, wenn die Krise beendet ist. Damit hätte man sich zugleich die Frage aufgebürdet, was in der Frühen Neuzeit auf makro- wie mikrohistorischer Ebene als für apokalyptische Denkmuster adäquate Krisensituation gelten darf. Dies scheint schon deshalb unnötig, weil die Aktualisierbarkeit des Themas hoch und seine Basisprämissen damit relativ unspezifisch waren. Die Diffusion endzeitlicher Topoi in unterschiedliche Bereiche frühneuzeitlicher Kultur ist dementsprechend eindrucksvoll. Einer exoterischen Apokalyptik, die primär auf den biblischen Schriften aufbaute und häufig schlicht das nahe Weltende verkündete, stand eine eher esoterische, gelehrte Apokalyptik gegenüber, die die Lehren Francis Bacons, den Neoplatonismus und die Kabbala, Musiktheorie und Naturphilosophie integrieren konnte[24]. Diese gehört jedoch meist schon in den Rahmen der dritten Weise, das Weltende zu konzipieren: den Chiliasmus.

In aller Regel lehnte der orthodoxe Mainstream der Konfessionskirchen das Lehrstück des Chiliasmus (Offb 20) ab: Die Vorstellung der tausendjährigen innerweltlichen Herrschaft der Heiligen mit Christus erwies sich zwar immer wieder als attraktiv, die kirchlichen Entscheidungsträger bekämpften sie aber fast durchgehend[25]. Die Mehrheit der Exegeten sprach

---

21 Vgl. *Samuel Hochholzer,* Von der kinderzucht / Wie die ungehorsam / boszhafft vnnd verderbte Jugendt / dieser betrübten letsten zyt wider zuo verbesseren / vnd die geschlachten kinder wol gezogen werdind [. . .], Zürich 1591, 121v-122r.

22 Vgl. die Hinweise bei *Susanne Homeyer,* Die kompensatorische Funktion für den Rezipienten bei einigen illustrierten Flugblättern des 16. Jahrhunderts mit Endzeitvorstellungen, in: Das illustrierte Flugblatt in der Kultur der Frühen Neuzeit, hrsg. v. Wolfgang Harms / Michael Schilling, Frankfurt a.M. u. a. 1998, 137 – 149, hier 139.

23 Zur Kritik an dieser Denkfigur vgl. *Volker Leppin,* Stabilisierende Prophetie. Endzeitverkündigung im Dienste der Konfessionalisierung, in: Jahrbuch für Biblische Theologie 14 (1999), 197 – 212.

24 Vgl. als exzentrisches Beispiel *Richard Patterson,* The ‚Hortus Palatinus‘ at Heidelberg and the Reformation of the World, Part II: Culture as Science, in: Journal of Garden History 1 (1981), 179 – 202.

25 Vgl. für das Luthertum *Johannes Wallmann,* Zwischen Reformation und Pietismus. Reich Gottes und Chiliasmus in der lutherischen Orthodoxie, in: Verifikationen. Festschrift für Gerhard Ebeling zum 70. Geburtstag, hrsg. v. Eberhard Jüngel / Johannes Wallmann / Wilfried Werbeck, Tübingen 1982, 187 – 205. Im Katholizismus scheint sich im Zuge der Auseinandersetzung mit den Kirchenvätern eine mildere Haltung gegenüber dem Chiliasmus durchgesetzt zu haben, der zwar falsch sei,

sich für die schon in der mittelalterlichen Kirche vertretene augustinische
Auffassung aus, nach der das Millennium kein innerweltliches Christus-
reich, sondern die beste in diesem Leben vorstellbare Realisierung des
Reichs Gottes – die Kirche – bedeutete. Wenn auch der Chiliasmus eine an
den Rändern der Konfessionskirchen immer wieder eingenommene und in
ihrer Bedeutung für die Ausbildung neuer Zeithorizonte offenbar wirk-
mächtige Haltung darstellte (s. u.), so war er doch kaum mehr als eine Unterform innerhalb einer fundamentaleren apokalyptischen Repräsentationsmatrix[26]. Allerdings könnte diese Unterform im England des 17. Jahrhunderts eine wichtige Funktion innerhalb der *scientific revolution* besessen haben: Im Hartlib-Kreis und der frühen Royal Society sticht die
Mischung aus utopischen und chiliastischen Motiven hervor; die wissenschaftliche Beschäftigung erschien hier direkt verknüpft mit der Heraufführung eines innerweltlichen Christusreiches, indem wissenschaftlicher
wie ökonomischer Fortschritt mit Dan 12,4 als Zeichen für das baldige An-
brechen des Millenniums gedeutet wurde. Dies ging bis zum Glauben an
die wissenschaftliche Wiederherstellung des Zustandes vor dem Sündenfall[27]. Überhaupt war die Mitte des 17. Jahrhunderts eine Hochzeit des
Chiliasmus, in der dieses – quantitativ immer relativ umgrenzte – Phäno-

---

aber nicht häretisch: Schließlich hätten ihn einige Väter vertreten. Vgl. dazu *Augustin Calmet,* Commentaire literal sur tous les livres de l'ancien et du nouveau testament, t. 8, Paris 1726, 1011 f. Zur lutherischen Entschärfung des Chiliasmus im 18.
Jahrhundert mit einem analogen Argument vgl. etwa *Johan Ernst Schubert,* Gedanken von der allgemeinen Jüdenbekehrung und dem Tausendjährigen Reich, Andere und vermehrte Auflage, Jena / Leipzig 1747, a3v-a4r.

[26] Vgl. als Überblick *Richard H. Popkin,* Der Millenarismus des siebzehnten Jahrhunderts, in: Zeitsprünge 3 (1999), 328–349. – Zur Tendenz der Forschung, Apokalyptik und Chiliasmus zu vermischen oder zu verwechseln vgl. *Ulrich Ruh,* Säkularisierung als Interpretationskategorie. Zur Bedeutung des christlichen Erbes in der
modernen Geistesgeschichte, Freiburg / Basel / Wien 1980, 217–229.

[27] Vgl. z. B. *Charles Webster,* The Great Instauration. Science, Medicine and Reform 1626–1660, London 1975; *Richard H. Popkin,* The Third Force in Seventeenth-
Century Thought. Skepticism, Science and Milleniarism, in: The Prism of Science,
hrsg. v. Edna Ullmann-Margalit, Dordrecht u. a. 1986, 21–50. Skeptisch zum Zusammenhang von Eschatologie und *scientific revolution* ist *Malcolm Oster,* Millenarianism and the new science. The case of Robert Boyle, in: Samuel Hartlib and Universal
Reformation. Studies in intellectual communication, hrsg. v. Mark Greengrass / Michael Leslie / Timothy Raylor, Cambridge 1994, 137–148. – Eine Verbindung von Chiliasmus und Wissenschaft legt das Beispiel der barocken Universalenzyklopädik Johann Heinrich Alsteds nahe; vgl. *Wilhelm Schmidt-Biggemann,* Apokalyptische Uni-
versalwissenschaft. Johann Heinrich Alsteds „Diatribe de mille annis apocalypticis",
in: Pietismus und Neuzeit 14 (1988), 50–71; *Howard Hotson,* Johann Heinrich Alsted
1588–1638. Between Renaissance, Reformation, and Universal Reform, Oxford 2000,
182–223. Zu den Verbindungen zwischen Alsted und den englischen Chiliasten um
Hartlib und Dury vgl. *Jürgen Klein,* Herborn und England im 17. Jahrhundert. Wis-
senschaftstheorie – calvinistische Theologie – Revolution zum Millenium, in: J.H. Alsted, Herborns calvinistische Theologie und Wissenschaft im Spiegel der englischen
Kulturreform des 17. Jahrhundert. Studien zu englisch-deutschen Geistesbe-
ziehungen der frühen Neuzeit, hrsg. v. Jürgen Klein / Johannes Kramer, Frankfurt
a.M. u. a. 1988, 73–146.

men unter den europäischen Gelehrten überkonfessionell Interesse auf sich
zog[28]. Wenn auch Chiliasmus und Utopie zeitgenössisch zwei offenbar
streng distinkte Diskurse ausmachten[29], so kann man doch retrospektiv gerade in chiliastischen Kreisen eine Bereitschaft zu utopischem Denken ausmachen[30]. Dem Chiliasmus, und damit ist auf die Debatte zwischen Löwith
und Blumenberg (siehe B.II.) zurückzukommen, könnte – anders als der
schlicht mit dem Weltende rechnenden Apokalyptik – tatsächlich eine
Schlüsselrolle bei der Öffnung des Zukunftshorizontes zugewachsen sein,
indem er die Möglichkeit innerweltlicher Verbesserung und die aktive Mit-
wirkung der Menschen bei der Heraufführung des Tausendjährigen Reiches
behauptete[31]. Der pietistische Chiliasmus mit seiner „Verbindung von Er-
weckung und Fortschritt"[32] etwa verschob die Zukunftserwartung primär
ins Innerweltliche. Selbst wenn hier das Weltende nicht aus dem Blick geriet, wurde doch eine irdische Zukunft erwogen, die Verbesserungen in so-

---

[28] Vgl. *Richard H. Popkin,* Introduction to the Millenarianism and Messianism Se-
ries, in: Kottmann, Catholic Millenarianism (Anm. 16), VII-XIV, hier XII; *Howard
Hotson,* Antisemitismus, Philosemitismus und Chiliasmus im frühneuzeitlichen Europa, in: WerkstattGeschichte 24 (1999), 7–35.

[29] Vgl. *Wolfgang Biesterfeld,* Ein früher Beitrag zu Begriff und Geschichte der Utopie. Heinrich von Ahlefeldts Disputatio philosophica de fictis respublicis, in: Archiv
für Begriffsgeschichte 16 (1972), 28–47. Ahlefeldts Utopiegeschichte (1704) weist
keinerlei Bezugnahme auf den Chiliasmus auf, sondern präsentiert die Utopie als gelehrtes literarisches Phänomen. Zum systematisch und historisch unklaren Verhältnis von Eschatologie und Utopie siehe: *Alfred Doren,* Wunschräume und Wunschzei-
ten (1927), in: Utopie. Begriff und Phänomen des Utopischen, hrsg. v. Arnhelm
Neusüss, 3., überarb. u. erw. Aufl., Frankfurt a.M. / New York 1986, 123–177; *Sven-
Aage Jørgensen,* Utopisches Potential in der Bibel. Mythos, Eschatologie und Säkularisation, in: Utopieforschung, hrsg. v. Wilhelm Voßkamp, 3 Bde., Frankfurt a.M. 1985,
Bd. 1, 375–401; *Frank L. Borchardt,* Restoring the Millenium to Seventeenth Century
Utopias, in: Studies in Modern and Classical Languages and Literatures III. Select
Proceedings of the Southeastern Conference, hrsg. v. Richard A. Lima, Madrid 1990,
29–36. – Auch die in diesem Zusammenhang einschlägige Untersuchung von Tuveson
stellt, anders als der Titel nahelegt, kaum Bezüge zwischen Apokalyptik, Fort-
schrittsglauben und dem gelehrten Utopiediskurs im engeren Sinn her; vgl. *Ernest
Lee Tuveson,* Millenium and Utopia. A Study in the Background of the Idea of Progress, Berkeley / Los Angeles 1949.

[30] Vgl. als unsystematische Hinweise *Keith Thomas,* The Utopian Impulse in Seventeenth-Century England, in: Between dream and nature. Essays on Utopia and
Dystopia, hrsg. v. Dominic Baker-Smith / C.C. Barfoot, Amsterdam 1987, 20–46;
Wolfgang Hardtwig, Von der Utopie zur Wirklichkeit der Naturbeherrschung, in:
Neue Wege der Ideengeschichte. FS Kurt Kluxen, hrsg. v. Frank-Lothar Kroll, Paderborn 1996, 217–233; *Barbara Hoffmann,* Ordnung des „Neuen Jerusalem". Zur politischen Brisanz protestantischer Realutopien um 1700, in: WerkstattGeschichte 24
(1999), 65–82.

[31] Die These vom Zusammenhang nicht zwischen Apokalyptik und Fortschrittsidee, sondern spezifischer zwischen Chiliasmus und Fortschrittsidee ist in der Forschung öfter geäußert worden. Vgl. z. B. *Achille Olivieri,* Formes du millénarisme à
l'aube des temps modernes, in: Archivio storico italiano 157 (1999), 177–182, hier
178 f.; *Kaufmann,* Apokalyptik (Anm. 16), 39, Anm. 52.

[32] *Carl Hinrichs,* Der hallische Pietismus als politisch-soziale Reformbewegung
des 18. Jahrhunderts, in: Jahrbuch für die Geschichte Mittel- und Ostdeutschlands 2
(1953), 177–189, hier 184.

zialer und religiöser Hinsicht zuließ und forderte[33]. Zumal im 18. Jahrhundert sind die Parallelen zwischen dem pietistischen Chiliasmus „zu gleichzeitigem aufklärerischem utopischem Denken [...] unübersehbar"[34].

Schon früh wurde aber auch ein generelles Unbehagen an der Beschäftigung mit dem nahenden Ende formuliert. Zu nennen wäre hier die späthumanistische Skepsis etwa eines Montaigne gegenüber in Almanachen weit verbreiteten Orakeln und Prophezeiungen[35]. Der englische Arzt Sir Thomas Browne schrieb 1642: „Jenes allgemeine Zeichen, das die Offenbarung des Antichrist setzen soll, ist so dunkel wie irgendeines. Wie lange ist er nicht schon am Kommen [...]". Browne setzte aber, sich nur halbherzig distanzierend, hinzu: „Den allgemeinen Glauben, die Welt nähere sich ihrem Ende, haben so gut wie alle vergangenen Zeitalter mit dem unseren besessen."[36] Auch die neue gelehrte Skepsis gegenüber den Ansprüchen der christlichen Offenbarung erschütterte die zentrale Bedeutung der apokalyptischen Weltdeutung ab dem späten 17. Jahrhundert. Hierfür sind etwa Spinozas „Tractatus theologico-politicus" oder Lockes „Essay concerning human understanding"[37], aber auch David Humes Angriff auf Wunder und Prophezeiungen einschlägig, der den allgemeinen Glauben, dass man die Zukunft zwar nicht auf naturwissenschaftliche Weise, aber doch durch die Auslegung der Schrift vorherwissen könne, nachhaltig erschütterte[38].

---

[33] Vgl. für viele *Meumann*, Zurück in die Endzeit (Anm. 3), 418–420; *Hans Schneider*, Die unerfüllte Zukunft. Apokalyptische Erwartungen im radikalen Pietismus um 1700, in: Jahrhundertwenden. Endzeit- und Zukunftsvorstellungen vom 15. bis zum 20. Jahrhundert, hrsg. v. Manfred Jakubowski-Tiessen u. a., Göttingen 1999, 187–212; *Ulrich Gäbler*, Geschichte, Gegenwart, Zukunft, in: Geschichte des Pietismus, hrsg. v. Hartmut Lehmann, Bd. 4: Glaubenswelt und Lebenswelten, Göttingen 2004, 19–48. – Eine ähnliche Argumentation zum Verhältnis von Apokalyptik, innerweltlicher Verbesserungshoffnung und Chiliasmus bei *Uwe Voigt*, Illegitime Säkularisierung oder berechtigte Selbstverweltlichung? Die Bedeutung der ‚Via lucis' für die Geschichtsauffassung des Comenius, in: Studia comeniana et historica 24 (1994), 45–65.

[34] *Gäbler*, Geschichte (Anm. 33), 36. Die chiliastische Rhetorik eines „dritten Zeitalters" in einem Schlüsseltext für die Formierung einer modernen Fortschrittskonzeption, Lessings „Erziehung des Menschengeschlechts", ist frappierend. Vgl. *Gotthold Ephraim Lessing*, Die Erziehung des Menschengeschlechts, in: *ders.*, Werke, hrsg. v. Herbert G. Göpfert, München 1979, Bd. 8, 489–510.

[35] Vgl. *Michel de Montaigne*, Des Prognostications, in: *ders.*, Essais. Livre I, Paris 1969, 81–84.

[36] *Sir Thomas Browne*, Religio Medici. Ein Versuch über die Vereinbarkeit von Vernunft und Glauben (1642), Berlin 1978, 85.

[37] Vgl. zu Spinoza als Exeget: *Henning Graf Reventlow*, Epochen der Bibelauslegung, Bd. IV: Von der Aufklärung bis zum 20. Jahrhundert, München 2001, 92–113; vgl. zum Kontext auch *Jonathan Israel*, Radical Enlightenment. Philosophy and the Making of Modernity 1650–1750, Oxford 2001; zu Deutschland vgl. auch *Martin Mulsow*, Moderne aus dem Untergrund. Radikale Frühaufklärung in Deutschland 1680–1720, Hamburg 2002.

[38] Vgl. *Richard H. Popkin*, Predicting, Prophecying, Divining and Foretelling from Nostradamus to Hume, in: History of European Ideas 5 (1984), 17–135.

Die Theologie hatte diesen Angriffen letztlich nur den Hinweis auf die Unzulänglichkeit menschlicher Spekulation entgegenzusetzen: „Die Vernunfft weiß nichts richtiges von der Welt Untergang"[39]. Doch auch innerhalb der Theologie ergaben sich Umorientierungen: Schon im 17. Jahrhundert verschob sich die Aufmerksamkeit auf die individuelle Eschatologie, der es weniger um die Welt als um den einzelnen Menschen ging[40]. Katholische Autoren des 17. Jahrhunderts bezweifelten die Begrenzung der Weltzeit auf 6000 Jahre, weil diese Festlegung wiederum die Berechenbarkeit des Weltendes bedeutet hätte[41]. In der Mitte des 18. Jahrhunderts schließlich wies Montesquieu darauf hin, dass diese Festlegung vielen Menschen nicht mehr einleuchte[42]. In der Zwischenzeit hatte nämlich im Zuge einer chronologisch und patristisch orientierten Kontroverse, des „célébre dispute de l'antiquité des tems"[43], eine heftige Diskussion über Alter und Dauer der Welt eingesetzt. Katholische Theologen verwarfen die protestantische und ‚jüdische' Festlegung der Weltzeit auf 6000 Jahre[44]. Verstärkt wurde darauf hingewiesen, dass die 6000 Jahre zwar von einigen Kirchenvätern vertreten, aber nicht als Glaubenssatz verstanden worden seien[45]. Interessanterweise wurde dieser chronologisch-patristische Diskurs aber kaum mehr explizit an die Frage des Weltendes gebunden. Diese Entkopplung verschiedener gelehrter Stränge ist charakteristisch für die Debatten des 17. Jahrhunderts.

---

[39] *Johann Conrad Feuerlein,* Novissima macrocosmi: Oder Das herannahende Ende der Welt mit seinen vorhergehenden, gemeinen u. besondern, [...] auch allernechsten Zeichen u. Vorboten, Nürnberg 1697, 1380.

[40] Vgl. als anschauliches Beispiel *John Fox,* Johannes Foxii Engelschen Predigers Gottseelige Gedancken / von der Zeit und dem Ende der Zeit [...], Hamburg 1675, z. B. 281.

[41] Vgl. z. B. *Thomas Malvenda* (O.P.), De Antichristo, Tomus Primus, in qvo Antichristi praecursores, aduentus, ortus, signa, bella & monarchia enumerantur [...], Lyon 1647, Buch II: De tempore aduentus Antichristi (64–127), v.a. 106; *Alfonso Pandolfi,* Dispvtationes de fine mvndi in qvibus Quaecunque à uarijs Philosophorum Sectis in hoc argumento naturali lumine sunt constituta, refelluntur [...], Bologna 1658, v.a. 300, 311, 331. Anders etwa *Calmet,* Commentaire literal (Anm. 25), 911 f.

[42] Vgl. *Montesquieu,* Lettres persanes (1758), hrsg. v. Jean Starobinski, Paris 1973, 257; Hinweis auf diese Stelle bei *Stefanie Stockhorst,* Zur Einführung. Von der Verzeitlichungsthese zur temporalen Diversität, in: Das Achtzehnte Jahrhundert 30 (2006), Heft 2: Zeitkonzepte. Zur Pluralisierung des Zeitdiskurses im langen 18. Jahrhundert, 157–164, hier 159.

[43] (*Anonym*) (= Jean Baptiste Desessartes o.ä.), Examen du sentiment des SS. Peres, et des Anciens Juifs, sur la durée des siècles [...], Paris 1739, 3, Anm. a.

[44] Vgl. (*Paul Pezron*), L'antiquité des tems rétablie et defenduë. Contre Les Juifs & les Nouveaux Chronologistes, Amsterdam 1687, z. B. *4r; *Jacques d'Auzoles Lapyre,* La saincte chronologie dv monde divisee en devx parties [...], Paris 1632, v.a. iiij r-v sowie: *Paul Varin de Perrières,* Lucidaire, auquel le disciple demande choses obscures & merveilleuses touchant les faicts de Dieu & lu en donne bonne responce et utile [...] Il est adjousté d'un petit traicté de la fin du monde, Lyon 1626. Zur ‚jüdischen' Vorstellung der 6000 Jahre vgl. auch (*Anonym*), Examen (Anm. 43), 92, 167.

[45] Vgl. ebd., 37, 89.

Das 18. Jahrhundert beschleunigte die Entwicklung von Skepsis und Diskursentkopplung. Die Autoren der französischen „Encyclopédie" erkannten den Endzeitglauben weder explizit an, noch diffamierten sie ihn; eher beklagten sie den Irrationalismus der Auslegungstradition[46]. Der aufgeklärte Schriftsteller Friedrich Nicolai spottete über die pietistische Praxis, Gegenwartsdeutungen aus der Offenbarung abzuleiten[47]. Wenn im späteren 18. Jahrhundert in England Karikaturen erschienen, die sich auf spöttische Weise die Bildwelt der Apokalypse aneigneten, dann darf man daraus schließen, dass die Skepsis gegenüber dem nahen Weltende auch außerhalb einer kleinen Gruppe von Freidenkern denk- und sagbar geworden war[48]. In der radikalen Aufklärung blieb für die johanneische Offenbarung nur Spott. Johannes sei von der orientalischen „Wahrsagungsseuche" angesteckt gewesen: „Daß viele Stellen der Bibel, besonders aber die Bilder der Apokalypse, nicht wenigen Menschen die Köpfe verfinstern, ja sogar Verbrechen veranlassen, ist bekannt."[49] Auch weniger spöttische Kommentare belegen den Plausibilitätsverlust der biblischen Prophetien: Herder beklagte, wie viel Zeit die chronologische Spekulation über das Weltende den großen Wissenschaftlern – selbst einem Newton – geraubt habe[50]. Kant meinte, ein Ende, aus dem ein neuer Himmel und eine neue Erde hervorgehe, könne kein wahrhaftiges Zeitende sein[51]. Schon in seinen naturkundlichen Studien in den 1750er Jahren hatte Kant die selbst theologisch nicht mehr unumstrittene Theorie von der begrenzten Weltzeit aufgegeben, auch wenn er nicht vom Planeten Erde sprach: „Es werden Millionen, und ganze Gebürge von Millionen Jahrhunderten verfließen, binnen welchen immer neue Welten und Weltordnungen nach einander [...] sich bilden, und zur Vollkommenheit gelangen wer-

---

46 Vgl. Art. „Apocalypse", in: Encyclopédie, Ou Dictionnaire Raisonné Des Sciences, Des Arts Et Des Métiers, T. 1: A-Azy, Paris 1751, 527 f.

47 Vgl. *Friedrich Nicolai*, Das Leben und die Meinungen des Herrn Magister Sebaldus Nothanker (1773). Kritische Ausgabe, hrsg. v. Bernd Witte, Stuttgart 1991, z. B. 14.

48 Vgl. die Karikaturen in *Carey*, The Apocalpyse (Anm. 13), v.a. 245–249.

49 (*Christian Ernst Wünsch*), Horus oder astrognostisches Endurtheil über die Offenbarung Johannis und über die Weissagungen auf den Messias wie auch über Jesum und seine Jünger [...], Ebenezer (d.i. Halle) 1783, 34, IX.

50 Vgl. *Johann Gottfried Herder*, Ideen zur Philosophie der Geschichte der Menschheit, Bd. 2, Berlin/Weimar 1965, 69; zu Newton vgl. z. B. *Reiner Smolinski*, The Logic of Millenial Thought. Sir Isaac Newton among his Contemporaries, in: Newton and Religion. Context, Nature and Influence, hrsg. v. James E. Force/Richard H. Popkin, Dordrecht/Boston/London 1999, 259–289; *James E. Force*, The Virgin, the Dynamo, and Newton's Prophetic History, in: Millenarianism and Messianism in Early Modern European Culture, Bd. 3: The Millenarian Turn. Millenarian Contexts of Science, Politics, and Everyday Anglo-American Life in the Seventeenth and Eighteenth Centuries, hrsg. v. dems./Richard H. Popkin, Dordrecht/Boston/London 2001, 67–94.

51 Vgl. *Immanuel Kant*, Das Ende aller Dinge, in: Schriften zur Geschichtsphilosophie, hrsg. v. Manfred Riedel, Stuttgart 1985, 166–182, v.a. 167–170; vgl. dazu *Jens Kulenkampff*, „Das Ende aller Dinge". Kants Verteidigung Gottes gegen den Wortlaut der Bibel, in: Apokalyptik versus Chiliasmus? Die kulturwissenschaftliche Herausforderung des neuen Milleniums, hrsg. v. Walter Sparn, Erlangen 2002, 9–35.

den"[52]. Damit war zwar die Frage nach dem Weltende nicht aus dem wissenschaftlichen Diskurs verbannt, aber doch dezentriert – denn vor der Größe des Universums schien die Frage des Endes der Erde völlig irrelevant.

Die frühneuzeitliche Dekadenztopik wich zunehmend einem aufgeklärten Optimismus. Das Phänomen der Angst wurde neu reflektiert; es entstanden neue Strategien der Abwehr von Angst bzw. auch ihres Aushaltens[53]. Doch einzelne Autoren konnotierten noch die Französische Revolution im Positiven wie im Negativen mehr oder minder endzeitlich, ohne ein wirkliches Ende der Welt anzuvisieren[54]; oft ging es hier eher um die Beschreibung eines radikalen Übergangs in einem vertrauten Vokabular. Auch das 19. Jahrhundert kannte v.a. chiliastische Apokalypsen, aber sie wurden an den Rand der gesellschaftlichen Diskussion verdrängt[55]. Der gesamtgesellschaftliche Bedeutungsverlust der apokalyptischen Repräsentationsmatrix ist also genauso offensichtlich wie das Fortwirken unspezifischer, oft im Rahmen postchristlicher Katastrophenszenarien ästhetisierend eingesetzter Rückgriffe auf das Bildarsenal der Apokalypse im 19. wie 20. Jahrhundert[56].

Der Zeitrahmen der Erforschung dieser Transformation des Endzeitthemas variiert von Fall zu Fall; im Allgemeinen setzt die Forschung den Übergang vom konfessionellen Zeitalter zu Pietismus und Frühaufklärung, also die zweite Hälfte des 17. Jahrhunderts, als diejenige Zeitphase an, in der der traditionelle Endzeitglaube ins Wanken geriet. Richard Popkin etwa weist darauf hin, dass bis etwa 1660 endzeitliches Denken in gelehrten Kreisen als „serious intellectual tradition [...] that attracted the best minds

---

[52] *Immanuel Kant,* Allgemeine Naturgeschichte und Theorie des Himmels, oder Versuch von der Verfassung und dem mechanischen Ursprunge des ganzen Weltgebäudes nach Newtonischen Grundsätzen abgehandelt, in: Vorkritische Schriften bis 1768, Erster Teil, hrsg. v. Wilhelm Weischedel, Darmstadt 1968 (Werke in Zehn Bänden, Bd. 1), 225–396, hier 335.

[53] Vgl. *William J. Bouwsma,* Anxiety and the Formation of Early Modern Culture, in: After the Reformation. Essays in Honor of J.H. Hexter, hrsg. v. Barbara C. Malament, Philadelphia 1980, 215–246. Zum aufklärerischen Umgang mit Angst vgl. *Christian Begemann,* Furcht und Angst im Prozeß der Aufklärung. Zu Literatur und Bewußtseinsgeschichte im 18. Jahrhundert, Frankfurt a.M. 1987.

[54] Vgl. z. B. *Jochen Schlobach,* Fortschritt oder Erlösung. Zu aufklärerischen und millenaristischen Begründungen der Revolution, in: Archiv für Kulturgeschichte 72 (1990), 202–222; *Otto Böcher,* Die Johannes-Apokalypse im Spiegel politischer Endzeit-Metaphorik des 19. Jahrhunderts, in: Frömmigkeit unter den Bedingungen der Neuzeit. FS Gustav Adolf Benrath, hrsg. v. Reiner Braun / Wolf-Dietrich Schäufele, Karlsruhe 2001, 267–279.

[55] *Richard H. Popkin,* Foreword, in: *James E. Force,* William Whiston. Honest Newtonian, Cambridge u. a. 1985, XI-XIX, hier XVIII: „The aftermath of the Napoleonic Era seems to have left a large gulf between those who still expected the scenario of Daniel and Revelation to occur on earth and those who sought new secular explanations of world developments in terms of nationalism or socialism."

[56] Vgl. für das 19. und 20. Jahrhundert nur *Werner von Koppenfels,* „Le coucher du soleil romantique": Die Imagination des Weltendes aus dem Geist der visionären Romantik, in: der, Bild und Metamorphose. Paradigmen einer europäischen Komparatistik, Darmstadt 1991, 245–290; *Peter Jukes,* Die Apokalypse in uns, in: Internationale Politik 60 (2005), 44–52.

of the day" gehandelt wurde, nun aber in den Ruf eines „crackpot move-
ment, outside of the world of scientifically oriented intellectuals" geriet[57].
Markus Meumann konstatiert für das Reich ebenfalls ab etwa 1650 ein
Abebben der apokalyptischen Rhetorik[58]. Wieder andere Historiker vermuten, dass mit der Umwandlung des Geschichtsbewusstseins und der
Ausbildung moderner kritischer Methoden etwa im Zeitraum zwischen
1680 und 1720 auch das tradierte Endzeitbewusstsein in eine Krise geriet[59],
oder dass die Diskussion um das Alter der Welt zunehmend auch die Frage
nach ihrer Endlichkeit drängend gemacht habe[60]. Überhaupt wird für den
Niedergang apokalyptischer Diskurse oft das Argument eines generellen
Skeptizismus gegen unvernünftige Formen der Religion herbeigezogen; in
diesem Zusammenhang spielen besonders Pierre Bayle und die skeptizisti-
schen Milieus um 1680 / 1700 eine prägende Rolle[61].

Mustert man in der Endzeit-Forschung die spezifischeren Gründe für die
Veränderungen des apokalyptischen Diskurses, so stößt man beispielsweise
auf die These, dass die apokalyptischen Erwartungen im Gefolge der Reformation durch übermäßigen Gebrauch erschöpft und durch Konkretion ba-
nalisiert worden seien[62]. So habe etwa die Erfahrung des Dreißigjährigen

---

[57] *Popkin,* Foreword, XII (Anm. 55); vgl. auch *Delumeau,* La peur en occident
(Anm. 8), 259.

[58] Vgl. *Markus Meumann,* Von der Endzeit zum Säkulum. Zur Neuordnung von
Zeithorizonten und Zukunftserwartungen ausgangs des 17. Jahrhunderts, in: Kulturelle Orientierung um 1700. Traditionen, Programme, konzeptionelle Vielfalt, hrsg. v.
Sylvia Heudecker / Dirk Niefanger / Jörg Wesche, Tübingen 2004, 100 – 121, hier 113.
Ebenfalls für das Reich, aber eher im Hinblick auf Feindbildkonstruktionen, kommen andere Autoren zu dem Schluss, dass die an die Türkenfurcht gekoppelte apokalyptische Erwartung mit den Friedensschlüssen von Karlowitz (1699) und Passaro-
witz (1719) deutlich abnahm. Vgl. *Martin Wrede,* Der Kaiser, das Reich, die deutsche
Nation – und ihre „Feinde". Nationgenese, Reichsidee und der „Durchbruch des Politischen" im Jahrhundert nach dem Westfälischen Frieden, in: Historische Zeitschrift 280 (2005), 83 – 116, hier 99; vgl. auch *Meike Hollenbeck,* Die Türkenpublizis-
tik im 17. Jahrhundert – Spiegel der Verhältnisse im Reich?, in: Mitteilungen des Instituts für Österreichische Geschichtsforschung 107 (1999), 111 – 130.

[59] Vgl. *Georges Minois,* Histoire de l'avenir des Prophètes à la prospective, Paris
1996.

[60] Vgl. *Lucian Hölscher,* Geschichte der protestantischen Frömmigkeit in Deutschland, München 2005, 91 – 94.

[61] Vgl. *Barnes,* Images of Hope and Despair (Anm. 1), 169; zu Bayle vgl. v.a. *John C.
Laursen,* Bayle's Anti-Millenarianism: The Dangers of those who claim to know the
future, in: Millenarianism and Messianism in Early Modern European Culture, Bd. 4:
Continental Millenarians: Protestants, Catholics, Heretics, hrsg. v. dems. / Richard H.
Popkin, Dordrecht / Boston / London 2001, 95 – 106. – Zur Opposition gegen „un-
vernünftige" Formen von Religion wäre neben dem Skeptizismus auch der v.a. eng-
lische Deismus herbeizuziehen; zur Rezeption in Deutschland vgl. *Christopher Voigt,*
Der englische Deismus in Deutschland. Ein Beitrag zur „Umformung des Christlichen"?, in: Religion und Aufklärung. Studien zur neuzeitlichen „Umformung des
Christlichen", hrsg. v. Albrecht Beutel / Volker Leppin, Leipzig 2004, 33 – 41.

[62] Vgl. *Alphonse Dupront,* Réformes et „Modernité", in: Annales 39 (1984),
747 – 767, hier 757; *Hans J. Hillerbrand,* Von Polemik zur Verflachung. Zur Problematik des Antichrist-Mythos in Reformation und Gegenreformation, in: Zeitschrift für

Krieges eine Inflation der Endzeitprophetie verursacht und deren Glaubwürdigkeit geschwächt. Meumann stellt dieser ‚Ermüdungsthese' zwei andere Gründe an die Seite[63]: zum einen die zunehmende Entzauberung äußerer Zeichen etwa in der Debatte über die theologische Relevanz von Kometen[64]. Als dritten Grund für die Entwertung des Endzeitglaubens führt Meumann generell eine Öffnung des Zukunftshorizontes und eine allgemeine Säkularisierung an, die er bereits in die zweite Hälfte des 17. Jahrhunderts verlegt[65].

Um denselben Befund zu erklären, sind weitere Wege beschritten worden: So wird zum Beispiel die Neurezeption des bis dahin als häretisch qualifizierten Origenismus in Pietismus und Aufklärung mit seiner Idee der *Apokatastasis panton* herangezogen; diese Vorstellung von der letztendlichen Errettung *aller* Menschen habe die Vorstellungen des Jüngsten Gerichtes und der Hölle und somit auch die Erwartung des Weltendes funktionslos gemacht[66]. Auch habe die v.a. in der Physikotheologie vorgetragene optimistische Deutung der Welt die Enderwartung ersetzt; um 1700 sei die Apokalypse von einem Fortschrittsdenken abgelöst worden, weil die Vorstellung von einer verfallenden, sündhaften Natur überwunden worden sei[67]. Wenn auch von Seiten der Physikotheologen um 1700 die vorherrschende apokalyptische Deutung von Naturkatastrophen kritisiert wurde[68], so setzt doch diese Deutung voraus, dass die Apokalyptik um 1700 einfach ver-

---

Religions- und Geistesgeschichte 47 (1995), 114–125. – Unklar in seinen Erklärungsversuchen für die „Verweltlichung" der Apokalypse bleibt *Krzysztof Michalski*, Kurze Geschichte der Apokalypse und ihrer Verweltlichung, in: Rechtshistorisches Journal 17 (1998), 447–461.

[63] Vgl. *Meumann*, Von der Endzeit zum Säkulum (Anm. 58), 115.

[64] Dies wäre etwa an der sich pluralisierenden Diskussion über den berühmten Kometen von 1680/81 abzulesen; vgl. *Martin Friedrich*, Der Komet von 1680/81 im Urteil evangelischer Theologen, in: Scientiae et artes. Die Vermittlung alten und neuen Wissens in Literatur, Kunst und Musik, Bd. 1, hrsg. v. Barbara Mahlmann-Bauer, Wiesbaden 2004, 411–423; *Franz Mauelshagen*, Illustrierte Kometenflugblätter in wahrnehmungsgeschichtlicher Perspektive, in: Das illustrierte Flugblatt in der Kultur der Frühen Neuzeit, hrsg. v. Wolfgang Harms/Michael Schilling, Frankfurt a.M. u. a. 1998, 101–136.

[65] Vgl. *Meumann*, Von der Endzeit zum Säkulum (Anm. 58), 115.

[66] Vgl. *Walker*, Decline of Hell (Anm. 7), v.a. 11–15, 67; *Heinz D. Kittsteiner*, Die Entstehung des modernen Gewissens, Frankfurt a.M. 1995, 134–150; zur langsamen Anbahnung der positiven Origenes-Rezeption vgl. *Max Schär*, Das Nachleben des Origenes im Zeitalter des Humanismus, Basel/Stuttgart 1979.

[67] Vgl. *Udo Krolzik*, Zeitverständnis im Spiegel der Natur. Wandlungen des Zeitverständnisses und der Naturwahrnehmung um 1700, in: Selbstverständnisse der Moderne. Formationen der Philosophie, Politik, Theologie und Ökonomie, hrsg. v. Günter Figal/Rolf Peter Sieferle, Stuttgart 1991, 42–66; *ders.*, Art. „Physikotheologie", in: Theologische Realenzyklopädie, Bd. 26, hrsg. v. Gerhard Müller, Berlin/New York 1996, 590–596, hier 592.

[68] Vgl. *Manfred Jakubowski-Tiessen*, Gotteszorn und Meereswüten. Deutungen von Sturmflut vom 16. bis 19. Jahrhundert, in: Naturkatastrophen. Beiträge zu ihrer Deutung, Wahrnehmung und Darstellung in Text und Bild von der Antike bis ins 20. Jahrhundert, hrsg. v. Dieter Groh u. a., Tübingen 2003, 101–118, hier 109.

schwand bzw. ersetzt wurde – was nicht zutrifft –, und geht zweitens von einem gesellschaftlichen Klima aus, das die Apokalyptik generell begünstigt habe und sie genauso generell dann überflüssig machte. Dies scheint auf symptomatische Weise kurzschlüssig zu sein. Es ist also bezweifelbar, ob diese – oder eine andere – Partikulardeutung hinreicht, um die Veränderungen des Redens über Zukunft, Ende, Gott und Natur vollständig zu erklären, die sich im späten 17. und frühen 18. Jahrhundert vollzogen. Die jeweils angeführten Gründe für die Transformation der Apokalypse sind für sich genommen alle nicht unplausibel, aber sie leiden oft an einer vorschnellen Generalisierung. Plausibler als ein teleologischer Niedergang der Naherwartung ist daher die Annahme einer „Gemengelage der Weltbilder": „Es scheint sich etwas bewegt zu haben in den Kosmologien des 18. Jahrhunderts, eine entzauberte Weltsicht scheint eingesickert zu sein in die Diskurse, ohne daß dies den Akteuren bewußt war."[69]

Gerade weil aber im Rahmen des im Folgenden eingeschlagenen Weges, die Säkularisierung des Weltendes zu erforschen, nur ein schmales thematisches Spektrum beleuchtet werden kann, scheint es angesichts der geschilderten Forschungslage angezeigt, auf Desiderate der Forschung hinzuweisen; ihre Bearbeitung könnte die multifaktorielle Entwertung der apokalyptischen Repräsentationsmatrix detaillierter zeigen. Neben dem hier beschrittenen Weg wären folgende Zugänge lohnend: eine Analyse der prophetisch inspirierten Historiographie und ihres Zusammenhangs mit der Pyrrhonismusdebatte innerhalb der historiographischen Methodenlehre[70]; eine Untersuchung der Offenbarungsexegese zwischen Grotius und den großen pietistischen Exegeten, etwa Bengel, und ihrer Beziehung zur entstehenden Bibelkritik etwa Richard Simons und La Peyrères[71]; eine Studie zur politischen Flugschriftenpublizistik nach dem oft als Säkularisierungszäsur gedeuteten Dreißigjährigen Krieg[72]; eine vergleichende Untersuchung der Eschatologien der antiorthodoxen Reformbewegungen[73];

---

[69] *Jens Ivo Engels*, Wunder im Dienste profanisierter Weltsicht. Zur Gemengelage der Weltbilder im achtzehnten Jahrhundert anhand der Debatte über jansenistische Wunder, in: Historisches Jahrbuch 117 (1997), 84–110, v.a. 108 f.

[70] Vgl. als Einführung *Fritz Wagner*, Die Anfänge der modernen Geschichtswissenschaft im 17. Jahrhundert, München 1979.

[71] Vgl. *Richard H. Popkin*, Millenarianism and Nationalism – A Case Study: Isaac La Peyrère, in: Laursen/ders., Continental Millenarians (Anm. 61), 77–84; *Reventlow*, Epochen der Bibelauslegung (Anm. 37), 87–92; *Klaus Scholder*, Ursprünge und Probleme der Bibelkritik im 17. Jahrhundert. Ein Beitrag zur Entstehung der historisch-kritischen Theologie, München 1966.

[72] Vgl. *Wolfgang Cilleßen* (Hrsg.), Krieg der Bilder. Druckgraphik als Medium politischer Auseinandersetzung im Europa des Absolutismus (Ausstellungskatalog Deutsches Historisches Museum), Berlin 1997; *Franz Bosbach* (Hrsg.), Feindbilder. Die Darstellung des Gegners in der politischen Publizistik des Mittelalters und der Neuzeit, Köln u. a. 1992.

[73] Der Jansenismus scheint anders als der Pietismus kaum an eschatologischer Spekulation interessiert gewesen zu sein. Wenige Hinweise bei *P. J. Maan*, Eschatolo-

schließlich die Analyse der Diskurspluralisierung – bis hin zur Möglichkeit, über den Endzeitglauben zu lachen[74].

Alle diese Untersuchungen würden unterschiedliche Zeitrahmen und Milieus betreffen und daher differenzierte Aussagen über Akteure und Strategien der Transformation der Apokalyptik ermöglichen; der folgende Versuch, spezifische Wandlungen des Endzeitdiskurses in der gelehrten Diskussion zwischen 1680 und 1750 nachzuzeichnen, versteht sich also bewusst als partikular und nicht umstandslos verallgemeinerbar.

England besaß traditionell eine Sonderstellung innerhalb des europäisch vielstimmigen apokalyptischen Diskurses, was sich auch in der weitverzweigten Forschung niederschlägt[75]. Doch auch in der englischen Forschung ist die Transformation der Apokalyptik im 18. Jahrhundert bisher nur unsystematisch durchdacht worden.

Die vielfältigen Formen des apokalyptischen Diskurses in England konvergieren wohl am stärksten in ihrer Ablehnung katastrophisch-pessimistischer Zukunftsszenarien. Der „protestant eschatological optimism" fand seine expliziteste Formulierung bei englischen Theologen des mittleren 17. Jahrhunderts: „That optimism included the certainty that time would see the fulfilment of biblical prophecy, belief in the triumph of good over evil, and hope in the ultimate realisation of the will of God on earth"[76]. Dieser

---

gische Motive im Jansenismus des 18. und 19. Jahrhunderts, in: Jansénius et le jansénisme dans les Pays-Bas. Mélanges Lucien Ceyssens, hrsg. v. J. van Bavel / M. Schrama, Löwen 1982, 205 – 208.

[74] Vgl. *Paul J. Korshin*, Queuing and waiting: the Apocalypse in England, 1660 – 1750, in: The Apocalypse in English Renaissance Thought and Literature. Patterns, Antecedents and Repercussions, hrsg. v. C.A. Patrides / Joseph Wittreich, Ithaca, N.Y. 1984, 240 – 265, hier 260 f. Die Überlegungen Martin Mulsows zum Libertinismus sind im Hinblick auf die Säkularisierungs-Thematik auszuweiten; vgl. etwa *Martin Mulsow*, Unanständigkeit. Zur Mißachtung und Verteidigung des Decorum in der Gelehrtenrepublik der Frühen Neuzeit, in: Historische Anthropologie 8 (2000), 98 – 118; *ders.*, Libertinismus in Deutschland? Stile der Subversion im 17. Jahrhundert zwischen Politik, Religion und Literatur, in: Zeitschrift für Historische Forschung 31 (2004), 37 – 71. Zur Ridikülisierung als aufklärerischer Strategie vgl. auch *H. C. Erik Midelfort*, Exorcism and Enlightenment. Johann Joseph Gassner and the Demons of Eighteenth-Century Germany, New Haven / London 2005, 118 – 142; zur von Shaftesbury angestoßenen Debatte um „ridicule as a test of truth" vgl. *Alfred Owen Aldridge*, Shaftesbury and the Test of Truth, in: Publications of the Modern Language Association of America 60 (1945), 129 – 156.

[75] Vgl. nur die klassischen Studien: *Christopher Hill*, Antichrist in Seventeenth-Century England, London 1971; *Bryan W. Ball*, A Great Expectation. Eschatological Thought in English Protestantism to 1660, Leiden 1975; *Richard Bauckham*, Tudor Apocalypse. Sixteenth century apocalypticism, millenarianism and the English Reformation. From John Bale to John Foxe and Thomas Brightman, Oxford 1978; *Katharine R. Firth*, The Apocalyptic Tradition in Reformation Britain, 1530 – 1645, Oxford 1979. – Von „an almost disproportionate attention from cultural and intellectual historians" spricht *Patrick Collinson*, Biblical rhetoric. The English nation and national sentiment in the prophetic mode, in: Religion and Culture in Renaissance England, Cambridge 1997, hrsg. v. Claire McEachern / Debora Shuger, 15 – 45, hier 19.

Optimismus schloss nicht zwangsläufig die Vorstellung eines Christusreiches nach Offb 20 ein, war also nicht immer chiliastisch im strengen Sinne[77]. Dennoch wurde in englischen Apokalypsenkommentaren des frühen 17. Jahrhunderts allmählich die Überzeugung vorherrschend, das Millennium des Friedens liege in der Zukunft[78]. Politisch war diese Überzeugung nützlich, weil durch sie der Papst, Spanien und deren englische Anhänger in die Rolle des aktiv zu bekämpfenden ‚Endchrists' gedrängt wurden[79]. Daher wurde auch der nüchterne exegetische Traktat zum Antichrist-Problem, den Grotius 1640 veröffentlichte, skeptisch bis schockiert aufgenommen: Grotius hatte philologisch nahegelegt, dass die Antichrist-Prädikation des Neuen Testaments nicht etwa auf den Papst oder das Papsttum als Institution, sondern auf den römischen Kaiser Caligula gemünzt sei[80]. Damit, so kommentierte entsetzt der Cambridger Platoniker und Apokalyptiker Henry More, werde die Apokalypse „utterly Useless"[81]. Eine solche entpolitisierte Lesart der Offenbarung konnte sich noch nicht durchsetzen; im Gegenteil wurde die Zeit des Bürgerkriegs und des Commonwealth zur eigentlichen Hochzeit politischer Apokalyptik[82]. Nach der Restauration trat die politische Nutzung der Apokalypse zwar stärker in den Hintergrund[83], aber das Endzeitthema wurde, anders als zuvor, ein prägendes Element des anglikanischen Selbstverständnisses. Allerdings gab sich die anglikanische Apokalyptik quietistisch und gelehrt, nicht aggressiv oder sozialrevolutionär[84]. In diesem Rahmen wurde die Frage virulent, wie sich die traditionel-

---

[76] *Ball,* Great Expectation (Anm. 75), 13; vgl. auch *Bernard Capp,* The political dimension of apocalyptic thought, in: The Apocalypse in English Renaissance Thought and Literature. Patterns, Antecedents and Repercussions, hrsg. v. C.A. Patrides / Joseph Wittreich, Ithaca, N.Y. 1984, 93 – 124, hier 117.

[77] Vgl. *Richard Bauckham,* Art. „Chiliasmus IV.", in: Theologische Realenzyklopädie, Bd. 7, hrsg. v. Gerhard Krause / Gerhard Müller, Berlin / New York 1981, 737 – 745, hier 740.

[78] Vgl. *Howard Hotson,* The Historiographical Origins of Calvinist Millenarism, in: Protestant History and Identity, hrsg. v. Bruce Gordon, Aldershot 1996, 2 Bde., Bd. 2, 158 – 181.

[79] Vgl. *Hill,* Antichrist (Anm. 75), 36 f.

[80] Vgl. (*Hugo Grotius*), Commentatio ad Loca quaedam N. Testamenti quae De Antichristo agunt, aut agere putantur, expedenda ervditis, Amsterdam 1640, 9; zur Rezeption in England vgl. *Johannes van den Berg,* Grotius' views on Antichrist and apocalyptic thought in England, in: Hugo Grotius Theologian. Essays in Honour of G.H. M. Posthumus Meyjes, hrsg. v. Henk J.M. Nellen / Edwin Rabbie, Leiden / New York / Köln 1994, 169 – 183. Dass Grotius' These auch auf katholischer Seite Eindruck machte, ersieht man aus der Schrift des Benediktiners A. Calmet, die verdeutlicht, dass auch seitens des Katholizismus der Antichrist an das Weltende gebunden wird – nur wird er eben nicht als Papst identifiziert; vgl. *Calmet,* Commentaire literal (Anm. 25), 528 – 536.

[81] Zitiert nach *van den Berg,* Grotius (Anm. 80), 178.

[82] Vgl. nur *Hill,* Antichrist (Anm. 75), 100.

[83] Vgl. *Steven C.A. Pincus,* Protestantism and Patriotism. Ideologies and the making of English Foreign Policy, 1650 – 1688, Cambridge 1996, 167; *Andrew C. Thompson,* Britain, Hanover and the Protestant Interest, 1688 – 1756, Woodbridge 2006, 28.

len Konzeptionen des Weltendes mit den neuesten wissenschaftlichen Erkenntnissen vertrugen[85]. Der apokalyptische Diskurs löste sich also im England des späten 17. Jahrhunderts aus seiner engen Kopplung an die politische Rhetorik, intensivierte aber die aus dem Kontext der *scientific revolution* stammende Verbindung zu den Naturwissenschaften: Ging es dort v.a. um die Motivation und Legitimation der Wissenschaft, wurde der Endzeitdiskurs nun mit naturkundlichem Wissen angereichert. Damit schließt dieser Diskurs an allgemeinere theologische und naturkundliche Überlegungen an, die im England des 17. Jahrhunderts besonders ausgeprägt waren: die Diskussion um den „decay" der Welt, also die Frage, ob die Erde nach Sündenfall und Sintflut eine auch physisch korrumpierte Gestalt angenommen habe, die sich weiter verschlechtere – oder ob diese Erde primär ein schönes Werk eines weisen Schöpfers sei: War die Erde Ruine oder Palast[86]? In diesem Zusammenhang ging es auch um den Ursprung und das Alter der Welt[87], vor allem aber um die Einschätzung der Sintflut und ihrer geologischen Konsequenzen. Die Debatte ist mittelbar wichtig für die Frage nach der Transformation des Endzeitdiskurses, denn mit ihr „setzt eine Betrachtungsweise ein, die biblische Geschichte mit naturwissenschaftlichen Beobachtungen in Einklang bringt"[88].

Am Anfang dieses neuen Endzeitdiskurses steht der Theologe Thomas Burnet. Seine Schrift „Telluris theoria sacra" begründete geradezu einen neuen Wissenschaftszweig, die Theorie der Erde[89]. Burnets Schrift wurde zum Ausgangspunkt einer „im ausgehenden 17. und beginnenden 18. Jahr-

---

[84] Vgl. *Korshin*, Queuing and waiting (Anm. 74); *Warren Johnston*, The Anglican Apocalypse in Restoration England, in: Journal of Ecclesiastical History History 55 (2004), 467–501; ders., Revelation and the Revolution of 1688–1689, in: Historical Journal 48 (2005), 351–389; *W. E. Burns*, A Whig Apocalypse. Astrology, Millenarianism, and Politics in England during the restoration crisis, 1678–1683, in: Force/ Popkin, The Millenarian Turn (Anm. 50), 29–41.

[85] Neben diese Entwicklung traten weitere Neuausrichtungen: Der apokalyptische Diskurs stieg aus den Höhen der gelehrten Beschäftigung herab und fand ein eher populäres Interesse; die gelehrte textkritische und auch die mystisch-schwärmerische Beschäftigung mit den biblischen Prophetien wurde tradiert und intensiviert; vgl. z. B. *H. Schwartz*, The Eschatology of Everyday Things, England 1600–1800, in: *Force/Popkin*, The Millenarian Turn (Anm. 50), 171–180; *Warren Johnston*, Thomas Beverley and the ‚Late Great Revolution': English Apocalyptic Expectation in the Late Seventeenth Century, in: Scripture and Scholarship in Early Modern England, hrsg. v. Ariel Hessayon/Nicholas Keene, Aldershot 2006, 158–175.

[86] Vgl. *Michael Kempe*, Wissenschaft, Theologie, Aufklärung. Johann Jacob Scheuchzer (1672–1733) und die Sintfluttheorie, Epfendorf 2003, 30; *Ruth Groh/ Dieter Groh*, Zum Wandel der Denkmuster im geologischen Diskurs des 18. Jahrhunderts, in: Zeitschrift für Historische Forschung 24 (1997), 575–604, hier 578.

[87] Vgl. *Helmut Zedelmaier*, Der Anfang der Geschichte. Studien zur Ursprungsdebatte im 18. Jahrhundert, Hamburg 2003.

[88] *Ignacio Escribano-Alberca*, Eschatologie. Von der Aufklärung bis zur Gegenwart (Handbuch der Dogmengeschichte, hrsg. v. Michael Schmaus, Bd. 4, Fasz. 7d), Freiburg u. a. 1987, 56; ähnlich auch *Barnes*, Images of Hope and Despair (Anm. 1), 171.

[89] Vgl. *Arno Seifert*, „Verzeitlichung". Zur Kritik einer neueren Frühneuzeitkategorie, in: Zeitschrift für Historische Forschung 10 (1983), 447–477, hier 460.

hundert europaweit geführten Gelehrtenkontroverse über den Anfang und das Ende der Erdgeschichte, über Vergangenheit, Gegenwart und Zukunft von Mensch und Natur."[90] Allein zwischen 1681 und 1700 erschienen über 30 Schriften, die sich auf Burnets Werk bezogen; noch 60 Jahre später war Burnet „berühmt"[91]. Viele englische Gebildeten des 18. Jahrhunderts jedenfalls besaßen Burnets Buch – es ist demnach von einer relativ weiten Verbreitung auszugehen[92]. Allerdings konzentrierten sich – schon das ist aufschlussreich – die meisten der auf Burnet antwortenden Schriften auf das Sintflut-Problem, nicht aber auf seine mindestens ebenso atemberaubende Schilderung des Weltendes[93]. Auch Burnet selbst kam später eher auf die Urgeschichte der Erde als auf ihr Ende zurück[94].

Burnet und die Burnet-Kontroverse waren bereits häufig Gegenstand historischer Erörterungen[95]. Die Forschung hat aber erstens, hier der Rezeption des frühen 18. Jahrhunderts folgend, Burnet v.a. als Sintfluttheoretiker wahrgenommen, während seine Endkonzeption selten im Mittelpunkt steht. Zweitens wurde die Debatte oft in verengt wissenschaftsgeschichtlicher Weise geführt, so dass die Umorientierungen des Endzeitdiskurses bei und nach Burnet nur am Rande registriert wurden. Drittens aber ist noch nie gezielt der Versuch unternommen worden, die Aufnahme der von Burnet angestoßenen Diskussion in Deutschland zu verfolgen – obwohl der immense Einfluss englischer theologischer Themen und Bücher auf die deutsche Diskussion des 17. und 18. Jahrhunderts breit dokumentiert ist[96].

---

[90] *Kempe,* Wissenschaft (Anm. 86), 17. Vgl. auch die einzige Monographie zu Burnets Gesamtwerk: *Mirella Pasini,* Thomas Burnet. Una storia del mondo tra ragione, mito e rivelazione, Florenz 1981.

[91] Vgl. *Schubert,* Gedanken von der allgemeinen Jüdenbekehrung (Anm. 25), 112; Art. „Tausendjähriges Reich", in: Grosses vollständiges Universal-Lexikon, hrsg. v. Johann Heinrich Zedler, Bd. 42, Leipzig / Halle 1744, 444–453, hier 448.

[92] Vgl. *G. S. Rousseau,* Science Books and their Readers in the Eighteenth Century, in: Books and their Readers in Eighteenth-Century England, hrsg. v. Isabel Rivers, Leicester 1982, 197–255, hier 236.

[93] Vgl. die Liste bei *Michael Macklem,* The Anatomy of the World. Relations between natural and moral law from Donne to Pope, Minneapolis 1958, 97–99. Zur Sintflut vgl. auch *Martin Mulsow / Jan Assmann* (Hrsg.), Sintflut und Gedächtnis, München 2006 sowie *Kempe,* Wissenschaft (Anm. 86).

[94] Vgl. *Thomas Burnet,* Archaeologiae philosophicae: Sive Doctrina antiqua de rerum originibus; Libri duo, London 1692.

[95] Vgl. z. B. *Paolo Rossi,* Die Geburt der modernen Wissenschaft in Europa, München 1997, 259–267; *Groh / Groh,* Wandel (Anm. 86); *Escribano-Alberca,* Eschatologie (Anm. 88), v.a. 56–77; *Ernest Tuveson,* Swift and the World-Makers, in: Jornal of the History of Ideas 11 (1950), 54–74; *Tuveson,* Millenium and Utopia (Anm. 29); *M.C. Jacob / W.A. Lockwood,* Political Millenarianism and Burnet's *Sacred Theory,* in: Science Studies 2 (1972), 265–279; *Force,* William Whiston (Anm. 55), 32–62; *Jacques Roger,* The Cartesian Model and Its Role in Eighteenth-Century „Theory of the Earth", in: Problems of Cartesianism, hrsg. v. Thomas M. Lennon / John M. Nicholas / John W. Davis, Kingston / Montreal 1982, 95–112.

[96] Vgl. statt vieler Belege die monumentale Bibliographie von *Edgar C. McKenzie,* A catalog of British devotional and religious books in German translation from the

Im Folgenden soll am Leitfaden des Burnetschen Textes der Frage nachgegangen werden, wie sich die Deutung des Weltendes im frühen 18. Jahrhundert verschob; die Deutung also eines zukünftigen Ereignisses, das für viele Zeitgenossen immer noch als „the greatest of all Events" galt[97].

Thomas Burnet (ca. 1635–1715) war Theologe; nach dem Studium in Cambridge wurde er Master des *Charterhouse* und schließlich Geistlicher am Hof von William III. Er sah sich selbst als orthodoxen Anglikaner[98], vertrat jedoch später heterodoxe Ansichten zur Providenz Gottes, die eine weitere kirchenpolitische Karriere unmöglich machten und ihn auch der Hoffnungen auf den Erzbischofsstuhl in Canterbury beraubten[99]. Als Student von Cudworth und Tillotson und Freund Henry Mores nahm er an den neoplatonischen Diskussionen seiner Zeit teil und stand Newton und der Royal Society nahe[100]. More hatte die Konvergenz zwischen Enddiskurs und Naturgesetzen zu zeigen versucht und eine optimistische Vision des Millenniums vertreten. Die enge Verbindung von Theologie und Wissenschaft, die den Cambridger Kreis um More auszeichnet, kann auch zur Charakterisierung Burnets dienen[101].

Seine Theorie der Erde erschien zunächst auf Lateinisch 1681 (zur Sintflut) und 1689 (zum Weltende), kurz darauf auch in englischer Sprache[102]. Das dritte Buch behandelt die bevorstehende Verbrennung der Welt[103]; Bur-

---

Reformation to 1750, Berlin u. a. 1997. – Für die frühe kontinentale, v.a. deutsche Burnet-Rezeption, die sich allerdings v.a. auf die Sintflutproblematik konzentrierte, vgl. etwa *Christian Wagner,* Animadversiones in T. Burnetii telluris theoriam sacram, Leipzig 1683.

[97] *John Ray,* Three Physico-Theological Discourses, Concerning I. The Primitive Chaos, and Creation of the World. II. The General DELUGE, its causes and Effect III. The Dissolution of the WORLD, and Future Conflagration, London, Second Edition, enlarged, 1693, 235.

[98] Vgl. *Jacob / Lockwood,* Political Millenarianism (Anm. 95), 266; zu Burnets religiöser Haltung im Kontrast zu den latent oder manifest antitrinitarischen Positionen der Newtonianer: *Scott Mandelbrote,* Isaac Newton and Thomas Burnet. Biblical Criticism and the Crisis of Late Seventeenth-Century England, in: The Books of Nature and Scripture. Recent Essays on Natural Philosophy, Theology, and Biblical Criticism in the Netherlands of Spinoza's Time and the British Isles of Newton's Time, hrsg. v. James E. Force / Richard H. Popkin, Dordrecht / Boston / London 1994, 149–178.

[99] Vgl. *Force,* William Whiston (Anm. 55), 36–38.

[100] Vgl. als biographischen Überblick *Scott Mandelbrote,* Art. „Burnet, Thomas", in: Oxford Dictionary of National Biography, hrsg. v. H.C.G. Matthew / Brian Harrison, Bd. 8, Oxford 2004, 929–932.

[101] Vgl. *Tuveson,* Millenium und Utopia (Anm. 29), 95, 117.

[102] Zu den Unterschieden zwischen den Ausgaben vgl. *Jacob / Lockwood,* Political Millenarianism (Anm. 95). Eine erste deutsche Übersetzung wurde 1698 publiziert. Dies belegt eine frühe Rezeption in Deutschland – aus diesem Grund wird im Folgenden aus der deutschen Ausgabe zitiert.

[103] Vgl. *Thomas Burnet,* Theoria Sacra Telluris: d.i. Heiliger Entwurff oder Biblische Betrachtung des Erdreichs [. . .], Buch 4: Von Dem neuen Himmel und der neuen Erden, Und Der bevorstehenden seeligen Zeit, Oder Der erneuerten Welt, Und Vollendung aller Dingen, Hamburg 1698, 281–520; als Überblick über das Werk vgl. *Escribano-Alberca,* Eschatologie (Anm. 88), 56–61; *Pasini,* Burnet (Anm. 90), 23–54.

net versucht explizit, die Verbrennung der Welt naturwissenschaftlich zu erklären, aber dabei in Einklang mit den biblischen Aussagen zu bleiben. Die
Welt, so Burnet, werde – nach der Sintflut – ein zweites Mal zerstört werden;
dies beziehe sich aber lediglich auf diesen Planeten, nicht aber auf den Rest
des Universums[104]. Wie schon bei der Sintflut gehe es beim Weltende nicht
etwa um die totale Vernichtung der Materie, sondern um ihre Transformation. Diese Transformation ist aber als so radikaler Übergang gedacht, dass
Burnet die aristotelische Auffassung von der Unendlichkeit der Welt zurück-
weist und sich stattdessen positiv etwa auf die stoische Lehre von der Verbrennung der Erde bezieht; überdies sei die Auffassung vom Endfeuer biblisch und patristisch belegt und daher ein zentraler Bestandteil christlichen
Glaubens[105]. Dass Burnet nicht von der *annihilatio* der Materie, sondern von
ihrer Transformation ausgeht, stellt ihn in einen reformierten konfessions-
kulturellen Kontext: Während die traditionelle Auffassung eines transfor-
matorischen Überganges von dieser Welt in den Neuen Himmel und die Neue
Erde vor allem im Reformiertentum vertreten wurde, glaubten die Lutheraner, vor allem in der Nachfolge Johann Gerhards, an die *annihilatio mundi,*
der eine vollkommene Neuschöpfung folgen werde[106].

Im Mittelpunkt von Burnets Interesse steht die Frage nach den Ursachen
der Verbrennung, *conflagratio,* der Welt, deren Zeitpunkt unklar, aber wohl
nicht mehr fern sei[107]. Die Entstehung des Feuers stelle, so Burnet, angesichts der Ozeane und der lehmigen Konsistenz der Erde ein äußerst
schwieriges Problem dar. Der mögliche Hinweis auf eine riesige Dürre[108]
erscheint Burnet unzureichend. Die beiden in dieser Frage am häufigsten
genannten Positionen seien die Annäherung der Sonne an die Erde und der
Ausbruch eines Feuers im Erdmittelpunkt. Beide Haltungen hält Burnet für
irrig: Die Annäherung an die Sonne verwirft er, weil ja nach der Verbrennung ein Neuer Himmel und eine Neue Erde entstehen sollen – das würde
bei zu großer Nähe zur Sonne nicht geschehen können. Ein irdisches Zentralfeuer werde wegen der Ozeane nicht an die Oberfläche gelangen
können[109]. Muss dann, wenn diese Ursachen wegfallen, ein Wunder als
Auslöser des Weltenbrandes herangezogen werden? Burnet nimmt an, dass

---

104 Vgl. *Burnet,* Theoria Sacra Telluris (Anm. 103), 290–293, 338 f.

105 Vgl. ebd., 294–297, 299.

106 Diese These schloss auf lutherischer Seite ein gewisses Desinteresse am Zustand *nach* dem Weltenbrand und dem Gericht ein – gerade dieses Interesse unterscheidet aber etwa Burnet von einer lutherischen Position. Vgl. *Kunz,* Protestantische
Eschatologie (Anm. 1), 62–65; in diesem Sinne auch Art. „Verwandelung der Welt",
in: Grosses vollständiges Universal-Lexikon (Anm. 91), Bd. 48, Leipzig/Halle 1746,
138–141, hier 138. Allerdings bemerkt der Übersetzer der deutschen Ausgabe, Burnet werde sowohl von Reformierten als auch von Lutheranern gelesen und geschätzt;
vgl. *Burnet,* Theoria Sacra Telluris (Anm. 103), unpag. Widmungsvorrede.

107 Vgl. ebd., 319–325, 327, 435.

108 Vgl. ebd., 330 f., 351.

109 Vgl. ebd., 333–336.

einerseits natürliche Ursachen für die *conflagratio* verantwortlich sind, dass aber die Engel den Umwälzungen der Erdgeschichte „jederzeit vorstehen" werden[110]. Es stellt sich also die Frage des Verhältnisses zwischen natürlichen und übernatürlichen Ursachen. Burnet glaubt, dass Vulkane, heiße Quellen, Schwefelseen und Geysire sehr wohl an der Entstehung des Erdfeuers mitwirken werden; in gewisser Weise brenne die Erde ja bereits. Bei aller Naturgegebenheit der äußeren Umstände sei aber eine göttliche Intervention, ein Funke vonnöten[111]. Dieser Funken aber ist wiederum eine, wenn auch durch wunderbares Eingreifen Gottes geschaffene, natürliche Ursache. Der Anfang wird durch Christus gemacht – danach wirken die Naturkräfte[112]. Der erste Brandherd wird der Sitz des Antichristen sein; Burnet argumentiert eindeutig auf einer theologischen Linie, wenn er Rom als diesen Ort identifiziert[113].

Auf den göttlichen Funken folgen die Verzehrung des Ozeans, das Schmelzen der Berge und die Verwandlung des Meers in einen Schwefelsee[114]. Nachdem Menschen und Vieh erstickt sind, kommt das Feuer; Burnet malt die Erdbeben und Schwefelseen in einer merkwürdigen Kombination dichterischer Elemente und biblischer Zitate in höchster Plastizität aus[115].

Neuartig und provokativ im folgenden Abschnitt über die Errichtung des Neuen Himmels und der Neuen Erde ist Burnets Annahme, dass diese neue Welt das Tausendjährige Reich beherbergen werde und mit dem Jüngsten Gericht erst nach Ablauf dieses Reiches zu rechnen sei; danach werde sich die Erde in einen toten Fixstern verwandeln[116]. Das Millennium nach der Verbrennung wird auf über hundert Seiten eingehend beschrieben: Die Toten werden auferstehen, und zwar alle, die heiligen und auch die unheiligen, die aber in verschiedenen Teilen der Welt leben werden[117]. Die Natur der Welt wird lau und angenehm, die Tiere werden sämtlich zahm sein, es wird keine Krank- und Schwachheiten mehr geben; die Menschen werden innerlich und äußerlich frei, auch frei von Begierden sein. Die Menschen werden „unter dem Könige Christo oder dessen Anwald" leben, wenn Christus selbst nicht physisch anwesend sei[118]. Ein weiteres Charakteristikum dieser Welt ist großer wissenschaftlicher Fortschritt, der dem Jüngsten Tag vorangeht.

---

[110] Ebd., 371, 356.

[111] Ebd., 354.

[112] Vgl. ebd., 396. *Perry Miller*, The End of the World, in: The William and Mary Quarterly, 3/8 (1951), 171–191, hier 176, bezeichnet diese Konstellation als „mixt fatality".

[113] Vgl. *Burnet*, Theoria Sacra Telluris (Anm. 103), 400.

[114] Vgl. ebd., 364.

[115] Vgl. etwa ebd., 395.

[116] Vgl. ebd., 491, 512–514.

[117] Vgl. ebd., 465.

[118] Ebd., 465.

Man wird angesichts dieses neuartigen Panoramas Burnet kaum als Verteidiger einer traditionellen Sicht deuten können[119]. Wenn auch die Welt für Burnet durch die Sintflut korrumpiert ist, verfällt sie doch danach nicht weiter, sondern besitzt sogar Verbesserungspotentiale, wenn diese sich auch gegen die Verbesserung der Welt im Millennium gering ausnehmen[120]. Damit wird Burnet zum „catastrophic evolutionist"[121]. Die Idee der Weltverbrennung *vor* dem Millennium, die Burnet auch später vertrat[122], ist *das* charakteristische Merkmal seiner Konzeption. Schon die Tatsache, dass die Welt erst dann in einen positiven Zustand eintreten kann, wenn sie einmal verbrannt ist, macht die in der Forschung geäußerte These von Burnets „political millenarianism" fraglich. Die – ohne Zweifel bestehende – Nähe Burnets zu William III. und seinem Antikatholizismus[123] ist deshalb keine zentrale Motivation von Burnets Theorie, weil das Millennium, auf das Burnet abzielt, politisch nicht zu erreichen ist[124].

Wenn Burnet auch naturwissenschaftlich nachvollziehbare Schilderungen einer theologisch fundierten Zukunft skizzierte, äußerten doch bereits Zeitgenossen Kritik an der Unhaltbarkeit seiner wissenschaftlichen Positionen. Der Mathematiker und Theologe Caspar Bussingius kritisierte Burnet 1695 wegen seiner unzureichenden mathematischen, physikalischen und geologischen Kenntnisse[125]. Ebenfalls gegen Burnet wandte sich Thomas Robinson, der dessen Erklärung des Weltenbrandes an naturwissenschaftlicher Unzulänglichkeit scheitern sah: Die Erde bestehe nämlich zu je einem Drittel aus volatiler, fester und flüssiger Materie. Daher sei die Vorstellung eines Zentralfeuers sehr wohl plausibel: Die innere Flamme sei bereits dabei, die Erde aufzuzehren, werde aber am Jüngsten Tag vollends ausbrechen[126].

John Woodward, Fellow der Royal Society und Physikprofessor am Gresham-College, konzentrierte sich in seiner Replik auf Burnet (1702) ganz auf das Sintflut-Thema[127]. Er machte allerdings im Vorwort eine interessante Bemerkung zum Zusammenhang von Prophetie und Naturwissenschaft: Er

---

[119] Vgl. so *Barnes,* Images of Hope and Despair (Anm. 1), 170.

[120] Vgl. *Kempe,* Wissenschaft (Anm. 86), 42–45.

[121] *Tuveson,* Millenium and Utopia (Anm. 29), 130.

[122] Vgl. *Thomas Burnet,* De Statu mortuorum et resurgentium liber. Acc. Epistolae duae circa libellum de archaeologiis philosophicis, London 1726, 88.

[123] Vgl. v.a. *Jacob / Lockwood,* Political Millenarianism (Anm. 95).

[124] In diesem Sinne setzt sich Burnet auch explizit von Theorien des Millenniums ab, die paradiesartige Zustände auf *dieser* Erde ausmalen. Vgl. *Burnet,* Theoria sacra telluris (Anm. 103), 461.

[125] Vgl. *Caspar Bussingius,* De Situ Telluris Paradisiacæ Et Chilisticæ Bvrnetiano : Ad Eclipticam Recto, Qvem T. Burnetius In Sua Theoria Sacra Telluris Proposuit, Dissertatio Mathematica [...], Hamburg 1695, 43.

[126] Vgl. *Thomas Robinson,* New Observations On The Natural History Of This World of Matter, And This World of Life [...], London 1696, 171–173, 177.

[127] Vgl. dazu *Rossi,* Geburt der modernen Wissenschaft (Anm. 95), 261.

habe die Bibel genau wie andere historische Schriften benutzt: „'tis not im-
probable but some may be apt to stumble at, and think strange that in a
Physical Discourse, as this is, I should intermeddle with matters of that
kind."[128] Offensichtlich wurde eine Entkopplung naturwissenschaftlicher
und religiöser Diskurse unter Naturforschern nicht nur für nötig und prak-
tikabel, sondern auch für bereits weitgehend akzeptiert gehalten. Auf der
anderen Seite der Disziplinengrenze, auf der Seite der Theologen, wurde
ebenso gedacht: William Sherlocks oft nachgedruckter Gerichtstraktat von
1692 argumentierte wiederum nicht naturkundlich, sondern rein theologisch und auf der Linie der Individualeschatologie[129].

Die Theologie tradierte also die Entkopplung von Naturwissenschaft und
Religion, die im 17. Jahrhundert ihren Ausgang genommen hatte. Gegen
diese Entkopplung schreiben Burnet und die ihm folgenden Autoren an.
Welcher naturwissenschaftlichen Methodik aber folgte Burnet? Mindestens
kannte er sich gut in der cartesischen Mechanik und auch in bestimmten
Zweigen der Physik aus – er korrespondierte etwa mit Newton –, während
er die Fortschritte der Geologie im 17. Jahrhundert nicht zur Kenntnis
nahm[130]. Im Unterschied zu Descartes aber entfernte Burnet sich von einer
deduktiven Wissenschaft zu Gunsten eines eher empirisch-historischen Vor-
gehens[131].

William Whistons Antwort auf Burnet arbeitete dagegen mit der avan-
ciertesten wissenschaftlichen Position seiner Zeit: der Newton'schen Physik[132]. Whiston (1667 – 1752) war Geistlicher, Schüler Newtons und dessen
Nachfolger auf dem Lucasianischen Lehrstuhl für Mathematik in Cambridge. Seine antitrinitarische Haltung kostete ihn allerdings diese Profes-
sur; nach 1711 betätigte er sich vor allem als freischaffender „lecturer" der
Experimentalwissenschaften[133]. Whistons „New Theory of the Earth" von
1696, die bis 1755 sechs Auflagen erreichte[134], versuchte noch eindeutiger

---

[128] *John Woodward,* An Essay towards a natural history of the earth, and terrestri-
al bodies, especially minerals [. . .], 2. Aufl., London 1702, unpag. Vorrede.

[129] Vgl. *William Sherlock,* Abhandlung der wigtigen Lehre vom Jüngsten Gericht
[. . .], Lübeck / Leipzig 1743, 298; der englische Erstdruck stammt von 1692.

[130] Vgl. *Tuveson,* Swift and the World-Makers (Anm. 95), 55; *Jacob / Lockwood,* Political Millenarianism (Anm. 95), 265; *Kempe,* Wissenschaft (Anm. 86), 37. Es ist auf
das interessante Faktum hingewiesen worden, dass Burnet der erste Autor war, der
den Begriff des Atoms in einem eschatologischen Kontext erwähnte. Vgl. *Miller,* End
of the World (Anm. 112), 174.

[131] Vgl. *Roger,* Cartesian Model (Anm. 95), 103.

[132] Zu den theologischen Implikationen von Cartesianismus und Newtonianismus
im Hinblick auf Naturgesetze und Wunder vgl. *Roger,* Cartesian Model (Anm. 95); *Peter Harrison,* Newtonian Science, Miracles, and the Laws of Nature, in: Journal of
the History of Ideas 56 (1995), 531 – 553.

[133] Vgl. zur Vita *Stephen D. Snobelen,* Art. „Whiston, William", in: Oxford Dicti-
onnary of National Biography (Anm. 100), Bd. 58, 502 – 506.

[134] Vgl. *Force,* William Whiston (Anm. 55), 33.

als Burnet, Schöpfungstheologie und Naturlehre in Einklang zu bringen. Whistons Ausgangsthese lautet, dass die Bibel weder gar nicht naturwissenschaftlich einschlägig sei, noch dass in ihr alles naturwissenschaftliche Wissen zu finden sei. Vielmehr sei ihr Status anders zu bestimmen: „The Mosaick Creation is not a Nice and Philosophical account of the Origin of All Things; but an Historical and True Representation of the formation of our single Earth out of a confused Chaos"[135]. Whiston versuchte, im Einklang mit Newton, einen Mittelweg zwischen einem bereits florierenden skeptisch-ironischen Deismus und einem vulgären Schriftglauben zu entwerfen[136]. Auch Whiston legte den Schwerpunkt seiner Darstellung auf die Sintflut, bezog diese aber stark auf das Weltende: In beiden Fällen sei ein Komet die Ursache[137]. Gestützt auf die Schrift und auf naturwissenschaftliche Überlegungen entwirft Whiston ein Panorama des Endes: Die biblische Annahme, dass das Wasser der Sintflut sich im Feuer des Endes spiegele, bezieht Whiston auf seine Kometenhypothese. Derselbe Komet, der die Sintflut ausgelöst hat, wird eines unbestimmten Tages wiederkehren. Die Hitze im Erdinneren, die für einen Weltenbrand nicht ausreichen würde, wird äußere Hilfe erhalten, denn die Erde wird durch den Kometen aus der Bahn geworfen und an die Sonne angenähert werden – und zwar nicht etwa durch einen Zusammenstoß, sondern einfach durch seine Nähe zur Erde und deren physikalische und mechanische Konsequenzen. Daraufhin kommt es zu Überflutungen und Erdbeben, und die Sterne werden – ganz wörtlich – vom Himmel fallen[138]. Nach dem Tod der Menschen findet eine Auferstehung der Heiligen statt, die auf der veränderten, ja paradiesisch verbesserten Erde tausend Jahre leben werden[139]. Erst nach dem Gericht wird die Erde endgültig verschwinden[140].

Was bei einem so strikten Bibelexegeten wie Whiston auffällt, ist sein Versuch, den Weltenbrand – nicht aber das Gericht selbst – durch den natürlichen Faktor eines Kometen zu erklären, während Burnet ein Wunder mindestens angedeutet hatte. Bemerkenswert ist ebenfalls, dass sich die chiliastische Linie in späteren, enger exegetischen Veröffentlichungen Whistons eindeutig gegenüber der katastrophischen durchsetzte; Whiston scheint immer weniger davon überzeugt gewesen zu sein, dass eine Naturkatastrophe

---

135 *William Whiston,* A new theory of the earth, From its *Original,* to the *Consummation* of all Thing Wherin The *Creation* of the World in Six Days, the Universal *Deluge,* And the General *Conflagration,* As laid down in the Holy Scriptures, Are Shewn to be perfectly agreeable to *Reason* and *Philosophy,* London 1696, 3. Vgl. dazu *Force,* William Whiston (Anm. 55), v.a. 41, 53; als Zusammenfassung vgl. *Escribano-Alberca,* Eschatologie (Anm. 88), 75–84.

136 Vgl. *Force,* William Whiston (Anm. 55), 62.

137 *Whiston,* A new theory of the earth (Anm. 135), 367, 209.

138 Vgl. ebd., 211.

139 Vgl. ebd., 212.

140 Vgl. ebd., 215, 378. Vgl. dazu: *Miller,* End of the World (Anm. 112), v.a. 184.

für die Heraufführung des Millenniums notwendig sei[141]. Dies änderte aber nichts daran, dass Whiston von Skeptikern zum Musterbeispiel eines lächerlichen Propheten aufgebaut wurde; das bestätigt die oben angerissene These von der im 18. Jahrhundert aufkommenden Möglichkeit, sich über den Endzeitglauben lustig zu machen. Whiston wurde nämlich zur Zielscheibe einer satirischen Schrift John Gays, in der dieser einen von Whiston gehaltenen Vortrag imaginiert: Die Erde werde am nächsten Freitag wegen des Zusammenstoßes mit einem Kometen untergehen; daraufhin fallen die Börsenkurse, und London gerät in Unordnung[142]. Die Pluralisierung des Endzeitdiskurses und auch die Möglichkeit, sich ihm zu entziehen, schlugen also gegen Whiston zurück.

Eine weitere Aktualisierung der apokalyptischen Tradition entstammt der Physikotheologie[143]. Mit ihr stimmt Burnet darin überein, dass gegen die radikale Offenbarungskritik der spinozistischen Frühaufklärung am Schöpfungscharakter der Welt und der Valenz der biblischen Prophetien festgehalten wird[144]. Die Physikotheologie berührt sich mit Burnet auch darin, dass auch sie naturkundliches Wissen aufnimmt und es theologisch deutet[145]. Allerdings tat sich die Physikotheologie mit dem Endzeitdiskurs in besonderer Weise schwer.

Einer der Gründerväter dieser neuen, schöpfungsoptimistischen Theologie, John Ray[146], entwarf in seinen bereits 1693 erstmals publizierten und oft nachgedruckten „Physico-Theological Discourses" jedoch ebenfalls eine Theorie des Weltendes. Ray, der Fellow der Royal Society war, berief sich in stärkerem Maße als etwa Whiston auf die rational nicht zugänglichen Ele-

---

[141] Vgl. *Escribano-Alberca*, Eschatologie (Anm. 88), 75–77.

[142] Vgl. *John Gay*, A True and Faithful Narrative of What pass'd in London during the general Consternation of all Ranks and Degrees of Mankind; On Tuesday, Wednesday, Thursday, and Friday Last, in: ders., Poetry and Prose, hrsg. v. Vinton A. Dearing, Bd. 2, Oxford 1974, 464–473; als Autor wurde früher Swift angenommen; vgl. ebd., 652.

[143] Burnet war als Vertreter einer sintflutlichen Korruptionstheorie kein Physikotheologe, Whiston ebenfalls nicht. Dennoch ist eine Nähe mindestens Burnets zur physikotheologischen Bewegung konstatiert worden. Vgl. *Christof Gestrich*, Art. „Deismus", in: Theologische Realenzyklopädie, Bd. 8, hrsg. v. Gerhard Krause / Gerhard Müller, Berlin / New York 1981, 392–406, hier 403; vgl. auch *Helga Dirlinger*, Das Buch der Natur. Der Einfluß der Physikotheologie auf das neuzeitliche Naturverständnis und die ästhetische Wahrnehmung von Wildnis, in: Individualisierung, Rationalisierung, Säkularisierung. Neue Wege der Religionsgeschichte, hrsg. v. Michael Weinzierl, Wien / München 1997, 156–185.

[144] Ohnehin könnte man die Physikotheologie als Defensive gegen die radikale Philosophie interpretieren. Vgl. *Israel*, Radical Enlightenment (Anm. 37), 456–464.

[145] Vgl. *Krolzik*, Art. „Physikotheologie" (Anm. 67), 590.

[146] Vgl. *John Hedley Brooke*, „Wise Men Nowadays Think Otherwise". John Ray, Natural Theology and the Meanings of Anthropocentrism, in: Notes and Records of The Royal Society in London 54 (2000), 199–213, v.a. 208; vgl. zu ihm auch *Martin Schneider*, Art. „Ray, John", in: Biographisch-Bibiliographisches Kirchenlexikon, Bd. 27, hrsg. v. Traugott Bautz, Nordhausen 2007, 1117–1120.

mente des Endes: Es gebe natürlicherweise keinen Grund, warum die Erde
statt durch Feuer nicht in einer Flut zu Grunde gehen solle; dies sei nur
durch den nachsintflutlichen Bund Gottes mit den Menschen ausgeschlossen[147]. Insgesamt aber sei die Idee einer sintflutlich korrumpierten Natur,
wie sie etwa Burnet vertreten habe, mit einem gottgeschaffenen wunderbaren Universum nicht in Einklang zu bringen[148].

Im dritten seiner Diskurse widmet sich Ray dem Ende. Da nachbiblisch
keine Propheten mehr aufgetreten seien, bedürfe es anderer, rationalerer
Mittel, um über den Weltuntergang Auskunft zu erlangen: „we must search
diligently, consider attentively, and compare together" – nur so könne man
„the greatest of all Events, the Dissolution of the World" verstehen[149]. Breit
diskutiert Ray die Frage, ob natürliche Ursachen für das Weltende in Frage
kommen. Er spielt verschiedene naturwissenschaftlich einschlägige Faktoren durch, kommt aber zu dem Schluss, dass (in Übereinstimmung mit
der Bibel) die Ursache des Endes ein Feuer sein werde[150]. Vier Dinge seien
für dieses Feuer notwendig: Äther, Luft, Brennstoff und schließlich ein Funke, der das Feuer in Gang setze. Trotz aller naturwissenschaftlichen Rahmenbedingungen ist dieser Funke – ähnlich wie bei Burnet – nur vorstellbar
als Wunderwerk Gottes[151]. Wenn auch üblicherweise das Gelten der Naturgesetze – nicht ihre Außerkraftsetzung – für die Physikotheologen als das
eigentliche Wunder erscheint[152], wurden sie offenbar vom Weltende zur
Formulierung einer Grenzposition gezwungen.

In der Vorzeichenfrage bleibt Ray unbestimmt – schon weil hier die Dun-
kelheit der biblischen Prophetien jede Rationalisierung unterläuft. Die Vorstellung etwa, dass die Sterne vom Himmel fallen sollten, scheint ihm wegen deren Größe nicht wörtlich hinnehmbar[153]. Im Streitpunkt um die *annihilatio mundi* optiert Ray, wie die meisten reformierten Autoren, für die
Transformation der Erde. „For if the world were to be annihilated, what
needed a Conflagration? Fire doth not destroy or bring things to nothing,
but only separate their parts. The World cannot be abolished by it, and the-
refore had better been annihilated without it."[154] Danach würden neue
Pflanzen und Tiere aus der alten Materie entstehen[155]. Zur Frage eines nach

---

147 Vgl. *Ray*, Three Physico-Theological Discourses (Anm. 97), [a].

148 Vgl. z. B. ebd., 279 f.; vgl. dazu *Rossi*, Geburt der modernen Wissenschaft
(Anm. 95), 261.

149 *Ray*, Three Physico-Theological Discourses (Anm. 97), 234 f.

150 Vgl. ebd., 329–331.

151 Ebd., 332.

152 Vgl. *Tuveson*, Swift and the World-Makers (Anm. 95), 57.

153 Vgl. *Ray*, Three Physico-Theological Discourses (Anm. 97), 339; zum Zeitpunkt
des Endes weiß Ray allerdings sehr dezidiert Stellung zu nehmen – dieser sei absolut
unbestimmbar. Vgl. ebd., 344.

154 Ebd., 358.

155 Vgl. ebd., 363 f.

dem Weltenbrand entstehenden Christusreiches äußert sich Ray dagegen, anders als Burnet, gar nicht. Nur en passant differenziert er zwischen einem chiliastischen „end of this world" und einem „end of the world"[156]; ihm geht es um zweiteres, es ist also nicht anzunehmen, dass die Verbrennung und das Gericht für Ray durch eine tausendjährige Zwischenzeit getrennt sind.

Die Einschätzung Smolinskis – „Ray's cosmology was still overshadowed by his physico-theological endeavor to reconcile scientific advances with the teachings of the Bible"[157] – wirkt angesichts des Diskurskontextes etwas forciert. Rays Kosmologie wurde weniger von seiner Physikotheologie ‚überschattet' als vielmehr durch sie konstituiert.

Rays Schüler William Derham, einer der bekanntesten Physikotheologen, vernachlässigte – wie die physikotheologische Bewegung überhaupt – den exegetischen Topos des Weltendes, weil er nicht zu der positiven Vision der Schöpfung passte. Die Aufgabe des Menschen sei es, die Schöpferkunst Gottes zu bewundern und sich dabei auch klarzumachen, wie klein er selbst sei[158]. Die Physikotheologie insgesamt beförderte mit ihrer optimistischen Gegenwartsemphase die Tendenz, das Christentum seines heilgeschichtlichen Zeitindexes zu berauben: Daher fehlt ihr auch ein genuin apokalyptischer Diskurs; somit ist die Physikotheologie sicher einer der Faktoren, die apokalyptische Spekulationen abgeschwächt haben.

Die heterogenen Positionen zum Weltende, die, ausgehend von Burnet, um 1700 in England geäußert wurden, konvergieren in einem Punkt: Sie versuchen erstmals, die apokalyptischen Ereignisse in großer Detailliertheit auszumalen, und zwar so, dass diese Schilderungen naturwissenschaftliche Plausibilität gewinnen. Dabei nehmen Burnet und Whiston, in anderer Weise auch das physikotheologische Denken, eine Positivierung der Schöpfung vor, die entweder das Weltende latent funktionslos macht oder zumindest eine durch eine Naturkatastrophe vorbereitete paradiesische Welt imaginiert. Dieser Strang verstärkte sich im 18. Jahrhundert weiter: Das von Burnet und Whiston ausgemalte Millennium wurde nun wieder (wie im klassischen Chiliasmus) in ein katastrophenloses Zeitkontinuum eingespannt, gleichzeitig aber mit weltlichen Fortschrittsattributen ausgestattet. Damit galt zunehmend: „The millenium is, literally, only a better state of present society."[159] Das kommende Weltende fiel weg und die Apokalypse erwies sich als „the very guarantee and assurance of progress".[160]

---

[156] Vgl. ebd., 244.

[157] *Smolinski*, Logic of Millenial Thought (Anm. 50), 266.

[158] Vgl. *William Derham*, Astro-theology or, A demonstration of the being and attributes of God, from a survey of the heavens, London 1726, v.a. 238; vgl. auch *ders.*, Physico-Theology: or, a Demonstration of the being and attributes of God, from his works of creation, 2. Auflage, London 1714, 47, Anm. 1.

[159] *Tuveson*, Millenium and Utopia (Anm. 29), 133.

Es läge nahe, erst in diesen Entwicklungen die eigentliche Säkularisierung des Weltendes zu vermuten[161]. Immerhin arbeiten ja alle hier vorgestellten Autoren in relativ hohem Maße mit aprioristischen Annahmen, die der Bibel, nicht aber ihren naturwissenschaftlichen Theorien entstammen[162]. In diesem Sinne wären die hier diskutierten Theorien nichts als ein Vorspiel zu einer durchgreifenden Säkularisierung apokalyptischen Denkens im 18. Jahrhundert. Dennoch scheinen die Versuche der im Anschluss an Burnet schreibenden Autoren (man mag sie als Frühaufklärer oder Physikotheologen bezeichnen), „eine harmonische Einheit aus Wissenschaft und Theologie zu stiften"[163], der interessantere Ansatz für eine Reflexion der Säkularisierung des Weltendes, und zwar aus zwei Gründen: Erstens war die Anreicherung der Endzeitdebatte mit naturwissenschaftlicher Theorie die Keimzelle für spätere Entwicklungen: „Gerade das Ineinanderfließen von Vernunft und Glaube erzeugte hier eine Dynamik, die moderne Formen des wissenschaftlichen Nachdenkens über den Menschen und die Natur freisetzte."[164] Die Verbindung von Naturkunde und Apokalyptik bereicherte letztere zweitens um plastische Details und eine neue, naturwissenschaftlich orientierte Argumentationsstruktur.

Während die Physikotheologie in Deutschland bereits in den ersten Jahrzehnten des 18. Jahrhunderts rezipiert wurde, ergab sich bei der Auseinandersetzung mit der von Burnet angestoßenen Verwissenschaftlichung des apokalyptischen Diskurses eine Zeitverschiebung um einige Jahrzehnte. Ab den 1730er Jahren jedoch wurde die Debatte in Deutschland auf ähnliche Weise wie in England geführt. Allerdings beteiligten sich in Deutschland vor allem Theologen an der Diskussion, die aber durchaus naturwissenschaftliche Impulse aufnahmen. Diese andere personelle Konstellation mag mit der zeitverzögerten Rezeption zusammenhängen; möglicherweise war die Trennung zwischen Naturkunde und Theologie bereits so weit fortgeschritten, dass sich Naturwissenschaftler der Endzeit gar nicht mehr zuwendeten.

Die zukünftige Verbrennung der Welt spielte auch in der deutschen Physikotheologie eine, wenn auch geringe Rolle. So ist etwa in Johann Albert Fabricius' nur handschriftlich vorliegender „Pyrotheologie" ein Hinweis auf die Verbrennung der Welt mit Anspielung auf den 2. Petrusbrief enthalten[165]. Auch Barthold Hinrich Brockes konzentrierte sich in seinem Lehr-

---

[160] Ebd., 152. Auch in der Geologie und Erdgeschichte des 18. Jahrhunderts spielten nach Burnet das Endproblem und seine religiösen Implikationen kaum mehr eine Rolle. Vgl. *Groh / Groh,* Wandel (Anm. 86).

[161] Vgl. *Tuveson,* Millenium and Utopia (Anm. 29).

[162] Vgl. *Smolinski,* Logic of Millenial Thought (Anm. 50), 289.

[163] *Kempe,* Wissenschaft (Anm. 86), 18; so auch *Tuveson,* Swift and the World-Makers (Anm. 95), 54; *Escribano-Alberca,* Eschatologie (Anm. 88), 75.

[164] *Kempe,* Wissenschaft (Anm. 86), 18.

gedicht „Das Feuer" auf dessen positive Seiten, auf Wärme und Licht. Das Feuer, so Brockes, sei der Beleber, aber schließlich auch der Zerstörer aller Dinge[166]. Bei der Ausmalung der Verbrennung der Erde schließlich spart Brockes die Herkunft des Feuers aus, noch kommen in seiner apokalyptischen Vision Menschen vor.[167] Und dennoch muss die so positiv geschilderte Welt samt der Menschen am Tag des Gerichts „zur Strafe gereift" sein: „Da ich bey mir überlege / Der verzehrnden Gluht Gewalt / Graust mir recht, wenn ich erwege / Der verbrannten Welt Gestalt, / Wenn der gantze Kreis der Erden / Soll durchs Feur verheeret werden, / Wenn die Welt, zur Straf gereift, / In ein Flammen=Meer ersäuft."[168]

In physikotheologischer Linie schreibt auch der spätere Nassau-Saarbrückener Archivrat Johann Georg Hagelgans in seiner astronomisch-theologischen Studie von 1736: Eingangs weist er darauf hin, dass die Liebe zu Gott durch die Einsicht in die wunderbare Beschaffenheit des Universums erweckt werde. Ziel seiner Darstellung ist der Nachweis der Übereinstimmung biblischer und natürlicher Aussagen.[169] Ein zweites Ziel ist die Verteidigung des Kopernikanismus gegen dessen (theologische) Gegner[170]. Hagelgans stellt „das Weltgebäude nach dem Licht der Natur" und „aus dem Licht der Offenbarung" vor[171]. Bezeichnend ist, dass das Weltende im ersten Teil nicht vorkommt, sondern nur im zweiten seinen Platz findet. Offenbar kann es nur aus der Bibel erschlossen werden, ergibt sich aber nicht aus natürlichen Ursachen. Dennoch sind beide ausdrücklich aufeinander bezogen.

---

[165] Die gedruckte Fassung enthält nur ein Inhaltsverzeichnis; vgl. (*Johann Albert Fabricius*) Pyrotheologie oder Anweisung zur Erkenntniß Gottes, aus Betrachtung des Feuers [...], in: William Derham, Astrotheologie, oder Anweisung zu der Erkenntniß Gottes aus Betrachtung der himmlischen Körper und mit einer Nachricht von mehreren Scribenten, die durch Betrachtung der Natur zu Gott führen [...], Hamburg 1765. Zur handschriftlichen Fassung vgl. *Krolzik,* Art. „Physikotheologie" (Anm. 67), 593.

[166] Vgl. *Barthold Hinrich Brockes,* Das Feuer, in: Irdisches Vergnügen in GOTT, bestehend in Physicalisch= und Moralischen Gedichten. Erster Theil, Hamburg 1737, 338–384, hier 339.

[167] Vgl. ebd., 356–358.

[168] Ebd., 356.

[169] Vgl. *Johann Georg Hagelgans,* Architectura cosmica, electica & enucleata, oder, Kurtze doch gründliche aus der Ubereinstimmung des Lichts der Natur und Offenbahrung geleitete Vorstellung des Welt-Gebäudes: Dessen Anfang, Wahrung und nächst-bevorstehender Untergang [...], Frankfurt a.M. 1736,)(r,)(2v. Dennoch wolle er die Bibel nicht als naturwissenschaftliche Konzeption lesen noch auch ihre Aussagen naturwissenschaftlich verbiegen, sondern sie hermeneutisch angemessen auslegen, um von da aus ihre Übereinstimmung mit wissenschaftlichen Beobachtungen nachzuvollziehen; vgl. ebd., 130–140, 165. Zu Hagelgans vgl. Art. „Hagelgans, Johann Georg", in: Fortsetzung und Ergänzungen zu Christian Gottlieb Jöchers allgemeinem Gelehrten-Lexikon [...], 7 Bde., Leipzig 1784–1897, Bd. 2, 1722.

[170] Vgl. ebd., 130.

[171] Ebd., unpag. Inhaltsverzeichnis.

In dem langen Abschnitt über das Weltende weist Hagelgans auf die besondere Bedeutung des Orion hin, dessen Rolle schon in der Bibel hervorgehoben worden sei. In idiosykratischer Weise berechnet Hagelgans die Stellung des Orion zur Zeit der Schöpfung und seinen Aufstieg am Himmel bis zum „Cardinal=Punct", was noch 674 Jahre dauern werde; dann wird das Weltende stattfinden[172]. Zu diesem Zeitpunkt werden auf natürliche Weise nicht zu erklärende Ereignisse wie die Verfinsterung von Sonne und Mond beginnen. Offenbar ist also ein außernatürliches Wunder für den Weltuntergang verantwortlich. Hat das „Wort Gottes" bisher das Weltgebäude zusammengehalten, so wird der Entzug des Gotteswortes zu seinem Zusammenbruch führen[173]. Interessant an dieser Position ist die Tendenz, Gott zum alleinigen, autonom handelnden Subjekt des Weltendes zu machen. War er dies in der christlichen Tradition eigentlich auch immer gewesen, so scheint doch durch die graduelle Entwertung der biblischen Prophezeiungen nun nur noch das autonome Subjekt Gott übrigzubleiben. In diesem Sinne würde Gott nicht nur jenseits der menschlichen Vernunft, sondern insgesamt so stark jenseitig konzipiert, dass seine Handlungen auch durch prophetische Rede nicht mehr vorherzusagen oder innerhalb eines Zeitkontinuums nachvollziehbar angesiedelt werden können. Eine ‚rationale' Theologie war durch die naturwissenschaftlichen Erkenntnisse offenbar sukzessive unmöglich geworden; da aber dem Theologen die rationalen Erkenntnisse nicht ausreichen, muss schärfer als zuvor die Konzeption des Wunders profiliert werden. Arno Seifert bemerkt: „Die prononciert szientistische Bibelexegese der frühen Neuzeit konnte sich [...] insgesamt auf eine Tradition berufen, der der Rekurs auf ‚miracula non necessaria' schon immer als methodologisch dubios und die Konkordanz biblischer und natürlicher Offenbarung als ideales Erkenntnisziel gegolten hatte."[174] Diese Tendenz verschärft sich im Endzeitdiskurs des 18. Jahrhunderts – unter der Ausgangslage neuer Naturkenntnisse – dahingehend, dass das Weltende eben nicht mehr als natürlich vorstellbar erscheint. Auch seine prophetische Autorisierung wird mehr und mehr angezweifelt; letztlich bleibt also nur der Rekurs auf die rational nicht erfassbare Größe Gottes, um das Weltende zu erklären.

Dieses wird durch den Entzug des Gotteswortes so vor sich gehen, dass die Erde in die Sonne fallen werde[175]. Wichtig ist Hagelgans schließlich, dass nur unser Sonnensystem, nicht aber das gesamte Universum untergehen werde. Dabei stellt sich ihm vor allem die Frage, ob alle Einwohner unseres Sonnensystems am Jüngsten Tage vertilgt werden – eine Frage, die er nicht beantworten kann[176]. Mit seiner Annahme bewohnter Welten inner-

---

[172] Vgl. ebd., 223 f.

[173] Vgl. ebd., 227 f.

[174] *Seifert,* Verzeitlichung (Anm. 89), 460.

[175] Vgl. *Hagelgans,* Architectura cosmica (Anm. 169), 227–229.

und auch außerhalb unseres Sonnensystems, deren Sündenstatus aber ungewiss ist, schließt Hagelgans an eine wohletablierte Diskussion an: Die bereits antike Debatte um außerirdische Welten und außerirdisches Leben verdichtete sich im späten 17. Jahrhundert sowohl im Cartesianismus als auch im Newton-Umkreis. Die Mehrheit der Welten war eine Konsequenz des auch von Hagelgans vertretenen Kopernikanismus, weil die Erde nunmehr als Planet unter vielen behandelt wurde. Die einzige Auszeichnung dieses Planeten, so lautete eine verbreitete Meinung, bestehe darin, dass nur hier der Sündenfall geschehen sei und deshalb auch nur die Erdenmenschen zum Objekt der Erlösung würden[177]. Diese Position formuliert Hagelgans nicht; es ist aber später darauf zurückzukommen.

In den 1740er Jahren verdichtete sich die deutsche Debatte um das Weltende in den von Burnet vorgezeichneten Bahnen; eine ganze Reihe von Schriften erschien, die Offenbarungsgehalte und naturwissenschaftliches Räsonnement aufeinander bezogen. Extrem traditionalistisch – und am wenigsten von naturwissenschaftlichen Fragen berührt – argumentierte der brandenburgische Prediger Johannes Heyn[178]. Er sah, traditioneller als etwa Whiston, im Kometen nicht einen Faktor des Weltendes, sondern lediglich ein Vorzeichen für das Jüngste Gericht[179]. Damit kehrte Heyn hinter eine aufklärerische Kometentheorie zurück, wie sie etwa Pierre Bayle vertreten hatte und wie sie auch im Zedlerschen Lexikon zu lesen ist[180]. Dass eine relativ traditionsverhaftete Position wie Heyns zeitgleich mit anderen, innovativen Theorien formuliert wurde und Anlass zu breiter Diskussion bot[181], zeigt deutlich die verwickelte Gemengelage der ersten Jahrzehnte

---

[176] Ebd., 231: „Dem sey aber wie ihm wolle, so viel ist gewiß, daß die gesamte Planetarische Hütten oder Wohnstätte der Vernünfftigen zum Dienst Gottes darauff geschaffenen Creaturen, nach zurückgelegtem ihrem bestimmten Periodo oder Zeit=Währung, nach dem Rathschluß des Höchsten wieder eingerissen, die Tenne Gottes [...] gefeget, die Bösen ausgesiebet [was wohl kaum mehr astronomisch beweisbar ist, M.P.], ausgesondert und in den Ort der Quaal verwiesen, die gut und bewährt erfundene aber von einem Ende des Himmels bis zu dem andern, durch die Engel gesandt und [...] unter die Zahl der seligen [...] versetzet werden sollen."

[177] Vgl. *Steven J. Dick,* Plurality of World The Origins of the Extraterrestrial Life Debate from Democritus to Kant, Cambridge u. a. 1982; *Karl Guthke,* Alptraum und Utopie. Extraterrestrische Welten von Galilei bis zur Goethezeit, in: Phantastische Lebensräume, Phantome und Phantasmen, hrsg. v. Hans-Konrad Schmutz, Marburg 1997, 13–32. Der Schweizer Polyhistor Scheuchzer ging dagegen z. B. davon aus, dass auf jedem Planeten eine Sintflut stattgefunden habe. Vgl. *Kempe,* Wissenschaft (Anm. 86), 200.

[178] Vgl. zu ihm Art. „Heyn, Johannes", in: Jöcher Erg.bd. (Anm. 169), Bd. 2, 1592–1594.

[179] Vgl. *Johann Heyn,* Versuch einer Betrachtung über Die Cometen, die Suendflut und das Vorspiel des juengsten Gerichts, Nach astronomischen Gruenden und der heiligen Schrift angestellet [...], Berlin/Leipzig 1742, 242–313, hier 243–245.

[180] Vgl. Art. „Comet", in: Grosses vollständiges Universal-Lexikon (Anm. 91), Bd. 6, Halle/Leipzig 1733, 792–814, v.a. 812 f.

[181] Vgl. nur *Johan Ernst Schubert,* Vernünftige und schriftmäsige Gedanken von dem Ende der Welt. Andere und vermehrte Auflage, Jena/Leipzig 1746, 96.

des 18. Jahrhunderts, in der theologische Traditionen und deren Revision sowie naturkundlich orientiertes Wissen aus verschiedenen Disziplinen zusammenfloss.

Wenige Jahre nach Heyns Schrift erschien die mit Kupferstichen illustrierte Abhandlung des schlesischen Pastors Jodocus Frisch „Die Welt im Feuer"[182]. Diese theologische Schrift argumentierte detailliert naturalistisch: Mittels der Abbildungen macht Frisch den didaktischen Versuch, in Naturproportionen dem Leser den Ablauf der endzeitlichen Ereignisse vor Augen zu stellen. Im Mittelpunkt von Frischs Auffassung steht die Vorstellung eines Zentralfeuers im Erdinneren, das die Transformation der Welt bewirken wird[183]. Den Zeitpunkt dieser Transformation zu bestimmen, hält Frisch für ebenso unmöglich wie die Beantwortung der Frage, ob ihr ein tausendjähriges Friedensreich vorangehen wird[184]. Auch Frisch meint, dass sie diese Welt, nicht aber das gesamte Universum betreffen wird. Ohne Bezug auf die Burnet-Kontroverse zu nehmen, ist doch deutlich, dass sich Frisch um eine Argumentation mit physischen und mechanischen Ursachen bemüht, die allerdings eher alltagsweltlich als wissenschaftlich daherkommt. So entstehe das Zentralfeuer durch die Reibung mineralischer Stoffe im Erdinneren und werde gemeinsam mit einem Himmelsfeuer die Welt in sechs Tagen zerstören[185]. Interessant ist Frischs Betonung, dass hierbei kein Wunder, sondern schlicht Gottes Wille involviert ist; ebenso aufschlussreich ist die Tatsache, dass Menschen in Frischs Panorama so gut wie nicht vorkommen. Offenbar hat sich hier der Straf- und Gerichtsdiskurs völlig von der Frage des ‚natürlichen' Weltendes abgelöst.

Dass der Endzeitdiskurs sich im 18. Jahrhundert sehr stark in verschiedene, oft getrennt behandelte Stränge ausdifferenzierte[186] – Millennium, physisches Weltende, Strafe –, zeigen auch die verschiedenen Einträge zu diesem Themenkreis im gemäßigt protestantisch-aufgeklärten Zedlerschen Lexikon aus den 1740er Jahren[187], die die breite Rezeption sowohl der Burnet / Whiston-Tradition als auch älterer Traditionen des Protestantismus

---

182 Vgl. zu ihm Art. „Frisch, Jodocus", in: Jöcher Erg.bd. (Anm. 169), Bd. 2, 1259.

183 Vgl. *Jodocus Leopold Frisch,* Die Welt im Feuer, Oder das Wahre Vergehen und Ende der Welt Durch den letzten Sünd-Brand: Nebst 12 illuminirten Kupffern, Sorau 1746, 3–45.

184 Vgl. ebd., 60.

185 Vgl. ebd., 105, 121, 161.

186 Dies zeigt auch der Hinweis bei *Schubert,* Vernünftige und schriftmäßige Gedanken von dem Jüngsten Gericht (Anm. 181), A r, der bemerkt, dass das Ende der Welt und das vorhergehende Jüngste Gericht zwei sachlich getrennte Materien darstellten, die jeweils so umfangreich seien, dass eine getrennte Darstellung zweckmäßig sei – die Schubert dann auch vornimmt.

187 Zur schon zeitgenössischen Wahrnehmung des Zedlerschen Lexikons als protestantisch und antikatholisch vgl. *Elger Blühm,* Johann Heinrich Zedler und sein Lexikon, in: Jahrbuch der Schlesischen Friedrich-Wilhelms-Universität zu Breslau 7 (1962), 184–200, v.a. 194.

belegen. Der Zedler definiert das Weltende als „gäntzlich[en] Untergang des Himmels und der Erden, so bey der Zukunfft Christi zum Gerichte unfehlbar erfolgen wird, dessen Zeit und eigentliche Beschaffenheit keinem einigen Menschen ausser GOttes Wort bekannt ist"[188]. Im Artikel zum Stichwort „Tausendjähriges Reich" paraphrasiert der Autor Burnets Endzeittheorie und kommt zu dem Urteil: „Dieser Traum des Burnets ist sehr lustig, und zeigt zur Genüge, daß es eine Geburth seiner ausschweiffenden Einbildungskrafft sey."[189] Auch wenn der Zedler die langlebige antichiliastische Angst, die sich um Thomas Müntzer und die Münsteraner Täufer angelagert hatte[190], nicht mehr in dramatischer Weise zur Schau stellt, argumentiert er doch hier ganz auf der Linie der lutherischen Orthodoxie.

Der Artikel „Welt" des Zedler ließ sich dagegen, wenn auch defensiv, auf die neue Diskussionslage ein. Zum Alter der Welt bemerkt der Autor: „Man findet keine bequeme Ursache, warum GOtt die Welt vielmehr vor 5000. als vor 100000 Jahren geschaffen habe."[191] Dies gelte jedenfalls, solange man aus der Vernunft heraus argumentiere – was man in diesem Fall nicht dürfe: „Doch ein Christ, welcher gar wohl weiß, daß seit Erschaffung der Welt noch nicht sechs tausend Jahre verflossen sind, ist gar leichtlich von der Falschheit einer Historie überzeuget, welche ganze Millionen Jahre in sich enthält"[192], denn diese sei weder biblisch noch genealogisch nachzuvollziehen. Zum Weltuntergang schließlich wird wiederum die orthodoxe Position gegen Burnet ausgespielt, dem „leere Muthmassungen" zugeschrieben werden[193]. Der Autor nimmt ein die Naturgesetze außer Kraft setzendes Wunder als notwendig für den Weltuntergang an; ein mögliches Zentralfeuer werde dafür nämlich nicht ausreichen[194]. Andererseits, so argumentiert der Autor eines anderen Artikels: „Wer kennet alle verborgenen Feuer=Behältnisse, die sich in der Erde befinden? Wer weiß die Menge der in der Lufft zerstreuten Feuer=Theilgen zu berechnen?"[195] Offenbar hat auch hier die Relevanz naturwissenschaftlicher Erklärungsmodelle Platz gegriffen: Die

---

[188] Art. „Ende der Welt", in: Grosses vollständiges Universal-Lexikon aller Wissenschaften und Künste, 64 Bde. und 4 Erg.bde., Halle / Leipzig 1732 – 1754, Bd. 8, 1155.

[189] Art. „Tausendjähriges Reich", in: Grosses vollständiges Universal-Lexikon (Anm. 91), Bd. 42, Halle / Leipzig 1744, 444 – 453, hier 449; vgl. ähnlich auch *Schubert*, Gedanken von der allgemeinen Jüdenbekehrung (Anm. 25), 113 – 115, hier 115. Vgl. auch *ders.*, Vernünftige und schriftmäsige Gedanken von dem Ende der Welt (Anm. 181), 109 – 120.

[190] Vgl. dazu z. B. die apologetische Vorrede des Übersetzers in *Burnet*, Theoria Sacra Telluris (Anm. 103), b3r.

[191] Art. „Welt", in: Grosses vollständiges Universal-Lexikon (Anm. 91), Bd. 54, Halle / Leipzig 1747, 1639 – 1713, hier 1674.

[192] Ebd., 1675.

[193] Ebd., 1678.

[194] Vgl. ebd., 1684.

[195] Art. „Welt, Verbrennung der", in: Grosses vollständiges Universal-Lexikon (Anm. 91), Bd. 54, Halle / Leipzig 1747, 1763 – 1788, hier 1775.

Erde wird mit einer nach den Gesetzen der Mechanik funktionierenden Maschine verglichen, die genau so, wie sie geschaffen wurde, auch wieder auseinandergenommen werde; auch wird auf die Notwendigkeit verwiesen, sich für das Verständnis des Weltendes primär der Bibelexegese, sekundär aber der Naturkunde zu bedienen. Eine Eigenheit des Zedlerschen Diskurses ist sein orthodox-lutherisches Insistieren nicht auf der Transformation, sondern auf der materiellen *annihilatio* der Welt. Wie Hagelgans vor ihm, spekuliert auch der Zedler-Autor über die Existenz zahlreicher bewohnter Welten, betont aber, dass der Gnadenstatus der Welt gerade im Sündenfall der Menschen und der dadurch geschaffenen Möglichkeit und Notwendigkeit ihrer Errettung bestehe[196].

Mehrere Schriften zur Endzeit veröffentlichte auch der Stadthagener Pastor und Helmstedter Theologieprofessor Johann Ernst Schubert (1717–1774); er bekannte sich als aufgeklärter Theologe und Anhänger Christian Wolffs, was ihm einige Male berufliche Probleme einbrachte[197]. Entsprechend legte Schubert „Vernünftige und schriftmäsige Gedanken von dem Ende der Welt" vor. Schubert folgt Wolff in dem in Paragraphen fortschreitenden rationalistischen Duktus. Er bemüht sich um eine Komplementarität theologischer und naturwissenschaftlicher Argumente; nach einigen theologischen Bemerkungen fügt er an: „Allein man darf nicht gedenken, daß dieses der einzige weg sei, den die gelehrten den untergang des erdbodens zu beweisen genommen haben. Ich finde vielmehr, daß sich die naturforscher bemühet haben, aus der natur dieser erdkugel allein darzuthun, daß sie endlich in den stand gerate müste, daß sie weiter nicht könnte bewonet werden, wenn gleich Gott keine auserordentliche veränderung mit ihr jemals vornäme."[198] Breit in verschiedene naturwissenschaftliche Diskurse ausgreifend, diskutiert er die Frage, ob eine Flut das Ende bringen wird – eine Frage, die er genauso negativ beantwortet wie die Hypothese eines Erlöschens der Sonne und eines Zentralfeuers. Wieder gewinnt die Instanz des exegetisch gesicherten Glaubens eine zentrale Position: „Alle diese ursachen beweisen aufs höchste nichts weiter, als daß die welt natürlicher weise untergehen müste, wenn sie Gott nicht durch seine macht erhalten wollte. Aber eben dieses ist die hauptsache, darüber gestritten wird. Wenigstens siehet man aus diesen gründen nicht, daß Gott die welt nicht in ewigkeit erhalten wolle. Es ist gewis, daß die ganze welt noch diesen augenblick vernichtet würde, wenn sie Gott nicht durch seinen bestän-

---

196 Vgl. Art. „Welt" in: Grosses vollständiges Universal-Lexikon (Anm. 91), Bd. 54, Halle / Leipzig 1747, 1680–1685.

197 Vgl. *Hans Hermann Fries*, Art. „Johann Ernst Schubert", in: Biographisch-Bibliographisches Kirchenlexikon, Bd. XXIV, hrsg. v. Traugott Bautz, Nordhausen 2005, 1301–1303; Art. „Schubert, Johann Ernst", in: Grosses vollständiges Universal-Lexikon (Anm. 91), Bd. 35, Halle / Leipzig 1743, 1311–1315.

198 *Schubert,* Vernünftige und schriftmäsige Gedanken von dem Ende der Welt (Anm. 181), 26.

digen einflus erhielte." Das Ende muss „durch ein wunder geschehen"[199]; diese Position hat nach wie vor die größte Autorität – nachdem die naturkundlichen Argumente durchdekliniert worden sind. Im Einklang mit den meisten reformierten und vielen lutherischen Autoren glaubt Schubert an eine Transformation der Erde durch ein wunderbar entzündetes Feuer.

Es fällt auf, wie sehr Schubert sich auf einen rationalistisch-aufgeklärten Gestus und eine naturwissenschaftliche Argumentationsweise einlässt, wie traditionell aber seine Schlüsse sind. Diese defensive Grundhaltung ist charakteristisch für die deutsche protestantische Rezeption des durch Burnet und seine Nachfolger transformierten Endzeitdiskurses. Ganz ähnlich positioniert sich der Braunschweiger Pastor Johann Friedrich Weitenkampf[200]. Explizit schreibt er, er habe „Schrift und Vernunft miteinander verbunden, um den Spöttern der Religion zu zeigen, daß sich zwischen beyden keine Wiedersprüche finden."[201] Dass aber diese Kongruenz von Bibel und vernünftigem Argument im Jahrhundert von Physikotheologie und Empfindsamkeit nicht einfach aufrechtzuerhalten war, wird aus Weitenkampfs Texteinstieg deutlich: In novellistischer Art schildert er einen Spaziergang, auf dem er die Größe des Schöpfers und seiner Natur bewundert habe[202]. Die Herrlichkeit der Welt sät dann auch Zweifel am theologischen *locus* des Weltendes: „Ich konnte nicht begreifen, wie der Schöpfer eine solche herrliche Welt zerstören sollte, aus welcher so viele Spuren seiner Allmacht und Güte hervorleuchten."[203] Hinzu kommt Weitenkampfs Überzeugung, dass das Weltgericht alle – bewohnten – Erden des Universums vernichten werde, was zur Frage führe: „Was hat die Erdkugel für einen Einfluß in das ganze Weltgebäude?"[204] Die Sonderstellung der Erde im bewohnten Universum besteht auch hier in der Sünde und der Errettung von ihr[205].

Die Frage, ob die zukünftige Zerstörung nicht eine Ungerechtigkeit Gottes sei, weist Weitenkampf zurück; der Mensch wisse von den Absichten Gottes fast nichts, außerdem handele es sich um eine Transformation, nicht aber um eine vollständige Vernichtung. Schließlich beende der Weltuntergang auch die Fortschreibung der Erbsünde und ersetze das sündige Uni-

---

[199] Ebd., 40 f.

[200] Weitenkampf (1726–1758) war ein Königsberger Kommilitone Kants gewesen, der dessen Theorien über die Ausdehnung des Universums kritisch diskutierte. Vgl. dazu *Riccardo Pozzo*, Kant e Weitenkampf. Una fonte ignorata *dell'Allgemeine Naturgeschichte und Theorie des Himmels* e della prima antinomia della ragion pura, in: Rivista di storia della filosofia 48 (1993), 283–323; zu Weitenkamps Biographie vgl. ebd., 296–301, zu seinem hier besprochenen Werk 312–316.

[201] *Johann Friedrich Weitenkampf*, Lehrgebäude vom Untergange der Erden, Braunschweig / Hildesheim 1754, unpag. Vorrede.

[202] Vgl. ebd., 1–34.

[203] Ebd., 7.

[204] Ebd., 8.

[205] Vgl. ebd., 27 f.

versum durch ein besseres; dies wiederum zeige die unermessliche Größe des Schöpfers[206].

Schon die Vernunft ergebe, so Weitenkampf, dass die Menschheit irgendwann aufhören werde – schließlich habe Gott nur eine endliche Zahl von Seelen geschaffen[207]. Doch wahrscheinlich trete das Ende ein, bevor alle Menschen gestorben seien; die religiöse Tradition legt die Option für ein natürlich nicht erklärbares Weltende nahe: „Die grössesten Männer, welche vom Untergange der Welt geschrieben, haben angemerkt, daß man bey einem Beweise vom Untergange der Welt hauptsächlich darauf zu sehen habe, daß GOtt die Weltkörper künftig nicht mehr erhalten wolle."[208] Die Transformation wird auch laut Weitenkampf durch ein Feuer vor sich gehen; breit widerlegt er mit Pierre Bayle die verschiedenen Kometentheorien u. a. Whistons und Heyns[209]. Ein Komet komme weder als Vorbote noch als Verursacher des Endes in Frage; überhaupt lasse sich das Weltende aus der Natur nur unvollkommen ableiten: „Die Welt kann noch unzählige tausend Jahre stehen, wenn GOtt diese Ordnung der Natur nicht aufheben will"[210]. Auch hier scheint wieder die bemerkte Autonomie des handelnden Gottes auf; zugespitzt könnte man dies eine völlige Entzauberung der Welt nennen. Ihr Ende jedenfalls ist rational nicht beweisbar, auch nicht im Modus einer rational argumentierenden Theologie.

Auch der aus den Auseinandersetzungen mit Lessing bekannte Hamburger Hauptpastor (seit 1755) Johann Melchior Goeze[211] befasste sich in mehreren Schriften der 1750er Jahre mit dem Weltende; an ihm kann abschließend exemplifiziert werden, in welcher Weise die neuen Überlegungen auch in die orthodoxe Theologie eindrangen. Goeze macht unmissverständlich klar, dass der Ausgangspunkt jedes Räsonnements über das Weltende die Bibel sein müsse. Dennoch wird an seinem Text (vor allem in den ausführlichen Anmerkungen) deutlich, dass auch der orthodoxe Theologe des 18. Jahrhunderts sich gern naturkundlicher Kenntnisse etwa zur Größe und zum Gewicht der Erde bedient – und sei es nur, um die alles Menschenmaß übersteigende Macht Gottes zu demonstrieren. Denn schließlich, so Goeze, sei das Weltende rational nicht beweisbar[212]. Doch nach biblischen Vorhersagen werde die Welt durch ein Feuer zerstört werden, das sich Goeze als

---

206 Ebd., 8 – 12, 20.

207 Vgl. ebd., 31, 63.

208 Ebd., 87.

209 Vgl. ebd., 163. Auch gegen Burnet wendet sich Weitenkampf; vgl. ebd., 221 – 226.

210 Ebd., 167.

211 Vgl. zur Vita *Friedrich Wilhelm Bautz,* Art. „Goeze, Johann Melchior", in: Biographisch-Bibliographisches Kirchenlexikon, Bd. II, hrsg. v. dems., Hamm 1990, 261 f.

212 Vgl. *Johan Melchior Goeze,* Betrachtungen über den Zustand der Welt, und der Menschen, nach dem Jüngsten Gerichte [. . .], Breslau / Leipzig 1753, 71, 77.

Konglomerat aller vorhandenen Feuer vorstellt[213]. Wichtiger aber als all diese Überlegungen erscheint für Goeze ohnehin der Hinweis darauf, dass der Gerichtstag vor allem unter moralischen Aspekten „unter allen Tagen der Welt, der wichtigste" sein werde[214].

Die Einfügung der beschriebenen Transformation endzeitlicher Repräsentationen in ein Säkularisierungsnarrativ ist forschungsgeschichtlich deshalb naheliegend, weil die Säkularisierung der Eschatologie die Schlüsselfrage einer wichtigen Kontroverse über den Gehalt des Säkularisierungskonzepts überhaupt darstellt (vgl. B.II.). Während sich diese Debatte vor allem um die Transformation der Eschatologie in eine moderne Fortschrittskonzeption drehte, wurde hier ein anderer Weg beschritten, um die Veränderungen des apokalyptischen Denkens im Laufe der Frühen Neuzeit zu beschreiben. Denn Transformation eines religiösen in einen außerreligiösen Gehalt ist ja nicht die einzige Form, die Säkularisierung annehmen kann. Auch ein Wegbrechen des Endzeitglaubens, die Fokussierung des Themas auf genuin religiöse Weise oder auch die Anlagerung säkularer Wissensbestände kann als Säkularisierung eingestuft werden. Sowohl Kopplung religiöser Semantik mit als auch ihre Entkopplung von säkularen Wissensbeständen können so situativ als spezifische Indizien für einen Säkularisierungsprozess dienen. Vor allem für die erste Möglichkeit liefert der Durchgang durch englische und deutsche Texte aus dem Zeitraum zwischen 1680 und 1750 viele Belege.

Die hier vorgestellte apokalyptische Repräsentationsmatrix war nicht oder nur am Rande ein Vorläufer moderner innerweltlicher Fortschrittsideen. Wenn auch die englischen Autoren in ihren chiliastischen Konzeptionen (offenbar ähnlich wie im deutschen Pietismus) eine innerweltliche Zukunft mit erheblichen Verbesserungspotentialen entwarfen, so stand diese doch nicht im Mittelpunkt der Debatte. Der moderne Fortschritt stammt nicht aus der Apokalypse; das Nachdenken über das Weltende im 18. Jahrhundert setzte andere Akzente. Hier ging es primär um die Kompatibilität religiöser und naturwissenschaftlicher Beschreibungsweisen für die Zukunft der Erde.

Das Problem von Strafe und Gericht wurde völlig von der Frage des ‚natürlichen' Weltendes abgekoppelt. Es ging in den hier vorgestellten Texten so gut wie nie in erster Linie um die Menschen und ihr Schicksal, sondern um die physischen Ursachen des Weltendes. Die Apokalyptik, immer

---

[213] Vgl. ebd., 91. In einem anderen Text Goezes heißt es dazu, allzu große naturkundliche Ansprüche abwehrend: „Wir dürfen nicht fragen: woher wird alles Feuer kommen, welches hinlaenglich seyn wird, dieses große Weltgebaeude in Flammen zu setzen?" (*Johan Melchior Goeze,* Heilsame Betrachtungen des Todes und der Ewigkeit, auf alle Tage des Jahre Zweyter Theil, 2. Aufl., Breslau/Leipzig 1757, 943.)

[214] Ebd., 949; vgl. auch *Goeze,* Betrachtungen über den Zustand der Welt (Anm. 212), 114, 130 ff.

ein Instrument zur Selbstbeschreibung menschlicher Gesellschaft, unterlag also unter anderem einer kosmologischen Zuspitzung. Genauso auffällig ist der fast vollständige Wegfall von Spekulationen über Vorzeichen und auch über den Antichrist als Voraussetzung für das Weltende. Im protestantischen Kontext wurde zwar zum Teil am päpstlichen Antichristen festgehalten, aber insgesamt lockerte sich die Verbindung zwischen Antichristprädikation und Endzeitrepräsentation merklich. So wie im 16. Jahrhundert der Antichrist zum polemischen Topos geronnen war, dessen endzeitliche Konnotationen nur noch am Rande mitbedacht wurden, so geriet die Endzeitspekulation im frühen 18. Jahrhundert in mehr oder minder konfessionsneutrales Fahrwasser.

In den hier diskutierten Texten ging es zunehmend um die Frage, ob überhaupt, und wenn ja: wie die Erde untergehen werde. Schon dies zeigt, dass die unumstößliche Faktizität des Weltendes ins Wanken geraten war. Die Frage des Zeitpunktes rückte demgegenüber in den Hintergrund. In der Diskussion um die Herbeiführung des Weltendes wurde teilweise mit dem Begriff des Wunders – als Außerkraftsetzung der inzwischen in vielerlei Hinsicht akzeptierten Naturgesetze – gearbeitet; insgesamt galt das Weltende als rational und natürlich nicht beweisbar. Damit wurde aber die Enderwartung nicht aufgegeben; vielmehr ist die Zurückdrängung der Autorität prophetischer Vorhersagen und die Ausbildung eines autonomen Gottessubjektes zu konstatieren, dessen Handlungen sich über prophetische Vorhersagen nicht mehr erschließen lassen. War vorher die Allmacht Gottes behauptet worden, ohne naturwissenschaftliche Gründe für das Ende der Welt zu befragen, ging es jetzt eher darum, im Angesicht neuer naturwissenschaftlicher Kenntnisse an der rational nicht nachvollziehbaren Allmacht Gottes festzuhalten. Während die Naturkunde des 16. und 17. Jahrhunderts ihre Ergebnisse mit großer Selbstverständlichkeit in ein christliches Gesamtbild einfügte, wurde gerade dies im 18. Jahrhundert latent zum Problem. Nur durch die vorgängige Möglichkeit einer Entkopplung von naturwissenschaftlichem Wissen und theologischer Konzeption wurde das Problem ihrer Kompatibilität überhaupt drängend. Die Annahme einer Kongruenz biblischen und naturkundlichen Wissens zerbrach an der naturwissenschaftlichen Konkretisierung.

Doch ist diese Entwicklung als Säkularisierung zu beschreiben? Sicher nicht in dem Sinne, dass es den vorgestellten Autoren um einen intentionalen Angriff auf einen Kernbestand des christlichen Glaubens gegangen wäre. Ganz im Gegenteil erweist sich ein Großteil der Texte als apologetisch; sie wehrten Zweifel am Weltende ab, indem sie möglichst weitgehend die neuen naturwissenschaftlichen Kenntnisse einbezogen. Dabei wurde die traditionelle Behauptung einer Übereinstimmung biblischer und natürlicher Argumentationsweisen beibehalten, ja sogar bis zu dem Punkt gesteigert, an dem das naturkundliche Argument nicht mehr hinreichte. Damit waren die Erkenntnispotentiale, Kompetenzbereiche und Grenzen der religiösen und der naturwissenschaftlichen Ebene schärfer als zuvor bestimmt – eine Differenzierung, die die Möglichkeit einer vollständigen Entkopplung auf die Tagesordnung setzte. Diese Ausdifferenzierung autonomer und in ihrer Reichweite klarer als zuvor bestimmter Diskurse ist ein Charakteristikum der vorgestellten Diskussion. Es ergab sich also kein Ende des Endes – aber doch eine in vieler Hinsicht veränderte Diskussionslage, über das Ende zu sprechen.

D. Ergebnisse

Der Begriff der Säkularisierung spielt nicht nur für die Selbstdefinition der europäischen Moderne, sondern auch als geschichtswissenschaftliche Bezeichnung für einen umfassenden neuzeitlichen Weltbildwandel eine zentrale Rolle. Dennoch ist seine inhaltliche Ausfüllung umstritten und seine empirische Überprüfbarkeit begrenzt. Vor allem ist, wie eingangs ausführlich dargelegt, Säkularisierung als historischer Prozess bisher kaum empirisch untersucht worden. Die vorliegende Studie setzte bei diesem Defizit an und erörterte Mittel und Wege zu seiner Überwindung.

In einem ersten Schritt wurden die zahlreichen Theorieentwürfe und wenigen empirischen Arbeiten zum Prozess der Säkularisierung vorgestellt und nach den Gründen für dieses Defizit befragt. Dabei trat eine Reihe von Definitionsaporien zutage, die bislang weitgehend verhindert haben, den Begriff der Säkularisierung forschungsstrategisch zu operationalisieren.

Daher wurde eine methodische Alternative entwickelt: Entgegen der vorherrschenden makrohistorischen Perspektive eines grundlegenden gesamtgesellschaftlichen Wandels wurde im vorliegenden Buch von sektoralen, kleinräumigen und begrenzten ‚Säkularisierungen' ausgegangen; zudem wurden diese als Deutungsphänomen, als Phänomen von ‚Repräsentation' untersucht. Daraus folgt erstens, dass die in unterschiedlichen gesellschaftlichen Bereichen feststellbaren Prozesse der Zurückdrängung religiöser Deutungshorizonte und des kirchlichen Einflusses auf das öffentliche Leben in ihrem Eigengewicht und ihren spezifischen Kontexten beschrieben und nicht als Beitrag zu einem allumfassenden, gleichgerichteten und totalen Wandlungsgeschehen aufgefasst werden. Zweitens werden die durch diese methodische Entscheidung der ‚Miniaturisierung' gewonnenen Säkularisierungsbeschreibungen als kollektive Kämpfe um Deutungsmuster und Legitimationsstrategien verstanden, die sich nicht zwangsläufig, nicht eindeutig, nicht vollständig und nicht irreversibel durchsetzen ließen.

Die Untersuchungsfelder stellen keinen systematisch gewählten Ausschnitt aus dem Spektrum möglicher Forschungsobjekte dar. Ein solcher wäre bei der derzeitigen Forschungslage auch kaum zu definieren. Daher wollen die sechs Miniaturen weniger repräsentativ für *die* Säkularisierung stehen als vielmehr bewusst partikulare Wandlungsvorgänge nachzeichnen. Dennoch umfassen sie große Bereiche der frühneuzeitlichen Gesellschaft: vom Politik- und Gesellschaftsverständnis bis hin zu Welt- und Zukunftskonzeptionen, von einem alltäglichen Objekt wie dem Schulbuch oder einem alltäglichen Raum wie dem Kirchengebäude bis hin zum grundlegenden Element Wasser.

Auf diese Weise gerieten in den Miniaturen anhand spezifischer ‚Objekte‘ die komplexen und nicht selten gegenläufigen Prozesse in den Blick, die zum Wandel konkreter Repräsentationen führten. Diese Repräsentationen wurden von den historischen Akteuren über verschiedene Kommunikationsformen und -wege sowie über Abgrenzungsstrategien gesellschaftlich diskutiert und definiert. Durch die Miniaturisierung ließ sich untersuchen, wer die Träger solcher Repräsentationen waren, wer diese teilte, adaptierte und veränderte sowie auch, wo und wann sie an Plausibilität verloren. Damit wird der Vorteil der Untersuchung von Säkularisierungsvorgängen anhand von kollektiven Repräsentationen deutlich: Soweit es die Quellenlage für die Frühe Neuzeit zulässt, können Kommunikationsnetze rekonstruiert werden, in denen religiöse Vorstellungen verbreitet und stabilisiert oder eben aufgegeben und nicht weiter tradiert wurden.

Um in den einzelnen Untersuchungsfeldern diese ‚kleinteilige‘ Herangehensweise an auch widersprüchliche oder nicht-intendierte Vorgänge überhaupt leisten zu können, wurden dem Säkularisierungsbegriff einige Komplementärbegriffe zur Seite gestellt. ‚Säkularisierung‘ wurde daher ergänzt durch Begriffe wie ‚Sakralisierung‘, ‚Profanisierung‘, ‚Konfessionalisierung‘, ‚Entkonfessionalisierung‘ oder ‚Differenzierung‘. Obwohl sie Phänomene von ganz verschiedener Reichweite bezeichnen und in unterschiedlicher Weise als Forschungstermini etabliert sind, haben sich diese Begriffe in den einzelnen Untersuchungsfeldern als handhabbare Beschreibungsbegriffe erwiesen, um die vielfältigen Aspekte frühneuzeitlicher Säkularisierungsvorgänge angemessen zu kennzeichnen. Mit ihnen lassen sich sowohl die Handlungen und Zuschreibungen der historischen Akteure als auch verschiedene Chronologien und Gemengelagen in den Blick nehmen. Wichtig erscheint dabei ein pragmatischer und nicht-hierarchischer Gebrauch dieser Begriffe, die starreren Begriffsdichotomien wie ‚De‘- und ‚Rechristianisierung‘ vorzuziehen sind.

Bei aller Diversität der behandelten Untersuchungsfelder ließen sich durchaus vergleichbare Phänomene und Vorgänge sowie Querverbindungen beobachten:

Die Eingangsvermutung, dass Religion alle Sektoren der frühneuzeitlichen Gesellschaft durchzog, hat sich in den Untersuchungsfeldern bestätigt. So spielten etwa Theologen als Akteure in den untersuchten Kontexten auch dort eine Rolle, wo naturwissenschaftliche, politische oder pädagogische Diskurse vorherrschten. Zugleich zeigte sich aber erwartungsgemäß, dass Religion in der Frühen Neuzeit keine statische Entität, sondern Schauplatz beständiger Wandlungen war. In einigen der hier vorgestellten Felder waren sowohl die ‚Verzauberung‘ einzelner Objekte als auch abwechselnde

Phasen von Sakralisierung und Profanisierung zu beobachten. Die in der allgemeinen Religionssoziologie oft implizit angenommene homogene Religiosität der Vormoderne hat, so lässt sich eindeutig schließen, nicht bestanden; stattdessen sollte die Aufmerksamkeit auf die Eigenschaft frühneuzeitlicher Religion, sich selbst zum Gegenstand immer neuer Aushandlungsprozesse zu machen, gelegt werden. Gerade die Vielstimmigkeit frühneuzeitlicher Religion macht die Untersuchung von Säkularisierungsvorgängen fruchtbar, denn neben den religiösen und jeweils konfessionell ‚aufgeladenen‘ Repräsentationsangeboten standen den frühneuzeitlichen Akteuren immer auch säkulare zur Verfügung. Zwar versuchten die Konfessionskirchen und ihre Akteure, die Rezeption konfessioneller Repräsentationsmuster, etwa über Medien wie Schulbücher, Katechismen und Predigten, zu steuern, gleichzeitig hatten sie auf die in sich divergenten religiösen Repräsentationen sowie auf säkulare Deutungsangebote zu reagieren. So sind verschiedene Formen der Adaption, der Aushandlung oder der Neuorganisation von Repräsentationen zu beobachten. Es konnte gezeigt werden, dass vom 16. bis ins 18. Jahrhundert religiöse Repräsentationen nie allein bestimmend waren, sondern immer eine Gemengelage aus religiösen und säkularen Repräsentationen bestand.

Betrachtet man diese Gemengelage säkularer und religiöser Deutungsangebote, so sind *erstens* deutliche, aber jeweils sektoral spezifische Veränderungen und damit verbundene ‚Stabilitäten‘ und ‚Dynamiken‘ feststellbar. *Zweitens* wird deutlich, dass Reformation und Konfessionalisierung sowohl Sakralisierung als auch – meist nicht-intentionale – Säkularisierung bedeuten und fördern konnten. *Drittens* konnte für das späte 17. und 18. Jahrhundert gezeigt werden, dass religiöse Repräsentationen tendenziell an Bedeutung verloren und alle Konfessionen zunehmend auf konkurrierende, säkulare Repräsentationsmuster reagierten bzw. reagieren mussten.

Die Weihe und Krönung des französischen Königs als Legitimationsgrundlage monarchischer Herrschaft war schon in den Religionskonflikten durch hugenottische Juristen in Frage gestellt worden. An die Stelle eines sakral aufgeladenen Krönungsaktes sollte eine rein politische Handlung treten. So musste – auch bedingt durch den Dynastiewechsel von Valois zu Bourbon sowie durch die zwischenzeitlich in Betracht gezogene Möglichkeit eines hugenottischen Königs – bei den Krönungen Heinrichs IV. (1589) und Ludwigs XIII. (1610) die Sakralität des Königs in katholisch-konfessioneller Weise formuliert werden. Politisch gerieten die Ansichten hugenottischer Juristen nach der Etablierung des katholischen Königtums und der Verschiebung der Machtverhältnisse in Frankreich zwar ins Hintertreffen; dennoch war die Möglichkeit eines politischen bzw. nicht-sakralen Königtums in der Welt und konnte nicht mehr zum Verschwinden gebracht werden. Religiöse Herrschaftslegitimation hatte auch in der Folge immer wieder auf konkurrierende politische Theorieangebote zu reagieren, die langfristig eine größere gesellschaftliche Akzeptanz erlangten.

Im Stadtstaat Zürich begründete die Reformation eine enge Symbiose kirchlicher und weltlicher Obrigkeiten, die eine konfessionell-religiöse Repräsentation für das Gemeinwesen vorgab und auch eine generelle Förderungsbereitschaft für ‚Neubekehrte' zur reformierten Konfession zur Folge hatte. Wenn konfessionelle Elemente in der obrigkeitlichen Repräsentation Zürichs bis zum Ende der Frühen Neuzeit zwar nicht gänzlich verschwanden, so wurden sie doch während des 18. Jahrhunderts zunehmend durch säkulare Elemente in den Hintergrund gedrängt: Die Durchsetzung einer vorrangig ökonomisch geprägten und von der weltlichen Obrigkeit vertretenen Repräsentation von Proselyten in Zürich demonstrierte, dass das Staatswesen seit dem ausgehenden 17. Jahrhundert zunehmend ein ursprünglich kirchliches Interessenfeld in seinen Zuständigkeitsbereich inkorporierte und damit die konfessionspolitische Bedeutsamkeit von ‚Neubekennern' zur reformierten Konfession neutralisierte. Der auffallende Rückgang von Konversionen in Zürich seit der Mitte des 18. Jahrhunderts zeigt, dass die konfessionelle Repräsentation für eine kommunale Identitätsstiftung an Bedeutung verlor. Die Konversionsproblematik war für den prosperierenden Stadtstaat von immer geringerem Belang, da er zunehmend auf konfessionelle Bezüge in seiner Selbstrepräsentation verzichtete.

Im Falle der Repräsentationen des lutherischen Kirchengebäudes bestand seit der Reformation die Möglichkeit, die Kirche sowohl als Sakralort als auch als ‚einfaches' Haus zu interpretieren. Als sich um 1600 die Deutung der Kirche als ‚locus sacer' durchsetzte, wurde für den lutherischen Kirchenraum ein konfessionsspezifisches Sakralitätskonzept entwickelt, das auch die Normierung des Verhaltens der Gläubigen einschloss. Nach 1700 wurde eben dieses Repräsentationsmuster immer mehr abgelehnt, kritisiert oder zumindest reduziert. Eine nicht-intendierte Folge der Sakralisierung des Kirchengebäudes um 1600 bestand darin, dass damit der Prozess der Funktionsspezifizierung öffentlicher Räume unterstützt und die Nutzung der Kirche auf ihre ‚Kernaufgabe', nämlich Ort des sonntäglichen Gottesdienstbesuches zu sein, beschränkt wurde.

Im Bereich der Bildung waren sowohl das niedere als auch das höhere Schulwesen durch die für die verschiedenen Schultypen und Klassen publizierten Katechismen vom Erlernen der konfessionsspezifischen Glaubensinhalte charakterisiert. Die religiöse Sozialisation blieb in diesem Bereich lange konfessionell geprägt, jedoch geschah dies in den Katechismen in einer Art und Weise, die die Vergesellschaftungsziele der Kirchen gerade nicht zum Gegenstand des Unterrichts machte. Damit lässt sich hier, wie beispielsweise auch im Falle der Repräsentation des Stadtstaates Zürch, eine recht langfristige Stabilität religiöser Deutungsmuster konstatieren. Die Diskussionen um Veränderungen im Bereich des Schulbuchs zielten stärker

auf didaktische Techniken als auf inhaltliche Reformen, die unnötig erschienen, da sich der Unterricht auf zentrale, unwandelbar erscheinende
dogmatische Lehren konzentrierte. Die Wandlungen von Repräsentationen
schlugen sich daher erst mit erheblicher Verzögerung und in Abhängigkeit
von den im Schulwesen tätigen Akteuren nieder. Konkret konnte anhand
eines frühen pietistischen Naturkundelehrbuchs verdeutlicht werden, wie
Reformbemühungen der protestantischen anti-orthodoxen Oppositions-
bewegung zu einer theologisch tragfähigen Neuformulierung des Verhältnisses von Religion und Wissenschaft beitragen wollten und sich dabei für
Erklärungsansätze von naturgesetzlichen Wirkungsweisen in der Schöpfung öffneten.

Während die Repräsentation heilenden Wassers im späten Mittelalter von
einer recht offenen Situation des Nebeneinanders von säkularen und religiösen Deutungsmustern geprägt war, traten mit der Reformation zunehmende Deutungskonflikte auf. Beispielsweise endete die Vorstellung von
der Heiligkeit von Wasser nicht einfach mit der reformatorischen Kritik an
der katholischen Objektheiligkeit, sondern das Phänomen ‚Wunderbrunnen‘ wurde über die Etablierung eines spezifisch lutherischen Sakralitäts-
konzepts theologisch legitimiert und sozial adaptiert. Hier zeigt sich eine
deutliche Parallele zur Entwicklung der Repräsentation des lutherischen
Kirchenraums. Zugleich versuchten die lutherische und die katholische
Konfessionskirche jeweils die Deutungshoheit über das Objekt ‚heilendes
Wasser‘ zu erlangen und den Umgang mit diesem Wasser zu normieren. Um
1700 wurde die gesellschaftliche Plausibilität des balneologisch-medizi-
nischen Diskurses, der die Heilkraft von Wasser bereits lange auf dessen
chemische Zusammensetzung zurückgeführt hatte, offenbar so groß, dass
die lutherische Deutung der ‚Wunderbrunnen‘ unter Druck geriet und in ein
Rückzugsgefecht eintrat. Im Katholizismus dagegen war das Phänomen der
heilenden Quelle am Wallfahrtsort so tief in Theologie und Frömmigkeitspraxis integriert, dass es weiterhin Bestand hatte und bis heute besteht.

Auch das mittelalterlich tradierte apokalyptische Repräsentationsschema
erhielt in Folge der Reformation eine besondere konfessionelle Ausdeutung
und Prägung: Die Erwartung des nahen Weltendes wurde von den Reformatoren in zugespitzter Form aufgenommen, während der vorreformatorische
Humanismus andere Zukunftshorizonte zumindest angedacht hatte. Um
1600 war die apokalyptische Naherwartung zu einem Bestandteil der protestantischen Konfessionskulturen geworden. Wie im Falle des französischen Königtums und der lutherischen Wunderbrunnen verlor auch das
Deutungsmuster ‚Apokalyptik‘ durch parallel geführte Diskurse seine gesellschaftliche Plausibilität. Aber es wurde nicht nur von außen kritisiert,
sondern verlor auch, gleichsam von innen heraus, seine Überzeugungskraft,
weil es zunehmend auf Kritik reagieren musste und sich so sukzessive für
alternative Deutungsmöglichkeiten öffnete. Um 1750 geriet die Vorstellung

vom nahen Weltende somit immer mehr unter Beweis- und Erklärungs-
druck: Das Festhalten an der traditionellen Behauptung von einer Übereinstimmung biblischer und natürlicher Weltdeutungen war nicht mehr ver-
mittelbar. Um 1750 wurden – wie einige Jahrzehnte davor unter den lutherischen Pfarrern, die ‚Wunderquellen' verteidigten – Rückzugsgefechte derjenigen geschlagen, die versuchten, auf die Erforschung säkularer
Naturgesetze zu reagieren, aber an der Vorstellung vom nahen Weltende
festhielten.

Im späten 17. und 18. Jahrhundert erlangten damit säkulare Repräsentationsmuster – oft in Form naturwissenschaftlicher Weltdeutungen – in bestimmten Milieus große Plausibilität und Verbindlichkeit und waren offensichtlich in der Lage, religiöse Repräsentationen langfristig zu destabilisie-
ren und in Frage zu stellen. Zumindest wurde hier ein zusätzliches Deutungsangebot geschaffen, das neue Denk- und Sagbarkeiten ermöglichte.
Innerhalb des Protestantismus lassen sich verschiedene Wege ausmachen,
mittels derer auf die konkurrierenden naturwissenschaftlichen Deutungsangebote reagiert wurde. Die Physikotheologie etwa versuchte den Glauben
an Gott zu erhalten, indem sie die Natur als Schöpfung Gottes aufwertete.
Diese natürliche Gotteserkenntnis der Physikotheologie stand aber im Gegensatz zur positiven Religionslehre gerade der lutherischen Orthodoxie,
wie sowohl der Bereich der Interpretation heilenden Wassers als auch der
Apokalyptik zeigt. Diese in den Untersuchungsfeldern beschriebenen Säkularisierungsprozesse schlicht als ‚Aufklärung' zu beschreiben, hieße, die
Differenzierungsbemühungen des hier vorgestellten Ansatzes zu unterlau-
fen. Zugleich ist zu beachten, dass durch den Einfluss von Reformbewegungen innerhalb der Konfessionskirchen, also vor allem von Pietismus und
Jansenismus, auch ein Konkurrenzangebot zu den älteren Glaubenssystemen der Konfessionskirchen entstand, so dass der religiöse Sektor im 18.
Jahrhundert insgesamt heterogener wurde. Auch steht zu vermuten, dass
weitere Untersuchungsfelder zusätzliche Säkularisierungsimpulse auf-
schließen würden.

Auf der Basis dieser empirischen Erkenntnisse ergeben sich einige systematische Schlussfolgerungen:

Erstens trat die Diversität und Komplexität von Säkularisierungsvorgängen im Europa der Frühen Neuzeit zutage. Erfasst wurde hier nicht *der* große, aber diffuse Säkularisierungsprozess; vielmehr konnten konkrete ‚Säkularisierungen' nachgewiesen werden. Diese vollzogen sich etwa durch den
Bedeutungs- und Plausibilitätsverlust religiöser Repräsentationen. Zudem
verloren auf lange Sicht religiöse Deutungsmuster ihre Bedeutung für die
gesellschaftliche Integration. Bestimmte religiöse Deutungsmuster waren
nur noch innerhalb des religiösen Sektors zu vermitteln, gerieten aber
selbst hier unter Legitimierungsdruck. Eine Transformation religiöser in
nicht-religiöse Gehalte war aber in den Untersuchungsfeldern nirgendwo

nachzuweisen; die methodischen Probleme, die diese Variante von Säkularisierung mit sich führt, sind bereits oben ausführlich beschrieben worden und bestätigen sich in der empirischen Forschung.

Zweitens tritt hervor, dass Säkularisierung als relationaler Beschreibungsbegriff verwendet werden muss, d. h. mit konkreter Angabe der Deutung oder Praktik, die sich wandelte, und der Art und Weise, wie dies beim jeweiligen Untersuchungsobjekt erfolgte. Dabei sind die einzelnen Schritte des Prozesses und die jeweiligen Akteure zentral in die Analyse einzubeziehen. Weder die Struktur des säkularen ‚Neuen' noch die des religiös bestimmten ‚Vorherigen' erklären sich aus sich selbst heraus, sondern nur in ihrer Beziehung zueinander.

Drittens ergibt sich aus den Untersuchungsfeldern keine einheitliche chronologische Perspektive. Wann Säkularisierung als ein umfassender Prozess historisch begonnen hat, kann nicht angegeben werden; die Phasen der ‚Säkularisierungen' sind offensichtlich von den gewählten Untersuchungsobjekten abhängig. Auch die Annahme eines Epochenumbruchs von einem Zeitalter der überwiegend religiösen Repräsentationen hin zu einem Zeitalter überwiegend säkularisierter Deutungsmuster und sozialer Praktiken lässt sich nicht verifizieren. Vielmehr zeichnen sich in den vorgelegten Untersuchungen zwei historische Phasen ab, in denen Deutungskämpfe kulminierten: Das 16. Jahrhundert eröffnete mit Reformation und Konfessionalisierung eine umfassende gesellschaftliche Diskussion um Religion in ihrer politischen, sozialen und kulturellen Dimension. In potenziell allen gesellschaftlichen Bereichen wurden universelle Geltungsansprüche durch die Konfessionskirchen formuliert. In dieser Phase wurde die Definition des Sakralen und seiner Anwendung auf einzelne Objekte neu ausgehandelt, ebenso das Verhältnis von Kirche und Obrigkeit bei der Legitimation sozialer Normen. Das 18. Jahrhundert und die von Reinhart Koselleck beschriebene ‚Sattelzeit' ab 1750 konnten für mehrere der Untersuchungsfelder als zweite wichtige Phase des Wandels von Repräsentationen nachgewiesen werden. Erstmals sahen sich Religionsgemeinschaften mit einem umfassenden Diskurs nicht um ihre Reform, sondern um ihre generelle Legitimation und Ordnungsfunktion konfrontiert, der als Reaktion und Abwehr ein breites Spektrum von Deutungen hervorbrachte. Als Gegenkräfte zur traditionellen Kirchlichkeit bildeten sich Netzwerke von Akteuren, die an den Naturwissenschaften, am Naturrecht, an utilitaristischen Morallehren etc. orientiert waren. In der Auseinandersetzung mit diesen Kräften positionierten sich vor allem protestantische Theologen neu, teilweise unter Integration von Lehren dieses Spektrums. Die beschriebenen Säkularisierungen machen aber auch deutlich, dass ein Nebeneinander von religiösen und säkularen Repräsentationen weiterhin eher die Regel als die Ausnahme war. Die Entwicklung zwischen diesen beiden Phasen der intensivierten Deutungskämpfe war unterschiedlich ausgefüllt: Während man in einzelnen Untersuchungsfeldern säkulare Deutungen von Natur und Politik festmachen kann, die sich erst im Frühstadium einer kollektiven Verbreitung befinden, sind auf anderen Feldern eher Fortsetzungen älterer, religiös und kirchlich bestimmter Traditionen oder vitale Sakralisierungen zu verzeichnen.

Viertens ist konfessionsvergleichend offenkundig, dass vor allem im Protestantismus religiöse Repräsentationen zeitlich früher unplausibel wurden und unter stärkeren gesellschaftlichen Beweisdruck gerieten als innerhalb der katholischen Konfession. Offenbar blieb der Katholizismus länger resistent gegenüber neuen Deutungsmustern als der Protestantismus.

Aus diesen systematischen Ergebnissen lassen sich einige forschungsstrategische Folgerungen ziehen:

Erstens wäre in weiteren Untersuchungen eine Ausweitung des beobachteten sozialen Spektrums wünschenswert, weil die hier vorgelegten Studien in vielen Fällen auf gelehrte Akteure konzentrierte Säkularisierungsvorgänge beschrieben haben. Zukünftige Forschungen sollten in einem stärkeren Maße Deutungskonflikte um umstrittene religiöse Repräsentationen aus der Alltagswelt einbeziehen. Ob zum Beispiel die Problematik der Apokalypse, die als gelehrtes Problem im 18. Jahrhundert an Virulenz verliert, auf der Ebene populärer Repräsentationen anderen Rhythmen der Säkularisierung folgt, wäre erst noch zu klären. Auch wenn Pfarrer und Theologen, sowohl in ihrer Funktion als Multiplikatoren religiöser Repräsentationen als auch in ihrer Rolle als Gelehrte mit Zugang zu literarischen, politischen und (natur-)wissenschaftlichen Diskursen, sich als Akteure anbieten, müssen weitere Akteursgruppen und soziale Schichten daraufhin untersucht werden, ob, wann und wie hier Säkularisierungsprozesse zu beobachten sind. Vor allem nichtkonfessionelle religiöse Bewegungen erscheinen als ein lohnendes Feld für die Säkularisierungsforschung. Genauer zu bestimmen wäre auch das Verhältnis frühneuzeitlicher Säkularisierungsprozesse zu anderen Prozessen gesellschaftlicher Differenzierung.

Zweitens wäre systematisch nach unterschiedlichen Säkularisierungspfaden zu fragen. Ob die nationale Perspektive hier weiterführt, darf bezweifelt werden. Es lässt sich aber vermuten, dass die unterschiedliche konfessionelle und kulturelle Zusammensetzung der europäischen Gesellschaften Einfluss auf den Ablauf spezifischer Säkularisierungsvorgänge hatte. Möglicherweise ist die oben angedeutete konfessionelle Differenz hinsichtlich der Offenheit gegenüber Säkularisierungen lediglich auf gemischtkonfessionelle Gesellschaften anwendbar. Auch müsste die Situation konfessioneller Minderheiten gesondert bearbeitet werden, die in einer anderskonfessionellen Umwelt möglicherweise andere Repräsentationen konstruierten als die Mehrheitskonfession.

Drittens wäre genauer zu untersuchen, ob die Statik oder Dynamik religiöser Repräsentationen auf ihre mediale Stabilisierung in den verschiedenen literarischen und publizistischen Genres zurückzuführen ist. Mehrere Untersuchungsfelder legen den Schluss nahe, dass einzelne Gattungen im Verlauf ihrer Geschichte zu Verfestigungen von Form und Inhalt neigten. Innerhalb verschiedener Genres und damit in bestimmten ‚geschlossenen‘ Diskursen, wie den Katechismen, den Badeführern oder den Kirchweihpredigten, konnten bestimmte Repräsentationen damit über einen recht langen Zeitraum stabil gehalten werden. Eine Gattungstypologie, die besonders säkularisierungs‚freudige‘ und besonders säkularisierungs‚resistente‘ Gattungen und Medien differenzieren müsste, ist aber im Augenblick noch nicht leistbar.

Insgesamt erscheint es plausibel und forschungsstrategisch erfolgversprechend, den Säkularisierungsbegriff als Prozesskategorie der Frühneuzeitforschung für die Untersuchung unterschiedlicher Säkularisierungspfade in der Vormoderne beizubehalten, ihn aber stärker als bisher zu operationalisieren. Die Ergebnisse der Miniaturisierung, auch die bewusste Partikularität der Aussagen zu Säkularisierungsvorgängen, die sich dem Konstrukt einer allumfassenden Säkularisierung auch aus forschungspraktischen Gründen verweigert, legen es überdies nahe, die Untersuchung des komplexen Miteinanders von religiösen und säkularen Repräsentationen in der Frühen Neuzeit noch eine Zeitlang weiterzuverfolgen, ohne daraus vorschnell makrohistorische Schlussfolgerungen zu ziehen. Somit ist Skepsis gegenüber einem linearen und historisch-epochal definierbaren allgemeinen europäischen Säkularisierungsprozess angebracht, der ja – um dies noch einmal zu betonen – wesentlich mehr als das schon für sich komplexe Verhältnis von Staat und Kirche untersuchen müsste. Ein solcher übergreifender Säkularisierungsprozess ist jedenfalls beim derzeitigen Erkenntnisstand schlicht nicht zu identifizieren. Das macht zugleich skeptisch gegenüber allen Versuchen, ein ‚europäisches Modell‘ von Säkularisierung zu konstruieren und für einen interzivilisatorischen Vergleich heranzuziehen.

Literaturverzeichnis

Das Literaturverzeichnis enthält die in den Kapiteln A bis C. I. (Forschungsüberblick und Methode) benutzte Literatur. Die in den einzelnen Untersuchungsfeldern (C. II. 1 – 6) verwendete Literatur und die zitierten Quellen sind ausschließlich in den Fußnoten des jeweiligen Untersuchungsfeldes nachgewiesen und dort durch Rückverweise erschlossen.

Abélès, Marc, Modern Political Ritual. Ethnography of an Inauguration and a Pilgrimage by President Mitterand, in: Current Anthropology 29 (1988), 391 – 40.

Adas, Michael, Bringing Ideas and Agency Back in. Representation and the Comparative Approach to World History, in: World History. Ideologies, Structures, and Identities, hrsg. v. Philip Pomper, Malden 1998, 81 – 404.

Aland, Kurt (Hrsg.), Pietismus und moderne Welt, Witten 1974.

Alpers, Svetlana, The Art of Describing. Dutch Art in the Seventeenth Century, Chicago 1983.

Althaus, Paul, Die letzten Dinge. Lehrbuch der Eschatologie, 9. Aufl., Gütersloh 1964 [Erstausgabe: 1922].

Angenendt, Arnold, Sakralisierung und Säkularisierung im Christentum. Auswirkungen in Mittelalter und Reformation, in: Die Säkularisation im Prozess der Säkularisierung Europas, hrsg. v. Peter Blickle / Rudolf Schlögl, Epfendorf 2005, 113 – 126.

Arendt, Hannah, Vita activa oder Vom tätigen Leben, 4. Aufl., Frankfurt a.M. 1985.

Arndt, Karl / Moeller, Bernd, Albrecht Dürers „Vier Apostel". Eine kirchen- und kunsthistorische Untersuchung (Schriften des Vereins für Reformationsgeschichte, 202), Gütersloh 2003.

Asad, Talal, Genealogies of Religion. Discipline and Reasons of Power in Christianity and Islam, Baltimore 1993.

Aston, Nigel, Christianity and Revolutionary Europe, 1750 – 1830, Cambridge 2003.

Barash, Jeffrey A., The Sense of History. On the Political Implications of Karl Löwith's Concept of Secularization, in: History and Theory 37 (1998), 69 – 82.

Barbour, Ian, Religion in an Age of Science, San Francisco 1990.

Barnett, Stephen J., Enlightenment and Religion. The Myths of Modernity, Manchester 2003.

Barth, Ulrich, Art. „Säkularisierung I.", in: Theologische Realenzyklopädie, Bd. 29, hrsg. v. Gerhard Müller / Horst Balz / Gerhard Krause, Berlin 1998, 603 – 634.

Baruzzi, Arno, Zum Begriff und Problem ‚Säkularisierung', in: Säkularisierung und Säkularisation vor 1800, hrsg. v. Anton Rauscher, München / Paderborn / Wien 1976, 121 – 134.

Baubérot, Jean, Laïcité, laïcisation, sécularisation, in: Problèmes d'histoire des religions 5 (1994), 9–19.

Bauer, Barbara, Nicht-teleologische Geschichte der Wissenschaften und ihre Vermittlung in den Medien und Künsten. Ein Forschungsbericht, in: Wolfenbütteler Barock-Nachrichten 26 (1999), 3–35.

Baumgarten, Jens, Bekehrung durch Kunst? Jesuitische „Überwältigungsästhetik" und das Problem der Konversion, in: Konversion und Konfession in der Frühen Neuzeit, hrsg. v. Ute Lotz-Heumann / Jan-Friedrich Mißfelder / Matthias Pohlig, Gütersloh 2007, 463–490.

Belting, Hans, Skizzen der Bilderfrage und zur Bilderpolitik heute, in: Bilderverbot: Die Sichtbarkeit des Unsichtbaren, hrsg. v. Eckhard Nordhofen, Paderborn u. a. 2001, 27–38.

Belting, Hans, Bild und Kult. Eine Geschichte des Bildes vor dem Zeitalter der Kunst, 2. Aufl., München 1991.

Benjamin, Walter, Das Kunstwerk im Zeitalter seiner technischen Reproduzierbarkeit, 2. Fassung, Frankfurt a.M. 1963.

Berger, Peter L., Zur Dialektik von Religion und Gesellschaft. Elemente einer soziologischen Theorie, Frankfurt a.M. 1973 [Erstausgabe: 1967].

Bergunder, Michael, Art. „Säkularisation / Säkularisierung I. Religionswissenschaftlich", in: Religion in Geschichte und Gegenwart. Handwörterbuch für Theologie und Religionswissenschaft, Bd. 7, hrsg. v. Hans Dieter Betz, 4. Aufl., Tübingen 1998, 774–775.

Bernstein, Eckhard, From Outsiders to Insiders. Some Reflections on the Development of a Group Identity of the German Humanists between 1450 and 1530, in: In Laudem Caroli. Renaissance and Reformation Studies for Charles G. Nauert, hrsg. v. James V. Mehl, Kirksville 1998, 45–64.

Beutel, Albrecht / Leppin, Volker / Sträter, Udo (Hrsg.), Christentum im Übergang. Neue Studien zu Kirche und Religion in der Aufklärungszeit, Leipzig 2006.

Beyer, Peter, Religion, Residual Problems, and Functional Differentiation. An Ambiguous Relationship, in: Soziale Systeme 3 (1997), 219–235.

Bianchi, Serge, La déchristianisation dans le district de Corbeil, 1793–1797, Corbeil-Essonnes 1990.

Binder, Wolfgang, Grundformen der Säkularisation in den Werken Goethes, Schillers und Hölderlins, in: Zeitschrift für Deutsche Philologie 83 (1964), 42–69.

Black, Robert, Art. „Humanism", in: The New Cambridge Medieval History, Bd. 7: c.1415-c.1500, hrsg. v. Christopher Allmand, Cambridge 1998, 243–277.

Blackbourn, David, Marpingen. Apparitions of the Virgin Mary in a Nineteenth-Century Village, New York 1993.

Blanning, Timothy C. W., Das Alte Europa 1660–1789. Kultur der Macht und Macht der Kultur, Darmstadt 2006.

Blaschke, Olaf, Abschied von der Säkularisierungslegende. Daten zur Karrierekurve der Religion (1800–1970) im zweiten konfessionellen Zeitalter: Eine Parabel, in: zeitenblicke 5 (2006), http://www.zeitenblicke.de/2006/1/Blaschke/index_html (Datum letzter Besuch 28. 01. 2008).

Blaschke, Olaf, Der „Dämon des Konfessionalismus". Einführende Überlegungen, in: Konfessionen im Konflikt. Deutschland zwischen 1800 und 1970. Ein zweites konfessionelles Zeitalter, hrsg. v. dems., Göttingen 2002, 13–70.

Blaschke, Olaf, Das 19. Jahrhundert: Ein zweites konfessionelles Zeitalter?, in: Geschichte und Gesellschaft 26 (2000), 38–75.

Blickle, Peter / Schlögl, Rudolf (Hrsg.), Die Säkularisation im Prozess der Säkularisierung Europas, Epfendorf 2005.

Blickle, Peter / Schlögl, Rudolf, Einleitung, in: Die Säkularisation im Prozess der Säkularisierung Europas, hrsg. v. Peter Blickle / Rudolf Schlögl, Epfendorf 2005, 11–17.

Blumenberg, Hans, Die Legitimität der Neuzeit. Erneuerte Ausgabe, Frankfurt a.M. 1996 [Erstausgabe: 1966].

Bock, Heike, Secularization of the Modern Conduct of Life? Reflections on Religiousness in Early Modern Europe, in: Religiösität in der säkularisierten Welt. Theoretische und empirische Beiträge zur Säkularisierungsdebatte in der Religionssoziologie, hrsg. v. Manuel Franzmann / Christel Gärtner / Nicole Köck, Wiesbaden 2006, 143–154.

Bock, Heike / Feuchter, Jörg / Knecht, Michi (Hrsg.), Religion and Its Other. Secular and Sacral Concepts and Practices in Interaction, Frankfurt a.M. / New York (erscheint 2008).

Böckenförde, Ernst-Wolfgang, Recht, Staat, Freiheit. Studien zur Rechtsphilosophie, Staatstheorie und Verfassungsgeschichte, Frankfurt a.M. 1991.

Bolle, Kees W., Secularization as a Problem for the History of Religions, in: Comparative Studies in Society and History 12 (1970), 242–259.

Böning, Holger, Volksaufklärung und Kalender. Zu den Anfängen der Diskussion über die Nutzung traditioneller Volkslesestoffe zur Aufklärung und zu ersten praktischen Versuchen bis 1780, in: Archiv für die Geschichte des Buchwesens 56 (2002), 79–108.

Böning, Holger, Volksaufklärung. Biobibliographisches Handbuch zur Popularisierung aufklärerischen Denkens im deutschen Sprachraum von den Anfängen bis 1850, Bd. 1: Die Genese der Volksaufklärung und ihre Entwicklung bis 1780, Stuttgart-Bad Cannstatt 1990.

Bonomi, Patricia U., Under the Cope of Heaven. Religion, Society, and Politics in Colonial America, überarb. Aufl., New York 2003 [Erstausgabe: 1986].

Borgstedt, Angela, Das Zeitalter der Aufklärung, Darmstadt 2004.

Bouwsma, William J., The Secularization of Society in the Seventeenth Century, in: ders., A Usable Past. Essays in European Cultural History, Berkeley 1990, 112–124.

Bouyssou, Marc, Réforme catholique et déchristianisation dans le sud du diocèse de Chartres. Les testaments des ruraux du Blésois de Vendômois: XVIe-XVIIIe siècles, 2 Bde., Chartres 1998.

Brady, Thomas A., jr., Reformation als Rechtsbruch. Territorialisierung der Kirchen im Heiligen Römischen Reich im europäischen Vergleich, in: Die Säkularisation im Prozess der Säkularisierung Europas, hrsg. v. Peter Blickle / Rudolf Schlögl, Epfendorf 2005, 141–152.

Braun, Christina von / Gräb, Wilhelm / Zachhuber, Johannes (Hrsg.), Säkularisierung. Bilanz und Perspektiven einer umstrittenen These, Berlin 2007.

Brecht, Martin, Art. „Pietismus", in: Theologische Realenzyklopädie, Bd. 26, hrsg. v. Gerhard Müller / Horst Balz / Gerhard Krause, Berlin 1996, 606 – 631.

Brecht, Martin, Der Hallische Pietismus in der Mitte des 18. Jahrhunderts, in: Geschichte des Pietismus, Bd. 2: Der Pietismus im achtzehnten Jahrhundert, hrsg. v. dems., Göttingen 1995, 329 – 336.

Buc, Philippe, Dangereux rituel de l'histoire médiévale aux sciences sociales, Paris 2001.

Buck, August, Säkularisierende Grundtendenzen der italienischen Renaissance, in: Studien zum 15. Jahrhundert. Festschrift für Erich Meuthen, Bd. 2, hrsg. v. Johannes Helmrath / Heribert Müller, München 1994, 609 – 622.

Burckhardt, Jacob, Die Kultur der Renaissance in Italien. Ein Versuch, Stuttgart 1958 [Erstausgabe: 1860].

Burke, Peter, Die europäische Renaissance. Zentren und Peripherien, München 1998.

Burke, Peter, Die Renaissance in Italien. Sozialgeschichte einer Kultur zwischen Tradition und Erfindung, Darmstadt 1992.

Burkhardt, Johannes, Das Reformationsjahrhundert. Deutsche Geschichte zwischen Medienrevolution und Institutionenbildung 1517 – 1617, Stuttgart 2002.

Burkhardt, Johannes / Werkstetter, Christine (Hrsg.), Kommunikation und Medien in der Frühen Neuzeit (Historische Zeitschrift, Beihefte 41), München 2005.

Busch, Werner, Kunst und Funktion – Zur Einführung einer Fragestellung, in: Funkkolleg Kunst. Eine Geschichte der Kunst im Wandel ihrer Funktionen, Bd. 1, hrsg. v. dems., München / Zürich 1987, 5 – 26.

Buß, Eugen / Schöps, Martina, Die gesellschaftliche Entdifferenzierung, in: Zeitschrift für Soziologie 8 (1979), 315 – 329.

Casanova, José, Public Religions in the Modern World, Chicago / London 1994.

Cassirer, Ernst, Versuch über den Menschen. Einführung in eine Philosophie der Kultur, Frankfurt a.M. 1990 [Erstausgabe: New Haven 1944].

Caumanns, Ute / Niendorf, Mathias, Raum und Zeit, Mensch und Methode. Überlegungen zum Phänomen der Verschwörungstheorie, in: Verschwörungstheorien. Anthropologische Konstanten – historische Varianten, hrsg. v. dens., Osnabrück 2001, 197 – 210.

Chartier, Roger, „Volkstümliche" Leser und ihr Lesestoff von der Renaissance bis zum Age classique, in: Die Frühe Neuzeit in der Geschichtswissenschaft. Forschungstendenzen und Forschungserträge, hrsg. v. Nada Boškovska Leimgruber, Paderborn 1997, 229 – 247.

Chartier, Roger, Die kulturellen Ursprünge der französischen Revolution, Frankfurt a.M. / New York 1995.

Chartier, Roger, Kulturgeschichte zwischen Repräsentation und Praktiken, in: ders., Die unvollendete Vergangenheit. Geschichte und die Macht der Weltauslegung, Frankfurt a.M. 1992, 7 – 23.

Chartier, Roger, Lesewelten. Buch und Lektüre in der frühen Neuzeit, Frankfurt a.M. / New York 1990.

Chaves, Marc, Secularization: A Luhmannian Reflection, in: Soziale Systeme 3 (1997), 439–449.

Chisick, Harvey, Historical Dictionary of the Enlightenment, Lanham / Maryland 2005.

Christin, Olivier, Comment se représente-t-on le monde social? Introduction, in: Actes de la recherche en sciences sociales 154 (2004), 3–9.

Cipriani, Roberto, Sociology of Religion, New York 2000.

Colliot-Thélène, Catherine, Rationalisation et désenchantement du monde. Problèmes d'interprétation de la sociologie des religions de Max Weber, in: Actes de Sciences Sociales des Religions 50 (1995), 61–81.

Conrad, Anne, Aufgeklärte Elite und aufzuklärendes Volk? Das Volk im Visier der Aufklärung, in: Das Volk im Visier der Aufklärung. Studien zur Popularisierung der Aufklärung im späten 18. Jahrhundert, hrsg. v. ders. / Arno Herzig / Franklin Kopitzsch, Münster 1998, 1–15.

Conrad, Anne, „Umschwebende Geister" und aufgeklärter Alltag. Esoterik als Religiosität der Spätaufklärung, in: Die Polititisierung des Utopischen im 18. Jahrhundert. Vom utopischen Systementwurf zum Zeitalter der Revolution, hrsg. v. Monika Neugebauer-Wölk / Richard Saage, Tübingen 1996, 397–415.

Coster, Will / Spicer, Andrew, Introduction. The dimension of sacred space in reformation Europe, in: Sacred Space in Early Modern Europe, hrsg. v. dens., Cambridge 2005, 1–16.

Creed, John M. / Smith, John S. Boys (Hrsg.), Religious Thought in the Eighteenth Century. Illustrated from Writers of the Period, Cambridge 1934.

Danneberg, Lutz, Die Anatomie des Text-Körpers. Das Lesen im liber naturalis und supernaturalis, Berlin / New York 2003.

Danneberg, Lutz (Hrsg.), Zwischen christlicher Apologetik und methodologischem Atheismus. Wissenschaftsprozesse im Zeitraum von 1500 bis 1800, Berlin / New York 2002.

Därmann, Iris, Fremderfahrung und Repräsentation, in: Fremderfahrung und Repräsentation, hrsg. v. ders. / Christoph Jamme, Weilerwist 2002, 7–46.

Daston, Lorraine, Wunder, Beweise und Tatsachen. Zur Geschichte der Rationalität, Frankfurt a.M. 2001.

Davis, Natalie Zemon, The Sacred and the Body Social in Sixteenth-Century Lyon, in: Past & Present 90 (1981), 40–70.

Delon, Michel (Hrsg.), Dictionnaire Européen des Lumière, Paris 1997.

Delumeau, Jean, Le catholicisme entre Luther et Voltaire, 4. Aufl., Paris 1992.

Desan, Suzanne, Reclaiming the Sacred. Lay Religion and Popular Politics in Revolutionary France, Ithaca 1990.

Desroche, Henri, Art. „Déchristianisation", in: Encyclopaedia universalis, Bd. 6, hrsg. v. Giuseppe Annoscia, Paris 2002, 1042–1045.

Dienst, Karl, Der Pluralismus der Säkularisationskonzeptionen, in: Jahrbuch der Hessischen Kirchengeschichlichen Vereinigung 21 (1970), 149–176.

Dilcher, Gerhard, Säkularisierung im Spannungsverhältnis von Religion, Gesellschaft und Kultur, in: Zeitschrift für Historische Forschung 27 (2000), 567–571.

Dilthey, Wilhelm, Weltanschauung und Analyse des Menschen seit Renaissance und Reformation, 9. Aufl., Göttingen 1970 [Erstausgabe: 1913].

Dobbelaere, Karel, Secularization. An Analysis at Three Levels, Brüssel 2002.

Dreier, Horst, Kanonistik und Konfessionalisierung. Marksteine auf dem Weg zum Staat, in: Juristenzeitung (2002), 1–13.

Duchhardt, Heinz, Absolutismus und Säkularisierung, in: Die Säkularisation im Prozess der Säkularisierung Europas, hrsg. v. Peter Blickle / Rudolf Schlögl, Epfendorf 2005, 223–230.

Dülmen, Richard van, Kultur und Alltag in der Frühen Neuzeit, Bd. 3: Religion, Magie, Aufklärung 16.-18. Jahrhundert, 2. Aufl., München 1999.

Dülmen, Richard van, Reformation und Neuzeit. Ein Versuch, in: Zeitschrift für Historische Forschung 14 (1987), 1–25.

Durkheim, Emile, Die elementaren Formen des religiösen Lebens, Frankfurt a.M. 1994.

Durkheim, Emile, Individuelle und kollektive Vorstellungen, in: ders., Soziologie und Philosophie, Frankfurt a.M. 1976, 45–83.

Eagleton, Terry, After Theory, London 2003.

Ebertz, Michael, Das religiöse Gesicht in der modernen Gesellschaft. Chancen, ihm zu begegnen. Vortrag zur Begegnung der ref. und kath. Synoden am 12. Mai 2005 in Zürich, in: http://zh.ref.ch/content/e6/e73/e9431/e10619/Gesicht.pdf (Datum des letzten Besuchs: 09. 03. 2008).

Eder, Klaus, Europäische Säkularisierung – ein Sonderweg in die postsäkulare Gesellschaft? in: Berliner Journal für Soziologie 12 (2002), 331–343.

Ehrenpreis, Stefan / Lotz-Heumann, Ute, Reformation und konfessionelles Zeitalter (Kontroversen um die Geschichte), Darmstadt 2002.

Eisenstadt, Shmuel N., Multiple Modernities, in: Daedalus 129 (2000), 1–29.

Elert, Werner, Morphologie des Luthertums, 3. Aufl., München 1965.

Engels, Jens Ivo / Thiessen, Hillard von, Glauben. Begriffliche Annäherungen anhand von Beispielen aus der Frühen Neuzeit, in: Zeitschrift für Historische Forschung 28 (2001), 333–357.

Externbrink, Sven / Scholz-Hänsel, Michael, Ribera und die „Gegenreformation" in Süditalien. Vom Nutzen der neuen historischen Paradigmata Konfessionalisierung und Sozialdisziplinierung für die Kunstgeschichte, in: Kritische Berichte 24 (1996), 20–36.

Faulstich, Werner, Geschichte der Medien, Bd. 3: Medien zwischen Herrschaft und Revolte. Die Medienkultur der Frühen Neuzeit, 1400–1700, Göttingen 1998.

Faulstich, Werner, Geschichte der Medien, Bd. 4: Die bürgerliche Mediengesellschaft, 1700–1830, Göttingen 2002.

Feil, Ernst, Religio, Bd. 2. Die Geschichte eines neuzeitlichen Grundbegriffs zwischen Reformation und Rationalisms, Göttingen 1997.

Ferngren, Gary B. / Lawson, Edwin J. / Amundsen, Darrel W. / Nakhla, Anne-Marie E. (Hrsg.), The History of Science and Religion in the Western Tradition. An Encyclopedia, New York / London 2000.

Firpo, Massimo, Riforma protestante ed eresie nell'Italia del Cinquecento, 2. Aufl., Bari 1997.

Fischer, Michael / Senkel, Christian (Hrsg.), Säkularisierung und Sakralisierung. Literatur – Musik – Religion, Tübingen / Basel 2004.

Flasch, Kurt, Ein dicker Franziskaner aus Mainz klaute den Ring der Gottesmutter. Und protestantische Kunsthistoriker stahlen den Katholiken die Bilder, in: Frankfurter Allgemeine Zeitung, 23. 04. 1998.

Flick, Uwe, Social Representations and the Social Construction of Everyday Knowledge. Theoretical and Methodological Queries, in: Social Science Information 33 (1994), 179 – 197.

Force, James E., Secularisation, the Language of God and the Royal Society at the Turn of the Seventeenth Century, in: History of European Ideas 2 (1981), 221 – 235.

François, Etienne, Die unsichtbare Grenze. Protestanten und Katholiken in Augsburg 1648 – 1806, Sigmaringen 1991.

Freudenberger, Silja, Repräsentation. Ein Ausweg aus der Krise, in: Repräsentation, Krise der Repräsentation, Paradigmenwechsel. Ein Forschungsprogramm in Philosophie uns Wissenschaft, hrsg. v. ders. / Hans Jörg Sandkühler, Frankfurt a.M. 2003, 71 – 102.

Fritsch, Matthias J., Religiöse Toleranz im Zeitalter der Aufklärung. Naturrechtliche Begründung – konfessionelle Differenzen, Hamburg 2004.

Fubini, Riccardo, Umanesimo e secolarizazzione da Petrarca a Valla, Rom 1990.

Fuchs, Martin, Erkenntnispraxis und die Repräsentation von Differenz, in: Identitäten, Erinnerung, Geschichte, hrsg. v. Aleida Assmann / Heidrun Friese, Frankfurt a.M. 1998, 105 – 137.

Fuchs, Thomas, Spätmittelalterliche Frömmigkeit und Rationalisierung der Religion. Beobachtungen in der süddeutschen Städtelandschaft, in: Die Säkularisation im Prozess der Säkularisierung, hrsg. v. Peter Blickle / Rudolf Schlögl, Epfendorf 2005, 67 – 81.

Füssel, Marian / Weller, Thomas, Einleitung, in: Ordnung und Distinktion. Praktiken sozialer Repräsentation in der ständischen Gesellschaft, hrsg. v. dens., Münster 2005, 9 – 22.

Gabriel, Karl, Säkularisierung und öffentliche Religion. Religionssoziologische Anmerkungen mit Blick auf den europäischen Kontext, in: Jahrbuch für christliche Sozialwissenschaft 44 (2003), 13 – 36.

Gadamer, Hans-Georg, Rezension: Hans Blumenberg, Die Legitimität der Neuzeit, in: Philosophische Rundschau 15 (1968), 201 – 209.

Gall, Lothar, Vom Untertan zum Staatsbürger, in: Die Säkularisation im Prozess der Säkularisierung Europas, hrsg. v. Peter Blickle / Rudolf Schlögl, Epfendorf 2005, 421 – 430.

Ganz, David / Henkel, Georg, Kultbilder im konfessionellen Zeitalter. Historischer Überblick und Forschungsperspektiven, in: Rahmen-Diskurse. Kultbilder im konfessionellen Zeitalter, hrsg. v. dens., Berlin 2004, 9 – 38.

Garin, Eugenio, La cultura filosofica del Rinascimento Italiano. Ricerche e documenti, Mailand 1994 [Erstausgabe: 1961].

Garrioch, David, Making a Better World. Enlightenment and Philanthropy, in: The Enlightenment World, hrsg. v. Martin Fitzpatrick / Peter Jones / Christa Knellwolf u. a., London / New York 2004, 486–501.

Gauchet, Marcel, The Disentchantment of the World. A Political History of Religion, Princeton 1997.

Gauger, Jörg-Dieter, Staatsrepräsentation. Überlegungen zur Einführung, in: Staatsrepräsentation, hrsg. v. dems. (Schriften zur Kultursoziologie, 12), Berlin 1992, 9–17.

Geertz, Clifford, Religion als kulturelles System, in: ders., Dichte Beschreibung. Beiträge zum Verstehen kultureller Systeme, 2. Aufl., Frankfurt a.M. 1991, 44–95.

Gerhards, Jürgen, Funktionale Differenzierung der Gesellschaft und Prozesse der Entdifferenzierung, in: Autopoiesis. Eine Theorie im Brennpunkt der Kritik, hrsg. v. Hans R. Fischer, Heidelberg 1993, 263–280.

Geyer, Christian, Vom Recht der Pilatus-Frage. Religiöse Wahrheit bei Jürgen Habermas, Richard Rorty und William James, in: Kursbuch 149 (2002), 81–87.

Gierl, Martin, Pietismus und Aufklärung. Theologische Polemik und die Kommunikationsreform am Ende des 17. Jahrhunderts, Göttingen 1997.

Giesecke, Michael, Der Buchdruck in der frühen Neuzeit. Ein historische Fallstudie über die Durchsetzung neuer Informations- und Kommunikationstechnologien, Frankfurt a.M. 2006 [Erstausgabe: 1991].

Gilli, Patrick, Humanisme et église: Les raisons d'un malentendu, in: Humanisme et église en Italie et en France méridionale. XVe Siècle-Milieu du XVIe Siècle, hrsg. v. dems., Rom 2004, 1–15.

Gilli, Patrick, Les Formes de l'Anticléricalisme Humaniste. Anti-Monachisme, Anti-Fraternalisme ou Anti-Christianisme? in: Humanisme et église en Italie et en France méridionale (XVe Siècle-Milieu du XVIe Siècle), hrsg. v. dems., Rom 2004, 63–95.

Gleixner, Ulrike, Pietismus und Bürgertum. Eine historische Anthropologie der Frömmigkeit, Göttingen 2005.

Goertz, Hans-Jürgen, Von der Kleriker- zur Laienkultur. Glaube und Wissen in der Reformationszeit, in: Macht des Wissens. Die Entstehung der modernen Wissensgesellschaft, hrsg. v. Richard van Dülmen / Sina Rauschenbach, Köln / Weimar / Wien 2004, 39–64.

Gormans, Andreas, Sakrale Räume als politische Räume. Gemalte Kircheninterieurs in der holländischen Kunst des 17. Jahrhunderts, in: Konfessionen im Kirchenraum. Dimensionen des Sakralraums in der Frühen Neuzeit (Studien zu Kunstgeschichte des Mittelalters und der Frühen Neuzeit, 3) hrsg. v. Susanne Wegmann / Gabriele Wimböck, Korb 2007, 159–194.

Götz, Andreas, Zwischen Nation und Religion. Die deutschen Juden auf der Suche nach einer bürgerlichen Konfessionalität, in: Juden – Bürger – Deutsche. Zu Vielfalt und Grenzen in Deutschland, hrsg. v. Andreas Götz / Rainer Liedtke / Till van Rahden, Tübingen 2001, 241–262.

Graf, Friedrich Wilhelm, Art. „Säkularisation / Säkularisierung", in: Religion in Geschichte und Gegenwart. Handwörterbuch für Theologie und Religionswissenschaft, Bd. 7, hrsg. v. Hans-Dieter Betz, 4. Aufl., Tübingen 2004, 774–790.

Graf, Friedrich Wilhelm, Die Wiederkehr der Götter. Religion in der modernen Kultur, München 2004.

Graf, Friedrich Wilhelm, „Dechristianisierung". Zur Problemgeschichte eines kulturpolitischen Topos, in: Säkularisierung, Dechristianisierung, Rechristianisierung im neuzeitlichen Europa. Bilanz und Perspektiven der Forschung, hrsg. v. Hartmut Lehmann, Göttingen 1997, 32–66.

Greyerz, Kaspar von, Barock als Sakralisierung Europas? Ein Diskussionsbeitrag, in: Die Säkularisation im Prozess der Säkularisierung Europas, hrsg. v. Peter Blickle / Rudolf Schlögl, Epfendorf 2005, 211–221.

Greyerz, Kaspar von, Religion und Kultur. Europa 1500–1800, Göttingen 2000.

Greyerz, Kaspar von (Hrsg.), Religion and Society in Early Modern Europe, 1500–1800, London 1984.

Groys, Boris, Über das Neue. Versuch einer Kulturökonomie, München / Wien 1992.

Gründer, Karlfried / Rengstorf, Karl Heinrich (Hrsg.), Religionskritik und Religiösität in der deutschen Aufklärung, Heidelberg 1989.

Günther, Horst, Zeit der Geschichte. Welterfahrung und Zeitkategorien in der Geschichtsphilosophie, Frankfurt a.M. 1993.

Haakonssen, Knud (Hrsg.), Enlightenment and Religion. Rational Dissent in eighteenth-century Britain, Cambridge 1996.

Habermas, Jürgen, Glauben und Wissen: Friedenspreis des Deutschen Buchhandels 2001. Laudatio: Jan Philipp Reemtsma, Frankfurt a.M. 2001.

Hahn, Alois, Religion, Säkularisierung und Kultur, in: Säkularisierung, Dechristianisierung, Rechristianisierung im neuzeitlichen Europa, hrsg. v. Hartmut Lehmann, Göttingen 1997, 17–31.

Hahn, Alois, Religiöse Wurzeln des Zivilisationsprozesses, in: Kultur im Zeitalter der Sozialwissenschaften. Festschrift für Friedrich H. Tenbruck, hrsg. v. Hans Braun / dems. (Schriften zur Kultursoziologie, 4), Berlin 1984, 229–250.

Hall, Stuart (Hrsg.), Representation. Cultural Representations and Signifying Practices, London 1997.

Hamm, Berndt, Normative Zentrierung im 15. und 16. Jahrhundert. Beobachtungen zu Religiösität, Theologie und Ikonologie, in: Zeitschrift für Historische Forschung 26 (1999), 163–202.

Hamm, Berndt, Bürgertum und Glaube. Konturen der städtischen Reformation, Göttingen 1996.

Hamm, Berndt, Von der spätmittelalterlichen reformatio zu Reformation. Der Prozeß normativer Zentrierung von Religion und Gesellschaft in Deutschland, in: Archiv für Reformationsgeschichte 84 (1993), 7–82.

Hamm, Berndt, Das Gewicht von Religion, Glaube, Frömmigkeit und Theologie innerhalb der Verdichtungsvorgänge des ausgehenden Mittelalters und der frühen Neuzeit, in: Krisenbewußtsein und Krisenbewältigung in der frühen Neuzeit. Festschrift Hans-Christoph Rublack, hrsg. v. Monika Hagenmaier/Sabine Holtz, Frankfurt a.M. 1992, 163–197.

Harris, Steven J., Confession-Building, Long-Distance Networks, and the Organization of Jesuit Science, in: Early Science and Medicine 1 (1996), 287–318.

Harsimowicz, Jan, Kunst als Glaubensbekenntnis. Beiträge zur Kunst in der Reformationszeit, Baden-Baden 1996.

Heckel, Martin, Deutschland im konfessionellen Zeitalter, Göttingen 1983.

Heckel, Martin, Weltlichkeit und Säkularisierung. Staatskirchenrechtliche Probleme in der Reformation und im Konfessionellen Zeitalter, in: Luther in der Neuzeit, hrsg. v. Bernd Moeller, Gütersloh 1983, 34–54.

Hegel, Georg Wilhelm Friedrich, Ästhetik, hrsg. v. Friedrich Bassenge, Berlin 1965.

Art. „Heilig und Profan", in: Religion in Geschichte und Gegenwart. Handwörterbuch für Theologie und Religionswissenschaft, Bd. 3, hrsg. v. Hans-Dieter Betz, 4. Aufl., Tübingen 2000, 1528–1539.

Henne, Thomas, Tagungsbericht: Konfessionelle Denkmuster und Argumentationsstrategien, 21.07.-22. 07. 2006, Frankfurt a.M., in: H-Soz-u-Kult, http://hsozkult. geschichte.hu-berlin.de/tagungsberichte/id=1287 (Datum des letzten Besuchs: 09. 03. 2008).

Hering, Rainer, Säkularisierung, Entkirchlichung, Dechristianisierung und Formen der Rechristianisierung bzw. Resakralisierung in Deutschland, in: Völkische Religionen und Krisen der Moderne. Entwürfe „arteigener" Glaubenssysteme seit der Jahrhundertwende, hrsg. v. Stefanie Schnurbein/Justus Ulbricht, Würzburg 2001, 120–164.

Herrmann, Jörg/Mertin, Andrea/Valtink, Eveline (Hrsg.), Die Gegenwart der Kunst. Ästhetische und religiöse Erfahrung heute, München 1998.

Herrmann, Timm, Ein Gesicht machen. Nach-protestantische Erwägungen zur Bildtheologie, in: Wozu Bilder im Christentum? Beiträge zu einer theologischen Kunsttheorie, hrsg. v. Alex Stock, St. Ottilien 1990, 137–173.

Hersche, Peter, Intendierte Rückständigkeit. Zur Charakteristik des Geistlichen Staates im Alten Reich, in: Stände und Gesellschaft im Alten Reich, hrsg. v. Georg Schmidt, Stuttgart 1989, 133–149.

Hildebrandt, Mathias/Brocker, Manfred/Behr, Hartmut (Hrsg.), Säkularisierung und Resakralisierung in westlichen Gesellschaften. Ideengeschichtliche und theoretische Perspektiven, Opladen 2001.

Hinrichs, Carl, Preußentum und Pietismus. Der Pietismus in Brandenburg-Preußen als religiös-soziale Reformbewegung, Göttingen 1971.

Hintze, Otto, Geist und Epochen der preußischen Geschichte, in: Gesammelte Abhandlungen, Bd. 3: Geist und Epochen der preußischen Geschichte, hrsg. v. Fritz Hartung, Leipzig 1942, 9–37.

Hoffmann, Barbara, „. . . daß es süße Träume und Versuchungen seyen." Geschriebene und gelebte Utopien im Radikalen Pietismus, in: Im Zeichen der Krise. Religiosität im Europa des 17. Jahrhunderts, hrsg. v. Hartmut Lehmann/Anne-Charlott Trepp, Göttingen 1999, 101–128.

Hofmann, Hasso, Repräsentation. Studien zur Wort- und Begriffsgeschichte von der Antike bis ins 19. Jahrhundert, Berlin 1974.

Hofmann, Werner, Die Geburt der Moderne aus dem Geist der Religion, in: Luther und die Folgen für die Kunst, hrsg. v. dems., Hamburg 1983, 23–71.

Holenstein, André / Schmidt, Heinrich Richard, Bilder als Objekte – Bilder in Relationen. Auf dem Weg zu einer wahrnehmungs- und handlungsgeschichtlichen Deutung von Bildverehrung und Bildzerstörung, in: Macht und Ohnmacht der Bilder. Reformatorischer Bildersturm im Kontext der europäischen Geschichte, hrsg. v. Peter Blickle / André Holenstein / Heinrich Richard Schmidt / Franz-Josef Sladczek (Historische Zeitschrift, Beiheft 33), München 2002, 511–527.

Hölscher, Lucian, Konfessionspolitik in Deutschland zwischen Glaubensstreit und Koexistenz, in: Baupläne der sichtbaren Kirche. Sprachliche Konzepte religiöser Vergemeinschaftung in Europa, hrsg. v. dems. (Bausteine zu einer Europäischen Religionsgeschichte im Zeitalter der Säkularisierung, 10), Göttingen 2007, 11–52.

Hölscher, Lucian, Geschichte der protestantischen Frömmigkeit in Deutschland, München 2005.

Holzem, Andreas, Säkularisation in Oberschwaben. Ein problemgeschichtlicher Aufriss, in: Die Säkularisation im Prozess der Säkularisierung Europas, hrsg. v. Peter Blickle / Rudolf Schlögl, Epfendorf 2005, 261–298.

Hsia, Ronnie Po-chia (Hrsg.), The Cambridge History of Christianity, Bd. 6: Reform and Expansion, 1500–1660, Cambridge 2007.

Hübinger, Gangolf, Kulturprotestantismus und Politik. Zum Verhältnis von Liberalismus und Protestantismus im wilhelminischen Deutschland, Tübingen 1994.

Imorde, Joseph, Art. „Säkularisation / Säkularisierung VII. Kunstgeschichtlich", in: Religion in Geschichte und Gegenwart. Handwörterbuch für Theologie und Religionswissenschaft, Bd. 7, hrsg. v. Hans-Dieter Betz, 4. Aufl., Tübingen 2004, 787.

Imorde, Joseph, Art. „Kunst und Religion III. Renaissance", in: Religion und Geschichte und Gegenwart. Handwörterbuch für Theologie und Religionswissenschaft, Bd. 4, hrsg. v. Hans-Dieter Betz, 4. Aufl., Tübingen 2001, 1871.

Isaiasz, Vera / Pohlig, Matthias, Soziale Ordnung und ihre Repräsentationen. Perspektiven der Forschungsrichtung ‚Stadt und Religion‘, in: Stadt und Religion in der Frühen Neuzeit. Soziale Ordnungen und ihre Repräsentation, hrsg. v. Vera Isaiasz / Ute Lotz-Heumann / Monika Mommertz / Matthias Pohlig, Frankfurt a.M. 2007, 9–32.

Israel, Jonathan I., Radical Enlightenment. Philosophy and the Making of Modernity 1650–1750, Oxford 2001.

Jaeschke, Walter, Die Suche nach den eschatologischen Wurzeln der Geschichtsphilosophie. Eine historische Kritik der Säkularisierungsthese, München 1976.

Jakubowski-Tiessen, Manfred (Hrsg.), Religion zwischen Kunst und Politik. Aspekte der Säkularisierung im 19. Jahrhundert, Göttingen 2004.

Jakubowski-Tiessen, Manfred, Einleitung, in: Religion zwischen Kunst und Politik. Aspekte der Säkularisierung im 19. Jahrhundert, hrsg. v. dems., Göttingen 2004, 7–11.

Jauß, Hans Robert, Über religiöse und ästhetische Erfahrung – zur Debatte um Hans Belting und George Steiner, in: ders., Wege des Verstehens, München 1994, 346–377.

Jervolino, Domenico, Sull'ermeneutica della secolarizzazione, in: Studi Filosofici 14–15 (1991–1992), 267–276.

Joachimsen, Paul, Aus der Entwicklung des italienischen Humanismus, in: ders., Gesammelte Aufsätze. Beiträge zu Renaissance, Humanismus und Reformation. Zur Historiographie und zum deutschen Staatsgedanken, hrsg. v. Notker Hammerstein, Aalen 1970, 61–103.

Joas, Hans / Wiegandt, Klaus (Hrsg.), Säkularisierung und die Weltreligionen, Frankfurt a.M. 2007.

Jussen, Bernhard / Koslofsky, Craig (Hrsg.), Kulturelle Reformation. Sinnformationen im Umbruch 1400–1600, Göttingen 1999.

Kaelble, Hartmut, Europäischer Wertewandel am Ende des 20. Jahrhunderts. Ein internationaler Vergleich, in: Wege der Neuzeit. Festschrift für Heinz Schilling zum 65. Geburtstag, hrsg. v. Stefan Ehrenpreis / Ute Lotz-Heumann / Olaf Mörke / Luise Schorn-Schütte, Berlin 2007, 311–328.

Kaiser, Gerhard, Erscheinungsformen der Säkularisierung in der deutschen Literatur des 18. Jahrhunderts, in: Säkularisierung und Säkularisation vor 1800, hrsg. v. Anton Rauscher, München / Paderborn / Wien 1976, 91–120.

Kaiser, Gerhard, Pietismus und Patriotismus im literarischen Deutschland. Ein Beitrag zum Problem der Säkularisation, 2. Aufl., Frankfurt a.M. 1973.

Karant-Nunn, Susan, Gedanken, Herz und Sinn. Die Unterdrückung der religiösen Emotionen, in: Kulturelle Reformation. Sinnformationen im Umbruch 1400–1600, hrsg. v. Bernhard Jussen / Craig Koslofsky, Göttingen 1999, 69–95.

Karant-Nunn, Susan, The Reformation of Ritual. An Interpretation of Early Modern Germany, London 1997.

Kaufmann, Thomas, Die Bilderfrage im frühneuzeitlichen Luthertum, in: Macht und Ohnmacht der Bilder. Reformatorischer Bildersturm im Kontext der europäischen Geschichte, hrsg. v. Peter Blickle / André Holenstein / Heinrich Richard Schmidt / Franz-Josef Sladeczek (Historische Zeitschrift, Beiheft 33), München 2002, 407–451.

Kaufmann, Thomas, Religion und Kultur. Überlegungen aus der Sicht eines Kirchenhistorikers, in: Archiv für Reformationsgeschichte 93 (2002), 397–405.

Kaufmann, Thomas, Art. „Epitaph für Pastor Heinrich Caps", in: 1648 – Krieg und Frieden in Europa. Katalogband, hrsg. v. Klaus Bußmann / Heinz Schilling, Münster / Osnabrück 1998, 295.

Kehrer, Günter, Einführung in die Religionssoziologie, Darmstadt 1988.

Kern, Margit, Tugend versus Gnade. Protestantische Bildprogramme in Nürnberg, Pirna, Regensburg und Ulm, Berlin 2002.

Kippenberg, Hans G., Der große religionsgeschichtliche Prozeß der Entzauberung, in: ders., Die Entdeckung der Religionsgeschichte. Religionswissenschaft und Moderne, München 1997, 218–243.

Kley, Dale K. van, Christianity as Casualty and Chrysalis of Modernity. The Problem of Dechristianization in the French Revolution, in: American Historical Review 108 (2003), 1081–1104.

Kley, Dale K. van, The Religious Origins of the French Revolution. From Calvin to the Civil Constitution, 1560–1791, New Haven 1996.

Klotz, Heinrich, Der Stil des Neuen. Die europäische Renaissance, Stuttgart 1997.

Klueting, Harm (Hrsg.), Katholische Aufklärung – Aufklärung im katholischen Deutschland, Hamburg 1993.

Koerner, Joseph Leo, The Reformation of the Image, London 2004.

Körber, Esther-Beate, Die Zeit der Aufklärung. Eine Geschichte des 18. Jahrhunderts, Darmstadt 2006.

Koselleck, Reinhart, Über den Stellenwert der Aufklärung in der deutschen Geschichte, in: Die kulturellen Werte Europas, hrsg. v. Hans Joas / Klaus Wiegandt, Frankfurt a.M. 2005, 353 – 366.

Koselleck, Reinhart, Historia magistra vitae. Über die Auflösung des Topos im Horizont neuzeitlich bewegter Geschichte, in: ders., Vergangene Zukunft. Zur Semantik geschichtlicher Zeiten, 3. Aufl., Frankfurt a.M. 1995, 38 – 66.

Koselleck, Reinhart, Art. „Fortschritt III.-IV.", in: Geschichtliche Grundbegriffe. Historisches Lexikon zur politisch-sozialen Sprache in Deutschland, Bd. 2, hrsg. v. Otto Brunner / Werner Conze / dems., Stuttgart 1975, 363 – 378.

Koslofsky, Craig, Pest, Gift, Ketzerei. Konkurrierende Konzepte von Gemeinschaft und die Verlegung der Friedhöfe, in: Kulturelle Reformation. Sinnformationen im Umbruch 1400 – 1600, hrsg. v. Bernhard Jussen / dems., Göttingen 1999, 193 – 208.

Kretschmann, Carsten / Pahl, Henning, Ein „Zweites Konfessionelles Zeitalter"? Vom Nutzen und Nachteil einer neuen Epochensignatur, in: Historische Zeitschrift 276 (2003), 369 – 393.

Kristeller, Paul Oskar, Die humanistische Bewegung, in: ders., Humanismus und Renaissance. Bd. 1: Die antiken und mittelalterlichen Quellen, hrsg. v. Eckhard Keßler, München 1974, 7 – 29.

Kronenberg, Thomas, Toleranz und Privatheit. Die Auseinandersetzung um pietistische und separatistische Privatversammlungen in hessischen Territorien im späten 17. und frühen 18. Jahrhundert, Darmstadt 2005.

Kuhn, Elmar L., Rückständig und glücklich? Die Säkularisierung Oberschwabens, in: Die Säkularisation im Prozess der Säkularisierung Europas, hrsg. v. Peter Blickle / Rudolf Schlögl, Epfendorf 2005, 483 – 516.

Art. „Kunst", in: Lexikon für Theologie und Kirche, Bd. 6, hrsg. v. Walter Kasper, Freiburg i.Br. 1997, 529 – 537.

Art. „Kunst und Religion", in: Religion in Geschichte und Gegenwart. Handwörterbuch für Theologie und Religionswissenschaft, Bd. 4, hrsg. v. Hans-Dieter Betz, 4. Aufl., Tübingen 2001, 1858 – 1891.

Lächele, Rainer, Die „Sammlung Auserlesener Materien zum Bau des Reichs Gottes" zwischen 1730 und 1760. Erbauungszeitschriften als Kommunikationsmedien des Pietismus, Tübingen 2006.

Langen, August, Zum Problem der sprachlichen Säkularisation in der deutschen Dichtung des 18. und 19. Jahrhunderts, in: Zeitschrift für deutsche Philologie 83 (1964), 24 – 42.

Langlois, Claude, Déchristianisation, sécularisation et vitalité religieuse. Débats de sociologues et pratiques d'historiens, in: Säkularisierung, Dechristianisierung, Rechristianisierung im neuzeitlichen Europa. Bilanz und Perspektiven der Forschung, hrsg. v. Hartmut Lehmann, Göttingen 1997, 154 – 173.

Lässig, Simone, Jüdische Wege und Bürgertum. Kulturelles Kapital und sozialer Aufstieg im 19. Jahrhundert, Göttingen 2004.

Lechner, Frank, Fundamentalism und Sociocultural Revitalization. On the Logic of Dedifferentiation, in: Differentiation Theory and Social Change. Comparative and Historical Perspectives, hrsg. v. Jeffrey C. Alexander / Paul Colomy, New York / Oxford 1990, 88–118.

Lehmann, Hartmut, Einführung, in: Geschichte des Pietismus, Bd. 4: Glaubenswelt und Lebenswelten, hrsg. v. Martin Brecht u. a., Göttingen 2004, 1–18.

Lehmann, Hartmut, Jenseits der Säkularisierungsthese: Religion im Prozeß der Säkularisierung, in: Religion zwischen Kunst und Politik. Aspekte der Säkularisierung im 19. Jahrhundert, hrsg. v. Manfred Jakubowski-Thiessen, Göttingen 2004, 178–190.

Lehmann, Hartmut, Säkularisierung, Dechristianisierung, Rechristianisierung im neuzeitlichen Europa. Forschungsperspektiven und Forschungsaufgaben, in: Säkularisierung, Dechristianisierung, Rechristianisierung im neuzeitlichen Europa, hrsg. v. dems., Göttingen 1997, 314–325.

Lehmann, Hartmut, Von der Erforschung der Säkularisierung zur Erforschung von Prozessen der Dechristianisierung und der Rechristianisierung im neuzeitlichen Europa, in: Säkularisierung, Dechristianisierung, Rechristianisierung im neuzeitlichen Europa, hrsg. v. dems., Göttingen 1997, 9–16.

Lehmann, Hartmut, Das Zeitalter des Absolutismus. Gottesgnadentum und Kriegsnot, Stuttgart 1980.

Ley, Hermann, Geschichte der Aufklärung und des Atheismus, 5 Bde., erschienen in 9 Halbbänden, Berlin / Ost 1966–1989.

Loetz, Francisca, Mit Gott handeln. Von den Zürcher Gotteslästerern der Frühen Neuzeit zu einer Kulturgeschichte des Religiösen, Göttingen 2002.

Lohmann, Jens, Der Beitrag des Württemberger Pietismus zur Entstehung der modernen Welt. Dargestellt am Beispiel von Philipp Matthäus Hahns „Kornwestheimer" und „Echterdinger Tagebüchern". Ein sozialpsychologischer Versuch, Diss. Freie Universität Berlin 1997.

Lotz-Heumann, Ute / Pohlig, Matthias, Confessionalization and Literature in the Empire 1555–1700, in: Central European History 40 (2007), 35–61.

Löwith, Karl, Rezension: Hans Blumenberg, Die Legitimität der Neuzeit, in: Philosophische Rundschau 15 (1968), 195–201.

Löwith, Karl, Weltgeschichte und Heilsgeschehen. Die theologischen Voraussetzungen der Geschichtsphilosophie, 8. Aufl., Stuttgart / Berlin / Köln 1990.

Lübbe, Hermann, Säkularisierung. Geschichte eines ideenpolitischen Begriffs, 2. Aufl., Freiburg / München 1975.

Luckmann, Thomas, Die unsichtbare Religion, 2. Aufl., Frankfurt a.M. 1993.

Luhmann, Niklas, Säkularisierung, in: ders., Die Religion der Gesellschaft, Frankfurt a.M. 2000, 278–319.

Luhmann, Niklas, Soziale Systeme. Grundriß einer allgemeinen Theorie, Frankfurt a.M. 1999.

Luhmann, Niklas, Funktion der Religion, 4. Aufl., Frankfurt a.M. 1996.

Luhmann, Niklas, Säkularisierung, in: ders., Funktion der Religion, 4. Aufl., Frankfurt a.M. 1996, 225 – 271.

Luhmann, Niklas, Religion als Kultur, in: Das Europa der Religionen. Ein Kontinent zwischen Säkularisierung und Fundamentalismus, hrsg. v. Otto Kallscheuer, Frankfurt a.M. 1996, 291 – 315.

Lutz, Heinrich, Normen und gesellschaftlicher Wandel zwischen Renaissance und Revolution. Differenzierung und Säkularisierung, in: Saeculum 26 (1975), 166 – 180.

MacCulloch, Diarmaid, Reformation. Europe's House Divided 1490 – 1700, London 2004.

Maissen, Thomas, Schlußwort. Überlegungen zu Funktionen und Inhalt des Humanismus, in: Funktionen des Humanismus. Studien zum Nutzen des Neuen in der humanistischen Kultur, hrsg. v. dems. / Gerrit Walther, Göttingen 2006, 396 – 402.

Maletzke, Gerhard, Kommunikationswissenschaft im Überblick. Grundlagen, Probleme, Perspektiven, Opladen / Wiesbaden 1998.

Marechaux, Xavier, Les Prêtres Mariés sous la Revolution Française, Diss. Paris 1995.

Marramao, Giacomo, Die Säkularisierung der westlichen Welt, Frankfurt a.M. / Leipzig 1996.

Marramao, Giacomo, Art. „Säkularisierung", in: Historisches Wörterbuch der Philosophie, Bd. 8, hrsg. v. Joachim Ritter / Karlfried Gründer / Rudolf Eisler, Basel u. a. 1992, 1133 – 1161.

Martin, David, Europa und Amerika. Säkularisierung oder Vervielfältigung der Christenheit – zwei Ausnahmen und keine Regel, in: Das Europa der Religionen. Ein Kontinent zwischen Säkularisierung und Fundamentalismus, hrsg. v. Otto Kallscheuer, Frankfurt a.M. 1996, 161 – 180.

Matthes, Joachim, Das bewachte Nadelöhr. Säkularisierung als Prozeß und als Deutungsmuster, in: Lutherische Monatshefte 2 (1994), 33 – 36.

Maurer, Michael, Zwischen Kirche und Kultur. Die konfessionelle Identität des Bürgertums um 1800, in: Die Säkularisation im Prozess der Säkularisierung Europas, hrsg. v. Peter Blickle / Rudolf Schlögl, Epfendorf 2005, 409 – 420.

Maurer, Michael, Kirche, Staat und Gesellschaft im 17. und 18. Jahrhundert (Enzyklopädie deutscher Geschichte, 51), München 1999.

May, Gerhard, Art. „Kunst und Religion VI. Frühe Neuzeit", in: Theologische Realenzyklopädie, Bd. 20, hrsg. v. Gerhard Müller / Horst Balz / Gerhard Krause, Berlin 1990, 274 – 292.

McLeod, Hugh, The Modern World, in: Die Säkularisation im Prozess der Säkularisierung Europas, hrsg. v. Peter Blickle / Rudolf Schlögl, Epfendorf 2005, 533 – 549.

McManners, John, Church and Society in Eighteenth-Century France, 2 Bde., Oxford 1998.

Mergel, Thomas, Geht es weiterhin voran? Die Modernisierungstheorie auf dem Weg zu einer Theorie der Moderne, in: Geschichte zwischen Kultur und Gesellschaft. Beiträge zur Theoriedebatte, hrsg. v. dems. / Thomas Welskopp, München 1997, 203 – 232.

Merton, Robert K., Die Self-Fulfilling Prophecy, in: ders., Soziologische Theorie und soziale Struktur, hrsg. v. Volker Meja/Nico Stehr, Berlin/New York 1995, 399–413.

Merton, Robert K., Science, Technology, and Society in Seventeenth Century England, in: Osiris 4 (1938), 360–632.

Meumann, Markus, Zurück in die Endzeit, oder: Ist die Moderne das Tausendjährige Reich Christi? Beobachtungen zum Verhältnis von heilsgeschichtlicher und säkularer Zukunftserwartung in der Neuzeit, in: Zeitschrift für Geschichtswissenschaft 52 (2004), 407–425.

Meuthen, Erich, Charakter und Tendenzen des deutschen Humanismus, in: Säkulare Aspekte der Reformationszeit, hrsg. v. Heinz Angermeier (Schriften des Historischen Kollegs, 5), München/Wien 1983, 217–266.

Meyer, Dietrich, Zinzendorf und Herrnhut, in: Geschichte des Pietismus, Bd. 2: Der Pietismus im achtzehnten Jahrhundert, hrsg. v. Martin Brecht u. a., Göttingen 1995, 5–106.

Möller, Horst, Vernunft und Kritik. Deutsche Aufklärung im 17. und 18. Jahrhundert, Frankfurt a.M. 1986.

Monod, Jean-Claude, La querelle de la sécularisation. Théologie politique et philosophies de l'histoire de Hegel à Blumenberg, Paris 2002.

Moscovici, Serge, On Social Representations, in: Social Cognition. Perspectives on Everyday Understanding, hrsg. v. Joseph P. Forgas, London 1981, 181–209.

Muir, Edward, Ritual in Early Modern Europe, Cambridge 1997.

Müller, Ernst, Art. „Religion/Religiösität", in: Ästhetische Grundbegriffe, Bd. 5, hrsg. v. Karlheinz Barck, Stuttgart/Weimar 2003, 227–264.

Müller, Harald, Habit und Habitus. Mönche und Humanisten im Dialog, Tübingen 2007.

Müller, Winfried, Die Aufklärung (Enzyklopädie deutscher Geschichte, 61), München 2002.

Mulsow, Martin/Stamm, Marcelo (Hrsg.), Konstellationsforschung, Frankfurt a.M. 2005.

Münch, Paul (Hrsg.), „Erfahrung" als Kategorie der Frühneuzeitgeschichte (Historische Zeitschrift, Beiheft 31), München 2001.

Nash, David, Reconnecting Religion with Social and Cultural History. Secularization's Failure as a Master Narrative, in: Cultural and Social History 1 (2004), 302–325.

Neugebauer-Wölk, Monika, Zur Konzipierung der bürgerlichen Gesellschaft. Freimaurerei und Esoterik, in: Geheime Gesellschaft. Weimar und die deutsche Freimaurerei. Katalog zur Ausstellung der Stiftung Weimarer Klassik im Schiller-Museum Weimar 21. Juni bis 31. Dezember 2002, hrsg. v. Joachim Berger/Klaus-Jürgen Grün, München/Wien 2002, 80–89.

Neugebauer-Wölk, Monika (Hrsg.), Aufklärung und Esoterik, Hamburg 1999.

Neugebauer-Wölk, Monika, Die Geheimnisse der Maurer. Plädoyer für die Akzeptanz des Esoterischen in der historischen Aufklärungsforschung, in: Das achtzehnte Jahrhundert 21 (1997), 15–32.

Neugebauer-Wölk, Monika, Esoterik im 18. Jahrhundert – Aufklärung und Esoterik. Eine Einleitung, in: Die Politisierung des Utopischen im 18. Jahrhundert. Vom utopischen Systementwurf zum Zeitalter der Revolution, hrsg. v. ders. / Richard Saage, Tübingen 1996, 1 – 37.

Neugebauer-Wölk, Monika / Meumann, Markus / Zaunstöck, Holger (Hrsg.), 25 Jahre Deutsche Gesellschaft für die Erforschung des 18. Jahrhunderts. Zur Geschichte einer Wissenschaftlichen Vereinigung (1975 – 2000), Wolfenbüttel 2000.

Nipperdey, Thomas, Religion im Umbruch. Deutschland 1870 – 1918, München 1988.

Nipperdey, Thomas, Luther und die moderne Welt, in: Geschichte in Wissenschaft und Unterricht 36 (1985), 811 – 812.

Nolte, Paul, Gibt es noch eine Einheit der neueren Geschichte? in: Zeitschrift für Historische Forschung 24 (1997), 377 – 399.

North, Michael, Das Goldene Zeitalter. Kunst und Kommerz in der niederländischen Malerei des 17. Jahrhunderts, Köln u. a. 2001.

Novalis, Die Christenheit oder Europa (1799), in: ders., Dichtungen (Rowohlts Klassiker der Literatur und der Wissenschaft. Deutsche Literatur, 11), Reinbek bei Hamburg 1967, 35 – 52.

Nowak, Kurt, Wanderer am Kreuzweg. Das Religiöse in Europa – ein Kontinent wird vermessen. Rezension zu: Hartmut Lehmann (Hrsg.), Säkularisierung, Dechristianisierung, Rechristianisierung im neuzeitlichen Europa. Bilanz und Perspektiven der Forschung, Göttingen 1997, in: Frankfurter Allgemeine Zeitung, 27. 06. 1997.

Oelke, Harry, Die Konfessionsbildung des 16. Jahrhunderts im Spiegel illustrierter Flugblätter, Berlin / New York 1992.

Oestreich, Gerhard, Die Idee des religiösen Bundes und die Lehre vom Staatsvertrag, in: ders., Geist und Gestalt des frühmodernen Staates, Berlin 1969, 157 – 178.

Oswalt, Vadim, Frömmigkeit im ländlichen Oberschwaben. Nach der Säkularisation, in: Die Säkularisation im Prozess der Säkularisierung, hrsg. v. Peter Blickle / Rudolf Schlögl, Epfendorf 2005, 299 – 315.

Othenin-Girard, Mireille, Helfer und Gespenster. Die Toten und der Tauschhandel mit den Lebenden, in: Kulturelle Reformation. Sinnformationen im Umbruch 1400 – 1600, hrsg. v. Bernhard Jussen / Craig Koslofsky, Göttingen 1999, 159 – 191.

Ottmann, Henning, Politische Theologie als Begriffsgeschichte. Oder: Wie man die politischen Begriffe der Neuzeit politisch-theologisch erklären kann, in: Der Begriff der Politik. Bedingungen und Gründe politischen Handelns, hrsg. v. Volker Gerhardt, Stuttgart 1990, 169 – 188.

Padberg, Lutz E. von, Säkularisierung – das Paradigma der Neuzeit?, in: Theologische Beiträge 22 (1991), 230 – 248.

Pannenberg, Wolfhart, Christentum in einer säkularisierten Welt, Freiburg i.Br. 1988.

Panofsky, Erwin, Idea. Ein Beitrag zur Begriffsgeschichte der älteren Kunsttheorie, 7. Aufl., Berlin 1993.

Petzoldt, Matthias, Säkularisierung – eine noch brauchbare Interpretationskategorie, in: Berliner Theologische Zeitschrift 11 (1994), 65 – 82.

Pfleiderer, Georg, „Säkularisierung". Systematisch-theologische Überlegungen zur Aktualität eines überholten Begriffs, in: Praktische Theologie 37 (2002), 130 – 153.

Piette, Albert, Les religiosités séculières, une hybrité exemplaire pour l'anthropologie du religieux, in: Social Compass 41 (1994), 571–584.

Pocock, John G. A., Barbarism and Religion, Bd. 1: The Enlightenments of Edward Gibbon, 1737–1764, Cambridge 1999.

Podlech, Adalbert, Art. „Repräsentation", in: Geschichtliche Grundbegriffe. Historisches Lexikon zur politisch-sozialen Sprache in Deutschland, Bd. 5, hrsg. v. Otto Brunner / Werner Conze / Reinhart Koselleck, Stuttgart 1984, 509–547.

Pohlig, Matthias, Luhmanns Mond. Ist Säkularisierung ein historischer Prozeß? in: Vorgänge. Zeitschrift für Bürgerrechte und Gesellschaftspolitik 173 (2006), 30–39.

Pollack, Detlef, Säkularisierung – ein moderner Mythos? Studien zum religiösen Wandel in Deutschland, Tübingen 2003.

Pollack, Detlef, Was ist Religion? Probleme der Definition, in: Zeitschrift für Religionswissenschaft 3 (1995), 163–190.

Porter, Roy, Enlightenment. Britain and the Creation of the Modern World, London 2001.

Poscharsky, Peter (Hrsg.), Die Bilder in den lutherischen Kirchen. Ikonographische Studien, München 1998.

Pott, Martin, Aufklärung und Aberglaube. Die deutsche Frühaufklärung im Spiegel ihrer Aberglaubenskritik, Tübingen 1992.

Pott, Sandra, Säkularisierung – Prozessbegriff für die Wissenschafts- und Literaturgeschichte, in: Ideen als gesellschaftliche Gestaltungskraft im Europa der Neuzeit. Beiträge für eine erneuerte Geistesgeschichte, hrsg. v. Lutz Raphael / Heinz-Elmar Tenorth, München 2006, 223–238.

Pott, Sandra, Medizin, Medizinethik und schöne Literatur. Studien zu Säkularisierungsvorgängen vom frühen 17. bis zum frühen 19. Jahrhundert, Berlin / New York 2002.

Pranzl, Rudolf, Art. „Religion, religiöses Bewusstsein", in: Lexikon zum aufgeklärten Absolutismus in Europa. Herrscher – Denker – Sachbegriffe, hrsg. v. Helmut Reinalter, Köln u. a. 2005, 529–532.

Preimesberger, Rudolf, Albrecht Dürer: „...propriis sic ... coloribus" (1500), in: Porträt, hrsg. v. dems. / Hannah Baader / Nicola Suthor, Berlin 1999, 210–219.

Prodi, Paolo, Konkurrierende Mächte. Verstaatlichung kirchlicher Macht und Verkirchlichung der Politik, in: Die Säkularisation im Prozess der Säkularisierung Europas, hrsg. v. Peter Blickle / Rudolf Schlögl, Epfendorf 2005, 21–36.

Prodi, Paolo, Das Sakrament der Herrschaft. Der politische Eid in der Verfassungsgeschichte des Okzidents (Schriften des Italienisch-Deutschen Historischen Instituts in Trient, 11), Berlin 1997.

Proske, Wolfgang, Säkularisierung als universalhistorischer Perspektivbegriff. Zur Reformulierung einer nach wie vor aktuellen Kategorie, in: Aufklärung und Kritik 1 (1998), 3–26.

Rabinow, Paul, Representations Are Social Facts. Modernity and Post-Modernity in Anthropology, in: Writing Culture. The Poetics and Politics of Ethnography, hrsg. v. James Clifford / George E. Marcus, Berkeley 1986, 234–261.

Reill, Peter H. / Wilson, Ellen J. (Hrsg.), Encyclopedia of the Enlightenment, New York 1996.

Reinhard, Wolfgang, Glaube und Macht. Kirche und Politik im Zeitalter der Konfessionalisierung, Freiburg i.Br. 2004.

Reinhard, Wolfgang, Konfessionalisierung auf dem Prüfstand, in: Konfessionalisierung in Ostmitteleuropa, hrsg. v. Joachim Bahlcke / Arno Strohmeyer, Stuttgart 1999, 79 – 88.

Reinhard, Wolfgang, Sozialdisziplinierung – Konfessionalisierung – Modernisierung. Ein historiographischer Diskurs, in: Die Frühe Neuzeit in der Geschichtswissenschaft. Forschungstendenzen und Forschungserträge, hrsg. v. Nada Leimgruber Boskovska, Paderborn 1997, 39 – 55.

Reinhard, Wolfgang, Was ist katholische Konfessionalisierung?, in: Die katholische Konfessionalisierung, hrsg. v. dems. / Heinz Schilling, Gütersloh 1995, 419 – 452.

Reinhard, Wolfgang, Konfession und Konfessionalisierung. „Die Zeit der Konfessionen (1530 – 1620 / 30)" in einer neuen Gesamtdarstellung, in: Historisches Jahrbuch 114 (1994), 107 – 124.

Reinhard, Wolfgang, Die lateinische Variante von Religion und ihre Bedeutung für die politische Kultur Europas. Ein Versuch in historischer Anthropologie, in: Saeculum 43 (1992), 231 – 255.

Rendtorff, Trutz, Gesellschaft ohne Religion. Theologische Aspekte einer sozialtheoretischen Kontroverse: Niklas Luhmann, Jürgen Habermas, München 1975.

Rendtorff, Trutz, Zur Säkularisierungsproblematik. Über die Weiterentwicklung der Kirchensoziologie zur Religionssoziologie (1966), in: Säkularisierung, hrsg. v. Heinz-Horst Schrey (Wege der Forschung, 424), Darmstadt 1981, 366 – 391.

Rice, Eugene F., jr., The Renaissance Idea of Wisdom, Cambridge, Mass. 1958.

Riesebrodt, Martin, Cultus und Heilsversprechen. Eine Theorie der Religionen, München 2007.

Riesebrodt, Martin, Die Rückkehr der Religionen. Fundamentalismus und der „Kampf der Kulturen", München 2000.

Ritter, Joachim, Art. „Fortschritt", in: Historisches Wörterbuch der Philosophie, Bd. 2, hrsg. v. dems. / Karlfried Gründer / Rudolf Eisler, Basel u. a. 1972, 1032 – 1059.

Robinet, Jean François Eugène, Le mouvement religieux à Paris pendant la Révolution (1789 – 1801), Paris u. a. 1974.

Roeck, Bernd, Säkularisierungstendenzen in der Kultur der Renaissance? Jacob Burckhardts Modell heute, in: Die Säkularisation im Prozess der Säkularisierung Europas, hrsg. v. Peter Blickle / Rudolf Schlögl, Epfendorf 2005, 127 – 139.

Roeck, Bernd, Das historische Auge. Kunstwerke als Zeugen ihrer Zeit, München 2004.

Roth, Elisabeth / Schieder, Rolf, „Ihr seid Gottes Oikodome!" Eine praktisch-theologische Kritik der Säkularisierungstheorie, zugleich ein Plädoyer für eine christliche Deutung des Seins in der Zeit, in: Praktische Theologie 37 (2002), 116 – 129.

Rublack, Ulinka, Die Reformation in Europa, Frankfurt a.M. 2003.

Ruh, Ulrich, Ein Prozess mit vielen Varianten. Überlegungen zu literarischen und musikalischen Säkularisierungsphänomenen, in: Säkularisierung und Sakralisierung. Literatur – Musik – Religion, hrsg. v. Michael Fischer / Christian Senkel, Tübingen / Basel 2004, 104 – 116.

Ruh, Ulrich, Literatur und Säkularisierungsprozeß, in: Der Deutschunterricht 5 (1998), 7 – 13.

Ruh, Ulrich, Säkularisierung als Interpretationskategorie. Zur Bedeutung des christlichen Erbes in der modernen Geistesgeschichte, Freiburg / Basel / Wien 1980.

Russell, Colin A., Die Bedeutung der Theologie bei der Herausbildung moderner Wissenschaft, in: Im Zeichen der Krise. Religiösität im Europa des 17. Jahrhunderts, hrsg. v. Hartmut Lehmann / Anne-Charlott Trepp, Göttingen 1999, 495 – 516.

Scharfe, Martin, Die Religion des Volkes. Kleine Kultur- und Sozialgeschichte des Pietismus, Gütersloh 1980.

Scheuner, Ulrich, Staatsräson und religiöse Einheit des Staates. Zur Religionspolitik in Deutschland im Zeitalter der Glaubensspaltung, in: Staatsräson. Studien zur Geschichte eines politischen Begriffs, hrsg. v. Roman Schnur, Berlin 1975, 363 – 405.

Schicketanz, Peter, Der Pietismus von 1675 bis 1800 (Kirchengeschichte in Einzeldarstellungen, III / 1), Leipzig 2001.

Schieder, Wolfgang, Die katholische Kirche in Deutschland nach der Säkularisation. Institutionalisierungen im Laufe des 19. Jahrhunderts, in: Die Säkularisation im Prozess der Säkularisierung Europas, hrsg. v. Peter Blickle / Rudolf Schlögl, Epfendorf 2005, 517 – 529.

Schieder, Wolfgang, Säkularisierung und Sakralisierung der religiösen Kultur in der europäischen Neuzeit. Versuch einer Bilanz, in: Säkularisierung, Dechristianisierung, Rechristianisierung im neuzeitlichen Europa, hrsg. v. Hartmut Lehmann, Göttingen 1997, 308 – 313.

Schieder, Wolfgang (Hrsg.), Religion und Gesellschaft im 19. Jahrhundert, Stuttgart 1993.

Schilling, Heinz (Hrsg.), Konfessioneller Fundamentalismus. Religion als politischer Faktor im europäischen Mächtesystem um 1600, München 2007.

Schilling, Heinz, Die Konfessionalisierung des lateinischen Christentums und das Werden des frühmodernen Europa – Modernisierung durch Differenzierung, Integration und Abgrenzung, in: Was hat uns das Christentum gebracht? Versuch einer Bilanz nach zwei Jahrtausenden, hrsg. v. Richard Schröder / Johannes Zachhuber, Münster / Hamburg / London 2003, 97 – 115.

Schilling, Heinz, Die neue Zeit. Vom Christenheitseuropa zum Europa der Staaten, 1250 – 1750, Berlin 1999.

Schilling, Heinz, Das konfessionelle Europa. Die Konfessionalisierung der europäischen Länder seit Mitte des 16. Jahrhunderts und ihre Folgen für Kirche, Staat, Gesellschaft und Kultur, in: Konfessionalisierung in Ostmitteleuropa. Wirkungen des religiösen Wandels im 16. und 17. Jahrhundert in Staat, Gesellschaft und Kultur, hrsg. v. Joachim Bahlcke / Arno Strohmeyer, Stuttgart 1999, 13 – 62.

Schilling, Heinz, Der religionssoziologische Typus Europa als Bezugspunkt inner- und interzivilisatorischer Gesellschaftsvergleiche, in: Gesellschaften im Vergleich. Forschungen aus Sozial- und Geschichtswissenschaften, hrsg. v. Hartmut Kaelble / Jürgen Schriewer, Frankfurt a.M. / Berlin 1998, 41 – 52.

Schilling, Heinz, Nochmals „Zweite Reformation" in Deutschland. Der Fall Brandenburg in mehrperspektivischer Sicht von Konfessionalisierungsforschung, historischer Anthropologie und Kunstgeschichte, in: Zeitschrift für Historische Forschung 23 (1996), 501 – 524.

Schilling, Heinz, Die Konfessionalisierung im Reich. Religiöser und gesellschaftlicher Wandel in Deutschland zwischen 1555 – 1620, in: Historische Zeitschrift 246 (1988), 1 – 46.

Schilling, Heinz, Konfessionskonflikt und Staatsbildung. Eine Fallstudie über das Verhältnis von religiösem und sozialem Wandel in der Frühneuzeit am Beispiel der Grafschaft Lippe, Gütersloh 1981.

Schimank, Uwe, Theorien gesellschaftlicher Differenzierung, Opladen 1996.

Schirrmeister, Albert, Wissenskulturen in der Frühen Neuzeit. Literaturbericht zu Praktiken, Ordnungen, Denkformen, Institutionen und Personen des Wissens, in: Frühneuzeit-Info 15 (2004), 66 – 78.

Schlögl, Rudolf, Vorbemerkung. Von der Einheit der Neueren Geschichte, in: Geschichte und Gesellschaft 33 (2007), 313 – 316.

Schlögl, Rudolf, Rationalisierung als Entsinnlichung religiöser Praxis? Zur sozialen und medialen Form von Religion in der Neuzeit, in: Die Säkularisation im Prozess der Säkularisierung Europas, hrsg. v. Peter Blickle / Rudolf Schlögl, Epfendorf 2005, 37 – 64.

Schlögl, Rudolf, Symbole in der Kommunikation. Zur Einführung, in: Die Wirklichkeit der Symbole. Grundlagen der Kommunikation in historischen und gegenwärtigen Gesellschaften, hrsg. v. dems. / Christine Pflüger, Konstanz 2004, 9 – 38.

Schlögl, Rudolf, Historiker, Max Weber und Niklas Luhmann. Zum schwierigen (aber möglicherweise produktiven) Verhältnis von Geschichtswissenschaft und Systemtheorie, in: Soziale Systeme 7 (2001), 23 – 45.

Schlögl, Rudolf, Differenzierung und Integration. Konfessionalisierung im frühneuzeitlichen Gesellschaftssystem. Das Beispiel der habsburgischen Vorlande, in: Archiv für Reformationsgeschichte 91 (2000), 238 – 284.

Schlögl, Rudolf, Öffentliche Gottesverehrung und privater Glaube in der Frühen Neuzeit. Beobachtungen zur Bedeutung von Kirchenzucht und Frömmigkeit für die Abgrenzung privater Sozialräume, in: Das Öffentliche und Private in der Vormoderne, hrsg. v. Gert Melville / Peter von Moos (Norm und Struktur, 10), Köln / Weimar / Wien 1998, 165 – 209.

Schlögl, Rudolf, Glaube und Religion in der Säkularisierung. Die katholische Stadt. Köln, Aachen, Münster, 1700 – 1840 (Ancien Régime, Aufklärung und Revolution, 28), München 1995.

Schmale, Wolfgang, Entchristianisierung, Revolution und Verfassung. Zur Mentalitätsgeschichte der Verfassung in Frankreich, 1715 – 1794, Berlin 1988.

Schmidt, Heinrich Richard, „Verfall der Religion". Epochenwende um 1700? in: Die Säkularisation im Prozess der Säkularisierung Europas, hrsg. v. Peter Blickle / Rudolf Schlögl, Epfendorf 2005, 245 – 258.

Schmidt, Heinrich Richard, Konfessionalisierung im 16. Jahrhundert (Enzyklopädie deutscher Geschichte, 12), München 1992.

Schmitt, Carl, Politische Theologie. Vier Kapitel zur Lehre von der Souveränität, 6. Aufl., Berlin 1993.

Schneider, Hans, Der radikale Pietismus im 18. Jahrhundert, in: Geschichte des Pietismus, Bd. 2: Der Pietismus im achtzehnten Jahrhundert, hrsg. v. Martin Brecht u. a., Göttingen 1995, 107 – 197.

Schneiders, Werner (Hrsg.), Lexikon der Aufklärung. Deutschland und Europa, München 1995.

Schnur, Roman, Die französischen Juristen im konfessionellen Bürgerkrieg des 16. Jahrhunderts. Ein Beitrag zur Entstehungsgeschichte des modernen Staates, Berlin 1962.

Schöne, Albrecht, Säkularisierung als sprachbildende Kraft. Studien zur Dichtung deutscher Pfarrersöhne, 2. Aufl., Göttingen 1968.

Schulze, Winfried, Die Säkularisation als Ende des Heiligen Römisches Reiches Deutscher Nation, in: Die Säkularisation im Prozess der Säkularisierung Europas, hrsg. v. Peter Blickle / Rudolf Schlögl, Epfendorf 2005, 339 – 348.

Schulze, Winfried, Konfessionalisierung als Paradigma zur Erforschung des Konfessionellen Zeitalters? in: Drei Konfessionen in einer Region. Beiträge zur Geschichte der Konfessionalisierung im Herzogtum Berg vom 16. bis zum 18. Jahrhundert, hrsg. v. Burkhard Dietz / Stefan Ehrenpreis, Köln 1999, 15 – 30.

Schulze, Winfried, Einführung in die Neuere Geschichte, 3. Aufl., Stuttgart 1996.

Schulze, Winfried, Vom Gemeinnutz zum Eigennutz. Über den Normenwandel in der ständischen Gesellschaft der frühen Neuzeit, München 1987.

Schwartz, Gary, Art in History, in: Art in History. History in Art. Studies in Seventeenth-Century Dutch Culture, hrsg. v. David Freedberg / Jan De Vries, Santa Monica 1991, 7 – 16.

Schwebel, Horst, Die Kunst und das Christentum. Geschichte eines Konflikts, München 2002.

Scribner, Robert W., Reformation and Desacralization. From Sacramental World to Moralised Universe, in: Problems in the Historical Anthropology of Early Modern Europe, hrsg. v. Ronnie Po-Chia Hsia / dems., Wiesbaden 1997, 75 – 92.

Scribner, Robert W., The Reformation, Popular Magic, and the „Disenchantment of the World", in: Journal of Interdisciplinary History 23 (1993), 475 – 494.

Scribner, Robert W., The Impact of the Reformation on Daily Life, in: Mensch und Objekt im Mittelalter und in der frühen Neuzeit. Leben – Alltag – Kultur. Internationaler Kongress Krems a.d. Donau 1988, Wien 1990, 315 – 343.

Scribner, Robert W., Cosmic Order and Daily Life. Sacred and Secular in Pre-Industrial German Society, in: ders., Popular Culture and Popular Movements in Reformation Germany, London 1987, 1 – 16.

Scribner, Robert W., Incumbustible Luther. The Image of the Reformer in Early Modern Germany, in: Past & Present 110 (1986), 38–68.

Scribner, Robert W., For the Sake of Simple Folk. Popular Propaganda for the German Reformation, Cambridge 1981.

Scribner, Robert W., Flugblatt und Analphabetentum. Wie kam der gemeine Mann zu reformatorischen Ideen?, in: Flugschriften als Massenmedium der Reformationszeit, hrsg. v. Hans-Joachim Köhler, Stuttgart 1981, 65–76.

Shapin, Steven, Die wissenschaftliche Revolution, Frankfurt a.M. 1998.

Sheehan, Jonathan, The Enlightenment Bible. Translation, Scholarship, and Culture, Princeton 2005.

Sheehan, Jonathan, Enlightenment, Religion, and the Enigma of Secularization. A Review Essay, in: American Historical Review 108 (2003), 1061–1080.

Shiner, Larry, The Concept of Secularization in Empirical Research, in: Journal for the Scientific Study of Religion 6 (1967), 207–220.

Simmel, Georg, Das Christentum und die Kunst, in: ders., Das Individuum und die Freiheit. Essais, Berlin 1984, 120–129.

Smolinsky, Heribert, Art. „Le Bras, Gabriel", in: Biographisch-bibliographisches Kirchenlexikon, Bd. 4, hrsg. v. Friedrich Bautz / Traugott Bautz, Hamm 1992, 1297–1300.

Sommerville, C. John, Secular Society / Religious Population. Our Tacit Rules for Using the Term ‚Secularization', in: Journal for the Scientific Study of Religion 37 (1998), 249–253.

Sommerville, C. John, The Secularization of Early Modern England. From Religious Culture to Religious Faith, New York / Oxford 1992.

Spicer, Andrew / Hamilton, Sarah M. (Hrsg.), Defining the Holy. Sacred Space in Medieval and Early Modern Europe, Aldershot 2006.

Stemme, Fritz, Die Säkularisation des Pietismus zur Erfahrungsseelenkunde, in: Zeitschrift für deutsche Philologie 72 (1953), 144–158.

Stollberg-Rilinger, Barbara, Symbolische Kommunikation in der Vormoderne. Begriffe – Thesen – Forschungsperspektiven, in: Zeitschrift für Historische Forschung 31 (2004), 489–527.

Stollberg-Rilinger, Barbara, Europa im Jahrhundert der Aufklärung, Stuttgart 2000.

Stolleis, Michael, Reichspublizistik – Politik – Naturrecht im 17. und 18. Jahrhundert, in: Staatsdenker in der Frühen Neuzeit, hrsg. v. dems. / Notker Hammerstein, München 1995, 9–28.

Stolleis, Michael, „Konfessionalisierung" oder „Säkularisierung" bei der Entstehung des frühmodernen Staates, in: Ius Commune 20 (1993), 1–23.

Strätz, Hans-Wolfgang, Art. „Säkularisation / Säkularisierung II. Der kanonistische und staatskirchenrechtliche Begriff", in: Geschichtliche Grundbegriffe. Historisches Lexikon zur politisch-sozialen Sprache in Deutschland, Bd. 5, hrsg. v. Otto Brunner / Werner Conze / Reinhart Koselleck, Stuttgart 1984, 782–809.

Sullivan, Robert, Rethinking Christianity in Enlightenment Europe, in: Eighteenth-Century Studies 34 (2001), 298–309.

Summer, David, Art. „Representation", in: Critical Terms for Art History, hrsg. v. Robert S. Nelson / Richard Shiff, 2. Aufl., Chicago / London 2003, 3 – 19.

Suppanz, Werner, Säkularisierung als Modernisierung, in: Newsletter Moderne Sonderheft 1 (2001), 16 – 22.

Tacke, Andreas, Der katholische Cranach. Zu zwei Großaufträgen von Lucas Cranach d.Ä., Simon Franck und der Cranach-Werkstatt (1520 – 1540), Mainz 1992.

Taylor, Charles, A Secular Age, Cambridge, Mass. 2007.

Thomas, Keith, Religion and the Decline of Magic. Studies in Popular Beliefs in Sixteenth and Seventeenth Century England, London 1997.

Traeger, Jörg, Renaissance und Religion. Die Kunst des Glaubens im Zeitalter Raphaels, München 1997.

Trinkaus, Charles, In Our Image and Likeness. Humanity and Divinity in Italian Humanist Thought, 2 Bde., Notre Dame, Indiana 1970.

Troeltsch, Ernst, Die Bedeutung des Protestantismus für die Entstehung der modernen Welt (1906), in: ders., Schriften zur Bedeutung des Protestantismus für die Moderne Welt 1906 – 1913, hrsg. v. Trutz Rendtorff in Zusammenarbeit mit Stefan Pautler (Ernst Troeltsch Kritische Gesamtausgabe, 8), Berlin / New York 2001, 199 – 316.

Troeltsch, Ernst, Der Historismus und seine Probleme, Buch 1: Das logische Problem der Geschichtsphilosophie, (Gesammelte Schriften, 3), Tübingen 1922.

Troeltsch, Ernst, Die Bedeutung des Protestantismus für die Entstehung der modernen Welt, in: Historische Zeitschrift 97 (1906), 3 – 66.

Tschannen, Olivier, La genèse de l'approche moderne de la sécularisation. Une analyse en histoire de la sociologie, in: Social Compass 39 (1992), 291 – 308.

Tschopp, Silvia Serena, Das Unsichtbare begreifen. Die Rekonstruktion historischer Wahrnehmungsmodi als methodische Herausforderung der Kulturgeschichte, in: Historische Zeitschrift 280 (2005), 39 – 81.

Tyrell, Hartmann / Krech, Volkhard / Knoblauch, Hubert (Hrsg.), Religion als Kommunikation (Religion in der Gesellschaft, 4), Würzburg 1998.

Tyrell, Hartmann, Religionssoziologie, in: Geschichte und Gesellschaft 22 (1996), 428 – 457.

Unseld, Werner, Barock und Pietismus. Wege in die Moderne. Einleitung, in: Barock und Pietismus. Wege in die Moderne. Ausstellungskatalog des Landeskirchlichen Museums Ludwigsburg 2004, 10 – 13.

Vahanian, Gabriel, Säkularisierung, Säkularismus, Säkularität. Der Glaube und die Dinge, in: Zum Problem der Säkularisierung. Mythos oder Wirklichkeit – Verhängnis oder Verheißung?, hrsg. v. Franz Theunis / Hans-Werner Bartsch (Kerygma und Mythos, VI, 9), Hamburg 1977, 72 – 78.

Vattimo, Gianni, Glauben – Philosophieren, Stuttgart 1997.

Venard, Marc, Réforme protestante, réforme catholique dans la Province d'Avignon, XVIIe Siècle, Paris 1993.

Viertel, Matthias (Hrsg.), Grundbegriffe der Theologie, München 2005.

Vogler, Bernard, Die Entstehung der protestantischen Volksfrömmigkeit in der rheinischen Pfalz zwischen 1555 und 1619, in: Archiv für Reformationsgeschichte 72 (1981), 158 – 195.

Vollhardt, Friedrich, „Verweltlichung" der Wissenschaft(en)? Zur fehlenden Negativbilanz in der apologetischen Literatur der Frühen Neuzeit, in: Zwischen christlicher Apologetik und methodologischem Atheismus. Wissenschaftsprozesse im Zeitraum von 1500 bis 1800, hrsg. v. Lutz Danneberg, Berlin / New York 2002, 67 – 93.

Vovelle, Michel, Piété baroque et déchristianisation en Provence au XVIIIe siècle. Les attitudes devant la mort d'après les clauses des testaments, Paris 1973.

Wagner, P., Art. „Representation. History of the Problem", in: Encyclopedia of social and behavioral sciences, Bd. 19, hrsg. v. Neil Smelser / Paul Baltes, Amsterdam 2001, 13167 – 13171.

Wahrmann, Dror, Introduction to Review Essays. God and the Enlightenment, in: American Historical Review 108 (2003), 1057 – 1060.

Walsham, Alexandra, The Reformation and the ,Disenchantment of the World' Reassessed, in: Historical Journal 51 (2008), 497 – 528.

Walther, Gerrit, Art. „Humanismus", in: Enzyklopädie der Neuzeit, Bd. 5, hrsg. v. Friedrich Jaeger, Stuttgart / Weimar 2007, 665 – 692.

Walther, Gerrit, Funktionen des Humanismus. Fragen und Thesen, in: Funktionen des Humanismus. Studien zum Nutzen des Neuen in der humanistischen Kultur, hrsg. v. Thomas Maissen / dems., Göttingen 2006, 9 – 17.

Weber, Max, Die protestantische Ethik und der Geist des Kapitalismus, in: ders., Die protestantische Ethik I. Eine Aufsatzsammlung, hrsg. v. Johannes Winckelmann, 8. Aufl., Gütersloh 1991, 27 – 277.

Weber, Max, Die protestantischen Sekten und der Geist des Kapitalismus, in: ders., Die protestantische Ethik I. Eine Aufsatzsammlung, hrsg. v. Johannes Winckelmann, 8. Aufl., Gütersloh 1991, 279 – 317.

Weber, Max, Zwischenbetrachtung. Theorie der Stufen und Richtungen religiöser Weltablehnung, in: ders., Die Wirtschaftsethik der Weltreligionen. Konfuzianismus und Taoismus, hrsg. v. Helwig Schmidt-Glintzer (Max-Weber-Gesamtausgabe, Abt. 1, Bd. 19), Tübingen 1989, 479 – 522.

Weber, Wolfgang E. J., Buchdruck. Repräsentation und Verbreitung von Wissen, in: Macht des Wissens. Die Entstehung der modernen Wissensgesellschaft, hrsg. v. Richard van Dülmen / Sina Rauschenbach, Köln / Weimar / Wien 2004, 65 – 87.

Weidner, Daniel, Ernst Troeltsch und das Narrativ „Säkularisierung", in: Weimarer Beiträge 50 (2004), 289 – 300.

Weidner, Daniel, Zur Rhetorik der Säkularisierung, in: Deutsche Vierteljahresschrift für Literaturwissenschaft und Geistesgeschichte 76 (2004), 95 – 132.

Weigel, Sigrid, Die dialektische historische Konstellation sichtbar machen. Praktiken der Säkularisierung. Ein Forschungsprojekt über die „Figuren des Sakralen" stellt sich vor, in: Frankfurter Rundschau, 08. 04. 2003.

Welskopf, Thomas, Der Mensch und die Verhältnisse. „Handeln" und „Struktur" bei Max Weber und Anthony Giddens, in: Geschichte zwischen Kultur und Gesellschaft. Beiträge zur Theoriedebatte, hrsg. v. Thomas Mergel / dems., München 1997, 39–70.

Whitworth, John, Le culte de l'Être Suprême et le personnel revolutionnaire de l'an II, Paris 1992.

Williamson, George S., A Religious Sonderweg? Reflections on the Sacred and the Secular in the Historiography of Modern Germany, in: Church History. Studies in Christianity and Culture 75 (2006), 139–156.

Wilson, Bryan, Rezension: C. John Sommerville, The Secularization of Early Modern England. From Religious Culture to Religious Faith, in: Journal for the Scientific Study of Religion 34 (1995), 276–278.

Wimböck, Gabriele, Art. „Religion", in: Metzler Lexikon der Kunstwissenschaft. Ideen, Methoden, Begriffe, hrsg. v. Ulrich Pfisterer, Stuttgart / Weimar 2003, 300–303.

Wittram, Reinhard, Möglichkeiten und Grenzen der Geschichtswissenschaft in der Gegenwart, in: ders., Zukunft in der Geschichte. Zu Grenzfragen der Geschichtswissenschaft und Theologie, Göttingen 1966, 30–59.

Wohlfeil, Rainer, Reformatorische Öffentlichkeit, in: Literatur und Laienbildung im Spätmittelalter und in der Reformation, hrsg. v. Ludger Grenzmann / Karl Stackmann, Stuttgart 1984, 41–54.

Wohlfeil, Rainer, Einführung in die Geschichte der deutschen Reformation, München 1982.

Worden, Blair, The Question of Secularization, in: A Nation Transformed. England after the Restoration, hrsg. v. Alan Houston / Steve Pincus, Cambridge 2001, 20–40.

Wyss, Beat, Vom Bild zum Kunstsystem. Textband, Köln 2006.

Yolton, John W. (Hrsg.), The Blackwell Companion to the Enlightenment, Oxford 1991.

Zabel, Hermann, Art. „Säkularisation / Säkularisierung III. Der geschichtsphilosophische Begriff", in: Geschichtliche Grundbegriffe. Historisches Lexikon zur politisch-sozialen Sprache in Deutschland, Bd. 5, hrsg. v. Otto Brunner / Werner Conze / Reinhart Koselleck, Stuttgart 1984, 809–829.

Ziolkowski, Theodore, Die Säkularisation der Bibel. Zur Unentbehrlichkeit einer vergleichenden Literaturwissenschaft für das Studium der deutschen Literatur, in: Jahrbuch Deutsch als Fremdsprache 3 (1977), 137–149.

Personenregister

Das Register erfasst die in den Kapiteln A – C.I. (Forschungsüberblick und Methode) erwähnten modernen Autoren. Verweise auf Fußnoten sind kursiv gesetzt.

Gewalt in der Frühen Neuzeit

Beiträge zur 5. Tagung
der Arbeitsgemeinschaft Frühe Neuzeit im VHD

Herausgegeben von

**Claudia Ulbrich, Claudia Jarzebowski,
Michaela Hohkamp**

Historische Forschungen, Band 81
408 S. 2005 ⟨978-3-428-11824-3⟩ € 98,–

Das Thema Gewalt wurde in der Geschichtswissenschaft lange hauptsächlich im Kontext herrschaftlicher Gewalt thematisiert. Der Umstand, dass Gewalt im Sinne des Naturrechtes als „naturrechtliche Gegebenheit" bzw. positiv-rechtlich „als historische Gewordenheit" verstanden wurde, beeinflusste maßgeblich die Forschungsfragen. Mittlerweile wurde die lange vorherrschende und prägende Frage nach den Ursachen der Gewalt abgelöst von Fragen nach den Mechanismen und Möglichkeiten, mit Gewalt umzugehen, sich Gewalt anzueignen, Gewalt auszuüben, Gewalt zu widerstehen und das Recht auf Gewalt in Frage zu stellen.

Das sind nur einige der Überlegungen und Beobachtungen, die die jüngere Geschichtswissenschaft dazu gebracht haben, neu über eine Analysekategorie Gewalt nachzudenken und dabei insbesondere bestehende Auffassungen von legitimer und nicht-legitimer Gewalt aufzugreifen und zu hinterfragen. Im vorliegenden Band wird eine breite thematische Fächerung zugunsten aktuell diskutierter Probleme (z. B. interkulturelle und zwischenstaatliche Auseinandersetzungen) durch Fragen nach dem analytischen Potential einer Kategorie Gewalt ergänzt.

Internet: http://www.duncker-humblot.de

Duncker & Humblot · Berlin